KINDLERS KULTURGESCHICHTE

MYTHEN DER GRIECHEN UND RÖMER

KINDLERS KULTURGESCHICHTE

MICHAEL GRANT

MYTHEN DER GRIECHEN UND RÖMER

35 Schwarzweiß-Abbildungen

PARKLAND VERLAG

Aus dem Englischen übertragen von Claudia von Canon
Die englische Ausgabe erschien im Verlag Weidenfeld & Nicolson, London
unter dem Titel MYTHS OF THE GREEKS AND ROMANS

2004 Lizenzausgabe für Parkland Verlag, Köln

Umschlagentwurf: Dagmar Herrmann
Druck und Bindung: GGP Media, Pößneck

ISBN 3-89340-059-1

Printed in Germany

Vorwort

Die Mythen der Griechen und Römer sind für uns ebenso wichtig wie die Geschichte; denn aus ihnen verstehen wir, was jene Völker, Vorläufer unserer eigenen Kultur, glaubten, dachten, fühlten und in ihren Schriftwerken und Schöpfungen der bildenden Kunst ausdrückten. Mehr als wir es uns heute vorstellen können, waren ihre Mythen mit ihrem Alltag im öffentlichen und privaten Bereich verwoben.
Ohne Kenntnis dieser Mythen würde es uns auch schwerfallen, die bildende Kunst, die Literatur, das Geistesleben Westeuropas und die Entwicklung mancher anderer Kulturkreise, seit dem Ausgang des klassischen Altertums, zu verstehen. In jeder Epoche riefen die aus der Antike überlieferten Werke und Ideen neue schöpferische Bemühungen hervor und wurden zu einem wesentlichen Teil unseres gesamten Kulturbesitzes. Oftmals schienen sich solche Erneuerungen oder Aneignungen in Form und Gehalt weit von der ursprünglichen Überlieferung zu entfernen, doch stammen sie unmittelbar von ihr ab und sind ohne sie unvorstellbar.

> Die Gestalten, die die Einbildung der alten Poeten bevölkerten,
> Die menschlichen Züge der antiken Religion
> Ihre Macht, ihre Schönheit und Majestät,
> Ihr Lager hatten sie in stillen Tälern, auf bewaldeten Bergen
> In Wäldern an ruhigen Strömen, an plätschernden Quellen

Oder auch in Klüften und tiefen Gewässern – sie sind vergangen.
Sie leben nicht mehr im kalten Licht der Vernunft!
Und doch bedarf auch das Herz einer Sprache, doch
Holt ererbter Spürsinn die alten Namen sich zurück . . . (1)

So haben auch Gemeinschaften, die sich, wie etwa das Christentum, zu einem ganz anders gearteten Glauben bekennen, eingesehen, daß es unmöglich ist, auf die Geschichte der Antike ganz zu verzichten. In unseren Tagen haben politische Systeme ihre eigenen Mythen geschaffen, von denen sich Coleridge, der die oben zitierten Zeilen in bezug auf das griechisch-römische Zeitalter schrieb, nichts hätte träumen lassen. Auch die Schriftsteller des zwanzigsten Jahrhunderts befassen sich, angefangen von der Tragödie bis zu den Comic Strips, weiterhin mit den Archetypen der Mythologie und beleben sie aufs neue; und die Wissenschaft zieht aus den dramatischen, lebensnahen, eigentümlichen und eindrucksvollen alten Mythen den Schluß, daß es viele Dinge in der Welt gibt, die sich niemals und unter keinen Umständen ändern.
Die Mythen versetzen in eine Atmosphäre erhöhten Lebensgefühls; sie geben uns neuen Mut, denn sie weisen einen Fluchtweg aus dem Trott des Alltags, den wir, wie wir wissen, nicht gut auf längere Zeit ertragen können. Doch ist dies keine gewöhnliche Flucht, denn sie entführt uns in eine erhabenere Wirklichkeit als jene, die unser tägliches Leben beherrscht. Und in besonders aufnahmefähigen Augenblicken wecken diese Mythen in uns jäh und blitzartig die Erkenntnis großer, allgemeingültiger Wahrheiten. Das sind nicht mehr die religiösen Wahrheiten, die Griechen und Römer vor allem in ihrer Mythologie sahen, doch prägen sie sich oft mit unwiderstehlicher Gewalt unserem Denken und Fühlen ein und beleuchten wichtige Aspekte des menschlichen Daseins.

Durch logische und rationale Überlegung läßt sich diese eigentümliche Art der Erleuchtung nicht fassen. Wollten wir es versuchen, würden wir bereits den Boden der Mythologie verlassen. Es wäre auch unrichtig zu behaupten, die Mythen seien modern oder gerade für unsere Zeit wie geschaffen. Sie sind für unsere Zeit bedeutungsvoll wie für jede andere – nicht mehr und nicht weniger. Doch gehören sie auch nicht ausschließlich der Antike an. Zwar sind sie innerhalb einer längst vergangenen Zeit zuhause; aber ihre Aussage ist noch heute unmittelbar gültig und gegenwärtig. In der Tat, die Bedeutung der Mythen für die Grundlagen des menschlichen Daseins durch alle Zeiten wird gerade dadurch erhöht, daß sie gleichsam »geronnen« und so, alt nach Herkunft und Form, von den Zeitläuften unberührt geblieben sind.

Denn die Bilder der Mythologie versetzen uns, haben sie sich erst einmal in unseren Gesichtskreis gedrängt, in eine neue ungekannte Dimension jenseits der Zeit. Schon Griechen und Römer, obgleich sie zu verschiedenen Zeiten lebten und auch die Mythologie in verschiedenem Licht sahen, vermochten es, durch Übung wie aus Neigung diese erregende, unirdische Dimension der Zeitlosigkeit zu erreichen, diesen

> dunklen, unermeßlichen Ozean, der keine Grenzen kennt,
> keine Dimension, dort, wo Länge, Breite und Höhe,
> wo Zeit und Raum uns verlorengehen. (2)

Tief, voll unauslotbarer Bedeutung ist dieser Ozean und er lockt und winkt, sich hineinzustürzen und ganz in Besitz nehmen zu lassen. Nach so langer Zeit können wir vielleicht nur seine Küsten erreichen; aber wir würden eine unersetzbare Erfahrung verlieren, wollten wir nicht so tief hinabtauchen, als wir können. Doch brauchen wir für dieses Abenteuer eine sorgfältigere Einführung als die Menschen der Antike.

Jeder Mythos hat eine verschiedene Bedeutung für seinen Leser oder Hörer. Man vergißt diese Erzählungen kaum; unvorhersehbar weckt er Gefühle in uns. Ihr eigentlicher Gehalt erschließt sich nicht leicht der sachlichen Definition oder Einordnung – noch weniger verworrenem Suchen nach geheimen Bedeutungen oder anachronistischen Allegorien. Vor allem aber hoffe ich klarzumachen, daß die Mythen vielgestaltig sind. *Keine Einzeltheorie*, so wertvoll sie auch sein mag, wird ausreichen, den ganzen Bereich der griechischen und römischen Mythologie oder auch nur deren größten Teil hinlänglich zu erklären. Solche umfassenden Theorien (deren es mehrere gibt) mögen sie nun von Anthropologen, Altphilologen, Psychoanalytikern oder Religionswissenschaftlern aufgestellt worden sein, tragen die gefährlichste Versuchung, der man, wenn man sich mit diesem fremdartigen Gebiet eingehend beschäftigt, erliegen kann, an uns heran. Und gerade hier sind wir für Täuschungen so besonders leicht empfänglich, weil wir fast alle eine Erziehung genossen haben, in der die Mythen entweder vollständig vernachlässigt oder aber, begleitet von nichtssagenden Illustrationen, zu seltsamen Travestien verzerrt wurden.

So kann die einzige Hoffnung in der Befolgung der Regel des Horaz liegen:

> Daß du nun aber nicht fragst, welch Lar, welch Führer mich [schirme:
> Keinem der Meister verkauft und keiner der Lehren verpflichtet,
> Treib ich als Gast an Land, wohin mich Wetter und Wind [führt. (3)

Besser noch: Geh zu so vielen Gelehrten als du kannst, sitze zu ihren Füßen und nimm von allen etwas, doch, da sie einander stets widersprechen, beileibe nicht alles. Denn jeder

Vertreter der verschiedenen Wissenschaften hat trotz aller zu sehr verallgemeinernden Theorien zu der Erkenntnis beigetragen, daß Mythologie etwas weit Ernsteres ist als die primitive, unreflektierte, kindische Vorgängerin der Wissenschaft oder der höheren Religionen, wofür man sie früher hielt. In der Tat, von allen Wirkungen, welche die Moderne der Welt der Griechen und Römer verdankt, ist die Wiederbelebung der Mythen eine der wichtigsten.

Dieses Buch enthält nicht allein erdachte Geschichten, die jeder sofort als Mythen erkennen würde, auch nicht ihre jüngeren Geschwister, die Volks- und Feenmärchen, sondern auch solche Sagen und Legenden, die mindestens einen historischen Kern besitzen. Indessen gibt es Tausende solcher Geschichten, und anstatt ein Lexikon der Mythologie zu schreiben, wollte ich lieber etwas über jeden einzelnen Mythos sagen, den ich aufgenommen habe. So wählte ich diejenigen aus, die mir aus diesem oder jenem Grund am wichtigsten und nötigsten schienen; doch ist dies ein sehr subjektives Vorgehen, und sobald wir den gesicherten Boden Homers oder des *Agamemnon* verlassen, kann jedermann eine sehr verschiedene Auswahl treffen. Ehe ich die einzelnen Themen bespreche, werde ich jeweils die Geschichte erzählen, die die Grundlage bildet: Dies deshalb, weil oft bei der Diskussion über Mythen der tatsächliche Verlauf ihrer Handlung vergessen oder von anderen Elementen verdrängt wurde. Ermutigt hat mich dazu auch eine Bemerkung von C. S. Lewis, daß nämlich das entscheidende Etwas, das die Macht und den Einfluß auf uns ausübt, in jedem einzelnen der Grundmythen zur Wirkung kommt, gleichgültig ob er in der Sprache eines großen antiken Autors oder in knapper, moderner Zusammenfassung geboten wird.

Dennoch wäre es falsch, die ersten und ältesten literarischen Zeugnisse zu übergehen, in denen die Mythen Ausdruck fanden

– das Feuer, das sie in genialen Dichtern entzündeten. Deshalb wählte ich in meinen Zusammenfassungen die Version (vielleicht auch eine von mehreren Versionen), in der sie jeweils von dem hervorragendsten Autor erzählt wurde. Dabei benutzte ich Zitate aus den besten modernen Übersetzungen, die ich finden konnte. Die griechischen und lateinischen Schriftsteller folgen in chronologischer Reihe, um einen Überblick zu geben, wie sich in der Antike die Vorstellung von den Mythen wandelte. Die Haßliebe zwischen Mythos und Literatur ist im Lauf der Zeit immer heftiger geworden. Ich habe versucht, diese Beziehungen herauszuarbeiten, indem ich die bedeutsamsten Begegnungen der beiden Gattungen wählte. Jemanden, der die Mythen in einer noch ursprünglicheren Form kennenlernen will, als die sie in der frühesten griechischen Literatur besaßen, wird ein solches Vorgehen nicht befriedigen. Doch die Gewalt dieser Erzählungen wurde nun einmal erst unter den Händen der genialen Autoren lebendig und gewann Beziehung zur Welt. Aber auch die Ursprünge der Mythen, wenn sie auch besonders auf klassischem Gebiet selten ganz erklärbar sind, sollen behandelt werden. Deshalb teile ich in der Besprechung, die jeweils dem erzählenden Teil folgt, nicht nur einiges über den antiken Verfasser, dessen Werk ich beschrieb, mit, sondern auch einiges über die frühesten Stadien des mythischen Stoffs. Dann berichte ich über die Nachwirkung oder das Echo, das ein solches Werk in der Antike, im späteren Europa und anderswo bis auf den heutigen Tag gefunden hat.

Begreiflicherweise bin ich anderen Autoren im größten Maß verpflichtet. Besonders möchte ich Fräulein Jill Welson für Auswahl und Sammlung der Photos danken, ebenso für weitere unschätzbare Hilfe; Herrn H. M. Luther danke ich für seine Hinweise auf die moderne Kunst. Im Zusammenhang mit den Illustrationen möchte ich auch jenen privaten Sammlern danken, die mir die Aufnahme und Wiedergabe der Einzelstücke gestatteten, ferner den Vertretern von Museen und Bildergalerien, aus denen Ausstellungsgegenstände in diesem Buch wiedergegeben sind. Schließlich danke ich den Agenturen und Photographen, die mir die Aufnahme ermöglichten. Hinzufügen möchte ich meinen Dank für Hilfe verschiedenster Art an Fräulein Martine Franck, Fräulein Veronica Lemmon, Professor Joseph Campbell; Dr. R. A. Higgins und Dr. J. P. C. Kent vom Britischen Museum; ebenso den Beamten der London Library und der Griechischen und Römischen Gesellschaft.

Für einige Abschnitte bin ich auch meinem Mitautor an dem Werk über die Griechen und Römer, Herrn Don Pottinger, und den Herausgebern Thomas Nelson und Söhne verpflichtet.

Belfast, 1962 MICHAEL GRANT

I

DIE HELDEN HOMERS

DER ZORN DES ACHILLEUS

1

Homers Ilias

DAS EPOS beginnt im zehnten Jahr der Belagerung Trojas durch die Griechen mit einer Anrufung der Muse:

Singe den Zorn, o Göttin, des Peleiaden Achilleus,
Ihn, der entbrannt, den Achaiern unnennbaren Jammer erregte
Und viel tapfere Seelen der Heldensöhne zum Ais
Sendete, aber sie selbst zum Raub darstellte den Hunden
Und dem Gevögel umher. So ward Zeus' Wille vollendet
Seit dem Tag, als erst durch bitteren Zank sich entzweiten
Atreus' Sohn, der Herrscher des Volks, und der edle Achilleus. (1)

Der Streit geht um Chryseis, die Tochter des Apollonpriesters Chryses. Agamemnon hatte das Mädchen nach der Erstürmung der Stadt Chrysa als Beuteanteil genommen und trotz flehentlicher Bitten des Vaters nicht herausgegeben. Da beschwor Chryses Apollon, die Eindringlinge zu strafen. Der Gott stieg vom Olymp herab und sandte Pest über die Griechen:

Also rief er betend: Ihn hörte Phöbos Apollon.
Schnell von den Höhn des Olympos enteilet' er zürnenden [Herzens,
Auf der Schulter den Bogen und ringsverschlossenen Köcher,
Laut erschollen die Pfeile zugleich an des Zürnenden Schulter,
Als er einher sich bewegt'. Er wandelte düster wie Nachtgraun,
Setzte sich drauf von den Schiffen entfernt und schnellte den [Pfeil ab

Und ein schrecklicher Klang entscholl dem silbernen Bogen.
Nur Maultier' erlegt' er zuerst und hurtige Hunde,
Doch nun gegen sie selbst das herbe Geschoß hinwendend,
Trat er, und rastlos brannten die Totenfeuer in Menge. (2)

Zehn Tage hat die Seuche schon im Griechenheer gewütet, da beruft Achilleus den Kriegsrat. Der Seher Kalchas fordert die Herausgabe des Mädchens, Agamemnon fügt sich seinem Spruch, verlangt und erhält aber als Entschädigung für Chryseis die Sklavin Briseis, die Achilleus zugesprochen worden war. Da wendet sich Achilleus von den Gefährten ab und ruft seine Mutter, die Göttin Thetis, um Hilfe an. Zeus, von Thetis bestürmt, verspricht, ihrem Sohn Genugtuung zu verschaffen. Er gaukelt Agamemnon in einem Traum vor, daß Trojas Untergang nahe und die Stadt reif zum Fall sei. Agamemnon beschließt, seine Krieger zu prüfen. Unter dem Vorwand, dies sei ein Befehl des Gottes, läßt er zur Heimkehr rüsten. Schon eilen alle zu den Schiffen, da kommt Athene als Abgesandte Heras, sie gebietet dem Rückzug Einhalt. Im Kriegsrat übertrumpft Odysseus den Spötter Thersites und befeuert die Griechen mit neuer Kampfeslust. Anschließend gibt Homer eine Aufstellung der griechischen und trojanischen Streitkräfte. Der Trojanerprinz Paris (er hatte Helena, die Gattin König Menelaos', aus Sparta entführt und damit den Krieg heraufbeschworen) läßt Menelaos zu einem Zweikampf fordern, der den Ausgang der Schlacht bestimmen soll. Bis zur Entscheidung wird Waffenruhe vereinbart. König Priamos, der Vater Paris', steigt auf die Stadtmauer und läßt sich von Helena die griechischen Heerführer nennen. Der Zweikampf beginnt – Menelaos bezwingt Paris, doch Aphrodite, die Schutzherrin des Trojaners, entrückt ihn. Es kommt, wider die Verabredung, zu keinem Frieden, denn Hera verfolgt die Trojaner weiter mit unversöhnlichem Haß.

Zeus hatte Genugtuung für Achilleus versprochen: Auf sein Geheiß verkleidet sich Athene und veranlaßt Pandaros, einen lyrischen Bundesgenossen der Trojaner, Menelaos zu überfallen. Der Pfeil des Pandaros verwundet den Spartanerkönig, der Kampf entbrennt von neuem.

Der griechische Held Diomedes tut sich besonders hervor, »... dem geschwollenen Strome vergleichbar, / Voll vom Herbst, der in reißendem Sturz wegflutet die Brücken« (3). Götter und Göttinnen beteiligen sich an der Schlacht. Aphrodite rettet Äneas, den Sohn des Anchises, vor Diomedes und wird von dessen Speer am Handgelenk verwundet. Sogar dem Kriegsgott Ares vermag Diomedes eine Wunde beizubringen. Nach der Schlacht befiehlt Hektor seiner Mutter Hekuba, Athene Opfer zu bringen. Er spricht mit Helena und Paris und fordert seinen Bruder auf, sich mehr am Kampf zu beteiligen. Seine Gattin Andromache findet er auf dem skäischen Tor. Auf Geheiß von Apollon und Athene tritt Hektor vor beide Heere und fordert den tapfersten Griechen zum Zweikampf. Durch Losentscheidung stellt sich ihm Ajax. Die Götter werden Zeugen des Treffens, Apollon und Athene verfolgen das Geschehen. Das Kampfesglück neigt sich dem Griechen zu. Trotzdem befestigen die Achäer auf den Rat des greisen Nestor hin ihr Lager mit einer Mauer. Der Trojaner Antenor rät, Helena zurückzugeben. Paris lehnt ab. Priamos läßt die Griechen um Waffenstillstand bitten, um die Toten zu bestatten; die Griechen erwarten den Morgen der Schlacht:

> Saßen die ganze Nacht, und es loderten häufige Feuer.
> Wie wenn hoch am Himmel die Stern' um den leuchtenden Mond [her
> Scheinen in herrlichem Glanz, wann windlos ruhet der Äther
> (Hell sind rings die Warten der Berg' und die zackigen Gipfel,
> Täler auch, aber am Himmel eröffnet sich endlos der Äther;

Alle nun schaut man die Stern', und herzlich freut sich der Hirte):
So viel' zwischen des Xanthos Gestad' und den Schiffen Achaias
Loderten, weit erscheinend vor Ilios, Feuer der Troer.
Tausend Feuer im Feld' entflammten sie; aber an jedem
Saßen fünfzig der Männer, im Glanz des lodernden Feuers.
Doch die Rosse, mit Spelt und gelblicher Gerste genähret,
Standen bei ihrem Geschirr, die goldene Früh' erwartend. (4)

Zeus untersagt den Göttern jede weitere Einmischung in den Kampf. Das Kriegsglück wendet sich zugunsten Trojas. Hektor steht mit seinem Heer vor dem Griechenlager.

Die Griechen erwägen den Rückzug. Agamemnon sendet Ajax, Phönix und Odysseus als Unterhändler zu Achilleus, um ihn zu versöhnen und zu bewegen, wieder am Kampf teilzunehmen. Doch der Zürnende weist den Antrag zurück. Nur wenn Hektor die Schiffe seines eigenen Volkes, der Myrmidonen, bedroht, wird er sein Zelt verlassen. Kriegsrat zwischen Agamemnon, Menelaos und den Fürsten. Diomedes und Odysseus werden auf Kundschaft gesandt und fangen Dolon, einen troischen Späher. Sie töten im Lager der Trojaner Rhesos und zwölf Thrakier.

Am Morgen führt Agamemnon sein Heer zur Schlacht. Die Trojaner fliehen. Agamemnon wird auf Geheiß des Zeus verwundet.

Hektor und das Heer der Troer stürmen die griechische Verschanzung und dringen ins Lager ein. Kampf um die Schiffe. Die Griechen setzen sich erbittert zur Wehr.

Es folgt ein Zwischenspiel: Nestor bringt den verwundeten Machaon in sein Zelt, wo Nestors Dienerin, ein Mädchen aus Tenedos, den beiden ein Mahl bereitet:

Diese rückte zuerst die schöne geglättete Tafel
Mit stahlblauem Gestell vor die Könige; mitten darauf dann

Stand ein eherner Korb mit trunkeinladenden Zwiebeln,
Gelblicher Honig dabei und die heilige Blume des Mehles;
Auch ein stattlicher Kelch, den der Greis mitbrachte von Pylos,
Welchen goldene Buckeln umschimmerten, aber der Henkel
Waren vier und umher zwei pickende Tauben an jedem,
Schön aus Golde geformt; zwo waren auch unten der Boden.
Mühsam hob ein andrer den schweren Kelch von der Tafel,
War er voll, doch Nestor der Greis erhob ihn nur spielend.
Hierin mengte das Weib, an Gestalt den Göttinnen ähnlich,
Ihnen des pramnischen Weins und rieb mit eherner Raspel
Ziegenkäse darauf, mit weißem Mehl ihn bestreuend,
Nötigte dann zu trinken vom wohlbereiteten Weinmus. (5)

Patroklos, der Freund des Achilleus (Abb. S. 51) erscheint im Zelteingang »ähnlich den Göttern« (6), um in Achilleus' Auftrag den Namen des Verwundeten zu erfragen.
Der Kampf entbrennt von neuem. Hera, die auf seiten der Griechen kämpft, leiht von Aphrodite, die ihrerseits den Trojanern günstig gesinnt ist, einen unwiderstehlich machenden Gürtel, mit dessen Hilfe sie Zeus zu einer Liebesstunde verlockt. Poseidon greift indessen, gegen das Gebot des Göttervaters, in den Kampf ein und drängt die Trojaner zurück. Hektor wird getroffen und verliert das Bewußtsein.
Zeus, plötzlich vom Schlaf erwacht, befiehlt Poseidon, das Schlachtfeld zu verlassen und dem Gott Apollon, Hektor zu beleben. Das Kriegsglück wendet sich wiederum zugunsten der Trojaner, die Griechen weichen bis zu den Schiffen zurück.
Patroklos bestürmt Achilleus, ihn am Kampf teilnehmen zu lassen. In der Rüstung des Freundes stürzt er sich in die Schlacht, vertreibt die Trojaner und stellt sich Hektor zum Zweikampf. Hektor besiegt und tötet den Patroklos.
Kampf um die Leiche des Patroklos. Hektor löst die Rüstung Achilleus' vom Körper des Toten und legt sie selbst an.

Achilleus, von Rachedurst und Schmerz um den toten Freund ergriffen, erbittet von seiner Mutter Thetis neue Waffen. Er brennt darauf, sich in den Kampf zu stürzen und Hektor zu töten, obwohl ihm geweissagt wurde, er selbst werde bald nach Hektor sterben. Der Gott Hephästos schmiedet ihm eine neue Rüstung.

Achilleus versöhnt sich mit Agamemnon, erhält Briseis zurück und führt die Griechen auf das Schlachtfeld. Sein Streitroß prophezeit ihm sein nahes Ende.

Zeus gestattet den Göttern, am Kampf teilzunehmen. Hera, Athene und Poseidon fechten auf seiten der Griechen, Ares, Apollon, Artemis, Leto, Aphrodite und der Flußgott Skamandros stehen den Troern bei. Aber selbst die Götter können Achilleus nicht standhalten:

> Wie ein entsetzlicher Brand die gewundenen Tale durchwütet,
> Hoch im dürren Gebirg' (es entbrennt unermeßlich die Waldung
> Und rings wehet der Wind mit sausenden Flammenwirbeln):
> So rings flog mit der Lanze der Wütende, stark wie ein Dämon
> Folgend zu Mord und Gewürg', und Blut umströmte die Erde,
> Wie wenn ein Mann ins Joch breitstirnige Tiere gespannet,
> Weiße Gerste zu dreschen auf rundgeebneter Tenne
> (Leicht wird zermalmt das Getreide vom Tritt der brüllenden [Rinder):
> So vor Achilleus dort, dem Erhabenen, trabten die Rosse,
> Stampfend auf bäuchige Schild' und Leichname; unten besudelt
> Troff die Achse von Blut und die zierlichen Ränder des Sessels,
> Welchen jetzt von der Hufe Gestampf anspritzten die Tropfen,
> Jetzt von der Räder Beschlag. So wütet' er, Ruhm zu gewinnen,
> Peleus' Sohn, mit Blut die unnahbaren Hände besudelt. (7)

Hektor und Äneas werden von den Göttern gerettet.

Hektor stellt sich Achilleus außerhalb der Stadtmauer zum

Zweikampf. Doch als er ihn nahen sieht, verläßt ihn der Mut – er wendet sich, entflieht und umkreist, von Achilleus verfolgt, dreimal die Mauer Trojas. Athene bringt ihn zu Fall, und der Speer des Achilleus durchbohrt seine Kehle. Hektor beschwört Achilleus mit brechender Stimme bei dessen Leben und Eltern, seine Leiche dem Priamos gegen Lösegeld auszuliefern. Achilleus erwidert ihm: »Nicht beschwöre mich, Hund, bei meinen Knien und der Eltern! / Daß doch Zorn und Wut mich erbitterte roh zu verschlingen / Dein zerschnittenes Fleisch für das Unheil, das du mir brachtest (8)«. Er bindet Hektors Leichnam an seinen Streitwagen und schleift ihn zum Griechenlager zurück. Priamos, Hekuba und Andromache werden Zeugen dieses grausamen Schauspiels.

Nachts im Traum erscheint Patroklos dem Achilleus und fordert eine würdige Bestattung. Eine glanzvolle Leichenfeier wird veranstaltet. Achilleus opfert zwölf gefangene Trojaner auf dem Scheiterhaufen und läßt Kampfspiele abhalten. Hektors Leichnam dagegen bleibt unbestattet.

Elf Tage schleift Achilleus die Leiche Hektors täglich um das Grabmal des Patroklos. Endlich erbarmen sich die Götter. Zeus befiehlt Thetis, ihren Sohn zu bewegen, den toten Trojaner, den Apollon vor Verwesung bewahrt hatte, gegen Lösegeld an Priamos auszuliefern. Dann sendet er die Götterbotin Iris zu Priamos mit der Botschaft, das Lösegeld ins Griechenlager zu bringen. Achilleus empfängt den greisen König ehrerbietig, denn dieser beschwört ihm das Bild seines eigenen alten Vaters Peleus. Er erfüllt den Wunsch des Königs, ruft aber den Geist des Patroklos an, ihm deshalb nicht zu zürnen. Priamos verbringt die Nacht im Vorhof des Zelts, in dem Achilleus wohnt, und verläßt das griechische Lager vor Morgengrauen. Griechen und Trojaner schließen anläßlich Hektors Begräbnis einen elftägigen Waffenstillstand.

2

Troja und Homer

Vor mehr als fünftausend Jahren lebten in Griechenland Menschen, die Steinwerkzeug fertigten, bemalte Schüsseln und Krüge töpferten und ihr Leben auf kargem Ackerland in der Nähe von Quellen oder Flüssen fristeten. Zweitausend Jahre später fielen ihre Wohnstätten Eroberern zum Opfer. Diese kamen möglicherweise aus Kleinasien und waren wahrscheinlich nicht indogermanischen Sprachstamms. Sie besaßen bereits Bronzegeräte, ein Umstand, der ihr Leben beträchtlich vereinfachte. Dennoch waren sie bei weitem nicht so zivilisiert wie die in fruchtbaren Gebieten ansässigen Ägypter, Sumerer oder Kreter. Kreta vor allem lieferte dank seinem ergiebigen Boden und dem günstigen Klima Holz für den Schiffbau sowie Wein und Öl im Überfluß. 2000 v. Chr. vereinigten sich Kretas nicht-griechische Einwohner (auch sie mögen ursprünglich aus Kleinasien eingewandert sein) zu einem auf Seemacht gegründeten Königreich mit der Hauptstadt Knossos. Sie entwickelten eine phantasiereiche, lebendige Kultur und eine fließende, bewegte und naturalistische Kunst, die sich wesentlich vom hieratischen Stil ihrer ursprünglichen Vorbilder, der Ägypter, unterschied.

Indessen hatten sich auf dem griechischen Festland vermutlich aus Südrußland kommende Völkerstämme angesiedelt, deren Sprache dem Griechischen nicht unähnlich war. Sie vermischten sich mit den Ureinwohnern und schufen eine Kultur, die zwar zum Teil Kreta verpflichtet war und offensichtlich mit den Hittitern im Inneren Kleinasiens gemeinsame Grundlagen besaß, zum Teil aber auch neu war. Sie erreichte ihren Höhepunkt mit dem Bau der Königsburgen Mykene, Tiryns und Pylos. 1876 öffnete Schliemann die mykenischen Königsgräber, und die Welt staunte über den Prunk jener Herrscher und ihre neuartigen, gefährlichen Waffen: aus Bronze gefertigte Schilde Schwerter und Streitwagen. Etwa 1500 vor Christus wendete sich das Blatt: Mykene beeinflußte Kreta und brachte die ganze Insel fünfzig Jahre lang unter seine Herrschaft. In Knossos fanden sich Tausende von Tontäfelchen aus der Zeit zwischen etwa 1400 bis 1200 v. Chr. und auf dem griechischen Festland ganz ähnliche von um 1200 vor Christi Geburt mit Schriftzeichen, die unter der Bezeichnung »Linear B-Schrift« als Frühform des Griechischen gelten.

Das mykenische Knossos scheint im 14. Jahrhundert vor Christus erobert worden zu sein. Die Städte des Mutterlandes dagegen, vor allem Mykene selbst, erreichten im Laufe der nächsten 200 Jahre als Land- und Handelsmächte des Mittelmeergebiets den Höhepunkt ihrer Bedeutung. Das 13. vorchristliche Jahrhundert war für den Nahen Osten eine Zeit großer Umwälzungen. Die Ausfuhr mykenischer Waren nach Ägypten und dem Morgenland kam jäh zum Stillstand. 1250 wurde Troja, die bedeutendste Stadt im Umkreis des Hellespont, von fremden Kriegern erobert und niedergebrannt.

Räuberische Horden wüteten im 12. Jh. v. Chr. nicht nur in Syrien und Ägypten, sondern überfielen sogar das griechische Mutterland. An den Burgen von Mykene, Tiryns und Pylos wurden bei den Ausgrabungen Kampfspuren festgestellt.

Die bedeutendsten griechischen Mythen sind mit diesen Zentren mykenischer Kultur verbunden. Von dorther kamen die Helden, dort bestanden sie ihre Kämpfe, und so sagenhaft ihre Taten heute klingen – es ist durchaus möglich, daß Männer die Namen der Ilias-Helden trugen, die im mykenischen Griechenland lebten und gegen Troja zogen. Auf einem in

Linear-B-Schrift abgefaßten Tontäfelchen findet sich der Name »Hektor«. Die Schlachtordnung der *Ilias* scheint geschichtlichen Tatsachen zu entsprechen. Homer beschreibt den Bund der Belagerer als lose Konföderation ruhmbegieriger, stolzer Anführer unter dem Oberbefehl des Agamemnon, und wir dürfen annehmen, daß er sich mit dieser Schilderung von der historischen Wahrheit nicht allzuweit entfernt. Ja, es ist durchaus denkbar, daß die Eroberer die olympischen Götter für eine ähnlich dem Zeus unterstellte Streitmacht hielten. Wir sehen Zeus auf einer mykenischen Amphora, die Waage des Geschicks hält er in den Händen. Homers Kenntnis mykenischer Waffen und Geschmeide (der turmhohe Schild des Ajax, Hektors Bronzehelm, der Pokal Nestors, die silberbeschlagenen Schwerter) beruht auf Überlieferungen aus mykenischer Zeit. Auch die einzige Erwähnung der Schrift weist in jene Epoche (9). Die Belagerung der reichen Handelsstadt Troja gehörte zweifellos zu den bedeutendsten und langwierigsten kriegerischen Unternehmungen der mykenischen Epoche. Ausgrabungen haben gezeigt, daß diese Stadt, die berühmt war für ihre Pferdezucht sowie die Herstellung von Textilien und zudem in strategisch günstiger Position am Hellespont lag, zum Zeitpunkt der Belagerung den Höhepunkt ihrer Entwicklung bereits überschritten hatte (»Troja VII a«). Homers Bericht von Glanz und Größe Trojas greift deshalb auf die unmittelbar davorliegende Epoche, das 14. Jahrhundert vor Christus, zurück (»Troja VI«), in der die Stadt noch in voller Blüte stand. Anhand der Ausgrabungen wurde auch festgestellt, daß »Troja VII a« einem großen, wahrscheinlich von Menschenhand gelegten Brand zum Opfer fiel. Belagerungen waren im Altertum keine Seltenheit, die Geschichtenerzähler des Nahen Ostens wußten davon zu berichten. Die Hittiter, die bis ins 13. Jahrhundert vor Christus Beherrscher der anatolischen Hochebene waren und manche Ähnlichkeit mit den jenseits des Ägäischen Meeres ansässigen Stämmen zeigten, hinterließen zum Beispiel einen leidlich gut erhaltenen Bericht von der Belagerung der nordsyrischen Stadt Urshu. Und die Epen von Ugarit, die aus derselben Gegend stammen, berichten von der Belagerung einer Stadt namens Udum.

So »nahm Homer den Trojanischen Krieg, der sich wirklich ereignet hat, und schmückte ihn aus mit seinen mythischen Geschichten« (10), schrieb der aus Kleinasien stammende Geograph Strabo zur Zeit des Kaisers Augustus. Demnach wäre die *Ilias* eine Legende, das heißt eine Erzählung, die im Gegensatz zum Mythos, der jeder realen Grundlage entbehrt, und letzten Endes auf historischen Tatsachen beruht. Die Griechen, die Ägypter und die asiatischen Länder seit jeher um ihre Aufzeichnungen und Annalen beneideten, nahmen Homers Bericht für bare Münze. Ein großer Teil griechischer Tradition und kulturellen Erbes wurzelt in dem Glauben an die Authentizität der *Ilias.* Homer selbst war bestrebt, die Geschichten von seinen Helden möglichst glaubwürdig zu gestalten. Nicht umsonst wird die Abstammung der Hauptpersonen zwei bis drei Generationen zurückverfolgt. Vielleicht sind einzelne Gestalten Personifikationen kriegerischer Stämme, deren wechselvolles Schicksal sich jeweils in Sieg oder Tod dieses oder jenes Helden spiegelt. Dennoch war das Epos vom Zorn des Achilleus – denn vom Zorn des Achilleus ist vor allem die Rede, nicht so sehr vom Trojanischen Krieg, dessen Ende nicht einmal geschildert wird – als Chronik gedacht.

Die meisten Völker vergöttlichen ihre Vorfahren. Kein Wunder, daß die Geschichten der *Ilias* stets aufs neue erzählt und ausgeschmückt wurden, daß jede Stadt, jedes Geschlecht seine Ahnen auf sie zurückführte. Noch in der Römerzeit konnte man Gräber der Homerischen Helden besichtigen, und nicht nur in Griechenland, sondern auch in der Heimat Homers (westliches Kleinasien) wurde ein besonderer Kult mit ihren Reliquien getrieben. Die Sagen und Legenden waren im 11. Jahrhundert v. Chr. durch griechische Kolonisatoren nach Kleinasien gekommen. An der kleinasiatischen Küste waren die »Gräber« des Achilleus, des Kalchas und des Idomeneus zu sehen. Die Insel Lesbos rühmte sich noch engerer Verbundenheit mit der Vergangenheit: Das lesbische Herrscherhaus führte noch in der Blütezeit der griechischen Stadtstaaten Stammbaum und Staatsverfassung auf die Epoche des Trojanischen Krieges zurück. Das äolische Kyme wurde von einem König Agamemnon beherrscht, der behauptete, von dem Helden Homers abzustammen.

Es ist daher durchaus denkbar, wenn auch nicht erwiesen, daß das griechische Mykene Griechen zum Opfer fiel, vielleicht der Nachhut der Dorier, die um 1150 vor Christus über den Balkan ins nördliche Griechenland eingedrungen waren, dort die Äolier und Jonier vorfanden und nach Kleinasien verdrängten. Über die folgenden vier Jahrhunderte wissen wir nur sehr wenig und nennen es deshalb das »dunkle Zeitalter«. Von Wohlstand war keine Rede, die Verbindung zwischen den einzelnen Volksstämmen nur sehr gering. Aber war dieses »dunkle Zeitalter« tatsächlich eine Zeit des Niedergangs oder sind nur unsere Kenntnisse darüber dunkel? Die Archäologen versuchen seit langem, diese Frage zu beantworten. Feststeht jedenfalls, daß zu jener Zeit tiefgreifende Umwälzungen stattfanden. So war z. B. die Entwicklung der Künste unterbrochen. Die Schrift, die auf den kretisch-mykenischen »Linear-B-Täfelchen« so reich überliefert war, verschwand und tauchte erst 400 Jahre später wieder auf: Freskomalerei, Schmiedekunst, Elfenbeinschnitzerei verfielen. Die schematisch-lineare Ornamentik der während dieser »dunklen Jahrhunderte« in

Athen und anderen Städten hergestellten sogenannten geometrischen Keramik (im Athen des 10. vorchristlichen Jahrhunderts gab es bereits hervorragende »protogeometrische« Keramik) unterscheidet sich von dem geschwungenen kretisch-mykenischen Stil so grundlegend, daß man sich den unmittelbaren Verlauf dieses künstlerischen Abstiegs kaum vorstellen kann.

Die Gedichte Homers erhielten Mitte des 8. vorchristlichen Jahrhunderts ihre endgültige Fassung. Bis dahin waren die Rhapsoden des Schreibens entweder unkundig gewesen oder hatten es aus anderen Gründen unterlassen, ihre Gesänge aufzuschreiben. Die Epen mit ihren stets wiederkehrenden Themen, Wortgruppen und Phrasen (in den 28 000 Zeilen der *Ilias* und *Odyssee* finden sich 25 000 kürzere oder längere Sätze, die sich öfters wiederholen und jeder der 37 Hauptgestalten ist ein Beisatz von gleicher Länge zugeordnet) waren, ähnlich den nordischen und irischen Sagen, von Sänger zu Sänger mündlich überliefert worden. Dank dieser Tradition enthält die *Ilias* neben der Geschichte der Belagerung Trojas auch zahlreiche Hinweise auf die Lebensverhältnisse und Dialekte (Äolisch, Arkadisch, Jonisch, Attisch) der Griechen, die in den Jahrhunderten nach Trojas Fall lebten, sowie auf das Zeitalter des Dichters. Die griechische Literatur – ein einmaliges Paradoxon – beginnt mit Gedichten von überwältigender Schönheit.

Welche Bewandtnis hat es nun wirklich mit dem Dichter der *Ilias*? Schuf er sein Werk allein, fügte er vorhandene kultische, historische, überlieferte und fiktive Elemente zu einem einzigen Gedicht, oder waren längere Zeit mehrere Poeten am Werk? Wir wissen es nicht und brauchen es auch nicht zu wissen. Denis Page schreibt: »Die einzige Tatsache, an die wir uns halten können, ist die, daß sich der Mann, der dank seiner Genialität die schönsten Werke der Vergangenheit zu harmonischer Einheit zu verschmelzen wußte, Homer nannte.« Wahrscheinlich trug Homer sein Epos zum Klang der Leier vor, wie der Sänger in der *Odyssee* (11), oder er benutzte einen Stab (so behauptet Pindar, 518–438 v. Chr.), um die Vorträge anderer Rhapsoden zu leiten. Homers Gesänge wurden bei Festspielen vorgetragen. Ob sie aber für diesen Zweck geschaffen wurden, ist ungewiß. Vielleicht erklangen sie bei den panjonischen Festen auf Mykale, einem zwischen Ephesos und Milet an der Küste des westlichen Kleinasien gelegenen Vorgebirge.

In Griechenland gab es seit jeher Festspiele, doch gewannen sie im 8. Jahrhundert v. Chr., als die Olympischen Spiele eingesetzt wurden, an Glanz und Bedeutung. Die Rezitation der *Ilias* nahm 30 Stunden in Anspruch, das heißt, man brauchte drei Tage, um das gesamte Epos vorzutragen. Wahrscheinlich lösten die Sänger einander ab. Etwa zu jener Zeit kam das phönikische Alphabet nach Griechenland und die *Ilias* wurde niedergeschrieben. Ob von Homer selbst, ist unbekannt, jedenfalls aber erfolgte die Niederschrift bald nach seinem Tod. Die Homeriden, eine Art Zunft oder Interessengemeinschaft, setzten sich sogleich in den Besitz der *Ilias* und der *Odyssee* und machten die beiden Werke durch Rezitation bekannt. Ihre endgültige Form erhielten die Epen wahrscheinlich unter König Peisistratos von Athen (560–527 v. Chr.). Im Laufe der folgenden vierhundert Jahre besserten etliche Herausgeber an dem Text herum, die Einteilung der Gedichte in vierundzwanzig Gesänge wurde möglicherweise erst im 3. vorchristlichen Jahrhundert vorgenommen.

Außer *Ilias* und *Odyssee* umfaßt der trojanische Sagenkreis sechs andere Gedichte unbestimmter Herkunft, die ebenfalls Homer zugeschrieben wurden: *Cypria* (Vorgeschichte der Belagerung Trojas vom Urteil des Paris [Abb. S. 69] bis zum

Ausbruch des Krieges) *Aethiopis* (Geschichte der Amazone Penthesilea, der Tötung des Thersites und des Äthiopiers Memnon durch Achilleus sowie dessen eigenen Todes), die *Kleine Ilias, Plünderung Trojas, Heimkehr der Helden* und die *Telegonie* (Geschichte des Telegonos, eines Sohnes des Odysseus und der Kirke). Die *Ilias*, die ja vom Zorn des Achilleus handelt, gehört einem Zyklus von Dichtungen an, die zürnende Helden besangen.

Eine lange Zeit, voll von Umwälzungen und Kriegswirren, lag zwischen der Hochblüte der mykenischen Kultur und der endgültigen Gestaltung der Epen Homers. Wir wissen davon nur durch mündliche Überlieferung. Die *Ilias* ist von den historischen Geschehnissen schon so weit entfernt, daß der Bezug zu Mykene schwach bleibt. Bekannt ist zum Beispiel durch die Tontäfelchen, daß Mykene eine bürokratisch durchorganisierte Staatsform besaß, wir wissen von Listen, Inventaren, Pachtgesetzen, Besteuerung, Arbeitsteilung – durchwegs Wesenszüge, die eher an die Hittiter oder andere nordsyrische Völker denken lassen, als an das einfach-archaische Leben, dessen Bild Homer entwirft.

Andererseits überschätzt der Dichter, durch die späteren Verhältnisse beeinflußt, den West-Ost-Gegensatz zwischen Griechen und Trojanern. Die trojanische Kultur orientierte sich, wie Ausgrabungen bestätigen, eher nach Westen als nach ihren hittitischen Festlandsnachbarn und hatte mit den Griechen vieles gemeinsam. Homer spiegelt vermutlich den späteren Gegensatz zwischen Griechenland und dem Osten wider, der in den Perserkriegen seinen Höhepunkt erreichen sollte, wenn er den orientalisch-kosmopolitischen Charakter Trojas betonte:

> Trojas Volk, wie die Schafe des reichen Manns in der Hürde
> Zahllos stehn und mit Milch die schäumenden Eimer erfüllen,
> Blökend ohn' Unterlaß, da der Lämmer Stimme gehört wird:

Also erscholl das Geschrei im weiten Heere der Troer;
Denn nicht gleich war aller Getön, noch einerlei Ausruf,
Vielfach gemischt war die Sprach', und mancherlei Stammes die
[Völker. (12)

Die Geschichtsschreiber, und vor allen Herodot, hoben die Bedeutung des Trojanischen Krieges als Beginn des Zwists zwischen Griechenland und dem Osten stets aufs neue hervor. Deutlich wurde dieser Zwist jedoch erst nach den Kämpfen, die jonische und äolische Siedler an der kleinasiatischen Küste im 9. Jahrhundert v. Chr. mit asiatischen Stämmen führten.
Die Vorstellung von der Existenz eines fernen »Goldenen Zeitalters« entstand nach dem Fall Mykenes auf dem griechischen Festland und blieb allein durch die jonischen Vorläufer Homers, die, wie alle Kolonisten, über das Ägäische Meer hinweg die Verbindung zum griechischen Mutterland wahrten, lebendig. Der kriegerische Ton der *Ilias* entsprach den griechischen Charakterzügen, die später in Sparta zu höchster Entwicklung gelangen sollten. Jonisch hingegen ist die Feinfühligkeit, der offene Individualismus und der Fluß der Erzählung. Eiserne Äxte, Messer und Pfeilspitzen, die in der *Ilias* erwähnt sind, weisen auf die Zeit um die Jahrhundertwende, in welcher das Eisen im ägäischen Raum bekannt wurde. Viele der »mächtigen Hiebe«, laut Homer mit Bronzewaffen verabreicht, wurden in Wirklichkeit wohl mit eisernen Schwertern geführt. Auch die Verbrennung gefallener Helden in Urnen geometrischen Stils, die erst später üblich wurde, wird bei Homer praktiziert, während in Mykene die Toten gewöhnlich beerdigt wurden. Der Dichter der *Ilias* lebte in einer neuen Zeit, die in seinem Werk gegenwärtiger ist als die mykenische Epoche, in der es spielt. Homer empfand die Gegenwart als Zeit des Niederganges und blickte sehnsüchtig auf die fernen goldenen

Tage glorreicher Kriege, prunkvoller Königsburgen und treuer Gefolgsleute zurück. Vielleicht schmeichelte dieses Bild auch den zeitgenössischen Tyrannen, die an der prompten Niederlage Thersites, des einzigen politischen Stänkerers, der in der *Ilias* vorkommt, zweifellos ihre Freude hatten.

Bestanden Verbindungen zwischen den Epen Homers und der bildenden Kunst seiner Zeit? Wenn man diese Fragen bejahen könnte, gewänne man wertvolle Aufschlüsse. Auf den Vasen des geometrischen Stils aus Athen und aus Smyrna, einer der zahlreichen angeblichen Geburtsstädte Homers, kann man die allmähliche Entwicklung der Szenen- und Figuralmalerei verfolgen. Als um die Mitte des 8. Jahrhunderts vor Christus auf Samos zu Ehren Heras der erste architektonisch gegliederte Tempel entstand, gab es dort Aschenurnen mit Abbildungen von Wettrennen, feierlichen Umzügen und Schlachtszenen, die man als Darstellungen aus der *Ilias* deuten könnte. Die Bildhauerei war noch in starren Formen befangen, ein neuer Stil in der Menschendarstellung entwickelte sich erst nach und nach. Solange die Vasen nicht beschriftet, die Figuren nicht mit persönlichen Attributen versehen waren, wie später im 7. vorchristlichen Jahrhundert, läßt sich schwer feststellen, ob die Gestalten Götter oder Menschen darstellen. Ab dem 7. Jahrhundert v. Chr. tauchen allenthalben in Böotien, Sparta, Korinth, Ostgriechenland und auf den Ägäischen Inseln Darstellungen von Ilias-Szenen auf. Wer inspirierte wen? Der Dichter die Maler und Bildhauer? Oder beeinflußten die bildenden Künstler, wie man es ihnen gern nachrühmt, durch ihre neue Art Menschen darzustellen, den Dichter? Homer mit seiner unvergleichlichen Charakterisierungskunst und seiner bildhaften Technik war den Malern des geometrischen Stils so turmhoch überlegen, daß von Beeinflussung hier kaum die Rede sein kann. Ein Austausch befruchtender Ideen zwischen

Dichter und Maler (in der abendländischen Kunst gab es dergleichen später oft) läßt sich in diesem Fall nicht nachweisen. Homer besaß eine untrügliche Beobachtungsgabe, eine ungeheure Vorstellungskraft (Voltaire nannte ihn den »göttlichen Maler«), zog für seine Vergleiche das Leben selbst in all seinen Erscheinungsformen heran und schöpfte aus der Natur. Man denke vergleichsweise an die karge Einfachheit der Schilderungen in *Beowulf* oder *Rolandslied.* Dantes Vergleiche z. B. tauchen die ganze jeweilige Szene in schärferes Licht. Homer hebt intuitiv die wichtigsten Einzelheiten hervor. Oft läßt er zwei Bilder knapp aufeinanderfolgen, um verschiedene Aspekte einer Sache, Gegensatz oder Wechsel zu verdeutlichen:

Wie ein vertilgendes Feuer entbrennt in unendlicher Waldung
Auf den Höhn des Gebirgs und fern die Flamme gesehn wird,
Also dem wandelnden Heer entflog von dem prangenden Erze
Weithin leuchtender Glanz und durchstrahlte die Luft bis zum [Himmel.
Dort, gleichwie der Gevögel unzählbar fliegende Scharen,
Kraniche oder Gäns' und das Volk langhalsiger Schwäne,
Über die asische Wies' um Kaystrios' weite Gewässer,
Hierhin flattern und dorthin mit freudigem Schwunge der Flügel,
Dann mit Getön hinsenken den Flug, daß umher das Gefild' [hallt:
So dort stürzten die Scharen von Schiffen daher und Gezelten
auf die skamandrische Flur; und ringsum dröhnte die Erde
Graunvoll unter dem Gang des wandelnden Heers und der Rosse.
Jetzo standen sie all' in der blumigen Au des Skamandros,
Tausende, gleich wie Blätter und knospende Blumen im Frühling.
Aber dicht, wie der Fliegen unzählbar wimmelnde Scharen
Rastlos durch das Gehege des ländlichen Hirten umherziehn
Im anmutigen Lenz, wann Milch von den Butten herabtrieft:
So unzählbar standen die hauptumlockten Achaier
Gegen die Troer im Felde, sie auszutilgen verlangend. (13)

Max Beckmann, Odysseus und Kalypso. Hamburg, Kunsthalle

Homer läßt uns nicht nur die großen Schlachten miterleben, sondern auch ganz alltäglichste Dinge. Und darin liegt nicht zuletzt die einzigartige Kunst seiner Naturschilderungen, seines einfachen, bildhaften, dem Thema stets gerecht werdenden Stils.

3

Achilleus und Helena

JEDE GESTALT der homerischen Mythen erscheint als scharf umrissenes Individuum. Achilleus, der strahlendste Krieger, wenn auch manchmal grausam und wild (vielleicht eine Anspielung auf seine thessalische Herkunft), ist zugleich der Freundlichste, Schönste, Großzügigste, Weiseste von allen, der dem Grundsatz des Vaters nacheifert, »Immer der Erste zu sein und vorzustreben vor andern« (14). Gewiß wird man die christliche Ritterlichkeit eines Roland, Lancelot oder Beowulf vergeblich an ihm suchen, doch hat Achilleus eine glänzende Erziehung genossen, liebt es, sich am Spiel mit der »klingenden Leier« (15) zu erfreuen, kurzum, er ist ein edler Mann, keinesfalls der prahlerische, verzogene Knabe, den Euripides später darstellte (16).

Die *Ilias* beschäftigt sich vor allem mit seiner ungeheuren Persönlichkeit, denn sie kommt dem Homerischen Ideal am nächsten. Achilleus, Rächer erlittener Unbill, aufbrausend, voll Ehrgefühl und kühn, hat mit Shakespeares Hotspur manches gemeinsam, ist aber nicht nur wilder und unbändiger als Henry Percy, sondern auch tragischer. Erst der römische Dichter

Statius erfand in seiner *Achilleus* die Fabel von des Helden verwundbarer Ferse. Homers Achilleus ist verwundbar und sterblich wie alle anderen, noch mehr: Er weiß sich vom Schicksal gezeichnet (17), ist wie der sumerische Held Gilgamesch und Keret aus dem syrisch-phönikischen *Ugarit,* göttlicher Herkunft und muß gleich jenen dennoch vergehen. Das ewige tragische Thema vom vergeblichen Streben des Menschen, den Tod zu überwinden, sollte im Laufe der Zeit noch in zahlreichen griechischen Mythen abgewandelt und neu gestaltet werden.

Achilleus vereinigt in sich Eigenschaften, die den meisten Männern begehrenswert erscheinen: Er besitzt im höchsten Maße Tugenden und Fehler des Helden, und diese bestimmen sein ganzes Handeln. Es empört ihn, von Agamemnon zurückgesetzt zu werden, denn dies kommt einer Mißachtung seines Wertes als Held und Krieger gleich (18). Allerdings setzt er sich selbst ins Unrecht, als er Agamemnons Versöhnungsversuch zurückweist, den Kriegsherrn und die Gefährten rücksichtslos hintansetzt. Odysseus beschwört Achilleus, nachzugeben und von Agamemnon die Rückgabe seines Eigentums als Teil der ihm schuldigen Genugtuung entgegenzunehmen (19), doch Achilleus weigert sich. Später freilich, in seinem rasenden Schmerz um Patroklos, gelten ihm Ehre und Gut nichts mehr. Und im letzten Gesang in der erschütternden Begegnung mit Priamos, erhebt Achilleus sich über sich selbst. Gewiß, noch brennt Leidenschaft in seinem Herzen, doch er bietet dem Greis die Hand (20) und löscht mit dieser Gebärde den Makel von der eigenen Seele.

Die früheren Gesänge zeigen Achilleus als furchteinflößenden Krieger (schon seine Erscheinung ist nicht minder schreckenerregend als seine Kühnheit), dessen Kampfeswut differenziertere Charakterzüge in den Schatten stellt:

Ihm von den Zähnen ertönt' ein Geknirsch her, aber die Augen
Funkelten gleichwie lodernde Glut; und das Herz ihm erfüllte
Unausduldsamer Schmerz. So heftig ergrimmt auf die Troer,
Nahm er das Göttergeschenk, das Hephästos' Kunst ihm ge-
[schmiedet.
Eilends fügt' er zuerst um die Beine sich bergende Schienen
Blank und schön anschließend mit silberner Knöchelbedeckung;
Weiter umschirmt' er die Brust ringsher mit dem ehernen Harnisch
Hängte sodann um die Schulter das Schwert voll silberner Buckeln
Eherner Kling', und darauf den Schild auch, groß und gediegen,
Nahm er, der ferne den Glanz hinsendete, ähnlich dem Vollmond,
Wie wenn draußen im Meere der Glanz herleuchtet den Schiffern
Vom auflodernden Feuer, das, hoch auf Bergen entflammet,
Brennt in einsamer Hürd', indes mit Gewalt sie der Sturmwind
Fern in des Meeres fischwimmelnde Flut von den Freunden hin-
[wegträgt:
So von Achilleus' Schild entleuchtete Glanz in den Äther,
Schön wie er prangt' an Kunst. Den schweren Helm nun er-
[hebend,
Deckt' er das Haupt ringsher; und es strahlete gleich dem
[Gestirne
Sein hochbuschiger Helm, und die Mähn' aus gesponnenem Golde
Flatterte, welche der Gott auf dem Kegel ihm häufig geordnet.
Jetzo versucht' in der Rüstung sich selbst der edle Achilleus
Ob sie genau anschlöß und leicht sich bewegten die Glieder:
Und wie Flügel ihm war sie und hob den Hirten der Völker.
Auch dem schönen Gehäus' entzog er den Speer des Erzeugers,
Schwer und groß und gediegen, es konnt' ihn der Danaer keiner
Schwingen, allein vermocht' ihn umherzuschwingen Achilleus:
Pelions ragende Esche, die Cheiron schenkte dem Vater
Pelions Gipfel enthaun, zum Mord den Heldengeschlechtern. (21)

Das Feuer, das aus den Augen dieses einen Helden blitzte, sollte Jahrhunderte im Herzen eines jeden Griechen lodern.

Ihn verließ nach dem Tode selbst nicht der Gesang;
Nein, die helikon'schen Jungfraun
Standen um Grab und Holzstoß vereint,
Bang sich ergießend um ihn in klagendem Gesang.
War's doch also den Göttern genehm,
Den edlen Mann der Musen hohem Lied
Noch im Tode zu weihn. (22)

Achilleus verleiht der *Ilias* Einheit. Das Gedicht ist eine Brücke mit fünf mächtigen Bögen: Achilleus' Hader mit Agamemnon, sein Zorn, der Tod des Patroklos, die Rache an Hektor, die Erbarmung mit Priamos.
Auch Hektor ist ein ruhmreicher Streiter. »Hektor strahlte voran, dem mordenden Ares vergleichbar, / Priamos' Sohn, und trug den gleichgerundeten Schild vor, / Dicht aus Häuten gedrängt und umlegt von starrendem Erze; / Und um des Wandelnden Schläfen bewegte sich strahlend der Helmschmuck (23)«. Aber Hektor ist besonnener als Achilleus und ein besserer Führer als Kämpfer. Man hat ihn zu Unrecht schwach und wertlos genannt. Auch ist er kein kriegsbesessener Wüterich, der seine Stadt unbedacht ins Verderben stürzt. Hektor ist ein ganzer Mann, der in sich Kampfesmut und Besinnlichkeit vereinigt, ein guter Sohn, Gatte, Vater – ein Held. Auch ihm wurde früher Tod bestimmt:

... Selbst war ihm aus des Äthers Höhn ein Beschirmer
Zeus, der jenem allein in mächtigen Scharen der Männer
Preis und Herrlichkeit gab; denn wenige Tage nur waren
Ihm gewährt, schon lenkt' ihm das finstere Todesverhängnis
Pallas Athene daher durch siegende Macht des Achilleus. (24)

Ebenso wie Achilleus gibt sich auch Hektor über sein Schicksal keiner Täuschung hin. Er weiß, daß Troja fallen wird (25), daß weder er noch die Seinen dem Schicksal entrinnen können. Dennoch ist er entschlossen, um der Ehre willen tapfer zu fallen. Der Augenblick, da dieser beherzte Mann bang vor Achilleus flieht, zählt zu den furchtbarsten der *Ilias*. Kavafis, ein Dichter unserer Zeit, nahm diese Szene auf:

> Unsre Bemühungen sind wie jene der Troer.
> Kühn gedenken wir, mit Entschluß und Wagmut
> Fallenden Schlag des Geschicks zu ändern,
> Und wir stellen uns draußen auf zum Kampfe.
> Aber sobald die große Entscheidung nahkommt,
> Geht uns der Wagemut und der Entschluß verloren,
> Unsere Seele erbebt, fühlt Lähmung,
> Und in vollem Kreis um die Mauern laufen wir,
> Durch die Flucht zu entrinnen bestrebt.
> Dennoch ist unser Fall gewiß. Dort oben
> Auf den Mauern beginnt schon die Totenklage. (26)

Mit Hektor erlischt Trojas Hoffnung; solange Hektor lebt, ist der Ausgang der Schlacht nicht besiegelt.

Hektor steht seinem Bruder Paris (er hatte den Schönheitspreis vor Hera und Athene der Aphrodite zuerkannt, Helena aus Sparta entführt und damit den Krieg heraufbeschworen) kritisch gegenüber: »Ihm antwortete drauf der helmumflatterte Hektor: / Guter, dir darf kein sterblicher Mann, der Billigkeit achtet, / Tadeln die Werke der Schlacht, du bist ein tapferer Streiter. / Oft nur säumest du gern und willst nicht. Aber es kränkt mir / Innig das Herz, von dir die schmähliche Rede zu hören / Unter dem troischen Volk, das um dich so manches erduldet.« (27)

Die fesselndsten Gestalten der übrigen Helden sind durchweg Griechen. Agamemnon, ihr Oberbefehlshaber, ist tapfer im Kampf, doch ohne menschliche Größe, wankelmütig, raub-

gierig, heftig, falsch, prahlerisch, taktlos, handelt nicht selten unrecht und schwankt zwischen Großmut und Verstocktheit, Verzweiflung und Selbstvertrauen. Agamemnons Fehler werden von Homer gewissenhaft aufgezeigt – vielleicht ein Hinweis, wie sehr es die Fürsten haßten, wenn auch nur kurze Zeit, einem Oberbefehlshaber unterstellt zu sein. Menelaos, Agamemnons Bruder, spielt die undankbare Rolle des betrogenen Gatten. Er ist zwar tapfer, aber nicht sonderlich anziehend, unterliegt im Zweikampf mit Paris und hat überdies keine Autorität. »Greis«, sagt Agamemnon zu Nestor, »zu anderer Zeit verstatt' ich dir, jenen zu tadeln, / Denn oft säumt mein Bruder und geht ungern an die Arbeit, / Nicht von Trägheit besiegt noch Unverstande des Geistes, / Sondern auf mich herschauend und mein Beginnen erwartend.« (28)
Odysseus ist dagegen als Mann der Tat gezeichnet: von verblüffender Körperkraft, womöglich noch größerer Klugheit und doch dank seinem gesunden Menschenverstand jedermanns Freund. Nur Ajax, der dumpfe Riese, haßt Odysseus, da dieser ihn einst in einem Ringkampf durch einen Kunstgriff besiegte (29). Nestor, Shakespeares Polonius (30) nicht unähnlich, gibt gute Ratschläge, verrät allerdings auch seinem Sohn eine Reihe von Kniffen, wie er bei Wettkämpfen mit nicht ganz lauteren Mitteln den Sieg erringen könne, und treibt nicht nur die jungen kriegstüchtigen Männer in die Schlacht, sondern sogar einen gewaltigen Kämpfer wie Diomedes:

> ... Aber der Held selbst
> Schlummerte, hingestreckt auf die Haut des geweideten Stieres;
> Auch war unter dem Haupt ein schimmernder Teppich gebreitet.
> Nahend weckt' ihn vom Schlaf der gerenische reisige Nestor,
> Rührend den Fuß mit der Fers', und ermuntert ihn, scheltend ins [Antlitz:

Wache doch, Tydeus' Sohn! Was schlummerst du ruhig die Nacht [durch?
Hörtest du nicht, wie die Troer sich dort auf dem Hügel des [Feldes
Lagerten, nahe den Schiffen, und weniger Raum sie entfernet?
Also der Greis; doch schleunig erstand aus dem Schlaf Diomedes,
Und er begann zu jenem und sprach die geflügelten Worte:
Allzu emsiger Greis, du ruhst auch nimmer von Arbeit!
Sind nicht andere noch und jüngere Männer Achaias,
Welchen es mehr obläge, der Könige jeden zu wecken,
Rings durchwandelnd das Heer? Du übertreibst es, o Alter! (31)

Die Frauen der *Ilias* sind Wesen aus Fleisch und Blut, wenn sie auch nicht, wie etwa die Frauen der nordischen Sagen, in das Geschehen eingreifen und, sobald sie in Knechtschaft geraten, zu Tauschobjekten von beschämend geringem Wert herabsinken:

Peleus' Sohn nun setzte noch andere Preise des Kampfes,
Zeigend dem Danaervolk, des mühsamstrebenden Ringens:
Erst dem Sieger ein groß dreifüßig Geschirr auf dem Feuer,
Welches an Wert zwölf Rinder bei sich die Danaer schätzten;
Doch dem Besiegeten stellt' er ein blühendes Weib in den Kampf- [kreis,
Klug in mancherlei Kunst und geschätzt vier Rinder an Werte. (32)

Die Gemahlinnen der Helden tragen ihr Schicksal mit Haltung und Würde, nicht anders als Gudrun oder Brünhild. Ihr Gehaben zeugt von Verantwortungsbewußtsein und Empfindungsreichtum. Helena und Andromache, zum Beispiel, sind nicht weniger scharf gekennzeichnet als Hektor oder Achilleus. Dennoch spielt die *Ilias* in einer Welt der Männer, in der die Liebe eine untergeordnete Rolle zu spielen scheint. Wir sind nicht im Reich der Minnesänger. Jedoch wird niemand bezweifeln, daß Hektor und Andromache sich lieben; auch Achilleus und Briseis sind einander zugetan, und schließlich war der ganze Krieg aus Paris' unseliger Leidenschaft für Helena entstanden.

Die Griechen sahen in Helena einen schönen, tragischen Fluch. Sie selbst, eine unglückliche Frau, wußte, daß Zeus sie dazu verdammt hatte, von Dichtern besungen zu werden. Die Trojaner hätten es sicher vorgezogen, Helena nicht in ihrer Mitte zu sehen. Doch ihre Schönheit war so strahlend, daß selbst die Ältesten sie nur anzuschauen brauchten, um alles zu verstehen:

> Saßen, die Ältesten der Stadt, umher auf dem skäischen Tore,
> Welche betagt vom Krieg ausruheten; doch in Versammlung
> Redner voll Rat, den Zikaden nicht ungleich, die in den Wäldern
> Aus der Bäume Gesproß hellschwirrende Stimmen ergießen;
> Gleich so saßen der Troer Gebietende dort auf dem Turme.
> Als sie nunmehr die Helena sahen zum Turme sich wenden,
> Leise redete mancher und sprach die geflügelten Worte:
> Tadelt nicht die Troer und hellumschienten Achaier,
> Die um ein solches Weib so lang' ausharren im Elend!
> Einer unsterblichen Göttin fürwahr gleicht jene von Ansehn!
> Dennoch kehr', auch mit solcher Gestalt, sie in Schiffen zur [Heimat.
> Ehe sie uns und den Söhnen hinfort noch Jammer bereitet! (33)

Helena (der Name stammt aus vorgriechischer Zeit), ursprünglich vielleicht eine Baumgottheit, ist Gegenstand zahlreicher, widersprechender Sagen (Abb. S. 52). Es heißt, daß der Dichter Stesichoros (6. Jahrhundert v. Chr.) zur Strafe dafür, daß er Helena die Schuld am Trojanischen Krieg zugeschrieben hatte, von den Göttern mit Blindheit geschlagen wurde und als Sühne die sogenannte *Palinodie* schrieb: Helena sei nur bis Ägypten gelangt und nichts als ihr Schatten in Troja gewesen. Euripides erwähnt diese Version in seiner *Helena* (34). Und Giorgos Seferis, der zeitgenössische Dichter, führt diese Tradition weiter:

Sie stand am Rande der Wüste.
Meine Hand berührte sie. Wir sprachen.
»Es ist nicht wahr«, schluchzte sie.
»Nie betrat ich die Planken des Purpurschiffs.
Nie berührte mein Fuß Troja.«

Sie stand an den Ufern des Stroms.
»Und in Troja?«
»Nichts. Nur ein Schatten.
Die Götter wollten es so.
Paris lag bei einem Schatten.«
Doch uns mordete der Krieg
Zehn Jahre um Helena. (35)

Die bekanntere Sage von Helenas Entführung gehörte dem trojanischen Sagenkreis anfangs wahrscheinlich nicht an. Die Dichter schöpften hier wohl aus Quellen, deren Ursprung sich nach Ugarit an der syrischen Küste zurückverfolgen läßt. Ugarit, heute Ras Shamra bei Latakia, war vom 18. bis zum 13. Jahrhundert v. Chr. ein blühendes Königreich, dessen Hauptstadt den wahrscheinlich ersten großen internationalen Seehafen besaß. Die Epen von Ugarit stammten aus dem 14. Jahrhundert v. Chr. und waren in Kanaaniter Keilschrift, einer Vorläuferschrift des phönikischen Alphabets niedergeschrieben, die im 8. Jahrhundert v. Chr. nach Griechenland verpflanzt wurde. Ihre Sprache gehörte zu der nordwestlichen Gruppe semitischer Idiome. Diese Epen weisen zahlreiche Querverbindungen sowohl zum *Alten Testament* als auch zu den Epen

Homers auf. *Ilias* (36) und *Odyssee* (37) enthalten Einzelheiten, die an jene Gedichte erinnern. So werden z. B. Hunde (38) in der *Odyssee* beifällig erwähnt, während sie in der semitischen Welt, mit Ausnahme Ugarits, durchaus nicht geschätzt wurden. Auch Helenas Geschichte wirft in den ugaritischen Epen bereits ihren Schatten voraus. Keret, der Held eines Gedichts dieses Namens, betrauert den Tod seiner Gattin. Der Gott El, wie Zeus »Vater der Götter und Menschen«, befiehlt ihm, die Stadt Udum zu belagern und des Königs Tochter Hurriya zu fordern, die »Saphiräugige, deren Lider Alabasterschalen gleichen.« Keret belagert Udum und erringt Hurriya. Solche Zusammenhänge werfen eine für die Mythen-Überlieferung wichtige Frage auf: Bestand zwischen der kretischen Zivilisation des 17. und 16. vorchristlichen Jahrhunderts und der Kultur Ugarits eine Verbindung, kam es zu Kontakten, zu gegenseitiger Beeinflussung? Kretische Keramik, dies ist erwiesen, wurde nach Ugarit eingeführt; wahrscheinlich gab es dort sogar eine minoische Siedlung, die allerdings im 14. oder 13. Jahrhundert einer mykenischen Niederlassung wich. Erklärt dies gewisse Übereinstimmungen? Oder spricht die Ähnlichkeit zwischen den homerischen und den ugaritischen Mythen für eine Verbindung zwischen Homer und den Phönikern, die ugaritische Mythen übernommen hatten? Zu Homers Zeiten (8. Jh.) gab es in Posidium (Al Mina?) an der Orontesmündung eine griechische Niederlassung, die zu den großen phönikischen Städten Byblos, Tyrus und Sidon Beziehungen unterhielt. Damals übernahmen die Griechen das phönikische Alphabet und, etwa ein Jahrhundert später, zahlreiche »orientalisch« beeinflußte Kunstformen (phantastische Ungeheuer und ähnliche Dinge mehr), als deren berufener Mittler sich das zwischen Griechenland und dem Nahen und Mittleren Osten (Babylonien, Assyrien, deren Kultur der sumerischen Vergan-

genheit verhaftet war) gelegene Phönikien erwies. Vielleicht wird es der Forschung im Laufe der nächsten Jahre gelingen, diese Fragen zu beantworten.
Immerhin ist es denkbar, daß Helena niemals nach Troja gekommen wäre, hätte es keinen *Keret* gegeben. Diese Möglichkeit läßt den Schluß zu, daß es noch eine zweite, vom *Keret* unbeeinflußte Version der Helena-Sage gegeben haben muß.

4

Heldische Tugenden

DIE ILIAS leistete, ob zum Guten oder Schlechten, einen grundlegenden Beitrag zur menschlichen Zivilisation: Sie umriß den Begriff des Helden. Etwa seit dem 8. Jahrhundert v. Chr. (39) sahen die Griechen etwas Glänzendes, Übermenschliches in dem, was sie für ihre verlorene Vergangenheit hielten. Damals, so glaubten sie, hatten herrliche Männer gelebt, gewaltig und ehrbegierig, stets bereit, um des Ruhmes willen jeden Kampf zu wagen. Der Held, dies wird vorausgesetzt, muß seine hohen Gaben jederzeit einsetzen, um alle anderen zu überstrahlen. Darin liegt nicht nur sein Lohn, sondern auch die Bestätigung seiner Mannhaftigkeit. Leitstern des Helden ist die Ehre, unsterblicher Ruhm sein Ansporn und der Sinn seines Daseins. Vornehme Geburt, Reichtum, Kühnheit bekräftigen seinen Rang, Mut, Standhaftigkeit, Stärke und Schönheit sind seine Ideale. In begeistertem Vertrauen auf das, was er erreicht hat und besitzt, zählt er auf seine Fähigkeit, den besten Gebrauch davon zu machen. So wird er den Göttern zwar nicht gleich, aber ähnlich. Hesiod siedelte die Helden zwischen Menschen und Göttern an (40), und die Dichter wurden durch ihre heldischen Taten auf den Gedanken gebracht, menschliche Natur könne sich Göttlichem aus eigener Kraft annähern. Eine solche Idee wäre in den starren Theokratien Ägyptens oder Babylons unvorstellbar gewesen, auch die Griechen kannten die Grenzen des Menschtums, doch suchten sie, nach Höherem zu streben:

> ... und doch
> Nähern wir durch großen Sinn
> Und Gestalt uns den Unsterblichen an,
> Bleibt es den Sterblichen auch
> Verborgen, zu welchem Ziel
> Nächtlich oder am Tag
> Ihm des Geschickes Gebot die Bahn bestimmt. (41)

Ruhm, das war für den Einzelnen der Weg, den Göttern ähnlich zu werden. Ahnenstolz, Standesvorrechte, militärische und sportliche Kühnheit förderten die Berühmtheit. Es ist kein Zufall, daß Thersites, der einzige Demagoge der *Ilias*, schmählich unterliegt. Die Männer der *Ilias* streben nach Heldentum. Achilleus empfindet nichts schimpflicher, als sich mißachtet zu sehen, bemüht sich zeitlebens darum, unter Einsatz seiner ganzen männlichen Standhaftigkeit (tlemosyne) (42) unter seinesgleichen Erster zu sein. Gleich Dante und Shakespeare lebte Homer in einer Zeit politischer und sozialer Umwälzung, wie jene brachte er ein überlebtes, wehmütig betrauertes Wertsystem zu neuen, hohen Ehren.

Abgeklärtheit ist nicht Sache Homerischer Helden. Von heftiger Gemütsart, geben sie sich seelischen Erschütterungen rückhaltslos hin. Als Achilleus, der Gewaltigste aller Krieger, vom Tod des Patroklos erfährt, liegt ihm nichts ferner, als sich zu beherrschen:

Siehe, mit beiden Händen des schwärzlichen Staubes ergreifend,
Überstreut' er sein Haupt und entstellte sein liebliches Antlitz:
Auch das ambrosische Kleid umhaftete dunkele Asche.
Aber er selber groß, weithingestreckt in dem Staube,
Lag und entstellete raufend mit eigenen Händen das Haupthaar.
Mägde zugleich, die Achilleus erbeutete und Patroklos,
Laut mit bekümmerter Seel' aufschrien sie; all' aus der Türe
Liefen sie her um Achilleus den Feurigen, und mit den Händen
Schlugen sich alle die Brust, und jeglicher wankten die Knie.
Drüben Antilochos auch wehklagete, Tränen vergießend
Haltend Achilleus' Händ, als beklemmt sein mutiges Herz rang,
Daß er nicht die Kehle sich selbst mit dem Eisen durchschnitte.
(43)

Der Begriff des Helden mit all seinen Tugenden und Schwächen hat unsere Denkweise verwandelt. Die neue heroische Lebensauffassung, der Glaube, der Mensch sei aus eigener Kraft zu erstaunlichen Taten fähig und könne sich in bis dahin für unmöglich erachtetem Ausmaß über sich selbst erheben, machte Vorurteilen und Aberglauben ein Ende. Schon zu Homers Zeiten stellte man die Geschichten der Helden als Schulbeispiele hin, und während der ganzen Antike eiferte man ihnen nach; die Schulen der Renaissance ließen diese Tradition wieder aufleben, und die Institute, an denen die Elite der heutigen Welt herangebildet wird, fußen letztlich auf jenen Schulen. Wenn wir die *Ilias* lesen, weitet sich unser Herz, die Gegenwart, sei sie noch so bedrückend, verliert an Realität, wir folgen den Helden durch Kampf und Schmerz, nicht ihresgleichen zwar, doch ihre Nachfolger, teilen ihre Freuden und Qualen.
Herder wandte sich 1773 mit aller Entschiedenheit gegen die Rokoko-Verniedlichung der Heroen. Herders Bewunderer Goethe sah in den Griechen das Volk, das es am besten verstanden hatte, dem Dasein Form zu verleihen, und zwar auf

höherer Ebene, das nicht nur zu kämpfen verstand, sondern auch, das Leben bis zur Neige zu genießen, ohne ausschweifend zu werden. Die Begegnung mit den griechischen Heroen beeinflußte Goethe entscheidend. Allerdings brachte ihm die Erfahrung auch Bitterkeit. Er, ein Mann der Neuzeit und des Nordens, mußte letztlich daran verzweifeln, sie wieder zum Leben zu erwecken. Auch Hölderlin war, bis er in Wahnsinn verfiel, von den Griechen fasziniert:

> Griechenland war meine erste Liebe und ich weiß nicht, ob ich sagen soll, es werde meine letzte seyn. ... O mir, mir beugte die Größe der Alten, wie ein Sturm das Haupt, ... Ich liebte meine Heroen, wie eine Fliege das Licht ... (44)

Viele Wesenszüge der abendländischen Zivilisation, Kampfgeist sowohl als Menschlichkeit, lassen sich auf Gestalten der *Ilias* zurückführen. Thomas Carlyle schrieb zum Beispiel in seiner Schrift *Helden und Heldenverehrung*, er fühle »kniefällige Bewunderung für die edelste, gottgleiche Menschenform«. Er bezog sich auf Novalis' Äußerung über den menschlichen Körper als einzigen, heiligen Welttempel und brachte die antike Heldenverehrung mit dem Christentum in Verbindung – »der größte aller Helden ist Christ«. Allerdings ist dieses christliche Ideal von der Demut des *Neuen Testaments* weit entfernt.

Der Homerische Held liebte die Schlacht. Kriegführen war für die Gesellschaftsschicht, der er zumeist entstammte, von größter Bedeutung. Ähnliche Zustände herrschten in Rußland, Indien, Serbien und, wie bekannt wird, in Afrika während der »heroischen Zeiten«. Dem Wirken des Helden waren engere Grenzen gezogen als dem Walten eines Gottes, seine Tätigkeit beschränkte sich auf die mühvollste aller menschlichen Tätigkeiten, das Kriegshandwerk. Es bereitete ihm zwar mitunter grauenvolle Eindrücke, gab ihm aber die Möglichkeit, glänzende Taten zu vollbringen. Lange Strecken der *Ilias* sind nichts anderes als ein herrlich beschriebenes Blutbad. Ab und zu halten die Kämpfenden inne und ein Kriegsrat findet statt *(Ilias*, Zweiter und Dritter Gesang). Doch sind diese Atempausen meistens nur kurz. Einzelne Stellen zeugen von Gerechtigkeitssinn und Milde, im allgemeinen jedoch läßt die Ruhmsucht des Helden für Ritterlichkeit, geschweige denn Schonung des besiegten Feindes, nicht den geringsten Raum. Unvollständige Rache schmälerte die Genugtuung über den Sieg. Flehen um Gnade fand kaum jemals Gehör, der Held höhnte sogar den Besiegten:

> Auch Patroklos dagegen entsprang vom Geschirr auf die Erde,
> Trug in der Linken den Speer und faßt' in die Rechte den [Marmor,
> Glänzend weiß, rauhzackig, den eben die Faust ihm umspannte.
> Angestrengt nun warf er, und nicht flog säumend zum Manne,
> Noch verirrt das Geschoß; den Wagenlenker des Hektor
> Traf er, Kebriones, ihn, des Priamos mutigen Bastard,
> Wie er die Zügel gefaßt, an der Stirn mit dem zackigen Steine.
> Beide Brauen zerknirscht' ihm der Fels, nicht wehrte des Hauptes
> Knochen ihm; sondern die Augen entflossen zur Erd' in den [Staub ihm
> Dort vor die Füße hinab; und schnell, wie ein Taucher von [Ansehn,
> Schoß er vom prangenden Sitz und der Geist verließ die Gebeine.
> Kränkenden Spott nun riefst du daher, Gaultummler Patroklos:
> Wunder doch, wie behende der Mann! Wie leicht er hinabtaucht!
> Übt' er die Kunst einmal in des Meers fischreichen Gewässern:
> Viele sättigte wahrlich der Mann mit gefangenen Austern,
> Hurtig vom Bord abspringend, und stürmt' es noch so gewaltig,
> So wie jetzt im Gefild' er behend' aus dem Wagen hinabtaucht!
> Traun, auch im troischen Volk sind unvergleichliche Taucher! (45)

In Achilleus' Zweikampf mit Hektor, der für den Trojanerfürsten tödlich endet, erreicht dieser blutige Hohn seinen schauerlichen Höhepunkt:

Dort mit dem Speer anstürmend, durchstach ihn der edle Achil-
[leus,
Daß ihm hindurch aus dem zarten Genick die Spitze hervordrang.
Doch nicht gänzlich den Schlund durchschnitt der eherne Speer
[ihm,
Daß er noch zu reden vermocht' im Wechselgespräche.
Und er entsank in den Staub; da rief frohlockend Achilleus:
Hektor, du glaubtest gewiß, da Patroklos' Wehr du geraubet,
Sicher zu sein, und achtetest nicht des entfernten Achilleus.
Törichter! Jenem entfernt war ein weit machtvollerer Rächer
Bei den gebogenen Schiffen, ich selbst, zurück ihm geblieben,
Der dir die Knie gelöst! Dich zerren nun Hund' und Gevögel,
Schmählich entstellt, ihn aber bestatten mit Ruhm die Achaier.
(46)

Und Achilleus, der bereits bei Patroklos' Bestattung das sittliche Gebot übertreten und Menschenopfer dargebracht hatte, schleift Hektors Leichnam täglich dreimal rund um den Grabhügel des Freundes (47).

Auch zwölf tapfere Söhne der edelmütigen Troer,
Die mit dem Erz er gewürgt, denn schreckliche Taten ersann er;
Ließ dann der Flamme Gewalt mit eiserner Wut sich verbreiten.
(48)

Völkermord, das seit Tausenden von Jahren geübte Verbrechen, war zugegebenermaßen das Ziel der Belagerung Trojas:

Keiner davon entfliehe nun grausem Verderben,
Keiner nun unserem Arm! Auch nicht im Schoße das Knäblein,
Welches die Schwangere trägt, auch das nicht! Alles zugleich nun
Sterbe, was Ilios nährt, hinweggerafft und vernichtet! (49)

Helena und Priamos. Tarquinia, Museo Nazionale Archeologico

Achilleus und Patroklos. Ausschnitt von einem Trinkgefäß. Berlin, Ehemals Staatliche Museen

Ungeachtet dieser Scheußlichkeiten ist etwas Tragisches um das Geschick des Helden, liegt Größe in seinem Kampf gegen die Feinde und gegen das eigene Schicksal, seinem Sichfinden im Tod, der einzigen wahren Mutprobe. Nicht nur Homer, auch der spartanische Dichter Tyrtaios beklagte es tiefer, wenn in der Schlacht Greise fielen, als wenn der Tod junge Männer ereilte, da der Leichnam eines Greises keinen erhebenden Anblick bot. Der Tod des Helden allerdings dünkte die Griechen unerträglich. Louise Matthaei schreibt: »Daß wir den Tod als grauenhafte, bedrückende Ungerechtigkeit empfinden, verdanken wir in erster Linie Homer.« Und Simone Weil: »Wenn ein Held der *Ilias* stirbt, lindert nichts unseren Schmerz, keine tröstliche Vorstellung, keine Unsterblichkeitsverheißung, kein patriotischer Glorienschein.« Heldentum führt zu Elend und Tod, Ehre auf die Schlachtbank des Krieges. Der Dichter weiß um menschliche Qual. Die Psychoanalytiker sehen in dem Mythos von Troja ein Spiegelbild des tragischen, nur durch den Tod gelösten Zwiespalts der menschlichen Natur.

Epiker aller Nationen trugen schwer an diesem Erbe der Hoffnungslosigkeit und der Trauer. Vor allem das Ende Hektors und Patroklos' ist zu jammervoll, wenn auch die Sieger jauchzen. Die Kürze des Lebens der Helden, das Elend, das sie aus Zorn oder Stolz stiften, erregen unser Mitleid, um so mehr, als zuvor deutlich wird, wie sehr sie das Leben lieben. Auch ist uns das Schicksal bekannt (ihnen selbst übrigens zuweilen auch), das ihrer harrt. Gewiß, auch die *Edda, Beowulf*, die *Ekklesiastes* sind von Schwermut geprägt. Die Schwermut jedoch, die über dem Sterben der Helden Homers liegt, hat mit Melancholie nichts gemein, sondern entspringt der tiefen Überzeugung, das Leben sei deshalb so hoch zu achten, weil der Mensch nach dem Tod nichts Nennenswertes zu erwarten habe. Schon die ersten fünf Zeilen der *Ilias* geben den Grundton an,

den tragischen Gedanken, daß ein einziger Streit so viel Tod, so viel Unheil zur Folge haben sollte.
Die nahende Katastrophe für Troja kündigt sich bereits in der Begegnung Hektors mit seinem Söhnchen Astyanax an:

Aber es decke mich Toten der aufgeworfene Hügel
Eh' ich deines Geschreies vernehm' und deiner Entführung!
Also der Held, und hin nach dem Knäblein streckt' er die Arme.
Aber zurück an den Busen der schöngegürteten Amme
Schmiegte sich schreiend das Kind, erschreckt von dem liebenden [Vater,
Scheuend des Erzes Glanz und die flatternde Mähne des Busches
Welchen es fürchterlich sah von des Helmes Spitze herabwehn.
Lächelnd schaute der Vater das Kind und die zärtliche Mutter.
Schleunig nahm vom Haupte den Helm der strahlende Hektor.
Legte dann auf die Erde den schimmernden; aber er selber
Küßte sein liebes Kind und wiegt' es sanft in den Armen.
Dann erhob er die Stimme zu Zeus und den anderen Göttern:
Zeus und ihr anderen Götter, o laßt doch dieses mein Knäblein
Werden dereinst wie ich selbst, vorstrebend im Volke der Troer,
Auch so stark an Gewalt und Ilios mächtig beherrschen!
Und man sage hinfort: der ragt noch weit vor dem Vater,
Wenn er vom Streit heimkehrt, mit der blutigen Beute beladen
Eines erschlagenen Feinds! Dann freue sich herzlich die Mutter!
(50)

Die *Ilias* beginnt mit der Vertreibung des greisen Vaters der Chryseis und endet mit der Begegnung zwischen Achilleus und Priamos. Der furchtgebietendste der Helden gewährt dem alten König, dem Vater seines Todfeindes, die Bitte und sendet ihn mitleidsvoll heim. Die Szene, in schärfstem Gegensatz zu den Schlacht- und Opferszenen, ist gleichbedeutend mit der Katharsis, jener für die attische Tragödie bezeichnenden sittlichen Reinigung. Homer wählt für die Schilderung dieses

Zwiegesprächs auffallend einfache Mittel, die um so ergreifender wirken, als das Schlachtgetöse unterdessen für kurze Zeit verstummt ist. Aus Demütigung und Elend wächst Mitleid. Hier vermittelt die *Ilias* ein Gefühl tiefster Menschlichkeit und gibt uns, fern allem Moralisieren, die Überzeugung, daß große Seelen groß handeln müssen. Daß den Griechen die Würde des Menschen viel galt, verdanken sie nicht zuletzt den homerischen Mythen in ihrer einzigartigen Verbindung von Größe und Einfachheit. Homer berichtet objektiv, nimmt aber dennoch an dem Schicksal der Protagonisten lebhaften Anteil. Er verbindet, tolerant, ohne gleichgültig, leidenschaftlich, ohne zügellos zu werden, in seiner *Ilias* unbestechlichen Scharfblick und tiefgefühltes Mitleiden mit seinen Helden. Gewiß, sie sind oft auch unbeherrscht, tyrannisch, wankelmütig – aber sie zeigen, wenn es darauf ankommt, Opferbereitschaft und Seelengröße und folgen sittlichen Geboten.

Homer selbst stellt die Geschichten der Helden der Nachwelt als Beispiel vor Augen, und die Bedeutung der trojanischen Sagen liegt nicht zuletzt in dem Widerhall, den sie in schöpferischen Geistern seit Jahrhunderten fanden und finden. Wann immer es galt, Menschen zum Bewußtsein ihrer selbst zu führen, sah man auf Achilleus und seine Helden, die, wie Myres schreibt, »bis auf den heutigen Tag unser Leben ordnen und erweitern und alles ins rechte Maß rücken«.

Im klassischen Altertum war die Sage von Troja allgegenwärtig. Bereits im 6. Jahrhundert v. Chr. hatte Homer Kommentatoren gefunden, darunter Theagenes aus Rhegium. Polygnotos, der berühmteste aller Maler, stellte in Delphi im Auftrag des Volks von Knidos die Eroberung Trojas dar. Ein Fünftel der Dramen des Aischylos und des Euripides, zwei Fünftel der Stücke des Sophokles, behandeln Themen aus dem trojanischen Sagenkreis. Ein Freund Xenophons erzählt: »Mein Vater,

der wollte, daß aus mir etwas Ordentliches werden solle, ließ mich die Werke Homers auswendig lernen. Und noch heute habe ich die ganze *Ilias*, die ganze *Odyssee* im Gedächtnis.« (51)
Achilleus war das Vorbild Alexanders des Großen. Er führte Homers Werke in einem juwelenbesetzten Kästchen überallhin mit sich. Es ist nicht übertrieben, wenn man in der *Ilias* die bedeutendste einigende Kraft sieht, die während ihres tausendjährigen Bestands die Denkweise der antiken Welt beeinflußte und auch noch später den Lauf der griechischen und griechisch-römischen Geschichte auf den verschiedensten Gebieten (Literatur, Erziehung, Moral, Politik) mitbestimmte.
Lateinische Prosafassungen von der Hand nicht feststellbarer Autoren (man kannte sie unter der Bezeichnung »Dares« oder »Diktys«, die man für die Verfasser der griechischen Originale hielt) machten die Sage in der christlich-mittelalterlichen Welt bekannt, apokryphe Versionen, die man bis zum 16. Jahrhundert für authentischer hielt als die Gedichte Homers selbst. Der *Roman de Troie* des Bénoit de St. Maure (etwa 1160 bis 1165 entstanden) erfreute sich durch fünf Jahrhunderte größter Beliebtheit, und ebenso lange fand Geoffrey of Monmouth' Behauptung Glauben, die Britannier stammten von den Trojanern ab.
Literatur und bildende Kunst beschäftigten Homer stets aufs neue. Tizian, Tintoretto und Veronese verpflanzten manche trojanische Sage nach Venedig; Marlowe pries Helena in denkwürdigen Versen. Shakespeare, dessen *Troilus und Cressida* (Chryseis) auf einem von Chaucer bearbeiteten, mittelalterlichen Ableger der *Ilias* beruht, gewann dem Thema neue, zynische Töne ab. 1667, im Goldenen Zeitalter der französischen Tragödie, schrieb Racine sein erstes bedeutendes Stück: *Andromaque*. Er fühlte sich der Welt der Klassik besonders verbunden, mußte sich aber dennoch den Vorwurf gefallen-

lassen, er hätte aus Achilleus einen höfischen Liebhaber gemacht. Bei Goethe wiederum wurde er ein weltmüder Hamlet, die Verkörperung eines Lebensüberdrusses, der dem Dichter selbst nicht fremd war. Auch Helena huldigte Goethe wiederholt, von der Entstehungszeit der *Iphigenie* (1779) bis 1827, als seine *Helena* im Druck erschien:

Wen Helena paralysiert,
Der kommt so leicht nicht zu Verstande – – (52)

Im Laufe des 17. und 18. Jahrhunderts entstanden zahlreiche Opern, deren Sujets dem Homerischen Mythenkreis entnommen waren. Das 19. steuerte zu der Welt Homers Gefühlsseligkeit bei, philosophischen Idealismus, Romantik. Chapmans Homer-Übersetzung (1596–1611 entstanden), zu Popes Zeiten nicht übermäßig geschätzt, wurde von Keats bereits wieder als poetisches Neuland gepriesen. Matthew Arnold schrieb *Bei der Übertragung Homers,* und sein *Palladium* (1867) ist vielleicht das abgerundetste Beispiel seiner Gedankenlyrik:

Und wieder wird die Schlacht um Troja toben,
Des Xanthos Flut wird blutgerötet sein,
Ajax und Hektor werden sich entzwei'n
Als stünde Helena noch immer oben
und sähe zu – –

Auch die französischen Dichter des 19. Jahrhunderts besangen Helena. Und Edgar Allan Poe schrieb:

Helena, deine Schönheit
gleicht für mich jenen Barken,
die in Nizäa, in längstvergang'ner Zeit
den matten wegmüden Wanderer
über ein Meer des Dufts
den Ufern der Heimat zutrugen ...

Anders Walt Whitman, der dichtete:

> Muse, verlasse Jonien und Griechenland,
> tilge, ich bitte dich, die längst überzahlten Konten
> die Sache mit Troja, den Zorn des Achill, Aeneas', Odysseus'
> [Irrfahrten,
> schreibe verzogen, zu vermieten an die Felsen des schneeweißen
> [Parnaß...

Die Plünderung Trojas beschäftigte Edward Muir, einen Dichter unseres Jahrhunderts, so nachhaltig, daß er das Ereignis in einer Reihe von Gedichten als Symbol für jede durch Zeit oder Schicksalsschläge zerstörte Stadt darstellte.

Giraudoux' oft gespieltes Stück *Der Trojanische Krieg findet nicht statt* verbindet das Tragische mit Burleskem. Der Dichter schärft unsere Urteilsfähigkeit, kommt aber zu keinem Schluß, da Hektor, unter dem Zwiespalt des modernen Menschen leidend, plötzlich auf den Kriegsruhm verzichtet: »Das Klirren meines Schwerts klingt hohl...« Der Dichter ist unser Zeitgenosse. Er leidet unter der lastenden Schwere des Schicksals. Dennoch werden in seinem Stück Krieg und Untergang erst in letzter Minute durch ein diplomatisches Versagen ausgelöst.

5

Der Held und seine Götter

Die griechischen Götter entziehen sich unserem gefühlsmäßigen Verständnis: Es sind ihrer zu viele. Wir sind einen Gott gewöhnt. Doch hat die Anthropologie mit dem Vorurteil aufgeräumt, man dürfe aus dem *Alten Testament* schließen, Vielgötterei sei das elementare Religionsstadium und Monotheismus gleichbedeutend für eine höhere Kulturstufe. Andrew Lang bewies (1898), daß auch primitive Völker, z. B. die Ureinwohner Australiens, einen einzigen höchsten Gott verehrten, und nach Evans-Pritchard ist auch der von den sudanesischen Nuer-Stämmen angebetete Kwoth als einzelner, einziger Gott zu betrachten. Zuweilen wich der Urgott frühester Zeit den später erfundenen Gottheiten. Andere Religionen kennen zwei Auffassungen: Bei den Dakota-Indianern zum Beispiel stellen die vom Volk verehrten 8 Gottheiten für den Priester nur eine einzige dar.

König Echnaton von Ägypten führte im 14. Jahrhundert v. Chr. eine Art Monotheismus ein und verfügte die Verehrung einer universellen kosmischen Gottheit, die im Singular anzusprechen war. Die Götter der *Ilias* dagegen scheinen schon lange vor Homer, im 13. Jahrhundert vor Christus, ausgeprägte Individualitäten gewesen zu sein. Zumindest glaubt man den in Linear-B-Schrift abgefaßten Tontäfelchen dergleichen Hinweise zu entnehmen. Möglicherweise hatte sich der Begriff eines einzigen Gottes nach und nach in viele Götter aufgesplittert, möglicherweise weist das für weibliche Gottheiten verwendete griechische Wort »potnia« (Herrin) mit nachgestelltem Genitiv oder Eigenschaftswort auf die Existenz eines Zwischenstadiums. Außerdem wurden die Wesensunterschiede der Götter durch den zunehmenden Glauben an deren Funktionsteilung bedingt: Zeus beherrscht den Himmel, Poseidon das Meer, usw. Ebenso einleuchtend allerdings ist die Erklärung, die lokalen Gottheiten seien von den Vorfahren der Griechen bei der allmählichen Besiedlung des Landes vorgefunden und in ihren Kult mit aufgenommen worden. Dies würde die Protektion einzelner Helden durch bestimmte Götter erklären, eine im Nahen Osten verbreitete Tradition. Der Bauer aus Chios zum Beispiel schwört noch heute darauf, daß die Madonna *seiner* Dorfkirche die wundertätigste sei.

Die Olympischen Götter in ihrer den Griechen bekannten Gestalt stammen zum großen Teil weder aus der religiösen noch aus der kultischen Vorstellungswelt, sondern wurden von den Epikern geschaffen. Gewiß, sie übernahmen die Götterfiguren aus dem Dunkel der Vergangenheit; doch die Lebendigkeit dieser Götter ist das Ergebnis einer poetischen Tradition, deren großartigste Leistung die Vereinigung einer bunten Schar zu einer Familie scharf umrissener Individualitäten war. Die Dichter formten Ererbtes und schufen es gleichsam neu. Homer vor allem gab den Göttern – mochte er von seinen Vorläufern noch so viel übernommen haben – ihre endgültige Gestalt. Religion und Mythologie der Griechen, gesehen durch das Werk eines dichterischen Genies, öffnen uns, wenn auch nicht vom moralischen, so doch vom ästhetischen Standpunkt, den Blick auf eine strahlend-gewaltige olympische Welt.

Die Olympier und ihre irdischen Gegenspieler, begeisterten die deutsche Klassik und Romantik. Aus Schillers Gedicht *Die Götter Griechenlands* klingt sehnsüchtiges Verlangen nach den entmachteten Göttern der Antike. Auch Heinrich Heine findet zu demselben Thema traurige, fast trostlose Worte. Die Götter sind schwach geworden, hilflos, unfähig zu lieben und geliebt zu werden: »Da plötzlich keuchte heran ein bleicher, bluttriefender Jude, mit einer Dornenkrone auf dem Haupte und mit einem großen Holzkreuz auf der Schulter; und er warf das Kreuz auf den hohen Göttertisch, daß die goldenen Pokale zitterten und die Götter verstummten und erblichen und immer bleicher wurden, bis sie endlich ganz in Nebel zerrannen. Nun gab's eine traurige Zeit, und die Welt wurde grau und dunkel. Es gab keine glücklichen Götter mehr...« (53)

Homers *Ilias*, ein Werk der Dichtkunst, das die Literatur vieler Völker entschieden beeinflussen sollte, wurde für die Griechen in Religionsfragen bestimmend. Uns Heutigen fällt es leicht, die griechische Religion negativ auszulegen: Wir brauchen nur aufzuzählen, worin wir ihr nicht beistimmen können. Wir halten nichts von Orakeln, Mysterien, Weissagungen, Träumen, wir beten nicht bei Sonnenaufgang, noch bei Sonnenuntergang, wir bringen keine Trankopfer dar, suchen die Seelen unserer Toten nicht zu beschwichtigen, geben den Göttern kein Teil an unseren Erfolgen in der Schlacht, bei Wettkämpfen, auf dem Theater oder dank dem Werk unserer Hände. Wir erwarten von einer Religion strenge Regeln, eine sittliche Weltordnung. Die Griechen dachten anders. Es gab zu Homers Zeiten weder Propheten noch Priester, geschweige denn Offenbarungen, heilige Bücher, Heilsdogmen. Dennoch glaubten die Griechen an die Wirklichkeit des Unsichtbaren, und die Art, wie sie dieser Überzeugung Ausdruck gaben, ist für einen ganzen Entwicklungsabschnitt der Religionsgeschichte bezeichnend: Die Griechen sahen ihre Götter in menschlicher Gestalt. Das war, im Grunde, nichts Neues. Die Menschen statteten die Götter seit jeher mit irdischen Eigenschaften aus, alle Kulturvölker der Antike (zuweilen auch die Juden) dachten sich die Natur von Kräften beherrscht, die jenen der Menschen glichen: Gott schuf den Menschen nach seinem Ebenbild (54). Die meisten Gläubigen stellen sich Gott heute noch in menschlicher Gestalt vor. Die griechischen Götter waren jedoch die menschlichsten, die die Welt jemals gesehen hatte. Die wenigen Anklänge an Tiergottheiten, die sich in der *Ilias* finden – die kuhäugige Hera, die eulenäugige Athene und dergleichen –, unterscheiden sich himmelweit von den grotesken asiatischen Tier-Idolen des 2. vorchristlichen Jahrtausends, oder auch von dem Sonnencoyoten der Crow-Indianer Montanas. Der Mensch ist die Krone der Schöpfung, davon waren die Griechen überzeugt. Und da sie den Himmel mit menschlichem Maßstab maßen, verliehen sie den Göttern Menschengestalt (55), ein Glaube, der sie von den Asiaten grundlegend unterschied. Dieses Unterschieds waren sich die Griechen bewußt. Ihr Vertrauen zum Menschengeschlecht und seinen Möglichkeiten war so grenzenlos, daß sie den Gedanken wagten, der Mensch nähere sich dem göttlichen Ideal in dem Maße, als er seine Persönlichkeit entfalte. Diese Vermenschlichung der Götter beschleunigte die geistige Emanzipation der Griechen, erfüllte sie aber auch mit einem gewissen geistigen Hochmut.

Hesiod und Homer, schreibt Herodot, gaben den Griechen Aufschluß über den Stammbaum ihrer Götter, ihre Beinamen, Ämter und Tätigkeiten und über ihr Äußeres (56). Unserer Vorstellung von Göttlichkeit will der Charakter der meisten Olympier allerdings kaum entsprechen. Sie waren von Vollkommenheit weit entfernt, ja, sie waren nicht einmal gütig. Sie stritten, schlemmten, herrschten willkürlich, gaben sich Ausschweifungen hin, nicht anders als irdische Fürsten, Krieger und Freibeuter. Das trojanische Herrscherhaus, zum Beispiel, bewies wesentlich mehr Anstand als die olympischen Götter. Diese jedoch, unsterblich, schön, mächtig und prächtig, waren für ein kunstbesessenes Volk dennoch eine unvergängliche Quelle der Inspiration.

Es war nicht unstatthaft, sich über die Götter lustig zu machen. Schon Völker vorhomerischer Zeit, die ihre Gottheiten durchaus ernst nahmen, belächelten sie zuweilen. Ein heroisches Zeitalter wie das Homerische (Sir Maurice Bowra) war sich der Würde des Menschen so deutlich bewußt, daß es sich den Luxus erlauben konnte, auf Kosten der Götter zu spaßen. Man wird an Cervantes und Shakespeare erinnert. Auch sie durchsetzten tragisches Geschehen mit Humor, Satire und

Spott. In der *Ilias* z. B. klagt Athene über ihren Vater Zeus, dem Beherrscher der Welt: »Aber es tobt mein Vater mit übelwollendem Herzen, / Grausam und stets unbillig und jeden Entschluß mir vereitelnd.« (57) Der Dichter erwartet keineswegs, daß Zeus' Worte über seine unbestrittene Oberherrschaft im Olymp allzu ernst genommen würden:

Aber sobald auch mir im Ernst es gefiele zu ziehen,
Selbst mit der Erd' euch zög' ich empor und selbst mit dem Meere.
Und die Kette darauf um das Felsenhaupt des Olympos
Bänd' ich fest, daß schwebend das Weltall hing in der Höhe!
So weit rag' ich vor Göttern an Macht, so weit vor den Menschen!
(58)

Zeus' Gemahlin Hera – schon in der Bronzezeit galt ihr ein besonderer Kult in Argos, Mykene, Sparta und Samos – erscheint in der *Ilias* grausam und listig. Daß sie den Gatten verlockt, mit ihr im Bett Zeit zu vertrödeln, erinnert vielleicht an mythische Hochzeitsgebräuche und alte Fruchtbarkeitskulte. Doch die Rache des Göttervaters ist nicht sehr erhaben – er erinnert Hera an die demütigende Strafe, die sie einst von seiner Hand erfuhr: »Denkst du nicht mehr, wie du hoch herschwebtest und an die Füß' ich / Zween Ambosse dir hängt' und ein Band um die Hände dir schürzte, / Golden und unzerbrechlich? Aus Ätherglanz und Gewölk her / Schwebtest du, ringsum traurten die Himmlischen durch den Olympos; / Doch nicht wagte zu lösen ein Nahender.« (59)

Poseidon, ein urgriechischer Gott, erst später zum Beherrscher der Meere erkoren, wurde in Pylos höher verehrt als Zeus selbst. Er genießt in den Epen allgemeine Achtung. Als König der Meere inspirierte er Leonardo da Vinci (1504) zu der ersten Poseidondarstellung der Renaissance. Später sollten zahlreiche weitere folgen. Milton beschwört Poseidon in seinem Werk *Comus*.

Der Kriegsgott Ares, der wahrscheinlich aus Thrakien stammt, wird dagegen als prahlerischer Rohling gezeichnet, dem sogar Feigheit nicht fremd ist: »Ares ist blind. Seine nichts-sehenden Augen in seinem Schweinegesicht entzünden alles Übel.« (60) Zu dem beschämendsten Auftritt kommt es, als Athene, von Hera angestiftet, mit Aphrodite, die den Trojanern Hilfe gewährt, auf das gröblichste handgemein wird. In etlichen Ausgaben der *Ilias* ist die unpassende Szene gestrichen:

> ... und Athene verfolgte sie freudigen Herzens.
> Stürmend drang sie hinan und schlug mit mächtiger Hand ihr
> Gegen die Brust, und sofort erschlafften ihr Herz und Knie.
> Also lagen sie beid' auf der nahrungsprossenden Erde. (61)

Ein Grieche hätte den beiden erhabenen Schönen wohl vergnügt zugesehen, ohne daß seine Verehrung für die Göttinnen im geringsten gelitten hätte. Ihre Eingriffe in sein Leben erfüllten ihn mit Schrecken, aber er war überzeugt, daß sie äußerst selten stattfanden. Uns will nicht recht einleuchten, daß die Olympier, selbst in so viele unerquickliche Händel verwickelt, über Menschen zu Gericht sitzen sollten. Die Griechen hingegen sahen Menschen und Götter einander unlösbar verbunden. Der Dichter entband den Menschen sogar ganz der vollen Verantwortung. Das Problem der persönlichen Handlungsfreiheit wird in der *Ilias*, anders wie z. B. in nordischen Sagen, nicht mit tragischem Nachdruck bejaht. Die Olympier, irdischem Geschehen zwar ferne, bleiben der Erde nah. Der wolkenumgebene, lichtgekrönte Olymp, ein langgestrecktes Gebirge an der thessalisch-makedonischen Grenze, ist ihre Wohnstatt: Die Götterfamilie wäre zu weit versprengt, bliebe jeder einzelne Gott an der Stätte seines Kults. Berggipfel waren seit jeher die Heimat des Himmelsgottes Zeus, und die Mythendichter gesellten ihm die übrigen Götter zu, die das Treiben der Menschen so nicht aus den Augen verloren, sondern aus der Höhe verfolgten, die Naturkräfte zügelten, Menschen und Städte beschützten und, wenn ihnen der Sinn danach stand, ihre ungeheure Macht zu Heil oder Untergang des einzelnen nützten.

Wir sagen »mit Energie« – die Griechen sagten: »mit Hilfe der Götter«; sie glaubten in Augenblicken höchsten Lebensgefühls ein jäh aufblitzendes überirdisches Licht wahrzunehmen. Die Existenz der Gottheit bedeutet für sie, daß dem Menschen in Zeiten einer Krise oder des höchsten Triumphs neue Kräfte zuwachsen konnten, und diese Überzeugung war bei der wichtigsten aller Tätigkeiten, dem Kampf, von allerhöchster Bedeutung. Jahrtausende vor dem Erscheinen der Engel von Mons bedurfte man in der Schlacht der Gegenwart schützender Götter. Sie waren um den kämpfenden Helden, er fühlte ihre Gegenwart, war geradezu von ihnen besessen, etwa so, wie es Ausübenden des haitischen Voodoo-Zaubers heute noch ergeht:

> Hektor, heran sich stürzend auf Ajas' eschene Lanze,
> Schwang das gewaltige Schwert, und dicht an der Öse des Erzes
> Schmettert' er grade sie durch, und der Telamonier Ajas
> Zückt' umsonst in der Hand den verstümmelten Schaft, da ge-
> [schleudert
> Fern die Spitze von Erz mit Getön hinsank auf den Boden.
> Ajas erkannte nunmehr, in erhabener Seel' aufschauernd,
> Göttergewalt, daß gänzlich des Kampfs Anschläge vereitle
> Der hochdonnernde Zeus und den Troern gönne den Siegsruhm.
> (62)

Spätere Autoren deuteten die Geschehnisse rationaler: Stasinos von Cypern (78) z. B. schrieb den Trojanischen Krieg nicht lange nach Entstehung der *Ilias* einem Beschluß des weisen, gütigen Zeus zu, »die Allernährerin Erde von einem Teil ihrer Menschenlast zu befreien«. Euripides wiederum hebt die Zerstörungswut der Götter in diesem Krieg besonders hervor.

Gab es Schutz vor göttlichem Zorn? Gebete schadeten nicht, verpflichteten zu nichts, weder zu Beichte, noch zu Besserungsschwüren. Das Verhältnis der Griechen zu ihren Göttern war einer Geschäftsverbindung nicht unähnlich. Man suchte einander zwar zu übervorteilen, baute aber dennoch auf gegenseitige Hilfe. Außerdem durften sich die Sterblichen vom Eingreifen der Götter, zu Nutzen oder Schaden, nicht allzuviel erwarten. Gewiß, in der *Ilias* werden Wunder vollbracht, Götter befeuern die Helden, doch stets bleibt dem Helden Raum, seine eigenen Kräfte zu entfalten. Die Einwirkung der göttlichen Macht bleibt rein äußerlich, an ihrem Eingreifen wird die Kluft zwischen menschlicher Unvollkommenheit und menschlicher Größe nur desto sinnfälliger sichtbar. Es sind nützliche Geschichten, Erziehungsmittel, die an der menschlichen Natur nicht das Geringste zu ändern vermögen, ihr höchstens vor Augen führen, wie wenig der Mensch seiner selbst sicher sein darf, oder, im umgekehrten Fall, sein Selbstvertrauen stärken, ihn stählen, dem Tod – dem schrecklichsten der Homerischen Schrecken – mit Würde entgegenzusehen. Die Griechen glaubten an den freien Willen und erkannten die Götter an, ohne ihnen die eigene Unabhängigkeit, die eigene Würde zu opfern.

So ist es doch zu einfach, die griechischen Götter in Bausch und Bogen als dürftigen Ersatz für eine wahre Gottheit, als »Schmarotzer, Schiedsrichter, Zuschauer, Sporttrainer« zu bezeichnen, wie vielfach geschehen ist. Die Frage lautet vielmehr: Standen sie in dem Ruf, dem Recht zum Sieg zu verhelfen? Gladstone sah in den Göttern Homers die Verkörperung von Pflichtbewußtsein und moralischem Verantwortungsgefühl. Das ist wohl übertrieben. Abgesehen davon, daß sie recht leichtlebig waren und sich manches zuschulden kommen ließen, wird in den Gedichten Homers die Bestrafung von Schuldigen nur sehr beiläufig erwähnt. Gewiß, Zeus schützte ab und zu Fremdlinge oder half Unterdrückten, zuweilen unterließen Menschen die eine oder andere Gewalttat aus Furcht vor der Rache der Götter. Aber im allgemeinen waren die Olympier den Sterblichen nicht gleichbleibend wohl gesinnt, sondern walteten mit größter Willkür und tauchten auf, wann und wo es ihnen beliebte. Die Trostlosigkeit, die aus den Werken des Lyrikers Archilochos spricht – er lebte bald nach Homer – scheint daher durchaus berechtigt:

> Stell anheim den Göttern alles: denn schon oftmals in der Not
> richten auf sie manchen Menschen, der auf schwarzer Erde lag,
> oft auch stürzen sie zu Boden den, der fest zu stehen schien,
> daß er rücklings hinfällt: viele Plagen suchen ihn dann heim,
> brotlos wird er, ruhlos irrt er, vom Begreifen weit entfernt. (63)

Zu dieser Ungewißheit trat eine weitere, nicht metaphysisch, sondern psychisch bedingte Bedrohung: Die Krieger Homers, von Kraft und Tatendrang strotzend, lösten nicht selten aus Trotz oder Übermut (hybris) Katastrophen aus, verfielen dann in »aidos« (Scham, Sittsamkeit) und verscherzten sich die Gunst der öffentlichen Meinung, ein Verlust, der Verhärtung des Herzens (atasthalie) zur Folge hatte. Scham, im Weltbild Homers eine bestimmende Kraft (zum Unterschied von unserer heutigen, wieder im Schwinden begriffenen »Schuld-Kultur«), bewirkte, daß der Held seinen heiß erstrebten Ruhm verlor. Die Spannung zwischen den Triebkräften des Einzelnen und dem Druck, den die Gesellschaft mit ihren Forderungen nach Einordnung auf das Individuum ausübt, ist für die Scham-

Kultur charakteristisch. Ungestümer Kampfesmut vermag den Helden nicht davor zu bewahren, blinder Raserei (personifiziert durch Ate (64), die älteste Tochter des Zeus) und deren Gefolge (Zwietracht, Tod und übler Nachrede) zum Opfer zu fallen, eine Beute der Nemesis, die jeden Schuldigen ereilt (65). Solcherart kam das Unheil über Agamemnon und Achilleus. Beide hatten, Agamemnon gibt dies sogar zu, in hoffärtiger Anmaßung die gemeinsame Sache im Stich gelassen. Auch der Sturz des reichen Lyderkönigs Kroisos galt als sprichwörtlich für die Bestrafung der Hybris. Die Geschichte von der Zerstörung Trojas enthält etwas von alledem. Euripides, dessen Zeit nüchterner dachte, sagte ausdrücklich:

O töricht, wer in Trümmer Städt' und Tempel stürzt,
Und Gräber, die der Toten heilige Stätte sind,
In Wüsten wandelt und zuletzt selbst untergeht! (66)

Selbst heute glauben viele Menschen sowohl an Willensfreiheit als auch an das Walten des Schicksals. Die Epen Homers enthalten denselben Widerspruch. Zu Beginn der *Ilias* heißt es, Zeus' Wille müsse erfüllt werden; im Verlaufe des Epos zeigt sich jedoch, daß der Göttervater selbst seinen Willen nicht immer durchzusetzen vermag. Das Schicksal tritt eher als Ordnung auf, denn als personifizierte Macht, als Mittel, dessen sich Zeus, zuweilen aber auch sein Gegenspieler, bedient (67), und manchmal ist diese Ordnung sogar gleichbedeutend mit Zeus. Beide – er und das Schicksal – sind für Geschehnisse verantwortlich, deren Lauf der Mensch nicht beeinflussen kann, und müßten eigentlich gleichbedeutend sein. Aber sie sind es nicht. Dreimal bestimmt das Schicksal, nicht Zeus, was zu geschehen hat. Vielleicht wollten die Dichter durch diese dramatische Zuspitzung unterstreichen, daß nicht einmal die Götter allmächtig

Auguste Renoir, Das Urteil des Paris. Philadelphia, Collection of Henry P. McIlhenny

Kopf der Athene. Frankfurt a. M., Liebighaus

waren, daß auch sie zuweilen scheitern, daß sie das Weltall nicht schufen, Zeus kann seinen Günstling Sarpedon nicht vor dem Tod bewahren. Er kann dessen Tod nur aufschieben. Den anderen Menschen ist die Sterbestunde unfehlbar vorausbestimmt. Die *Ilias* stammt aus einer Zeit, da »Schicksal« und »Götter« noch gleichbedeutend waren. Erst später wurde das Fatum den Göttern übergeordnet, stellte (z. B. in der *Odyssee*) das Unerklärliche dar oder erschien als dem Zufall verwandt (68).

In der *Ilias*, die, wie alle großen Mythen und Epen, über das Menschenlos Wichtiges auszusagen hat, ist das Schicksal stets gegenwärtig. Die geheimnisvollen Widersprüchlichkeiten des Lebens werden durchaus nicht geleugnet. Achilleus' Schlußworte zu Priamos sind düster:

> Also bestimmten die Götter der elenden Sterblichen Schicksal,
> Bang' in Gram zu leben, allein sie selber sind sorglos.
> Denn es stehn zwei Fässer gestellt an der Schwelle Kronions,
> Voll das eine von Gaben des Wehs, das andre des Heiles.
> Wem nun vermischt austeilet der donnerfrohe Kronion
> Solchen trifft abwechselnd ein böses Los und ein gutes.
> Wem er allein des Wehs austeilt, den verstößt er in Schande
> Und herznagende Not auf der heiligen Erde verfolgt ihn,
> Daß, nicht Göttern geehrt noch Sterblichen, bang' er umherirrt.
> (69)

Dieser nüchterne Wirklichkeitssinn grenzt an Hoffnungslosigkeit und fordert von den Helden, die sich dazu durchringen wollten, stolz und kühn in die Welt zu blicken, des Schicksals gelassen gewärtig, höchsten Mut und höchstes Selbstvertrauen.

DIE IRRFAHRTEN DES ODYSSEUS

1

Homers Odyssee

DIE ILIAS endete mit dem Tod Hektors und unmittelbar vor der Erstürmung Trojas. Dann mußten die griechischen Helden die Heimreise antreten. Einem von ihnen, Odysseus, ist es bestimmt, zehn Jahre umherzuirren, ehe er die Heimat erreicht. Die *Odyssee*, die im zehnten Jahr der Irrfahrten des Odysseus einsetzt, so wie die *Ilias* im zehnten Belagerungsjahr, schildert seine Abenteuer.

Die olympischen Götter halten Rat über das Schicksal des Odysseus. Poseidon, der Feind des Helden, ist abwesend. Dies nützt Athene (Abb. S. 70), seine Beschützerin, um zu fordern, man möge ihm die Flucht von der Insel Ogygia ermöglichen, wo er als Gast und Gefangener der Nymphe Kalypso sieben Jahre zubringen mußte, und endlich die Heimkehr nach Ithaka gestatten. Zeus willigt ein. Athene eilt nach Ithaka und erscheint Telemachos, dem Sohn des Helden, in Gestalt von Mentes, einem Freund des Odysseus. Sie fordert Telemachos auf, die 112 Freier, die seine Mutter Penelope umwerben, aus dem Palast zu weisen und alles daranzusetzen, Kunde von seinem Vater zu erhalten.

Telemachos beruft das Volk und fordert die Freier auf, sein Haus zu verlassen. Diese verspotten ihn und weigern sich zu gehen. Da erscheint Athene nochmals, diesmal in Gestalt Mentors, eines anderen Mitbürgers, verschafft Telemachos ein bemanntes Schiff und beide segeln nach Pylos, in die Heimat

Nestors. Dieser weiß jedoch über Odysseus nichts zu berichten. Er schenkt dem Prinzen einen Wagen, gibt ihm seinen Sohn Peisistratos als Gefährten mit auf den Weg und sendet die beiden nach Sparta. Dort werden sie von König Menelaos, der in Begleitung seiner Gattin Helena als letzter heimgekehrt ist, gastfreundlich empfangen. Er teilt Telemachos mit, was Proteus, der Hüter des Ozeans, ihm vertraut hatte, als sein Schiff während einer Windstille vor der ägyptischen Insel Pharos vor Anker lag: Odysseus sei nicht tot, sondern lebe als Gefangener der Nymphe Kalypso auf deren Insel Ogygia (Farbtafel S. 33). Indessen verschwören sich die Freier zu Ithaka, Telemachos auf seiner Heimreise zu überfallen und zu töten. Penelope erfährt davon und fleht zu Athene; die Göttin erscheint ihr in einem tröstlichen Traum.

Zeus sendet durch Hermes Botschaft an Kalypso. Der Götterbote trifft die Nymphe in ihrer geräumigen Höhle:

Vor ihr brannt' auf dem Herd' ein großes Feuer und fernhin
Wallte der liebliche Duft vom brennenden Holze der Zeder
Und des Zitronenbaums. Sie sang mit melodischer Stimme,
Emsig, ein schönes Gewebe mit goldener Spule zu wirken.
Rings um die Grotte wuchs ein Hain voll grünender Bäume,
Pappelweiden und Erlen und düftereicher Zypressen.
Unter dem Laube wohnten die breitgefiederten Vögel,
Eulen und Habichte und breitzüngichte Wasserkrähen,
Welche die Küste des Meers mit gierigem Blicke bestreifen.
Um die gewölbte Grotte des Felsens breitet' ein Weinstock
Seine schattenden Ranken, behängt mit purpurnen Trauben.
Und vier Quellen ergossen ihr silberblinkendes Wasser,
Eine nahe der andern, und schlängelten hierhin und dorthin.
Wiesen grünten umher, mit Klee bewachsen und Eppich.
Selbst ein unsterblicher Gott verweilete, wann er vorbeiging,
Voll Verwunderung dort und freute sich herzlich des Anblicks. (1)

Hermes überbringt der Nymphe den Willen des Göttervaters: Sie muß Odysseus freigeben. Trauernd geht Kalypso, den Helden zu suchen:

Dieser saß am Gestade des Meers und weinte beständig.
Ach! in Tränen verrann sein süßes Leben, voll Sehnsucht
Heimzukehren; denn lange nicht mehr gefiel ihm die Nymphe,
Sondern er ruhte des nachts in ihrer gewölbeten Grotte
Ohne Liebe bei ihr; ihn zwang die liebende Göttin.
Aber des Tages saß er auf Felsen und sandigen Hügeln
Und zerquälte sein Herz mit Weinen und Seufzen und Jammern
Und durchschaute mit Tränen die große Wüste des Meeres. (2)

Kalypso gibt Odysseus alles Nötige, um ein Floß zu zimmern (nicht ohne zu versichern, sie sei ebenso schön wie Penelope); er besteigt das Fahrzeug, richtet sich nach den Sternen und erblickt am Morgen des achtzehnten Tages die gebirgige Küste des Phaiakenlandes. Doch Poseidon gewahrt sein Schiff und schmettert es in den Abgrund. Die Nymphe Ino-Leukothea, von Athene zu Hilfe gerufen, rettet den Helden vom Tode. Zwei Tage und zwei Nächte kämpft Odysseus gegen Wogen und Sturm, bis er erschöpft an Land taumelt: Er hat die Insel Scheria erreicht, die zum Phaiakenland gehört, sinkt auf einen Haufen welken Laubs und schläft ein.
Indessen war Athene der phaiakischen Königstochter Nausikaa in einem Traum erschienen und hatte sie aufgefordert, die Wäsche zum Waschen an die Mündung des Flusses zu bringen.

Aber die Mutter legt' ihr allerlei süßes Gebacknes
Und Gemüs' in ein Körbchen und gab ihr des edelsten Weines
Im geißledernen Schlauch (und die Jungfrau stieg auf den [Wagen),
Gab ihr auch geschmeidiges Öl in goldener Flasche,
Daß sie sich nach dem Bade mit ihren Gehilfinnen salbte.

Und Nausikaa nahm die Geißel und purpurnen Zügel;
Treibend schwang sie die Geißel, und hurtig mit lautem Gepolter
Trabten die Mäuler dahin und zogen die Wäsch' und die Jung-
[frau;
Nicht sie allein, sie wurde von ihren Mägden begleitet.
Als sie nun das Gestade des herrlichen Stromes erreichten,
Wo sich in rinnende Spülen die nimmerversiegende Fülle
Schöner Gewässer ergoß, die schmutzigsten Flecken zu säubern,
Spannten die Jungfraun schnell von des Wagens Deichsel die
[Mäuler,
Ließen sie an dem Gestade des silberwirbelnden Stromes
Weiden im süßen Klee und nahmen vom Wagen die Kleidung,
Trugen sie Stück vor Stück in der Gruben dunkles Gewässer,
Stampften sie drein mit den Füßen und eiferten untereinander.
Als sie ihr Zeug nun gewaschen und alle Flecken gereinigt,
Breiteten sie's in Reihen am warmen Ufer des Meeres,
Wo die Woge den Strand mit glatten Kieseln bespület.
Und nachdem sie gebadet und sich mit Öle gesalbet,
Setzten sie sich zum Mahl am grünen Gestade des Stromes,
Harrend, bis ihre Gewand' am Strahle der Sonne getrocknet.
Als sich Nausikaa jetzt und die Dirnen mit Speise gesättigt,
Spieleten sie mit dem Ball und nahmen die Schleier vom
[Haupte...
Und Nausikaa warf den Ball auf eine der Dirnen;
Dieser verfehlte die Dirn' und fiel in die wirbelnde Tiefe,
Und laut kreischten sie auf. Da erwachte der edle Odysseus...
Brach mit der starken Faust sich aus dem dichten Gebüsche
Einen laubichten Zweig, des Mannes Blöße zu decken,
Ging dann einher wie ein Leu des Gebirgs, voll Kühnheit und
[Stärke,
Welcher durch Regen und Sturm hinwandelt; die Augen im
[Haupte
Brennen ihm; furchtbar geht er zu Rindern oder zu Schafen
Oder zu flüchtigen Hirschen des Waldes; ihn spornet der Hunger

Selbst in verschlossene Höf', ein kleines Vieh zu erhaschen:
Also ging der Held, in den Kreis schönlockiger Jungfraun
Sich zu mischen, so nackend er war; ihn spornte die Not an.
Furchtbar erschien er den Mädchen, vom Schlamm des Meeres [besudelt;
Hiehin und dorthin entflohn sie und bargen sich hinter die [Hügel.
Nur Nausikaa blieb; ihr hatte Pallas Athene
Mut in die Seele gehaucht und die Furcht den Gliedern ent- [nommen. (3)

Nausikaa labt den Helden, gibt ihm Gewänder und weist ihm den Weg zum prächtigen Palast ihres Vaters. König Alkinoos und Königin Arete empfangen Odysseus freundlich. Bald aber erzürnt ihn eine vorlaute Bemerkung des jungen Euryalos: Der Jüngling bezweifelte die Tüchtigkeit des Odysseus, da dieser sich geweigert hatte, mit Euryalos einen Wettkampf zu bestreiten. »Fremdling, du redest nicht fein«, sagte der Held. »Mancher andere scheint den Unsterblichen ähnlich an Bildung, / Aber seinen Worten gebricht die krönende Anmut; / Also prangest auch du mit reizender Bildung; nicht schöner / Bildete selber ein Gott; doch dein Verstand ist nur eitel.« (4)
Und Odysseus, in seinem Ehrgeiz gepackt, setzt die Anwesenden durch einen ungeheuren Diskuswurf in Erstaunen. Es folgt ein Festmahl, Odysseus gibt sich zu erkennen und erzählt seine Leiden:
Nach der Abreise aus dem zerstörten Troja hatte er mit seinen Kriegern das Land der thrakischen Kikoner überfallen, wurde aber von diesen vertrieben und durch einen Sturm in das Land der Lotosesser verschlagen. Dort hätten etliche seiner Gefährten fast das Gedächtnis verloren, da die Blumen jenes Landes, sobald man von ihnen ißt, jegliches Erinnern auslöschen. Dann gelangten Odysseus und seine Männer zu einer kleinen, dem

Kyklopenreich vorgelagerten Insel. Schon wollten sie zum Festland übersetzen, da ergriff der einäugige Riese Polyphemos den Helden sowie einige seiner Gefährten und verschlang deren vier mit Haut und Haaren. Odysseus machte Polyphemos trunken, stach mit einem glühenden Pfahl sein einziges Auge aus, und die Griechen entflohen, an die Bäuche der Schafe des Riesen festgeklammert, während Polyphemos ihnen Felsblöcke nachschleuderte. Man hatte ihm seine Blendung geweissagt: »Doch erwartet' ich immer, ein großer und stattlicher Riese / Würde mich hier besuchen, mit großer Stärke gerüstet / Und nun kommt so ein Ding, so ein elender Wicht, so ein Weichling / Und verbrannt mir das Auge.« (5) Um dieser Tat willen verfolgt und haßt Poseidon Odysseus, denn Polyphemos war der Sohn des Gottes.

Weiter erzählt Odysseus, wie er auf der Insel des Windgottes Aiolos gelandet war und von diesem, in einen Schlauch gesperrt, die widrigen Winde zum Geschenk erhielt. Bei der Abreise – schon in Sicht Ithakas – öffneten die Gefährten den Schlauch, die Winde stoben heraus und trieben das Schiff wieder in die Ferne, diesmal zum Land der Laistrygonen, furchteinflößender Riesen. Sie verschlangen sämtliche Männer mit Ausnahme des Odysseus und der Mannschaft seines eigenen Schiffes. Odysseus fuhr schleunigst weiter und erreichte die Insel Ääa, die Heimat der Göttin Kirke. Sie verwandelte seine Leute in Schweine. Doch mit Hilfe des Zauberkrauts Moly, das Hermes Odysseus gab, zwang der Held die Göttin, seine Gefährten zurückzuverwandeln, und lebte ein Jahr mit ihr. Kirke riet ihm, vor seiner Heimkehr zu Hades hinabzusteigen und den Geist des Teiresias zu befragen. Odysseus beschreibt den Phaiaken, wie er, Kirkes Ratschlägen folgend, den Ozean überquert hatte, um in die Unterwelt zu gelangen. Dort grub er eine Grube, brachte ein Trankopfer dar – Honig, Milch,

Wein, Wasser und weiße Gerste –, schlachtete einen schwarzen Widder und schwarze Schafe und beschwor zahlreiche Schatten, darunter den Geist des Teiresias, der vom Opferblute trank und dem Helden nicht nur die Heimkunft verkündete, sondern auch großes Ungemach prophezeite. Dann kamen die Mutter des Odysseus, von edlen Frauen begleitet, und schließlich erblickte der Held Minos, den Totenrichter und König der Unterwelt, die Geister der Verdammten, und den Schatten des Herakles. Odysseus erzählt, er habe sein Schiff bestiegen, nochmals Äaa angelaufen, sei nicht nur den Sirenen entronnen – er hatte den Gefährten befohlen, ihn an den Mast zu binden (Abb. S. 103) –, sondern auch dem Ungeheuer Skylla und dem Meeresstrudel Charybdis und habe die Insel Thrinakia erreicht, wo die Rinder des Sonnengottes weideten. Dort frevelten seine Gefährten: Sie töteten ohne Wissen des Odysseus einige der heiligen Rinder, erlitten zur Strafe Schiffbruch, und nur Odysseus konnte sich an die Küste Ogygias, der Insel Kalypsos, retten. Von dort kam er nach Scheria, wo er nun beim Mahle saß.

Der Phaiakenkönig schlägt vor, Odysseus zu beschenken und mit einem Schiff zu versehen. Odysseus segelt heimwärts. Die phaiakischen Seeleute setzen ihn, während er schläft, samt seinen Schätzen neben einer heiligen Grotte in Ithaka ab und lichten wieder den Anker. Auf der Rückfahrt jedoch versteinen Schiff und Mannschaft auf Poseidons Geheiß und sinken auf den Grund des Meeres. Alkinoos bringt dem Gott ein Sühneopfer dar und bejammerte das Leid, das aus seiner Gastlichkeit erwachsen war.

Als Odysseus erwacht, erkennt er Ithaka nicht. Da erscheint Athene in Menschengestalt, sagt ihm, wo er sich befindet, und hilft ihm, den Phaiakenschatz in einer Höhle zu verbergen. Dann pocht Odysseus in Gestalt eines alten Bettlers an die

Hütte seines Schweinehirten Eumaios, erzählt ihm eine erlogene Abenteuergeschichte und wird freundlich aufgenommen. Im Traum warnt Athene Telemachos vor dem Hinterhalt der Freier. Telemachos kehrt nach Ithaka zurück und erkennt den Vater; beide beraten, auf welche Weise sie die Freier überwältigen könnten. Telemachos geht, begleitet von dem Seher Theoklymenos aus Argos, in den Palast. Der Seher weissagt Penelope, ihr Gatte werde bald heimkehren. Wenig später betritt Odysseus, als Bettler verkleidet, sein Haus, begegnet seinem Ziegenhirten Melanthios, der ihn beschimpft und schlägt, und findet im Vorhof des Palastes seinen alten Hund Argos. Das Tier erkennt ihn nach zwanzig Jahren wieder und verendet.

Eumaios führt Odysseus in den großen Saal, wo die Freier tafeln. Antinoos, der Verwegenste von ihnen, höhnt den Fremdling, wirft einen Schemel nach ihm und befiehlt Iros, einem stämmigen Bettler, Odysseus aus dem Palast zu jagen. Die beiden beginnen zu ringen und Odysseus zerschmettert des Iros Kinnlade. Indessen ist es Abend geworden; die Freier ziehen sich zurück, nachdem sie Penelope mit Geschenken überhäuft haben. Doch Penelope denkt nicht daran, einen der Freier zu erhören (Abb. S. 104).

Nun schaffen Odysseus und Telemachos sämtliche Helme, Schilde und Speere, die an den Wänden des Saales hängen, in die Rüstkammer. Dann sucht Odysseus Penelope auf, gibt sich nicht zu erkennen, wird aber von seiner alten Amme Eurykleia, die ihm die Füße wäscht, an einer Narbe erkannt. Er gebietet ihr Stillschweigen, und Penelope merkt nichts. Sie erzählt einen Traum – ein Adler hätte zwanzig Gänse getötet –, fügt allerdings hinzu, Träume seien meist dunkel und gingen nicht immer in Erfüllung. Sie sei entschlossen, denjenigen der Freier zu ehelichen, der imstande wäre, den großen Bogen des Odysseus zu spannen und einen Pfeil durch zwölf Ringe zu schießen. Der Wettkampf findet folgenden Tags statt, doch die Freier – keiner von ihnen vermag es, den Bogen zu spannen – verschieben die Probe auf später. Da betritt Telemachos gewappnet den Saal. Odysseus wirft die Lumpen ab, spannt den Bogen, schießt Antinoos durch die Kehle und tötet, von seinem Sohn und zwei getreuen Hirten unterstützt, sämtliche Freier. Melanthios, der den Freiern zu Waffen verholfen hatte, wird gehenkt und kastriert. Nase, Ohren, Füße und Hände werden ihm abgeschnitten. Nur Medon, den Herold, und den Sänger Phemios verschont Odysseus. Dann ruft er die Mägde herbei, die mit den Freiern geschlafen hatten, befiehlt ihnen, die Halle zu säubern und henkt sie sodann allesamt.

Penelope glaubt noch immer nicht, daß der Fremde ihr Gatte ist. Da erwähnt Odysseus eine besondere Eigentümlichkeit ihres Ehebettes, und sie erkennt ihn.

> So erfreulich das Land den schwimmenden Männern erscheinet,
> Deren rüstiges Schiff der Erdumgürter Poseidon
> Mitten im Meere durch Sturm und geschwollene Fluten zer-[schmettert –
> Wenige nur entflohn dem dunkel wogenden Abgrund,
> Schwimmen ans Land, ringsum vom Schlamme des Meeres be-[sudelt,
> Und nun steigen sie freudig, dem Tod' entronnen, ans Ufer –:
> So erfreulich war ihr der Anblick ihres Gemahles. (6)

Odysseus und Penelope legen sich zur Ruhe und erzählen einander, was sie erlebt und erlitten hatten. Odysseus teilt seiner Gemahlin auch die Weissagung des Teiresias mit: daß Abenteuer seiner harrten, aber auch ein ruhiges Alter und ein sanfter Tod aus dem Meer.

Hermes geleitet die Seelen der erschlagenen Freier zu Hades, wo sie die Schatten der vor Troja gefallenen Griechen treffen. Am nächsten Morgen verläßt Odysseus die Stadt, sucht seinen greisen Vater Laertes auf und findet ihn damit beschäftigt, seinen Garten zu jäten. Eupeithes, Antinoos' Vater, überfällt die beiden, doch Athene kommt ihnen wiederum zu Hilfe. Sie tötet den Eupeithes, Zeus schleudert einen Donnerkeil, und fortan herrscht Friede.

2

Odysseus

Odysseus besitzt das unbezwinglich-tapfere Herz des Homerischen Helden, kraft dessen er die größten Fährnisse überwindet:

> ... ich gleiche sterblichen Menschen.
> Kennt ihr einen, der euch der unglückseligste aller
> Sterblichen scheint, ich bin ihm gleich zu achten an Elend! (7)

Er ist der Prototyp eines Mannes, der den Stürmen des Lebens getrotzt hat; er triumphiert, weil er erfinderisch ist, standhaft, aber auch verwegen und von mörderischer Kampfeswut. Seine Abenteuer, so wundersam sie immer sein mögen, erhellen nur seinen Charakter und bestärken ihn im Glauben an sich selbst, an die eigene grenzenlose Kraft.

Eine Eigenschaft hat Odysseus allen anderen voraus: Er ist übermenschlich klug, der Klügste der Helden der *Ilias*. Klugheit in sämtlichen Spielarten, von Kriegslist bis Aufschneiderei, spielt bei ihm eine große, wenn nicht die wichtigste Rolle. Nicht zu Unrecht sieht man in ihm die Verkörperung des »homo mediterraneus« schlechthin, ein Symbol der sonnendurchglühten, südlichen Meeresküsten.

Die Künstler der griechischen Frühzeit interessierten sich kaum für Odysseus. Eine Vase im geometrischen Stil (München) zeigt zwar die Abbildung eines Schiffbruchs, doch ist durchaus nicht erwiesen, ob damit das Schiff des Odysseus gemeint ist. Ein Krug aus Ägina (7. Jh. v. Chr.) zeigt Odysseus mit einem Widder. Im klassischen 5. Jahrhundert betrachtete man den Charakter des Odysseus als verhängnisvolles Ergebnis übertriebener Schläue. Man fand ihn grausam, bestechlich, unzuverlässig, betrügerisch, kurz, man sah in dem Sohn des Laertes einen hartgesottenen Glücksritter. »Möge mein Wesen nie dem des Odysseus gleichen, möge ich immer ehrlich und aufrecht reden und handeln«, sagt Pindar, ein traditionsbewußter Aristokrat. Sophokles schildert Odysseus im *Ajax* als großmütigen Helden, im *Philoktet* hingegen als kaltblütigen Ränkeschmied. Als tückisch erscheint er auch in einigen, während des Peloponnesischen Kriegs entstandenen Stücken des Euripides. Damals sahen viele in der Überschätzung der Intelligenz die Ursache des Niedergangs Athens:

... Dem verruchten, dem listigen Manne
Warf mein Los mich zu,
Dem rechthassenden Scheusal, dem Gesetzesfeind,
Der alles dort und alles hier
Mit doppelter Zung arglistigem Wort
Feindlich hin und her bewegte,
In Haß wandelnd, was zuvor freundlich war. (8)

Livius Andronicus, der erste uns bekannte römische Dichter und Dramatiker, fand in Süditalien, wo die Erinnerung an Odysseus nie ganz erloschen war, ein Publikum für seine *Odyssia Latina.* Im allgemeinen aber hielten die Römer Odysseus denn doch für ein wenig zu schlau, obgleich die Anhänger der Stoa seine Standhaftigkeit bewunderten. Später deuteten einige Kirchenväter, die Allegorien zugetan waren, die Abenteuer des Odysseus als geistiges Streben nach höheren Sphären, eine Auslegung, die zu der Ruchlosigkeit, die andere wiederum in denselben Begebenheiten sahen, in seltsamem Gegensatz stand.

Das erste große Charakterbild des Odysseus findet sich in Dantes *Inferno* (9). Hier wird der Held auf völlig neue, ganz unmittelalterliche Weise dargestellt. Der Dichter bekundet Hochachtung vor dem schlauen wißbegierigen Mann – ebenso gierig strebte Florenz damals nach Reichtum und Vorherrschaft – und legt ihm Aussprüche in den Mund, die als Dantes persönliche Ansichten gelten müssen. Der englische Dichter Gower sah Odysseus in seiner *Confessio Amantis* (1390) als Zauberer, dessen wunderbare Künste später von Calderon allegorisiert und der christlichen Weltordnung angepaßt wurden. Die spanischen Edlen der Gegenreformation wählten Odysseus zu ihrem Vorbild – die Protestanten nicht minder. Fénélon empfahl den Politikern, es, gleich Odysseus, mit der Wahrheit nicht allzu genau zu nehmen. Und die Renaissance, eine Zeit in der kriegerische Tugenden und Buchwissen nicht mehr unvereinbar waren, liebte Odysseus vollends.

Als Goethe begann, Griechisch zu lernen, verfiel er dem Zauber der *Odyssee* und erklärte in seiner *Nausikaa*, nach einer Sizilienreise, die Griechen seien ideale Menschen gewesen und hätten an idealen Stätten gelebt. Auch sein haltloser, überempfindlicher Werther wurde von der unverrückbaren Standhaftigkeit des Odysseus gefesselt. Tennysons *Ulysses*, »grandioser Mischmasch aus alt und neu«, wie Swinburne etliche der Werke Tennysons nannte, zeigt den Dichter auf dem Gipfel seiner Kunst. Tennyson schrieb den *Ulysses* nach dem Tod seines Freundes Hallam. Dies mag die elegisch-nachdenkliche, im Grunde ungriechische Stimmung des Gedichtes erklären, in dem der Dichter den Wunsch ausspricht, vorwärtszuschreiten und den Kampf aufzunehmen:

> Erkenntnis zu verfolgen wie den Stern,
> Der an der Erde Krümmung niedertaucht,
> bis an die letzte Grenze menschlichen Erkennens . . .

James Joyce benützt, wie schon T. S. Eliot bemerkte, in seinem *Ulysses* (1922) den Mythos nicht zu Zwecken der Imitation, sondern als Gerüst, als ordnende, deutende Kraft in dem unermeßlichen Chaos der Sinnlosigkeit, das unsere Gegenwart darstellt. Bloom, ein bürgerlicher Jedermann, durchmißt auf seinen Wanderungen durch Dublin höchstens eine Quadratmeile, die Wanderung, die er in seiner Phantasie unternimmt, haben dagegen kosmisches Ausmaß. Bloom ist weder als Zerrbild eines Helden zu verstehen (zum Unterschied von Tom Jones) noch anti-heroisch gedacht, sondern wird, voll menschlicher Anteilnahme, dem homerischen Bild eingefügt. Die Grundmotive des *Ulysses* sind zu der *Odyssee* in ein sorgfältig ausgearbeitetes Beziehungssystem gesetzt, dessen Parallelen erkennbar sind, wenn auch nicht, wie Ezra Pound allzu optimistisch meinte, »für jeden Schafskopf«. Diese Beziehung zu Homer, die sich in Joyces Aufzeichnungen mehr finden, als in seinem Text, sind vor allem als Anhaltspunkte für Leser und Autor gedacht. Joyce nennt sie »Anlegestellen«. Stephen Daedalus – sein Name ist einem anderen Mythos entnommen – ist Blooms Telemach; seine Ängste und Enttäuschungen entsprechen den Gestalten der Freier. Auch die Kirke-Episode findet sich im *Ulysses,* und zwar in der Bordellszene in Night Town, wo Männer zu Schweinen werden. Paddy Digmans Begräbnis auf dem rattenverseuchten Friedhof ist Sinnbild für für den Abstieg in die Unterwelt.

Der zeitgenössische griechische Dichter Kazantzakis gebraucht die *Odyssee* als Symbol der Auflehnung gegen eine Tradition, die sein Gedicht dennoch weiterführt: Er deutet das Ende der Homerischen *Odyssee* zutiefst nihilistisch (Herausforderung Gottes) und läßt seinen Odysseus Ithaka für immer verlassen. Diese moderne *Odyssee* (1938) straft die Behauptung Lügen, man könne heutzutage kein episches, mythosbezogenes Gedicht mehr schreiben. Das Werk (33 333 Zeilen) ist von Sinnbildern für die Sehnsüchte und Wirrnis des heutigen Menschen durchsetzt. Die Bürde der abendländischen Kultur lastet auf den Schultern des Helden, er ist sich bewußt, in einer Zeit der Umwertung zu leben, einer Epoche des Übergangs, in der alte Formen zerbrechen. Kazantzakis, zwischen Hellenen und Asiaten angesiedelt (Gegensatz Apollon–Dionysos) und mit dem kretischen Blick, einer Art zweiten Gesichts begabt, schreibt, daß in solchen Epochen die Epen entstehen, »zwischen zwei Kulturformen, wenn ein Mythos langsam verschwindet, während der folgende sich Bahn bricht. Unsere Urenkel werden wissen, ob der Suche ein Ziel beschieden war.«
Kavafis, sein alexandrischer Landsmann, mahnt uns – und Odysseus –, uns des Weges zu freuen, ohne des Ziels zu gedenken:

Wenn du zur Fahrt aufbrichst nach Ithaka,
So bete, daß ein weiter Weg es werde.
. . . .
Behalte stetig Ithaka in deinem Geist.
Die Ankunft dort ist deine Vorbestimmung.
Doch haste mit der Ankunft nimmermehr.
Besser, sie daure vieler Jahre Lauf,
Und auf der Insel ankerst du als Greis,
An allem reich, was auf dem Wege du erwarbst,
Niemals erwartend, daß dir Reichtum schenkte Ithaka.

Ithaka schenkte dir die schöne Reise.
Zu ihm allein bist du hinausgefahren.
Verlange andere Gabe nicht von ihm.
Findest du's arm, Ithaka trog dich nicht,
So weise, wie du wurdest, so erfahren,
Erkanntest du nun wohl, was Inseln Ithaka bedeutet. (10)

Der Grieche Giorgos Seferis sieht Odysseus als Irrfahrer, dessen sturmdurchwehtes Exil nie endet, dessen Vergangenheit und Gegenwart in unserer Vorstellung nebeneinander existieren (1931). Pascoli zeigt Odysseus als pessimistischen Umstürzler (*Ultimo Viaggio, 1904*), d'Annunzio als eigenwilligen, von Nietzsche beeinflußten Entdecker. In Jean Gionos *Naissance de l'Odyssée* wird Odysseus als alternder, fahriger Lügner geschildert, von Giraudoux als klarsichtiger, ganzer Mann. Bei Eyvind Johnson ist er ein verlebter Krieger. Die Fischer von Ithaka aber sagen, Odysseus erscheine von Zeit zu Zeit, bis auf den heutigen Tag.

3

Stets wiederkehrende Motive

DIE SAGEN und Märchen der *Odyssee,* einfachere Stiefgeschwister der Mythen (sogenannte Wald- und Wiesenmythologie), wurden zur Ergötzung der Menschen überliefert, unter Verzicht auf die feierlichen, bedeutungsschweren Motive und Nebentöne die so vielen Mythen ihr faszinierendes Gepräge geben. Anders als die *Ilias,* eine Legende, die immerhin auf Tatsachen beruht, erzählt die *Odyssee* unglaubliche Abenteuer

einer möglicherweise historischen, am Trojanischen Krieg beteiligten Person weder in Form einer Chronik noch einer Abhandlung, sondern schlicht und einfach als Fabel. Strabon von Amaseia, Geograph des Römischen Reichs, bemerkte zu diesem Thema: »Wollte uns jemand von den Irrfahrten des Odysseus, Menelaos oder Jason erzählen, würde er zu der Erweiterung unserer Kenntnisse, wonach jeder vernünftige Mann streben sollte, nicht das Geringste beitragen.« (11)
Die Menschen früherer Tage grübelten keineswegs ununterbrochen den Rätseln der Schöpfung nach, sondern fühlten wie wir von Zeit zu Zeit das Bedürfnis, die Last des Alltags abzustreifen und Ausflüge in das Reich der Phantasie zu unternehmen. Mit anderen Worten: Die Menschen, zumindest die Mittelmeervölker, wollten sich in ihrer Freizeit unterhalten. Bei den nordamerikanischen Indianern waren Märchen und Fabeln nicht selten religiös gefärbt. Nicht so bei den Griechen: Die Geschichten von großen Taten, Belohnung des Guten, Bestrafung des Bösen, von Göttern, die in das Geschehen eingriffen, und ähnliche Dinge mehr dienten vornehmlich dazu, über den eintönigen Alltag des Bauern, die Düsternis langer Winternächte, die Mühen langer Fußmärsche hinwegzutrösten. Mitte des 19. Jahrhunderts sammelten die Brüder Grimm, in der Hoffnung, auf den Kern indo-europäischer Mythologie zu stoßen, zahlreiche Märchen und Fabeln. Dabei kam eine erstaunliche Anzahl Homerischer, der *Odyssee* entstammender Motive zutage. Sie finden sich auf der ganzen Welt und zeigen erstaunliche, wenn auch ortsbedingt differenzierte Parallelen. Sie hervorgehoben zu haben, ist das Verdienst der Forscher J. W. E. Mannhardt (1831–1880) und Andrew Lang (um die Jahrhundertwende). Seither lassen sich Mythenübertragungen – mitunter über größte Entfernung – mit ziemlicher Sicherheit nachweisen. Viele afrikanische Märchen, z. B., gehen auf ara-

bische und indische Quellen zurück; nordamerikanische Indianergeschichten lassen sich nach Skandinavien zurückverfolgen, keltische Motive wurden von Nomaden verbreitet, Bantugeschichten stammen aus Europa, und sibirische und tibetanische Schamanen bezogen einen Teil ihrer Legenden aus Rom und Griechenland. Frobenius und Jensen vertreten die einleuchtende Theorie einer gemeinsamen Quelle polynesischmelanesischer und griechisch-römischer Themen, wobei die Frage auftaucht, ob die Ähnlichkeit der Mythen und Kunstwerke diesseits und jenseits des Pazifiks nicht ebenfalls einen gemeinsamen Ursprung hat. Volksmärchen, Sprichwörter, Zaubersprüche und dergleichen wurden nicht nur von Dorf zu Dorf verbreitet: Es gibt uralte große Handelswege für solche Überlieferungen. Einige Anthropologen, der Ansicht, die Quelle all dieser Sagen liege im Nahen Osten, setzen die Ursprungszeit zwischen 7 500 und 5 500 vor Christus an, andere denken eher an Malaya oder Polynesien; andere wiederum vertreten völlig andere Theorien.

Gegen sie alle wendet sich C. G. Jungs Auffassung vom gemeinsamen Unterbewußtsein, der Mensch liebe es nun einmal, aus Lust am Phantasieren, sich Bilder vorzugaukeln, und diese Bilder und Tagträume glichen einander so sehr, daß die Märchen und Mythen der Welt anmuten wie Mundarten ein- und derselben Sprache. Die begrenzte Einbildungskraft des Menschen wende sich immer wieder bekannten Motiven zu, denn: In Mythen und Märchen wie im Traume sage die Seele über sich selber aus, und die Archetypen offenbaren sich in ihrem natürlichen Zusammenspiel. Der Gelehrte muß die Parallelen im Auge behalten, die sich, für Psychoanalytiker und Psychologen von Wert, in den Mythen räumlich weit voneinander entfernter Gebiete finden: das Traum-Furcht-Element, beispielsweise, oder das Streben, die Mühseligkeit und Beengtheit des menschlichen Daseins durch erträumte Triumphe auszugleichen. Volksmärchen gehen weit häufiger »gut aus« als Mythen. Im Märchen überwinden wir die Angst vor der bösen Stiefmutter, tun so, als würden wir erwachsen. »Im Mythos gestehen wir ein, daß den tragischen Zwiespalt der menschlichen Natur einzig der Tod lösen kann«, sagt Geza Roheim. Die märchenähnlichste Manifestation »gemeinsamen Unterbewußtsein« in der derzeitigen Zivilisation ist der Zeitungs-»comic strip«: Hier machen sich (in der Regel unterdrückte) Regungen in Charakteren Luft, die den Archetypen der Antike gleichen.

Die Welt des Märchens ist tückisch, blutrünstig, grausam, voll Willkür und Unberechenbarkeit. Alle diese Elemente deuten nach Ansicht einzelner Forscher auf einen Ursprung in fernen, primitiven Gemeinschaften, kennzeichnen die Märchen als eine Art Gedanken- und Sittenüberbleibsel aus frühen Zeiten ungeschriebener Literatur. Andere Forscher wiederum sehen im Märchen eine Reaktion gegen den Mythos: Der Erzähler habe sich sozusagen gegen die finstere Symbolisierung des menschlichen Daseins und seiner Begrenzungen gewandt und die Tragik des Mythos geleugnet. Die Entstehungszeit der Märchen wird kaum je sicher nachweisbar sein. Dennoch widerspricht jener Reaktions-Theorie, daß viele der Odyssee-Stoffe aus grauer Vorzeit zu stammen scheinen. Die Märchen der *Odyssee* treten in denselben Varianten auf wie andere Fabeln dieser Art, ihre Traum-Assoziationen entsprechen den Vorstellungen, durch die jene gekennzeichnet werden. Der Leser wird durch abrupte Wendungen über neue, unvorhergesehene, wenn auch nicht unvertraute Pfade einem einzigen Ziel zugeführt.

Die *Odyssee*, der Form nach ein Epos, beruht auf einem weitverbreiteten Volksmärchenmotiv: Ein Mann, seit so langer Zeit verschollen, daß er für tot gehalten wird, findet sein Heim und seine liebende Gattin wieder. Ein Merkmal guter Geschichten: Sie bergen den Keim weiterer. Oft wirken Märchen und Dichtung aufeinander ein. Die Haupthandlung der *Odyssee* wurde durch Abenteuergeschichten – richtiges Seemannsgarn, Fabeln von Hexen und Ungeheuern in fernen Ländern – erweitert. W. J. Woodhouse ordnet die Hauptthemen folgenden Kategorien ein: Frauenlist, Verzögerungstaktik; Penelope und ihr Teppich (das Auftrennen des tagsüber gewirkten Gewebes ist ein weitverbreitetes Folklore-Thema); Rückkehr des Gatten, Feuerprobe; Narbe, Bogen, Bett; Strohwitwe; Sieg der Tugend; der geraubte Prinz oder die Stimme des Blutes; das schwarze Pferd, oder »Wie man eine Frau gewinnt« (die Geschichte Nausikaas, die in der Odyssee vor dem glücklichen Ende notwendigerweise abgebrochen wird). Zu diesen Themen gehören noch weitere, wie z. B. Telemachs Suche nach dem Vater, die Schlachtung der Sonnenrinder, Sturm und Schiffbruch, Seemannsgeschichten (Insel des Aiolos, Symplegaden), das Ungeheuer Skylla, die Sirenen, die Zauberinnen Kirke und Kalypso (möglicherweise zwei Spielarten ein und desselben Themas) sowie der Kyklop Polyphemos, dessen Blendung auf attischen und argivischen Vasen bereits im siebenten vorchristlichen Jahrhundert abgebildet wurde. Die in der *Odyssee* enthaltene Polyphemos-Episode ist eine phantastische Zusammenfassung mehrerer Varianten – die ursprüngliche Fassung wurde durch zahlreiche, anderen Versionen entnommene Erweiterungen bereichert –, deren man 125 zählte (1904), einige davon in Lappland. Möglicherweise haben alle einen gemeinsamen Ursprung. Odysseus' Verfolgung durch den Riesen erinnert an die dritte Reise Sindbads, des Seefahrers.

Widersprüchlichkeiten und Ungereimtheiten der *Odyssee* sprechen nicht unbedingt dafür, daß mehrere Autoren am Werk waren, sondern vielmehr, daß verschiedene Quellen benutzt wurden, mit dem Ergebnis, daß aus einer Reihe von Volksmärchen eine ungemein fesselnde, erregende Geschichte entstand. Der Verfasser der *Odyssee* begnügte sich nicht damit, den Geschichten manches hinzuzufügen, sondern drückte dem Werk den Stempel seiner Persönlichkeit auf. Odysseus ist nicht nur der schlaue Däumling, der Riesentöter David, der Goliath besiegt, das tapfere Schneiderlein, sondern darüber hinaus das Produkt der Erzählerkunst eines genialen, des eigenen Werts durchaus bewußten Dichters, der nicht zuletzt dafür sorgt, daß die edle Zunft, der er angehört, nicht in Vergessenheit gerate. Beim Gastmahl des Alkinoos, zum Beispiel, kommt der Herold

> ... und führte den lieblichen Sänger,
> Welchen die Völker verehrten, Demodokos, näher, und setzte
> Ihn in die Mitte des Saals, an die hohe Säule gelehnet.
> Und dem Herolde rief der erfindungsreiche Odysseus
> Und zerteilte den Rücken, sein großes ehrendes Anteil
> Vom weißzahnichten Schweine, mit frischem Fette bewachsen:
> Herold, reiche dies Fleisch Demodokos hin, daß er esse.
> Gerne möcht ich ihm Liebes erweisen, wie sehr ich auch traure.
> Alle sterblichen Menschen der Erde nehmen die Sänger
> Billig mit Achtung auf und Ehrfurcht; selber die Muse
> Lehrt sie den hohen Gesang und waltet über die Sänger. (12)

Es ist gewiß kein Zufall, daß zu den wenigen, die dem Massaker auf Ithaka entkamen, der Sänger Phemios zählte.

Das Grundthema der *Odyssee* – Suche nach Verlorenem – beschäftigte die großen Dichter der Welt seit jeher, spielte in der griechischen und römischen Mythologie eine hervorragende Rolle und bildet das Herzstück der Spätwerke Shakespeares *(Cymbeline, Wintermärchen, Sturm, Perikles)*: Königtum, Symbol für das ewige Streben der Seele nach dem Göttlichen, geht verloren. Auch die Mythologie der nordamerikanischen

Indianer kennt dieses Streben nach Macht. Einer erregenden, wenn auch unverbürgten Auslegung nach wäre dieses Thema, das von primitiven Fruchtbarkeitsriten abzuleiten ist, der Niederschlag urzeitlicher Initiationszeremonien, bei denen die jungen Männer abgesondert wurden (bei gewissen Eingeborenenstämmen ist dies noch heute üblich) und ein dunkles Labyrinth durchwandern mußten als sinnbildliche Wiederholung der Irrfahrten vorzeitlicher Götter und heiliger Tiere. Die alljährlich versiegende zeugende Kraft der Erde mußte jährlich aufs neue zurückgewonnen werden. Wie dem auch sei, das Motiv der Suche, in der *Odyssee* am großartigsten behandelt, lebt seit Urzeiten im Herzen der Menschheit.

Seit Jahrtausenden streiten die Gelehrten, ob *Ilias* und *Odyssee* von ein und demselben Verfasser stammen. Die Alten behaupten: ja, und wir können das Gegenteil nicht beweisen. Dionysios von Halikarnaß, ein Literaturkritiker der augusteischen Zeit, vertrat die Ansicht, die *Ilias* sei ein Jugend-, die *Odyssee* ein Alterswerk Homers. Auch dieser Theorie fehlt der Beweis. Eines jedoch steht fest: Der Geist, der aus den beiden Werken spricht, ist nicht ein und derselbe. Der Dichter der *Ilias* muß die *Odyssee* nicht gekannt haben. Die *Odyssee* scheint jüngeren Datums zu sein, entstand vielleicht, etwa eine Generation später, gegen Ende des 8. Jahrhunderts v. Chr., unmittelbar ehe das Alphabet Griechenland erreichte und die Zeit der historischen und literarischen Zeugnisse anbrach. Gewiß, auch in der *Odyssee* spielen, wie in der *Ilias*, Mut, Standhaftigkeit und Erfindungsgabe eine bedeutende Rolle. Aber das Gedicht ist kunstreicher angelegt, das Epos wird fast zum Roman. Longinus, ein Meister antiker Literaturkritik (13), verglich den Verfasser der *Odyssee* mit der sinkenden Sonne – minder heiß, wenn auch nicht minder prächtig – oder dem Ozean zur Ebbezeit, wenn die rückflutenden Wasser Seeungeheuer freilegen.

Jubelndes Heldentum und glühende Leidenschaften charakterisieren die *Ilias.* Standhaftigkeit, Voraussicht, Selbstbeherrschung und Bescheidung sind Anliegen der *Odyssee:* Die Weißglut des *Macbeth* zur Weisheit des *Sturm* geklärt, einem Seefahrerstück gleich der *Odyssee.* Sophokles preist übrigens die Entwicklung der Seefahrt als die größte menschliche Tat überhaupt (14).

In der *Odyssee* triumphieren Verstand und Seelengröße über äußere Umstände. Penelopes und Telemachos' Klugheit wird ebenso hervorgehoben wie die Verschlagenheit des Odysseus, Gatten- und Heimatliebe gehen vor Kameradschaft und Ehrgeiz, Höflichkeit vor Kriegsbrauch, eine neue, in diesem Ausmaß nie dagewesene Anteilnahme an den Lebensverhältnissen der adeligen Herrscher und deren Untertanen wird spürbar. Gefühlstiefe und Tragik weichen dem Lob der Gastlichkeit und der Schicklichkeit. An Hand der Geschichte des Telemachos wird Heldenerziehung gelehrt. Und zwischen wundersamen, erregenden Abenteuern werfen wir einen Blick auf das Leben der begüterten Klasse. Armut und Mißhandlung finden sogar mißbilligende Erwähnung. Hauptthema aber bleibt das Streben nach Heimstatt und Grundbesitz, allerdings unter Beachtung sittlicher Gebote. Wir sehen, daß auch die *Odyssee* Idealzustände darstellt, ebenso wie die *Ilias* eine heldische Welt beschreibt, die in derartigen Dimensionen niemals existierte. Wahrscheinlich beflügelte das 10. Jahrhundert (die Epoche nach der Vernichtung der mykenischen Paläste) und nicht seine eigene Zeit (das 8. Jahrhundert) die Phantasie des Dichters. Einige in der *Odyssee* beschriebene Gegenstände werden von den Archäologen sogar mit Sicherheit einer Zeit zugeschrieben, die, als das Gedicht entstand, bereits vergangen war (15).

Die dichterischen Mittel der *Odyssee* entfalten sich in kluger Anordnung des Ganzen, scharfer Menschenbeobachtung und prachtvollen Einzelheiten. Schöne, kostbare Gegenstände, liebliche Wohnstätten – zum Beispiel Kalypsos Grotte oder der Palast des Alkinoos, werden mit sinnlicher Freude beschrieben:

> Gleich dem Strahle der Sonn', und gleich dem Schimmer des [Mondes
> Blinkte des edelgesinnten Alkinoos' prächtige Wohnung.
> Eherne Wände liefen an jeglicher Seite des Hauses
> Tief hinein von der Schwelle, gekrönt mit blauem Gesimse.
> Eine goldene Pforte verschloß die innere Wohnung;
> Silberne Pfosten, gepflanzt auf ihrer ehernen Schwelle,
> Trugen den silbernen Kranz; der Ring der Pforte war golden.
> Jegliche Seit' umstanden die goldnen und silbernen Hunde,
> Welche Hephästos selbst mit hohem Verstande gebildet,
> Um des edelgesinnten Alkinoos' Wohnung zu hüten;
> Drohend standen sie dort, unsterblich und nimmer veralternd. (16)

Die Helden der *Odyssee* sind durchaus nicht abgeneigt, ihren Besitz zu vergrößern. Geschenken wird Wichtigkeit beigemessen. Peisistratos rät Telemachos:

> Ganz unmöglich, Telemachos, wär' es, wie sehr wir auch eilten,
> Diese düstere Nacht zu durchfahren, und bald ist es Morgen.
> Darum warte, bis uns mit Geschenken den Wagen belade
> Atreus' edler Sohn, der kriegrische Held Menelaos,
> Und mit gefälligen Worten uns freundlich von sich entlasse.
> Denn es erinnert sich ein Gast zeitlebens des Mannes,
> Welcher in fernem Lande mit Lieb' und Freundschaft ihn auf- [nahm. (17)

Und später:

> . . . Keines der Völker
> Sendet uns leer hinweg; man schenkt uns wenigstens ein Stück,
> Ein dreifüßig Geschirr von Kupfer oder ein Becken,
> Oder ein Joch Maultiere, auch wohl einen goldenen Becher. (18)

Die Freier Penelopes sind nicht zuletzt deshalb verabscheuenswürdig, weil sie Kosten verursachten (19).
In der Beschreibung von Odysseus' altem Hund, der – »würmerzerfressen und obszön«, wie Alexander Pope ihn beschreibt – auf dem Dunghaufen liegt, klingt ein neuer Ton auf:

Aber ein Hund erhob auf dem Lager sein Haupt und die Ohren,
Argos, welchen vordem der leidengeübte Odysseus
Selber erzog; allein er schiffte zur heiligen Troja,
Ehe er seiner genoß. Ihn führten die Jünglinge vormals
Immer auf wilde Ziegen und flüchtige Hasen und Rehe;
Aber jetzt, da sein Herr entfernt war, lag er verachtet
Auf dem großen Haufen vom Miste der Mäuler und Rinder,
Welcher am Tore des Hofes gehäuft ward, daß ihn Odysseus'
Knechte von dannen führen, des Königes Äcker zu düngen;
Hier lag Argos der Hund, von Ungeziefer zerfressen.
Dieser, da er nun endlich den nahen Odysseus erkannte,
Wedelte zwar mit dem Schwanz und senkte die Ohren herunter,
Aber er war zu schwach, sich seinem Herren zu nähern.
Und Odysseus sah es und trocknete heimlich die Träne ...
Aber Argos umhüllte der schwarze Schatten des Todes,
Da er im zwanzigsten Jahr Odysseus wieder gesehen. (20)

Die Welt scheint menschlicher geworden zu sein; allerdings nur um ein weniges: Wie in der *Ilias* herrscht auch in der *Odyssee* wilde Lust am Blutvergießen. Als Iros halbtot geprügelt wird, lachen die Freier herzlich (21). Ihre spätere Abschlachtung, die Verstümmelung ihres Anhängers Melanthios (des einzigen Verräters an seinem Herrn, der bei Homer vorkommt) und die Hinrichtung der Mägde, die sich den Freiern hingegeben hatten, sind an Rohheit unübertroffen. Nicht einmal in der *Ilias* findet sich etwas dergleichen.

Wahrlich, den reinen Tod des Schwertes sollen die Weiber
Mir nicht sterben, die mich und meine Mutter so lange

Schmähten und mit den Freiern so schändliche Greuel verübten!
Sprach's, da band er ein Seil des blaugeschnäbelten Schiffes
An den ragenden Pfeiler und knüpft' es hoch am Gewölbe
Fest, daß die Hangenden nicht mit den Füßen die Erde berührten.
Und wie die fliegenden Vögel, die Drosseln oder die Tauben,
In die Schlingen geraten, die im Gebüsche gestellt sind –
Müde eilten sie heim und finden ein trauriges Lager –
Also hingen sie dort mit den Häuptern nebeneinander,
Alle die Schling' um den Hals, und starben des kläglichsten Todes,
Zappelten noch mit den Füßen ein wenig, aber nicht lange. (22)

4

Im Schattenreich

TROTZ SOLCHER GRAUSAMKEITEN verleiht der Dichter der *Odyssee* den Göttern einen edleren Sinn, stattet sie zuweilen sogar mit einer Art ethischem Verantwortungsgefühl aus. Nach wie vor sind sie allwissend (23). Aber sie können nicht für Unheil verantwortlich gemacht werden, an dem der Mensch selbst die Schuld trägt. Sie strafen den Sterblichen, der es ihnen gegenüber an Verehrung fehlen läßt (aus diesem Grunde wurde z. B. Menelaos in Ägypten zurückgehalten), aber die Auffassung von der Kompetenz der Götter hatte sich merklich gewandelt. Die individuellen Gottheiten sind allmählich einem pantheistischen Gott- bzw. Göttergedanken gewichen, sie werden zu geistigen Kräften, fast zu abstrakten Ideen.

Nur Athene greift zugunsten Odysseus' immer wieder in das Geschehen ein und behandelt den Helden mit lächelnder, bewundernder Vertraulichkeit. Diese Göttin, später die kühne

Beschützerin Athens, verkörperte die Weisheit. Auch stand sie in dem Ruf, die Flöte erfunden zu haben, die Kriegstrompete, die Töpferkunst, den Pflug, den Rechen, das Joch, den Streitwagen und das Schiff, den Webstuhl sowie sämtliche anderen Gerätschaften fraulicher Betätigung. Bei Homer erscheint sie vor allem als geliebte Tochter des Zeus, als Beschützerin der Städte (24). Eine in Linearschrift B abgefaßte, in Knossos aufgefundene Tontafel trägt ihren Namen und es ist nicht ausgeschlossen, daß Athene als die Nachfolgerin einer kretischen Schlangengottheit galt (daher die Schlange als Attribut). Die auf einem mykenischen Fresko abgebildete schildtragende Göttin ist wahrscheinlich ihre Vorgängerin. Der Ölbaum, der auf der Akropolis wuchs, war der Athene heilig. Dies deutet darauf hin, daß die Göttin unter anderen auch die Pflichten jener Gottheit ererbte, unter deren Schutz die Ölbäume – die Lebensgrundlage griechischer Gemeinden – früher gestanden hatten. Ruskin greift in seiner *Königin der Lüfte* auf die Athene-Mythen zurück und schmückt sie mit überquellender Phantasie neu aus. Aber auch in letzter Zeit flammte die Erinnerung an die schildtragende Göttin auf: Im Zweiten Weltkrieg wußten griechische Soldaten von einer Vision zu berichten. Eine gewappnete Jungfrau sei vor ihnen einhergeschritten.

Im übrigen ist es in der *Odyssee* nicht anders als in der *Ilias* immer noch durchaus statthaft, die Olympier zu belächeln. Die berühmte Geschichte von Ares und Aphrodite (Aphrodites Gatte Hephästos, der lahme Gott der Schmiede, hatte seine Frau und deren Liebhaber in einem Netz gefangen) steht in der *Odyssee*. Die Götter lachen herzlich, und manch einer wäre, sogar in solcher Lage, gern an Ares' Stelle gewesen:

> Jetzo standen die Götter, die Geber des Guten, im Vorsaal,
> Und ein langes Gelächter erscholl bei den seligen Göttern,

Als sie die Künste sahn des klugen Erfinders Hephästos.
Und man wendete sich zu seinem Nachbar und sagte:
Böses gedeihet doch nicht; der Langsame haschet den Schnellen!
Also ertappt Hephästos, der Langsame, jetzo Ares,
Welcher am hurtigsten ist von den Göttern des hohen Olympos,
Er, der Lahme, durch Kunst. Nun büßt ihm der Ehebrecher! (25)

Zahlreiche antike und spätere Maler behandelten das Sujet: Pompejanische Kopien lassen auf die Existenz früherer Fresken schließen. Tizian vor allem stellte die Themen der griechischen Mythologie mit echtem Feuer dar, wenn er sich bei der Darstellung erotischer Sujets (zahlreiche Studien der Venus mit Cupido oder mit dem schönen Adonis) auch nach dem Geschmack königlicher und anderer Gönner zu richten hatte; ebenso Tintoretto in nicht weniger farbigem, allerdings objektiverem Stil. Und erst unlängst erschien ein Roman (Iris Murdoch: *Im Netz*), der die alte Episode in moderner Form abwandelt.

Göttinnen werden belächelt, die Frauen der *Odyssee* dagegen erfahren gebührende Achtung: Penelope erscheint als würdige Herrin des weiträumigen Palasts, ihre zwanzigjährige Treue wird gepriesen. Kirke ist raubgierig, aber Kalypso beweist Herz und Nausikaa ist tapfer, umsichtig, liebevoll. Daß ein Mädchen wie Nausikaa an Stelle der gold- und edelsteinblitzenden Schlange trat, die in einer ägyptischen Fassung der Fabel den Schiffbrüchigen errettet, spricht für die griechische Mentalität. Samuel Butler, einer der vielen Kommentatoren Homers, leistete sich den ernstgemeinten Scherz, in Nausikaa das Selbstporträt der Dichterin der *Odyssee* sehen zu wollen: eine junge sizilische Adelige habe das Epos verfaßt.

Immerhin: Butler erwähnt nicht zu Unrecht das Mittelmeerbecken. Die Irrfahrten des Odysseus sind nirgends eingezeichnet, lassen sich auf keiner Landkarte verfolgen. Homer ließ, wie bereits der Geograph Eratosthenes von Kyrene bemerkte, den Weg absichtlich im Unklaren, dennoch wurde Scheria z. B. später als Korkyra identifiziert. Das vermeintliche Ithaka (das heutige Thiaki, nicht Leukas), liefert dem Archäologen keine nennenswerten Anhaltspunkte. Wahrscheinlich war die Insel, im Gegensatz zu Ogygia, wo alles üppig gedieh, als Symbol harten Lebens gedacht. In Griechenland selbst wiesen bereits in der Antike zahlreiche Spuren nach Italien. Hesiod ließ Odysseus die Halbinsel berühren (26), und Cumae – am nördlichen Ende der Bucht von Neapel – war seit dem 8. vorchristlichen Jahrhundert griechische Kolonie. Vasen aus dieser Zeit wurden im Cumae gefunden. Vielleicht kannte Hesiod Seefahrer, die sich schon vor der Besiedlung an die Küsten Italiens und Siziliens gewagt hatten. Eines scheint festzustehen: Von allen nach der Eroberung Trojas heimkehrenden Helden mag einzig Odysseus Italien berührt haben. Aber das schließt nicht aus, daß die *Odyssee* Fabeln enthält, die aus anderen Ländern stammen.

Auch Odysseus' Besuch in der Unterwelt weist unter Umständen nach Italien: Alter Überlieferung zufolge begann eine solche Reise am Avernersee bei Cumae. Dort ließ auch später Vergil Äneas und die Sybille die Fahrt zu Hades antreten. Odysseus hingegen, anders als Äneas oder Orpheus, steigt nicht zu Hades hinab, sondern segelt ans Ende der Welt, an jenes Äußere Meer, wo die Kimmerier, ein Volk, das gegen Ende des 8. Jahrhunderts v. Chr. über den Kaukasus nach Kleinasien einwanderte, in ewigem Dämmerlicht lebten (27):

> ... richte den Mast und spanne die schimmernden Segel;
> Dann sitz ruhig, indes der Hauch des Nordens dich hintreibt.
> Aber bist du im Schiffe den Ozean jetzo durchsegelt
> Und an dem niedern Gestad' und den Hainen Persephoneiens
> Voll unfruchtbarer Weiden und hoher Erlen und Pappeln:

Lande dort mit dem Schiff' an des Ozeans tiefem Gestrudel.
Und dann gehe du selber zu Aides dumpfer Behausung,
Wo in den Acheron sich der Pyriphlegethon stürzet
Und der Strom Kokytos, ein Arm der stygischen Wasser,
An dem Fels, wo die zween lautbrausenden Ströme sich mischen;
Nahe bei diesem Orte gebiet' ich dir, edler Odysseus,
Eine Grube zu graben von einer Ell' ins Gevierte. (28)

Hier verwirren sich die Fäden, die Mythen widersprechen einander. Odysseus gerät in die, bereits in der *Ilias* (29) erwähnte Unterwelt des Königs Minos. Und hier tritt ein Widerspruch auf, der schon den Alten zu denken gab: Die minoische Unterwelt, kein blasses Schattenreich, sondern eine Stätte des Lohns und der Strafe (letztere bleibt allerdings den großen Verbrechern vorbehalten, obwohl sich in der *Ilias* der Hinweis findet, daß auch Meineid nach dem Tode geahndet wird [30]), entspricht nicht den homerischen Vorstellungen, sondern der Auffassung einer späteren Zeit. Ehe die *Odyssee* aber den neuen Gedanken aufnimmt, trägt die Reise des Helden in die Unterwelt rein nekromantische Züge. Teiresias wird durch ein Blut-Trankopfer beschworen – in seiner Heimat Böotien pflegte man abgeschiedene Seher solcherart ins Leben zurückzurufen – und auch die anderen Schatten sprechen nicht, ehe sie Blut getrunken haben.

Nekromantische Bräuche wurden in der Antike allenthalben geübt. Die seltsame Schattenwelt der *Odyssee* – den Toten ist jeglicher Eingriff in das Leben der Menschen verwehrt – steht daher nicht nur im Gegensatz zu frühen mykenischen Sitten, sondern auch zu gewissen Erwähnungen, die sich in beiden Epen finden. So ist, zum Beispiel, des öfteren von Totenopfern die Rede, die im griechischen Heroen-Kult eine wichtige Rolle spielten und zu bezeugen scheinen, daß man den Toten die Macht zuschrieb, den Lebenden zu helfen oder zu schaden.

Steinzeit-Bestattungsbräuche (dies gilt auch für den Australopithecus Africanus) zeigen, daß man die Toten seit frühesten Zeiten ehrte. Und diese Ehrung der Toten, wahrscheinlich bedingt durch den Glauben an ihre Macht (obgleich es Riten gab, die ein Weiterleben nach dem Tode verbürgen sollten), entspricht einem tiefen Bedürfnis der menschlichen Seele. In mykenischen Gräbern wurden Opfergaben gefunden, die, scheinbar beziehungslos, in den Homerischen Epen immer wieder erwähnt werden, obgleich dort die toten Helden – Patroklos, zum Beispiel – verbrannt wurden. Zwei Bestattungsarten (Begraben und Verbrennen) müssen nicht unbedingt zwei verschiedenen Auffassungen vom Leben nach dem Tod entsprechen, obwohl man von jenen nicht selten auf diese schloß. Ehe wir nicht in der Lage sind, die Homerischen Bestattungsbräuche mit jenen zu vergleichen, die in der gesamten Ägäis herrschten, werden wir über diese Frage nichts Bestimmtes aussagen können. Es bestehen, zum Beispiel, Ähnlichkeiten zwischen der Beisetzung des Patroklos (oder Hektors) und den Bestattungssitten der Hittiter, die zur Zeit der mykenischen Blüte auf dem Festland Kleinasiens lebten. Leichenverbrennung und -bestattung waren bei ihnen, ebenso wie bei den Trojanern, gleichermaßen üblich. Die Leichenfeierlichkeiten der *Ilias* gleichen in vielem den in Bogazköy aufgefundenen Beschreibungen hittitischer Trauerzeremonien, die oft länger als bei Homer – über dreizehn Tage – währten. Homers Schattenwelt ist ein Ort ewigen Schreckens, ewiger Düsternis.

> Und nachdem ich flehend die Schar der Toten gesühnet,
> Nahm ich die Schaf' und zerschnitt die Gurgeln über der Grube;
> Schwarz entströmte das Blut, und aus dem Erebos kamen
> Viele Seelen herauf der abgeschiedenen Toten.
> Jüngling' und Bräute kamen und kummerbeladene Greise,
> Und aufblühende Mädchen, im jungen Grame verloren.

Viele kamen auch, von ehernen Lanzen verwundet,
Kriegerschlagende Männer mit blutbesudelter Rüstung.
Dicht umdrängten sie alle von allen Seiten die Grube
Mit grauenvollem Geschrei, und bleiches Entsetzen ergriff mich.
(31)

Odysseus spricht auch mit Achilleus, der sich über den Wert des Lebens und des Todes keinerlei Täuschung hingibt:

Preise mir jetzt nicht tröstend den Tod, ruhmvoller Odysseus.
Lieber möcht' ich fürwahr dem unbegüterten Meier,
Der nur kümmerlich lebt, als Tagelöhner das Feld baun,
Als die ganze Schar vermoderter Toten beherrschen. (32)

Das Leben der Schatten ist ein körperloses Dämmern:

Sondern dies ist das Los der Menschen, wann sie gestorben.
Denn nicht Fleisch und Gebein wird mehr durch Nerven ver-
[bunden,
Sondern die große Gewalt der brennenden Flamme verzehret
Alles, sobald der Geist die weißen Gebeine verlassen.
Und die Seele entfliegt wie ein Traum zu den Schatten der Tiefe.
(33)

Der Wunsch, Tote zu beschwören, ist ein menschliches Urverlangen. Jedermann sehnt sich danach, verstorbene Freunde und Verwandte wiederzusehen. Liebe und Freundschaft werden durch die Trennung angefacht, und die Vereinigung im Hades gibt den Menschen das Gefühl, den Tod, Homers schlimmsten Feind, gewissermaßen bezwungen zu haben. In zahlreichen Mythen verschiedensten Ursprungs werden die Hindernisse beschrieben, die von Göttern und Heroen überwunden wurden, ehe die Helden durch die enge Pforte oder das Nadelöhr in das verbotene Reich eindrangen und drüben, im Jenseits, Kenntnis

Odysseus und die Sirenen. Von einer Vase aus Athen. London, British Museum

Pinturicchio, Penelope und die Freier. London, National Gallery

der letzten Dinge erhielten. Knaben und Mädchen primitiver Volksstämme unterziehen sich noch heute symbolisch dieser härtesten Prüfung. Sie verlassen ihre Heimstatt, leben monatelang, jahrelang in der Wildnis, unterwerfen sich den verschiedensten Martern, die in bildlichem Tod gipfeln (manchmal symbolisiert durch Lebendig-Begrabenwerden) und gehen aus diesen Torturen als neugeboren hervor.

Odysseus' Abstieg in die Unterwelt zeigt unverkennbare Ähnlichkeit mit dem Epos von Gilgamesch, dem sagenhaften König von Uruk, einer sumerischen Stadt, die im 4. Jahrtausend v. Chr. am unteren Euphrat blühte. Die Bewohner Uruks sprachen eine durch Agglutination entstandene Sprache unbestimmbarer Herkunft. Die großen Epen wurden möglicherweise erst zweitausend Jahre nach ihrer Entstehung niedergeschrieben. Bruchstücke einer semitisch-babylonischen (akkadischen) Fassung, vielleicht erweitertes sumerisches Sagengut, waren sowohl in hittitischer Sprache als auch in einer Übersetzung im kleinasiatischen Hittiterreich verbreitet. Bruchstücke der Übersetzung sind erhalten. Sie kommen den griechischen Epen nicht gleich, weder an Charakter, psychologischem Einfühlungsvermögen, Schwung und Farbe. Ihre Verfasser, die der Tempelpriesterkaste angehörten, suchten ihre Zuhörer nicht zu fesseln oder zu unterhalten. Dennoch werden diese Epen von der heroisch-übermenschlichen Gestalt Gilgameschs überragt, der ersten Heldenfigur, von der schriftliches Zeugnis vorliegt. Das *Gilgamesch-Epos*, eine Mischung aus Abenteuergeschichte, Sittenkodex und Tragödie – im Grunde eine Frage an das Schicksal – hat mit den späteren Homerischen Mythen vieles gemein. So sieht man in Gilgamesch und dessen Freund Enkidu Vorläufer von Achilleus und Patroklos. Nach Enkidus Tod unternimmt Gilgamesch eine Reise, in deren Verlauf er Siduri, einer kirkeähnlichen Frauengestalt begegnet und endlich, nach Erkenntnis und Unsterblichkeit suchend, die Mündung des Flusses, den Rand des Abgrunds, erreicht. Hier drängt sich erst recht der Gedanke auf, der Dichter der *Odyssee* müsse das *Gilgamesch-Epos* gekannt haben, oder aber, beide Gedichte beruhten auf gemeinsamer kultureller Grundlage. Eines steht jedenfalls fest: Der Tradition, auf die Homer sich in seinen Werken stützte, war ein nicht geringes Element asiatischer Überlieferung beigemischt.

Die Fahrt des Helden in die Schattenwelt, sein Abstieg zu Hades, bedeutet für die Griechen eine Spiegelung diesseitiger Probleme, die Suche nach Lösung sämtlicher Rätsel des Daseins. Und noch lange sollte ein Widerhall des Homerischen Nihilismus aus den Werken der Dichter tönen, wie zum Beispiel aus den Worten der Dichterin Erinna, die zu Ende des 4. Jahrhunderts v. Chr. auf Telos lebte:

> Das Ohr des fernen Hades erreicht nur leerer Hall.
> Inmitten der Toten herrscht Stille. Im Dunkel erstirbt der Ton.
> (34)

Dennoch enthält sogar die *Odyssee*, unabhängig von Odysseus' Fahrt zum Hades, einige Sätze, die einen weniger düsteren, verneinenden Glauben an ein Leben nach dem Tode andeuten. Der Dichter spricht von einem – ebenfalls am Ende der Welt gelegenen – Paradies, wo König Menelaos ein Platz vorbehalten sei:

> Aber dir bestimmt, o Geliebter von Zeus, Menelaos,
> Nicht das Schicksal den Tod in der rossenährenden Argos,
> Sondern die Götter führen dich einst an die Enden der Erde,
> In die elysische Flur, wo der bräunliche Held Radamanthus
> Wohnt und ruhiges Leben die Menschen immer beseligt
> (Dort ist kein Schnee, kein Winterorkan, kein gießender Regen,
> Ewig wehn die Gesäusel des leiseatmenden Westes,

Welche der Ozean sendet, die Menschen sanft zu kühlen),
Weil du Helena hast und Zeus als Eidam dich ehret. (35)

Dies die Weissagung des Proteus.
Später sollte der Gedanke von Belohnung bzw. Bestrafung im Jenseits die religiösen Vorstellungen des archaischen Griechenland beherrschen.

II

ZEUS, APOLLON, DEMETER

ZEUS

1

Hesiods Theogonie

Die Musen, Göttinnen des großen heiligen Berges Helikon, Lobpreiserinnen des Zeus, der Hera und der anderen Götter, lehrten Hesiod die Kunst des Gesanges: »Hießen mich preisen die Sippe der ewigen, seligen Götter, / Und sie selber immer zuerst und zuletzt zu besingen.« (1)
Beginnen wir mit den Musen, Töchtern des Zeus und der Mnemosyne. Ihnen obliegt es, Himmlisches und Irdisches zu besingen. Wenn ein Mensch zur Welt kommt, dem sie hold gesinnt sind, träufeln sie den süßen Tau der Beredsamkeit auf seine Zunge, damit alles zu ihm aufblicke, während er weise Händel schlichtet, und die Menge vor ihm auseinanderweicht wie vor einem Gott.
Preis sei euch, Töchter des Zeus! Singt von den ewigen Göttern, vom Anbeginn aller Zeiten, singt von der Entstehung der Erde, der Götter, der Flüsse, des endlosen schäumenden Meers, der leuchtenden Sterne, des weiten Himmelsbogens, erzählt, wie die Götter entstanden, von denen das Gute kommt, wie sie den Olymp erstürmten, um sodann Würden und Macht untereinander zu teilen.
Zuerst war der klaffende, leere Raum, das Chaos, dann entstanden Gaea, die mütterliche Erde, Tartaros, die Unterwelt, und Eros, die Liebe: Das Chaos zeugte Erebos und die finstere Nacht, diese beiden wiederum riefen Aether und Tag ins Leben, außerdem das Unheil, das Schicksal, den Tod, den Schlaf und

die Träume. Die Nacht zeugte die Hesperiden, die Schuld, das Unglück, das gute und das böse Geschick, Nemesis zur Pein der Sterblichen, die Lüge, die Freundschaft, das Alter und die Zwietracht.

Die Erde gebar Uranos, den sternenglänzenden Himmel. Er war ihr ebenbürtig, bedeckte sie allenthalben und bot den großen Göttern eine sichere Wohnstatt. Dann zeugte die Erde allein die Hügel als Zuflucht der Nymphen, das wildschäumende Meer und, von Uranos befruchtet, den Titanen Okeanos; dieser wurde später seinerseits Vater von dreitausend zartgelenkigen Töchtern, darunter Hyperion, die Mutter der Göttin Thetis, Japetos, Themis, Mnemosyne, Phoebe (Phoebe schenkte später dem Coeus die Tochter Hekate, die von Zeus leidenschaftlicher geliebt wurde, als Göttinnen und Sterbliche), die einäugigen Kyklopen und das jüngste und schrecklichste aller ihrer Kinder, den listigen Kronos.

Kronos haßte seinen Vater, den weltbefruchtenden Uranos. Und Uranos haßte die Kinder, die Gaea ihm geboren hatte, die hundertarmigen, fünfzigköpfigen Giganten (Kottus, Briareus und Gyes), die er nicht ans Licht kommen lassen wollte. Kronos hörte die Klagen seiner Mutter; als Uranos einst auf ihr ruhte, entmannte er seinen Vater mit einer schartigen Sichel und warf das abgetrennte Glied hinter sich. Die Erde empfing die Blutstropfen, gebar die Furien, die Giganten und die Nymphen des Eschenbaums. Das abgetrennte Glied fiel ins Meer und aus dem aufspritzenden Schaum entstand Aphrodite.

Rhea, die Tochter des Uranos und der Gaea, gebar dem Kronos Hestia, Demeter, Hera, Hades und Poseidon. Kronos verschlang sie alle (Abb. S. 121), sobald sie den mütterlichen Schoß verließen, denn Erde und Himmel hatten ihm geweissagt, sein eigener Sohn würde ihn überwinden. Darum wurde Rhea, als sie Zeus unter dem Herzen trug, von Uranos und Gaea nach

Lyktos auf Kreta gebracht, wo Zeus zur Welt kam. Rhea verbarg ihn in einer Höhle und reichte Kronos an Stelle des Neugeborenen einen windelumwickelten Stein, den Kronos verschlang. Als Zeus herangewachsen war, überwältigte er seinen Vater, zwang ihn, nicht nur den Stein auszuspeien, sondern auch alle Kinder, die er verschlungen hatte. Er befreite die Brüder des Kronos aus ihrem unterirdischen Kerker und erhielt von ihnen zum Dank Donnerkeil und Blitze, mit deren Hilfe er die Welt beherrscht.

Klymene, eine Tochter des Okeanos, gebar Japetos, einem der Brüder des Kronos, den Himmelsträger Atlas sowie den listigen Prometheus, der später auf Mekone (dem Mohnfeld, wo Götter und Menschen Versammlung hielten) Zeus zu betrügen versuchte: Zwischen Göttern und Menschen sollte ein Ochse aufgeteilt werden. Prometheus löste Fleisch und Eingeweide, steckte beides in den Ochsenmagen und verbarg die Knochen unter Fett. Dann forderte er Zeus auf, zwischen den Haufen zu wählen. Zeus durchschaute Prometheus, wies jedoch trotzdem auf die Knochen, verweigerte aber den Menschen zur Strafe für diesen Betrug die Gabe des Feuers. Prometheus stahl es in einem hohlen Fenchelstengel; auf Zeus' Geheiß wurde er an einen Felsen geschmiedet; täglich fraß ein Adler an seiner Leber, die nachts wieder nachwuchs, bis Herakles Prometheus, mit Einwilligung des Zeus, endlich befreite.

Aber auch auf andere Weise ließ Zeus die Menschen den Diebstahl des Feuers entgelten: Er schuf Pandora, ein unheilbringendes Weib. Hephästos formte sie aus Lehm, Athene schmückte sie, setzte ihr eine goldene, gleichfalls von Hephästos geschmiedete Krone aufs Haupt und Zeus schenkte die Figur Epimetheus, Prometheus' unklugem Bruder: »Die Unsterblichen staunten und auch die sterblichen Menschen, / Als sie den jähen Betrug zu der Menschen Verderben gewahrten, / (Denn es entstammte von ihr die Reihe blühender Frauen.) / Ihr entstammte das schlimme Geschlecht und die Stämme der Frauen. / Unheilbringend wohnen sie unter den sterblichen Männern.« (2)

Nun brach unter den Göttern Zwietracht aus: Jüngere und ältere Götter – Zeus und seine Geschwister, die Kinder des Kronos, auf dem Olymp, und die Titanen, Kinder des Himmels und der Erde, auf dem Berge Othrys – standen einander gegenüber. Zeus entließ die hundertarmigen Giganten Kottus, Briareus und Gyes aus ihrem unterirdischen Kerker und stürzte mit ihrer Hilfe die Titanen: »Nicht hielt Zeus noch länger zurück sein Zürnen; es schwoll ihm / Stürmisch im Herzen die Wut, und alle gewaltige Stärke / Brach ihm hervor. Er schritt mit unaufhörlichen Blitzen / Vom Olymp und dem Himmel herab...« (3) Tartaros – die Griechen dachten sich die Erde als Mittelpunkt zwischen Himmel und Unterwelt – ist das düstere Haus der Nacht, des Schlafs und des Todes, bewehrt mit Bronzemauern und -toren. Hades und Persephone herrschen dort, der ewige Styx umfließt dies Gestade der Unterwelt, Atlas, der gewaltige Himmelsträger, steht vor dem Tor, Tag und Nacht ziehen vorbei und grüßen einander, sooft sie die eherne Schwelle überschreiten.

Nach dem Sturz der Titanen gebar Gaea dem Tartaros Typhoeus: Hundert Schlangenhäupter entsprossen seinen Schultern, aus seinen Augen blitzten Flammen, das Schrecklichste aber war seine Stimme. Manchmal klang sie wie Löwengebrüll, dann wie das Brüllen eines Stieres, manchmal wie Hundegebell, oder er pfiff und zischte, daß es von den Gipfeln hallte. Typhoeus bedrohte Erde, Meer und Olymp, bis Zeus ihn mit Donner und Blitz niederstreckte. Das Weltall begann zu glühen, die hundert Häupter vergingen in den Flammen, und Zeus schleuderte den verstümmelten Leib des Typhoeus zu Tartaros hinab.

So hatte Zeus seine sämtlichen Feinde überwunden. Er wurde zum Herrscher erwählt (Abb. S. 122), belehnte die Götter mit Vorrechten und Macht und vermählte sich mit Metis, der Weisheit. Er verschlang sie aber, ehe sie Athene gebar und konnte sich so rühmen, diesem Kind sowohl Vater als auch Mutter gewesen zu sein. Mit Themis zeugte er die Horen, die Ordnung, die Gerechtigkeit, den Frieden und die Schicksalsgöttinnen, mit Eurynome die drei Grazien und andere Töchter, mit Demeter Persephone, mit Mnemosyne die Musen, mit Leto Apollo und Artemis. Dann nahm Zeus Hera zur Gemahlin. Sie schenkte ihm Hebe, Ares und Ilithyia, die Göttin des Wochenbetts. Hebe wurde später dem Helden Herakles vermählt, dem Sohn der Alkmene und des Zeus: »O der Selige, der nach gewaltigen Taten bei Göttern / Wohnt, allen Mühen entrückt, in alterlos ewiger Jugend.« (4) Auch Göttinnen liebten nicht selten sterbliche Männer, denen sie göttergleiche Kinder schenkten. Demeter empfing auf der reichen Insel Kreta Pluto, den Gott des Reichtums, von Jasion; Harmonia, Gattin des Kadmos, schenkte ihm Semele, die später Geliebte des Zeus und Mutter des Dionysos wurde; Eos gebar dem Tithonos Memnon und Emathion, dem Kephalos Phaeton; Thetis zeugte mit Peleus Achilleus; Aphrodite liebte den Helden Anchises und gebar ihm, auf dem Berg Ida, Aeneas – nicht zu vergessen die Geliebten des Odysseus, die ebenfalls Göttinnen waren: Kirke, Mutter der Helden Agrius und Latinus, der Herrscher Etruriens, und Kalypso, deren Söhne Nausithoos und Nausinoos hießen.

2

Schöpfungsmythen

SCHÖPFUNGSMYTHEN bedeuten für die Menschheit dasselbe wie früheste Kindheitserinnerungen, seien sie wahr oder erfunden, für den einzelnen Menschen. In Zuni (Neu-Mexiko), auf den Fidschi-Inseln und an vielen anderen Orten werden die Schöpfungsmythen während kultischer Handlungen rezitiert. Ebenso soll es sich mit dem ältesten bekannten Mythos, dem babylonischen Epos *Enuma Elish* (einem der bedeutendsten, dem *Gilgamesch-Epos* vergleichbaren Zeugnis der religiösen Literatur Mesopotamiens) verhalten haben. Der älteste erhaltene Text stammt zwar erst aus dem 1. vorchristlichen Jahrtausend, geht aber vermutlich auf die altbabylonische Periode des 2. Jahrtausends zurück. Nichtsemitische Namen deuten auf sumerische Quellen, und die sumerische Kultur hatte zweitausend Jahre früher geblüht.

Die dichterisch-bildliche Bedeutung des *Enuma Elish* liegt, ebenso wie jene der später entstandenen *Theogonie*, in der Verschmelzung von Ursprungsmythen mit dem Mythos vom Sieg der Ordnung über das Chaos. Das Epos zeigt den Helden in seiner frühestbekannten Erscheinungsform als Streiter zugunsten der Urgottheit gegen die Mächte der Finsternis: Marduk überwältigt das Seeungeheuer Tiamat. Dem Fleisch und dem Blut des erlegten Tieres wird Lehm beigemischt und daraus der Mensch erschaffen. Auch die Trennung Erde–Firmament, die in der *Theogonie* erwähnt wird, findet sich im *Enuma Elish:* Die Hälften des erlegten Untiers entsprechen Himmel und Erde. Der ägyptische Sonnengott Rê wurde allnächtlich aufs neue vom Drachendämon bedroht. Ebenso gegenwärtig waren die Geschehnisse des *Enuma Elish* für die Babylonier: »Möge er Tiamat immer aufs neue besiegen.« Die Szene wurde wahrscheinlich bei den zwölf Tage währenden babylonischen Neujahrsfeierlichkeiten alljährlich aufgeführt, das Epos vorgetragen. Bei der *Theogonie* weist nichts darauf hin, daß sie als Teil einer Kulthandlung rezitiert worden wäre; zumindest nicht in ihrer heute bekannten Form, wenn das Gedicht auch Elemente enthält, die einmal zum Bestand derartiger Zeremonien gehört haben könnten.

Der Mensch fragt seit jeher nach der Entstehung der Welt, nach der Ursache ihres Ursprungs. Die großen Schöpfungsmythen entstanden aus diesem Wissensdrang, der nicht nur primitive, sondern auch hochentwickelte Völker beherrschte. Dem primitiven Menschen allerdings bedeuten solche Mythen eine Gewähr für die Dauerhaftigkeit menschlicher Ordnung und Umwelt. Das babylonische Fest gewährleistete die jährliche Erneuerung des Königtums, so wie der Alte Bund den Weiterbestand des Judaismus verbürgt hatte. Die Schöpfungsmythen sind gleichsam die »Magna Charta« unserer Weltordnung, sie scheinen ihren Fortbestand zu sichern. Daß sie voneinander abweichen, ist nicht nur auf die Verschiedenheit der in den einzelnen Ländern herrschenden Verfassungen und Gebräuche, sondern auch auf klimatische Verhältnisse zurückzuführen, ferner auf politische Umwälzungen oder den Einfall fremder Völker. Die Vermutung, Hesiods *Theogonie* weise Spuren solcher Ereignisse auf – Zeus' Triumph könnte den Sieg der Eindringlinge über die Ureinwohner Griechenlands symbolisieren –, hat einiges für sich.

Hesiod beginnt sein Gedicht, wie Homer, mit einer Anrufung der Musen, die zu den inbrünstigsten und kunstreichsten der gesamten Dichtungsgeschichte zählt. Später entarteten derlei Musenanrufungen häufig in eine trockene Formalistik, die

Byron verhöhnte, als er einen Canto seines *Don Juan* mit der Einleitung begann: »O Mus' et cetera!« (5)

Die *Theogonie* vereint drei erweiterte, bearbeitete und bereicherte Musenanrufungen zu einer einzigen, deren eindrucksvolle Länge gemessen an der Hochachtung, die der Dichter den Musen zollt – sie sind die Mächtigsten seiner Geschöpfe –, durchaus nicht übertrieben erscheint. Andere Dichter bezogen in die Anrufung auch die Schicksalsgöttinnen ein (in Aegina heißt es noch heute, daß sie die Häuser der Wöchnerinnen aufsuchen) sowie Fama, die Göttin der Nachrede, und die Gerechtigkeit. Solche Personifizierungen, begünstigt durch die Maskulin- und Femininformen des Griechischen, spielten in der griechischen Gedankenwelt eine bedeutende, für uns schwer faßbare Rolle. Die Choctaw-Indianer, zum Beispiel, halten alle Dinge für lebendig, die es wert sind, gedacht zu werden. Die Griechen betrachteten die so personifizierten Wesen als Halbgötter oder Dämonen, die ihnen halfen, von den Gesetzen, denen Menschheit und Welt unterworfen waren, eine lebendigere Vorstellung zu erhalten. Das Abstrakte erschien auf diese Weise in konkreter Form und diese Konkretisierung begünstigte wieder das abstrakte Denken, das binnen kürzester Zeit zur Philosophie führen sollte. Goethes Bezeichnung »freie Gotteskinder« bezieht sich auf diese Ideen, Valéry suchte ihnen im *Chant de l'Idée Maitresse* Ausdruck zu verleihen.

Zeus, sagten die Griechen, habe auf Bitten der Götter Wesen geschaffen, deren Aufgabe es war, die großen Taten und Gaben, welche die Menschen ihm verdankten, in Worten und Tönen zu verherrlichen. Die Musen schenkten den Menschen, die reinigende Kraft der Musik; sie verliehen ihnen dichterische Inspiration und auch Weisheit – eine Eigenschaft, die nicht nur den Poeten zustattenkam, sondern zum Beispiel auch den Richtern, die ein gutes Gedächtnis brauchten, um sich früherer Rechtsfälle erinnern zu können. Denn Mnemosyne, die Erinnerung, war die Mutter der Musen. Hesiod fühlte sich den Musen besonders eng verbunden, wohnte er doch in Askra, nächst dem Musenberg Helikon, wo man in späterer Zeit tatsächlich Spuren einer ihrer ältesten Kultstätten fand.

Hesiod identifiziert die Göttinnen seiner böotischen Heimat mit dieser höheren Eingebung, um deren Definition sich zahlreiche Dichter späterer Jahrhunderte mühten; der Grieche wäre keinesfalls mit William Morris einig gewesen, der dichterische Inspiration einfach als eine Frage der Fertigkeit bezeichnete. Er war davon überzeugt, daß eine höhere, übergeordnete Macht (heutzutage wäre man eher geneigt, von einem unkontrollierbaren Element in uns selbst zu sprechen) auf seinen Geist und seine Phantasie einwirkte. Auch Platon war der Meinung, daß »nicht die Kunst, sondern eine Himmelsmacht« den Dichtern die Worte eingäbe (mitunter hielt er dies für nicht ungefährlich).

Pindar flehte die Musen an, die Segel seines Sanges zu blähen. Hesiod selbst berichtet, wie ihn die Musen erwählten:

> Ließen mich dann zum Stabe den Zweig eines blühenden Lorbeers
> Schneiden, ein Wunder zu schaun, auch hauchten göttliche Stimme
> Sie mir ein, zu künden von Künftigem und von Gewesnem,
> Hießen mich preisen die Sippe der ewigen, seligen Götter
> Und sie selber immer zuerst und zuletzt zu besingen. (6)

Wie seine poetischen Nachfahren versichert auch Hesiod schon, daß die von Apoll und den Musen verliehene Inspirationskraft den Dichter über alle anderen Menschen erhebe. Selbst der Trauernde vermag durch dieses Geschenk der Musen die Bürde seines Schmerzes abzuwerfen.

Hesiods Begegnung mit den Musen (Abb. S. 155) ist allerdings in der griechischen Literatur einmalig:

So begannen zu mir zuerst die olympischen, hehren
Musen zu reden, die Töchter des aigisschwingenden Gottes:
»Hirten vom Lande, ihr Lumpengesindel und lediglich Bäuche,
Seht, wir reden viel Trug, auch wenn es wie Wirklichkeit klänge,
Seht aber, wenn wir gewillt, verkünden wir lautere Wahrheit.«
(7)

Diese Worte, ein Echo auf den Beginn der *Odyssee*, wurden das erste literarische Manifest Europas genannt, in dem man zwei Grundsätze zu erkennen glaubte: 1. Poesie entsteht aus der Verschmelzung von Inhalt und dichterischer Form; 2. Hesiod kann trotz seines Bemühens um dichterischen Ausdruck die Fragen nach Wahrheit und Lüge, nach Religion, Moral und dem alltäglichen Leben nicht umgehen. Er hält es für seine Pflicht, diese Dinge in seiner Dichtung zu vermitteln – wir haben es also mit einer neuen Art von Dichtung zu tun, die von der Homerischen sehr verschieden ist. Fast scheint es als enthielten die seltsamen Worte der *Theogonie* eine Kritik an Homer. Genaueres zu diesem Thema ließe sich allerdings nur sagen, wenn die Entstehungszeit beider Dichtungen feststünde.
Hesiod ergreift Partei. Er will lehren und benützt die Mythen wie ein Priester oder ein Prophet, ähnlich dem biblischen Amos, der möglicherweise sein Zeitgenosse gewesen ist. Der griechische Dichter gleicht jenen Schamanen, deren Weissagung seherische Bedeutung zukam (Addison nannte Hesiod das »Nachbarschaftsorakel«), und so begegneten er und seine Hörer dem Stoff mit Würde. Hesiod vereinigt in seinem Werk die verschiedensten Schöpfungsmythen. Nach den weitläufigen Vorbemerkungen erzählt er vom Ursprung der Welt, dem mißlungenen Aufstand der Götter (dies ist das Hauptthema), gibt dann eine Übersicht über die einzelnen Götter, ihre gegenseitigen Beziehungen, über die Heroen, welche aus der Verbindung von Menschen und Göttinnen stammen, und schließt mit der

Francisco de Goya, Saturn verschlingt seine Kinder. Madrid, Pradomuseum

Kopf des Zeus. Frankfurt a. M., Liebighaus

Aufzählung der weiblichen Hauptpersonen eines heute verlorenen Gedichts. Wir haben es also eher mit einem praktischen moralisch ausgerichteten Handbuch, einem theologischen und mythologischem Nachschlagewerk zu tun, als mit einem ausgeklügelten System. Die *Theogonie* ist eine Art Einführung in die Weltgeschichte und zugleich das Werk des ersten europäischen Religionsphilosophen, aus dem priesterhafte Frömmigkeit, Eintreten für Ordnung, Kenntnis göttlicher Abstammungslehre und leidenschaftliche Verehrung für die Herrschaft des Zeus sprechen.

Die *Theogonie* ist ein konservatives, traditionsgebundenes Werk; darin unterscheidet es sich wesentlich von Hesiods zweitem Epos *Werke und Tage:* Hier zeigt er sich als der Sohn eines Mannes, der Kyme (jenseits der Ägäis) verlassen hatte, um der Armut zu entfliehen und sich in einem »Nest« anzusiedeln – in Askra, dem kargen bötischen Dorf, zwar nahe dem Helikon gelegen, doch weit entfernt von seinem Geist. In *Werke und Tage* beruft uns der Dichter nicht zu Homerischem Ruhm, sondern zu harter Arbeit, zu Ehrenhaftigkeit, Mäßigkeit, Sparsamkeit, in eine Welt in der Leben Kampf ist, der Geist der Zeit entartet und Übergriffe, gegen die es sich zu wehren gilt, an der Tagesordnung sind. Jetzt sind die Menschen aus Eisen – Nachfolger glücklicherer Geschlechter. Hesiods Bruder, ein Querulant, kommt in dem Gedicht übel weg.

> Doch Myriaden von Übel entschwirrten unter die Menschen.
> Voll ist ja von Übeln das Land und voll ist die Meerflut,
> Krankheiten nahen den Menschen bei Nacht und bei Tage von [selber
> Ungerufen und bringen den sterblichen Wesen Vernichtung
> Schweigend, denn es beraubte sie Zeus, der Herrscher, der [Stimme.
> So ist keinem vergönnt, dem Willen des Zeus zu entgehen. (8)

Kaum ein Dichter wurde von der Nachwelt so unterschiedlich interpretiert wie Hesiod. Man hat in ihm einen Vorläufer von Chaucers Parson gesehen, einen weisen Spaßmacher, den ersten Anwalt der Armen, den ersten Dichter menschlicher Individualität.

War Hesiod aber wirklich der Autor sowohl der *Theogonie* als auch der *Werke und Tage?* Manches spricht dagegen, denn die *Theogonie* ist viel korrekter und traditionsgebundener als das andere mitunter zügellose Epos. In der *Theogonie* ist von den Musen die Rede, die »den Hesiodos edle Gesänge« lehrten (9), in den *Werken und Tagen* heißt es nur »Musen, die Ruhm durch Lieder verleihen, / Nahet nun« (10), ohne daß der Verfasser ausdrücklich als Hesiod bezeichnet würde. Gewiß, sowohl Herodot (11) als auch Platon (12) schrieben die *Theogonie* Hesiod zu, aber schon in der Römerzeit war man in Griechenland von dieser Ansicht abgekommen (13). Eines gibt allerdings zu denken: Der Prometheus-Mythos ist auf beide Werke verteilt. Hesiod erscheint daher, ähnlich wie Homer, als Bewahrer und Vollender einer langen, sowohl zu der *Theogonie* als auch zu *Werke und Tage* führenden Kette mündlicher Überlieferung. Homer und Hesiod scheinen einander teilweise vorwegzunehmen, zu kritisieren. Möglicherweise stammen ihre Epen aus ein und derselben Epoche (spätes 8. Jh. v. Chr.), und Deklamatoren waren für Verbreitung und Austausch einzelner Stellen über den jonischen Kulturkreis verantwortlich.

Die *Theogonie* unternimmt den Versuch, den Ursprung der Götter und der Welt zu erklären. Am Anfang war Chaos, heißt es, gähnende Leere, Abgrund. Das entspricht im wesentlichen den meisten nahöstlichen Vorstellungen vom Beginn des Universums. Die Babylonier allerdings (nicht anders als die Verfasser des *Alten Testaments*, deren Gott Himmel und Erde erschaffen hatte) glaubten an eine Schöpfung durch Götter. Die

Griechen glaubten das nicht; dieser Unterschied sollte sich auf ihr Verhältnis zu den Gottheiten entscheidend auswirken.
Es gab keinen Chaos-Kult; er ist für polytheistische Religionen (mit Ausnahme des indo-iranischen Varuna und Ahura Mazda) selten und gehört eher in den Bereich der Kosmologie als der Religion. Auch in höher entwickelte oder anthropomorphe Mythologien fand er keinen Eingang: er hätte an die Vorstellungskraft der Gläubigen zu hohe Anforderungen gestellt. Der australische Schöpfergott Baiame zum Beispiel ist allein deshalb nicht zu einem hohen monotheistischen Gott geworden, weil das Vorstellungsvermögen der Eingeborenen zu gering entwickelt war.
Hesiod beginnt zwar mit dem Chaos, stellt dieses jedoch nicht ausdrücklich als den Beginn aller Dinge dar. Das Chaos »entstand« (14), es gab also bereits Ordnung und Raum. Laut Hesiod umgibt der erdentsprossene Okeanos (auch der Himmel entstammte der Erde) die Erde so, daß sie auf einer Wasserwüste schwimmt. Die *Ilias* überliefert eine andere, sehr alte Vorstellung, daß der erste Abgrund, jene gähnende Leere, keine gleichförmige Materie, sondern Wasser (Okeanos) gewesen sei (15), aus ihm seien die Götter entstiegen (Genesis), ihre Mutter oder Amme war die Meeresgöttin Thetis. Zwischen Okeanos und den ägyptischen bzw. babylonischen Göttern Nun und Apsu (beide lebten angeblich in den Gewässern weiter, welche die Erde umschlossen) besteht eine gewisse Ähnlichkeit. Sowohl den Ägyptern als auch den Mesopotamiern galt das Wasser als Urelement.
Damit nähern wir uns den Anfängen der Naturwissenschaft. Thales von Milet (er gilt als der erste der jonischen Naturphilosophen [6. Jh. v. Chr.]) stellte die Frage nach dem Ursprung der Dinge und kam zu dem Schluß, alles sei aus Wasser entstanden. Thales suchte die Naturgesetze durch Beobachtung

zu ergründen, war aber dennoch nicht frei von mythologieverhafteten Vorstellungen. Seine Heimatstadt Milet pflegte regen Austausch mit Ägypten und Babylonien. Dennoch trug Thales, wie Hesiod vor ihm, dazu bei, zwischen Mythos und rationalistischer Naturphilosophie eine wesentliche und enge Verbindung herzustellen.

Hesiod unterschied sich von der jonischen Tradition. Er lebte auf dem griechischen Festland und begründete eine literarische Richtung, die dem Wasser keine besondere Bedeutung beimaß; in *Werke und Tage* mißbilligt er sogar die Seefahrt. Aber in einem Punkt stimmte der Dichter der *Theogonie* mit den Joniern überein: in der Annahme, die griechischen Götter seien nicht mächtig genug, seien zu menschenähnlich, um die Erde erschaffen zu haben. Hesiods Chaos haftet nichts Menschliches an. Es ist abstrakt zu verstehen. Sodann, nicht ausdrücklich als Abkömmling des Chaos genannt, entstanden die weitbrüstige Erde (sie wird sowohl mit der mittelländischen Urmutter als auch mit Demeter gleichgesetzt) sowie in ihrem Schoß, d. h. in der Unterwelt, der dunkle Tartaros.

Dann erschien Eros (Abb. S. 453), die Liebe, die schöpferische, im Chaos verborgene Macht. Hesiod unterscheidet bereits zwischen Materie und Energie, wenn er den Zeugungstrieb, die Anziehungskraft der Geschlechter, den kosmischen Mächten zuordnet. Dieser Gedanke sollte Generationen künftiger Denker beeinflussen. Pherekydes von Syros (6. Jh. v. Chr.), einer der ersten griechischen Prosaschriftsteller, betrat mit seiner Behauptung, Zeus hätte sich, ehe er an die Erschaffung der Welt ging, in Eros verwandelt (16), das Gebiet der Theologie und stellte damit, nach Ansicht des Aristoteles, »das Beste an den Anfang« (17) und das große Naturgesetz als den Menschen wohlgesinnt dar. Hundert Jahre später bezeichnete Empedokles, der aus Akragas in Sizilien stammende wunder-

tätige Wissenschaftler und Philosoph, Liebe und Haß als die beiden zeugenden und lösenden Urgewalten.
In Thespiae, der Heimat Hesiods, gab es einen alten, dem Eros geweihten unbehauenen Stein (18). Die Zeit, da Eros (Cupido) in mannigfacher Gestalt zum Helden anmutiger Geschichten werden sollte, lag noch in weiter Ferne. Doch vernachlässigt selbst Hesiod die Kosmogonie zugunsten der Psychologie, wenn er – es sei denn, die Stelle wurde später eingeschoben – Eros nicht als zeugende Kraft beschreibt, sondern als furchterregende, Menschengeist und -körper beherrschende Gewalt:

Eros zugleich, er ist der schönste der ewigen Götter;
Lösend bezwingt er den Sinn bei allen Göttern und Menschen
Tief in der Brust und bändigt den wohlerwogenen Ratschluß. (19)

Hier nimmt Hesiod Erkenntnisse der Denker des 5. vorchristlichen Jahrhunderts vorweg, obgleich deren Wissen um geistige und seelische Vorgänge ungleich fortgeschrittener war (20).
Nach dieser Abschweifung, eventuell auch einem späteren Zusatz, erzählt Hesiod, wie aus dem Chaos Erebos und die schwarze Nacht entstanden, aus deren Verbindung sodann der Tag hervorging sowie die farblose obere Luftschicht, der Äther. Den Griechen, die von Sonnenuntergang zu Sonnenuntergang rechneten, war es Bedürfnis, sich die Geschehnisse, die während der dunklen Zeithälfte stattfanden (21), personifiziert zu denken. Dies erklärt die Abstammung der Nacht von Tag bzw. Sonne (22).
Wir nähern uns einer Epoche, in der göttliche, überirdische Mächte immer deutlicher personifiziert werden: Sie begatten sich, zeugen und gebären. Ein ungeheurer Mythen- und Sagenschatz stand Hesiod zur Verfügung. Manche Widersprüchlichkeit blieb ungelöst. Dennoch ist die *Theogonie* eindeutig das Werk eines einzigen Mannes, eine Kosmologie, die es an Folge-

richtigkeit mit den Vorstellungen so mancher unserer Zeitgenossen aufnehmen kann. Hesiod geht zwar nicht systematisch zu Werk, arbeitet jedoch ganz intuitiv nach geordneten Konzeptionen. Gewiß Hesiod ist zwar auf theologischem Gebiet nicht so selbstsicher wie Homer, doch gaben die Verfasser solch unterschiedlicher Werke beide »den Griechen Generationen von Göttern, und diesen Göttern Titel, Wirkungsbereiche, Macht und Form« (23).

»Gaia, die Erde, erzeugte zuerst den sternigen Himmel / Gleich sich selber, damit er sie dann völlig umhülle.« (24) Sie vereinigte sich mit Uranos und gebar Kinder sonder Zahl. Diese heilige Vereinigung ist ein Rückschritt von beginnendem Rationalismus zu einer wesentlich älteren Symboliserung der Urgewalten. Diese tragen fast menschliche Züge und stammen voneinander ab. Die »Geburt des Himmels« spiegelt einen alten Glauben an eine Spaltung des Chaos in Himmel und Erde. Und die Verbindung von Vater Himmel und Mutter Erde (im Gegensatz zur *Genesis* – nach der Himmel und Erde von einem Gott erschaffen wurde) zählt zu den weitestverbreiteten Mythen, vor allem in Ozeanien und Neuseeland, wo die ähnliche Maori-Legende von Rangi und Papa entdeckt wurde. Die südafrikanischen Kumana nennen die Erde »Mutter«, den Himmel »Vater«; die Navajo-Indianer verehren den »Himmelsmann« (Yadilqil Hastqin) und dessen Frau, die »Erdfrau«, die Ewe (Togoland) glauben, daß die Vereinigung zweier ähnlicher Gottheiten alljährlich zur Regenzeit aufs neue stattfindet. Hittitergöttin Arinna hieß »Königin der Länder«, ihr Gatte U oder Im, Gott des Sturms. Auch die Ägypter waren überzeugt, daß Geb (Erde) und Nut (Himmel) sich miteinander vermählten, wenn auch mit vertauschten Rollen, denn das Wort »nut«, der Himmel, war bei den Ägyptern weiblichen Geschlechts.

Die Mythen von heiliger Begattung entsprangen dem Wunsch, sinnfällig darzustellen, weshalb Himmel und Erde, zwei so deutlich getrennte Gebiete, aufeinander so nachhaltig einwirken können. Man hat die Entstehung der Mythen auch auf eine Teilung frühester Stämme in zwei große Gruppen zurückgeführt, deren Angehörige einander zu Ehegatten bestimmt worden waren. Für diese These fehlen allerdings die Beweise. Die weitverbreitende Legende ist in der griechischen Mythologie jedenfalls enthalten und sollte im Laufe der Jahrhunderte noch unter vielerlei Gestalt auftauchen. Laut Platon (er erzählte derlei Geschichten gern um ihres Symbolgehalts willen und erfand sie manchmal sogar) – ist Eros, die zeugende Kraft, aus einem im Äther geformten Ei entstanden, dessen Hälften Erde und Himmel waren. Bereits 200 Jahre früher hatte Anaximander von Milet, der zweite der sogenannten jonischen Naturphilosophen ausgehend von der Himmel-Erd-Spaltung, als erster eine umwälzende, fast wissenschaftliche Weltentstehungstheorie aufgestellt: das All sei eine Kugel gewesen, innerhalb deren »Urgrund« im Laufe der Zeit Wasser, Luft und Land entstanden seien.

3

Zeus existierte nicht seit jeher

Bei Kronos, dem letzten Sproß aus der Vereinigung von Himmel und Erde, handelt es sich vielleicht um eine Erntegottheit, die erst später, zur Zeit, da die Mythen niedergeschrieben wurden, die Züge des Weltherrschers annahm. Kronos kastrierte den eigenen Vater Uranos auf Betreiben seiner Mutter Gaia:

Da streckte der Sohn aus seinem Verstecke die linke
Hand und griff mit der rechten die ungeheuerlich große,
Schneidende, zahnige Sichel und mähte dem eigenen Vater
Eilig ab die Scham und warf im Fluge sie wieder
Hinter sich; sie entflog nicht eitel und unnütz den Händen.
Denn die blutigen Tropfen, so viel sie niedergeronnen,
Sammelte alle die Erde; im Lauf der kreisenden Jahre
Schuf sie Erinyen draus, gar starke und große Giganten. (25)

Die Kronos-Sage zeigt auffallende Ähnlichkeit mit einem in Hittitersprache abgefaßten, auf die Hurriter-Zivilisation zurückgehenden Mythenzyklus. Die Hurriter – der Ursprung der nachsilbenreichen Hurritersprache konnte bisher nicht geklärt werden – stammten nach neuesten Forschungen aus der Gegend des Vansees, eroberten Syrien und gründeten dort das Königreich Mitanni, dessen Hauptstadt sich unweit der Quellen des Flusses Khabar befand. Die Ausgrabungen von Tell Halaf und Mari haben ergeben, daß ihre Zivilisation ein Bindeglied zwischen Mitanni, den Assyrern und den Hittitern gewesen sein muß. Eine Zeitlang (15./14. Jh. v. Chr.) beherrschte dieses Hurriter-Königreich Westasien, und die Hittiterpriester, deren Aufzeichnungen die Zerstörung des 13. vorchristlichen Jahrhunderts überdauerten (Funde von Yazilikaya und Bogazköy), übernahmen sogar die Götterwelt der Hurriter. Hittitische Inschriften beginnen mit der Wendung: »Es singt der Sänger aus dem Land der Hurriter.«
Das Epos von *Kumarbi*, offenbar aus der Hurriter- in die Hittitersprache übersetzt, gleicht dem Uranos-Kronos-Mythos auffallend. Auch hier wird der Himmelsgott (Anu) von Kumarbi entmannt, die Erdgöttin mit seinem Blut befruchtet, eine Göttin entsteht (wie Aphrodite bei Hesiod), ein Stein wird verschlungen, und auch der Kampf mit dem Untier (Ullikummi) fehlt nicht. Und nicht genug damit: Laut einer zweiten, von

Apollodoros aufgezeichneten griechischen Fassung des Uranos-Kronos-Konflikts fand der Kampf auf dem Berg Casius (Hazzi) in Nordwestsyrien statt, nahe der türkischen Grenze. Dieser Schauplatz stimmt mit der Hurriter-Hittitersage überein. Zwar weichen die drei Versionen auch in manchen Punkten voneinander ab. Aber die Ähnlichkeiten sind so zwingend, daß man eher an gegenseitige Übernahme als an eine gemeinsame Quelle denken könnte.

Wann aber vollzog sich dieser Austausch? Wußten die mykenischen Vorgänger Hesiods im 14. oder 13. Jahrhundert Genaueres über die Hurriter oder über die Hittiter? Oder wurde die Brücke erst 500 oder 600 Jahre später geschlagen? Lernten Hesiod und seine Zeitgenossen – die Möglichkeit wäre denkbar – die hurritisch-hittitischen Sagen im 8. vorchristlichen Jahrhundert kennen, etwa über die Phöniker, deren Königreiche Tyros und Sidon das Mittelmeer beherrschten und deren Alphabet die Griechen übernahmen? Ähnlich wie im Fall der *Ilias* und den darin enthaltenen orientalischen Elementen können wir auch hier nicht sicher sagen, in welcher dieser beiden Epochen der gemeinsame Grund gelegt wurde.

Uranos, der Himmel, hatte Ungeheuer erzeugt. Die Strafe ließ nicht auf sich warten. Zum ersten Mal zeigt sich ein ursächlicher Zusammenhang zwischen Strafe und Schuld. Allerdings bleibt Uranos mythologische Figur und weit weniger scharf gezeichnet als etwa Varuna, sein indo-iranisches Gegenstück. Vielleicht wurde Hesiod (die Annahme ist nicht bewiesen) sogar von früh-indischen Gottkönigszeremonien beeinflußt, die darauf schließen lassen, daß der Herrscher getötet wurde, sobald er seine Manneskraft eingebüßt hatte.

Am bedeutsamsten aber ist, daß wir es hier bereits mit der Erbsünde zu tun haben, seit deren Bestehen die Menschheit nach Ansicht der Psychiater nicht mehr zur Ruhe kommt.

Hesiod findet für das Verbrechen der Frühzeit die härtesten Worte. Freud, dessen Theorien später behandelt werden sollen, behauptete, der Kastrationskomplex der bei jeder Neurose nachweisbar und am bedeutendsten auf dem Höhepunkt der sexuellen Entwicklung des Kindes (zwischen dem vierten und fünften Lebensjahr) sei, müsse auf die Mißachtung der Genitalien durch die Gesellschaft sowie auf das bewußte Wahrnehmen unterschiedlicher Geschlechtsmerkmale zurückgeführt werden. Der Kastrationskomplex kann, es sei denn, das Über-Ich verwandelt ihn in unbestimmbare Ängste sozialer oder moralischer Prägung, zu Antisemitismus führen (Beschneidung wird hier der Kastration gleichgesetzt) oder zu narzistischer Abkehr von Frauen. In der *Theogonie* entsteht aus jener allgemeineren Angst vor Entmannung die Kastration des Vaters. Durch Beseitigung des Vater-Rivalen erobert der Sohn sexuelle Freiheit. Kronos warf das Glied des Uranos in die See. Aus dem befruchteten Schaum ging Aphrodite hervor, deren Namen man von aphros (Schaum) herleitete. Aphrodite kam zuerst nach Kythera, dann nach Cypern, aber beide Inseln gelten als ihre Heimat, und die in der *Theogonie* enthaltenen diesbezüglichen Angaben widersprechen einander. Auf Botticellis Gemälde (Abb. S. 454) schwebt Aphrodite über den Wogen, eine junge, zarte Gestalt, auffallend verschieden von den früheren oder späteren fraulichreifen Venusgestalten von Apuleius, Tizian, Velazquez oder Racine. Botticellis Deutung der grausamen Hesiodischen Sage macht verblüffend deutlich, von wie verschiedenen Standpunkten ein und derselbe Mythos dargestellt werden kann. Im übrigen entspricht Botticellis Gemälde dem klassischen Geist weniger, als häufig angenommen wird – aus seiner *Geburt der Venus* spricht verinnerlichtes, fast krankhaftes Verlangen nach körperlicher Schönheit und eine Unrast der Seele, die den Griechen fremd war.

Die Göttin Aphrodite, ungriechischen, westasiatischen Ursprungs, und als Symbol der Muttergewalt Ischtar und Astarte verwandt, war vielleicht einst eine zypriotische Muttergottheit. Ihr Erscheinen setzte unproduktiven Scheußlichkeiten ein Ende, sie bringt neue Ordnung, macht die Menschen geschlechtsbewußt, zwingt sie, unterstützt und begleitet von Eros (26), zu zeugen und zu gebären, »entzündet Liebe in aller Herzen und heißt sie, in unbezwinglicher Begier ihr Geschlecht fortzupflanzen« (27). Euripides demonstrierte später in seinem *Hippolytos,* wie grausam sie jene vernichtet, die ihren Stolz darein setzen, ihr zu widerstehen.

Dennoch unterbricht Hesiod – und dies mutet sonderbar an – seine Schilderung schrecklicher, bedeutungsschwerer Geschehnisse frühester Zeit, um vom lieblich-verspielten Beiwerk der Macht Aphrodites zu sprechen:

> Dieses Ehrenamt und Anteil ward ihr von Anfang,
> Unter den Menschen sowohl wie unter den ewigen Göttern:
> Jungfräuliches Gekose und frohes Lachen und Arglist,
> Süßes Ergötzen und Wonne und Liebe und schmeichelnde Milde.
> (28)

Kronos, der Überwinder des Vaters, wurde seinerseits von seinem Sohn Zeus überwunden. Beide Sagen, beinahe identisch im Inhalt, weisen auf unvorstellbare Machtkämpfe der Weltbeherrscher. Freud bezeichnet Kronos' Versuch, seinen Sohn Zeus zu verschlingen (ein Albtraumgemälde von Goyas Hand), als uraltes Kindheitsthema. Kleine Knaben fürchten nicht selten, der Vater könnte sie fressen.

Das Verschlucken eines Steins anstelle des Kindes findet sich auch in der Maorilegende von Tanhe Mahuta.

Der kretische Mythos von der Geburt des Zeus beruht auf der Religion der minoischen Stämme des 2. vorchristlichen Jahrtausends, die dem göttlichen Kind (über dessen Heranwachsen nichts Näheres bekannt ist) größte Ehren zuerkannte. Es galt als Kind der Mutter Erde und symbolisierte als alljährlich vergehender und neu entstehender Fruchtbarkeitsgeist (ähnlich Adonis und Attis, die dem Kult der Aphrodite bzw. Kybele zugeordnet waren) den Kreis der Jahreszeiten. Hesiod erzählt, daß die Erdmutter das Kind in einer tiefen Höhle verbarg, und tatsächlich wurden in kretischen Berghöhlen, besonders auf den Bergen Dikte und Ida, aus dem 2. Jahrtausend v. Chr. stammende Spuren von Heiligtümern gefunden. Diese kretischen Höhlen, ursprünglich Wohnstätten, später Schauplätze alljährlicher Zeremonien, sind eines der wichtigsten Verbindungsglieder zwischen Bronzezeit und späteren Epochen.

Dieser kretische Zeus, eine primitivere mittelmeerische Gottheit als etwa der indoeuropäische Himmelsbeherrscher, war nicht so sehr Erneuerer der Erde durch die Macht, Regen zu spenden, als Verkörperung ihrer Fruchtbarkeit. Die *Theogonie* enthält beide Überlieferungen. Jener Zeus, der Kronos überwältigte, ist vor allem Himmelsgott. Doch der überwältigte Kronos liegt, einer anderen Legende nach, auf einer fernen heiligen Insel unweit Britanniens (29) in ewigem, tiefem Schlaf. Der Machtkampf der Weltbeherrscher ist entschieden, und die Dichter beschäftigen sich mit dem Ausgang der Schlacht, mit ihren Auswirkungen:

Nicht will ich singen das Alte;
denn mein neues Lied ist besser.
Zeus, der junge, ist jetzt König,
einst war Kronos der Herr.
Muse, deine Stunde schlug. (30)

Jener Zeus, von dem hier die Rede ist, war ursprünglich der indoeuropäische Wettergott Tiu, eine im Himmel wohnende

Naturgewalt wie etwa Varuna oder Ahura Mazda, dem außerdem die Herrschergewalt über die auf dem wolkenumwallten Gipfel des Olympos versammelten Götter zugeschrieben wurde. Das Wort »Zeus« bedeutet »hell«, ein Pluspunkt für jene Mythenforscher, die, wie z. B. der Sanskritfachmann Max Müller (er bezeichnete Mythen als Krankheit der Sprache) Religionen von Wörtern herleiteten. Müller vertrat die Ansicht, Religion und Mythos (z. B. auch der Begriff des Bösen im Göttlichen) seien aus der unvermeidbaren Bildhaftigkeit der Sprache hervorgegangen, die notwendigerweise zu falschen Auslegungen führen müsse. So bedeuteten zum Beispiel die Wörter, die uns heute als die Namen der Vedischen Götter bekannt sind, ursprünglich etwas anderes. Meist bezogen sie sich auf die Sonne. Die ursprüngliche Bedeutung geriet in Vergessenheit und das Sonnen-Bild wurde als Göttername gedeutet. Diese Theorie mutet phantastisch an, nicht zuletzt deshalb, weil sie den Ursprung der Mythen zu einem zu späten Zeitpunkt ansetzt. Man mag darüber streiten, was früher auftrat – das Wort oder der Gedanke; eines steht jedenfalls fest: Sowohl Sprache als Mythos sind ein allgemeines frühes Menschheitserlebnis. Allerdings spielt dabei die Etymologie mitunter eine Rolle, wie im Falle des Namens Zeus, jenes Gottes, der nicht nur Kronos verdrängte, sondern auch Uranos, die uralte Verkörperung des belebten Himmels.

Zeus der leuchtende, schenkt auch den lebenspendenen Regen, beherrscht Wetter, Sturm, Wind, die gesamte Natur:

> Denke des Gottes nicht
> wie jener Sterblichen,
> die Fleisches sind, und Blutes
> Du hast ihn niemals gesehen.
> Zuweilen blitzt er auf,
> ein jäher Feuerstrahl,

verlöschend, unberührbar,
oder er fließt vorbei,
ein reißend tiefer Strom,
oder er kommt nachts,
in Dunkel eingehüllt,
und ist doch Gott,
wiewohl tierhaft.
Ob Regen, ob Wind, ob Wolke,
ob Donner oder Blitz,
Meer und Gestein gehorchen ihm,
Flüsse und Quellen und Berge,
der tiefste Schoß der Erde
und des grausen Ozeans
erzittern vor dem Blick des Gottes. (31)

Aischylos umschreibt Zeus' Macht mit den Worten:

Zeus ist der Äther, Zeus die Erd', der Himmel Zeus,
Zeus ist das All und was noch höher ist als dies. (32)

Zeus war auch Schützer des Hauswesens und der Familie; doch wird diese Eigenschaft in der *Theogonie* nirgends erwähnt, es sei denn, wir deuten seinen Sieg über die Aufrührer, daß er durch ihn die Sicherheit der Welt festigte und stärkte. In *Werke und Tage* bringt Hesiod die Überzeugung, daß das Böse dem Guten weichen müsse und daß Zeus die Menschen nach seinem Willen zu erhöhen oder zu stürzen vermag, viel deutlicher zum Ausdruck:

Ruhmlos oder berühmt macht er ja sterbliche Männer,
Preislos oder gepriesen, nach Zeus' erhabenem Willen.
Leicht verleiht er Stärke, und den Gestärkten verdirbt er; ...
Der weitdonnernde Zeus, der hoch über allen behauste. (33)

Trotz all dieser Willkürlichkeiten erscheint Zeus manchmal als Hüter der Gerechtigkeit, dessen Anteilnahme am Los der Geringen und Armen beinahe an den Gott des *Alten Testaments* gemahnt:

> Alles erblickte das Auge des Zeus, und alles erkennt es;
> So nach Gefallen auch dies erschaut es, und ihm entgeht nicht,
> Welcherlei Art des Rechts die Stadt im Innern beherbergt. (34)

Dieser ethisch-verantwortungsbewußte Zug des Weltbeherrschers, der bei Hesiod viel deutlicher wird als etwa bei Homer, führte zu einer ganzen Tradition der Zeus-Hymnen. Archilochos von Paros z. B. schreibt:

> Zeus, Vater Zeus! Du hast im Himmel alle Macht,
> du siehst, was hier die Menschen tun,
> Gewalttat und Verbrechen! Dir obliegt doch auch
> der Tiere Frevel und ihr Recht! (35)

Aus diesen Zeilen spricht der nahezu bedingungslose Glaube an eine himmlische Macht, deren Erhabenheit in der Unerreichbarkeit, Unendlichkeit, Ewigkeit und Gewalt des Himmels beschlossen liegt.

In der Sprache der Irokesen bedeutet »hoch oben« auch »mächtig«; die Ewe sagen, »wo der Himmel ist, ist auch Gott« – ein Glaube, der durch die unermeßliche Höhe des Himmels entstanden ist. Erst im 5. Jahrhundert v. Chr. wurde der Himmelsgott der Alten Welt zum Schöpfer, zum Prototyp des Menschen, dem ersten und ewigen Wesen, durch dessen Macht alles lebt. Bis dahin hatte man in Zeus nur den Beherrscher des Olymp, den Vater der Götter und Menschen gesehen.

Wie bereits erwähnt leitete das 19. Jahrhundert von dem naturgott-ähnlichen Wesen des Zeus eine Theorie ab, die sämtliche Mythen als Symbole und Spiegelung von Naturvorgängen verallgemeinerte. Eine solche Deutung, die im Falle der Veden durchaus vertretbar ist, gilt, wie die meisten Verallgemeine-

rungen, für die griechischen Mythen nur in beschränktem Maß. In Literatur und Poesie war es schon lange üblich, Naturerscheinungen mit Namen aus der Mythologie zu bennenen (man bezeichnete z. B. die Sonne als Poebus, etc.). Milton etwa, der die griechischen Götter als verkappte Teufel betrachtete, bediente sich bei seinen Naturschilderungen gern mythologischer Begriffe. Im Jahre 1739 riet Lord Chesterton seinem Sohn: Wenn du in Prosa die Mittagstunde bezeichnen willst, sagst du vollkommen zu Recht: »Es ist zwölf Uhr mittag«. In der Dichtkunst wäre dies aber zu seicht, zu trocken. Da müßtest du vielmehr sagen: »Der Sonnenwagen hatte die Hälfte seiner Bahn durchmessen. Das nennt man poetische Ausdrucksweise.«
Diese Auffassung von der rechten Art zu dichten ist heute längst überholt; im 18. Jahrhundert trug sie jedoch nicht wenig dazu bei, daß die Mythologie alltäglich und abgegriffen wurde. Coleridge und Wordsworth sprachen verächtlich von den abgedroschenen Resten der klassischen Überlieferung.

4

Der Sturz der Titanen

DIE THEOGONIE beschäftigt sich über lange Strecken mit der Zerstörungskraft der Waffen, denen Zeus, der Herr der Naturgewalten, gebietet, mit dem Donner, dem glühenden Donnerkeil und den Blitzen (36), die, ähnlich wie Jehovas Stürme (37), die Macht des Göttervaters offenbaren. Doch diese Macht ist noch immer bedroht, ein Aufrührer nach dem anderen wird in den Abgrund geschleudert. Die Okeanos-Enkel Menoitios, Atlas und Prometheus fallen zuerst. Zeus' Auseinandersetzung mit Prometheus, die einzige Geschichte, die ausführlich erzählt wird, bildet das Mittelstück der *Theogonie.* Zuvor werden die beiden Machtkämpfe zwischen den Göttern geschildert (Kronos stürzt Uranos und wird seinerseits von Zeus gestürzt); nachher die Unterwerfung anderer Titanen, die sich, wie Prometheus, gegen Zeus auflehnten.

Prometheus wollte Zeus überlisten. Die beiden Opfergaben, die er dem Gott zur Wahl bot, waren von unterschiedlichem Wert. Eine waren die mit Fett bedeckten Knochen, die andere, im Ochsenmagen versteckt, Fleisch und gutes Fett. Zeus durchschaute die List, wählte aber dennoch die Knochen.

Diese merkwürdige Geschichte stellt einen wichtigen Typ des Mythos dar, die ätiologische Sage (Ätiologie = Ursachenlehre). Wenn die Griechen den Göttern opferten, pflegten sie die besten Stücke für sich zu behalten – in Anbetracht des kargen Bodens, ein durchaus vernünftiger Brauch. Sollte es für diese Sitte jemals andere Gründe gegeben haben, so waren sie längst in Vergessenheit geraten. Dennoch war für das Volk eine Erklärung notwendig. »Der primitive Mensch braucht eine Geschichte, die Rätselhaftes erklärt, indem sie von ähnlichen Fällen erzählt, die in früheren Zeiten oder zu einem anderen, außerhalb der vertrauten Zeitvorstellung liegenden Zeitpunkt vorkamen«, schreibt Maurice Bowra. Menschen, die überall Götter und Dämonen am Werk glaubten, suchten zu begreifen, was sie sahen. So entstanden in allen Ländern, besonders aber bei den wißbegierigen Griechen, ätiologische Sagen. Man stellte sogar vielfach die Theorie auf, die meisten Mythen seien ätiologischen Ursprungs, doch läßt sich dies keineswegs auf die ganze klassische Mythologie anwenden. Eine einzige Art der Auslegung würde solch vielschichtigem Stoff nie gerecht; immerhin herrscht das ätiologische Element oft vor.

Später glaubte man, daß primitive Völker zwar spekulativ denken, mit ihren Mythen jedoch keineswegs »Fragen beantworten«. Die Verfechter dieser Theorie räumen zwar ein, daß viele Mythen, darunter der prometheische, zumindest in einem gewissen Stadium ihrer Entwicklung unverkennbar ätiologische Züge aufweisen, erklären diese Tatsache jedoch folgendermaßen: In dem Bestreben, ein bestimmtes Phänomen zu deuten, ist kein neuer Mythos zur Erklärung der Ursachen erfunden, sondern die bereits vorhandene Mythologie nach einer Sage durchsucht worden, welche die gewünschte Erklärung liefern kann. (Beispiel: ein Mberewalaki-Mythos der Fidschi-Insulaner; sie bedienten sich, um die Gebirgigkeit ihrer Heimat zu deuten, in ätiologischem Sinn einer vorhandenen Sage.) In welche der beiden Kategorien ist die Sage von prometheischen Opfer nun einzureihen? Gehört sie (ihr wahrer Ursprung ist unbekannt) zu den echten ätiologischen Sagen, oder wurde die Erklärung erst später herausgelesen? Wir können diese Frage nicht sicher beantworten. Ebensowenig steht fest, ob Hesiod mit seiner Geschichte – wie etwa vergangenheitsbewußte Dichter späterer Jahrhunderte – eine Ätiologie geben wollte. Wir dürfen aber nicht vergessen, daß man zu Hesoids Zeiten einfacher dachte. Homer zum Beispiel erzählte in der *Odyssee* einen ätiologischen Mythos, die Geschichte von den 350 Sonnenrindern (38) – die Zahl der Rinder entspricht der Zahl der Tage des alten Kalenders –, ohne auf ihre Bedeutung im geringsten einzugehen. Hier haben wir ein Beispiel für die ursächliche Erklärung eines natürlichen bzw. übernatürlichen Phänomens. Auch Hesiod erläutert in der *Theogonie* einen Vorgang des menschlichen Lebens, eine Zeremonie verschollenen Ursprungs; in dieser Art gibt es noch viele andere Legenden, die sich, mehr oder weniger wirklichkeitsgetreu, mit der Entstehung von Kultstätten und Festlichkeiten befaßten.

Die ätiologischen Sagen versuchen dieselben Fragen, die man später durch logische Überlegung oder historische Fakten zu beantworten suchte, mit Hilfe der Phantasie zu bewältigen. Sie sind Antwort auf ewigen Wissensdurst, die Wurzel aller Erkenntnis, auf die Fragen wie? und warum? Bestimmte Ereignisse und Bräuche erregten seit jeher Neugier, fesselten den Verstand. Die ätiologischen Mythen sind ein Versuch, jene Ereignisse und Bräuche in der eigenwilligen, aber allgemein verständlichen Sprache der Mythologie zu deuten, menschlicher Unwissenheit und Ratlosigkeit mildernd zu begegnen. Selbstverständlich erklären diese Legenden nicht wissenschaftlich Ursache und Wirkung, aber indem sie Erfahrungen vielfältiger Art miteinander verknüpfen, weisen sie bereits auf wissenschaftliche Methodik voraus. Es ist weder Absicht noch Zweck dieser Mythen, ein künstlerisches Bild zu erzielen. Dennoch sind Mythos und Sage als Stiefgeschwister der Künste bestrebt, was sie aussagen wollen, in konkrete Worte und Bilder zu fassen. Je mehr solche zwingenden Erklärungen dem Dichter zur Verfügung standen, desto größer wurde sein Einfluß. So stützte seine Gabe, Mythen zu ersinnen und nachzuerzählen, das Gesellschaftssystem als auch die überkommenen Bräuche, deren Wortführer er war.

Zeus verweigerte den Menschen zur Strafe für Prometheus' Betrug das Feuer. Aber Prometheus, ursprünglich wahrscheinlich ein Feuergott, den der orientalische Hephästos später verdrängte, stahl es in einem hohlen Fenchelstengel und brachte es den Menschen. Obwohl er in Griechenland keine Kultstätten besaß, stand Prometheus in hohem Ansehen; als Patron der rechtlosen Masse ging er in das Bewußtsein des Volkes ein. Prometheus ist der größte, sich über moralische Fragen hinwegsetzende Schlaukopf der Weltmythologie (ähnlich Coyote und anderen mythologischen Gestalten der nordamerikanischen Indianer). Er überlistete sogar Zeus, wenn auch die *Theogonie* dies nicht ganz zugibt.

Der Prometheus-Mythos erfuhr zahlreiche Abwandlungen, die jedoch alle das Feuersymbol beibehielten. Im *Rigweda* wird der Begriff »Feuer« (agins – ignis) mit dem Begriff Weisheit als »Freund der Menschen«, »Unsterbliche unter Sterblichen«, »vom Himmel herabgebracht« zu einer Einheit verbunden. Ähnliches findet sich in einem indianischen Märchen: Dort stiehlt ein Fisch dem Schöpfer Feuer. Denn Feuer ist die Grundlage der Zivilisation. Nach verschiedenen alten Überlieferungen stahl Prometheus das Feuer, indem er entweder eine Fackel an die Räder des Sonnenwagens hielt oder die Schmiede des Hephästos plünderte. Der meterhohe Fenchelstiel, in dem er die Flamme brachte, war mit einer weißen, pechähnlichen Masse gefüllt, die eine Art Docht bildete. Noch heute bringt man in manchen Gegenden Griechenlands auf diese Weise Feuer von Ort zu Ort.

Der glückliche Ausgang der Prometheus-Legende steht im Gegensatz zu Hesoids sonstiger, vor allem in *Werke und Tage* zum Ausdruck gebrachten Auffassung vom steten Niedergang der Menschen. Platon entwickelte später aus der Prometheus-Sage eine Theorie über die Entstehung der menschlichen Zivilisation. Die Folgen der promethischen Gabe werden schon in der *Theogonie* deutlich: Zeus läßt Prometheus an einen Felsen schmieden (laut Aischylos zur Strafe für den Diebstahl des Feuers, laut Hesiod wegen des Opferbetrugs) und sendet einen Adler, der Tag und Nacht an seiner Leber frißt. Die Leiden dieses archetypischen Menschheitshelden, der das immer wiederkehrende mythologische Motiv von der Bestrafung ungebührlicher Menschenkühnheit verkörpert, beschäftigten die Dichter vieler Jahrhunderte.

Laut der *Theogonie* wird auch die Menschheit für das Geschenk des Prometheus bestraft; dies geschieht durch die Erschaffung der Frau. Die erste Frau wurde Epimetheus, dem schwerfälligen Bruder des Prometheus zugesprochen, denn sie war, wie Eva, die Wurzel alles Bösen. Diese pessimistische Ansicht Hesiods (man vergleiche sie etwa mit Homers großzügiger Beschreibung der Helena) kommt auch in *Werke und Tage*, einer Schrift, die Prometheus kaum vorteilhafter zeichnet als einen gemeinen Missetäter.

Dort erzählt der Dichter von dieser ersten Frau namens Pandora, der »Alles-Schenkenden«. Der Name weist darauf hin, daß sie möglicherweise ursprünglich eine Erdgöttin war. Hephästos schuf Pandora.

> Aber in ihrer Brust erweckte der Argosbezwinger
> Trug und kosende Worte und schlaubetörende Schalkheit
> Nach des Donnerers Wunsch, und auch noch Rede und Stimme
> Gab ihr der Herold der Götter, und dann benannte Pandora
> Er dies Frauengebilde, weil alle Bewohner des Himmels
> Sie mit Gaben begabten zum Leid der betriebsamen Männer. (39)

Die Büchse oder Schachtel der Pandora, den Psychologen als Mutterschoß-Symbol vertraut, enthielt Böses. Pandora öffnete sie, und alle Übel der Welt quollen hervor, schleichende Krankheiten, die den Menschen ins Unglück stürzen, und verderbenbringende Seuchen. Nichts blieb zurück, nur die Hoffnung oder Vorahnung (elpis), ein Gefühl, das vom Menschen beherrscht werden kann. Hütet euch vor Weibern! Der Dichter der *Werke und Tage* greift hier eine jener Mythen auf, die den Geschlechtstrieb für den Sündenfall verantwortlich machen.

> Laß dich von keinem Weib mit prunkenden Hüften betören,
> Das mit schmeichelnden Worten in deiner Hütte dich aufsucht.
> Wer dem Weibe vertraut, vertraut auch Betrügern und Dieben.
> (40)

Etwa hundert Jahre später schrieb Semonides von Samos, die Frauen seien das größte Übel, das Zeus über die Menschen gebracht habe (41). Auch die größten griechischen Dramatiker, besonders Euripides (42), vertraten diese Ansicht, obwohl seine Medea erklärt, der Name der Frauen werde wieder zu Ehren gelangen (43). Die frühchristliche Kirche sah die Frauen als »instrumenta diaboli«, ein Gedanke, der immer wieder zum Ausdruck gebracht wurde: »Als Eva dem ersten Mann mit süßen Worten den Apfel bot – wie schade, wie tausendfach schade, daß er nicht widerstand!«

Im 17. Jahrhundert zog der Maler Jean Cousin d. Ä. mit seinem Bild *Eva Prima Pandora* die Parallele zwischen Pandora und Eva.

Nachdem die Bestrafung des Prometheus nochmals betont wurde, schildert die *Theogonie* den Aufstand der Titanen, der fürchterlichen Uranos-Nachkommen, ein Thema, das Hesiod in dem heute verschollenen Gedicht *Titanomachie* nochmals behandelte. Auch Hölderlin besang Jahrhunderte später die Titanen:

Dann haben des eigenen Rechts
Und gewiß des himmlischen Feuers
Gespottet die Trotzigen, dann erst
Die sterblichen Pfade verachtend
Verwegnes erwählt
Und den Göttern gleich zu werden getrachtet... (44)

Ungeheuer, die sich gegen die göttliche Macht erheben, sind ein uraltes und fast auf der ganzen Welt verbreitetes Thema. Auch die sumerischen Drachenteufel Asag und Humbaba, die Illuyankas der Hittiter, die Unholde im Gefolge des babylonischen See-Ungeheuers Tiamat und zahlreiche Gestalten nordamerikanischer Mythen bedrohen die Mächte des Himmels.

Die Titanen auf dem Berg Othrys griffen die Götter des Olymps an, hier fährt Hesiods grauser Bericht fort. Diese unsere wichtigste Informationsquelle über Griechenlands »dunkle Zeit« ist mit zwingender, albtraumhafter Überzeugungskraft gestaltet. Dämonen waren damals gleichsam greifbarer, das Universum war rätselvoll und wild, ebenso die Menschen; Hesiods Schilderung macht das Entsetzliche dieser Machtkämpfe, die ungeheuren Kräfte, die hier am Werk waren, bedrohlich fühlbar. Die Titanen, ältere Naturgottheiten nichtgriechischen Ursprungs, bezeichnen (nach einer vor einigen Jahrzehnten beliebten »historischen Verdrängungstheorie«) die zwar überwundenen, aber dennoch beibehaltenen Götter der von den Zeus-Anbetern besiegten Ureinwohner. Ähnlich erging es später Pan, dessen Bocksbeine und Pferdehuf vom Teufel des Christenglaubens beibehalten wurden. Vor allem aber manifestiert sich in der *Theogonie* eine, wenn auch grauenvolle Phase im Kampf des Guten gegen das Böse: Gerechtigkeit, Vernunft und Aufklärung triumphieren, teils allmählich, teils über Nacht, über die zügellose Wildheit uralter, elementarer Zustände. Hierin unterscheidet sich die *Theogonie* von *Werke und Tage* und dessen pessimistischer Auffassung über einen Abstieg vom Goldenen Zeitalter über Silber-, Bronze- und Heldenzeit zu einer eisernen Zeit, ein Glaube, der sich auch in indischen und babylonischen Mythen findet und charakteristisch ist für die Vorstellung vom Paradies vor dem Sündenfall.

Zeus vermag sich, trotz höchster Weisheit, allein nicht zu behaupten; die Griechen wußten sehr wohl, daß Vernunft nicht vor Anarchie schützt. Er braucht die Unterstützung der hundertarmigen, fünfzehnköpfigen Giganten Kottus, Briareus und Gyes, Söhne des Uranos und der Gaia, und phantastischere Gestalten als die wilden Giganten der *Odyssee*, die Gefolgsleute König Eurymedons (45). Mit ihrer Hilfe konnte der Lebensinstinkt, wie Freud es nannte, gegen den Todesinstinkt kämpfen, ein Kampf der Vernichtung, der zwischen Schöpfung und unter den lebenden Wesen von Anfang an ausgetragen wurde:

> ... es brüllte das wüste Weltmeer entsetzlich,
> Dröhnend stöhnte die Erde, es seufzte das Himmelsgewölbe,
> Wildgeschüttelt. Es bebte von unten der hohe Olympos
> Durch des Unsterblichen Stoß. Der Füße schwere Erschüttrung
> Drang in die neblige Tiefe des Tartaros; jähes Gejammer
> Und ein endloses Heulen, das Krachen gewaltiger Würfe. (46)

Titanen und Giganten wurden in der Überlieferung manchmal identifiziert; auch gab es Giganten, die Zeus feindlich gesinnt waren (Porphyrion und Alkyon) sowie die Aloaden Otos und Ephialtes, die den Pelion auf den Ossa türmten, um den Olymp zu erstürmen. Knochen prähistorischer Tiere wurden schon verschiedentlich solchen Riesen zugeschrieben. Giganten waren ein beliebtes Thema der archaischen Kunst. Auf einer korinthischen Vase (etwa 680 vor Christus) sehen wir Zeus im Kampf mit einem riesenhaften Kentauren; der Wandschmuck des syphneischen Schatzhauses in Delphi (frühes 6. Jh. v. Chr.) zeigt einen Kampf zwischen Giganten und Göttern. Solche Darstellungen, auch der Kentaurenkampf auf den Metopen des Parthenon oder die Ringkämpfe mit Riesen auf dem hellenistischen Pergamonaltar, betonen immer wieder, daß der Mensch gegen das tierische Element heldenhaft ankämpfen muß. Aber Zeus stürzte Gegner im Olymp, ebenso wie er Aufrührer aus der Unterwelt vernichtet hatte, begleitet von furchtbaren Erdstößen stürzen sie in die Tiefe.

Ovid erzählte die Sage, Spenser brachte in seinem Werk *Der Kampf der Götter und Titanen* tiefste Gedanken über das

Rätsel des Unteilbar-Vielfältigen zum Ausdruck. Im siebzehnten Jahrhundert entstanden großartige neue Versionen des altbekannten Themas: Satans Sturz in Miltons *Verlorenem Paradies* zeigt unverkennbar Parallelen zu Hesiods *Theogonie* ebenso Rubens' *Titanensturz*, ein Gemälde, das der Meister 1636 für das Jagdschloß Philipps IV. in Torre de la Parada schuf.

Die Dichter der Romantik, von dem unerfüllbaren Wunsch beseelt, das verlorene Paradies wiederzufinden, wählten als Motiv besonders gern den Aufstand der Titanen; William Blake beschäftigte sich drei Jahrzehnte lang damit. Hölderlin, an der Schwelle des Wahnsinns, befaßte sich mit dem Thema, Goya desgleichen, der achtzehnjährige Leopardi übersetzte die in der *Theogonie* gegebene Schlachterzählung; Keats, dessen *Hyperion* in den Jahren 1818 und 1819 entstand, läßt die Titanen eigenmächtig den Olympiern folgen, Braque schuf in unserer Zeit Illustrationen zu diesen und anderen Szenen der *Theogonie*.

Zum Schluß beschreibt Hesiod die Vernichtung des Typhoeus, des Jüngstgeborenen der Erde, eines Scheusals, das bis in die letzte albtraumhafte Einzelheit geschildert wird:

> Hundert Häupter wie von Schlangen und gräßlichen Drachen
> Sprossen aus seinen Schultern mit drohendem Züngeln; es schos-
> [sen
> Feuer unter den Brauen die Augen der göttlichen Köpfe.
> Allen Häuptern entlohte bei seinen Blicken ein Feuer;
> Stimmen entfuhren auch mit mancherlei Klange den wilden
> [Köpfen, unsäglicher Art. (47)

Die Bildsprache, die Hesiod zur Beschreibung des Kampfes zwischen Zeus und dem Ungeheuer gebraucht, erinnert an Erdbeben und Vulkanausbrüche:

Zeus, nachdem er die Kraft gesammelt, die Waffen ergriffen,
Donnergebrüll und Blitz und die lodernde Flamme des Wetters,
Schlug vom Olymp herunter im Sprunge, und er versengte
All die göttlichen Köpfe des schlimmen, gräßlichen Untiers.
Aber nachdem er es so mit Geißelschlägen gebändigt,
Brach es gelähmt zusammen, da seufzte die riesige Erde,
Flammen entfuhren dem so vom Blitz getroffenen Herrscher
In dem waldigen Dunkel des schluchtendurchzogenen Ätna,
Wie er den Schlägen erlag. Weit brannte die riesige Erde
Von dem unendlichen Dampf und schmolz, wie glänzendes Zinn
[schmilzt. (48)

Laut Pindar und Aischylos wurde Typhoeus am Fuße des Ätna begraben. Die *Ilias* nennt das südöstliche Kleinasien als seine Heimat (49). Möglicherweise symbolisiert der Typhoeus-Mythos den Sieg der Griechen über die hittitischen und semitischen Götzen: Zeus, der erste der zahlreichen Drachentöter, die aus jener Gegend hervorgingen (St. Georg von Kappadokien stammte ebenfalls aus Kleinasien) erscheint hier außerdem als Nachfolger des babylonischen Helden Marduk, der das Ungeheuer Tiamat bezwang. Die symbolische Wiederholung dieses Kampfes war Teil der babylonischen Neujahrsfestlichkeiten. Um die Ernte zu sichern, mußte der König den Drachen alljährlich aufs neue besiegen. Häufig verwechselten die Griechen die Besiegung des Typhoeus (auch Typhon) mit dem delphischen Sieg Appollons über Typhaon.

Nach Beendigung der Machtkämpfe riet die Erde den Göttern, Zeus zu ihrem Herrscher zu wählen. Die Götter folgten dem Rat und wurden von Zeus mit Macht und Würden ausgestattet. Die *Theogonie* zählt hier die Göttinnen auf, die Zeus' Lager teilten, sowie die Sterblichen, die Göttern Kinder gebaren. Polygamie war in Griechenland keineswegs Brauch (obgleich Könige wie Götter mehrere Frauen niedriger Herkunft wählen konnten). Sie diente jedoch in diesem Fall wohl dem Zweck, örtliche Kulte und Sagen der Hauptreligion einzugliedern und den Familien, die deren Zeremonien beobachteten, glanzvolle Ahnenreihen zu sichern. Da zahlreiche Göttinnen (Dione, Demeter, Semele, Persephone-Kore) auch als Beschützerinnen der Erde und der Feldfrucht verehrt wurden, finden sich Anklänge an die Verbindung Himmel–Erde.

An einer heiteren Stelle der *Ilias* zählt Zeus seiner Gattin Hera, ehe er sich ihr nähert, die Namen einiger seiner Geliebten her:

> Komm, wir wollen in Lieb' uns vereinigen, sanft gelagert.
> Denn so sehr hat keine der Göttinnen oder der Weiber
> Je mein Herz im Busen mit mächtiger Glut mir bewältigt
> Weder, als ich entflammt von Ixions Ehegenossin
> Einst den Peirithoos zeugt', an Rat den Unsterblichen ähnlich,
> Noch da ich Danae liebt', Akrisios' reizende Tochter,
> Welche den Perseus gebar, den herrlichsten Kämpfer der Vorzeit;
> Noch auch Phönix' Tochter, des ferngepriesenen Königs,
> Welche mir Minos gebar und den göttlichen Held Rhadamanthys,
> Noch da ich Semele liebt', auch nicht Alkmene von Thebe,
> Welche mir Mutter ward des hochgesinnten Herakles
> (Jene gebar die Freude des Menschengeschlechts Dionysos);
> Noch da ich einst die erhabne, die schöngelockte Demeter
> Oder die herrliche Leto umarmete oder dich selber:
> Als ich anjetzt dir glühe, durchbebt von süßem Verlangen! (50)

Die Vielweiberei des Zeus empörte, wie alles Heidnische, die Christen der Frühzeit. »Genügte ihm Hera nicht?« entrüstete sich Arnobius von Sikka (etwa 296–311 nach Chr.), der es nicht nur beklagenswert fand, daß man einem Gott solche Sinnlichkeit zuschreibt, sondern vor allem, daß dieser Gott nicht anstand, sich, um seiner Lust zu fröhnen, in Stier oder Schwan zu verwandeln (Abb. S. 279) oder ein Ei zu befruchten, aus dem Helena hervorging (51). Ein Abenteuer vor allem reizte die Dramatiker aller Zeiten zu immer neuer Gestaltung: Das Abenteuer des Zeus mit Alkmene, der Mutter des Herakles. *Amphitryon 38* nennt Giraudoux sein Stück über den betrogenen Gatten; ein Hinweis darauf, daß seine Komödie die achtunddreißigste Dramatisierung des Stoffes seit der Antike ist. Die letzte Anspielung auf Zeus, den Liebhaber, stammt von Graham Hough:

Alterslos, feurig,
Stier, Widder, Schwan oder Schlange,
oder als goldener Regen,
in tausendfacher Verkleidung
stellt er Nymphen nach, Göttinnen, Mädchen,
zeugt stämmige Helden, Götter und Ungeheuer, . . .
Bildner und Dichter bewahren die Früchte seiner Glut,
entzündet an Brüsten und Hüften . . .

APOLLON UND DEMETER

I

Die Homerischen Hymnen

Denken und nimmer vergessen Apollons will ich, des Schützen,
Den zum Palaste des Zeus eingeh'nd die Unsterblichen fürchten;
Und sie erheben sich alle sogleich, wiebald er herankommt,
Flugs von den Sitzen zumal, da den glänzenden Bogen er [spannet. (1)

NUR LETO bleibt an Zeus' Seite. Sie löst die Sehne von Apollons Bogen, schließt den Köcher und nimmt die Pfeile an sich. Freue dich, Leto, der Kinder, die du gebarst – Artemis auf Ortygia, der Wachtel-Insel- und Phoibos Apollon, als du am kynthischen Hügel des felsigen Delos ruhtest.
Die schwangere Göttin Leto hatte auf der Suche nach einem Ort, wo sie ihr Kind gebären könnte, ganz Griechenland durchirrt. Doch niemand wagte, Apollon eine Heimstatt zu bieten. Auch Delos hatte anfangs gefürchtet, Leto aufzunehmen. Würde ihr Sohn die felsige, unwirtliche Insel verschmähen und mit dem Fuß ins Meer hinabstoßen?
Dann, sprach Delos, wird der weite Ozean mein Haupt überfluten.

Mir dann werden beständig ums Haupt die unendlichen Wogen
Spülen, und er geht fort in ein anderes Land, wo es gut ihm
Deucht, sich den Tempel zu gründen und heilige Waldbaumhaine. (2)

Doch da Leto schwur, dem Gott auf der Insel einen großen

Tempel zu errichten, durfte sie Apollon auf Delos zur Welt bringen.

Neun Tage und neun Nächte litt Leto qualvolle Wehen. Viele Göttinnen eilten herbei, um ihr beizustehen; nur Hera kam nicht und hielt auch Ilithyia, die Göttin des Wochenbetts, von Leto fern. Doch ließen die anderen Göttinnen Ilithyia durch die Götterbotin Iris holen. Leto schlug die Arme um eine Palme, und die Erde lachte vor Entzücken, als Apollon geboren wurde. Die Göttinnen badeten das Kind und hüllten es in weißes goldgesäumtes Linnen; Themis nährte es mit Nektar und Ambrosia. Plötzlich zerriß der kindliche Gott seine Windeln und sprach:

> Mir sei teuer die Zither zusamt dem gekrümmeten Bogen,
> Und ich verkünde den Menschen des Zeus untrüglichen Rat-
> [schluß. (3)

Die Göttinnen erstaunten; Delos erstrahlte golden, und die Erde trug Blüten.

Und so wandelte Apollon, der Gott des silbernen Bogens, auf dem Kynthos.

> Du hast viele der Tempel und viel baumprangende Haine;
> Aber an Delos erfreust du das Herz, o Phöbos, am meisten. (4)

Denn dort versammeln sich die langgewandeten Jonier, Eigentümer schneller Schiffe und des großen Reichtums, mit ihren Kindern und tugendhaften Frauen zu Apollons Ehren und entzücken den Gott mit Tanz und Gesang, sooft sie die Insel besuchen. Zuerst preisen sie Apollon, Leto und Artemis, dann singen sie von Männern und Frauen vergangener Zeiten; und sie verstehen sich darauf, die Sprache aller Menschen nachzuahmen. Und ihr, Mädchen, wenn man euch fragt, welcher Sänger euch am meisten entzückt, so erwidert einstimmig:

Blind ist dieser und wohnt in dem Felseilande von Chios,
Dessen Gesänge die ersten genannt sind unter den Menschen. (5)

Letos strahlender Sohn erreichte das felsige Pytho (Delphi) und den Olymp, wo er sich den anderen Göttern gesellte und die Lyra spielte. Artemis, seine schlanke, hochgewachsene Schwester, sang, die Grazien, die Jahreszeiten, Harmonia, Hebe und Aphrodite tanzten. Dann stieg Apoll auf die Erde hinab und durchwanderte viele Länder auf der Suche nach einem Ort, wo sich sein Heiligtum und sein heiliger Hain erheben sollten. Seine Wahl fiel auf Telphusa. Telphusa aber wollte allein verehrt werden und überredete den Gott, einen anderen Ort zu suchen, denn das Getrappel der Maultiere und Pferde (sie kamen an den Fluß zur Tränke) würde ihn stören, die vielen Wagen und Gespanne die Menschen hindern, seinen Tempel aufzusuchen. Apollon wandte sich auf ihren Rat nach Krissa am Fuß des schneebedeckten Parnaß, im Schatten eines überhängenden Felsens und am Rande einer tiefen Schlucht. Dort baute Apollon die Grundmauern seines Tempels, der in Ewigkeit besungen werden sollte. Bei einer nahen Quelle tötete er das Ungeheuer Typhaon, ein aufgedunsenes weibliches Scheusal, das Hera einst aus Zorn darüber, daß Zeus Pallas Athene gezeugt hatte, gebar. Nachdem Typhaons Leichnam verwest war, wurde der Ort Pytho (Fäulnis) genannt. Apollon wußte nicht, wem er das Priesteramt übertragen sollte; da erblickte er in der Ferne ein Schiff, das kretische Kaufleute nach Pylos brachte. Der Gott verwandelte sich in einen Delphin (daher sein Beiname delphisch), sprang auf das Schiff und steuerte es nach Krissa. Hier verschwand er sternschnuppengleich in seinem Heiligtum, trat alsbald wieder in Gestalt eines Jünglings heraus und bestimmte die Kreter zu seinen Priestern. Der Anblick der Felseinsamkeit erfüllte die Männer mit Angst.

Doch Apollon sprach ihnen Mut zu und verhieß ihnen die reichen Opfergaben, die man ihm darbringen würde. Dafür sollten sie den Menschen seinen Willen kundtun, sich böser Taten und Worte enthalten und seinem Gebote folgen, andernfalls sie von Eroberern überfallen und in Ewigkeit unterjocht werden würden.

2

Der strahlende griechische Gott

DIE GRIECHISCHEN HYMNEN des 8. vorchristlichen Jahrhunderts, die wir als *Homerische Hymnen* kennen (davon manche jüngeren Datums), sind weniger religiösen, als literarischen Charakters. Zwar stehen sie dem Ritus näher als der epischen Dichtung, waren aber niemals Teil einer Zeremonie. Ihr Hauptanliegen ist die Erzählung der Mythen; Lob, Dank und Gebet sind nur Beiwerk. Die antike Zuschreibung an Homer und die sorgsame Nachahmung seines Stils sprechen dafür, daß diese Hymnen in einer hohen epischen Tradition stehen. Eine von ihnen wird in der *Ilias* erwähnt (6).

Die *Homerischen Hymnen* wurden wahrscheinlich bei Wettkämpfen, Festen, Dank- und Leichenfeierlichkeiten von geschulten Sängern (Rhapsoden) vorgetragen. Hesiod erwähnt dergleichen in *Werke und Tage* (7). Der delphische (letzte) Teil des Apollon-Hymnus entstand auf dem griechischen Festland; der Hauptteil entspricht eher jonischer Tradition. Die Jonier, begabtere Erzähler als die Schüler Hesiods, ließen ihre Phantasie bei der Ausschmückung biographischer Themen freien Lauf.

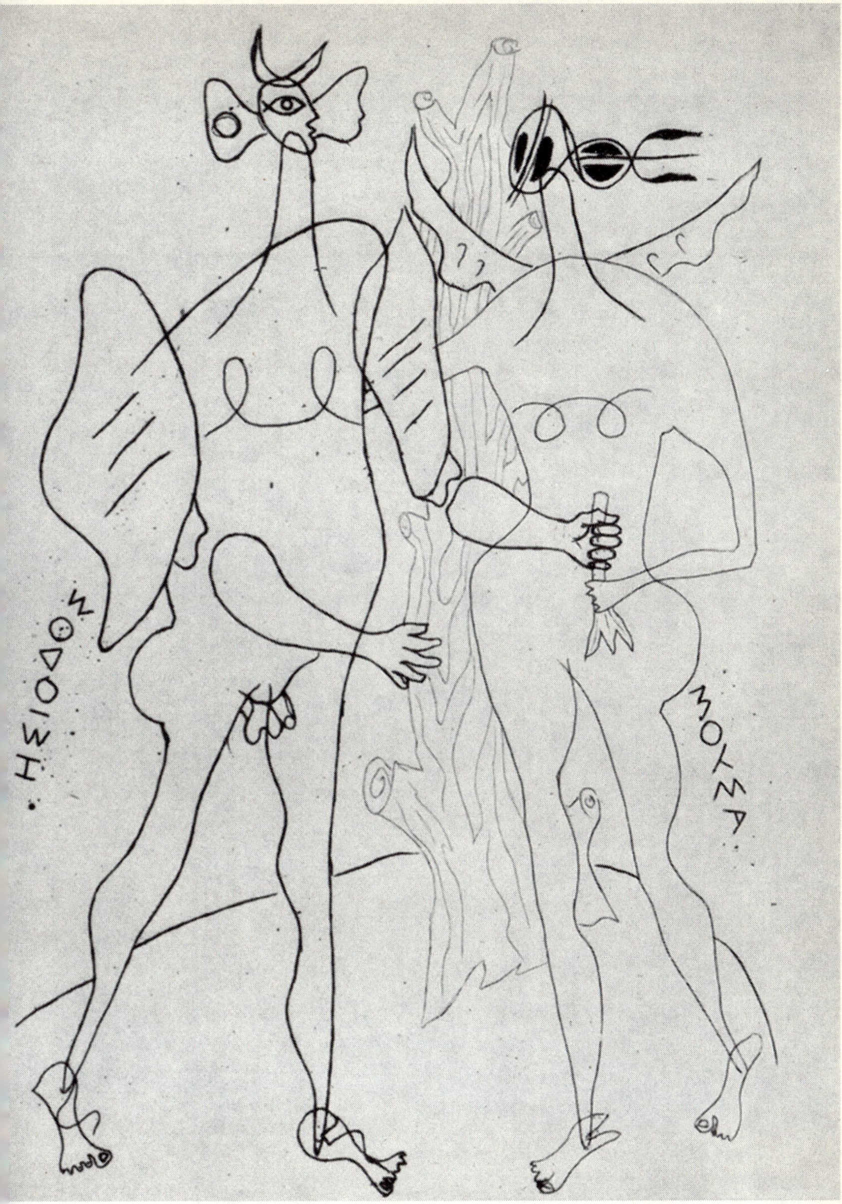

Georges Braque, Hesiod und die Muse.
Illustration zu Hesiods »Theogonie«

Apollon. Olympia, Museum

Manche Wissenschaftler sind der Ansicht, die Hymnen seien ursprünglich Einleitung anderer, größerer (z. B. Homerischer) Epen gewesen. Dies mag auf die kürzeren zutreffen, kaum aber auf so umfangreiche Werke wie der *Hymnus an Apollon.* Außerdem gab es neben dem Homerischen Metrum und Stil Chorhymnen in lyrischen Metren. Noch im 6. vorchristlichen Jahrhundert schrieb Sappho ihre *Anrufung der Aphrodite* in Hymnusform.

Die *Homerischen Hymnen* werden unseres Wissens im ersten vorchristlichen Jahrhundert erstmals erwähnt. Über ihre Verfasser wissen wir – mit Ausnahme des Dichters des *Hymnus an Apollon* – so gut wie nichts außer, daß ein gewisser Olen nicht nur die erste Hymne geschrieben, sondern auch den Apollon- und Artemiskult aus dem südlichen Kleinasien (Lykien) nach Delos gebracht haben soll. Die Rhapsoden, welche die Hymnen verfaßten und bewahrten, haben sich große Verdienste um die Mythen und ihre lebendige Überlieferung erworben, denn als das Alphabet im 8. vorchristlichen Jahrhundert nach Griechenland kam, wurden diese Hymnen niedergeschrieben. Bald darauf tauchten die Themen als Vasenschmuck auf. Trotzdem waren die Hymnen – und daran hat sich bis heute kaum etwas geändert – im Altertum nicht sehr bekannt.

Die *Hymne an Apollon* allerdings war beliebter als die anderen. Sie besteht aus zwei Teilen, die sich mit den Geschehnissen auf Delos (Zeile 1–178) bzw. auf Delphi (179–546) befassen. Beide Teile sind nicht aufeinander bezogen und offensichtlich das Werk zweier Dichter. Der delische Teil enthält den Hinweis auf den Verfasser, einen blinden Dichter aus Chios (8), angeblich ein gewisser Kynaethos, der gegen Ende des 6. vorchristlichen Jahrhunderts auf Chios lebte. Sprachliche Eigenheiten weisen aber auch darauf hin, daß das Gedicht, älteren Datums, vielleicht aus dem 8. vorchristlichen Jahrhundert stammt, möglicherweise also knapp nach der *Odyssee* entstand (der Dichter scheint vergessen zu haben, wie schwer beweglich der Homerische Bogen war) (9). Der delphische Teil dürfte kaum nach 582 v. Chr. entstanden sein: In diesem Jahr wurden die pythischen Spiele umgestaltet, und die bei dieser Gelegenheit eingeführten Wagenrennen hätte der Dichter erwähnt.

Apollons Ursprung ist unbestimmt. Vielleicht kam der Gott über Kleinasien aus Asien zu den delischen Griechen. Dies wäre vor allem dann denkbar, wenn sein Beiname »Lykeios« tatsächlich »lykisch« und nicht, wie einige Wissenschaftler annehmen, »Wolfgott« bedeutet. Möglicherweise war Apollon ursprünglich eine Hirtengottheit. Dann allerdings wurde er *das* Symbol hellenischen Geistes in seiner Idealgestalt, denn Apollon verkörpert in seiner Pracht und Reinheit die wesentlichsten Züge griechischen Ideals. Er ist der Gott des Lichts (später identifiziert mit Helios, der Sonne), der Gott der Inspiration, die für die Seele dasselbe ist wie das Licht für die Welt: alles durchdringend und machtvoll wie der Glanz der Sonne; der strahlend-jugendliche Gott der Dichtkunst, der Musik und der Weissagung, Heiler und Arzt. Der Name Paian (Paieon heißt bei Homer: der Götterarzt) erscheint, auf einer in Knossos aufgefundenen Tontafel, als Paiavon.

»Ich bin das Auge« – läßt Shelley Apollon sagen –
»In dem sich das Weltall spiegelt,
und sich als göttlich erkennt.
Wohllaut der Töne und Reime,
Heilkunst, Weissagung sind mein,
jedwedes Licht, Preis und Sieg
kennzeichnen meinen Sang.« (10)

Auch die höhere Gerichtsbarkeit, die über moralische und religiöse Dinge Urteil sprach, unterstand Apollon. Er richtete

Mörder und schützte Recht und Religion. »Erkenne dich selbst« (10), lehrten die Priester Apollons, begreife, daß du ein Mensch bist, nicht weniger, nicht mehr. Beuge dich Göttlichem.

Die Apollonstatue in Olympia (5. Jh. v. Chr.), eine der herrlichsten Darstellungen griechischer Göttlichkeit (Abb. S. 156), hält einen ungespannten Bogen; ein bedeutsames Symbol: Apollon ist zugleich furchtbar, streng und gütig, Helle und Todesdunkel halten, wie Karl Kerenyi sagte, in ihm einander die Waage.

Ursprünglich verehrte man Apollon sowohl auf Delos als auch in Delphi. Delos galt als Stätte seiner Geburt. Diese Geburt auf der Insel ist dem Psychoanalytiker unter dem Terminus »Nachtfahrt auf dem Meer« vertraut. Delos, etwa ein halber Quadratkilometer Granit und gelber Sand, ist die Hauptinsel der Kykladen im Ägäischen Meer. Man fand auf dieser Insel Spuren von Steinhütten aus vorgriechischer Zeit (3. Jahrtausend v. Chr.). Als die vom Festland kommenden Griechen Delos besiedelten, übernahmen sie die heilige Grotte im Berg Kynthos und fügten sie ihrem eigenen religiösen Weltbild ein. Homer kannte Delos; und der Verfasser des *Hymnus an Apollon* wußte um das große delische Fest, denn er spricht von Gesängen, Tänzen und Wettkämpfen, die bei dieser Gelegenheit stattfanden, und von den langgewandeten Joniern, die sich zu Ehren Apollons versammelten (11). 750 vor Christus, dies ist bekannt, reiste ein Chor messenischer Griechen vom Peloponnes nach Delos, und knappe hundert Jahre später fertigten die Bildhauer Tektaios und Angelion ein drei Meter hohes Apollon-Standbild für den großen neuen Tempel des Gottes.

Der delphische Teil der Hymne, vom delischen ebenso verschieden wie ursprünglich die beiden Kultzentren, ist von geringerem dichterischem Wert, doch gibt er über das Wesen Apollons wertvolle Aufschlüsse. Der Verfasser war möglicherweise ein boiotischer Hesiod-Schüler und mit dem Land wohlvertraut. Er nennt Delphi »Pytho«, Apollon wird mit dem etymologisch bedeutsamen Beiwort »delphisch« bezeichnet, außerdem wird Delphi auch in einer anderen Hymne genannt (12). In Delphi gab es, laut der *Ilias,* ein Heiligtum des Apollon und, laut der *Odyssee,* ein Orakel. Der Hymnus verfolgt die Erzählung weiter zurück. Es ist von Paian-Sängern die Rede, die von Kreta nach Delphi kamen (13), und in Kreta wurde, wie schon erwähnt, ein Tontäfelchen mit dem Namen »Paiavon« gefunden. Angeblich bestanden in Delphi vor Apollons Zeit Themis- und Gaia-Orakel; Gaia, mit Themis sowohl identifiziert als auch als deren Mutter bezeichnet, galt als typische Weissagungsgottheit. Das spätere Zeus-Orakel in Dodona (Epirus) z. B. war ursprünglich gleichfalls Gaia geweiht gewesen. Einer anderen Theorie nach verdrängte der Dienst des Neoptolemos (Pyrrhus, in der *Ilias* Sohn des Achilleus) die frühen mykenischen Kulte, bis Apollon auftrat und durch seinen Sieg über das Ungeheuer Typhaon bzw. Python (ein Gegenstück zu der Überwindung des Typhoeus bzw. Typhon durch Zeus) die Mächte der Finsternis besiegte und dem Licht des Geistes zum Durchbruch verhalf. (In Abwesenheit Apollons war Dionysos, für Delphi zuständig.) Dieser Kampf-Mythos existiert in zehn verschiedenen Fassungen und enthält 42 Motive.

Hier im Herzen Griechenlands, an der kastalischen Quelle, sechshundert Meter über dem Golf von Korinth, lag zwischen den hochragenden Felszacken des Parnaß das Heiligtum Apollons, Mittelpunkt griechischer Religion, Politik und Ethik. Hier verkündeten Apollon-Priester den Willen Zeus', des Vaters ihres Gottes. Fast jedermann glaubte damals an die Weissagbarkeit der Zukunft. Während der ganzen Blütezeit der griechischen Stadtstaaten, vor und nach Einführung der Pythischen Spiele, beeinflußten Orakelsprüche das Leben der Griechen in jeder erdenklichen Form.

Das Delphische Orakel, das übrigens in jeder größeren Stadt vertreten war, dankte seinen Ruhm der Klugheit und psychologischen Einfühlungsgabe seiner Priester, ihrer Fähigkeit, alte Riten und Bräuche zu deuten, wirksame Gesetze und Anordnungen zu erlassen, ihrem Sinn für die richtige Mischung aus Würde und Theater und nicht zuletzt ihrem Talent, die Sprüche rätselvoll zu formulieren. Das Orakel forderte nicht zu Handlungen auf, sondern warnte vor Gefahren, und war vieldeutig genug, um sich vor Irrtümern zu schützen. Meist stellte sich das Orakel in den Dienst höherer Rechtlichkeit, demütigte Stolze und ließ Geringen Gerechtigkeit widerfahren. Dennoch wurden mitunter Menschenopfer gefordert. Auch Opportunismus gab es, besonders zur Zeit der Perserkriege, nicht zuletzt in Hinblick auf Delphis militärische Schwäche. Delphi spielte zwar im religiösen Bund eine führende Rolle, war aber stets der Gefahr ausgesetzt, einem mächtigeren Verbündeten anheimzufallen. Darauf wird zu Ende des Hymnus angespielt.

Die Weissagungen der Pythia, der Priesterin Apollons, lassen verschiedene Deutungen zu. Uns sind die Ekstasen solcher Frauen fremd und unverständlich. Aber noch heute gibt es bei vielen asiatischen Völkern (vor allem bei den sibirischen Tataren) Propheten, Schamanen, Nekromanten, die sich in Trancezustände versetzen, deren Begleitumstände einem Nervenzusammenbruch gleichen. Um diese asiatischen Seher ranken sich Unterwelt-Mythen, die den von Homer und Vergil aufgezeichneten Fabeln auf das erstaunlichste gleichen. Vielleicht bildete die Zivilisation des nordwestindischen Königreichs Kanischka (2. nachchristliches Jahrhundert) ein Zwischenglied. Auch die türkischen »heulenden Derwische« treiben, obwohl sie offiziell verboten sind, noch immer ihr Unwesen, tanzen und schreien in Trance, ähnlich den nordamerikanischen »holy rollers« und ihren ekstatischen Zuständen.

Auch die englische Religion wurde im Laufe der letzten vierhundert Jahre mit der »Sprache der feurigen Zungen« vertraut. Der Ausdruck stammt aus dem *Neuen Testament* und galt Vorkommnissen, die den Evangelisten wohlbekannt waren (14). Später, im Mittelalter, kannte man das Phänomen in vielen Varianten, von kontemplativer Entrückung (St. Theresa von Avila) bis zur Massenhalluzination ganzer Gemeinden. Heute gibt es unter den Derwischen und Schamanen krankhafte Hysteriker, aber andererseits auch überaus begabte Männer von außergewöhnlicher Konzentrationsfähigkeit, Gesundheit und Kraft. Es ist nicht unbedingt richtig, daß die Pythia, um sich in Trance zu versetzen, Lorbeerblätter kaute, vulkanische Dämpfe einatmete oder, einer anderen griechischen Überlieferung zufolge, unmäßig Wein trank. Keats spielt in seinem *Hyperion* auf diese Traditionen an:

> Gewalt'ge Weisheit spendet mir der Gott.
> Geschichten, Taten, Namen, blut'ge Kriege,
> Weissagung, Todeskämpfe, Götterstimmen
> erfüllen die weiten Gänge meines Geists
> mich selbst vergöttlichend, als hätte ich
> heiligen Wein getrunken – (15)

Im *Hymnus an Apollon* wird auch Artemis und deren Geburt auf Ortygia, der Wachtel-Insel erwähnt, die hier – im Gegensatz zu späteren Gepflogenheiten – Delos nicht gleichgestellt ist. Ursprünglich stand Artemis in keinerlei Beziehung zu Apollon, dessen Hymne jedoch später in die Mauern ihres delischen Tempels gemeißelt wurde. Auf einer attischen Vase (9. Jh. v. Chr.) erscheint Artemis als Tochter des Zeus, als Herrscherin streifenden Wildes (16), deren Kult möglicherweise auf eine kretische nichtgriechische Tiergottheit zurückgeht. Ein knossisches Siegel zeigt eine solche Göttin von Löwen begleitet, ähnlich den Löwen auf einer mykenischen Artemis-Säule. In der *Ilias* spielt Artemis eine unrühmliche Rolle; einige Forscher vertreten die Ansicht, dies sei darauf zurückzuführen, daß Artemis für die Griechen die Göttin eines unterjochten Volksstamms gewesen sei. Für die Griechen der klassischen Zeit, die von kampferprobten Amazonen seit jeher begeistert waren (vielleicht hatten sie phrygische und karische Kriegerinnen gesehen), war Artemis (Abb. S. 174) die schöne jungfräuliche Göttin der Jagd. Als solche unterschied sie sich grundlegend von anderen Artemis-Personifizierungen mit Hekate, der Göttin der Unterwelt, oder der großen vielbrüstigen Göttin von Ephesus, deren »Brüste« allerdings ebensogut Dattel- oder Eiertrauben gewesen sein können, und die gleichfalls Artemis genannt wurde. Der hl. Paulus bekämpfte den ephesischen Artemis-Muttergottheit-Kult.

In der Artemisgestalt halten sich, laut Karl Kerenyi, die Wildheit junger Tiere und die Schrecken des Kindbetts einander die Waage: Mordlust steht gegen Lebensfreude. Eine *Homerische Hymne* erzählt von den furchtbaren Pfeilen dieser Göttin (17), die in der Phantasie von Generationen vor allem durch eine Mordtat fortlebt: Aktaion, der Sohn des Aristaios, belauschte Artemis im Bad. Nach einer anderen Fassung der Legende bestand sein Verbrechen darin, daß er sich rühmte, ein besserer Jäger zu sein als die Göttin (18).

Artemis verwandelte ihn in einen Hirsch, und seine eigene Meute hetzte ihn zu Tode (19). Euhemeros suchte diese Legende später verstandesmäßig zu begreifen und behauptete, Aktaion sei ein junger Mann gewesen, den die Erhaltung seiner Jagdmeute finanziell zugrundegerichtet habe. Die Belauschung der

Artemis durch Aktaion inspirierte zahlreiche Maler der Renaissance – Tintoretto, Veronese und vor allem Tizian, dessen Darstellungen dieses Thema zu seinen düstersten, erschreckendsten Werken zählten. Shelley gab der grausamen Sage in seiner *Adonais* eine etwas gekünstelte Deutung: Er sah in Artemis die Natur, in Aktaion seinen eigenen Geist und in der Meute seine Gedanken; er selbst war also

> .... wie Aktäon
> die anmutsvolle Nacktheit der Natur betrachtend.
> Nun floh er, schwachen Schritts, durch der Welt Wüstenei,
> und die Gedanken, die er selbst gedacht,
> verfolgten, Hunden gleich, in heißer Gier
> die Fährte ihres Zeugers, ihres Opfers. (20)

3

Auf Demeter

Ich singe von der hehren Göttin Demeter und von Persephone (Abb. S. 173), die ihr mit Wissen seines Bruders Zeus geraubt wurde, von Hades, dem Beherrscher der Vielen, der viele Namen trägt.

Fern von ihrer Mutter, der Göttin des Goldenen Schwerts und der leuchtenden Früchte, pflückte Persephone in Gesellschaft der Töchter Okeanos' Blumen, auf einer blühenden Wiese. Sie streckte die Hand aus nach einem besonders schönen Gewächs, denn »Auf von der Wurzel auch stiegen der schimmernden Kronen ihm hundert, / Daß von dem Balsamduft ringsum der gewölbete Himmel / Lachte, die Erde zugleich und das salzige

Meeresgewässer« (21). Da tat sich plötzlich die Erde auf, Hades, der Sohn des Kronos, der Gott mit den vielen Namen, sprang hervor und entführte Persephone auf seinem goldenen Wagen. Sie schrie um Hilfe zu Zeus, ihrem Vater; doch niemand hörte sie, nur Hekate in ihrer Höhle und Helios, die Sonne. Zeus weilte an einem anderen Ort und nahm die Opfer der Menschen entgegen. Er ignorierte den Raub seines Kindes Persephone völlig und ließ seinen Bruder nach seinem Willen gewähren.

Persephone aber schrie um Hilfe, solange sie Himmel, Erde, Meer und Sonne noch sehen konnte und Demeter, die Mutter, hörte sie. Neun Tage durchstreifte sie jammernd die Erde, am zehnten Tag traf sie Hekate und erfuhr, daß die Göttin zwar die Hilferufe des Mädchens gehört hatte, aber nicht wußte, wer der Entführer gewesen sei. Erst Helios verriet, daß es Hades war – immerhin ein würdiger Gatte für ihre Tochter. Voll Haß gegen Zeus durchwanderte Demeter verkleidet die Erde und gelangte schließlich an den Hof des eleusischen König Keleos. Seinen Töchtern, die sie beim Wasserholen traf, sagte Demeter, ihr Name sei Doso und sie stamme aus Kreta. Die Mädchen geleiteten sie zu Keleos und seiner Gemahlin Metaneira; die Göttin ließ sich auf einem niedrigen Sitz nieder, lächelte nicht und wies Trank und Speise zurück, außer einem Gemisch von Gerste, Wasser und Pfefferminze, das sie als Opfergabe annahm.

Metaneira bestellte sie zur Wärterin ihres Sohnes Demophon, der wie ein Gott heranwuchs, denn Demeter salbte ihn täglich mit Ambrosia und hielt ihn nachts ins Feuer, um ihm Unsterblichkeit und ewige Jugend zu verleihen. Doch eines Nachts sah Metaneira ihr Söhnchen in den Flammen und schrie auf. Demeter riß den Knaben aus dem Feuer, warf ihn zu Boden und sprach:

So hast du dir anjetzt durch Torheit mächtig geschadet.
Denn dies zeuge mir Styx, der Unsterblichen heiliger Eidschwur:
Ja, unsterblich fürwahr und frei von dem Alter für immer
Hätt' ich den Sohn dir gemacht und ihm ewige Ehre verliehen.
Jetzt doch geht's nicht, daß er dem Tod und den Keren entrinne;
(22)

Mit diesen Worten verwandelte Demeter sich zur strahlenden Schönheit der Göttin und verließ den Palast. Metaneira stand sprachlos, ihre Töchter hoben das weinende Kind auf und küßten es liebevoll; sie konnten es aber nicht beruhigen, denn es war bessere Pflege gewöhnt.

Altar und Tempel wurden auf Geheiß der Göttin erbaut. Demeter mied den Olymp, kehrte nach Eleusis zurück, verbarg sich in ihrem Tempel und sandte ein Jahr der Dürre über die Erde. Sie hätte so das ganze Menschengeschlecht vernichtet, doch da griff Zeus ein: Auf seinen Befehl eilte Iris nach Eleusis. Sie fand die dunkelgekleidete Göttin in ihrem Heiligtum und gebot ihr auf den Olymp zurückzukehren. Demeter weigerte sich. Sämtliche Götter kamen mit Geschenken, aber auch sie konnten Demeter nicht umstimmen. Sie verlangte, ihre Tochter wiederzusehen, eher würde sie weder den leuchtenden Olymp betreten, noch die Erde aufs neue beleben und Blüten und Früchte tragen lassen.

Da sandte Zeus Hermes zum Tartaros hinab, um Hades zu überreden, er solle Persephone freigeben. Der Gott der Unterwelt stimmte grimmig lächelnd zu, gab aber dem Mädchen heimlich einen Granatapfelkern zu essen. Das bedeutet, daß sie zu ihm zurückkehren mußte, denn der Granatapfel war der Unterwelt heilig. Hermes brachte Persephone zu ihrer Mutter nach Eleusis und Demeter erfuhr alles, was dem Mädchen begegnet war. Sie ahnte die Falle. So glücklich sie war, ihr Kind wiederzusehen, sie wußte, daß Persephone, da sie von dem Granatapfel gegessen hatte, fortan ein Drittel jedes Jahres in der Unterwelt verbringen müßte.

> Wann alsbald das Gefild mit den duftenden Blumen des Lenzes
> Tausendfältig erblüht, dann kommst du vom nächtlichen Dunkel
> Wieder herauf, ein Wunder den Göttern und sterblichen Men-
> [schen. (23)

Nun sandte Zeus Rhea, um Demeter in die Gemeinschaft der Götter zurückzuholen. Als Rhea die Ebene von Eleusis erreichte, war der Boden noch immer kahl und unfruchtbar; doch bald bedeckte er sich mit wogenden Kornfeldern, denn Demeter erhörte Rheas Bitten und gab der Erde die Fruchtbarkeit zurück. Die Könige von Eleusis, darunter Triptolemos, unterwies sie in ihren heiligen Gebräuchen und seltsamen Geheimnissen. Niemand darf sich unterfangen, diese Geheimnisse entschleiern oder aussprechen zu wollen. Ehrfurcht vor der Göttin versiegelt die Lippen. Heil dem Sterblichen, der sie schaut. Der Uneingeweihte wird der Herrlichkeiten nicht teilhaft und vergeht in Finsternis.

Fortan wohnten Demeter und Persephone bei Zeus im Olymp. Gesegnet der Sterbliche, der ihre Liebe erringt. Sei uns gnädig, Herrin des schönen Eleusis, des meerumgürteten Paros, des felsigen Antron, Spenderin guter Gaben, Herrin der Jahreszeiten, seid beide uns gnädig, du und deine Tochter, die schöne Persephone.

Und mich, den Dichter, lohne für meinen Sang Beifall und Wohlhabenheit.

4

Die Mutter der Erde

Demeter war die bedeutendste und vielleicht die erste griechische Muttergottheit. Der zitierte zweite *Homerische Hymnus*, der ihr gewidmet ist, liegt nur in einer einzigen, 1777 in Moskau aufgefundenen Handschrift vor und stammt frühestens aus dem 7. vorchristlichen Jahrhundert. Darauf weist die Sprache hin und vor allem die Tatsache, daß Dionysos überhaupt nicht erwähnt ist und Triptolemos nur eine unbedeutende Rolle spielt – beide sollten später im Demeter-Kult größte Wichtigkeit erlangen. Mehr noch, es wird kein Wort über Athen gesagt, das in diesem Jahrhundert Eleusis an sich brachte; dies wird in einem späteren Gedicht, das die Göttin Demeter verherrlicht, berichtet.

Der Hymnus ist inbrünstiger, weniger heiter als die anderen Gedichte der Sammlung und verbindet menschliche Wärme und göttlichen Ernst zu dichterischer Einheit. Er besteht aus drei Teilen: aus der Anrufung, einem mythologischen Mittelstück und dem Nachwort, einer Art Schluß-Segen, ähnlich der »quête« europäischer Mysterienspiele.

Der Name Demeter bedeutet sowohl »Kornmutter« als auch »Erdmutter«. Im 13. Jh. vor Christus konnte der Name möglicherweise sowohl die Gottheit bezeichnen als auch ein Flächenmaß für Ackerland. Als Erntegöttin aber war Demeter jene Verkörperung der Erde, als die sie in Hesiods *Theogonie* erscheint.

»... Demeter – diese Göttin ist / Die Mutter Erde (nenne sie, wie dir's gefällt)«, sagt Euripides (24).

Und in Athen war der Erdgöttin und Demeter ein und dasselbe Heiligtum geweiht. Nach Platon ahmt das Weib die Erde nach, nicht umgekehrt. All diese Anschauungen beweisen, daß der Vergleich Mutterschaft – gepflügte Erde uralt und weitverbreitet ist. »Krieche zurück in deine Mutter, die Erde«, sagt die *Rigweda* und diese Vorstellung wiederholt sich in zahlreichen griechischen Schriften. Der indianische Prophet Smohalla (Umatilla-Stamm) vertrat sogar die extreme Ansicht, es sei Sünde, die Felder zu bebauen und unsere Mutter, die Erde, zu verwunden, zu zerschneiden, zu zerreißen.

Aus Knochen oder Elfenbein geschnitzte weibliche Figuren der prähistorischen Zeit (Fruchtbarkeitssymbole, nicht selten mit übertrieben vergrößerten Geschlechtsorganen), fanden sich in dem Raum, der sich von Südfrankreich über den Mittelrhein bis Sibirien erstreckt und dessen Mittelstück möglicherweise die Ukraine gewesen ist. Es ist denkbar, daß diese Statuetten bei Fruchtbarkeitszeremonien Verwendung fanden. Der Vater spielt in primitiven Kulturen eine untergeordnete Rolle, die Mutter-Kind-Beziehung aber mag wohl seit jeher mit Ehrfurcht betrachtet worden sein. Leider haben wir keine unmittelbare Vorstellung über die Gedanken und den Glauben der Menschheit vor 3000 v. Chr., obwohl die Wissenschaft sich sehr bemüht hat, sie auf noch frühere Epochen zurückzuführen. Dennoch können wir Bachofen von Echt nicht zustimmen, der die Ansicht vertritt, es habe eine Zeit unbedingter Frauenherrschaft und weiblicher Religionen gegeben. Malinowskis Arbeiten über die Bewohner der Trobriand-Inseln haben bewiesen, daß die Theorien über ein absolutes Mutterrecht falsch sind. Dennoch war die »große Mutter« möglicherweise das erste bewußt geformte Bild in der religiösen Vorstellungswelt des Menschen. Die Frau, ihre geheimnisvolle, das Leben versinnbildlichende Erscheinung, war seit jeher rätselhaft und erweckte Ehrfurcht – besonders in einer Zeit, zu der es nur wenige Menschen gab und Fruchtbarkeit als höchstes Gut jeder Gemeinschaft gelten mußte.

Mit der Einführung des Ackerbaus, die häufig den Frauen zugeschrieben wird, nahm die Verehrung des Weiblichen weiter zu. Man identifizierte die Feldarbeit mit dem weiblichen Geschlecht, war doch die Erde Mutter jedes Dorfs, jedes Gemeinwesens. In Hacilar (Anatolien) wurde kürzlich eine besondere Art naturalistischer weiblicher Tonstatuetten gefunden (Alter: etwa achttausend Jahre). Andere Tonfiguren, die vermutlich gleichfalls den Prototyp der Muttergottheit versinnbildlichen, kamen in Jarmo (Irak) zutage. Sie können sich an Formschönheit allerdings nicht mit den schlanken, schlangenköpfigen weiblichen Götterfiguren des Königreichs Ur (etwa 3200 v. Chr.) messen. Während des folgenden Jahrtausends, wenn nicht schon wesentlich früher, verehrte man im Tempel der Fruchtbarkeitsgöttin Ischtar in Assur den Fruchtbarkeitsgedanken mit phallischen Symbolen und einem untergeordneten männlichen Idol (die späteren Knabengottheiten Adonis mit Aphrodite, Attis mit Kybele) unter prunkvollen Zeremonien. Dies bezeugen zahlreiche Statuetten.

Etwa um die Wende des 2. vorchristlichen Jahrtausends wurde auf Kreta eine weibliche Gottheit mit ausgeprägten persönlichen Zügen zum Hauptidol der minoischen Kultur, eine Muttergottheit, der kleinasiatischen großen Mutter Kybele verwandt. Auch aus Mykene kennen wir das Bild einer Gottheit, die von Gläubigen Blumen und Ähren empfängt, ferner Elfenbeinstatuetten, die man als Darstellungen Demeters, Persephones und des Kindes Plutons deutete. Ob wir in diesen kretischen und mykenischen Darstellungen eine oder mehrere Gottheiten zu sehen haben, steht nicht fest. Auf jeden Fall hat man die Erde offenbar für die Hüterin der Toten gehalten; darauf deuten die Bildwerke eines kretischen Sarkophags, der bei Hagia Triada gefunden wurde. Auch andere Fruchtbarkeitsgöttinnen wie etwa die römische Feronia, hatten die Aufgabe, die Toten in der Zukunft zu schützen. Die mittelländische Erdmutter hatte viele bedeutende Funktionen.

Später vermischte sich der Mutterkult dieser seßhaften Ackerbauzivilisation mit der Religion der patriarchisch-bestimmten Hirten-Eindringlinge, die den Himmel anbeteten. Ein solches Ineinanderfließen der Religionen kennen wir auch in Ägypten, Mesopotamien, Indien und im präkolumbischen Amerika. Die Dichter dieser Länder waren sich des Nebeneinanders alter und junger Götter und oftmals auch ihrer Unvereinbarkeit wohl bewußt. Die älteren Glaubensformen allerdings waren, nicht zuletzt dank dem berauschenden Glauben an die Fruchtbarkeit der Erde, meist die stärkeren. Laut Freud blieben sie deshalb so dauerhaft, weil durch die Verehrung der Erdmutter die Inzestlibido befriedigt wurde. Als in der patriarchalisch aufgebauten, indo-europäischen Familie die Bedeutung des Sohnes wuchs, wurden seine Bemühungen, den Platz des Vaters einzunehmen, und damit zugleich die Bindung an die Mutter immer stärker.

Die weitverbreitete Vorstellung von einer weiblichen Macht von unerschöpflicher Fruchtbarkeit (der Begriff gründet sich auf die Ordnung und Regelmäßigkeit der Natur) ließ die verschiedensten Möglichkeiten offen. Mystik, sexuelle Ausschweifung, aber auch die hohe Idee übermenschlicher Mutterschaft, die sich in einem anderen *Homerischen Hymnus,* der Erdmutter gewidmet, ausspricht:

> Gaia! Dich Allmutter werd ich besingen, dich alte
> festgegründete. Nährerin aller irdischen Wesen,
> was die göttliche Erde begeht und was in den Meeren
> Was in den Lüften sich regt, genießt deine Fülle und Gnade.
> Gute Kinder und gute Früchte entsprießen dir, Hehre,

du hast Gewalt, den sterblichen Menschen Leben zu geben
oder zu nehmen. Doch selig sind alle, die du von Herzen
sorgend umhegst. (25)

So stellt das Demeterstandbild in Knidos (südwestliches Kleinasien) die Göttin als ernste, fürsorgende und zärtliche Mutter dar.

Demeters verzweifeltes Forschen nach Persephone läßt sich mit der Suche der ägyptischen Göttin Isis nach ihrem Gatten Osiris vergleichen. Und auch Isis nahm sich eines Königskindes an, hielt den Knaben ins Feuer und riß ihn erst beim Eintreten der Mutter (der Königin Astarte von Byblos) aus den Flammen. Gegen Ende der heidnischen Antike verherrlichte Claudianus den Persephone-Mythos in einem unvollendeten Kleinepos; und die »Muttergottheit« beeinflußte noch die Marienverehrung des frühen Christentums, besonders in Kleinasien, wo, zum Unterschied von Ländern patriarchisch-hebräischer Tradition, die Mutter seit undenkbaren Zeiten als höchste und wichtigste aller Gottheiten gegolten hatte. Uns Heutigen sind, vielleicht erstmals in der Geschichte der Menschheit, Feste zu Ehren der Erdmutter fremd, denn unser Leben hat die Verbindung zum rhythmischen Wechsel der Jahreszeiten verloren. Und dennoch hat der Kult der Erdmutter im Laufe der Jahrhunderte alle Höhen und Tiefen, alle Größe und Verworfenheit menschlichen Geists bewegt. Ihre Riten gleichen sich auf der ganzen Welt und bestehen, wie Frankfort sagt, aus einer Folge von Kasteiung, Reinigung, Kräftigung und Freudentaumel.

In Eleusus wurde der Demetermythos im Telesterion mimisch dargestellt. Die Mysterien fanden alljährlich zur Zeit der Wintersaat statt. (Möglicherweise setzte man Persephones Wiederkehr sowohl im Frühling als auch im Herbst an.) Schon in frühesten Zeiten hatte man um diese Jahreszeit ein Erntedank-

Hieron, Demeter und Persephone. Ausschnitt von einem Trinkgefäß. London, British Museum

Albrecht Dürer, Apollon und Artemis. London, British Museum

fest begangen, zur Feier der Einbringung des Getreides aus den Scheunen, in denen es seit dem Dreschen (Juni) aufbewahrt wurde. Die Erde als Hüterin der Toten erneuerte auch die Ernte; in ihr waren Erntedankfest und die Vorstellung vom Leben nach dem Tode vereinigt, denn Tod und Auferstehung waren für die Griechen dem Jahreskreis verbunden. »– Seliger, wer das schaute der sterblichen Erdebewohner! / Wer teilhaftig der Weihn, ...« lautete der Hymnus (26).

Eine solche Auffassung ist der *Ilias* oder der *Odyssee* fremd; nur in der *Odyssee* wird sie in Zusammenhang mit Menelaos, kurz erwähnt (27). »Des Uneingeweihten harrt Finsternis« singt noch Erinna (28). Die Verheißung, der Eingeweihte werde im Jenseits Lohn finden, entsprach einer ewigen Sehnsucht des Menschen; sie überwand den althergebrachten Glauben an den Hades als Ort der Finsternis und wurde der Hauptgedanken der nachhomerischen, archaischen Religion der Griechen des sechsten vorchristlichen Jahrhunderts, ganz besonders bei den Demeter-Mysterien und den Riten der sogenannten Orphischen Bewegung.

Diese Mysterien waren anfangs ein Reinigungsritus, nahmen aber allmählich den Charakter einer Bruderschaft an, in die auch Frauen und Sklaven, die sonst von so vielem ausgeschlossen wurden, Aufnahme fanden. Im 5. Jahrhundert machte Pindar den Zusammenhang von moralischem Verdienst und Lohn deutlich (29), und Aristophanes läßt die Eingeweihten sagen: »Wir, die Geweihten, die wir rechtschaffen leben ... (30)«. Diogenes, der Zyniker, schrieb darauf, ein Dieb, der die Weihen empfangen habe, sei dann konsequenterweise besser daran als ein bedeutender, uneingeweihter Mann. In Eleusis verherrlichte man überdies den Ackerbau als Fundament friedlichen Zusammenlebens. Der Held dieses Kults war Triptolemos.

Das Geheimnis der Mysterien wurde streng gehütet. Eleusis war eifersüchtig darauf bedacht, seinen Ruhm und den damit verbundenen Reichtum so lange wie möglich zu wahren. Die Hauptfeierlichkeit bestand wahrscheinlich in einem Weihespiel, einer Darstellung der Geschichte Demeters und Persephones (Kores) mit Tanz und Gesang. Dabei wurden vermutlich auch Kultgegenstände zur Schau gestellt. Der Sinn der Festlichkeiten war offenbar folgender: Die Welt erneuert sich ständig, aber diese Wiedergeburt muß durch gemeinsame Darstellung der heiligen Sagen gewährleistet werden. Die mimisch-symbolischen Schauspiele brachten Ausführende und Zuschauer mit der göttlichen Macht in Berührung, befreiten von Furcht und gaben die Gewißheit, daß die Seele vor der Finsternis und den Schrecknissen nach dem Tode gerettet werden konnte.

»Die Seele im Todeskampf«, schrieb Themistios (etwa 310 n. Chr.), »empfindet ähnlich wie jene, die in die großen Mysterien eingeweiht werden. Anfangs ziellloses Umherirren auf endlosen finsteren Wegen [endlos, unvollendet – atelestoi – bedeutet auch ›uneingeweiht‹], dann Angst, Todesschweiß und Schrecken, plötzlich herrliche Gefilde und Wiesen; süße Musik erklingt, heiliges Licht erstrahlt. Der Geweihte wandelt in Freiheit, wird gekrönt und stimmt ein in den heiligen Chor. Reine heilige Männer sind seine Gefährten. Er blickt auf den jämmerlichen Haufen der Uneingeweihten hinab. Sie leben in Schmutz und Dunst, dem Jammer überantwortet, voll Todesfurcht, ohne Glauben.« (31)

Hauptthema des Festspiels, zugleich auch Hauptthema des Hymnus, ist die Entführung Persephones durch Hades (Pluto oder Dis). Da die Griechen sich scheuten, seinen Namen auszusprechen, wird er im Gedicht nicht genannt.

Die Persephone-Sage findet sich erstmals in der *Theogonie* (32). Pluto, der unerbittlich-strenge, aber gerechte Beherrscher der

Toten, ein unterirdischer Bruder oder das dunklere Gegenbild des Zeus wurde später mit Plutus, dem Gott des Glücks und dem Spender von Seelengröße, verwechselt. Später verschmolzen diese beiden Göttergestalten zu einer einzigen. Plutos Gemahlin Persephone (ein vorgriechischer Name) wird zuweilen auch wie die griechische Getreidejungfrau, deren Ernte ewige Erneuerung des Lebens bedeutet, Kore genannt. Im Sommer, wenn die Felder bis zum Herbstregen brachliegen (erst dann wird wieder gepflügt), steigt Kore zur Unterwelt hinab, wo sie, die Sonne und Regen liebt, sehnsuchtsvoll die Zeit ihrer Rückkehr auf die Erde erwartet. Vielleicht gab es noch eine zweite Version, nach der Demeter Pluto zu einem Vergleich zwang. Wie dem auch sei – Plutos Ehe mit Persephone ist Sinnbild für die Verbindung von Leben und Tod, und der Entscheid, Persephone müsse ihre Wohnstatt in beiden Welten haben, entspricht als Symbol von Liebe und Trennung unserer Gewißheit, daß wir uns mit Leben und Tod abzufinden haben. Die Legende ist uralt. Dreitausend Jahre alte Keilschrifttexte erzählen von der Gefangenschaft mesopotamischer Fruchtbarkeitsgöttinnen (der sumerischen Inanna und der semitischen bzw. akkadischen Ischtar) im Totenreich und ihrer endlichen Wiederkehr in das Land der Lebenden. Demeter und Persephone sind manchmal nur Spiegelung ein und derselben Gestalt, und nach einer akkadischen Fassung wurde Demeter, nicht ihre Tochter geraubt. Daß Persephone vom Granatapfel ißt und deshalb in die Unterwelt zurückkehren muß, entspricht einem verbreiteten Glauben, jeder, der im Totenreich Speise oder Trank zu sich nehme, müsse auf ewig in der Unterwelt bleiben. Auch die ägyptische Göttin Hathor bot in dieser Absicht Speise an, ebenso Gottheiten Neukaledoniens und Neuseelands. Das Thema wiederholt sich noch in der Geschichte von Amor und Psyche.

Der Mythos von Demeter und Persephone ist für den Psychoanalytiker von größtem Interesse, denn die Gestalten einer dämonischen, überlebensgroßen, alles beherrschenden Mutter sowie deren Gretchen-Widerparts, die Jungfrau, ein unbekanntes junges Mädchen oder eine unverheiratete Mutter, erscheinen immer wieder in Träumen. Gewiß, Psychoanalyse kann nicht jeden Mythos erklären, aber es wäre voreilig, den Wert psychoanalytischer Mythendeutung grundsätzlich zu leugnen. Von der Psychologie sagt Thomas Mann, sie bedinge Interesse an Mythen, nicht anders als die Arbeit des Schriftstellers Interesse an Psychologie voraussetze. Auf diesem wie auch auf anderen Gebieten müssen wir also rationalen Erkenntnissen auch instinktbestimmten Bildern unserer Vorstellung Raum geben.

Die Schriftsteller des 19. Jahrhunderts hatten bereits die Tiefen des menschlichen Unterbewußtseins durchforscht. Einige Jahre später begannen Psychoanalytiker und Psychologen, die griechische und römische Mythologie neu auszudeuten und diese Neufassungen sind für uns, wenn wir Übertreibungen und Irrtümer ausschließen, von ungeheurer Bedeutung, denn sie brachten Licht in Abgründe der menschlichen Seele. Nietzsche schrieb zwar darüber: »Alle Kräfte der Phantasie und des apollinischen Traumes werden erst durch den Mythos aus ihrem wahllosen Herumschweifen gerettet.« (33) Doch das hat zur Voraussetzung, daß wir uns der Unterschiede bewußt bleiben, die zwischen dem Mythos als gedanklichem Kunstwerk und dem Traum als unzusammenhängendem, irrationalem Gebilde bestehen; dann können wir beide durchaus miteinander vergleichen. Ein solcher Vergleich versetzt uns in die Lage erwachsener Menschen, welche sich einer Kindheitsbegebenheit erinnern, die erst jetzt, in reifem Alter, Sinn zu enthalten scheint. In den ersten anderthalb Jahrzehnten unseres Jahrhunderts verglich man nicht nur Träume, sondern auch Hirngespinste von Neurotikern mit den Mythen früher Völker, die Andrew Lang aufgezeichnet hatte und von Soziologen und Anthropologen studiert wurden. So erweiterte sich der Gesichtskreis. C. G. Jung erschienen die Mythen frisch und lebendig ... in den geheimsten Winkeln unseres Gefühls. Allerdings setzt er hinzu, und dies gilt heute in noch stärkerem Maße, daß die Schule eine äußerst blasse Vorstellung vom Reichtum und der Lebensfülle der griechischen Mythologie gebe. Jung hatte sich im Jahre 1912 von Freud losgesagt, der die Mythen nur durch Infantilsexualität und deren Traumata erklärte. Er wollte seinerseits die Aufmerksamkeit vom persönlichen auf das kollektive Unterbewußtsein lenken und entwickelte damit die Theorie Adolf Bastians (1826–1905) weiter, welcher die elementaren Gedanken der Menschheit als allgemeingültig erkannt hatte. Nach Jungs Ansicht leben in jedem Individuum nicht nur persönliche, sondern auch ererbte Erinnerungen, Teilprodukte der menschlichen Vorstellung, Grundmotive, Urbegriffe des Lebens. Manche sind allgemein, andere, weniger tief verwurzelt, aber immer noch mächtig, gehören der Familie an, dem Stamm oder der Rasse. Jung vertritt die These, die Seele des Individuums ruhe auf der breiten Grundlage einer ererbten universellen seelischen Disposition. Von dieser gehen rätselhafte, undeutbare Triebe aus, Rückstände oftmals wiederholter typischer Menschheitserlebnisse, vermittels welcher die psychische Energie auf das Urzeitvermächtnis zurückgreift. Diese objektive oder autonome Psyche, wie Jung sie später nannte, entspricht keinem Zustand, sondern einer Tätigkeit und repräsentiert eine dynamische Vorstellung von der Natur des Unterbewußtseins, das nicht Aufbewahrungsort für seelische Motivfragmente, sondern ein wirksamer Teil des menschlichen Wesens ist.

Wenn die kollektive Psyche bewußt wird, muß sie, nicht anders wie die Psyche des Individuums, um der Entfaltung der Persönlichkeit Willen, gezügelt werden; dieser Sieg wird durch Mythen, die von erfolgreicher Suche, der Gewinnung großer Schätze, von unbezwinglichen Waffen oder Talismanen erzählen, symbolisiert. Jung glaubte, daß das kollektive Unterbewußtsein nirgends stärker zum Ausdruck komme, als in den Familienmythen. Auch andere frühe Psychoanalytiker (Abraham und Rank sowie Literaturkritiker, die ihnen beistimmten) hielten die Mythen für unfreiwillge Berichte über im Unterbewußtsein beheimatetes Geschehen, Kollektivphantasien, die verdrängte Impulse widerspiegeln, Wunscherfüllungen nicht nur des Individuums, sondern ganzer Gesellschaftssysteme, die das Individuum unterdrücken wollten; ferner für Symbole uneingestandener Sehnsüchte und Leidenschaften, welche die Menschheit fühlt, aber nicht erkennt. Jung schrieb dem Mythos diese lebenswichtige Rolle im kollektiven Unterbewußtsein aus verschiedenen Gründen zu: Erstens sind dieselben mythischen Themen auf der ganzen Welt zu finden, und zweitens gleichen die Phantasien von Psychopathen, ganz besonders Schizophrenen, den Mythen auf erstaunliche Weise. Psychoanalytiker haben beobachtet, daß jedes Erlebnis der Patienten auf die ursprünglichen und allgemeingültigen Formen zurückgeführt werden kann, die Gegenstand der Mythen sind.

Man hat diese Analogien vielfach bestritten oder bagatellisiert. Seit Jungs Theorie wurde sogar bewiesen, daß viele Übereinstimmungen zwischen Mythen räumlich entfernter Länder tatsächlich durch Überlieferung zustandekamen, d. h. es waren äußere Einflüsse am Werk, nicht ein gemeinsames Unterbewußtsein. Doch auch dann bleibt bemerkenswert, daß so viele unterschiedliche Gemeinwesen ähnliche Mythen übernommen haben. Dies gilt sowohl für die Theorie wie auch für alle psychologischen Bemühungen. Die Theorie vom »kollektiven Unterbewußtsein« ist wohlbegründet, solange sie nicht dazu verleitet, alles in jedem Mythos mit ihrer Hilfe erklären zu wollen, und verhindert, daß jeder einzelne Mythos auf seine Eigentümlichkeiten hin untersucht wird. Die Sage von Demeter und Persephone z. B. greift, wie bereits erwähnt, auf archetypische Vorstellungen zurück, die jedem Psychoanalytiker geläufig sind. Und die Ähnlichkeit der Mythen weit entfernter Länder kann nicht ausschließlich durch direkte Übermittlung erklärt werden.

Dank den Bemühungen der Soziologen und der Anthropologen werden Ausdrücke wie »primitiv« oder »infantiles Seelenleben der Völker« (Abraham) heute nicht mehr so frei gebraucht, wie das noch vor fünfzig Jahren geschah, denn die Meinungen über den Maßstab solcher Primitivität sind zu zahlreich und verschieden geworden. Tatsache ist jedenfalls, daß viele Gemeinwesen, seien sie »primitiv« oder höher entwickelt, von der immerwährenden Erneuerung solcher aus dem Unterbewußtsein aufsteigender mythischer Symboldarstellungen abhängig waren, denn diese bedeuteten weit mehr als nur »Geschichten«: Sie begründeten eine soziale und moralische Weltordnung, ein sich immer erneuerndes Wunder. »Jedes einzelne der frühen Begriffsbilder birgt eine Botschaft, das Leben und Sterben der Menschheit betreffend. Ein solches Bild läßt letzte Wahrheiten aufblitzen, die uns sonst niemals zugänglich wären«, schreibt Mircea Eliade. Ist man erst in die Mythenwelt eingedrungen, erkennt man die Symbole als »wahr«, wenn auch nicht als historisch richtig. Sie geben halbbewußten und unbewußten Erinnerungen, Gefühlen und Sehnsüchten konkrete Gestalt.

Die Sage von Demeter und Persephone versinnbildlicht vielleicht deutlicher als jeder andere Mythos das uralte Grübeln der Menschen über Leben und Tod. Beide christlichen Feste, Ostern, in dem Tod und Leben beschlossen sind, und Weihnachten, die Zeit der Hoffnung und Wiedergeburt, sind darin vorweggenommen. Der Demeter-Mythos war oftmals Thema großartiger künstlerischer Darstellung. Milton griff auf eine alte Fassung zurück, nach der die Göttin in Enna (Sizilien) geraubt wurde, und verwob das Thema in sein Werk:

auch nicht die Wiese
Ennas, wo Proserpina, selbst aller Blumen schönste,
Blumen pflückte und vom düstren Dis, Ceres zum Gram,
geraubt ward; noch der sanfte Hain
Der Daphne, am Orontes, noch der kastal'sche Quell
sind Edens Pracht vergleichbar. (34)

Bernini schuf eine Skulptur, die François Girardon mit seiner Marmorgruppe in Versailles (1677–79), zu übertreffen suchte, Goethe schrieb 1775 ein Drama *Proserpina,* Schiller eine *Klage der Ceres* (Demeter), Shelley einen *Gesang der Proserpina:*

Erde, heil'ge Mutter,
die du Göttern, Menschen, Tieren
Leben spendest,
Ähren, Blüten, Knospen, Blättern –
atme deinen Gotteshauch
auf Proserpina, dein Kind. (35)

Tennysons weisheitsverklärtes Meisterwerk *Demeter und Persephone* (1889) entstand in seinem achtzigsten Lebensjahr (sechs Jahre nachdem Meredith dasselbe Thema behandelt hatte); es ist eine Variation des *Homerischen Hymnus,* die seinen Gedanken über das Geheimnis von Leben, Liebe und Tod und die Urgewalt der Muterliebe mit menschlicher Wärme Ausdruck gibt. Auch Swinburne behandelte das Thema in seinen Werken *Hymne an Persephone* und *Persephones Garten.*

André Gide schrieb 1934 ein Operntextbuch *Persephone* für Strawinsky (die Ansichten der beiden über das Werk gingen übrigens scharf auseinander), in dem er Persephone in mitleidsvoller Selbstaufopferung freiwillig in die Unterwelt hinabsteigen läßt.

T. S. Eliots *Waste Land* liegt der Mythos des Jahreskreises zugrunde. François Mauriac gewinnt Kraft aus dem Gedanken an die enge Beziehung zwischen dem Kirchenjahr und dem Kreislauf der Jahreszeiten, zwischen Aussaat und Ernte, Leben und Tod. Robert Graves entdeckt Kult- und Kunstformen der Erdmutter-Religion an so vielen unterschiedlichen Stellen und in so vielen unterschiedlichen Gestalten, daß er sie für den Urquell aller Dichtung hält. Seiner Meinung nach (Graves ist von der einstigen Existenz eines frühen, allumfassenden Matriarchats überzeugt) sind Sprache und Mythologie eines Dichters einem weiblichen Gottheisprinzip verbunden, nicht dem männlichen, apollinisch-partriarchalischen, durch welches die Mythen, seiner Ansicht nach, später verfälscht wurden.

5

Mythos und Ritual

Wie bereits erwähnt, gehören die *Homerischen Hymnen* eher der Literatur an als rituellen Kultgesängen, trotz zahlreicher kultbezogener Elemente. Dies gilt vor allem für den *Hymnus an Demeter* und dessen enge Beziehung zu den Eleusischen Mysterienspielen. An Parallelen fehlt es nicht. Der *Jungfrauenchor* des spartanischen Lyrikers Alkman (etwa 630 v. Chr.)

hat offensichtlich Beziehung zu Festlichkeiten, für die er verfaßt wurde, mochten sie nun zu Ehren Helenas, Kastors, Pollux', Dionysos' oder, was wahrscheinlicher ist, der mit Artemis gleichgesetzten spartanischen Orthia abgehalten worden sein.

Zahlreiche griechische Mythen hängen auf das engste mit der griechischen Religion zusammen. Die europäischen Romantiker erkannten dies; sie betrachteten die Mythen als ein Hauptelement der Religionsphilosophie, gleichsam das Credo und Dogma des Heidentums. Später, als erkannt wurde, daß die griechische Religion, zum Unterschied von der unseren, von Dogmen unabhängig war, beging man einen weiteren Irrtum: Jetzt sah man in den Mythen rein literarisch-künstlerische Erzählung und sprach ihnen jeden Bezug zur Religion ab. Heute wird deutlicher erkannt, daß die Mythen tiefe religiöse Bedeutung haben, wenn sie auch in literarischer Form auf uns gekommen sind. Unschlüssig ist man sich noch über die Definition des Wortes »Mythos«. Einige Anthropologen (Durkeim, Kluckhohn) wollen es auf sakrale Erzählungen beschränken und für weltliche, nicht-religiöse Geschichten den Ausdruck »Folklore« verwenden. Aber man ginge zu weit, *sämtliche* Mythen als religiösen Ursprungs zu betrachten, wenn es viele auch tatsächlich sind.

Die Verbindung zwischen Mythos und Religion ist eigentlich naheliegend, da sich das religiöse Empfinden naturgemäß mythologischer Vorstellungbilder bedient, die davon ausgehen, die Gottheit sei eine individuelle Gestalt. Helmut Thielicke meint, Mythologie entspreche jener menschlichen Begriffswelt, die der religiösen Wahrheit am ehesten gerecht wird. Eines der wichtigsten Probleme der Christenheit betrifft die im *Neuen Testament* enthaltenen mythologischen Elemente. *Neues* und *Altes Testament* weisen beide zahlreiche poetische Stellen und Gleichnisse auf. Nach Rudolf Bultmann sind wir kaum in der

Lage, diese Elemente ganz zu begreifen, da das 20. Jahrhundert ein nicht-mythisches bzw. nach-mythisches Zeitalter ist, von politischen Pseudomythen wie Marxismus, Nationalsozialismus usw. abgesehen. Wenn wir also das *Neue Testament* und seine wichtigste Botschaft verstehen wollen, müssen wir es zuvor »entmythologisieren«. Dann erst, sagt Bultmann, könne die Christenheit jene Elemente bewahren, die sich auf den Geist des Menschen und sein Dasein vor Gott beziehen; dies gelte vor allem für Gottes entscheidenste Manifestation – Jesus. Kein Zweifel, daß diese Streitfrage die enge Beziehung zwischen Mythos und Religion besonders deutlich hervorhebt.

Für die heidnischen Griechen war der Ritus von großer Bedeutung, denn die Form der Riten gab Genugtuung und Beruhigung, ihnen zu genügen war ungefährlich und bequem, hatte man es doch seit jeher so gehalten. Griechische Mythen und Riten stehen in engem Zusammenhang zueinander; die lebenspendende Kraft der heiligen Handlung befriedigte ein zutiefst menschliches Verlangen, dem der Mythos bleibende, literarische Form verlieh.

Wahrscheinlich bestand, ehe ein ausgeklügelter Glaube Mythos und Ritual zu verschiedenartigsten Darstellungsweisen wandelte, eine Verbindung zwischen beiden – wie das z. B. bei den Mythen und Riten der Eskimos, der Babylonier (Schöpfungsmythos und Ritual) oder auch im *Alten Testament* der Fall war. Dort lesen wir, daß Aaron Blut auf dem Altar verspritzt (36) (Erzählung) – und vernehmen dann den Befehl, der Priester solle Blut auf dem Altar verspritzen (Ritual) (37). Allerdings ist es für das antike Griechenland wesentlich schwieriger, das Verhältnis des Mythos zum Ritus herzustellen. Die altgriechischen Mythen sind uns durch Darstellungen auf Vasen, durch Statuen und anderen Werken der bildenden Kunst sowie die Literatur besser bekannt als die altgriechischen Riten.

Neuerdings wurde des öfteren die Frage gestellt, ob griechischer Mythos oder griechisches Ritual zuerst existiert habe. »Stets zeugt der Mythos den Ritus« schrieb F. C. Prescott 1927; dies scheint uns heute eine zu starke Verallgemeinerung zu sein. Die Wissenschaftler, die, wie Jung, die Mythen für ein Produkt des kollektiven Unterbewußtseins halten, stimmen Prescott nicht restlos bei, denn sie neigen dazu, auch die Riten diesem Ursprung zuzuschreiben und sie deshalb nicht später anzusetzen, als die Entstehung des Mythos selbst. In einzelnen Fällen (das gilt z. B. für den »Raub der Persephone« durch Pluto und die damit verbundenen Feierlichkeiten in Eleusis) besteht allerdings kein Zweifel darüber, daß der Mythos früher entstand als das daraus entstandene Ritual. Malinowski und andere soziologische Anthropologen warfen den klassischen Philologen vor, sie hätten die Mythen als Quelle ritueller Texte nicht eingehend genug erforscht und identifiziert. Diese Meinung stieß auf Widerspruch. Professor H. J. Rose wies darauf hin, daß die spärlichen Überreste griechischer ritueller Texte nur wenige Hinweise auf Mythen enthalten und sogar die Festgesänge poetische, keine liturgischen Texte gewesen seien. Gegen diese Ansicht wurde wiederum vorgebracht, daß dies, selbst wenn es so gewesen ist, nicht genüge, Roses Einwand zu rechtfertigen, denn daß eine Ähnlichkeit zwischen Mythos und Riten nachweisbar sei, ohne sicheres Wissen darüber, ob Mythen bei rituellen Zeremonien vorgetragen wurden oder nicht, genüge schon für den Schluß, es habe Liturgien gegeben, die auf Mythen fußten. Diese Texte sind allerdings fast alle verlorengegangen, so muß die Frage offenbleiben.

Beliebter war in den letzten vierzig Jahren die entgegengesetzte Meinung: zuerst sei der Ritus entstanden, dann erst die Mythologie, die ihn erläuterte. Der Mythos wird nach dieser Theorie zur Szenenanweisung für das rituelle Drama oder eine Art Libretto zu dem Zweck, sakral gefärbte, magische Handlungen verständlich zu machen. Einige Wissenschaftler gingen noch weiter und erklärten die Riten zum Ursprung aller Formen gesellschaftlicher Ordnung, des religiösen und philosophischen Denkens, der Rechtsordnung und der Künste. Jane Harrison (1903) und Robertson Smith hielten die Mythologie für Erfindung oder für Bearbeitungen von volkstümlichen Themen, in der Absicht, dunkle, vergessene Riten zu erklären: Diese Interpretation der Riten, die nach ihrer Entstehung angesetzt wurde, war eine wichtige Erklärung zum Problem des ätiologischen, deutenden Mythos; und ist in den letzten Jahren durch neue Unterlagen noch bestätigt worden. Texte aus Ugarit und Israel brachten die Gelehrten (vor allem in Skandinavien) neuerlich auf den Gedanken, Inhalt und Anlage vieler Mythen seien von bereits bestehenden Riten bezogen worden.

Diese Schlüsse werden vielfach angefochten; und auch die Vorgänge, durch die Riten enstehen sowie jene, die aus rituellen Elementen letztlich eine Geschichte entstehen lassen, bedürfen noch der Erklärung. Immerhin verdanken wir den aus den Ugarit-Schriften gezogenen Schlüssen einen wertvollen Hinweis auf die Quellen der Mythologie. Aber auch diese Theorie darf nicht verallgemeinernd und auf die Gesamtheit der Mythen angewendet werden. Mit diesem – allzu oft unbeachteten – Vorbehalt gilt sie für das antike Griechenland, dessen Mythen, wie Sir Maurice Bowra es ausdrückte, für ein Chorlied dasselbe darstellten wie z. B. Bildwerke für einen Tempel: die Sinnfälligmachung der Bedeutung eines Ritus. Der griechische Philosoph Lukian zählt in seiner Schrift *Über den Tanz* Schauspiele auf, die Riten in erzählende Form übertrugen und noch zu seiner Zeit (2. Jh. n. Chr.) aufgeführt wurden.

Ob ein Mythos den Ritus, den er auslegte, richtig auslegte, ist allerdings eine andere Frage. Viele Riten sichtlich unterschiedlichen Ursprungs wurden z. B. samt und sonders durch ein- und denselben Kampfmythos erklärt. Wann immer aber ein Mythos, wenn auch nur scheinbar, ritendeutenden Charakter besaß, ging Glaubenskraft von ihm aus, denn seine Erzählung verbürgte die Wirksamkeit des Ritus, welcher der Geschichte zugrundelag.

Dies ist ein Versuch, ganz knapp die Frage zu behandeln, ob und in welchem Maße der Ritus aus dem Mythos entspringt, oder umgekehrt. Es muß aber hinzugefügt werden, daß es nicht unbedingt sehr gewinnreich ist, die Probleme in dieser Weise darzulegen. Die Gläubigen früher Gemeinwesen (darunter auch des griechischen) haben kaum zwischen den beiden Begriffen unterschieden. Darstellung (dromenon = was gezeigt wurde) und Rezitation (legomenon = was gesagt wurde) waren nicht nur Parallelerscheinungen, sondern sie hingen voneinander ab, durchdrangen einander wie Zeit und Raum, bildeten, obschon artverschieden, eine einzige Wirklichkeit und enthielten vielfältige Hinweise auf die dauerhaften und allumfassenden Wesenszüge in der menschlichen Natur. Die gegenseitige Durchdringung beider Begriffe dauert noch an und entwickelt sich weiter, wenn sie auch in verschiedenen Kulturkreisen verschiedene Form annimmt oder sich sogar zu verschiedenen Zeiten in ein und derselben Kultur verändert. Für den Psychoanalytiker sind Riten sublimierte Zwangsvorstellungen, Mythen sublimierte Besessenheit oder, anders ausgedrückt: Ein Ritus ist eine zwanghafte, sich stets wiederholende Handlung, die oft die »Bedürfnisse« der Gesellschaft symbolhaft darstellt, seien diese nun ökonomischer, biologischer, sozialer oder sexueller Art; die Mythologie rationalisiert all diese Bedürfnisse. Beide, Mythos und Ritus, sind innerhalb der Gruppe stabilisierende Elemente. Gleichzeitig aber sind sie dem Individuum gegen alle Vernunft als Einzelerscheinungen teuer, weil sie, laut Kluckhohn, als Mechanismen der Abwehr die »Katastrophenangst vermindern.

Der Ritus gibt den Mythen ihre Namen, zahlreiche Einzelheiten und einen großen Teil ihres erläuternden Charakters. Der Mythos hingegen wirkt auf die feststehende Ritenform langsamer ein, deutet ihre Elemente (richtig oder falsch) und drückt ihnen nur allmählich seine Züge auf. Aber der Mythos wird von Anfang an im Ritus wirksam; nicht nur als gesprochene Ergänzung mimischer Darstellungen, sondern auch als Übersetzung der wirklichen, feststehenden, zeitlichen und gegenwärtigen Zeremonie in Begriffe des Ewigen und Transzendenten. Der Mythos projiziert den Ritus in eine höhere ideale Ebene. Gaster (1950) betonte, daß Mythen verschiedene Stadien durchlaufen, deren jedes sie einen Schritt weiter vom Ritus entfernt, und daß bestimmte Mythen oft nur einer oder mehreren bestimmt gearteten Kategorien dieser Stadien zugehören, nicht aber anderen. Wenn eine dramatische oder pantomimische Darstellung der Riten stattfindet (wie z. B. das *Ägyptische Königsspiel* der Ersten Dynastie, das von den Protagonisten selbst ausgeführt wurde), sind sich Mythos und Ritus sehr nahe. Wenn aber in eine religiöse Zeremonie der Vortrag eines erläuternden liturgischen Textes eingeschlossen ist (z. B. die katholischen Gottesdienst-Hymnen zu Ehren der Namensheiligen), entfernen sie sich voneinander. Außerdem gibt es noch literarische Darstellungen, in denen die zugrundeliegende Geschichte dem Ritus so weit entrückt ist, daß sie zum Kunstwerk wird. Dieser Kategorie gehören die *Hymne an Demeter* und die *Hymne an Apollon* und die meisten anderen – wenn nicht überhaupt alle *Homerischen Hymnen* an.

In jedem dieser Stadien von Nähe und Ferne gewinnen die Mythen einen Teil der Wirkungskraft von Ritus oder Religion. Obwohl die mythischen Geschichten literarische, künstlerische Schöpfungen geworden sind und in dieser Form ihren vollendeten Ausdruck gefunden haben, sind die Mythen, die ihnen zugrunde liegen, wesentlich mehr als bloße Erzählungen. Was einst in mythischer, zeitloser Frühe, die für alle künftigen und vergangenen Zeiten steht, geschah, versetzt der Ritus in die Gegenwart. Die jüdische Überlieferung, daß nicht nur die Flüchtigen aus Ägypten, sondern alle Geschlechter Israels auf dem Berg Sinai im Geiste zugegen gewesen seien, als der Bund geschlossen wurde, beruht auf dieser Parallele zwischen Ewigem (Mythos) und Zeitlichem (Ritus).

Auf jeden Fall werden Mythen, mit oder ohne Hilfe der Riten, nicht nur erzählt, sondern auch gelebt und neu belebt. Thomas Mann sprach von dem zitathaften Leben des mythenersinnenden Menschen, der immer, ehe er etwas unternimmt, einen Schritt rückwärts tut und, auf der Suche nach Beispielen, in die Vergangenheit hinabsteigt wie in einer Taucherglocke, sich so, zugleich geschützt und entstellt, in die Probleme der Gegenwart stürzt und dadurch seinem Leben Ausdruck und Harmonie verleiht. Auch die Moral, heißt es, werde durch Mythen gestärkt und geschützt, denn sie enthalten praktische Gebote für die Lebensführung der Menschen und vermitteln ihnen Beispiele für soziale Werturteile. Allerdings genügt es nicht, wie Malinowski es tat, die Wirkungskraft der Mythen ausschließlich der Rechtsgültigkeit überkommener Bräuche zuzuschreiben, denn wie dem Zelebrieren des Ritus wohnt auch dem Erzählen eines Mythos, ehe er in literarische Ferne entrückt wird, die Kraft inne, in den Herzen der Menschen die gefährdete Existenz des Gemeinwesens zu festigen, es vor dem Zusammenbruch zu bewahren und seine Lebenskräfte zu stärken.

In der Zeit, als die Griechen ihre Mythen in literarischer Form zu bewahren begannen, waren, wie bei den Israeliten, ihren Zeitgenossen, diese Werte und deren Rettung mit dem Gedanken an göttliche Lenkung eng verknüpft, so handeln die meisten Geschichten von der Beziehung des Menschen zu den Göttern.

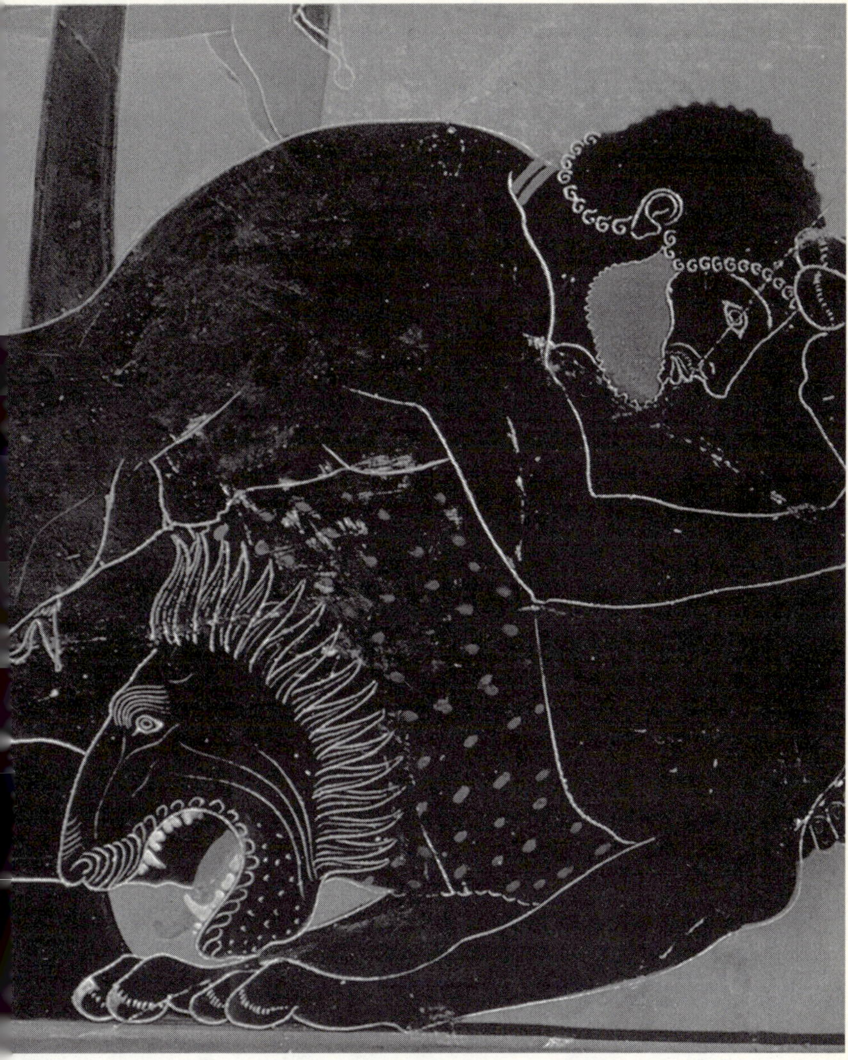

Psiax, Herakles und der Nemeische Löwe. Ausschnitt von einer Amphora. Brescia, Museo Civico Romano

III

AGAMEMNON UND PROMETHEUS

DAS HAUS DES AGAMEMNON

I

Die Orestie des Aischylos

DIE ORESTIE ist ein Zyklus von drei Dramen: *Agamemnon*, *Das Totenopfer* und *Die Eumeniden*.

Zu Beginn des *Agamemnon* steht ein Wächter auf dem Dach des Palasts in Argos. Der Morgen graut. Ein ganzes Jahr, so sagt er, hat er nun auf das Flammenzeichen gewartet, das den Fall Trojas verkünden soll. Alle Sterne sah er auf seiner Wacht, nur diesen nicht. Sein Erscheinen brächte gute Nachricht für die Königin Klytämnestra, die Gemahlin Agamemnons, der schon so lange vor Troja weilt. Der Wächter berichtet, seine Lieder, die er sang, um sich wachzuhalten, hätten sich in Klagen verwandelt. Denn es steht nicht gut drinnen im Palast. In diesem Augenblick erscheint das Flammensignal. Doch die Freudenrufe des Wächters, seine Gebete, die Götter mögen Agamemnon sicher heimgeleiten, werden in Furcht erstickt.

Klytämnestra tritt aus dem Palast, um zu opfern und in stummem Gebet vor dem Standbild des Zeus zu verweilen. Der Chor der argivischen Greise tritt auf. Diese sehen sie nicht und wissen auch nichts von der guten Nachricht. Sie berichten, wie einst Agamemnon und sein Bruder Menelaos um des Vergehens von Paris und Helena willen die Flotte gegen Troja aufboten; nun aber haben Griechenland und Troja gleichermaßen den Zoll an Schweiß, Blut und Tod entrichtet. Sie erzählen weiter, sie seien ihres hohen Alters wegen von der Expedition zurückgelassen worden. Doch plötzlich brechen sie ab, denn sie bemerken die Königin, fragen sie, weshalb die Opferfeuer auf den Altären brennen und flehen sie an, sie von ihren quälenden Ängsten zu befreien. Klytämnestra antwortet nicht; der Chor berichtet weiter von der Vergangenheit, die schwer auf der Seele der Alten lastet. Sie erinnern sich, daß damals, als das Heer sich in Aulis einschiffte, Männer ein Zeichen gesehen hatten: Zwei Adler zerfleischten eine trächtige Häsin. Kalchas, der weise Seher, verstand das Zeichen und sagte voraus, das Heer werde Troja einnehmen, doch Artemis zürne den Adlern und habe Mitleid mit der Häsin. Damit sie nicht durch widrige Winde den Heerzug behindere, müßten die beiden Adler, die fürstlichen Befehlshaber Agamemnon und Menelaos, ein Kind opfern, ungeachtet der bösen Folgen für ihr Haus.

»Wehelied, Wehelied schalle, doch siege das Gute« (1) ist der Kehrreim ihres Gesangs. Aber sie fragen nicht, was ist gut? Und wer ist der Gott, den die Menschen Zeus nennen? Sie berichten, wie in der Urzeit einander Uranos und Kronos folgten, und daß jetzt Zeus Herr ist. Sein Gesetz lautet: Der Mensch lerne durch Leiden.

In Aulis hungerten die Helden und die Schiffe verfaulten, fahren die Alten fort. Da sprach Kalchas von neuem und verkündete, um Artemis zu besänftigen, müsse Agamemnon seine Tochter Iphigenie opfern. Agamemnon betete und befahl dann den Kriegern, sie wie ein Opfertier auf den Altar zu heben; den Schrei, der sein Haus verfluchte, sollten sie ersticken.

Zu Boden fließt leicht ihr lichtes Kleid,
Dann jeden ihrer Würger trifft der Pfeil
Der Blicke, fordert Mitleid,
Voll Anmut, wie ein Bild, das zu reden scheint,
...
Was dann kam, ich sah's nicht, ich sag's nicht;
Doch erfüllt sich des Kalchas Wahrspruch. (2)

Doch der Mörder wird selbst ermordet werden:

Das Recht steht und verhängt: es lernt erst,
Wer leidet. Das Künftige
Wird dein erst sein, wenn's geschieht. Erwart' es denn! (3)

Einstweilen möge das Gute siegen – gute Nachricht, die Klytämnestras Herz erfreut.
Der Tag ist nun angebrochen, und die Königin tritt den Greisen entgegen. Sie beschreibt Trojas Fall, wie sie ihn vor sich sieht und weidet sich am Schmerz der Besiegten. Sie fügt hinzu: Wenn die Griechen sich in jenem Land nicht versündigt hätten und auch keine Toten da wären, die um Rache riefen, dann würden die Schiffe ungefährdet heimkehren. Sie geht zurück in den Palast; der Chor, anstatt den Sieg zu feiern, schließt mit einer Betrachtung über Zeus, der gerecht ist und den Stolzen und allzu Glücklichen straft. Die Vorsehung lockt die Bösen ins Verderben – dies war das Schicksal des Paris, der Leid über Menelaos und die Schrecken des Krieges über Troja brachte. Eine furchtbare Ahnung von Schuld und Sühne überwältigt sie, und sie erkennen, weder der Eroberer noch der Gefangene sei zu beneiden. Doch – redet das Flammenzeichen die Wahrheit oder ist es Täuschung?
Da trifft ein Freudenbote ein und bestätigt die Siegesnachricht. Gleichzeitig berichtet er allerdings von den Mühen und Beschwerden, denen das Heer während der zehn Jahren vor Troja ausgesetzt war. Klytämnestra erklärt, sie habe den Sieg schon mit Freuden vernommen und bereite sich nun, Agamemnon zu empfangen. So treu, wie er sie verlassen, werde er sie finden:

Eintretend findet er so treu bewahrt die Frau,
Wie er sie ließ . . .
. . .
Niemals ein Siegel brechend, das ihr Schwur verschloß. (4)

Sie geht in den Palast zurück; etwas im Klang ihrer Stimme läßt den Boten betroffen aufhorchen. Doch dann berichtet er weiter. Die Flotte wurde vom Sturm zerstreut, Menelaos ist verschollen, und Agamemnon kehrt ohne die Gefährten zehn langer Jahre der Belagerung heim.

Darauf singt der Chor von Helena und dem Brautlied, das sie dem Paris sangen und das in Klage endete. Als Helena in all ihrer Schönheit nach Troja kam, glich sie einer jungen Löwin, sanft, doch verspielt, wenn man sie führt. Bald aber überfällt das Raubtier die Herden und füllt die Häuser mit Blut. Nicht großes Glück, so singen die Greise, sondern Kummer, Frevel und Hartherzigkeit gebiert die Sünde:

> Alter Frevel legt neuen Frevel, üppig wuchernden,
> In des Menschen schnödes Tun;
> ...
> Neuen Dämon, unheiligen, unüberwindlichen,
> Der dreist sich spreizet, ein dunkler Fluchgeist,
> Dem, der ihn zeugte, gleichend. (5)

Doch Dike, die Göttin der Gerechtigkeit, wendet ihr Auge von den goldenen Palästen voller Schuld; Gutes wie Böses führt sie seiner Bestimmung zu.

Agamemnon tritt auf. Er fährt auf einem Streitwagen; hinter ihm, auf einem anderen Wagen, der mit Siegesbeute beladen ist, Kassandra, die Tochter des Trojanerkönigs Priamos. Der Chor begrüßt ihn, er dankt kurz und kalt. Er mißtraue, so sagt er, falschen Freunden; einzig Odysseus findet sein Lob unter allen Gefährten aus Troja. Den Haß, den er zuhause zu finden erwartet, droht er mit Feuer und Schwert auszurotten. Klytämnestra tritt auf. Sie schildert den Greisen von Argos ihre Treue und Verlassenheit während der Abwesenheit des Gatten. Fremde hätten sie mit Gerüchten bestürmt:

Grausam schon ist's, wenn eine Frau, vom Mann getrennt,
Verlassen trauert im Gemach, und schlimmer noch,
Wenn einer kommt und wieder einer und trägt herein
Stets ärgeres Weh und schreit das Leid durchs ganze Haus. (6)

Hierauf eröffnet sie Agamemnon, sie habe ihren Sohn Orestes aus Furcht vor einer Verschwörung gegen seinen Vater in Troja oder Argos fortbringen lassen und lädt ihn ein, auf einem karmesinroten Teppich, den die Dienerinnen auflegten, den Palast zu betreten. Agamemnon lehnt scharf ab: dies seien persische Schmeicheleien, die für Götter, aber nicht für Menschen taugten. Doch dann gibt er nach und schreitet in den Palast. Ein Schrei des Triumphs entfährt Klytämnestra, die Zeus bittet, ihre Gebete zu erhören.

Die Greise singen von dem beständigen Druck, der ihnen auf Herz und Gemüt lastet, obgleich die Ausfahrt nach Troja schon lange zurückliegt und die Flotte heimgekehrt ist. Gerade im Wohlsein ist Siechtum nahe. Bist du reich, so hüte dich vor verborgenen Klippen. Doch kann Wohlstand durch ein rechtzeitiges Opfer bewahrt werden, wie die Ernte nach der Zeit des Hungers kommt. Nur eines kann niemals getilgt werden: Der dunkle, unlöschbare Makel der Blutschuld. Als einst Asklepios die toten Glieder des Hippolytos zu neuem Leben erweckte, wurde er von Zeus niedergestreckt. Der Leiter des Chors fügt hinzu: Wären nicht alle Ereignisse, Ursachen und Folgen von den Göttern verhängt, würde ich mehr sagen, so aber verberge ich meine Verzagtheit in meiner betäubten und fiebernden Seele.

Noch immer sitzt Kassandra wartend auf dem Streitwagen vor dem Tor des Palasts. Klytämnestra befiehlt ihr einzutreten und geht selbst hinein. Kassandra gibt keine Antwort und verharrt auf ihrem Sitz. Plötzlich überfällt sie eine grauenhafte Vision vom Todeslos dieses Hauses. Um Gnade fleht sie zu Apollon, dem Gott, der ihr die Gabe der Weissagung verlieh. Sie sieht die Schüsseln, gefüllt mit dem Fleisch der Kinder, die Atreus, der Ahnherr des Agamemnon, dem Vater der Knaben, Thyestes, vorsetzte:

> Seht ihr die Knaben da? Vorm Hause hocken sie,
> Gleichend der Träume leichtem Luftgebild. Es scheint,
> Sie starben, und von ihres Nächsten Hand gefällt. (7)

Dann erscheint Klytämnestra vor ihrem Inneren:

> Und er, der Schiffe Schild, der Ilion zertrat,
> Weiß nicht, daß die verfluchte Hündin, die eben noch
> Die Zunge leckt' und schmeichlerisch ihr Ohr gespitzt,
> Ein lauerndes Verderben, nur auf Unheil denkt. (8)

Kassandra sieht, wie Klytämnestra sich ihrem Opfer nähert, ihn in ein Netz verstrickt und erschlägt. Er sinkt in das Badebecken zurück. Dann erscheint in ihrer Vision die Opferung Iphigenies, die verderbliche Leidenschaft des Paris, Trojas Fall und die Verführung Aeropes, der Frau des Atreus, durch seinen Bruder Thyestes. Wieder kehren ihre Gedanken zu den hingeschlachteten Kindern zurück und zu dem bevorstehenden Schicksal Agamemnons selbst. Schließlich fleht sie verzweifelt zu Apoll, er möge ihr eigenes, unabwendbares Geschick ändern, den Tod von Klytämnestras Hand; doch weiß sie, »Ein neuer Rächer kommt, der Sohn, zum Muttermord, / Zur Sühneforderung für des Vaters Tod bestimmt« (9). Sie betet, daß auch ihr Tod gerächt werden möge, und betritt dann den Palast.

Ein Schrei ertönt – und noch einer. Während die Greise unschlüssig beraten, was zu tun sei, öffnen sich die Palasttore. Klytämnestra wird sichtbar, die über den Leichen ihrer Opfer steht. In einer silbernen Wanne liegt Agamemnon, eingehüllt in eine schwere rote Decke. Über seinem Körper ist Kassandra hingestreckt. Die Königin zeigt sich tief befriedigt über ihre Tat:

Mit einer Hülle, riesig wie der Fischer Netz,
Umzieh ich ihn; so tückisch ist des Tuches Pracht,
Daß er nicht fliehn, dem Tode nicht entrinnen kann.
Ich schlag' ihn zweimal; zweimal schreit er schrecklich auf
Und läßt die Glieder sinken. Dem Gefallenen
Geb' ich den dritten noch als hocherwünschten Dank
Dem Zeus, der unter unserer Flur die Toten schützt.
Der Hingestürzte speit alsbald sein Leben aus. (10)

Der Chor drückt seinen Abscheu vor dem Verbrechen der Königin aus, doch sie fürchtet keine Rache, solange ihr Liebhaber, Aigisthos, ihr zur Seite steht. Als der Chor Helena für alles verantwortlich macht, weist sie dies zurück, aber als sie die Ereignisse als Wirken des uralten Fluchs deuten, stimmt sie zu:

Der Gestalt nach gleich dieses Toten Weib
Hat der alte, grimmige Rachegeist
Des Atreus, des grausigen Gastmahls Wirt,
Diese Sühne verlangt,
Für die Knaben den Mann sich geopfert. (11)

Verzweifelt müssen die Greise zugeben, daß auch diese Schrekkenstaten nicht hätten geschehen können, wäre es nicht der Wille des Zeus gewesen.

Jetzt erst, ganz am Schluß, erscheint Aigisthos. Auch er erinnert daran, wie die Kinder des Thyestes ihrem Vater zum Mahl vorgesetzt worden sind – seine eigenen Brüder! Eben das hat ihn, den Überlebenden, zu dem Mordplan an Agamemnon angestachelt. Er behauptet, das Recht sei auf seiner Seite. Mit einer Flut von Drohungen und Beleidigungen gegen die Ältesten von Argos schließt das Stück. Sie verlassen die Szene, während Klytämnestra zu Aigisthos die Worte spricht:

Solchem nichtigen Gebelfer schenke deine Achtung nicht!
Ich und du, die Ordnung wahrend, herrschen über dieses Haus. (12)

Das zweite Stück der Trilogie, *Das Totenopfer*, spielt vor den Mauern von Argos. Orestes ist mit seinem Freund Pylades von Phokis zurückgekehrt und steht am Grab seines Vaters Agamemnon. Er legt eine Haarlocke auf das Grabmal des Ermordeten. Aber als er seine Schwester Elektra an der Spitze einer Prozession nahen sieht, zieht er sich zurück. Elektra und der Chor der Opfernden, wahrscheinlich gefangene Frauen, die Agamemnon aus Troja mitgebracht hatte, kommen, um den Toten zu besänftigen, denn Klytämnestra hatte einen grauenvollen Traum:

> Von Angst gepeinigt, fährt sie schreiend aus dem Schlaf,
> Und viele Fackeln, erblindet in der Finsternis,
> Schlagen die Augen auf zum Licht auf ihr Geheiß. (13)

Daraufhin hat sie befohlen, diese Opfergaben zum Grabmal zu bringen, um das Unheil abzuwehren. Doch alles Wasser der Welt, spricht der Chor, kann Hände nicht abwaschen, die mit ungerächtem Blut befleckt sind.

Elektra gießt die Trankspende aus und fleht inständig um Rache für ihren Vater. Plötzlich bemerkt sie die Haarlocke und fremde Fußspuren am Boden; sie erkennt, daß Orestes zurückgekehrt ist. Dieser tritt nun auf und identifiziert sich vollends, indem er ein Gewand vorweist, von dem Elektra weiß, daß sie selbst es einst bestickt hat. Voll jubelnder Freude beten sie gemeinsam zu Zeus. Dann berichtet Orestes von einem Orakel Apollons, das laute: Vergieße Blut für Blut. Mißachte er diesen Spruch, seien Seuchen, Aussatz, Wahnsinn und Verbannung seine Strafe.

Orestes, Elektra und der Chor beten um Gerechtigkeit und die Hilfe der Götter. Der Chor enthüllt Orestes den Traum Klytämnestras: Sie säugte eine Schlange, die Blut aus ihrer Brust sog. Orestes deutet sich selbst als diese Schlange und entwickelt den

Plan, Klytämnestra und Aigisthos zu ermorden. Der Chor singt von der rücksichtslosen, blindmachenden Leidenschaft der Frauen – von Althaia, der gesagt worden war, daß ihr Sohn Meleager so lange leben würde, als das Holzscheit auf dem Herd unverbrannt bleibe, und die das Scheit in die Glut warf, als der Sohn ihre Brüder erschlug – er fand den Tod; von Skylla, der Tochter König Nisos' von Megara, der durch Minos, den Kreterkönig, belagert wurde. Sie ließ sich mit einem goldenen Halsband dazu bestechen, ihrem Vater das Haar auszureißen, das ihm Unsterblichkeit verlieh. Die Frauen von Lemnos erschlugen ihre Männer, weil sie auf die thrakischen Sklavinnen eifersüchtig waren. Doch das allergräßlichste sei Klytämnestras Tat:

> Doch Schicksal, schmiedend, bereitet das Schwert
> Und schickt dem Haus den Erben zu
> Alter Bluttat, daß endlich
> Den Frevel sühnt die mächt'ge, die
> Immerwache Vergeltung. (14)

Orestes tritt als Fremder aus Phokis verkleidet auf und wird von Klytämnestra willkommen geheißen. Er bringt ihr die Botschaft vom Tod ihres Sohnes. Sie nimmt die Nachricht mit gespielter Trauer auf und geht, nachdem Orestes zur Bewirtung in den Palast geleitet wurde, zu Aigisthos und den Freunden, um ihnen die Neuigkeit zu berichten. Die alte Amme des Aigisthos, die Klytämnestra gesandt hat, um ihn zu holen, tritt auf und klagt und verwünscht ihren einstigen Zögling. Sie ruft die Tage der Kindheit Orestes' in ihre Erinnerung zurück. Der Chor beruhigt sie mit geheimnisvollen Anspielungen und trägt ihr auf, dafür zu sorgen, daß Aigisthos ohne Begleitung erscheine. Sie beten zu Zeus, Apollon und Hermes, die Verschwörer zu leiten und ihnen beizustehen:

All der alten Morde Blut
Löschet aus durch neuen Richterspruch! Der greise Fluch
Zeuge nicht im Hause fort!
. . .
Du, sei mutig, wenn dir, Kind, die
Stunde nahet deines Werkens,
Rufe laut des Vaters Namen
Bei der Mutter Schrei, . . . (15)

Für einen Augenblick erscheint Aigisthos, den man herbeigeholt hat. Nach einer verachtungsvollen Bemerkung über das Mißtrauen der Frauen kehrt er in den Palast zurück, den vorgeblichen Fremdling aus Phokis selbst zu befragen.
Dann ertönt aus dem Inneren des Palasts der Todesschrei des Aigisthos. Ein Sklave ruft nach Klytämnestra, doch

Mir scheint, es wandelt auf des Messers Schärfe schon
Ihr Hals, und bald begräbt ihn der gerechte Hieb. (16)

Sie steht vor Orestes, der sein bluttriefendes Schwert in den Händen hält, und fleht ihn vergebens um Gnade an. Er schleift sie hinein und tötet sie. Der Chor jubelt, daß dem Haus endlich die gerechte Sühne wurde, die Tore öffnen sich, und über den beiden Leichen entfaltet Orestes Agamemnons blutiges Gewand.
Doch jetzt in dem Augenblick, als sich Orestes der Vergeltung rühmt, die er vollbrachte, überfällt ihn die Vision der rächenden Furien (Abb. S. 209). Gorgonengleich, in grauen Gewändern und von Schlangen umzüngelt, überfallen sie ihn. Er stürzt in Todesangst davon. Voll Furcht blickt der Chor in die Zukunft und sucht zu ergründen, was die letzten Gewalttaten in Atreus' Haus wohl zeitigen werden:

Wo findet ein Ziel, wo kommt es zur Ruh',
Besänftigt, das Rasen des Unheils? (17)

Das dritte Stück, *Die Eumeniden*, beginnt vor dem Tempel des Apollon in Delphi. Die Pythia tritt auf und ruft die Mächte des Tempelschreins an, die Erde, Themis, ihre Tochter, die einst das Orakel beherrschte, und Apollon, den gegenwärtigen Herrn; dann Athene, Dionysos, Poseidon und Zeus, den obersten Lenker. Sie betritt den Tempelraum, doch stürzt sie sogleich schrekkensbleich wieder heraus, denn drinnen hat sie den flüchtigen Orestes bemerkt, der bei dem geheiligten Stein Asyl gesucht hat. Um ihn schnarchen die scheußlichen, übelriechenden Furien in tiefem Schlaf.

Die Priesterin geht wieder hinein, der Vorhang hebt sich und der Tempel des Apollon wird sichtbar. Der Gott selbst steht mit Hermes neben den Furien und Orestes und verheißt ihm, daß seine Wanderschaft, auf der er von den Furien, den

> ... Greisinnen, Urzeitenkinder, denen sich
> Kein Gott gesellt, kein Mensch, selbst nicht der Wildnis Tier. (18)

gejagt worden ist, vielleicht ein Ende finden könnte. Er solle die Göttin Athene in deren eigener Stadt um Hilfe anflehen. Hermes führt Orestes hinweg. Doch da erscheint der Geist Klytämnestras und mahnt die Furien an ihre Rächerpflicht. Sie erwachen und bemerken, daß ihre Beute ihnen entkommen ist. Dafür schmähen sie Apollon und die jungen Götter, die nun an Stelle der Herrscher der Urzeit regieren. Auch Orestes, so weissagen sie, werde einem Rächer zum Opfer fallen. Während sie jedoch aufs neue den Fluch des Fatums auf das gebrandmarkte Haupt des Schuldigen herabbeschwören, weist Apollon sie zornig aus dem Tempel.

Die Begegnung zu Delphi endet ohne Versöhnung, denn die Furien bedrohen Orestes; doch Apollon nimmt sich seiner an. Die nächste Szene spielt in Athen. Nach langer Irrfahrt kommt Orestes gehetzt zum Heiligtum und dem Standbild Athenes.

Die Furien folgen ihm, drohen wütend und erheben ihren Zaubersang, der ihn in ihre Macht bringen soll:

> Mein ist er doch, mir fällt er zu,
> Ihm dieser Sang, der ihn bestürmt,
> Der ihn zerreißt, Sinne zerstört,
> Ihm dieser Erinyensang. (19)

Athene tritt aus ihrem Tempel. Orestes und die Furien unterwerfen sich ihrem Schiedsspruch. Sie wird einen besonderen Gerichtshof einsetzen, der Orestes aburteilen und auch zukünftig stets über Mordtaten sein Urteil fällen soll. Aber die Furien erheben Einspruch, denn wenn der heilsame Schrecken der rächenden Gerechtigkeit beseitigt ist, wird die Sünde sich ungestraft breitmachen und großes Elend die Folge sein. Eltern werden des Todesstreichs von den Händen ihrer Kinder gewärtig sein müssen. Athene kehrt mit den Richtern, zwölf athenischen Bürgern, zurück, Apollon bringt den angeklagten Orestes herbei und spricht für ihn als Zeuge und als Anwalt. Die Argumente der Furien entkräftet er mit der Erklärung, daß der Vater und nicht die Mutter der wichtigste Elternteil ist und die Tat des Orestes außerdem durch ein Orakel der Pythia gerechtfertigt sei, das ja den Willen des Zeus verkünde.
Athene bestimmt den Hügel des Ares zum Sitz des künftigen Gerichtshofs von Athen, der hinfort in feierlicher Weise Recht sprechen soll. Sie fordert hierauf die Richter zur Stimmenabgabe auf. Als sich Stimmengleichheit ergibt, wirft sie ihre entscheidende Stimme in die Wagschale und stimmt für Freispruch. Orestes bringt ihr und dem Apollon Dankopfer und gelobt ewige Freundschaft zwischen seiner Heimatstadt Argos und Athen. Die Furien machen ihrer Wut über die Demütigung Luft und verwünschen die Stadt. Doch Athene beschwichtigt sie mit dem Versprechen, ihnen eine ehrenvolle Heimstatt in Athen

zu gewähren. Schließlich lassen sie sich beruhigen und nehmen das Angebot an, und auf Bitten der Göttin beten sie sogar um Segen für das athenische Staatswesen. Athene und die übrigen geleiten die Furien in feierlichem Zug zu ihrer neuen Behausung.

2

Die Rolle des Mythos in der Tragödie

In der archaischen Periode ihrer Kultur zwischen dem Zeitalter der Epik und den Perserkriegen (490–479) vollbrachten die Griechen ihre höchsten Leistungen nicht auf dem Gebiet des Dramas, sondern auf dem der lyrischen Dichtung. Diese war sowohl für den Gesang wie für den Vortrag bestimmt. Es gab Oden für den Einzelvortrag und andere, mit höchst schwierigen Versmaßen, für den Chor. Im späten sechsten Jahrhundert, einer Zeit erstaunlicher und dynamischer Entwicklung der Stadtstaaten, begann sich dann der Hauptakzent dieser Dichtung unter den Händen Simonides von Keos' und anderer, von persönlichen auf soziale, religiöse und sittliche Themen zu verlagern.

Von diesen Anfängen leitete sich ein Genre her, durch das die alten Mythen zu neuem Leben erweckt wurden: die attische Tragödie. Endlos und, weil konkrete Ergebnisse fehlen, erfolglos wurde darüber gestritten, wie die Entwicklung im einzelnen vor sich ging. Eine akzeptable Basis scheint die Feststellung des Aristoteles zu sein, daß die Tragödie unter der Feder der Dichter entstand, die auch Festgesänge unter Tanzbegleitung zu Ehren des Gottes Dionysos schrieben. Davon wird noch später die Rede sein. Allmählich stellte man dem Chor einen zweiten, korrespondierenden Chor gegenüber, die Entwicklung des Schauspiels begann. Das Wort »Tragödie« bedeutet eigentlich »Bockgesang«: Diese frühen Gesänge enthielten bruchstückhaft eine dramatische Handlung, zu deren Beginn ein Bock in Stücke zerrissen wurde. Dieses Tier war dem Dionysos heilig und sollte ihn verkörpern. Damit wurden die Orgien des Dionysos, bei denen Tiere zerrissen wurden, nachgeahmt. Der Anfang der Tragödie, so stellt Aristoteles fest, liege im Satyrspiel; und in der Tat finden sich auf vielen Vasenmalereien des sechsten und fünften Jahrhunderts Satyrdarstellungen – Wesen, die zwar keine Ziegenfüße, aber struppiges Haar, breite Nasen und spitze Ohren und Schwänze besaßen und die zur Begleitung von Flöten oder Lyra den Dionysos umtanzten. Es gab außerdem tragikomische oder halb burleske »Satyrspiele«, die vermutlich durch Partinas aus Phlios um 500 in den Peloponnes kamen. In Athen wurde es Sitte, diese Satyrspiele als Nachspiel zu den großen Tragödien aufzuführen. Der *Kyklop* des Euripides ist das einzige vollständig erhaltene Beispiel; von den *Ichneuten* (Die Satyrn auf der Suche) des Sophokles besitzen wir den größten Teil.

Manche Gelehrte gehen noch weiter und suchen den Ursprung der Tragödie nicht allein in religiösen Liedern, sondern unmittelbar im Ritus, etwa in jahreszeitlichen Riten der Fruchtbarkeitsgötter. Innerhalb dieser Riten mögen Kämpfe veranstaltet worden sein, in deren Verlauf der Gott getötet wurde und wieder auferstand. Darsteller waren Bauern, die ihre üblichen Ziegenfellmäntel trugen – wenn diese nicht sogar absichtlich gewählt wurden, weil der Bock das Symbol der männlichen Fruchtbarkeit war. Trotz Herodots Vergleich zwischen dem Ritual des Dionysos und dem des ägyptischen Osiris, wissen wir zu wenig von den Zeremonien der altgriechischen Religion,

Karl Rahl, Orest von den Furien verfolgt. Oldenburg, Landesmuseum für Kunst- und Kulturgeschichte

Mykenische Goldmaske, sogenannte Maske des Agamemnon. Athen, Nationalmuseum

um sicher sagen zu können, ob der Ritus tatsächlich der Ursprung der Tragödie war oder nicht. Eines steht allerdings fest: In der wichtigen Rolle des Chors, der geringen Zahl der handelnden Personen und der Häufigkeit des einzeiligen Wechselgesprächs (stichomythia) haben sich Reste des alten Kultlieds erhalten.

Wenn von wichtigen Ausnahmen abgesehen, Dionysos auch nicht Gegenstand der Spiele war, müssen sich doch einige der frühesten mit seiner Geschichte befaßt haben. Auf jeden Fall war das Thema der Tragödie jeweils stets eng mit der Religion verknüpft, und das ekstatische mänadische Wesen des Dionysoskults manifestierte sich in diesen Spielen durch einen intensiven religiösen Geist, von dem unser heutiges Drama weit entfernt ist. Archilochos von Paros hatte berichtet, seine Sinne seien wie vom Wein weggefegt (20) gewesen, wenn er die lyrischen Gesänge anführte; jetzt gelang es durch diese rauschartige geistige Hingabe, deren Ausmaß wir freilich heute nicht mehr abschätzen können, den Schauspielern, die Spiele zu deuten, und den Zuschauern, sie zu begreifen. Das war ein Publikum, das mehr mitging, als es spätere Dramatiker je erlebt haben, denn damals gab es eine dünne und wohlhabende Oberschicht, der die Arbeit ihrer Sklaven ermöglichte, an ihren Traditionen und Kulturen festzuhalten und an den Leistungen ihrer großen Dichter und Künstler vollen Anteil zu nehmen.

Die attischen Tragödien behandelten die grundlegendste Lebensfrage: das Verhältnis des Menschen zu den Göttern. Ihre Stoffe waren mythologisch. Die Mythen der Vorzeit, die Homers, Hesiods und vieler anderer Dichter Werke überliefert hatten, waren bisher von Lyrikern behandelt worden. Freilich gab es auch Autoren, wie Ibykos von Rhegium, der auf solche Themen verzichtete, doch begann nun eine Zeit, in der das mythologische Material weiterverarbeitet wurde. Der Glanz dieser Epoche, in der die tragische Dichtkunst blühte, lag weit ab von der Welt der Sagen und noch weiter von der Welt der Frühzeit, wenn man auch manche Motive dort schon finden kann. Die Tragödie ist etwas ganz anderes als alles, was etwa aus der polynesischen oder zentralafrikanischen Mythologie entstanden ist. Das griechische Drama war ein hochentwickeltes Gleichnis für rational begriffene Fragen, das allgemeingültige Probleme durch den Einzelfall erhellte; so erreichten auch die Bildhauer und Vasenmaler dieser Epoche, indem sie dieselben mythologischen Themen verwendeten, einen neuen Höhepunkt ihrer Kunst.

Die attischen Dramatiker verwandelten und verklärten die Mythen; ganz ähnlich hat später Shakespeare Plutarch, die englischen Chronisten und die italienischen Novellisten für seine Werke benützt. Sie bedienten sich der Mythologie als Rahmen, der zwar ehrwürdig, doch elastisch genug war, um ihre Originalität frei entfalten zu können. Dem griechischen Auditorium waren die Mythen auch in den mannigfachsten Abwandlungen, die sie oft sogar von einem und demselben Autor erfuhren, vertraut genug, nähere Erklärungen waren unnötig. So konnte sich der Dichter ganz auf das Wesentliche seiner Aufgabe konzentrieren, die religiöse und poetische Wiedererschaffung der Vergangenheit in der Gegenwart. Denn die Mythen bedeuteten für die Griechen Vergangenheit, waren wirklich und deshalb glaubwürdig. Die zeitliche Entfernung kam sogar dem Erfolg zustatten. Wenn auch der erste große Tragiker, Aischylos, mit seinen *Persern*, einer Dramatisierung der Schlacht von Salamis, Beifall fand, sein Nebenbuhler Phrynichos fiel durch, als er ebenfalls ein Drama über ein schmerzliches Zeitereignis schrieb, die Einnahme Milets durch die Perser. Allgemeingültigkeit wurde leichter durch die Gestaltung mythischer Stoffe erreicht, denn auf diese Weise konnte man Situationen umgehen, die untrennbar mit Gegenwartsfragen verknüpft waren. Ja, die Mythologie erlaubte gerade in einer Zeit, als die führenden Denker mit erschreckender Schnelligkeit von einer mythosschaffenden zur rationalen Denkweise übergingen, noch das auszudrücken, was die Menschen erhob oder erschütterte; so blieben sie der wichtigste Gegenstand der großen schöpferischen Dramatiker. Ganz ähnlich haben die Maler des 14. Jahrhunderts n. Chr. immer wieder biblische Szenen gemalt und damit ihre großen Erfolge gehabt. Der böotische Lyriker Pindar (518–438), z. B. verwendete in fast allen seinen Oden als Kernstück seiner Gedanken einen erläuternden Mythos, der ein Überraschungsmoment mit sich brachte, Allgemeingültigkeit besaß und der verbindend und zugleich unterstreichend oder mildernd auf ein Tagesereignis eingehen sollte. Doch obwohl Pindar ein Zeitgenosse Aischylos' war, bleibt als Tatsache bestehen, daß Epos und Tragödie als Schöpfer und Neuschöpfer des Mythos, nach einem Wort von Jaeger, wie zwei gewaltige Gebirge sind, die durch eine ununterbrochene Hügelkette miteinander verbunden werden.

Wie die Tragödie sich allmählich aus dem Chorgesang entwikkelt hat, läßt sich heute nicht mehr nachweisen. Ein berühmter Sänger des siebenten Jahrhunderts, Arion, soll als erster streng metrisch gebaute Lieder zu Ehren des Dionysos gedichtet und in Korinth vorgetragen haben (21); im benachbarten Sikyon soll dann im sechsten Jahrhundert durch den Tyrannen Kleisthenes der Chorgesang zu Ehren des Gottes eingeführt worden sein. Auf dem bemalten Deckel einer attischen Kassette aus dem fünften Jahrhundert ist ein Flötenspieler neben fünf in Felle gehüllten Jünglingen dargestellt. Dann taucht, wiederum in Attika, der Name des ersten bekannten Dramatikers auf: Thespis. Er mag es gewesen sein, der die »Antwort an den Chor«, von der oben die Rede war, in eine Schauspielerrolle umwandelte, die einen Charakter verkörperte. Dies bedeutet, daß dem Chor nun nicht im Metrum des Chorgesangs, sondern in für die dramatische Erzählung charakteristischem jambischem Versmaß, das den Tonfall der Alltagssprache nachahmt, geantwortet wurde. Diese Art des Sprechens hatte sich vor allem unter dem Einfluß des Staatsmanns und Philosophen Solon kurz zuvor entwickelt. Das neue Element nahm die Form eines Zwiegesprächs oder eines Monologs an und wurde zwischen den Chorgesängen eingeschoben. Jetzt stellte der Schauspieler eine Heldengestalt dar, anstatt nur über sie zu deklamieren, und schuf so Drama und Tragödie. Thespis stammte aus Ikaria auf dem Pentelikongebirge bei Athen, wo sich eine alte Kultstätte des Dionysos befand; und führte diese neue Form der Kunst des Chorgesangs in Athen ein. Die erste öffentliche Aufführung fand im Jahr 534 statt, vermutlich unterstützt durch den damaligen Tyrannen Peisistratos.

Zugleich mit der Entwicklung von Bürgertum und Bildung gelangte das Drama auch in anderen Städten wie Megara und später Syrakus zu seinem Höhepunkt. Doch in Athen erreichte diese Kunstform ihren Gipfel, und Attisch war die Sprache der Schauspieler; freilich nur der Solisten; der Chor sang nach wie vor Dorisch, denn der Peloponnes war die Heimat der großen Meister der Chorlyrik. Athen lag an einem geographischen Brennpunkt, es war von Ionien, Böotien, dem Isthmus und dem Peloponnes aus gleich leicht erreichbar. Seit mindestens fünfhundert Jahren besaß es die geistige Führungsmacht der Halbinsel. Seine wachsende politische und wirtschaftliche Macht hatte Reichtum gebracht; und dieser Reichtum wurde verwendet, um sorgfältig ausgeführte Festspiele zu veranstalten, welche die verschiedensten Darbietungen von Vokal- und Instrumentalmusik einschlossen, unter denen bald das Drama hervorragte. Die dramatische Kunst, die dem Gott Dionysos gewidmet war, wurde etwa im März geboten; die finanzielle Hauptlast trugen wohlhabende Bürger (choregoi), die für die Aufstellung des Chors sorgten. An Aufführungen von Männer- und Knabenchören schloß sich ein drei Tage währender dramatischer Wettbewerb. Jeden Tag wurden vermutlich vier Stücke eines einzigen Autors aufgeführt: drei Tragödien und ein Satyrspiel oder eine Tragikomödie, vielleicht auch vier Tragödien. Komödien, wie sie Aristophanes und später Menander schrieben, waren ebenfalls religiösen Ursprungs und wurden vom Jahr 450 an bei den lenäischen Spielen zu Ehren des Dionysos, später auch bei den großen dionysischen Spielen aufgeführt. Ihre Handlung mischte mythologische und zeitgenössische Elemente. Die vier Stücke eines Dichters hatten zuweilen keine erkennbaren Zusammenhänge; in anderen Fällen wieder fanden sich enge Berührungspunkte. Die Bezeichnungen »Trilogie« oder »Tetralogie« stammen jedoch aus späterer Zeit.

Die historische Entwicklung der Tragödie erklärt einen der ungewöhnlichsten Züge des mythologischen Dramas, die bedeutende Rolle des Chors und der Chorgesänge. Unserem herkömmlichen Realismus ist sie fremd, attische Dramatiker jedoch verwendeten den Chor auf verschiedenste Weise. Der Chor erlebte eine Wandlung seiner Bedeutung von der Hauptfigur bis zum Beobachter und Kommentar, ergänzt, verdeutlicht oder rechtfertigt das dramatische Geschehen; er kommentiert, moralisiert und mythologisiert die Vorkommnisse, öffnet den Blick für die geistigen Bereiche des Themas oder gibt die öffentliche Meinung wieder. Er vermittelt, wie T. S. Eliot sagt, zwischen Handlung und Zuhörer. Er intensiviert die Handlung, indem er die Gemütsbewegung widerspiegelt, welche sie erweckt, so daß wir als Publikum die Handlung doppelt erleben: direkt und in der Wirkung, die sie auf andere ausübt... Die Bewegung durch das Kunsterlebnis nähert sich dem wirklich gegenwärtigen Erleben. Die zwölf (später fünfzehn) Sänger und Tänzer des Chors hatten auf diese Weise entscheidend Anteil an der Erhaltung und Verklärung der Mythen, die wir der Tragödie zu danken haben.

Allerdings können wir uns diese Rolle des Chors auch deshalb nicht ganz vorstellen, weil nicht mehr möglich ist, die musikalische Begleitung zu rekonstruieren, die einen Hauptbestandteil bildete. Die Griechen betrachteten die Musik als ihre höchste Kunst, untrennbar von der Dichtung und wesentlich für die Harmonie von Sprache, Gesang und Tanz; sie erst machte die Tragödie zu dem, was sie war. Kaum zwanzig fragmentarische Notentexte sind erhalten geblieben, und nur einer davon, ein beschädigtes, zerknülltes Pergament, kann einwandfrei als Musiknotation zu einigen Zeilen des Euripides festgestellt werden (22). Wäre von dieser Musik mehr erhalten, dann würde sich für unsere Kenntnis der tragischen Behandlung der Mythen eine neue Dimension öffnen. Trotzdem zweifle ich, ob dadurch der Zugang zu den Dramen für uns wirklich leichter würde, denn solch fremdartige Musik erschließt sich unseren Ohren heute nur sehr schwer, wie z. B. auch Reisende aus Asien bestätigen können. Doch haben seit der Renaissance Opernkomponisten, die mythologische Sujets vertonten, auf ihre Weise deutlich gemacht, welche wichtige Rolle die Musik für die ursprüngliche Gestaltung dieser Stoffe gehabt haben muß.

Wir kennen die Titel von 525 griechischen Tragödien. Mindestens ein Viertel davon, dem die gebräuchlichsten mythischen Themen zugrundeliegen, wird immer wieder verwendet, doch sind nur 34 Stücke vollständig oder fast vollständig erhalten. Und obgleich auch die Namen vieler Dramatiker bekannt sind, stammen die überlieferten Stücke alle entweder von Aischylos, Sophokles oder Euripides. Die Dramen sind für unsere heutigen Begriffe kurz, kürzer als zwei Akte von *Hamlet* – doch in den halbkreisförmigen Theatern saßen zehntausend oder mehr Hörer und schauten und horchten angespannt täglich sieben oder acht Stunden. Die Szene war in der Regel einfach und wechselte kaum (ausnahmsweise zweimal in den *Eumeniden* des Aischylos); der Chor verließ selten die Bühne. Die Zahl der Schauspieler, Männer oder Knaben, erhöhte sich im Lauf der Zeit auf drei (stumme Rollen nicht eingerechnet). Sehr selten und erst gegen Ende des fünften Jahrhunderts kam für eine oder zwei kurze Szenen ein vierter Darsteller dazu. Daß Euripides die Zahl der Hauptpersonen auf neun bis elf erhöhte, muß wie ein Gewaltstreich gewirkt haben. Kostüme und Masken entsprachen der herkömmlichen Konvention und unterstrichen die religiöse Ehrfurcht vor der fremdartigen Welt, die sich da auftat. Als Euripides es mit größerem Realismus versuchte, wurde er scharf kritisiert.

In dichterischer Form werden die hohen Leidenschaften, die ewigen und allgemein gültigen Themen, die in den Mythen verborgen sind, anschaulicher als in Prosa. Die bedeutendsten Dramen der Weltliteratur, ob sie mythologischen oder anderen Inhalt haben, sind in poetischer Sprache geschrieben. Seit jeher durchbricht die Dichtung die Grenzen des theatralischen Beiwerks und stellt die großen Lebensvorgänge in einer Dimension dar, die weder Wissenschaft noch Theologie erreichen können. Die Methoden des Theaters sind zugleich raffiniert und einfach; auf der griechischen Freiluftbühne und während der tagelangen Aufführungen mußten sie bis zum äußersten Grad dramatischer Lebendigkeit gesteigert werden. So verfügte die attische Tragödie, obwohl eine so ungewöhnliche Einrichtung wie der Chor die Handlung aufzuhalten schien und Bewegung oder Geschehen, im Vergleich zur Betriebsamkeit im elisabethanischen oder modernen Stück, relativ selten waren, über eine ungeheure Sparsamkeit der Mittel, eine unerbittliche konzentrierte Wucht von Gedanken und Bedeutung. Das bewirkten die Mythen. Ein großer Teil der Handlung, den das Publikum kannte, hatte schon vor Beginn des Stücks stattgefunden. Dryden bemerkt richtig: Die Zuschauer stehen bereits am Ziel des Rennens. Ihre Augen richteten sich auf den deutlich sichtbaren Vordergrund, auf dem fundamentale Fragen in äußerst kräftiger und handgreiflicher Form abgehandelt wurden.

Von den neunzig Aischylos zugeschriebenen Dramen, die in der Zeit zwischen etwa 499 und seinem Todesjahr 456 aufgeführt wurden, sind sieben überliefert. Sichere Daten, um brauchbare Schlüsse über die zeitliche Entwicklung seiner Kunst zu ziehen, fehlen; eine wichtige technische Neuerung jedoch war die Einführung eines zweiten Schauspielers, durch ihn wurde die Möglichkeit zu einer dramatischen Situation, einem Konflikt gegeben. Auch brachte er einen neuen Ernst auf die Bühne, einen erhabeneren geistigen Klang, getragen durch einen schweren Stil von Größe und Vielschichtigkeit. Nicht nur Robert Browning, auch vielen anderen hat

> Aischylos' Schrei nach Blut aus bronzener Adlerkehle
> Die Lust an Zwitschervögelchen vergehen lassen.

In verhüllender orakelhafter Sprache, unerhört erfinderisch in kühnen Worten und Bildern, zeichnete seine Phantasiekraft fast unbegreifliche kosmische und menschliche Wahrheiten in die Mythen ein.

Einer der berühmtesten Sagenkreise, die von den Tragöden auf die Bühne gebracht wurden, ist die blutige Geschichte der Pelopiden und Atriden. Aischylos nimmt den Ort der Handlung in Argos an, während dieser früher, in der *Odyssee,* im benachbarten älteren Mykene gesucht wurde (23). Möglicherweise bezieht sich die Pelopidentradition auf ein mykenisches Herrscherhaus, das tatsächlich existiert hatte und dessen angeblich fremde Herkunft frühere Einwanderung aus Kleinasien widerspiegeln mag. Nach schrecklichen, in früheren Generationen begangenen Untaten, schildert die Erzählung sechs Verbrechen: die Verführung der Aerope durch Thyestes, den Bruder ihres Gatten Atreus; die Ermordung der Kinder des Thyestes durch Atreus, der sie dem Vater zum Mahl vorgesetzt; die Entführung Helenas', der Frau des jüngeren Atreus-Sohns Menelaos, durch Paris nach Troja; die Opferung Iphigenies durch ihren Vater Agamemnon, Menelaos' älteren Bruder; die Ermordung Agamemnons bei seiner Rückkehr aus Troja durch seine Gattin Klytämnestra und deren Liebhaber Aigisthos (in den *Heimkehrern* aus dem Kreis um Homer war Aigisthos allein der Mörder), und schließlich die Ermordung Klytämnestras und Aigisthos' durch die Kinder der Königin, Orestes und Elektra. Die Dramen der Trilogie, die wir als *Orestie* kennen, handeln vom Tod Agamemnons, Klytämnestras und Aigisthos' und der Beendigung der Blutschuld durch das Eingreifen der Götter. Die *Orestie* ist die einzige Trilogie, die von einem der Dramatiker erhalten ist; sie mag durch ein Satyrspiel beschlossen worden sein, das von Irrfahrten des Menelaos berichtet.

Teile der Erzählung müssen schon sehr alt sein; so geht z.B. die Opferung der Iphigenie auf die Zeit des Menschenopfers zurück. Die *Odyssee* schildert das Schicksal Agamemnons (Abb. S. 210) als warnendes Beispiel und im Gegensatz zum Los des Odysseus; auch auf den Mord an Klytämnestra durch Orestes wird angespielt (24). Aber daß die Anspielungen auf diesen Stoff in den beiden Homerischen Hauptgedichten so spärlich sind, beweist, daß Aischylos zu bescheiden war, als er seinen Gegenstand als »Brocken vom reichen Gastmahl Homers« bezeichnete (25). Die tragischen Verwicklungen in der Geschichte Agamemnons sind von Homers Geist weit entfernt – sie widerspiegeln eher Religion und Ethik der Schuld-Kultur, die der

Scham-Kultur der *Ilias* und der *Odyssee* folgte und sie zum größten Teil überwucherte.

Vom späten 7. Jahrhundert an hat die Geschichte der Atriden die Künstler beschäftigt: Reliefs aus einem Schatzhaus aus dem sechsten Jahrhundert, dem Heraheiligtum am Fluß Silaris (heute Foce da Sele) in Südwestitalien zeigen Orestes, der Aigisthos tötet, und Klytämnestra, die, vielleicht von des Orestes Amme, mit Gewalt daran gehindert wird, den Sohn anzugreifen. Der lyrische Dichter Stesichoros, der die Szene nach Sparta verlegt, bringt viel von dem Material, das später Aischylos verwendete. Pindar beschäftigt vor allem die furchtbare Klytämnestra:

Da Priams Tochter, die Dardanide
Kassandra, mit funkelndem Stahl
Zu Agamemnons Seele
An Acherons schattiges Ufer
Vom grausen Weib gesandt ward.

War's Iphigenia, die
Am Eurip geschlachtet, ferne dem Vaterlande,
Zu solchem Grimme
Die schreckliche Täterin trieb?
Oder war's die unzüchtige
Nachtumarmung?... (20)

In seinem Buch *Der neue Macchiavelli* sieht H. G. Wells den Gegenstand jener Mythen in der Erzählung von unbegreiflichen Vatermorden ... von Gottheiten, die hinter Symbolismus verblaßten, von jenem unbarmherzigen Gesetz, an das wir keinen Augenblick geglaubt haben und an das kein moderner Westeuropäer je glauben kann. Dennoch ist die *Orestie* eines der hervorragendsten Kunstwerke der Weltliteratur, das einer geistig lebendigen, empfänglichen Gemeinschaft von einem Genius voll unerschöpflichem poetischem Erfindungsreichtum dargeboten wurde.

3

Der rächende Gott

Im Agamemnon ist, mehr als in irgendeinem anderen Werk der Literatur, das Donnergrollen der herannahenden Katastrophe vernehmbar. Wir spüren das wachsende Dunkel aus der Furcht vor den sich Schritt für Schritt erfüllenden Weissagungen. Eine kurze, einfache Folge von Ereignissen, unterbrochen durch herrliche lyrische Choreinlagen, führen zu dem erwarteten Verbrechen; die Spannung wird noch erhöht durch häufig angewandte tragische Ironie. Die Sprecher sagen Dinge, deren volle Bedeutung die Hörer nicht verstehen — oder die wohl die Hörer verstehen, nicht aber die Sprecher. Noch öfter ist es das Publikum, das den Sinn begreift und durch diese dramatische Ironie unlösbar an den Verlauf des Mythos gebunden wird, der sich selbst vollendet.

Doch der Hauptgegenstand der *Orestie* ist nicht nur der Mythos; es ist das aus dem Mythos gewonnene bedrängende Thema, daß Verbrechen durch Verbrechen gesühnt werden muß. Frauen spielen, wie später in den französischen Tragödien, eine verhängnisvolle Rolle, und so gesehen ist es unglaubhaft, daß sie im öffentlichen Leben Athens so unbedeutend gewesen sein sollen. Gerade Klytämnestra, die einzige Gestalt, die in allen drei Dramen auftritt, ist in einfachen schrecklichen Zügen dargestellt, auf alle Detailschilderung wird verzichtet.

Keine Spur von Lady Macbeths angstvoller Reue, sie wird allein von der Gier nach Rache beherrscht. Aber auch sie wird das Opfer höherer Mächte; ebenso Kassandra, die in einem erschütternden Auftritt in furchtbarem seherischem Vorauswissen das Haus ihres Untergangs betritt. Trotz lyrischer Lobpreisungen an Zeus endet *Agamemnon* in schauerlicher Katastrophe: Und das Ende des Blutvergießens ist nicht abzusehen.

Im *Totenopfer* wird der Makel noch schwerer; der Mythos berichtet ausführlich, wie Menschen die unerträgliche Schuld des Muttermodes auf sich laden. Doch sowohl Orestes als seine Schwester Elektra sind mehr als bloße Verbrecher. Orestes ist das Werkzeug der Vorbestimmung. Sein Verlangen nach Rache kennt kein Schwanken, keinen inneren Konflikt — erst nach Erfüllung der abstoßenden Pflicht löst sich diese Starrheit. Das Stück ist marmorn, statuengleich genannt worden, doch wird die gefühlsmäßige moralische Spannung aufrechterhalten. In den *Eumeniden* schließlich bringt eine neue Eingebung der Phantasie des Dichters die Wendung in der grausen Kette von Mythen. Nicht so sehr darin, daß ein neues Gesetz oder eine neue Ära geschaffen wird, liegt der Sinn des bewegten, erhabenen Spiels, sondern im Erscheinen göttlichen Lichts und göttlicher Kraft.

Aischylos' Vorstellung von der höchsten Macht ist weitaus bestimmter als die tastenden Versuche in der Dichtung Hesiods. Auch er erwähnt die Vorgänger des Zeus; jedoch ausdrücklicher als dort wird festgestellt, daß die Herrschaft des Zeus kein Ende hat.

Zeus, was auch sein Wesen: so er will,
Daß man diesen Namen ruft,
Nenn' auch ich nicht anders ihn.
Wägend alles, was da ist,
Find' ich nichts doch, das ihm gleicht.

Keiner, vor dem ich abtun kann alle Bürde,
Die mich drückt, keiner als Zeus. (27)

Was auf Erden immer geschieht, wird durch den Willen oder die Werkzeuge des Gottes vollbracht, den ein fortschrittlicherer Theologe, Xenophanes von Kolophon, »Ein Gott! Unter den Göttern wie unter den Menschen der Größte« (28) genannt hatte.

Das zentrale Thema in Drama und Religion Aischylos' ist Zeus in seiner überwältigenden Machtfülle. Die Danaiden fragen:

Kann in Gottes Herz ich schauen,
In das unergründlich tiefe? (29)

Aischylos' Verehrung für diesen einen Gott schloß allerdings den in Griechenland traditionellen Polytheismus nicht aus: Zeus war der gesegnete König der Könige, die anderen Götter und Göttinnen waren Träger einer Ordnung, die er gesetzt hatte. Im *Agamemnon* steht ein Hymnus an den Zeus zwischen dem Omen von den beiden Adlern und dem Hasen, das ein gerechtes Geschick für Troja verhieß, und der Opferung der Iphigenie, die nun Sühne forderte.

Aischylos gewinnt in seiner künstlerischen Darstellung der Mythen eine ungeheure Intensität des Fühlens und Denkens, einen unbestechlichen Blick für die Wahrheit, die er ganz in den Dienst des Verhältnisses der Menschen zu den Göttern und der Wirkung göttlichen Rechts auf die Sterblichen stellte. Seine Götter gleichen den Göttern der archaischen oder frühklassischen Kunst, sie sind in ihrer Furchtbarkeit ehrfurchtgebietend und von einer überwältigend andersgearteten »Menschlichkeit«: Bild dafür ist die Apollonstatue im Giebelfeld des Tempels von Olympia (Abb. S. 156), der mit majestätischer Gebärde die Geschicke der Menschen lenkt. Gottes Macht über das Menschenleben scheint es zu zermalmen; kann es aber auch, wie Pindar sagt, verklären.

Eintagswesen! Was ist Sein? Was Nichtsein?
Eines Schattens Traum ist der Mensch.
Aber wenn gottgeschenkter Glanz kommt,
Liegt helles Licht auf den Männern und freundliche Lebenszeit. (30)

Doch im Prinzip ist einzig der Wille des Gottes maßgeblich, er entscheidet über das Geschick der Sterblichen:

Und wie sich's auch wende, so endet's doch
Nach des Schicksals Willen. Kein Opferbrand
Und kein Weiheguß und Sühnopfer nicht
Ohne Glut, noch so rein,
Versöhnen unbeugsames Zürnen. (31)

Immerhin – der freie Wille hat einigen Spielraum und der Dramatiker setzte sein ganzes Können darein, die überkommenen Erzählungen zu bewerten und daraus zu deuten, wie weit dieser freie Wille des Menschen reicht. Die Verwechslung von Schicksal und dem Willen der Götter, die bei Homer herrschte, findet sich bei Aischylos freilich immer noch: Gerade Zeus kann Vorherbestimmtes nicht abwenden (32), obwohl die letzten Zeilen der *Orestie* die Einheit von Zeus und dem Fatum preisen (33). Die Gewalt des Schicksals war unermeßlich; Theognis von Megara, ein Dichter des 6. Jahrhunderts, betont seine mächtige und geradezu bösartige Unerforschlichkeit (34). Ebenso Pindar, der manchmal Götter und Schicksal einander entgegensetzt, meist aber in ihrem Wirken zusammensieht. Und doch erkennt auch er in den Möglichkeiten des Menschen eine gewisse Freiheit von vollständiger Unterwerfung.

Eines der Menschen
Eines der Götter Geschlecht,

Und von der gleichen Mutter
Atmen wir beide.
Uns trennt die in allem verschiedene Kraft,
So daß dieses hier nichts ist, aber ehern,
Ein ewig unerschütterlicher Sitz, der Himmel dauert.
Und doch kommen in Einem, sei es große Einsicht,
Sei's eingeborene Art, wir nahe den Unsterblichen,
Ob wir auch weder für den Tag noch über Nacht hin wissen,
Nach welcher Richtschnur uns den Lauf das Schicksal
[vorschrieb. (35)

Auch die Tragiker dachten nicht so fatalistisch, wie Platon behauptet (36); sie waren noch ein gutes Stück von der stoischen Prädestinationslehre entfernt. Es mag alles vorherbestimmt sein – aber weil der Mensch nicht weiß, *was* ihm vorbestimmt ist, muß er schon nach seinem eigenen bestem Wissen handeln. Denn das Schicksal »plant« nur in großen Zügen, die zeitliche und individuelle Abweichungen gestatten. Zwar erkennt der Einzelne weder die Ursachen noch die Folgen seines Handelns; in den Tragödien gibt es viele Beispiele dafür, wie sich das ursprünglich Beabsichtigte in sein völliges Gegenteil verkehrt. Doch meist ist der Mensch wenigstens vor die Wahl gestellt, welchen Lauf die Dinge nehmen sollen – auch wenn es sich später herausstellt, daß er sich doch abfinden muß mit dem, was geschieht.

Zu Einem Glücke teilen zweimal Leiden den Menschen jeweils
Zu die Unsterblichen. Ein Tor nur kann nach Gebühr
[dies nicht erfassen, der
Edle wohl, denn er kehrt das Schöne nach außen. (37)

Die Homerische Standhaftigkeit ist noch immer bis zu den Stoikern, ja noch zu Shakespeare hin, ein leuchtendes Beispiel. Doch Pindar, der diese Zeilen schrieb, dachte auch den Zufall als eines der Faten (38). Darin war er seiner Zeit voraus, denn

Zufallsgläubigkeit war die Religion des nachklassischen Griechenland. Der Zufall war eine ständig gegenwärtige Gefahr, die in den ewigen Widerstreit der Dinge noch den Zwiespalt zwischen Ideal und Wirklichkeit trug. In diesem Zwiespalt liegen die großen Konflikte der Mythologie beschlossen, und die Dramatiker gestalten sie, um so zugleich ihren Glauben an die Menschheit und an das Schicksal zu dokumentieren. Schlegel sagt: »Der absolute Beginn der Tragödie ist die Freiheit, ihr Ende die Erkenntnis der Notwendigkeit.«
Manchmal scheint es freilich, daß die göttliche Macht mit den Menschen umgeht wie mutwillige Knaben mit Fliegen, daß das Schicksal der Sterblichen nicht mehr sei als »die Erzählung eines Toren« (Schlegel, Hamlet [39]). In diesem Sinne, den Shakespeare später wieder aufnahm, gestalteten die Plastiken des Altertums ihre erhabenen, entrückten Götterbilder. Tief pessimistisch hatte Theognis gefragt, weshalb doch Zeus dasselbe Schicksal über Gute und Böse verhänge – das große Rätsel der Moraltheologie.

> Wie nun erträgt, Kronide, dein Herz, daß in selbigem Ansehn
> beide, den redlichen Mann und den Verruchten du hältst:
> ob zu besonnenem Tun sich der Geist, ob zu sündigem wende,
> daß er im Menschen dem Reiz freveler Taten gehorcht. (40)

Schon ein Jahrhundert früher hatte der spartanische Dichter Alkman, den geläufigen Vorstellungen von Lohn und Strafe der Götter folgend, Aischylos' Gedanken vorausgeahnt, als er schrieb, daß die Blitze des Zeus nicht zufällig, sondern vergeltend treffen.

> Es gibt eine Rache der Götter.
> Selig die Wohlgemuten,
> Die ohne Tränen den Tag
> Verbringen. (41)

Nicolas Sebastien Adam, Prometheus. Paris, Louvre

Correggio, Jupiter und

In Athen hatte Solon, (etwa 640—560), der zugleich Staatsführer, Reformer und Dichter war und dem Aischylos viel verdankte, denselben Gedankengang formuliert:

> Zeus aber wacht überm Ausgang alles Geschehens und richtet.
> So wie im Frühling ein Sturm plötzlich die Wolken zerstreut, ...
> So vollendet Zeus die Vergeltung! Ganz anders als Menschen,
> die ein Geringes erzürnt; nie straft im Jähzorn der Gott.
> Lange bleibt ihm auch keiner verborgen, wenn er im Herzen
> heimliche Freveltat sinnt; immer entlarvt ihn die Zeit. (42)

In Worten des *Hebräerbriefs:*

> Schrecklich ist's in die Hände des lebendigen Gottes zu fallen.« (43)

Was aber zog solche Bestrafung auf sich? Es war Glück, Erfolg und Hochmut. So singt der Chor bei Aischylos: Die Höhe des Glücks ist dem Auge des Zeus nicht erwünscht; selig ein Dasein, das zu gering ist, als daß man es beneide. Aber Aischylos sublimiert diese alte, fast abergläubige Idee; ganz ähnlich wie Theognis (44) und Pindar, aber mit neuer gewaltiger Eindringlichkeit zieht er den Schluß, daß Glück nur deshalb den Fall nach sich ziehe, weil es so leicht zu Sünde verlockt.

> ... Mancher sagt wohl,
> Die Götter hielten ihrer Müh nicht wert
> Den Mann, der heiliges Gnadenpfand
> Mit Füßen tritt. Nicht fromm ist solch ein Wort.
> Noch an den Enkeln siehst du
> Die nicht bezwungene Gier,
> Die lauter atmet, als erlaubt ist,
> Wenn überreich ein Haus blüht,
> Noch übers Beste hinaus ... (45)

Die alte Homerische Selbstsicherheit schien in einer veränderten Gesellschaftsordnung, in all den Kämpfen, welche die wachsenden Stadtstaaten erschütterten, ganz besonders dem Schicksal ausgeliefert zu sein, Nemesis, der Tochter der Nacht, wie Hesiod sie nannte. Sie war Richterin, Beherrscherin aller Dinge und sie schlug den Übermut der Menschen in die unlösbaren Fesseln des Geschicks. Für Aischylos waren die Mythen voll von Vergeltung – Vergeltung für ungerechten Glücksstand. In diesem Punkt stimmt sein Gottesbegriff mit dem Gott Jesaias überein, der spricht: »Ich will heimsuchen die Frucht des Hochmuts . . . darum daß er spricht: Ich habe es durch meiner Hände Kraft ausgerichtet und durch meine Weisheit, denn ich bin klug.« (46)

Menschen, die nach Hohem ausschauen, werden von der Hybris, von unbändigem Stolz überwältigt. In den Augen der Griechen wie der Juden führte dies zu »ate«, zum Wahnsinn, einer furchtbaren Täuschung, die schon in den Tagen Homers Fluch, Makel und Sünde zur Folge hatte. Die archaische Epoche glaubte ja mehr noch als das Homerische Zeitalter an böse Geister, und in diese Welt der Dämonen wurde Aischylos hineingeboren. Klytämnestra, die durch den Schlangentraum erschreckt wird (ein wahres Geschenk für Psychoanalytiker), sieht »ate« als bösen Feind. Als der prachtvolle Teppich zu Agamemnons Füßen entrollt wird, ahnt er die Bedrohung und erkennt die Größe der Gefahr – doch er trägt den Tod bereits in sich und fällt. Eine Tat der Sünde oder des Übermuts, aus welchem Beweggrund auch immer, ist ein Makel und verlangt Sühne. Manchmal wird dieser Beweggrund erst später deutlich, kommt die Rache erst später, doch sie kommt.

Spät kommt die Macht der Götter heran,
Doch sicher erscheint sie zuletzt,
Züchtigt der Menschen Stolz,
Wenn sie törichtem Wahn verfallen. (47)

Die Götter geben Gelegenheit zur Sünde (48); wenn die *Menschen* der Versuchung nachgeben und die erste Sünde begehen (49), tragen sie selbst zu ihrem Verderben bei.

Denn die Götter sind eifersüchtig auf die Glücklichen. In der *Odyssee* wurde dies schon von Kalypso angedeutet (50); im *Agamemnon* wird es als ehrwürdige Lehre der Vorzeit ausgesprochen (51). In den politischen und religiösen Unruhen des nachhomerischen Zeitalters, in dem die Hilflosigkeit der Menschen immer stärker spürbar wurde, war die Eifersucht der Götter, die Plato später leugnete (52), zur ständig gegenwärtigen Bedrohung geworden. Auf ihr beruht das ethische System Pindars, und die Götter des Herodot sind oftmals eifersüchtig und zornig; Beispiel dafür ist die Vernichtung Kroisos' (53). In einer Sphäre solchen Mißtrauens, das eine Kluft zwischen Götter und Menschen aufriß, erschienen die selbstbewußten Tugenden des heroischen Zeitalters tollkühn und fast als Ausdruck der Hybris. Die Menschen dieser friedlosen neuen Welt glaubten, der Neid der Götter komme über alle, die ihre eigenen Ziele verfolgten. Viele Lyriker nahmen ihre Zuflucht zu einem weltabgewandten, genußvoll ausgekosteten Pessimismus. Doch für jene, die sich nicht aus dem Lebenskampf zurückziehen wollten, entstanden nun, nicht als Ersatz, sondern als Gegengewicht, neben dem alten Selbstvertrauen zur Vorsicht mahnende Sprüche, die über dem delphischen Heiligtum Apollons standen:

»Nichts im Übermaß« und »Erkenne dich selbst!« Mäßigung war keine ursprüngliche griechische Charaktereigenschaft; sie wurde jedoch dringend notwendig, als mit der gewaltig gesteigerten Macht und dem Wohlstand jener Jahrhunderte auch die Gefahren und Versuchungen wuchsen. Zahlreiche Mythen dienten jetzt dazu, diese moralische Forderung zu unterstützen und zu erklären, und mehr als alle anderen eignete sich dazu die Geschichte Agamemnons und seines vom Fluch der Götter beladenen Hauses.

In ihren düsteren Augenblicken stimmen die Tragödien fast mit den Lyrikern überein, die, gleich einem Hiob, die Ansicht vertraten, es sei besser, nie geboren zu sein:

Nicht geboren zu sein, übertrifft
Jeden Begriff. Doch wann's erschien,
Ist das Zweite weithin dies,
Eilends zu gehen, von wannen es kam. (54)

Solange aber der Mensch hier auf Erden lebt, sollte er Mäßigkeit bewahren, gleichgültig, ob er nur ein unbedeutendes Leben in einer kleinen Stadt führt (wie Phokylides das empfahl) oder ein großer Herr ist. Was immer er tut, es wird Leid bringen. Im *Agamemnon* spricht Aischylos die harte Lehre aus (die übrigens auch Solon (55) und Herodot (56) vertraten, daß allein Leiden zu Weisheit führen kann. Denn:

Zeus zeigt uns der Weisheit Weg,
Und er setzt' als ewigen Satz,
Daß der Mensch erst lernt durch Leid.
Atmet dir im Herzen statt des Schlafs
Bittre Qual, die weiß um Arges, und kein Trotz
Hält das Licht der Einsicht fern.
Die am heiligen Steuer sitzen,
Strenge Götter, fügen's voller Huld. (57)

Der versöhnende Schluß der *Eumeniden* offenbart die verborgene Harmonie, den Trost, zu dem selbst ein verzweifelter Seelenkampf führen kann, wenn höhere Mächte helfend eintreten.

Doch das ist noch nicht das Ende der menschlichen Mühsal, denn Schmerz und Sorgenlast der *Orestie* sind ja Folge einer Kette von Übeltaten, uralte Flüche und Befleckungen. Dieser

Gedanke, den wir, die wir die Wirksamkeit eines Fluchs leugnen, nur schwer verstehen können, ist von Solon ebenso wie von Hesiod und den Hittitern ererbt:

Jener empfängt seine Strafe sofort, ein anderer später;
bist du auch selber entwischt, schläft doch nicht Gottes Gericht,
einmal kommt's, und es büßt, auch schuldlos, Kind oder Enkel
künftig die Freveltat schwer, welche die Väter verübt. (58)

Die Freveltaten der Ahnen bleiben bei Aischylos in jedem Stadium der Handlung wirksam, ja sie verderben sogar die Schönheit einer Helena:

Nicht anders sie, die zu Priams Veste kam.
Ich vergleich' sie der Meeresruh, die kein Wind rührt,
Dem Kleinod, das im Schatz still glüht,
Dem Augenleuchten, das zart trifft,
Herzverwundender Liebe.
Doch dann schuf sie jähen Umschwung,
Und das Ehglück endet schrecklich.
Ungesellig, ungesellbar
Stürzt sie sich auf Priams Hausstand;
Fluchgeist und Tränenbraut, so
Schickt sie der Schirmer des Gastrechts. (59)

Wie weit wäre nun jedem der Beteiligten möglich gewesen, sich so zu verhalten, daß es zu keiner Katastrophe kommen konnte? Hätte es zum Beispiel Agamemnon vermeiden können, seine Tochter Iphigenie in Aulis zu opfern? Professor Denis Page verneint diese Frage, die Professoren Fränkel und Winnington-Ingram beantworten sie positiv. Aber vielleicht wollte der Dichter selbst keine eindeutige Antwort auf solche ewig quälenden theologischen und menschlichen Probleme geben, denn das Prinzip des Bösen scheint jenseits aller Gesetze der Logik zu liegen. Aischylos stellt jedenfalls fest, daß die Schuld der

Väter auch die Kinder dazu zwingt, schuldig zu werden, weil sie ihnen einen Makel vererben, der sie moralisch und physisch ansteckt. Orestes wird zwar von übermenschlichen Mächten gerettet, und so bricht die Kette ausnahmsweise ab. Doch die Regel lautet:

> Wer schlug, wird geschlagen; Blut zahlt mit Blut.
> Es bleibt, solang' auf seinem Thron Zeus bleibt:
> Leid folgt dem Schuldigen! Das ist Gesetz.
> Wer aber bannt aus diesem Haus die Saat des Fluchs?
> Ach, fest klebt das Geschlecht am Verhängnis. (60)

Vor allem ist Blutschuld unverzeihlich: denn wer kann sie zurücknehmen? Das schlimmste aller Blutverbrechen aber ist das an dem nahen Verwandten.

> Blutstrom, aufgetrunken von der, die alles nährt,
> Der Erde, rachefordernd Blut, wird drohend starr;
> Vergeltung, die schmerzende, spart sich den Schuldigen,
> Bis sie die volle Pein ergießt. (61)

Die Familie war ein älteres und stärkeres Band; der Staat und die Blutrache des Orestes weist auf ein heroisches Zeitalter zurück, in dem noch keine ordentlichen Gerichtshöfe zur Aburteilung der Schwerverbrecher eingesetzt waren. Damals mußte die Blutrache von dem ältesten männlichen Mitglied der Familie ausgeführt werden; ähnliche Gepflogenheiten kennen wir aus dem Gesetz der Thüringer (9. Jahrhundert n. Chr.), dem Gesetz von Jaroslaw (zweihundert Jahre später) und einer noch jüngeren montenegrinischen Gesetzessammlung. Aber weshalb beschäftigte die Blutrache Aischylos so sehr, eineinhalb Jahrhunderte, nachdem sie Athen durch die Einführung einer geordneten Rechtspflege abgeschafft hatte? Der Dichter lebte in einer Zeit, als der Staat auf Kosten der Familie wuchs. Das

Zusammengehörigkeitsgefühl der Familien war im Schwinden begriffen, wie das heute der Fall ist. So übernahm der Staat viele Aufgaben, die vorher die Familie erfüllt hatte, Aischylos aber redet dem letzten, äußersten Anspruch der Sippe das Wort, der weder vernachläßigt noch vergessen werden durfte.

In der Art, wie Hesiod Dämonen und Mächte personifizierte, läßt auch Aischylos die Kräfte der Vergeltung als Personen auftreten, und zwar als Furien oder Erinnyen. Diese werden schon in der *Ilias* erwähnt (62) – sogar die Götter waren ihnen unterworfen. Die *Odyssee* enthält ihre Flüche gegen all jene, die Stammesgesetze verletzten, Verwandte beleidigten, vor allem, wenn es sich um Eltern oder Erstgeborene handelt. »Helios wird seine Maße nicht überschreiten, sonst werden ihn die Erinnyen, der Dike Schergen, ausfindig machen.« (63). Klytämnestra verfolgen sie zwar nicht (sie tötete auch keinen Blutsverwandten), aber ihr Kommen kündet sich schon im *Agamemnon* an:

Wer viel Blut vergoß, der steht
Unter Gottes Blicken. Wer
Ohne Recht im Glück sich wiegt,
Dem schwingt gewiß zurück das Rad
Erinyenmacht, stürzt ihn ins Nichts,
Und klanglos Versunkenem blinkt kein Licht.
Auch wo Ruhm im Übermaß ... (64)

In den *Eumeniden* (der Namen bedeutet »die Gütigen« oder »die Freundlichen« und ist ein beschönigender Ausdruck für Erinnyen) ist ihr Auftauchen von Schrecken begleitet –

Unheil zu bringen, wurden sie Gestalt, seit sie
Im Unheilsdüster hausen des tiefen Tartaros,
Den Menschen so verhaßt wie den Olympischen. (65)

Ob nun, daß die Furien, wie manche behaupten, ein Überbleibsel alten Stammesglaubens an Ahnengötter sind, oder nicht – sie erschienen als Geschöpfe von scheußlicher Realität, die Entsetzen verbreiteten. Sie kümmerten sich nicht um die Beweggründe einer Tat, mochte sie aus Gewissensnot begangen worden sein oder ein Unfall oder höhere Gewalt sie verursacht haben. Ihnen galt nur die Tat selbst. Es waren höllische Gewalten der Urzeit, die in der Erde lauerten. Dort war der Ort der Toten, aber alle, die eines gewaltsamen Todes starben (und das taten in den griechischen Tragödien viele), fanden keine Ruhe im Grab. Ihr Geist forderte Rache, und die mußte ihnen die Erinnye, besser gesagt »ihre« Erinnye verschaffen. Ihr Erscheinen in den *Eumeniden* zeigt einen dramatischen Gegensatz, ja den schärfsten Gegensatz in der griechischen Religion zwischen den schwarzen, tiefäugigen und schnarchenden Erddämonen und der glänzenden Götterwelt des Olymp.

Es ist ein kühner Gedanke des Aischylos, diese beiden Mächte zusammenstoßen zu lassen. Offen und heftig schmähen die Furien Apollon, den Entsühner, der den gottlosen Muttermörder ihrer von altersher geübten Macht entzogen hatte.

> Das ist das Wirken nun der jungen Göttermacht!
> Wo sie herrschen, stirbt Gerechtigkeit.
> Trieft ja von Mord ihr Thron.
> Ich seh' den Stein,
> Den Nabelstein
> Der Erdenmitte rings um den Fuß, rings um das Haupt
> Schrecklich besudelt mit Mörderblut. (66)

Apollon entgegnet ihnen mit einer Heftigkeit, die, wiewohl unsichtbar, in der Heiterkeit jenes Bildwerks enthalten ist, auf dem er am Giebel des Zeustempels zu Olympia die Kentauren und Lapithen bändigt:

Hinaus, gebiet' ich! Rasch entfliehet meinem Haus,
Gebt frei des Sehers heilige Statt; sonst werdet ihr
Der Schlange Biß erleiden, der weißgefiederten,
Die goldgetriebener Sehne sich entschwingt, und gebt
Schreiend den schwärzlichen Geifer von euch, Menschenblut,
Die Brocken ausbrechend, die ihr mordend eingeschlürft.
An dieses Haus zu rühren, ist euch nicht erlaubt;
Doch wo man foltert nach dem Spruch, die Köpf' abschlägt
Und Augen blendet, wo der Knaben frische Saat
Der Samenkraft beraubt wird, wo Verstümmlung ist
Und Steinigung und langes Stöhnen, wenn der Pfahl
Den Rücken beizt – hört recht, das ist die Art von Fest,
Die euch gefällt, indes die Götter sie bespein. (67)

Hier scheint jede Hoffnung auf Versöhnung aussichtslos. Doch auf Apollons Anregung greift Athene ein, und erst durch sie wird die Kette der Blutrache abgebrochen. Das Argument, das er zugunsten Orestes' geltend macht, ist die sophistische Bekundung einer patriarchalischen Gesellschaftsordnung, heute ebenso gültig wie damals.

Dies füg' ich zur Begründung noch hinzu: Die man
Wohl Mutter heißt, ist des Gezeugten Zeugerin nicht,
Ist Amme nur des frischgesetzten Keims. Es zeugt,
Der sie befruchtet; sie hütet Anvertrautes nur,
Dem Gut des Gastfreunds gleich, wofern kein Gott dem Schoß
Noch Unheil bringt. Ich gebe gleich euch den Beweis,
Daß Vaterschaft auch ohne Mutter sein kann: als
Lebendiges Zeugnis steht vor euch die Tochter Zeus'.
Kein dunkler Schoß hat sie gebildet, und doch ist
So herrlich sie geschaffen wie kein Götterkind. (68)

Doch Athenes Entscheidung ist nicht bloß ein Votum für die ziemlich unerfreuliche Behauptung der Griechen von der Überlegenheit des Mannes, sie hat zugleich eine tiefere nationale

Bedeutung. Orestes wird auf Grund eines Appells an das patriotische Gefühl freigesprochen. Denn der Gerichtshof, dem die Ehre zuteil wird, die Blutrache zu beenden, ist der Areopag, der Hügel des Ares in Athen, dessen Berühmtheit bis auf die Tage des alten Stadtkönigtums zurückging (69).

Um 462 vor Christus, etwa drei oder vier Jahre vor der ersten Aufführung der *Orestie,* hatte die Regierung von Athen die Zuständigkeit dieses Gerichtshofs auf Mordtaten beschränkt. Tatsächlich hatte der Areopag in der Vergangenheit viel zur Verfassung eines Gesetzes beigetragen, das sich mit solchen Verbrechen befaßte. Aber was Aischylos vor allem ausspricht, ist, daß die Autorität und die Weisheit des Gerichtshofs ein Spiegel der Autorität und der Weisheit der athenischen Republik ist, daß dieses Tribunal ein Gerechtigkeitssystem verkörpert, welches auf der Gleichheit aller vor dem Gesetz aufgebaut ist, und diese Institutionen Athens ihrerseits spiegeln Gesetze des Himmels wider. Dies ist eine patriotische Deutung, wie denn jede Stadt versuchte, die überlieferte Mythologie zu ihrem Ruhm auszulegen. Keine aber brachte es dabei so weit wie Athen. Ein Athener, Pherekydes, durchforschte im gleichen Jahrhundert die Mythen, um die göttliche Herkunft vornehmer athenischer Familien ausfindig zu machen.

Und so mündeten, zweifellos unter dem Beifall der Zuschauer, die gewaltigen Spannungen am Ende der *Eumeniden* in den Frieden und das Wohlwollen der panathenäischen Feste. In dieser seltsamen Mischung aus Gerichtsverhandlung und Volksfest, die uns nach der erhabenen Größe der vorhergehenden Dramen wie ein Abstieg vorkommt, wird der Fluch der Ahnen auf übernatürliche Weise aufgehoben, ähnlich wie Hesekiel den Fluch über Israel entkräftete. Wie aber war dies möglich, bei einem scheinbar so unversöhnlichen Gegensatz der moralischen Verpflichtungen? Die Olympier siegen, doch wird den Furien ge-

stattet, in Zukunft die ausführenden Organe der Gerechtigkeit des Zeus zu sein. Das Licht triumphiert, aber der Grundsatz, daß der Täter durch Leiden lernen muß, lebt weiter. Gewalt wird durch Überredung ersetzt, und die Furien stimmen schließlich versöhnt zu. Sie, die bislang keine feste Stätte besaßen, werden nun, ohne ihre bisherige Funktion zu verlieren, zu den »Ehrwürdigen« (semnai theai): In einer Höhle am Fuß des Areshügels verehrte man sie wie die verwandten (oder gleichbedeutenden) gütigen Eumeniden nicht nur in manchen Gegenden des Peloponnes, sondern auch in dem Athen benachbarten Kolonos Verehrung genossen.
Die Lösung hatte unmöglich geschienen; doch den Göttern war nichts unmöglich. Und mit ihrer Hilfe schien auch der aufstrebenden athenischen Demokratie nichts unmöglich.

4

Die Entwicklung bis O'Neill, Eliot und Sartre

Agamemnons Haus beschäftigte die attischen Dramatiker auch weiterhin. Sophokles schrieb Tragödien über Atreus und Thyestes und gab, anders als Aischylos, der Schwester Orestes', Elektra, furchtbare Bedeutung. In seiner *Elektra* entwickelt die Tochter Klytämnestras und Agamemnons, unterstützt von ihrem Bruder, entsetzliche Rachsucht, gespeist aus der Trauer um den ermordeten Vater.

> Persephones und des Hades Haus
> Totengott Hermes! Geist des Fluchs!
> Erinyen, erlauchte, göttlichen Stamms,

Die ihr vergossenes Blut erspäht,
Der Gattin diebisch erschlichenes Bett,
Kommt! Helft! Rächet den Tod
Des Vaters, und mir
Sendet meinen Bruder zurück!
Gegen die Last des Leids, allein
Vermag ich nicht länger zu stemmen. (70)

Bei Sophokles darf auch Klytämnestra ihren Standpunkt vertreten. Sie spricht zu Elektra, der Schwester Iphigenies, vom Kummer und den Sorgen der Mutterschaft.

Denn er, dein Vater, den du stets beklagst,
Erkühnte sich als einziger der Griechen
Des Opfers deiner Schwester. Der sie zeugte,
Litt freilich nicht wie ich, die sie gebar. (71)

Doch ihr Appell bleibt ungehört, die Rachepflicht der Kinder überwiegt.

In Euripides' Schauspiel *Iphigenie in Tauris* und vermutlich auch in seiner *Iphigenie in Aulis* wird das Mädchen kurz vor der Opferung wunderbar gerettet. Doch seine Dramen *Orestes* und *Elektra* behandeln ungeachtet ihrer zeitlichen Beziehung zur *Elektra* des Sophokles das tragische Thema von Verlust und Unglück. Die Furien treten in ihrer traditionellen Gestalt auf und verlangen nichts als Rache (72). Doch taucht in diesem Stück ein ganz neuer Gedanke auf, der für eine neue, psychologisch eingestellte Zeit bezeichnend ist: Die Erinnyen sind bloße Einbildung im Geist des Orestes (73), der von Euripides als ein geistig Umnachteter gesehen ist. In der *Elektra* sind er und seine fanatische Schwester von Wahnsinnsgedanken erfüllt und von Gewissensqualen gemartert. Selbst der Mord an Aigisthos ist nur eine blutige Schreckenstat, ohne die geringste Spur von Verherrlichung. Während er sich über sein Opfer beugte,

Da, auf die Zehen tretend, trifft dein Bruder ihm
Des Halses Wirbelknochen und zerbricht zugleich
Des Rückens Fugen. Auf und nieder zappelt er
Am ganzen Körper, röchelt auf in schwerem Tod. (74)

Klytämnestra verteidigt sich mit finsterer, bösartiger Logik:

Wohl sind die Weiber töricht, ich bestreit es nicht;
Doch wenn der Gatte solcher Törin sich vergeht
Und seine Frau verachtet, will's das Weib dem Mann
Nachtun und sieht nach einem andern Freund sich um.
Der laute Tadel brüstet sich sofort an uns:
Die Männer, die Schuld haben, trifft der Tadel nicht.
Denn führten Räuber insgeheim Menelaos fort:
Durft ich Orestes töten um der Schwester Mann,
Menelaos, auszulösen? Ließ dein Vater dies
Geschehn? Doch er wohl durfte freveln wider mich
Und ich ihm nicht vergelten, der mein Kind erschlug? (75)

Eines der Hauptmotive Euripides' ist es, zu beweisen, daß Muttermord ein noch unentschuldbareres Verbrechen ist als alle anderen Bluttaten.
In der römischen Literatur war das Drama *Thyestes* eines der berühmtesten Stücke des Dichters Varius aus der augustäischen Epoche. Es wurde hoch gefeiert (76), ist aber verlorengegangen. Seneca schrieb einen kühlen *Agamemnon* und einen schauerlichen *Thyestes,* ein Stück, in dem er in der Art wie das Melodrama der Renaissance und der elisabethanischen Dramatik vorwegnimmt, den Geist des Thyestes einführt. Größere Zurückhaltung als die Schreiber der Elisabethanischen Zeit wahrte Crébillon in seinem *Atreus und Thyestes* (1707). Er vermeidet den Mord auf offener Szene und läßt statt dessen einen Schauspieler einen mit Blut gefüllten Becher leeren. Voltaire mildert in seinem *Oreste* (1750) den Muttermord: Der Todesstreich war

Aigisthos zugedacht, Klytämnestra stirbt, weil sie sich vor den Geliebten wirft.

Auch die Geschichte Iphigenies hat die Dichter immer wieder beschäftigt. Racine beweist in der *Iphigenie* (1647) seine Kunst der feinen Charakterzeichnung in klassischen Themen, die er, ein »vor Leidenschaft glühender Idealist«, wie Dostojewskij den Dichter nannte, so hervorragend beherrschte. Racines Gestaltung klassischer Themen übertrifft alle übrigen in der französischen Literatur und ist auch für moderne Dramatiker vorbildlich geblieben. Die *Iphigenie in Tauris* von Gluck geht auf eine zeitgenössische Fassung des Dramas von Euripides zurück. Sein Werk beweist deutlich, wie gut der neue Opernstil zur Behandlung solcher Themen geeignet war. Ein kurzer Blick auf die andere Fassung, nach der Iphigenie tatsächlich geopfert wird: Es läßt sich kein phantastischerer Gegensatz denken, als z. B. der, zwischen dem fast unerträglichen Pathos in der entsprechenden Szene bei Aischylos und der gefälligen Eleganz der malerischen Darstellung Tiepolos (etwa 1757) im Homer-Saal der Villa Vilmarana zu Vicenza. Dieser Kontrast macht deutlich, wie sehr sich die Auffassung von Mythologie im Laufe der Jahrhunderte verschoben hat. Die Darstellungsweise Tiepolos, die mit Aischylos' Konzeption nicht das mindeste zu tun hat, erinnert an einen Ausspruch George Moores, daß »das achtzehnte Jahrhundert durchaus weiblich ist. Keine Rücksicht auf die Überlieferung fesselt die Einbildungskraft ... Daß dieses Jahrhundert die Themen der Antike auf solche Weise behandeln konnte, beweist sein Genie«. Immerhin gab es im achtzehnten Jahrhundert neben »weiblichem Fühlen« auch so etwas wie den Rationalismus. Im ganzen gesehen war diese Zeit zu aufgeklärt und ordentlich, um das Wesen der Tragödie richtig zu verstehen. Doch hat Goethe dem *Agamemnon* des Aischylos geradezu religiöse Verehrung entgegengebracht und fand in diesem Stück den Schlüssel zu allen ethischen und ästhetischen Fragen, besonders zu dem Verhältnis zwischen moralischer und tragischer Schuld.

Goethe schrieb in der Italienischen Periode eines seiner Hauptwerke, die *Iphigenie auf Tauris* (1787), im klassisch französischen Stil ohne jede Anlehnung an Shakespeare. Schiller hatte zu Recht den Eindruck, daß er das Thema in sehr moderner und ungriechischer Weise behandelte. Inspiriert von seiner Liebe zum »Ewig Weiblichen« der Frau von Stein, sucht Goethe in dieser Geschichte seine eigene ideale Wiederversöhnung mit dem Ich und der Welt, dem individuellen und gottgegebenen Gesetz. Hugo von Hofmannsthal, der Wiener Impressionist und Symbolist mit seinem erhabenen und sehnsuchtsvollen Vorurteil dem Vergänglichen gegenüber, begann eine Reihe von klassisch-ausgerichteten poetischen Dramen mit seiner Elektra (1909) – irgendwie mit den Augen von Nietzsche und Freud gesehen – und schrieb das meisterliche Libretto für Richard Strauss' gleichnamige Oper (1909). Dann verfaßte der schlesische Dichter Gerhart Hauptmann im späten Alter eine Orestie in vier Aufzügen, die Atriden Tetralogie *(Iphigenie in Delphi* 1941, *Iphigenie in Aulis* und *Agamemnons Tod* 1943, *Elektra* 1948/49), Stücke, welche die treibende Kraft für sein naturalistisches Talent bildeten – das Interesse am Morbiden und, manchmal, die Sympathie für die Unterdrückten.

Zu Beginn unseres Jahrhunderts rebellierten die Athener auf offener Straße, als man versuchte, die *Orestie* in moderner Übersetzung aufzuführen. Seither haben viele Schriftsteller und Dramatiker den Mythos benutzt, um ihren Gedanken über das Menschenschicksal Ausdruck zu geben. Die verhängnisvollen Labyrinthe des Irrtums in Faulkners Werk sind ein Erbe Aischylos'. Eugene O'Neill übernahm in *Trauer muß Elektra tragen* (1931) die Familienbeziehungen, manche Geschehnisse und zum Teil auch die moralische Problematik des griechischen Tragikers und übertrug sie in Sprache und Umwelt des englichen 19. Jahrhunderts. Der Akzent liegt bei ihm vor allem auf der Unterdrückung der sexuellen Triebe und weniger auf dem Religiösen. O'Neill bemerkt selbst, daß wir zwar keine Götter oder Heroen, aber dafür das Unterbewußtsein haben, die Mutter aller Götter und Heroen.

So wurzelt das Stück ebensogut im Wien Sigmund Freuds wie im klassischen Griechenland. Der Portikus des Hauses, ist nicht nur im athenischen sondern auch im Baustil der amerikanischen Südstaaten gehalten und gleicht einer »sinnlosen, weißen Maske«, die dem Haus vorgehalten ist, um seine graue Häßlichkeit zu verbergen. Lavinia-Elektra, die Tochter und Hauptperson, ist innerlich an ihren Vater gebunden, liebt aber den Liebhaber ihrer Mutter. Die Mutter, Christine-Klytämnestra, könnte weiterleben – aber sie begeht Selbstmord. Orin-Orestes, ihr Sohn, ist ihr hörig und aus diesem Grund nur allzu bereit, ihren Liebhaber zu ermorden. Er findet im dritten Teil keine Gnade: Sein Gewissen treibt ihn zum Selbstmord, und seine Schwester läßt ihn sterben. O'Neill hält sich so eng an sein Vorbild, die *Orestie,* daß er auch sein Schauspiel als Trilogie anlegte. Die drei Teile nannte er *Die Heimkehr, Der Verfolgte* und *Das Gewissen.* Zu Beginn jedes Stücks treten Stadtbewohner auf, ein Überbleibsel des antiken Chors. Anders als Anouilh, der die Mythen nur als Rahmen für eine Handlung benützt, die er auch ohne diesen Rahmen hätte gestalten können, scheint O'Neill vom Mythos ausgegangen zu sein und nachträglich eine Handlung dazu erfunden zu haben. *Trauer muß Elektra tragen* ist in seiner straffen Handlung und dem einfachen dramatischen Aufbau der bedeutendste Versuch des 20. Jahrhunderts, eine Tragödie nach klassischem Vorbild zu schreiben.

Aus Neu-England stammt auch T. S. Eliot; er wählte ebenfalls

Stoffe aus der Mythologie, um, diesmal in dichterischer Prosa, eine stärkere Vision heraufzubeschwören, als es mit den Gestaltungsmitteln des Naturalismus möglich war. Nach mythologischen Versuchen in der frühen Lyrik waren seine Stücke, obwohl sie handlungsreicher und in ihrer Technik modern wirken, formal in vieler Hinsicht der griechischen Tragödie verpflichtet. Manche Episoden, wie z. B. der echt klassische Auftritt eines Boten, werden durch den in seine alte Funktion wieder voll eingesetzten Chor kommentiert. Das Schwanken zwischen Betroffensein und Verwirrung ist in seinem Bezug zur Handlung für Aischylos' Stil typisch, doch ist auch viel christliches Gedankengut darin verborgen. Eliot erzählt die *Orestie* teils romantisch, teils realistisch. Der *Mord im Dom* (1935) ist sein *Agamemnon*, *Der Familientag* (1939) klingt an das *Totenopfer* an. Dieses Stück übernimmt aus den *Eumeniden* die Verwandlung der Furien in »die Gütigen«. Aber bei Eliot verkörpern sie die Stimme des Gewissens, Werkzeuge der göttlichen Gnade; und der Fluch auf dem Haus der Monchenseys ist nicht mehr die alte Blutrache, sondern das Kainsmal, das die Menschlichkeit mörderisch niederzwingt.

In Frankreich hat der Dichter Paul Claudel die *Orestie* übersetzt, er übernahm auch einige ihrer Themen in eine eigene Trilogie (1911–1920), die er, oft mit satirischer Absicht, im 19. Jahrhundert spielen ließ *(L'otage, Le pain dur, Le père humilié)*. Die *Eumeniden* und auch andere mythologische Erzählungen deutete er als urzeitliche Offenbarungen, die biblische Wahrheiten vorwegnehmen. Die Furien in der *Elektra* von Giraudoux andererseits sind zuerst als äußerst abscheuliche Kinder und dann als noch abscheulichere junge Frauen gesehen. Sartre verwendet das Thema der *Orestie* in seinem ersten Drama *Die Fliegen* für eine Untersuchung über die traditionelle Moral. Das mit Blutschuld beladene Argos wird von den

Furien in Gestalt ungeheurer, schwarzer blutsaugender Fliegen heimgesucht. Sie sind eine entsetzliche Plage, doch durch Mut und Entschlossenheit ist es möglich, sie zu überleben. Dasselbe gilt für Aigisthos und Klytämnestra: In diesem Drama, das während des Kriegs 1943 entstand, verkörpert Aigisthos die Besatzungsmacht, Klytämnestra die Kollaborateure. Aberglaube und Gewohnheit haben das Volk von Argos versklavt, aber im Augenblick der Entscheidung wird Orestes zum Mann, der bewußt Verantwortung und Folgen einer Tat auf sich nimmt, die von der Gesellschaft verurteilt wird. Die Götter sind ungerecht, und die Erlösung liegt nicht in christlicher Reinheit, sondern im Handeln – auch wenn diese Tat verbrecherisch erscheint und den Mörder von der übrigen Menschheit isoliert. Der Mensch muß jeden Augenblick sein Verhältnis zur Welt selbst wählen und das, was er tut, selbst verantworten.

Zweifellos rettete die mythologische Einkleidung das Stück vor der Zensur. Aber auch der Mythos allein hätte, wie Sartre sagte, genug Stoff und Motivierung für ein wirksames Drama abgegeben. Der klassische Schicksalsgedanke diente ihm dazu, der Freiheitsidee Ausdruck zu geben. Die Menschen sind frei, bemerkt Zeus ironisch, nur wissen sie es nicht. Sie können sich dadurch retten, daß sie sich davor hüten, sich von Selbstvorwürfen zerfleischen zu lassen – und so kommt Orestes am Ende unversehrt davon.

PROMETHEUS

I

Der gefesselte Prometheus des Aischylos

Die Szene spielt in einer entlegenen Gebirgslandschaft. Macht und Gewalt treten auf und schleppen Prometheus mit sich. Auf Befehl der Macht schmiedet Hephästos, der ihnen gefolgt ist, Prometheus, zur Strafe für seine Wohltaten an der Menschheit, an einen Felsen (Abb. S. 227) und erzählt ihm, der Mensch, der ihn befreien könne, sei noch nicht geboren. Prometheus ruft den Himmel, die Winde, die Ströme, die Erde als Mutter allen Lebens und die allessehende Sonne als Zeugen für das Leid an, das Götter einem Gott zufügen. Wie wäre Befreiung möglich? Doch dann besinnt er sich.

Doch wozu dieser Ton? Denn alles, was geschehn
Wird, steht mir hell im Geist, und nie kann mich ein Leid,
Das ich nicht kenne, treffen. Das Beschiedne soll
Man leicht, wie man's vermag, ertragen, wissend, daß
Sich nichts abdingen läßt des Festbestimmten Macht.
Doch kann ich weder schweigen mein Geschick noch nicht
Verschweigen. Weil ich den Menschen Gaben zutrug, ward
Ich Unglückseliger eingeschirrt in diese Not.
Des Feuers Urquell, den ich stahl und dann verbarg
Im Steckenkraut, die Beute nahm ich mir; es wird
Lehrmeistrin jeder Kunst und Beistand mächt'ger Art
Den Menschen. Diese Freveltat verbüß' ich jetzt
Im Fesselzwang, hoch unterm Himmel angepflockt. (1)

Der Chor, die Töchter des Okeanos, in einem geflügelten Schiff oder Wagen, treten auf und stimmen in sein Wehklagen ein. Zeus, so versichern sie ihm, werde nicht rasten, bis entweder seine Rachsucht befriedigt oder er selbst durch eine Verschwörung gestürzt sei.

Doch Prometheus eröffnet ihnen, daß Zeus eines Tages seine Hilfe brauchen werde, weil er allein ein Geheimnis kennt, das dem Herrn des Himmels den Thron kosten könnte. Obwohl die Frauen seine kühne Rede furchtsam zurückweisen, fährt er fort und prophezeit, daß eines Tages zwischen ihm und Zeus ein Freundschaftsvertrag geschlossen werde.

Dann schildert er, wie er in seine jetzige Lage gekommen ist: In den Machtkämpfen zwischen Kronos und seinem Sohn Zeus hatten Prometheus und seine Mutter Ge oder Themis Zeus geholfen und ihn beraten — denn nur List und Schlauheit, nicht Gewalt konnten den Sieg davon tragen. Doch ihr einziger Lohn war Mißtrauen, das Übel, das in Tyrannenseelen wohnt. Zeus, fährt Prometheus fort, gab nun den Göttern ihre verschiedenen Würden. Nur die Menschen gingen leer aus, ja, er hatte sogar beschlossen, sie völlig zu vernichten, wenn nicht er, Prometheus, ihm Widerstand geleistet hätte. Doch nicht allein damals sei er für die Menschheit eingetreten, denn er habe ihr nicht nur das Feuer, eine der mächtigsten Naturkräfte, sondern auch die Hoffnung gebracht.

Als sich nun Prometheus anschickt, auch von der Zukunft zu sprechen, kommt Okeanos auf einem Flügeltier herbei und bietet ihm seine Hilfe an. Doch Prometheus macht ihm bittere Vorwürfe: nur als neugieriger Zuschauer sei er gekommen. Okeanos rät zur Unterwerfung und will vermitteln:

> Du, halt' Dich ruhig, nicht allzu wild schäume Dein Mund!
> Weißt's ja, Du Kluger mit dem überhellen Geist:
> Gern drückt die Strafe sich den eitlen Worten auf. (2)

Prometheus erinnert an die Leiden anderer Opfer des Zeus; an seinen eigenen Bruder Atlas und den hundertköpfigen Typhon, der zerschmettert unter dem Ätna liegt. Er bittet Okeanos, ihn zu verlassen, um sich nicht ebenfalls zu gefährden. Okeanos geht; seine Töchter singen von der Macht des Zeus, der kraft von ihm selbst aufgestellten Gesetze herrscht und die Götter der Vergangenheit verdrängte. Sie trauern um Prometheus und um seinen Bruder Atlas.
Nun zählt Prometheus die Gaben, die er den Menschen brachte:

> . . . Deuter
> Ward ich der vielen Weisen hoher Seherkunst:
> Die Träume nannt' ich , die im wachen Tage sich
> Erfüllen; Worte, dunklen Sinnes trächtig, und
> Zeichen, die wohl am Weg begegnen, schloß ich auf;
> Den Flug krummkralligen Gevögels unterschied
> Ich klar, sagt', welcher günstig ist und welcher nicht;
> Auch tat ich kund, auf welche Art ein jedes lebt,
> Was ihre Fehden sind und was ihr Liebesbund
> Und ihres Horstes Frieden; das Eingeweide wies
> Ich, seiner Glätte Wert, und wann die Himmlischen
> Zu freun, die Farb' der Galle taugt, wie mannigfach
> Die glückliche Gestalt des Leberlappens ist;
> Gliedmaßen, ganz in Fett gehüllt, verbrannt' ich und
> Die Schenkelknochen; des Wahrsagens tiefe Kunst
> Sollten sie lernen; auch was der Flammen Leuchten birgt,
> Enthüllt' ich ihren Augen, die bis dahin blind.
> So viel hab' ich getan; und noch das Nützliche,
> Das vor den Menschen hütete der Erde Grund,
> Das Erz, das Eisen, Silber auch und Gold: wer dürft'
> Sich rühmen, daß er sie vor mir ans Licht gebracht?
> Keiner gewiß, sprudelt aus ihm kein leer' Geschwätz.
> Faß ich denn alles in ein kurzes Wort, so heißt's:
> Der Mensch hat kein Verstehn, das nicht Prometheus gab. (3)

Er selbst, so klagt er, kann kein Mittel finden, um sich von seinen Qualen zu befreien. Wohl hat er den Menschen auch heilende Kräuter, die Gabe der Weissagung, die Traumdeutung, die Vogel- und Eingeweideschau und die Entdeckung der Metalle Erz, Eisen, Silber und Gold in der tiefen Erde geschenkt – doch all das nützt ihm jetzt wenig.

PROMETHEUS
Noch hat das allvollendende Geschick, daß so
Sich's füge, nicht bestimmt; von tausendfachem Leid
Und Schmerz gebändigt, werd' ich erst von Fesseln frei.
Erfinderkraft versagt vorm Unabwendbaren.

CHORFÜHRERIN
Wer waltet denn am Steuer der Notwendigkeit?

PROMETHEUS
Der Moiren Dreigestalt und der Erinyen Treu'.

CHORFÜHRERIN
So wäre größer ihre Macht als die des Zeus?

PROMETHEUS
Dem, was verhängt ist, weiß auch Zeus nicht zu entgehn. (4)

Die Okeaniden antworten mit dem Gebet darum, daß sie niemals in Opfer und Gebet erlahmen mögen, und erinnern an die Unbeständigkeit und Schwäche der Menschen, jener vergänglichen Geschöpfe, denen Prometheus, einst der glückliche Bräutigam ihrer Schwester Hesione, zu seinem Verderben zu helfen versucht hatte.

Nun tritt Io auf. Sie trägt Hörner, die ihre Verwandlung in eine Kuh symbolisieren, und schreit vor Schmerz und Entsetzen. Die Stiche einer Viehbremse quälen, der Geist des vieläugigen Hirten Argos verfolgt sie. Das ist die Strafe der erzürnten Hera, weil sie die Geliebte Zeus' war (Abb. S. 228). Prometheus, über diesen neuen Beweis für die Tyrannei des Göttervaters erzürnt, sagt ihr eine endlose Irrfahrt voraus. Aber er versichert ihr, Zeus werde sein Schicksal treffen, wenn er eine Frau nehmen werde, deren Sohn mächtiger als sein Vater sei; nur er, Prometheus, könne Zeus dann vor seinem Untergang schützen und ein Nachkomme der Io werde ihn befreien. Als er ihr noch sagt, daß sie in Ägypten Ruhe und eine feste Heimstatt finden werde, unterbricht sie ihn mit einem wilden Schrei, wieder überfällt sie der Wahnsinn, und sie stürzt davon.

Im Schicksal Ios sehen die Töchter Okeanos' eine Warnung, sich nicht über ihrem Stand zu vermählen. Als Prometheus erneut drohend Zeus' Sturz ankündigt, flehen sie ihn an, aus Furcht vor der Nemesis demütig zu sprechen. Doch auch der Götterbote Hermes der nun auftritt, wird von Prometheus als Diener und Lakai der neuen Herren geschmäht. Hermes überbringt den Befehl des Zeus, Prometheus solle den Namen der Frau preisgeben, durch deren Vermählung der König der Götter stürzen könnte. In einem heftigen Wortwechsel weigert sich Prometheus, den Namen zu nennen. Daraufhin verkündet Hermes den Urteilsspruch des Zeus: Er werde den Felsen durch einen Blitz spalten, Prometheus in der tiefen Kluft gefangensetzen und einen Adler senden, der Tag und Nacht an seiner Leber zehren würde. Prometheus habe keine Befreiung zu erhoffen, bis sich ein Gott bereit fände, seine Schmerzen auf sich zu nehmen und freiwillig in den Tartaros hinabzusteigen.

Noch einmal beschwören ihn die Okeaniden, sich zu unterwerfen, doch Prometheus weigert sich. Da beschließen sie, bei ihm auszuharren, komme, was da wolle. Hermes bedroht auch sie:

Doch behaltet wohl, was ich warnend sprach,
Und werdet Ihr vom Verhängnis erjagt,
Schmäht nicht das Geschick, klagt nicht wider Zeus,
Er hab' in ein unvermutetes Weh
Euch gestoßen. Nicht also. Ihr selber habt's

Euch selber getan. Seid Wissende jetzt,
Überrascht nicht, Unvermahnte nicht!
In des Unheils unentwirrbares Netz
Wird der Unverstand Euch verstricken. (5)

Das Drama endet mit der Katastrophe: Unter Donner, Blitz und Erdbeben ruft Prometheus seine Mutter, die heilige Erde und den Himmel an, sie mögen Zeugen des Unrechts sein, das ihm angetan wurde. Zusammen mit den Okeaniden versinkt er in der Tiefe.

2

Der Rebell

Der Chor, der in diesem Stück für Aischylos' Verhältnisse nur wenig zu sagen hat, bringt hier auf ganz neue Weise die mitleidige Teilnahme der Zuschauer zum Ausdruck:

Seufzend seh' ich, wie, Prometheus,
Dich das Geschick furchtbar ergriff. (6)

Die szenischen Wirkungen des *Gefesselten Prometheus* waren ungewöhnlich. Die Jungfrauen kommen in Flügelwagen an und der Gefangene, um den sie sich scharen, war möglicherweise nur eine Puppe, hinter der sich der Schauspieler verbarg. Der Gedanke, dieses Stück zu schreiben, war dem Dichter vielleicht während seiner beiden Sizilienreisen gekommen, deren zweite er kurz vor seinem Tod im Jahre 456 unternahm. Dort lernte er die Tyrannenherrschaft kennen, sah den Vulkan Ätna und hörte wohl auch die Erzählung von dem Riesen, der unter dem Berg begraben liegen sollte. In Matthew Arnolds *Empedokles auf dem Ätna* wird er »der überwältigte Rebell« genannt:

> Durch dessen Herz der Vulkan die steinern' Wurzeln treibt,
> Die in der See versinken.

Um solch erderschütterndes Geschehen wirksam darzustellen, führt Aischylos seltsame, aufsehenerregende Erfindungen ein. Das Drama beginnt mit Hammerschlägen auf die Ketten, die Prometheus an den Felsen fesseln; am Schluß muß der Dichter Möglichkeiten gefunden haben, das Versinken seines Helden in einer gewaltigen Naturkatastrophe anschaulich zu machen. Aischylos und seine Mitarbeiter hatten Sinn für solche theatralischen Effekte; in den *Schutzflehenden* z. B. bevölkern Dutzende, ja Hunderte fremdartiger Gestalten die Szene.

Auch der Mythos von Prometheus war uralt. Teile fanden sich bereits in Hesiods *Werken und Tagen* und in der *Theogonie*. Das Werk des Aischylos ist die einzige dramatische Gestaltung dieses Stoffes, die uns erhalten ist. Seine Version wäre irreführend, wüßte man nicht, daß sie eine Fortsetzung hatte: den *Befreiten Prometheus*. In diesem Stück wird Prometheus von Herakles erlöst, der den Adler tötet; doch sind nur Fragmente davon überliefert. Ob ein anderes, ebenfalls verlorengegangenes Stück, *Prometheus der Feuerbringer*, ein Satyrspiel, wie es oft im Anschluß an die Tragödien aufgeführt wurde, zu diesem Zyklus gehört, ist umstritten.

Angesichts dieser Lücken und Ungewißheiten ist es schwierig, die Vorstellung, die Aischylos von seinem Thema hatte, zu rekonstruieren. Immerhin wissen wir, wie und warum Zeus schließlich nachgab und Prometheus befreien ließ:

> Gewiß wird meiner, und ob er mich auch
> Durch schändliche Gliederbande bezwingt,

Dereinst bedürfen der Seligen Fürst,
Den neuen Anschlag zu wissen, der ihm
Den Stab und die Ehren entreißen soll.
Und wird kein Zuspruch, süßtönender, mich
Mit Zauber berücken, noch duck' ich mich
Vor starrem Bedrohen und geb' ihm preis,
Was ich weiß, eh' nicht das zehrende Erz
Er von mir löst und selbst willens ist,
Bußgeld für mein Leiden zu zahlen. (7)

Eine bei Pindar wiedergegebene Erzählung (8) erklärt diese Stelle: Zeus hatte sich ebenso wie sein Bruder Poseidon um Thetis, die Tochter des Nereus, beworben, war aber dann von seinem Vorhaben zurückgetreten; denn Themis die Mutter des Prometheus (bei Aischylos heißt sie Ge), die ihrem Sohn prophetische Kräfte geschenkt hatte, sagte voraus, daß Thetis einen Sohn haben werde, der stärker sei als sein Vater. Offenbar erlangte in dem verlorenen Schlußstück Prometheus seine Befreiung, indem er dieses Geheimnis entdeckte. Der Kentaur Cheiron, der den Tod herbeisehnt, weil Herakles ihn unheilbar verwundet hatte, bietet sich als Ersatz für Prometheus (9), nimmt dessen Qualen auf sich und geht an seiner Statt in die Unterwelt. So konnte Herakles, ein Sohn der Io, den Gefesselten befreien. Auch hier wird also ein Handel mit den Göttern geschlossen, ähnlich wie am Schluß der Eumeniden.
Ist nun im *Befreiten Prometheus* Zeus gewandelt, der gewaltsame junge Tyrann zum gemäßigten Herrscher gereift, so, wie sich die junge, kriegerische Demokratie zu einem weise verwalteten Rechtsstaat entwickelt hat? Tatsache ist, daß die Götter zwei Gesichter haben. Beide sind unergründlich, doch ist das eine schrecklich, das andere aber milde und gütig. Sinnbild dafür ist das Standbild Apollons zu Delos: In der einen Hand hält er den Bogen, in der anderen die Figuren der drei Grazien.

Das Geschick des Prometheus fand ein seltsames Ende, doch bewies Zeus immerhin Mäßigung, ohne seiner Macht etwas zu vergeben. Er entscheidet sich, Herakles beizustehen (10), wenn auch sein Beweggrund dazu erstaunlich ist und jeder edlen Auffassung von der Gottheit Hohn spricht. Auch Zeus kann dem Schicksal nicht entgehen (11), er setzt aber seine Macht ein, um die Bedrängnis des Prometheus zu beenden (12). Des Rebellen großartige Verfehlung hat so eine Wandlung des Gottes selbst herbeigeführt, soweit dies den Griechen möglich schien.

Den Gedanken an eine Erlösung, die nur als *Möglichkeit* existiert, kann der Mensch nicht ertragen; selbst das *Buch Hiob*, von dem unbekannt ist, ob es vor oder nach Aischylos' Dichtung entstand, endet unerwartet gut — denn das Himmelreich ist allen gewiß, die Gottes Gesetze treu einhalten. So tritt auch in einer assyrischen Legende der Gott Marduk für die Befreiung des *Gerechten Dulders* ein. Aber Prometheus weiß, ähnlich wie der Prophet Jeremia (13), und im Gegensatz zum Gerechten Dulder, Hiob oder Euripides' Hippolytos (14), um die Ursache des göttlichen Zorns; es ist der Zorn einer allmächtigen Gottheit, der ebenso schrecklich und furchtbar dargestellt wird wie z. B. in der jüdischen Überlieferung. Io entwirft ein grauenvolles Bild des Gottes und Hermes antwortet auf das Stöhnen des Prometheus': »Weh mir? Das ist ein Wort, das Zeus gewiß nicht kennt.« (15)

Zeus wollte die ganze Menschheit vernichten, wie schon der Zeus des Hesiod vier aufeinanderfolgende Menschengeschlechter vernichtet hatte:

> Jedoch die Sterblichen, die mühbeladenen,
> Nimmt er für nichts und sinnt sogar darauf, ganz zu
> Vernichten ihr Geschlecht und eine neue Saat
> Zu säen; und keiner wehrt' dem Trachten außer mir. (16)

Die Bestimmung des Prometheus war es, die Menschen aus der Unwissenheit zu befreien – deshalb mußte er den Himmel überlisten. Im triumphierenden Ton der ionischen Philosophen verkündet er die Lehre vom menschlichen Fortschritt. Es ist ein harter, mühsamer Weg, den er beschreitet, doch unendlich verschieden von der mürrischen Härte Hesiods.

Für uns ist Prometheus kein Frevler. Zwar muß man immerhin auch bedenken, daß er als Gegner der höchsten Macht auftrat; doch ist diese Macht grausam, rachsüchtig und bestenfalls gefühllos. Ihr Herrschaftsanspruch gründet sich nicht auf ein moralisches Recht oder innere Überlegenheit, sondern auf persönliche, gewaltsame Machtergreifung.

Die Rede Okeanos' von »Versöhnung« wirkt weichlich und matt, wenn man sie mit der Grausamkeit der metaphysischen Mächte vergleicht. Dennoch ist Prometheus stark genug, Zugeständnisse zu erreichen oder durch Erpressung zu erzwingen. Bei vielen Völkern ist die Gestalt des Kulturbringers mit der Gottheit verknüpft, vermischt oder manchmal auch in Gegensatz zu ihr gestellt: Nicht nur die Klugheit des Helden, auch die Macht seines Gegners ist am Schluß zum Kompromiß gezwungen. Trotz all dem ist Zeus, wenn auch »durch das Dikkicht sich ziehn schattentief die Pfade seines Plans« (17), der Beschützer der Gerechtigkeit. Sie ist nach Hesiod seine Tochter, die ihm gegen seinen Vater beistand.

Doch obgleich der Hymnus an Zeus im *Agamemnon* es anders sieht: Zeus besitzt keine Güte. Ein Blick in die Welt dürfte genügen, dies zu bestätigen. Ein späterer Schriftsteller bemerkt: »Es wäre seltsam, wollte jemand behaupten, er liebe Zeus« (18). Die Herausforderung des Prometheus an Zeus ist unvernünftig, denn wie konnte der Überlistige von der höchsten Macht Gnade gegen einen solchen Feind erwarten? Vielleicht auch wollte Zeus nach der Vernichtung der Menschen, etwas

Besseres an ihre Stelle setzen und Prometheus wurde schuldig, weil er ihn daran hinderte? All diese Fragen lassen sich mit Logik nicht erfassen. Der Prometheus des Aischylos entsprach der edlen Gesinnung einer Gesellschaft, die einen Harmodios und Aristogeiton erlebt und geehrt hatte, die um der Freiheit willen Hipparchos, den Sohn des Tyrannen Peisistratos, ermordeten. Nur in einem hat Prometheus unrecht, in der Behauptung, er werde »Zeus zum Trotz« triumphieren. Zeus war nicht seit jeher gewesen, aber er hatte den Kreislauf von Aufstieg und Fall der Herrscher beendet und zum Stillstand gebracht. Prometheus leugnet ungerechterweise auch dies. In seinem Trotz fordert er immer wieder Rechtfertigung – doch auf Kosten einer höheren, härteren und unfaßbareren Ordnung.

Im späteren muß sich dieser Trotz gemildert haben, Prometheus gibt freiwillig sein Geheimnis preis. Er, der über den Menschen steht, kann, anders als gewöhnliche Sterbliche und unter Qualen, mit der göttlichen Macht in einer kosmischen Ordnung eins werden und einen neuen, wenn auch ungesicherten Spielraum für menschliches Bemühen finden. Der unzugängliche mächtige Zeus des Aischylos erlaubte keine Religionsauffassung, in der die göttliche Gewalt durch romantisch moralisierende Geschichten verbrämt werden konnte, und ein Gott, mit dem man Verlust und Gewinn aushandeln konnte, war bei ihm undenkbar. Hermes, der Bote des Zeus, zeigt wie zwiegesichtig die Götter der Griechen waren. Dieser brummige, hochmütige Bediente des »Chefs« hat nichts von der liebenswürdig lächelnden Respektlosigkeit an sich, die wir in der ihm gewidmeten vierten *Homerischen Hymne* finden. Weit entfernt ist der Hermes des Aischylos auch von der Rolle des »Führers der Lebendigen« in der *Ilias* und des Totenführers in der *Odyssee.* Auch bei Homer ist er der Götterbote, aber er wirkt nicht so unsympathisch wie hier. Gewöhnlich ist Hermes der schlaue,

unmoralische »Gott der Diebe«, eine Variante der Schelmengestalt, der zuerst der Herr der Tiere war und später zum Beschützer der Gaunerstücke des kleinen Mannes wurde. Das alles ist er bei Aischylos nicht.
Ein Jahrhundert nach Aischylos läßt Plato, der trotz seiner Abneigung gegen althergebrachte Überlieferungen gelegentlich Mythen benützt, um schwerverständliche Wahrheiten, die jenseits des logischen Denkprozesses liegen, deutlich zu machen, den Sophisten Protagoras die Geschichte des Prometheus erzählen (19). Doch bei Plato wird der Prometheus-Mythos zu einer Entwicklungstheorie der menschlichen Gesellschaft. Teils auf der ionischen Philosophie, teils auf ganz neuen Gedankengängen beruhend (wobei wir nicht wissen, ob die Neuheit auf Protagoras oder Plato zurückgeht), behauptet die Platonsche Version des alten Mythos, daß die Tugend lehrbar sei, und demonstriert, wie wichtig das Gesetz für den Fortschritt der Menschheit ist. Das Verdienst um diesen Fortschritt hat jedoch nicht mehr Prometheus, der nur eine untergeordnete Rolle spielt, sondern ein unerschütterlich fester Zeus. Damit ist Plato freilich unter den Autoren, die der Prometheus-Stoff gefesselt hat, in der Minderheit, denn er deutet die Erzählung nicht revolutionär sondern ganz konservativ.
Gewöhnlich hat man Prometheus als den Vertreter der Menschheit und ihres strebenden Geistes gesehen und in dem Stück des Aischylos, ungeachtet seiner Fortsetzung, als einen Urmythos ausgelegt, der sich auf die Bestimmung des Menschen überhaupt bezieht. Das Thema wird nicht nur mit Hiob, sondern sogar mit dem gekreuzigten Christus in Verbindung gebracht, in dem Tertullian »den wahren Prometheus« sah: Die Kämpfe Prometheus' galten den Kirchenvätern als mystisches Symbol für die Passion Christi. Die Renaissance war über ihn geteilter Meinung: Marsilio Ficino (gest. 1499) nennt ihn ein Sinnbild

für den Menschen in seiner höchsten Vollendung. Michelangelo zeichnete ihn, gefesselt an eine ungeheure Eiche, während der Adler ihm die Leber abfrißt. Ronsard (gest. 1585) dagegen stellte ihn sich echt mittelalterlich als eine gelehrte Metapher für den gefallenen Adam vor. Später, bei Milton, wird Prometheus das Vorbild für Simson und vor allem für Satan, der ebenso großartig wie der griechische Heros ist, nur weniger sympathisch.

Im Zeitalter Rousseaus und der Revolution beschäftigte man sich mit einer Version der Prometheus-Sage, die weder von Hesiod noch von Aischylos erwähnt wird: Prometheus ist hier, gleich dem Erzengel Michael, der Adam aus Staub gebildet hat, der Schöpfer der Menschheit. Als Material diente ihm der Lehm am Ufer des Panopaios in Phokis und Wasser, oder Lehm, mit Teilen anderer Lebewesen vermischt (20). Anders als Mephisto, der Geist, der stets verneint, ist Prometheus der bejahende Geist, dessen unbekümmerte Frechheit uns erheitert. Für Herder verkörpert er »das unausgesetzte Bemühen des Heiligen Geists, um alle Kräfte des Menschen zu erwecken«.

Als man nach dem Ende des Rokoko wieder ungezwungener und unmittelbarer zu denken begann, wurde Prometheus zum Vorkämpfer in der Erhebung gegen starre Tyrannei. Für die Dichter der Romantik war er das herrliche Symbol des freien Menschengeistes, der gegen herrschsüchtige Priester und Könige kämpft, einer jener edlen Titanen, die die Phantasie von Hölderlin und Blake gefangennahmen. So hat er auch den jungen Goethe begeistert, der in seinem Stück *Prometheus* (1773) die ganze Fülle des Lebens ausbreitet. Beinahe ein halbes Jahrhundert später (1820) fürchtete Goethe jedoch, dieses Jugendwerk könnte für die revolutionäre Jugend zum Evangelium werden; deshalb zog er es nun vor, ihn nicht so sehr politisch sondern als großen Kulturbringer darzustellen, als den, der das Gute tut, anstatt bloß davon zu träumen. Doch in der Zeit zwischen diesen beiden Interpretationsmöglichkeiten hatte fast jeder Dichter Prometheus, als Symbol des Aufstands gefeiert. In seinem *Prometeo* (1797) stellte ihm Vicenzo Monti Napoleon zur Seite als Befreier von der Tyrannei. Für Byron wieder war Napoleon der Zerstörer, Prometheus dagegen der Förderer menschlichen Lebens:

Göttlicher Frevel – hilfreich sein
Durch Rat zu mindern und Gebot
Die Summen erdgeborner Not
Den Menschen Kraft im Geist zu leihn ...
Wie du ist er halb göttlich wohl
Aus reiner Quell' ein trüber Fluß ...

Um diese Zeit begann in der englischen Literatur ein reiches, wenn auch fremdartig wirkendes Wiederaufleben der klassischen Mythen. Grund dafür war die Weiterentwicklung der klassischen Wissenschaften, verbunden mit neuen, bahnbrechenden Ideen über Natur und Religion der Alten. Das wesentliche Moment war dabei die ganz unklassische Verwendung von Allegorie und Symbol, die schon für das Mittelalter kennzeichnend gewesen waren. Goethe hatte sich vom klassischen Griechenland abgewandt und seine Aufmerksamkeit auf den *Faust* konzentriert. Nun war es Prometheus, der die Dichter beschäftigte. Shelleys Drama *Der befreite Prometheus*, das in den Jahren 1818/19 in Italien entstand, wurde von ihm selbst als eines seiner besten Werke angesehen. Wie Keats in einigen seiner Gedichte, beweist auch Shelley in seinem Stück, wie sehr sich ein schöpferischer Künstler die klassische Mythologie zueigen machen kann. Die vielschichtige Erfindungsgabe Shelleys entfernt sich von der griechischen Tradition und nimmt Elemente von Calderon und Goethe, aus Youngs *Nachtgedanken*

Ödipus und die Sphinx. Inneres eines Trinkgefäßes. Rom, Vatikanische Museen

Louis Galloche, Herakles bringt Alkestis aus dem Hades zurück. Paris, École des Beaux-Arts

und Robert Blairs *Grab* (1813) auf. Zwar hält er an der überlieferten Vorstellung, Prometheus sei durch sein Leiden ein Vorkämpfer der Menschheit, fest; gleichzeitig aber ist sein Prometheus ideales Sinnbild für die Menschheit selbst und der Inbegriff der höchsten moralischen und geistigen Entwicklung. Sein Konflikt ist Gleichnis für den ewigen Konflikt zwischen Gut und Böse, das Feuer, das er den Menschen geschenkt hat, steht für die schöpferische Energie des Dichters. In seiner neuen Lebendigkeit und Frische ist Shelleys Prometheus frei von persönlichem Ehrgeiz und von Rachsucht: Die Katastrophe als schwacher Ausgleich genügt dem Dichter nicht, Jupiter, der alte Gott, wird durch Demogorgon, die Ewigkeit, den Geist der Stunde, gestürzt.

Im *Epimetheus* des amerikanischen Dichters Longfellow wird die dichterische Desillusionierung durch Hoffnung überwunden, während in seinem *Prometheus* (1858) der Heros als »Dichter, Prophet und Seher« auftritt, der, durch Leiden weise geworden, die Fackel des Fortschritts und der Schöpferkraft trägt.

Ach Prometheus, Himmelsstürmer!
In solch Stunden hoher Freude
Möchte auch das schwächste Herz
Furchtlos mit dem Geier fliegen
Um Kaukasiens düstre Klippen!

Der größte Prometheus-Dichter in Amerika war jedoch Herman Melville. Sein halbverrückter Held, Kapitän Ahab in *Moby Dick,* ist ein spätgeborener Nachfahre des Prometheus, der in der einsamen Wasserwüste des Stillen Ozeans mit wütendem Haß den »Weißen Wal« verfolgt, ein Ungeheuer, das an Stelle Gottes steht: »Nun weiß ich es: Lästerung ist das richtige Gebet zu dir!« Ahab reißt jedoch, im Gegensatz zu

Prometheus, die Menschen mit sich ins Verderben. Am Ende wird er durch das Seil seiner Harpune an den Wal gefesselt, wie Prometheus an den Felsen, wie Christus an das Kreuz. Melvilles ganz eigentümliche Phantasien und seine im Stil Neu-Englands gehaltenen Allegorien entfernen sich allerdings weit von den Vorbildern des Altertums; auch verwendet er keine klassischen Namen. Elisabeth Barrett-Browning verzichtet bewußt auf klassische Namen und Gestalten. Als Robert Browning, ihr zukünftiger Gatte, ihr Prometheus als dichterischen Stoff vorschlug, lehnte sie ab; nicht nur, weil ihr die Mythen allzu abgegriffen schienen, sondern vor allem, weil sie christliche Themen an ihre Stelle setzen wollte. »Die alten Götter sind entthront«, sagte sie, »laß die Toten ihre Toten begraben. Auch das Christentum ist ein wertvoller Mythos und verdient dichterischer Behandlung.« Aber in den folgenden Generationen fanden immerhin so verschiedenartige Dichter wie Hardy und Rimbaud Aischylos' Mythen der Gestaltung wert. Hardy greift in den *Dynasten* und am Schluß von *Tess* darauf zurück, Rimbaud schrieb sich selbst prometheische Kräfte zu: »Der Dichter ist es, der eigentlich das Feuer raubt und mit der Führung der Menschheit und sogar der Tiere betraut ist. Er muß die Menschen seine Einsichten fühlen, hören, greifen lassen.« (1871) Nietzsche kontrastiert das weibliche Prinzip im Sündenfall, den die Schlange herbeiführte, mit dem männlichen der Geschichte vom Prometheus.

André Gides *Prométhée mal enchaîné* (1899) konnte zwar den Felsen verlassen, doch der Adler (oder Geier) bleibt ihm als Gefährte und frißt weiter an seiner Leber, denn der Vogel verkörpert sein Gewissen und seinem Gewissen bleibt er treu. Er will keinen »toten Albatros um den Hals tragen«. K. Abraham untersuchte (1913) den Prometheus-Mythos auf dieselbe Weise wie Freud den Ödipusstoff, bestechend, aber ohne Überzeugungskraft. Vor kurzem hat Camus die Tragödie des Aischylos bearbeitet; das Stück wurde in Algerien aufgeführt, aber nie veröffentlicht. Seiner Verachtung für unmenschliche politische Systeme und der Liebe zum Leben gab er später in der Gestaltung des Mythos um einen anderen Rebellen des Altertums Ausdruck: der in unserem Jahrhundert sehr verbreiteten Sage von Sisyphos, welcher wie Tantalos, Ixion und Tityos in den Hades verbannt war. Sisyphos mußte zur Strafe in Ewigkeit einen Felsblock auf die Spitze eines Hügels wälzen, von dessen Gipfel er stets wieder herabrollte.

Aber im Gegensatz zu Sisyphos findet Prometheus am Ende Erlösung. Der Bildhauer Jaques Lirchitz hat diese Erlösung auf seine Art gedeutet: Er schuf 1943 eine Statue des Prometheus, der den Adler, der ihn immer wieder gequält hatte, erdrosselt.

IV

ÖDIPUS UND ANTIGONE

ÖDIPUS

I

König Ödipus von Sophokles

Aus dem königlichen Palast in Theben tritt Ödipus. Das Volk kniet auf den Stufen des Palasts und rund um die Altäre, die im Außenhof stehen. Der Priester fleht den König an, die Stadt von der Seuche zu befreien, die das Volk befallen hat. Er hatte einst die Schreckensherrschaft der Sphinx gebrochen; nun soll er noch einmal rettend eingreifen. Ödipus schwört, er werde dem Orakel des Apollon Folge leisten, das zu befragen Kreon, der Bruder seiner Frau Jokaste, nach Delphi aufgebrochen ist. Kreon kommt zurück und berichtet, daß der Gott die Bestrafung eines Unbekannten fordere, der Laios, den Vorgänger des Königs auf einer Pilgerfahrt ermordet hatte. Damals hat der einzige Überlebende berichtet, die Tat sei von einer Räuberbande begangen worden. Ödipus bekräftigt sein Versprechen zu handeln; nachdem der Chor der thebanischen Ältesten Apollon, Artemis, Athene und Dionysos angerufen haben, Theben von der Pest zu erlösen, belegt der König den Verbrecher mit Acht und Bann. Auf Kreons Vorschlag sendet er nach dem Seher Teiresias. Dieser lehnt es ab, den Namen des Mörders zu nennen, als er aber schließlich durch Spott herausgefordert wird, beschuldigt er den König selbst. Die Ältesten schmähen den Mörder, weigern sich jedoch zu glauben, daß Ödipus wirklich der Schuldige ist. Der König und sein Schwager geraten scharf aneinander: Kreon leugnet, Teiresias bestochen zu haben, er solle Ödipus anklagen. Die Königin beendet den Streit und beruhigt ihren Gatten, indem sie ihn daran erinnert, daß das Orakel Laios ja geweissagt hatte, er werde durch die Hand seines eigenen Sohnes umkommen. Daraufhin hatte der König seinen Sohn als Säugling im Gebirge aussetzen lassen, wo dieser den Tod fand. Laios aber wurde von Räubern erschlagen, und zwar an einem Kreuzweg, an dem sich drei Straßen treffen.

Diese Mitteilung erweckt den ersten Argwohn bei Ödipus. Er befragt seine Frau um Ort und Zeit des Mordes, um das Aussehen und die Begleitung des Laios, und ihm steigt die Befürchtung auf, er sei es wirklich selbst gewesen, der unwissend die Tat beging. Sein Vater, so erzählt er Jokaste, war Polybos, der König von Korinth. Einst hatte Ödipus, erzürnt darüber, daß er als von niederer Herkunft geschmäht wurde, das Orakel befragt und die Antwort erhalten, er werde seinen Vater töten und seine Mutter heiraten. Daraufhin hatte er Korinth verlassen, und auf seiner einsamen Wanderschaft einen Greis getötet, der ihn heftig vom Wege gewiesen hatte. Die einzige Hoffnung Ödipus' gründet sich auf den Bericht des Zeugen, daß viele Männer, nicht einer, in den Mord an Laios verwickelt waren. Auch Jokaste bestärkt ihn in dem Glauben, daß durch diese Tatsache ja das Orakel widerlegt sei. Doch der König läßt den Überlebenden, einen Hirten, holen. Die Ältesten beten darum, von zwei Übeln verschont zu bleiben: von Hochmut, der zum Fall führt, und von der sträflichen Mißachtung des heiligen Orakels Apollons.

Ein Bote aus Korinth trifft ein und berichtet, König Polybos sei gestorben. Nun möge Ödipus den Thron besteigen. Er und Jokaste sind überglücklich, weil der Orakelspruch, wonach der Vater des Ödipus durch die Hand seines Sohns fallen werde, nicht eingetroffen ist. Doch noch immer fürchtet Ödipus die zweite Weissagung, er werde seine Mutter heiraten. Deshalb will er die Einladung nach Korinth ablehnen. Da eröffnet ihm der Bote, er solle diese Befürchtung fahren lassen. Polybos sei gar nicht sein Vater gewesen:

Bote: So wisse denn, daß ein Phantom dich schreckt.
Ödipus: Wie kann das sein, ich sei denn nicht ihr Sohn?
Bote: Dein Blut hat nichts mit Polybos gemein.
Ödipus: Wie, König Polybos war nicht mein Vater?
Bote: Er ist es nicht, so wenig wie ich selbst.
Ödipus: Wie stünd' er so dem fremden Manne gleich?
Bote: Du stammst von jenem nicht und nicht von mir.
Ödipus: Wie konnt er dennoch seinen Sohn mich nennen?
Bote: Er nahm dich einst aus meiner Hand entgegen.
Ödipus: Und liebte mich als wie sein eigen Kind?
Bote: Hatt' er doch selber keine Kinder, Herr.
Ödipus: Doch wie bin ich in deine Hand gekommen?
Bote: Ich fand dich in den Schluchten des Kithairon.
Ödipus: Was lenkte deinen Weg auf jene Höhn?
Bote: Ich hütete die Herden im Gebirg.
Ödipus: So warst du Hirt in eines Herren Dienst?
Bote: Dein Retter war ich, Kind, in jener Zeit.
Ödipus: Was war dem Kinde Böses widerfahren?
Bote: Die Fußgelenke mögen dir's bezeugen.
Ödipus: O rühre nicht an dieses alte Übel.
Bote: Ich löste dir die Riemen aus den Füßen.
Ödipus: Traun, schwerer Makel zeichnet mich von Kind auf.
Bote: Und also war dein Name Ödipus.
Ödipus: Wer sind die Eltern, die mich so genannt?
Bote: Ich weiß es nicht. Frag ihn, der dich mir reichte.
Ödipus: So hast du also mich nicht selbst gefunden?
Bote: Ein fremder Hirt hat dich mir anvertraut.
Ödipus: Und weißt du noch, wer dieser Fremde war ?
Bote: Es hieß, er sei von Laios Leuten einer.
Ödipus: Des Laios, der einst Thebens Herrscher war?
Bote: Ja, Herr, ein Sklave aus des Königs Haus.
Ödipus: Und lebt er noch, daß ich ihn sehen könnte?

Bote: Das mögt ihr hierzulande besser wissen.
Ödipus: Ist einer unter euch, die hier versammelt,
der auf dem Lande oder in der Stadt
den Hirten je gesehn, von dem er spricht?
Sagt an! Die Zeit ist da, es nun zu finden.
Chor: Mich dünkt, dies sei kein andrer als der Alte,
Den du zu sehen früher schon begehrtest.
Doch besser sagt es dir Jokaste selbst.
Ödipus: Mein Weib, entsinne dich des alten Mannes,
Ist es derselbe, den der Fremde meint?
Jokaste: Was kümmert's dich? Kehre dich nicht daran
Und gib es auf, zu deuten, was sie sagen.
Ödipus: O, fern sei dies von mir, daß ich die Zeichen
Nicht achte, die mir sagen, wer ich bin.
Jokaste: Bei allen Göttern, nein! – Wenn dir dein Leben
Lieb ist, halt ein! Es sei genug an mir.
Ödipus: Getrost! Ob dreifach von den Ahnen her
Ich Sklave bin, du bist um nichts geringer.
Jokaste: Dennoch – Herr, ich beschwöre dich – gib nach!
Ödipus: Ich laß es nicht, bevor sich alles klärt. (1)

Jokaste verläßt ihn in Verzweiflung. Die Ältesten sprechen die Hoffnung aus, des Ödipus Vater sei vielleicht ein Gott gewesen. Der Hirt, der damals als einziger den Kampf am Kreuzweg überlebte, tritt auf. Der Bote aus Korinth erkennt in ihm den Mann, der ihm einst das Kind anvertraute. Er wird verhört und gesteht schließlich, daß das Kind der Sohn des Laios war und daß er selbst ihn von der Frau des Königs erhalten habe. Ödipus kennt nun die Wahrheit. Mit dem wilden Schrei, er sei dreifach sündig: durch Geburt, durch die Heirat mit seiner Mutter und das vergossene Blut seines Vaters, stürzt er davon. Die Ältesten bejammern sein Schicksal und wünschen, sie hätten diesen Mann nie zu Gesicht bekommen.

Ein Bote tritt aus dem Palast und berichtet, Jokaste habe sich erhängt, der König sich geblendet. Ödipus wird herausgeführt und bittet die Ältesten, ihn entweder zu verbannen oder zu töten. Sein Schwager Kreon geleitet ihn wieder in den Palast zurück und verspricht, für seine jungen Töchter Antigone und Ismene zu sorgen.

Ödipus sagt ihnen ein vermeintlich letztes Lebewohl, denn er fordert von seinem Schwager, ihn aus dem Land zu verbannen. Kreon antwortet, darüber müsse Apollon entscheiden, und als er merkt, daß Ödipus sich von den Kindern doch nicht trennen kann, bittet er ihn, nicht alles nach seinem Willen entscheiden zu wollen. Diese Tage sind nun vorüber. Das Schlußwort der Ältesten lautet: »Preise keiner sein gesegnet Los, / Ehe er des Daseins Grenze überschritten ohne Leid.« (2)

2

Der Sturz des Ödipus

Die Stadt Theben, am Südrand der östlichen Ebene von Böotien gelegen, war in der mykenischen Epoche die Hauptstadt von Mittelgriechenland; da sie in der Städtetafel Homers (3) nur als kleine Siedlung erwähnt wird, könnte man darauf schließen, daß sie vorübergehend verwüstet war. Die Thebaner besaßen blühende Weizenfelder und eine Pferdezucht, waren also Bauern und Selbstversorger und hatten kein Interesse daran, ihre Macht nach Übersee auszudehnen. Obwohl sie schöne Dichtungen schufen, galten sie als schwerfällig.

Wir wissen vom alten Theben nicht nur deshalb so wenig, weil dort noch keine Ausgrabungen stattfanden, sondern auch weil ein thebanischer Epenzyklus, der von König Ödipus und seinem Haus handelt, völlig verlorengegangen ist. Die beiden wichtigsten Epen, die *Thebais* und die *Oidipodia* entstanden vermutlich im achten Jahrhundert v. Chr. Die *Thebais*, ein hochberühmtes Werk, wurde seit altersher Homer zugeschrieben, doch ist die Überlieferung unsicher. Die *Oidipodia* soll von einem Kinaethon aus Sparta verfaßt worden sein.

Ödipus mag als Person wirklich existiert haben, und in seine Lebensgeschichte wurde außer anderen legendenhaften Zügen die klassische Volkssagen-Situation von dem verwoben, der eine ungünstige Prophezeiung abzuwenden glaubt und sich sicher fühlt, während schließlich das Vorausgesagte auf unerwartete Weise doch in Erfüllung geht. Vielleicht aber ist er auch eine durch und durch mythische Gestalt. In jedem Fall unterscheidet er sich von den Homerischen Helden, denn seine Intelligenz übertrifft seine Körperstärke (noch Odysseus besaß beides in hohem Maß). Er ist auch kein Sohn oder Schützling der Götter, sondern nur Glied einer Menschenfamilie, an deren Größe und Schuld er teilhat.

Ödipus fehlt die körperliche Stärke, weil sein Vater Laios ihm im Säuglingsalter, bevor er ihn aussetzte, einen Dorn durch die Fußsohlen treiben ließ. Dies geschah wohl, um den Dämon des toten Kindes zu bannen, und daher stammte sein Name, der soviel wie »Schwellfuß« bedeutet. Das Aussetzen von Kindern war bei den Griechen nichts Ungewöhnliches; die sich oft wiederholenden Mythen vom Überleben solcher Kinder symbolisieren den Sieg über das Schicksal. Solche Berichte mögen sich vom Gebrauch den Mannbarkeitsriten in der frühen Gesellschaft herleiten; in der Psychopathologie stehen sie, wie Jung ausführte, für die erträumte Umwandlung persönlicher Unzulänglichkeiten in große Machtfülle. Der Heros der Maori, Massi, wurde als Kind ins Meer geworfen, und Vainamoinen, der Held der *Kalevala,* »schwamm auf dunklen Wogen«. In den Überlieferungen des Mittelmeerraums wurden Moses und Romulus und Remus ausgesetzt und schon im dritten Jahrtausend vor Christus berichtete der akkadische König Sargon darüber, daß er selbst das gleiche Schicksal erfuhr (4). Das Thema wurde nicht nur ein erfolgreicher Komödienstoff. Shakespeare zeigt in seinen letzten Stücken das tragische Preisgegebensein des Menschen, indem er viele seiner Helden und Heldinnen verlassen dem Sturm ausgeliefert darstellt. Sie werden, wie Ödipus, vor der Gefahr umzukommen gerettet, doch wachsen sie einsam heran und bleiben von der menschlichen Gemeinschaft ausgeschlossen. Ödipus hatte dank seinem Sieg über ein weibliches Ungeheuer aus der Unterwelt, die Sphinx, seinen Thron errungen. Der Name »Sphinx« wird meist mit »Würgerin« erklärt; doch wahrscheinlich bedeutet er »Feßlerin«, d. h. Todesdämon. Die Sphinxe stammen ursprünglich aus Ägypten, doch wurden sie im ganzen Nahen Osten bekannt. In Griechenland tauchen sie vom siebenten Jahrhundert an häufig auf Friesen und Vasen im orientalischen Stil auf (Abb. S. 261), doch sind sie nicht mehr, wie in Ägypten männlichen, sondern weiblichen Geschlechts und vermutlich mit den »Nachtmaren« verwandt, deren Ursprung von Freud auf das Tabu der Blutschande zurückgeführt wird. Die Sphinx war von Hera nach Theben entsandt worden und hatte furchtbar unter dem Volk gewütet. Ödipus besiegte das Ungeheuer, indem er ein Rätsel löste, das andere vor ihm nicht hatten erraten können. Diese Rätsel, die vermutlich eine andere Wurzel haben als die Volksmärchen, doch ebenso verbreitet sind, kannte man von der Mongolei bis nach Zentralafrika. In Griechenland, wo solche Rätsel, die auf Parabeln und Sprichwörter in Hesiods *Werken und Tagen* zurückgehen, besonders beliebt waren, galten sie als »Ableger« der in ihrer Zweideutigkeit irreführenden göttlichen Orakel und spiegelten die Last der Entscheidung, die den Menschen aufgegeben war, wider. Das Rätsel der thebanischen Sphinx hieß:

Es gibt ein Ding, dessen Laut ist einer
Doch Füße hat es zwei und vier und drei.
So wechselnder Gestalt ist keiner,
Der lebt auf Erden, Himmel oder auch zur See.
Wenn es dann auf den meisten Füßen geht,
Ist es am schwächsten und gar träg sein Schritt. (5)

Ödipus erriet, daß damit die drei Lebensalter des Menschen gemeint sind. Freud mutmaßte später, diese Rätselfrage müßten mit der ältesten und brennendsten Frage der Unreifen zusammenhängen, mit der Frage, »wo die kleinen Kinder herkommen«. Ödipus löste das Rätsel (Abb. S. 261) und gewann so den Thron von Theben (6). Tennyson sagt im *Tiresias:*

Die Bestie fand einen, der sie an Weisheit übertraf
Und stürzte sich in Wut hinab und starb.

Obwohl im *König Ödipus* des Sophokles kaum etwas »passiert«, als daß Leute mit Nachrichten eintreffen, geht eine ununterbrochene, gewaltige Spannung durch das ganze Stück. In den wundervoll geschmeidigen Dialogen zählt jedes Wort, und die Chorpartien sind atemberaubend. Die Probleme sprechen nicht unseren Verstand, sondern unmittelbar das Empfinden des Zuschauers an. Es scheint uns zwar unwahrscheinlich, daß Ödipus nicht nachgeforscht haben sollte, welches Ende sein Vorgänger gefunden habe. Aber in der spannungsgeladenen Atmosphäre während einer Aufführung im Amphitheater unter freiem Himmel tauchte diese Frage wohl kaum auf.

Bei seiner ersten Aufführung, die wir heute nicht mehr datieren können, errang das Drama zwar nicht den ersten Preis; doch schon Aristoteles nannte es das Muster einer Tragödie. Die in ungeheurer Bildhaftigkeit gestaltete Handlung führt durch Blindheit, Licht und Finsternis zu einem herzzerreißenden Schluß. Das Publikum kannte von Anfang an den Schuldigen; für Sophokles war die Frage, die Voltaire später im Vorwort zu seiner *Mérope* erörterte, der Nutzen der Ungewißheit für die Entwicklung einer dramatischen Handlung, noch gegenstandslos. Bei ihm lassen sich die unausweichlich eintretenden Ereignisse vorhersehen. Dem Umstand, daß die Zuschauer in das Geheimnis eingeweiht sind, die handelnden Personen jedoch nicht, führt zu einem Höhepunkt der tragischen Ironie, einem typischen Element der Sophokleischen Kunst. Bei diesem Prozeß spielt der Chor eine wesentliche Rolle, denn dieser Dichter macht ihn zum Mittler zwischen den Gefühlsbewegungen der Zuschauer und der Handlung. Er ist also mehr als bloß Sprachrohr des Dichters oder mitfühlender Betrachter, denn er gibt der Sophokleischen Interpretation des Mythos Hintergrund und Rhythmus und trägt dazu bei, die Wirkung etwa von Haß und Ehrgeiz im menschlichen Leben deutlich vor Augen zu führen.

Denn in den Mythen, und selbst noch in den grausamsten, sieht Sophokles das ewige Spielfeld des Menschlichen. Sein dramatisches Gefühl läßt auch das Entsetzliche gelten, selbst wo sein Gewissen es ablehnt, und mehr als Aischylos hält Sophokles am Gefüge des ursprünglichen Mythos fest. Aber der mythologische Stoff allein wäre nichts ohne das dichterische Genie: Sophokles gibt ihm so neue und eigenständige Form, daß ein wirklich autonomes Kunstwerk entsteht, das alles überflüssige Beiwerk entbehren kann. Dasselbe gilt, in Analogie zur bildenden Kunst, etwa auch für den gleichzeitig entstandenen Parthenon: Auch dieses dankt seine makellose Form nicht üppigem Schmuck, sondern einer Einfachheit, die durch feinste Effekte in Konstruktion und Stil zustande kommt.

Das hauptsächlichste Spannungsmoment im *König Ödipus* bildet der Übergang von der Unwissenheit zur Erkenntnis, der

Sturz von der Höhe des Ruhms in Verzweiflung. Von allen Gestalten der Mythologie, die hinter der Illusion die Wahrheit suchten, ist Ödipus die berühmteste. Die tragische Gestaltung muß nun bewirken, daß der unerträgliche Augenblick, in dem der König die Wahrheit über sich selbst und seine Taten erfährt, bildhaft wird und zu dem Vorangegangenen glaubhaft in Beziehung tritt. In dieser Kunst wurde Sophokles allein von Racine erreicht. Sophokles liegt, wie gesagt, nicht so viel daran, eine Moral herauszuarbeiten. Im raschen Ablauf des Bühnengeschehens, dessen dramatische Bewegtheit einem antiken Relief vergleichbar ist, sind die tragischen Zusammenstöße nicht so sehr Ergebnis psychologisch konstruierter Gedankengänge, sondern spontaner Handlungen, die ganz dem Charakter der dargestellten Personen entsprechen. Sophokles' Menschen bewegen sich, wie schon Aristoteles beobachtet hat (7), auf einer anderen Ebene als gewöhnliche Menschen. Mit Standhaftigkeit und Energie setzen sie sich mit den furchtbaren Situationen auseinander und entscheiden sich (wie das auch Sophokles und seine Zeitgenossen in einer Epoche tun mußten, da alle Werte in Frage gestellt waren), zu tun, was sie ihren Göttern, ihrem Staat, ihrer Familie und sich selbst schuldig waren.

Unter diesen dämonischen, stolzen, trotzigen, temperamentvollen und von eiserner Willenskraft erfüllten Duldern des Sophokleischen Dramas steht Ödipus an erster Stelle. Er ist der Herrscher, der sich ohne fremde Hilfe zu dem machte, was er ist, und der dank seines hohen Wertes Feinde überwältigte, die vorher als unbesiegbar galten. Für ihn stimmt die Theorie des Aristoteles, daß in der Tragödie das Unglück einen edlen Mann nicht deshalb überwältigt, weil er lasterhaft ist, sondern weil seiner Person unbewußt irgendein Makel, ein Irrtum (hamartia) anhaftet (8). Es wurde ausführlich darüber diskutiert, ob dies ein Charakterfehler, eine sittliche Schwäche sei oder ein Versagen

Michelangelo, Leda und der Schwan. London, National Gallery

Tizian, Bacchus und Ariadne. London, National Gallery

der Urteilskraft wie im Falle Deianiras, die in der besten Absicht irrte: In den *Trachinierinnen* tötet sie Herakles (9) durch einen vermeintlichen Liebestrank. Vielleicht wirkt in all solchen Fällen ein ererbter Fluch, denn Schuld wird, ob absichtlich herbeigeführt oder nicht, noch immer als Krankheit angesehen und ist wie diese erblich (10). Geriete andererseits ein völlig untadeliger Mann plötzlich ins Unglück, so wäre dies noch kein Stoff für eine Tragödie; Shakespeares Richard III. und Macbeth z. B., sind Schurken, doch fehlt ihnen keineswegs die »große Seele«, die Corneille für die Hauptgestalt des Dramas fordert. Der aristotelische Held, für den Ödipus ein Beispiel gibt, ist schwerer zu fassen: Er ist nicht nur großgesinnt, sondern besitzt überdies noch manche andere Eigenschaft, die ihn aus der Masse herausheben. Zwar tötet er im jähen Zorn am Kreuzweg, als er herausgefordert wurde; aber damals kämpfte und tötete man allgemein, und er wußte auch nicht, daß sein Opfer ein Verwandter sei. In seiner selbstsicheren, die Situation stets rasch meisternden Art könnte man Ansätze der Hybris sehen. Aber nicht deshalb, zumindest nicht allein deshalb, trifft ihn die Katastrophe. Er ist das Opfer eines unbegreiflichen Schicksalsschlags, und er selbst beschwört das Verderben noch auf sich herab, indem er es für seine Pflicht hält, Nachforschungen über seine Herkunft anzustellen, die ihn dann vernichten.

Was Aristoteles mit der »hamartia« des Ödipus meint, ist seine Unkenntnis der Tatsachen und Umstände; der Umstand, daß er die zufällig miteinander verknüpften Ereignisse, die zur Katastrophe führen, falsch auffaßt. Dieses falsche Auffassen mag schuldhaft sein oder nicht, seine Bedeutung für das Problem des unverdienten Leidens bleibt verborgen. Aristoteles bezeichnet eine solche Katastrophe nicht nur als vollkommen, sondern auch als der Tragödie durchaus angemessen, denn die Situation wendet sich zu einem Ausgang, der dem Streben des Helden gerade

entgegengesetzt ist. Dazu kommt der dramatische Augenblick der »Erkenntnis« (anagnorisis), in dem er die wahren Zusammenhänge begreift.
Ein solcher Sturz, wie ihn Ödipus erleidet, ist von den Göttern bestimmt, denen alles möglich ist. Sie greifen immer dann ein, wenn die göttliche Ordnung verletzt wurde. Aber wir wissen nicht, worin diese Übertretung der Gesetze besteht, und verstehen auch nicht, warum der Ratschluß Gottes so entscheidet und wie die beschlossene Vernichtung mit unserem dürftigen menschlichen Gerechtigkeitsbegriffen übereinstimmen soll. Wie bei Theognis scheint auch hier die Strafe oft größer zu sein als das Vergehen. Sophokles schließt seine *Trachinierinnen,* die vom Tod des Herakles handeln, mit zweideutigen Worten, die keinesfalls einen klaren Sieg des Guten über das Böse verkünden.

> Großes, tödliches Schicksal, Leid
> In Fülle, seltsames, habt ihr gesehen.
> Darin ist nichts, was nicht Zeus ist. (11)

Menschen wie Ödipus sind leicht verwundbar und gefährdet, denn sie sind die Opfer der Unwägbarkeit des Geschehens, von Ereignissen, die sie durch unkluges Handeln und, oft ohne es zu wollen, selbst herbeiführen.
Literaturkritiker des siebzehnten und achtzehnten Jahrhunderts sprachen gern von der poetischen Gerechtigkeit in der griechischen Tragödie. Doch richtiger ist das Urteil Joseph Addisons, der feststellte, daß »die antiken Dramatiker die Menschen so darstellten, wie es in der Welt eben ging, denn Tugenden können glücklich, aber manchmal unglücklich machen«. Die Art, wie ein Dramatiker mit dem Mythos verfährt, kann unser moralisches Gefühl mitunter herausfordern oder sogar beleidigen. Vielleicht ist es aber sogar die Aufgabe der Tragödie, die Vergeblichkeit und Nichtigkeit menschlichen Strebens, von der Schopenhauer

sprach, aufzuzeigen. Im wirklichen Leben behauptet das Böse seinen Platz, kein Moralpredigen kann dagegen an, und Sophokles akzeptierte dieses unbegreifliche Element, dieses Mißverhältnis von Sünde und Strafe, die Duldung und sogar Unterstützung des Bösen durch die höchste Macht. Sophokles mußte nicht zum Dualismus der Manichäer Zuflucht nehmen, denn Griechenland liegt außerhalb des riesigen Gebiets, das vom iranischen Hochplateau ostwärts bis Nordamerika reicht und die die naturgegebene Heimat solch dualistischen Glaubens ist. Er konnte auch auf die afrikanische Doktrin verzichten, nach der dem höchsten Guten Geist auf Schritt und Tritt sein blödsinniger Bruder folgt und alles verdirbt, was jener Gutes tat.

Die christliche Lehre verwirft den Dualismus ebenfalls. Im Gegensatz zu Sophokles glaubt sie an die Gerechtigkeit Gottes. Darum kann es kaum eine wirklich christliche Tragödie geben. In Racines *Phèdre* zum Beispiel sah Friedrich Schlegel einen Zwiespalt zwischen tragischem Geist und christlicher Vorsehung; doch auch die Verfehlungen der Menschen im klassischen Drama unterscheiden sich vom Sündenfall der *Bibel:* Das Christentum glaubt alle Menschen solange verdorben und unrein, bis Jesus Christus sie erlöst, und sieht das Böse geradezu als Voraussetzung für das Heil an, als etwas, das jederzeit Sühne und Wiedergutmachung erfahren kann. »O selige Schuld, die uns einen so mächtigen, liebenden Erlöser brachte.« (12)

Wie andere griechische Tragiker sah auch Sophokles das Böse, das Leiden bringt, als heilsam an, weil es eine erzieherische Macht war (13). Vor den Göttern oder, wie Sophokles sagt, vor Gott (14) ist der Mensch ein Nichts und muß sich demütig ihrem Willen beugen, seine Fehler und Absichten liegen auf einer viel niedrigeren Ebene als die ihren. Sein einziges Recht ist es, zu begreifen und mitzuleiden, während sie, sei ihr Handeln noch so unerklärlich und schrecklich, niemals Unrecht haben können. Denn sie verkörpern die natürliche Ordnung der Dinge. Die Frömmigkeit des Dichters bleibt in allen Stürmen der Handlung unbewegt und unerschüttert, er nimmt das offensichtlich Böse in der göttlichen Fügung an. Doch gerade durch seinen heldenhaften, wenn auch aussichtslosen Kampf mit der Notwendigkeit wächst der Mensch über die Wechselfälle des Lebens hinaus. Dies ist nicht nur ein gläubig-frommes, sondern zugleich auch ein tief menschliches Bekenntnis, das die Zwiespältigkeit einer optimistischen und ehrgeizigen Generation in sich schloß. Ödipus hat außerordentliche Kraft, um sein außerordentliches Schicksal zu tragen; und Sophokles lehrt, daß die Mächte, welche das Böse dulden, ja fördern, auch dem Menschen, der mit ihm ringt, sittliche Größe schenken. Im Unterliegen beweist sich ein Heldentum des Menschen, das untrennbar mit seinem Untergang verbunden ist. So ist Ödipus bis zum Ende ungebrochen; Kreon sagt ihm:

> Nicht alles meistre dein Begehr.
> Denn auch was du einst gemeistert, sieh, es folgte dir nicht
> [nach. (15)

Ödipus hat alles verloren, ist ins tiefste Elend gestoßen wie Edgar in Shakespeares *Sturm*, der von Lear gefragt wird: »Ist der Mensch nicht mehr als dies?« Sein Verhängnis, das er erst nach und nach mit Entsetzen erkennt, steht von Anfang an fest, das Delphische Orakel hat gesprochen, und dieser Spruch *muß* erfüllt werden. Aischylos hatte den ererbten Fluch und die Verfolgung durch die Furien hervorgehoben – Sophokles legt den Akzent auf Apollon, dessen Orakel die Ereignisse bestimmt. Dieses Orakel rechtfertig er unerbittlich – und das zu einer Zeit, in der sich die spätere glaubenslose Epoche schon ankündigte. Mehr als jedes andere Drama wird *König Ödipus* als Beweis für die Ansicht herangezogen, die griechische Tragödie stelle

Marionetten auf die Bühne, die hilflos im Griff des Schicksals zappeln. Das scheint begründet: Da man dem Schicksal ebensoviel Einfluß auf die Persönlichkeit des Menschen zumaß wie dem Aussehen oder seinen geistigen Fähigkeiten, wendet sich alles gegen Ödipus. Er ist dem Schicksal noch hilfloser ausgeliefert als seine Tochter Antigone. Unwissend, unschuldig begeht er Vatermord und Blutschande; aber, so bemerkt H. D. F. Kitto, wer versehentlich Zyankali statt Zucker zu sich nimmt, den wird seine Unschuld und Unwissenheit auch nicht retten. Ödipus behält seine Verantwortlichkeit, denn das Schicksal gestaltet zwar das Leben des Menschen, aber er selbst hat an dieser Gestaltung teil. Dennoch ist das Schicksal oft, und im Falle Ödipus' ganz besonders, nichts als reines Unglück; und Sophokles fragt, ob Zufall oder Gesetzmäßigkeit Grundlage des Weltlaufs sei. Das spätere Griechentum entschied sich für den Zufall. So nennt Nietzsche die Tragödie den schwankenden Grund des göttlichen, unvorhersehbaren Zufalls. Unvorstellbare Greuel geschehen, aber dies bedeutet nur, daß unser Wissen von den Gesetzen des Universums bruchstückhaft ist. Doch ist es töricht, die Gesetze, die wir kennen, zu mißachten, eine solche Mißachtung ist auch der Ungehorsam gegen die Götter. Ödipus aber ist ungehorsam aus Unwissenheit und deshalb Werkzeug einer um so erschreckenderen Offenbarung des Willens der Götter — unwiderlegbar, unbegreiflich, oft unerträglich.

Die Ereignisse, die aus dieser Konstellation erwachsen, sind deshalb so furchtbar, weil jene, die daran beteiligt sind, durch Ängste gehen, von Mächten vernichtet werden, die sie nicht begreifen, denen sie nicht gewachsen sind. Doch gerade Stücke, mit solchen verzweifelten, von Dämonen beherrschten Themen haben es vielen Generationen angetan. Immer wieder wurde nach ihrer eigentlichen Bedeutung gefragt — und zahlreich waren die Antworten. Aristoteles (16), der Sophokles' Gedankenwelt

näher steht als der Aischylos' und mit Plato nicht übereinstimmt, der sagte, tragisches Mitleid sei Gift für die Seele (17), war der Ansicht, daß die Tragödie durch Erregung von Furcht und Mitleid reinigend auf die entsprechenden Leidenschaften des Zuschauers wirke. Er nennt dies »Katharsis«. Mitleid wird durch unverdientes Unglück geweckt, Furcht, weil wir einen Menschen im Unglück sehen, der uns gleich oder zumindest nicht sehr unähnlich ist. Wir nehmen teil an den Versuchen des Helden, seinem Untergang zu entgehen, identifizieren uns mit seinem Schicksal, hoffen, daß wir von solchen Katastrophen verschont bleiben mögen und verlassen das Theater im seelischen Gleichgewicht. Die Leidenschaft ist zur Ruhe gekommen.
Der Christ Augustin denkt darin ganz anders: Es empört ihn, daß die tödlichen Qualen eines Menschen zur Unterhaltung des Publikums dienen; auch der attische Komödienschreiber Timokles urteilt über die Tragödie, sie sei nur ein Sichweiden an Scheußlichkeiten. Andere wieder verurteilen sie, weil sie das Leiden der Menschen rechtfertige und sogar gutheiße. Vielleicht hat Aristoteles deshalb gefordert, Furcht und Mitleid sollten erhalten bleiben, hingegen alles, was an unlauteren Gefühlen mitschwingt, abgetan werden, damit der Zuschauer nicht solches selbstsüchtiges Vergnügen, sondern wahres Mitgefühl mit dem fremden Leid empfinde? Wahrscheinlich hieße das zuviel moralische Bedenken in ein Problem legen, das in erster Linie ästhetischer Natur ist. Denn allein das dichterische Wort ist es, in dem der Künstler das Leiden des Menschen ausspricht, nur durch Dichtung kann dieses Leid erhoben und verklärt werden, um so zu reinigen, zu bewegen, anzuspornen und zu erfreuen. Doch um Furcht zu erzeugen, muß die Wirkung unmittelbar sein, und da das Drama weniger Unmittelbarkeit besitzt als heute etwa Film oder Roman, ist es schwerer als damals, die erschütternden seelischen Konflikte dieser Dramen auf uns zu

übertragen. Einige moderne Schriftsteller sehen noch eine Aufgabe, die der Tragödie gestellt ist. »Durch die symbolische Wiederholung einer Tat«, sagt Giraudoux, »befriedigt die Tragödie das Bedürfnis vieler Menschen, diese Tat selbst zu begehen ... Im Theater einer Tragödie beizuwohnen heißt, im Herzen des Zuschauers die mörderischen Absichten zum Verstummen zu bringen, die er zuvor gehabt haben mochte.« Für Anouilh ist die Tragödie paradoxerweise sogar erholsam, denn »du weißt, daß es keine Hoffnung mehr gibt, keine schmutzige, kriechende Hoffnung, und daß du gefangen bist wie eine Ratte in der Falle«.

3

Der Ödipuskomplex

ALS DIE TRAGÖDIE zur Römerzeit zum Melodrama geworden war, benützte Seneca die Geschichte des Ödipus zur Darstellung schauerlicher Opferszenen und nekromantischer Künste. In der Renaissance wurde Sophokles' *König Ödipus* zur Einweihung des Theaters in Vicenza aufgeführt. Bei den Humanisten des 16. Jahrhunderts war der Stoff bevorzugtes Thema und Corneille, Dryden und Lee verwendeten sie um 1600. In der Folge ging niemand, der als Klassiker gelten wollte, am Ödipusstoff vorüber. Der *Oedipe* Voltaires (1718), vielleicht sein bestes Schauspiel, war wohl deshalb so populär, weil er Schlüsse auf zeitgenössische Inzestskandale im französischen Königshaus erlaubte. In jüngster Zeit hat Orff (1961) die Übersetzung Hölderlins als Libretto für eine Oper verarbeitet. Jedes Zeitalter legte den Mythos seinem Geist entsprechend aus: neoklassisch, rationalistisch oder romantisch.

Weit entfernt von jeder Art Romantik ist allerdings das Interesse, das die Psychoanalytiker in den ersten Jahrzehnten unseres Jahrhunderts der Ödipussage entgegenbrachten. Ödipus, der seinen Vater tötete und in Blutschande mit seiner Mutter lebte (18), war, wie W. B. Yeats schrieb, durch die Pforte eingegangen, die ihn einst, als jammerndes Kind, in die Welt entlassen hatte. In einem finnischen Märchen begegnen wir ebenfalls diesem doppelten Verbrechen; wenig verändert findet es sich in der Ukraine und in Java. Im Mittelalter schrieb man Judas Ischariot die Taten Ödipus' zu. Der Inzest, die Verletzung der Exogamie, galt schon in frühen Stammesgemeinschaften als schweres Verbrechen und blieb es auch in der späteren, vor allem patriarchalisch bestimmten Ordnung, die trotz ständiger Eingriffe in die Rechte des Einzelnen die Familie und ihre Gesetze hochachtete. Ein schwieriges psychologisches Problem blieb für den Dramatiker die Gestalt der Jokaste: Ihr Charakter wurde häufig scharfer Kritik ausgesetzt, man nannte sie ein »Erzscheusal«, eine »leichtfertige Person«, fühllos, hartherzig und gottlos. Doch lag ihr Vergehen schon weit zurück; ihre »Lästerungen« gegen das Orakel waren nichts als krampfhafte Versuche, der wachsenden Verzweiflung ihres Gemahls zu begegnen.

Ödipus blendet sich, nachdem er alles erfahren hat. Er bringt dadurch, wie Freud sagt, das tiefinnere Verlangen zum Ausdruck, den Tod seines Vaters zu sühnen, für den er Liebe und zugleich Haß empfindet. Denn wir haben es hier, wie Freud weiter ausführt, mit dem Mythos zu tun, der die mächtigsten menschlichen Urinstinkte offenbart: die Liebe zur eigenen Mutter und den Haß gegen den Vater. Daß es Bereiche des Unterbewußtseins gibt, wurde schon von den Mystikern und Neuplatonikern anerkannt. Auch die Puritaner waren nur zu vertraut mit solchen verborgenen Strömungen, hielten sie allerdings für Einflüsterungen des Teufels und der Dämonen. William Law (1686–1761) beschrieb in eigener, dichterischer Weise die verborgenen Quellen der Sehnsüchte, Erregungen und Gedanken, die in den dunklen Regionen des menschlichen Geistes verborgen sind und die später auch Novalis, Schopenhauer, Kierkegaard oder Nietzsche wohlbekannt waren. Vieles davon vollzieht sich in der Tiefe der Erinnerung, des Traumes. William James wollte es scheinen, als seien diese »Schlupfwinkel der Gefühle«, die dunkle Tiefenzone des Charakters, der einzige Ort der Welt, an dem sich das Entstehen der wirklichen Dinge fassen läßt. Freud war es schließlich, der nachdrücklicher als irgendein Denker vor ihm betonte, daß der gottgleiche Intellekt des Menschen zur Entdeckung der Wahrheit nicht besser taugt »als ein Schweinerüssel« (H. G. Wells).

Freud beschäftigte sich mit den unterdrückten Trieben und Wünschen, die in unseren Träumen lebendig werden, dort zwar Veränderungen erfahren, verdichtet, verdoppelt oder verdrängt werden, aber im Prinzip ihren eigenen logischen Gesetzen folgen.

Vor allem wies er mit Recht auf viele Parallelen zwischen Traumsymbolen und den altüberlieferten Mythen hin. Die Mythologie war für Freud und seine Anhänger das wichtigste Mittel, das es möglich machte, die Vorgänge im Unterbewußtsein zu verstehen, denn die Mythenerzählungen waren, nur flüchtig verbrämt, Darstellungen der wesentlichen Phantasien des Unterbewußtseins, die der ganzen Menschheit gemeinsam sind. Freud ging sogar noch weiter und kam zu dem Schluß, der einzige Schlüssel dazu, das Unterbewußtsein zu ergründen, sei im Ödipusmythos zu finden. 1910 gebrauchte er zum erstenmal den Begriff »Ödipuskomplex«, während er bisher vom »Nuklearkomplex« gesprochen hatte. Zehn Jahre später schrieb er, daß jeder Erdenbürger vor der Aufgabe stehe, mit diesem Komplex fertig zu werden. Der Ödipuskomplex schließt den Wunsch ein, die beiden Verbrechen des Ödipus zu begehen; diese sind, nach Freud, die Hauptmotive für das Bestreben jedes Sohnes, die Stelle seines Vaters einzunehmen; gleichzeitig entsprechen sie den beiden Hauptverboten der bestehenden Weltordnung, und darum liegt dieser Komplex allen Neurosen zugrunde, die durch Konflikte zwischen Instinkt und Gesellschaft hervorgerufen wurden. Das Schicksal des Ödipus bewegt uns vor allem auch deshalb, weil es unser eigenes sein könnte, weil der Orakelspruch, der uns vor unserer Geburt gestellt wurde, derselbe Fluch ist, der auch auf ihm lastet. Unsere Träume beweisen, daß wir alle dazu bestimmt sind, die ersten sexuellen Triebe auf die Mutter und das erste Gefühl des Hasses, den Wunsch, Gewalt anzuwenden, gegen den Vater richten. Wie Ödipus kennen wir diese Begierde nicht, die uns die Natur aufzwingt. Tatsache ist jedoch, daß von fünfzig repräsentativen Mythologien der ganzen Welt nicht weniger als neununddreißig das Inzestmotiv zum Gegenstand haben.

Im wesentlichen vertrat Freud die Ansicht, der Komplex sei dann am stärksten, wenn die »kindliche Sexualität« ihren Höhepunkt erreicht habe, also zwischen Ende des dritten und dem Beginn des vierten oder fünften Lebensjahrs des Knaben; solange also, als die Mutter der erste Gegenstand seiner Wahl ist. Dann setzt der Prozess ein, der diese Wünsche bewältigt und einen normalen Zustand herbeiführt, der solche kindlichen Bindungen ausschließt. Ein höheres Ich überwindet den »Ödipuskomplex«, es setzt eine Schranke gegen mörderische und blutschänderische Instinkte und verurteilt, unterstützt von der gesamten Sozialordnung, Moral und Religion, die Taten des Ödipus. Doch der Mythos lebt gleich anderen Mythen weiter und schreibt mit viel Phantasie die ursprünglichen Wünsche der

Menschen und deren Erfüllung Göttern und Heroen zu, während der Mensch im allgemeinen gezwungen ist, auf sie zu verzichten.

Freud stützte seine Inzesttheorie durch einen Hinweis auf Charles Darwin: Die männlichen Jungen des Gorillaaffen rotten sich gegen den Vater zusammen, um ihm das Alleinrecht auf die Weibchen streitig zu machen. Als solche Versuche, die Bedeutung der Mythen zu rekonstruieren, an Interesse verloren, erwies sich auch die Theorie von der dominierenden Rolle des Inzests als unhaltbar. Malinowski, einer der ersten Anthropologen, die psychoanalytische Theorien an urtümlichen Gesellschaftsordnungen testeten, verwarf 1922 Freuds These. Er bewies, daß z. B. bei der matriarchalisch aufgebauten Gesellschaftsordnung der Bewohner der Trobrian-Insel in Melanesien keine Spuren des Ödipuskomplex' zu finden waren. Das widersprach Freuds These, der Ödipuskomplex sei ein absoluter Grundzug in der menschlichen Entwicklung. Die Rivalität zwischen Sohn und Vater, ob sexuellen Ursprungs oder nicht, tritt nur in Kulturen mit starker patriarchalischer Autorität in Erscheinung.

Mit anderen Worten: Freud hatte zwar einen der wichtigsten Züge des Mythos entdeckt – seine Verbindung mit der Traumwelt und mit anderen Offenbarungen des Unbewußten. Doch wie manche andere Mythologen verallgemeinerte er, vor allem im Fall Ödipus, seine Entdeckung zu einer Generalformel, die Mythos und Leben erklären sollte. Viele seiner Kollegen haben Freud auf ihre Weise grundsätzlich zugestimmt. Jung legte besonderen Wert auf den Begriff der »infantilen Fixation«, den Freud eingeführt hatte, und fügte dem den »Elektrakomplex« hinzu, eine Bezeichnung für die Zuneigung von Töchtern zum Vater; aber er sah darin mehr symbolische Bedeutung. Die Mutter ist Sinnbild für das Unerreichbare, der Vater für die innere Hemmung. Otto Rank vertritt mit vielen anderen Wissenschaftlern die Ansicht, die Blendung des Ödipus stehe für Selbstkastration; er stellte auch die These auf, Ödipus habe das Rätsel von Ursprung und Bestimmung des Menschen dadurch zu lösen versucht, daß er in den Leib der Mutter zurückkehrte. Fromm interessierte weniger der Inzest, der für ihn ein zweitrangiges Problem war, sondern vor allem die Rebellion des Sohns gegen die väterliche Autorität. Damit bestritt er Freuds Überzeugung, dieser Konflikt sei rein sexueller Natur, und begriff den »Komplex« eher als Kampf um Freiheit gegen gesellschaftliche Vorurteile. Adler bezeichnete den »Ödipuskomplex« als *eine* von vielen Stadien des Kindesalters, das vor allem bei dem verzärtelten Kind beobachtet wird, dem seine Mutter alles gestattet und gibt, was es will, und das von ihr isoliert wird. Ebenso bezweifelt Karen Horney die Ausschließlichkeit, mit der Freud dieses Verhalten gegenüber Vater und Mutter interpretiert. Auch wies sie darauf hin, daß Eltern, die Freuds Lehre akzeptierten, dazu verpflichtet wären, die notwendige Gefühlswärme und die Strenge ihren Kindern gegenüber einzuschränken. Melanie Klein lieferte noch das kritische Argument, daß aggressive Gefühle gegen die Mutter früher auftreten als der Haß gegen den Vater.

Während die Analytiker noch um Ödipus diskutierten, wurde das Thema von Hugo von Hofmannsthal in seinem Ödipus-Drama mit leicht mystischem Einschlag neu gestaltet; seine Leidenschaft, Selbstsucht und sein Versagen ist auch Gegenstand von Strawinskis Oper *Ödipus Rex*. Als dieses Werk uraufgeführt wurde, bezeichnete die Kritik es als kühl; heute sieht man es als erregende Tragödie, doch ist, anders als in der alten heroischen Oper, der rituelle Rahmen wichtiger als der menschliche Gehalt. Die Musik bewegt durch ihre Wildheit und durch den Reichtum der Ausdrucksmittel: Manchmal sind auch Formelemente der christlichen Liturgie und Anklänge an die christliche

Theologie verarbeitet. Der Mensch wird von äußeren Mächten beherrscht, doch kann er Erlösung finden; Ödipus wird in dem Augenblick erleuchtet, in dem er sein Augenlicht verliert.

Gleichzeitig mit der Erstaufführung dieser Oper erfuhr der Stoff eine völlig andere Behandlung durch französische Dramatiker. Nicht, daß die griechische Mythologie während des neunzehnten Jahrhunderts vernachlässigt worden wäre. Zwischen 1840 und 1900 verdankte die Literatur dem »rêve hellénique« rund 582 Nachdichtungen, Übersetzungen oder Bearbeitungen klassischer Originale. Aber die Tragödien des zwanzigsten Jahrhunderts sind im allgemeinen doch reicher an Gedanken. Nur wenige und dann die besten dieser Stücke setzen sich freilich mit Gegenwartsfragen auseinander. Der Mythos scheint nun einmal vor allem dazu geschaffen zu sein, die Poesie, die Einfachheit und den Heroismus des Menschentums darzustellen; und wenn die Schriftsteller die Mythen dazu verwenden, ihre eigenen »fixen Ideen« vorzutragen, was man ihnen ja zuweilen vorwirft, haben sie darin jahrtausendealte Vorbilder. Der Mythos gestattet auch, auf realistische Einzelheiten zu verzichten und mit dem Übernatürlichen zu experimentieren.

Dennoch, sagt Sartre, »sollte ein Stück uns nicht allzu vertraut erscheinen. Es muß die Wirkung des Ritus spürbar werden; wuchtig und knapp, streng in der Form, sparsam in den Ausdrücken, moralisch, mythisch und feierlich«. Es muß den Bedürfnissen eines Publikums entgegenkommen, das »erschöpft und zugleich verkrampft« ist, und deshalb darauf verzichten, neue Formen zu erfinden oder die Neugier mit neuen Geschichten zu reizen. Durch Wiederherstellung oder Neuerschaffung des Alten müssen jedoch neue Grundlagen gefunden werden. Zu diesem Zweck ist nach und nach die gesamte antike Literatur geplündert und in vielen Varianten, vom Erhabenen bis zum Alltäglichen, gestaltet worden. Doch Ödipus und seine Tochter

Antigone sind Schlüsselfiguren geblieben, ihr Leben wurde vor allem als Sinnbild für das Dasein gesetzt. Im allgemeinen wird der Einfluß des Schicksals oder des Himmels als blinde, von außen wirkende Macht im Sinne Nietzsches verneint. Besonders André Gide lehnt es ab, sich dieser »Tyrannei« zu unterwerfen; er will die Menschheit frei machen, ihrem eigenen Willen und der inneren Notwendigkeit entsprechend zu handeln. Sein *Oedipe*, den er 1930 schrieb und zwei Jahre später veröffentlichte, ist knapp, trocken, ganz vom Intellekt her angelegt und auf Schockwirkung berechnet. Die Charaktere sind bestechlich und hochmütig, die Motive unsauber, und wir finden die übliche Gidesche Antithese zwischen Ödipus, dem verdrossenen kleinen Mann, der aber an Fortschritt und Glück glaubt, und seiner Frau, der bigotten, von Priestern gegängelten Jokaste, die durch ihre Verbindung mit ihm, wie er fühlt, seine Entwicklung gehemmt hat.

Auch Jean Cocteau fand in den Dramen des Sophokles den »Knochen«, nämlich die dramatische Notwendigkeit, die er fordert. Seine *Antigone* (1922) und den *Oedipe Roi* (1925) betrachtete er bloß als Skizzen oder Auszüge, als Aufnahmen aus der Vogelschau. Doch nachdem er den Prolog und die Zwischenspiele von Strawinskis Oper gesprochen hatte, kehrte er zu dem Ödipusstoff zurück und schrieb seine *Infernal Machine* (1934). Die szenische Ausstattung stammte von Bérard, der das Bett, in dem der Inzest begangen worden war, als Opferscheiterhaufen darstellte. Hier finden wir nicht die gebräuchliche Verharmlosung des Schicksals, denn die Maschine, die dem Stück den Titel gibt, ist ein von den Göttern gebrauchter Apparat, um den Menschen mit mathematischer Sicherheit zu vernichten. Im Verlauf des Stücks mit seinen zahlreichen wohlerdachten dramatischen und psychologischen Effekten, hat Ödipus keine Chance gegen die übermächtigen Eingriffe der Götter. In dieser

Allegorie des erbarmungslosen Determinismus ist Ödipus ein kleiner Hasardeur, der seine Überzeugung aufgeben muß, daß die widerwärtigsten Vorhersagen der Götter nicht so ernst gemeint sind, und erkennt, daß er in der Falle sitzt. Aus dieser Erkenntnis gewinnt er eine neue und bittere Nüchternheit, die »den Kartenkönig in der Hand grausamer Götter zum Untier macht«. Hier steht Cocteau Voltaire oder Shaw näher als Freud. 1942 befaßte er sich nochmals mit dem Thema; seine »lyrische Tragödie« *Oedipus Rex* mit Musik, Ballett und mimischen Einlagen von Maurice Thiriet wurde 1962 uraufgeführt. Auch im Werk des schottischen Dichters Edwin Muir spielt Ödipus eine beherrschende Rolle.

Geplagt hab ich mich und im Dunkel gegrübelt,
Nun steh ich hier unschuldig – von Schande bedeckt
Der Menschen Schuld soll offenkundig sein
An mir wandelndem Rätsel – ihre Schuld und meine.
Denn ich war nur Werkzeug in diesem Spaß. Ich richtete
Mich selbst, dem hohen Rat der Götter folgte ich
Mit ihren reinen Augen seh ich mich und weiß:
Wir alle nehmen von der Last des Unrechts
Etwas in unser unergründlich Herz und tragen
Jenseits von Schauen und Begreifen mit
An der unsterblichen Last der Götter; dafür sie
Wachen über unsern Schritten
Und wahren die Erde und alle Himmel vor Leid.

4

Ödipus auf Kolonos

Die traurigen Ereignisse, welche die Psychoanalytiker so erregten, und das Schicksal des Königs Ödipus am Schluß des Stücks sind nicht auch sein Ende. Was Sophokles selbst über ihn und darüber hinaus über das menschliche Leid dachte, bliebe unvollständig ohne die Fortsetzung, die der Dichter kurz vor seinem Tod im Jahre 406 schrieb, den *Ödipus auf Kolonos.* In diesem geheimnisvollen Drama geht der blinde Ödipus mit Zustimmung König Theseus' nach Athen, um das Heiligtum aufzusuchen. Nach einem erhabenen Tod wird er in den Himmel aufgenommen:

> Wenn Leiden kommen in Fülle und brechen dich nicht,
> Wird ein gerechter Gott dich wieder erhöh'n ...
> O du, der Gaia Sohn und des Tartaros, gib,
> Daß unversehrt
> Der Fremdling wandle zu Fluren des Totenreichs.
> Dich ruf ich an, o Gott des ewigen Schlafs. (19)

Das Gebet findet Erhörung. Ödipus' Charakter ist unverändert geblieben und hat an Standhaftigkeit eher noch gewonnen: Heldenhaft duldend beteuert er dreimal seine Unschuld. Sophokles scheint im Gerichtsverfahren größten Wert auf das Tatmotiv zu legen. Das sehr bildhafte Stück ist von einem gewaltigen Rhythmus der Extreme getragen: Die Gegensätze von Unschuld und Makel, Elend und Macht, Schwäche und Stärke, Haß und Ergebung, Hoffnung und Furcht entsprechen ganz der episodenhaften Anlage. Am Ende verschmelzen diese kontrastierenden Einzelzüge in der Versöhnung, in der die Wege des Himmels zwar nicht eigentlich gerechtfertigt werden (das tut Sophokles nie), dem Menschen aber der Mut zum Ringen erhalten bleibt; doch bleiben die Beschlüsse der Götter noch immer geheimnisvoll und erhaben. Wir können uns diese Entwicklung des Mythos nur schwer vorstellen, weil unsere Theologie dem Halbgott oder halbgöttlichen Helden, zu dem der sterbende Ödipus wird, nichts Gleichbedeutendes gegenüberstellen kann. Die mythischen Heroen, deren Leben nach Hesiod eines der fünf Menschenzeitalter (20) verkörperte, hatten nach ihrem Tod große Macht. Die Nekromantie lehrte, diese Toten richtig zu verehren, um Hilfe für die Lebenden zu erhalten, ein Brauch, der sehr verbreitet wurde. Die Gewalt der Leidenschaft, die Ödipus zu Lebzeiten besaß, scheint schon auf die Möglichkeiten, zu helfen oder zu schaden, vorauszudeuten, die ihm nach dem Tode zuteil wurden. Die Heroen der Vergangenheit erschienen den Menschen bei Festlichkeiten, begleiteten die Heere auf ihrem Zug und wurden in Analogie zu den Erdgöttern, wenn auch unter anderen Zeremonien, in unterirdischen Höhlen verehrt. Wie in Palästina gab es auch in Griechenland einen festverwurzelten Totenkult. Die Propheten Israels verdammten ihn und setzten dagegen die Lehre vom Abstieg der Toten zum Scheol (Totenreich), tief unter der Erde (21). Gleich den Grabmälern in Palästina wurden auch die Königsgräber in Mykene zu Stätten des Gottesdienstes; umgekehrt hielt man später andere Heiligtümer in Griechenland zu Unrecht für antike Gräber. Auch in manchen Tempeln wurden Reliquien von Halbgöttern oder Halbgöttinnen gezeigt, die verehrt wurden oder über die man sich in späteren, in zynisch gewordenen Zeiten belustigte. Die angeblichen Hauer des kaledonischen Ebers, den Meleager erlegt hatte, wurden noch von Augustus aus Tegea in seine Gärten nach Rom gebracht; ein ähnliches Schwanenei wie das, aus dem einst Helena, die Tochter der Leda, geschlüpft war, hing an langen, kostbaren Bändern von der Decke eines Tempels in Sparta herab.

Das alles sind Nichtigkeiten im Vergleich mit der Achtung die Sophokles den Gestalten entgegenbrachte, die von alters her große Bedeutung in der griechischen Religion besaßen. Sie schlugen Brücken über den Abgrund, der Götter von Menschen trennte. Beispielhaft dafür ist das Schicksal Ödipus', den die Götter zu Boden streckten und dann zu ihresgleichen erhoben. Er ist nicht der gebrochene alte Mann, wie ihn Euripides zeigt, sondern ein Heros, der durch Leiden, Standhaftigkeit und Tod neue Kraft erlangte. Wie er schon zu Lebzeiten ein Mensch von überragender Größe und übermenschlichen Gefühlen gewesen war, mit heldischen Eigenschaften also, die ihn den Göttern an die Seite stellten, so war auch sein Sterben anders als bei gewöhnlichen Menschen:

Doch welchen Todes jener starb, dies kann
Kein Sterblicher, es sei denn Theseus, sagen.
Ein Bote war's der Götter, oder mild
Tat sich der Erde dunkle Tiefe auf.
Denn ohne Seufzen und von keinem Leiden
Gequält ward er entsendet, wunderbar,
Wie nie ein Mensch. Schein' ich als Tor zu reden,
So bleibe ferne, wer mich töricht wähnt. (22)

Seine letzte Ruhestätte ist das Heiligtum der wohltätigen, verehrungswürdigen Eumeniden. Überhaupt sind ja die *Eumeniden* des Aischylos dem Stück des Sophokles darin ähnlich, daß sie mit Versöhnung und Freispruch enden. Der Vergleich wird noch durch den gemeinsamen Schauplatz beider Stücke, Athen, nahegelegt. Kreon und Polyneikes machen zwar den Versuch, Ödipus für Theben zu beanspruchen, aber sie dringen damit nicht durch; allerdings gibt es auch eine Version des Mythos, nach der Ödipus Theben nie verließ. Laut Sophokles findet Ödipus den Tod und auch sein Grab in Kolonos bei Athen oder, nach anderen Berichten, in Athen selbst. Dort wurde in späterer Zeit sein Grab im Tempelbezirk der Eumeniden zwischen der Akropolis und dem Areopag gezeigt. Es gibt eine alte lokale Legende, die behauptet, nur die Könige von Athen und, nach ihrer Vertreibung, die höchsten Beamten der Stadt hätten den genauen Ort gekannt. Die Verwandlung des Ödipus auf Ratschluß der Götter ist Eigentum Athens und seines Nationalheros Theseus. So besingt auch Sophokles die Größe und Macht Athens zur See und auf dem Land, ehe der Peloponnesische Krieg es niederwarf.

Noch anders lob ich aber die Vaterstadt,
Des großen Gottes Geschenk, die höchste Zier:
Pferde ziehen und meistern, und herrschen zur See
O Sohn des Zeus, zu solchem Glanz hast du
Athen erhöht, Poseidon, unser Herr,
Der hier, in diesen Fluren, zuerst Gebrauch
Des mildernden Zügels gelehrt; und über das Meer
Läuft schwebend hin das Schiff, mit Rudern, schön
Den Händen gefügt, geleitet von
Unzähligen Töchtern des Nereus. (23)

T. S. Eliots Schauspiel *The Elder Statesman* (1958), das z. T. auf dem *Ödipus auf Kolonos* aufbaut, entbehrt solcher patriotischer Züge. Claverton, der Held dieser modernen Version, findet an seinem Grab die Geister weit unerbittlicher als die leicht zur Versöhnung geneigten Eumeniden des Sophokles. Erst als er sich bereit erklärt, die Verantwortung für den Einfluß, den er auf andere ausübte, auf sich zu nehmen, geht er gelassen dem Tod entgegen.

ANTIGONE

1

Die Antigone des Sophokles

Antigone und ihre Schwester Ismene treten aus dem thebanischen Königspalast, der ehemaligen Wohnung ihres Vaters Ödipus. Ein argivisches Heer, von den Sieben geführt, hatte bis vor kurzem die Stadt belagert. Ihr Anführer war der in der Verbannung lebende Bruder der Mädchen, Polyneikes, den sein Bruder Eteokles aus Machtgier vertrieben hatte. Doch die beiden Männer hatten einander im Zweikampf getötet, die Angreifer wurden zurückgeschlagen. Nun eröffnet Antigone ihrer Schwester den unheilvollen Erlaß ihres Oheims, des Königs Kreon: Dieser hat verfügt, daß nur Eteokles ein ehrenvolles Begräbnis erhalten dürfe, der Leichnam des Polyneikes, der als Feind gegen seine Vaterstadt aufgetreten war, soll aufs Feld geworfen und Vögeln zum Fraß überlassen werden. Jedem, der den Versuch wagt, den Toten zu bestatten, droht Verurteilung und Hinrichtung.

Antigone ist entschlossen, diesem unmenschlichen Befehl nicht zu folgen. Sie bittet sogar ihre Schwester um Hilfe. Aber Ismene zaudert, Antigone stößt sie weg — »laß ungeehrt, was Götter ehren«. Der Chor der thebanischen Greise tritt auf: Er berichtet über den Krieg, nennt Polyneikes als unrechtmäßigen Angreifer und schildert seinen und seines Bruders Tod. Ihnen folgt Kreon; er unterrichtet die Greise von seinem Befehl, der Lohn für die Liebe zum Vaterland und Strafe für Verrat sein soll. Die Hörer stimmen ihm zu:

Chor: Es steht bei dir, ein jedes Recht zu brauchen,
Für sie, die tot sind, wie für uns, die leben...
Was trägst du also weiterhin mir auf?
Kreon: Daß Unbotmäßigen nicht willfahren werde.
Chor: Wer ist so töricht, daß er sterben möchte! (1)

Ein Wächter erscheint und meldet, daß jemand, den er nicht hatte erkennen können, das Begräbnis Polyneikes' vollzogen habe, indem er symbolisch Erde auf den Leichnam streute. Kreon entläßt den Wächter in furchtbarem Zorn und droht ihm mit harter Strafe, falls er nicht imstande sei, die Täter herauszufinden. Die Tat des Unbekannten bringt die Greise zu der Überlegung, daß Wagemut, Erfindungsgabe und Umsicht dem Menschen Erfolg bringen, solange er die Gesetze der Götter und der Menschen einhält. Mißachtet er sie, wird er zugrunde gerichtet:

Die Rede auch und den Gedanken,
Gleich der Luft, und städtegründenden
Eifer lernt' er und unwirtlicher
Klippen Himmelsgluten und
Geschosse des Regens zu meiden,
Allerfahren; unerfahren
Schreitet er nirgends ins Künftige; nur
Den Tod zu fliehn, ist ihm versagt,
Ob er gleich Entrinnen rat-

Loser Krankheit ersonnen.
Und so, begabt mit Kunst und Wissen
Über Verhoffen, geht er, bald zum
Bösen, bald zum Edlen hin,
Ehrt Gesetze des Landes und Recht
Der Götter, vom Eide besiegelt,
Hochstädtisch; unstädtisch,
Wem das Häßliche eignet, um

Frechen Sinnes willen. Der sei
Nimmer Gast an meinem Herd, noch
Gleiche sein Denken dem meinen. (2)

Als der Wächter Antigone hereinführt, brechen sie verwirrt ab. Durch Kreon befragt antwortet sie, daß sie seinen Erlaß wohl gekannt habe, dem Bruder Polyneikes aber trotzdem die letzten Ehren erweisen mußte, denn kein menschliches Gesetz kann sich über die Gesetze des Himmels erheben; damit verglichen, so sagt sie, hat ihr Tod keine Bedeutung. Kreon schwört, daß sie tatsächlich eines fürchterlichen Todes sterben werde. Nun wird Ismene hereingebracht und der Mithilfe bei Antigones Tat verdächtigt. Sie bittet, mit ihrer Schwester sterben zu dürfen. Doch diese weist diesen Wunsch als »ungerecht« zurück. Ismene drängt Kreon, die Hinrichtung wenigstens aufzuschieben, doch vergebens. Umsonst auch erinnert sie an das Verlöbnis zwischen Antigone und Kreons Sohn Haimon. Der König läßt die Schwestern als Gefangene abführen, da er beiden mißtraut. Die Greise sprechen von dem grausamen Schicksal, das von einem Geschlecht zum anderen über dem Königshaus von Theben liegt. Größe, sagen sie, ist verderblich. Durch die Hoffnung getäuscht, glauben viele, ihrem Schicksal zu entgehen, und sehen das Verderben nicht, bis die Flammen über ihnen zusammenschlagen.
Haimon tritt auf und bittet den Vater um das Leben seiner Braut. Er spricht zurückhaltend und nimmt Rücksicht auf die Stellung des Vaters. Kreon antwortet ihm mit Zorn und Hohn. Da geht er und kündigt an, daß sie einander nie mehr wiedersehen werden. Der König teilt nun dem Chor mit, was für eine Todesart er für Antigone gewählt habe:

Auf menschenleerem Pfade soll sie schreiten
Und lebend eingehn in die Felsengruft
Mit soviel Speise nur, als schicklich ist,
Daß unsere Stadt jedwelchen Makel meide. (3)

Diesen Augenblick benützen die Greise dazu, die Macht der Liebe zu rühmen, der niemand widerstehen könne: Liebe hat diesen Verwandtenstreit hervorgerufen. Während Antigone von den Dienern zu ihrer Gruft gebracht wird, erklärt der Chor, ihr Tod werde ihr Ruhm und Ehre einbringen. Antigone vergleicht ihr Geschick mit dem Niobes, der Tochter des Tantalos, die, nachdem Apollon und Artemis alle ihre Kinder getötet hatten, vor Schmerz in Stein verwandelt worden war. Die Greise dagegen geben ihrer Kühnheit die Schuld, durch sie sei Ödipus' Tochter an Dikes hocherhabenen Sitz gestoßen:

> Die Toten ehren, geheiligt ist's.
> Jedoch der Gewalt des, dem Gewalt
> Gebührt, zu trotzen, ist ganz verwehrt.
> Du hast dich mit Wissen vernichtet. (4)

Als Kreon zurückkehrt und befiehlt, sie einzumauern, gibt sie ihrer Gewißheit Ausdruck, daß ihr jenseits des Grabes von ihrem Vater, ihrer Mutter und ihrem Bruder ein liebevoller Empfang zuteil werde. »Vor den Einsichtsvollen tat ich recht«, denn Kinder und ein Gemahl sind ersetzbar, nicht aber der Bruder, dem sie diesen letzten Liebesdienst erwies. Sie schreit die Frage heraus, welches göttliche Gebot sie verletzt habe und welcher Gott ihr zur Seite stehe; denn die Götter werden darüber entscheiden, wer von den beiden Teilen im Recht war. Antigone wird fortgebracht und der Chor singt im Gedenken an ihr steinernes Grab von Danae, die der Vater Akrisios von Argos hatte ebenfalls einmauern lassen. Doch Zeus hatte sie in Gestalt eines goldenen Regens besucht. Sie nennen Lykurg, der sich gegen Dionysos vergangen hatte und dafür in eine Felsenkammer eingeschlossen wurde; Kleopatra, Tochter des Boreas und Gattin des Thrakers Phineus, war von Eidothea, die ihr Gatte an ihrer Stelle zur Frau genommen hatte, so gehaßt worden, daß diese

die Grausamkeit beging und ihren beiden Söhnen die Augen ausstach.
Von einem Knaben wird der alte blinde Seher Teiresias hereingeführt. Er warnt den König. Die Zeichen künden, daß die Götter der Stadt zürnen. Grund ist der Erlaß des Königs:

> Denn die Altäre und die heilgen Herde
> Besudeln mit dem Aas von Ödipus'
> Gefallenem Sohn die Hunde und die Vögel.
> Drum würdigen die Götter unser Flehn
> Und unserer Opfertiere Brand nicht mehr,
> Und schrein die Vögel nimmer glückverheißend,
> Die sich an Menschenblut und -fleisch gesättigt ...
> Drum weiche du dem Leichnam. (5)

Kreon lehnt ergrimmt ab und beschuldigt Teiresias, mit aufständischen Thebanern eine Verschwörung anzuzetteln. Der Seher erwidert mit der Weissagung, Kreon werde mit dem Leben seines Sohns für seine doppelte Sünde, den Toten bei den Lebenden zurückzuhalten und die Lebende bei den Toten einzumauern, büßen. Er geht ab; Kreon ist erschüttert, denn weder er noch der Chor haben je gehört, daß eine Vorhersage des Teiresias nicht eingetroffen ist.
So entschließt sich der König nachzugeben. Er macht sich auf, um mit seinen Dienern den Toten auf dem Schlachtfeld zu bestatten und seine Nichte in Freiheit zu setzen. Die Greise beten in ihrer Freude zu Dionysos, er möge mit heilenden Kräften in sein geliebtes Theben kommen.
Doch bald erscheint ein Bote mit Nachrichten für die Königin Eurydike. Man hat den Leichnam des Polyneikes ehrenvoll verbrannt, doch Antigone ist verloren, sie hat Hand an sich gelegt. Haimon warf sich über den Leichnam und hörte nicht auf die Bitte seines Vaters:

Der Sohn jedoch starrt wilden Blicks ihn an
Antwortet nichts, ins Antlitz speit er ihm,
Fährt nach dem Griff des Schwerts, zieht – doch der Vater
Entrinnt dem Stoß. Da wendet seine Wut
Der Ärmste gegen sich und hingestemmt,
Stößt er die Waffe tief sich in die Seite. (6)

Eurydike geht schweigend in den Palast zurück. Kreon und sein Gefolge erscheinen, Haimons Leiche wird auf einer Bahre getragen. Der König bricht in Klagen aus, da meldet ein Bote, die Königin habe sich am Altar erstochen. Ihr letztes Wort war ein Fluch auf Kreon, den Mörder ihrer Kinder. Kreon begehrt den Tod, doch die Greise belehren ihn, daß kein Sterblicher dem Los entfliehen kann das ihm bestimmt ist und daß vermessene Worte schwer bestraft werden.

2

Das Problem des Rechts

AISCHYLOS hat in seinem Stück *Sieben gegen Theben,* das er nach seinem heute verlorenen *Ödipus* schrieb, vom Streit zwischen Eteokles und Polyneikes berichtet. Im ersten nachchristlichen Jahrhundert schrieb Statius die *Thebais,* die von Dante als eine der fünf großen erzählenden Dichtungen gerühmt wird. Das Drama des Aischylos ist ein straffe Tragödie ohne den Versuch einer moralischen Rechtfertigung.

Sieben kühne Heerführer, strahlender Rüstung,
Speerschwingend rücken sie wider sieben
Tore, wie's das Los ihnen beschied. (7)

Eteokles ist der erste klar gezeichnete tragische Held, ein Mann, der von einer doppelten Last zu Boden gedrückt wird: von der Verantwortung für das Wohl seiner Stadt und der Einsicht, daß sich sein dunkles Geschick erfüllen muß. In der *Antigone* des Sophokles aus dem Jahr 442 (ob er damals den Jahrespreis errang und welche anderen Tragödien neben ihr aufgeführt wurden, ist nicht bekannt) sind die Brüder selbst nicht Hauptpersonen. Das Interesse konzentriert sich auf ihre Schwester Antigone. In den *Sieben gegen Theben* dagegen kommt sie nur flüchtig in einer Szene vor, aber weder Homer noch die Lyriker erwähnen sie. Vermutlich aber war sie Gegenstand einer weniger bekannten Lokaltradition. Bei anderer Gelegenheit, in dem fast vierzig Jahre später entstandenen *Ödipus auf Kolonos,* spricht Sophokles von der Liebe des Ödipus zu Antigone, die diese von Herzen erwiderte (8). Doch gelingt es ihr nicht, den König umzustimmen, wenn sie ihm auch durch ihre Liebe die Leiden erträglicher macht. Am Schluß des *Ödipus auf Kolonos* vertraut der Blinde seine Töchter dem Athener Theseus an, der sie sicher zurück nach Theben geleitet.

Antigone beschäftigt sich mit Ereignissen, die in spätere Zeit fallen. Doch bezieht sie sich nicht auf die Vorgeschichte, sondern geht rascher als irgendein anderes griechisches Drama zum eigentlichen Thema über. Die Handlung führt direkt auf die Katastrophe zu. In manchen anderen Stücken des Sophokles, im *Ajax* oder in den *Trachinierinnen* zum Beispiel, sind die Reden meist mehr argumentierend und fast undramatisch, Selbstgespräche, die eigene Gedanken entwickeln und weniger der Handlung des Mythos dienen. In der *Antigone* dagegen beziehen sich alle Reden, wenn sie auch sorgfältig ausgearbeitet sind und gelegentlich zur Abstraktion neigen (zum Beispiel in der Szene, in der die Heldin auf ihre Grundsätze zu sprechen kommt), doch stets unmittelbar auf die Rolle des Sprechers und die unerbittliche Folgerichtigkeit des Handlungsverlaufs. Man hat oft versucht, in das Stück Anspielungen auf die damals geläufige Philosophie hineinzulesen. Auch gab es Theorien, die behaupteten, in diesem Drama werde auf die gefährliche Demoralisierung Athens Bezug genommen, die auf die Dauer wesentlich zum Fall der Stadt beitrug. Auch in manchen Chorstellen hat man didaktische Lebensweisheiten gesehen: So hielt man etwa die Ode an den Menschen für eine Betrachtung über die Unsicherheit des Glücks und der Ordnung, für eine Art humanistisches Manifest. Sophokles kannte das sophistische »Neue Denken«, dem Euripides erlag, genau, doch sein ernster, heldenhafter Charakter widerstand jenen zersetzenden Einflüssen.

Bei Sophokles kommt es zu einem scharfen und unheilbringenden Zusammenstoß zwischen zwei von der jeweiligen Partei aufs äußerste verteidigten Prinzipien. Sicher schließt auch der Konflikt Einzelschicksale ein, doch vor allem handelt es sich um einen Testfall mit weitreichenden Konsequenzen. Das Thema lautet: Was geschieht, wenn der Einzelne mit dem Führer des Staatswesens, wenn privates Gewissen und öffentliche Macht zusammenstoßen? Im Wettstreit miteinander liegen das göttliche Gesetz, auf das sich der Einzelne beruft, und die menschlichen Gesetze, mit denen der Politiker gegen jenes verstößt. Das göttliche Gesetz wird zwar nicht durch direktes Eingreifen der Götter, wohl aber durch das Gewissen Antigones dargestellt. Sie appelliert, wie so viele ihrer Landsleute, an »ungeschriebene Gesetze«, die mehr bedeuten als jede konkrete Gesetzesformel, die für eine bestimmte Zeit an bestimmten Orten geschaffen wurde. Heraklit schon hatte von einem »allgemeinen Gesetz« geschrieben, das auf den Gesetzen der Natur gründet (9); und auch Antigone beruft sich auf ein höheres, übermenschliches Recht, das von einer Macht gegeben wurde, die jeden Verstoß unweigerlich ahndet (10). Kreon muß dies schließlich am bitteren Ende zugeben (11). Von Sokrates wird später berichtet, auch er habe solche unvermeidlichen Konsequenzen ziehen müssen (12). 431 v. Chr. sprach Perikles im Peloponnesischen Krieg in der berühmten Leichenrede, die er laut Thukydides gehalten haben soll (13), von ungeschriebenen Gesetzen, Aristoteles schrieb von einem allgemeinen Naturgesetz und von »ungeschriebenen Grundsätzen, von denen man sagen kann, daß sie allgemein anerkannt werden« (14). Dieser Begriff sollte dann eine lange und wechselvolle Geschichte in der Naturrechtslehre der Stoiker haben, die ihrerseits die römische Gesetzgebung nachhaltig beeinflußten.

Antigone beruft sich auf die für Ewigkeiten geltende Gesetzmäßigkeit dieser Vorschrift:

> Und schien mir deine Botschaft nicht so mächtig,
> Daß Sterbliche der Götter ungeschriebne,
> Ewige Satzung überholen könnten.
> Denn jetzt und gestern nicht, nein, immerdar
> Lebt die, und niemand weiß, woher sie kam.
> So war ich nicht gewillt, der Menschen Sinn
> Zu fürchten und zu büßen vor den Göttern.
> Ich weiß ja, daß ich sterben muß – wie könnt
> Es anders sein – auch ohne dein Gebot.
> Und sterb ich vor der Zeit, nenn ich's Gewinn.
> Wie nämlich fände nicht Gewinn im Sterben,
> Wer so wie ich in vielen Leiden lebt?
> Drum achte ich, wenn dies Geschick mich trifft,
> Den Schmerz für nichts. Doch meiner Mutter Sohn
> Den toten, unbestattet liegen sehn,
> Dies schmerzte mich. (15)

Die Motive ihrer Tat sind also nicht allein allgemeine Grundsätze, sie handelt auch aus tiefer Liebe und Achtung für den Bruder. Diesen Gefühlen gibt sie in einem ungewöhnlichen Monolog (16) Ausdruck, der aber vor allem Kritikern des neunzehnten Jahrhunderts eine seltsame Vernachlässigung ihrer anderen Pflicht, ihrem Verlöbnis mit Haimon, der sie liebte und heiraten wollte, zu sein schien. Fast gespenstische Ironie liegt in ihrer Vermutung, er könnte ihr untreu sein. Mancher Kritiker wurde, wie gesagt, durch diese Stelle schockiert und hielt sie für unecht. Doch mag der Eindruck auch verwirren, Antigone weiß trotz ihres unsicheren Tastens im dunkel doch ohne logische Gründe, daß sie recht hat.

Erschütternd ist es auch, wie Antigone und Ismene im Verlauf eines etwa hundert Zeilen umfassenden Dialogs gnadenlos auseinandergerissen werden:

Ismene: Und dann bedenke dies noch: Wir sind Fraun,
Geschaffen nicht, mit Männern uns zu messen;
Von Stärkern bleiben wir beherrscht, hier und
Wohl gar in Schmerzlicherem zu gehorchen.
So bitt ich sie, die in der Erde sind,
Mir zu verzeihn, da mir Gewalt geschieht,
Und folge denen, die uns vorgesetzt;
Denn sinnlos ist es, ungemäß zu handeln.
Antig.: Befehlen möcht ich's nicht, und wolltest du's
Noch tun, dein Handeln freute mich nicht mehr.
Bleib du bei deiner Einsicht. Ich begrab ihn.
Und ist's vollbracht, so will ich gerne sterben.
Geliebt bei den Geliebten werd ich liegen,
Und heilig ist die Schuld, muß ich doch länger
Den Untern als den Menschen hier gehorchen.
Dort lieg ich ja auch immer. Du, so dir's
Gefällt, laß ungeehrt, was Götter ehren. (17)

Diese Härte Antigones soll nicht, wie schon vermutet wurde, einen »tragischen Bruch« in ihrem Wesen deutlich machen, der sie schließlich zu Fall bringt. Der Chor, der an das Los der Familie erinnert, findet sie mit Recht hartnäckig wie ihren Vater (18); denn sie handelt aus Grundsatz und Leidenschaft, wenn ihr auch niemand folgen kann, wo sie bis zum äußersten geht. Die Bestattungsriten wurden bei den Griechen zwar noch immer wie zur Zeit Homers hochgehalten, doch ist die Praxis nur noch formal bedeutsam; Antigone begräbt den Bruder nur symbolisch, indem sie eine Handvoll Erde über ihn streut. Später zeigte man Touristen freilich »Antigones Spur«, den Weg, auf dem sie angeblich den Leichnam ihres Bruders zum Holzstoß schleifte, um ihn zu verbrennen. Als sie berichtet, wie sie dem Leichnam die letzte Ehre erwiesen hat, wird deutlich, daß ihr Motiv eine geradezu mystische Achtung vor dem Althergebrachten war – ob dabei auch religiöse Gründe mitspielten oder nicht, ist nebensächlich.

Man hat eingewendet, daß ein Märtyrer im Dienste einer großen und allgemeinen Sache keine geeignete Figur für die Tragödie abgibt. Aber betrachtete Sophokles seine Antigone als Märtyrerin? Im raschen Verlauf des Stücks sehen wir ihren Mut und ihr freiwilliges, fast wütendes Sichopfern. Doch handelt sie aus innerer Notwendigkeit, nur mit der einen Belohnung in Aussicht, das Rechte getan zu haben und von der Nachwelt verstanden zu werden. Das macht sie zur echt Sophokleischen Heldengestalt: Im Untergang zeigt sie ihre wahre Größe. Ob sie mit ihrer Tat recht getan hat, darüber gibt der Dichter kein Urteil ab. Sie macht jedenfalls niemanden glücklich. Aber bei Sophokles dürfen wir keinen leichten Lohn für gute Taten erwarten. Erst Euripides führte in einem oder in zwei heute verlorenen Schauspielen das »Happy End« ein, indem die kämpfenden Parteien durch Dionysos versöhnt werden.

In vielen Tragödien bleibt die Art und Weise, in der Fehler gesühnt werden, geheimnisvoll. In der *Antigone* wird dagegen bis ins einzelne ausgeführt, wie Kreon für seine falschen Entscheidungen büßen muß. Denn ob nun Antigone im Recht oder im Unrecht ist – er hat sicher unrecht. Dieser Bruder der Jokaste spielt in den drei thebanischen Stücken des Sophokles recht unterschiedliche Rollen: In der *Antigone* tritt er so sehr hervor, daß er im Titel genannt zu werden verdiente, denn nach Antigones Abgang konzentriert sich alle Aufmerksamkeit auf sein Geschick. Wie in manchen griechischen Tragödien liegt auch hier die innere Einheit mehr in der Handlung und den gegensätzlichen Charakteren als in einer einzigen tragenden Gestalt. Kreon spricht für die Welt, den Staat und die Staatsraison. Obgleich er achtbare, vernünftige und darum bedeutungsvolle Gründe vorbringt, ist seine Auffassung von der Pflicht niedriger als die Antigones: Beide, Onkel und Nichte, gebrauchen wohl die gleichen Ausdrücke, meinen aber Verschiedenes, und sie trifft dabei das Richtige. Überdies verleiten ihn seine Prinzipien nicht nur zu Handlungen gegen die einfache Menschlichkeit, sondern zum Religionsfrevel. Daß er Antigone bei lebendigem Leib in ihr Grab einschloß, beleidigte die Götter der Unterwelt, weil dadurch eine gefährliche, magische Grenzsituation geschaffen wurde. Diese Gottheiten waren aber bereits um Polyneikes betrogen worden; da er unbestattet blieb, konnte er den Unterirdischen nicht übergeben werden, denn der Geist des Unbegrabenen fand keinen Einlaß im Hades. Die Götter des Olymp hingegen kränkte der Anblick unbestatteter Leichen. Das alles war Kreons Werk. Schließlich maßte er sich bei Sophokles (freilich nicht bei Euripides) noch das Richteramt über eine Frau an, die unter dem Schutz eines anderen stand, nämlich seines eigenen Sohns Haimon. Dieser ist eine Art Bindeglied zwischen den Parteien, denn sowohl Antigone als auch Kreon lieben ihn. Kreon besitzt einen stark entwickelten Ordnungssinn und zugleich ist er von jener Hybris in klassischer Bedeutung besessen, die auch bedeutende Männer Unrecht tun läßt. Er versucht, eine

Regel der Moral zu verändern, über die er keine Befugnis hat. Vielleicht war er Abbild eines jener totalitären Demokraten, denen Sophokles mißtraute, während Antigone die Sache der alten großen Geschlechter vertritt, die sich vom Staat bedroht sahen. Was Kreon als Gerechtigkeit ansah, war in Sophokles' Augen Hochmut. Sein schlimmer Irrtum war es, andere der Fehler anzuklagen, die er selbst beging.

Nach dem Tod Antigones und Haimons ruft Kreon die verzweifelten Worte aus: »Im Leid erkenn ich's!« Am Schluß erweckt er das Mitgefühl der Zuschauer, wenn sie auch aus der Version, die Sophokles dem Mythos gab, kaum viel Zutrauen in die weltliche Justiz entnehmen konnten.

Hegel, der sich mit den Gestalten der Antigone und des Kreon eingehend beschäftigte, sah in ihnen Sinnbilder für die Logik der Geschichte, in der jeder recht und unrecht hat. Shelley hingegen erklärte, daß »einige von uns in einem früheren Leben Antigone geliebt haben, das macht uns ungenügsam bei jeder Art zeitlicher Bindung«.

Für ihn war das Tun der Antigone eine Verletzung von Vorschriften, welche sich eine vorurteilsvolle Gesellschaft gesetzt hatte, aus edlen Beweggründen.

Während des Zweiten Weltkrieges zog auch Anouilh, gleich seinen Vorgängern Gide, Giraudoux und Cocteau, die klassische Mythologie als Grundlage seiner eigenen dramatischen Ideen heran. Cocteaus *Antigone* war 1922 entstanden. In der Besatzungszeit 1942/43 schuf Anouilh sein gleichnamiges Drama und verteidigte darin in klassischer Sprache das Recht auf Widerstand. Einige Jahre später wurde der Dichter zu Unrecht der Kollaboration angeklagt, weil sein Kreon allzu beredt dargelegt hatte, daß die politische Macht notwendigerweise Kompromisse eingehen und irgend jemand stets die Verantwortung auf sich nehmen müsse. Anouilhs Kreon ist der Friedensstifter.

Anselm Feuerbach, Medea (Ausschnitt). München, Neue Pinakothek

Orpheus und Eurydike. Relief. Paris, Louvre

Im Unterschied dazu läßt etwa Brechts Auffassung die Pazifistin Antigone durch den kriegslüsternen Kreon zurückweisen. Die Antigone Anouilhs ist alles andere als pazifistisch, sie will unter Bedingungen leben, die so absolut und unvernünftig sind, daß die Welt keinen Platz für sie hat. Sie ist nicht bereit aus der Erfahrung zu lernen, will aber auch nicht davon ablassen, das Leben ständig zu befragen: »Ich bin nicht hier, um zu verstehen, sondern um Nein zu sagen!« Sie vertritt einen reinen und unbedingten jugendlichen Idealismus, das persönliche Gewissen. Aber Anouilh ist pessimistisch genug, zu wissen, wie sehr diese Eigenschaften mißverstanden werden und wie weiters das Mißverstehen die Häßlichkeit einer Welt entlarvt, in der eine faule, korrupte Menschheit die Erfüllung von Idealen vereitelt. Sartre sagt von Anouilhs Antigone, sie sei ein »Charakter«, aber nicht im Sinn des Theaters der Zwischenkriegszeit. Sie verkörpert den puren Willen, die absolute Willensfreiheit und zeigt, wie »der Mensch in ein Leben geworfen wird, das zwar schon völlig fertig ist, dennoch aber sein eigenes Unternehmen. Er hat darin keine Chance zweimal. Er muß seine Karten ausspielen und jedes Risiko auf sich nehmen«. Zu einer Zeit, als man nach einer neuen Wertordnung verlangte, verwarf Antigone die alten Gesetzbücher, ohne die Götter um ihre Billigung oder ihr Eingreifen anzuflehen: Sie ist der Außenseiter, der es »für niemanden, nämlich für sich selbst« tut.

Die 1948 entstandene *Antigone* von Brecht ist die Hölderlinsche Übersetzung des Sophokles mit eingefügten Zusätzen und einem Prolog. Ort der Handlung: Das Berlin des Jahres 1945. In Christopher Logues englischem Stück aus dem Jahr 1961 wird Kreon ganz neu gedeutet: Er ist ein roher Kommissar der Revolutionszeit, der das Recht in Anspruch nimmt, den Leichnam des Polyneikes industriell zu verwerten, wozu ihn ein bürgerlicher Gerichtshof nie ermächtigt hätte.

V

HERAKLES UND DIONYSOS

HERAKLES BEZWINGT DEN TOD

I

Die Alkestis des Euripides

Vor dem Palast des Königs Admetos in Pherai gibt Apollon seinen Bericht: Er mußte auf Zeus' Geheiß dem König als Hirte dienen, zur Strafe für die Ermordung der Kyklopen. Doch Admetos erwies sich als gütiger Freund, und Apollon rettete ihm das Leben. Der König war nämlich von Artemis zum Tod verurteilt worden, weil er vergessen hatte, ihr an seinem Hochzeitsfest das Opfer darzubringen.

Doch Admetos wird nur unter einer Bedingung am Leben bleiben, daß ein anderer an seiner Statt den Tod auf sich nimmt. Keiner als seine Gattin Alkestis fand sich bereit, das Opfer zu bringen; nun liegt sie in ihren Gemächern im Palast in den letzten Zügen. Thanatos, der Todesgott, erscheint und fragt Apollon, was er hier vor dem Haus der Trauer zu suchen habe. Vergebens bittet Apollon um das Leben der Alkestis; schließlich droht er, bald werde einer kommen, der stärker sei als der Tod, der werde ihm seine Beute abjagen. Ungerührt tritt Thanatos ins Haus. Die Greise von Pherai beklagen das traurige Geschick der Königin. Nur Asklepios hätte sie retten können — wäre er nicht selber gestorben:

Wenn einer nur lebend noch
Weilte im Sonnenlichte,
Phoibos' Sohn: sie entrönne
Aus den Gefilden der Nacht
Und den Pforten des Hades.

Denn er weckte die Toten,
Bevor die Wetterflamme, des Zeus
Glutpfeil ihn niederschmetternd traf. (1)

Eine Dienerin tritt aus dem Haus und berichtet von der edlen Betrübnis der Alkestis, als sie merkte, daß ihr Tod nahe sei.

Ein solches Unglück lastet auf Admetos' Haus.
Starb er, so wäre er dahin; dem Tod entflohn,
Trifft ihn ein Leiden, das er nie vergessen wird. (2)

Der Chor betet zu Zeus und Apollon um Hilfe. Alkestis wird vor das Haus getragen, gestützt von ihrem Gatten. Beim Abschied beteuert er, er wolle nie mehr heiraten oder sich freuen; am liebsten stiege er zur Unterwelt, um sie zurückzuholen. Auch ihr kleiner Sohn jammert um sie. Während die Königin ins Haus zurückgetragen wird, versichern die Greise, daß man ebenso wie hier auch in Athen und Sparta von ihrer Treue singen werde:

Ständ es in meiner Macht und
Könnt ich wieder zurück dich
An das Licht aus der Nacht des Hades
Rudern über den Strom der Toten!
Denn du allein, ach der Frauen liebste,
Du fandest den Mut, den teuren Gemahl mit deinem Leben
Von dem Tode zu lösen: o möge der Staub
Leicht die Gebeine dir decken, Weib!
Wenn er ein neues Gemahl sich erwählte –
Wahrlich, ich müßte ihn hassen,
Verhaßt würd er deinen Kindern. (3)

Herakles tritt auf. Er ist auf dem Weg nach Thrakien, um dort die wilden Rosse des Diomedes zu holen – eine der Arbeiten, die er für König Eurystheus von Tiryns verrichten muß. Er fragt den Freund Admetos nach dem Grund seiner Trauer, wird aber durch ausweichende Antworten abgelenkt und muß deshalb annehmen, die Tote sei jemand anderer als Alkestis. Trotzdem will er gleich weiter, weil er fürchtet, ungelegen gekommen zu sein; doch Admetos besteht darauf, daß er bleibt. Er möchte nicht ungastlich erscheinen. Der Chor lobt die Gastfreundschaft des Königs, ebenso seinen Reichtum an Herden, die der Gott Apollon selbst hütete.

Nun kommt Admetos mit dem Leichenzug. Ihnen begegnet des Königs Vater Pheres, der Opfergaben zum Grab der Alkestis bringen will. Admetos weist sein Beileid sowie die Gaben zurück, ja er schmäht seinen Vater und seine Mutter, die beide schon so alt sind und sich doch weigerten, für ihn zu sterben. Pheres verteidigt sich und erinnert den König daran, daß ja der Bruder der Alkestis, Akastos, noch lebe. Mit einem Fluch auf seine Eltern geht Admetos ab. Der Leichenzug folgt.

Ein Diener, der zur Wartung des Herakles befohlen war, tritt auf und klagt über die rohen, unflätigen Sitten des Gastes. Dann erscheint auch Herakles, er ist leicht betrunken und weist den Diener wegen seines melancholischen Aussehens zurecht. Doch dieser erklärt ihm als Grund seiner Trauer, daß die Königin selbst es war, die man zu Grabe trug. Herakles erschrickt und entschuldigt sich wegen seines ungebührlichen Auftretens. Zum Dank für seine Güte will er Admetos die Gattin aus dem Totenreich zurückholen. Er werde den schwarzgekleideten Todesgott schon finden, versichert er, der das Blut der Opfertiere trinkt, die an Alkestis' Grab geschlachtet wurden. Dort werde er mit Thanatos kämpfen, bis er von seinem Opfer lasse. Herakles geht ab, Admetos und der Chor treten auf in wechselseitiger Klage. Der König beneidet seine Gattin im Tod, während der Chor die Schreckensmacht des Schicksals bejammert, gegen das auch Orpheus oder Apollon kein Heilmittel wissen, ja ohne das Zeus selbst ohnmächtig wäre.

Herakles kehrt zurück, er führt eine Verschleierte an der Hand, entschuldigt sich wieder für sein unzeitgemäßes Erscheinen und bittet Admetos, dieser Frau, die er als Preis bei Spielen gewann, Unterkunft zu gewähren, bis er aus Thrakien zurückkehre (Abb. S. 262). Obwohl ihr Gesicht verhüllt ist, erinnert sie Admetos an Alkestis, und diese Erinnerung erfüllt ihn mit tiefem Schmerz. Herakles legt ihre Hand in die seine und sagt, es sei tatsächlich Alkestis selbst, die er von den Toten zurückgeholt habe. Drei Tage lang könne sie kein Wort sprechen, bis die den Göttern der Unterwelt dargebrachte Weihe von ihr genommen sei.

> Wohlan denn, führe sie hinein und übe stets
> Gerechtigkeit, Admetos, sei den Fremden gut. (4)

Admetos versucht vergebens, ihn zurückzuhalten. Dann ordnet er ein allgemeines Freudenfest an:

> Denn umgewandelt hat sich aus dem Leide mir
> Zur Lust das Leben: ach, mein Glück – ich leugn' es nicht. (5)

2

Die Mythen im neuen Licht

Im Jahre 438 v. Chr., als Euripides Mitte der Vierzig war, wurde seine *Alkestis* uraufgeführt. Im Programm stand sie nicht als Tragödie, sondern wurde als viertes Stück eines Dramenzyklus an der Stelle des sonst üblichen Satyrspiels gegeben. In der Antike zählte das Stück zur Gattung der Satyrspiele, denn es besteht aus einer seltsamen und phantastischen Mischung tragischer und komischer Züge, die sich bei Euripides öfters findet. Doch hier sind diese beiden Elemente so unvermittelt miteinander verquickt, daß die dramatische Einheit zerrissen ist – vielleicht gibt gerade das dem Stück die pikante Note, die es auch einem modernen Publikum so anziehend macht.

Die Sage ist offensichtlich aus zwei Volksmärchen zusammengesetzt: dem Brautopfer und dem Kampf des Helden mit dem Tod. Nach einer anderen Überlieferung tritt Alkestis ebenfalls als Heldin auf, und zwar haben dort ihre Freier, unter ihnen Admetos, dem Apollon beisteht, außerordentliche Aufgaben zu lösen. Die von Euripides bearbeitete Version, Alkestis' Selbstopfer für Admetos, wurde wohl als Satyrspiel von Phrynichos, einem der frühesten attischen Dramatiker, behandelt.

Artemis, die Admetos zum Tod verurteilte, spielt hier die Rolle einer Unterweltgottheit, gleich Hekate oder Persephone. In manchen Versionen verdankt ihr Alkestis die Wiederkehr aus dem Totenreich. Sie ist aber auch die Schutzgöttin von Pherai; dort wurde ihr Heiligtum aus vorgeschichtlicher Zeit gezeigt und jährliche Feiern veranstaltet, die auch mit dem Mythos in Beziehung standen. Pherai lag in einer strategisch günstigen Lage am Südostrand der Thessalischen Ebene. Vor allem in der Zeit, als die Stadt den Hafen Pagasai besaß, hatte sie die Kontrolle über die Kornausfuhr des ganzen Landes. Thessalien war reich an Getreide, Pferden und Rindern. Eine Generation nach Euripides unter König Jason, reichte die Macht dieser Stadt für kurze Zeit besonders weit. Doch gehörten die Thessalier schon im sechsten Jahrhundert zu den führenden griechischen Stämmen, sie besaßen sogar eine bedeutsame prähistorische Kultur. Möglicherweise sind diese Mythen und Märchen ein Nachklang aus jener Zeit.

Jean-Paul Sartre schreibt: »Wenn ich zu diesen Thema unter dem Stichwort ›das Verhältnis der Gatten zueinander‹ zu schreiben hätte, würde meine Darstellung das gesamte Problem der Emanzipation der Frau umfassen.« Die Frau wählt in dem Augenblick, in dem es ihr Gatte nicht wagt, dem Tod ins Auge zu sehen, die tragische Lösung; doch als sie zurückkommt, übernimmt sie die führende Rolle; Admetos aber ist nach Sartres Auffassung für alle Zeiten der Verhöhnte. Soweit allerdings geht Euripides nicht; dennoch ist sein Stück in gewisser Hinsicht ein Lehrgang über die Gleichberechtigung der Geschlechter. Dieses Thema lag dem Dichter sehr am Herzen und seine *Alkestis* ist nur *ein* Schauspiel von mehreren, in denen Eheprobleme der Hauptgegenstand sind. Euripides gestaltet mit Vorliebe Frauen, die sich starken Gefühlen hingeben – in Alkestis' Fall ist es die sich opfernde Liebe. Manche haben Alkestis als kalt, asozial und humorlos bezeichnet, als »eine Schreckensgestalt, das vollkommen gute Weib«. Doch mit solchen Urteilen tut man dieser ganz untheatralischen, lebensnahen Frau und ihrem weiblichen Instinkt Unrecht. Sie ist die Hausfrau, die durchaus nicht in herkömmlich erhabenem Stil spricht, sondern so scharfe Töne anschlagen kann:

Du siehst, Admetos, wie mein Los gefallen ist ...
So sterbe ich statt deiner – konnt ich leben auch
Und, wen ich wollte, freien aus Thessalien
Und glücklich wohnen hier in reichem Herrenhaus ...
Der eigne Vater und die Mutter gab dich preis,
Und ihnen ziemte Sterben wohl als älteren
Und wohl, den Sohn zu retten durch ehrvollen Tod;
Denn du allein bliebst ihnen, und sie konnten nicht
Auf andre Kinder hoffen, starbest du dahin.
Ich lebte dann, und du vertrauertest nicht allein
Dein künftig Leben, deines Ehgemahls beraubt,
Noch müßtest Waisen du erziehn. Doch dieses hat
Gefügt der Götter einer, daß es so geschah. (6)

Um auf den von Sartre vorgeschlagenen Schluß zurückzukommen: Nicht jeder hätte Admetos verhöhnt. Doch was dachte Euripides über einen Mann, der ein solches Opfer annimmt? Admetos ist ein guter Mensch, er besitzt alle herkömmlichen Tugenden wie Edelmut und Gastfreundschaft, Eigenschaften, die damals viel höher bewertet wurden als heute. Kurz: Er ist ein typischer Vertreter seiner Klasse und auch Herakles hält ihn für einen »netten Kerl«. Doch ohne Admetos etwa mit altdeutscher oder christlicher Ritterlichkeit zu messen, wird es deutlich, daß in der Absicht des Euripides lag, ihn als gefühllos und selbstsüchtig erscheinen zu lassen. Er ist es unbewußt, wie z. B. Torvald Helmer in Ibsens *Nora*. Euripides enthüllt in seiner eigenen Weise den schwachen Punkt des Mythos: den Riß im Charakter Admetos'. Dieser Konflikt zwischen seinen wenig heroischen Eigenschaften und der ehrlichen Verzweiflung über den Verlust seiner geliebten Frau, die für ihn stirbt und schließlich noch »glücklicher« als er sein mag, macht eigentlich die Tragödie aus:

> ... Doch du, Weib,
> Wer immer du auch sein magst, gleichst Alkestis sehr
> In Körperform und Ebenmaß der Wohlgestalt.
> Oh, bei den Göttern – schaffe mir dies Weib hinweg
> Aus meinen Augen, quäle mich Gequälten nicht!
> Denn wenn ich sie so sehe, glaub ich mein Gemahl
> Zu sehn, das Herz wallt über, und ein Tränenstrom
> Bricht aus den Augen. Wehe mir Unseligem,
> Welch herber Kummer, den ich wieder kosten muß! (7)

Der Stoff ist häufig bearbeitet worden; die *Sofonisba* des Trissino aus dem Jahr 1515, der erste Versuch der Renaissance, eine Tragödie im antiken Stil zu schreiben, entstand unter dem Einfluß der *Alkestis*. Händel und Gluck brachten den Stoff auf die Opernbühne, Alfieri und Herder schrieben Schauspiele. Goethe kritisierte an der *Alkestis* Wielands die Sentimentalität und setzt sie gegenüber dem Realismus Euripides' herab. Robert Browning nannte das griechische Drama den »seltsamsten, traurigsten und süßesten Sang«. In seiner Fassung des Mythos, *Balaustions' Adventure* (1871), sieht er optimistischer als Euripides den Wandel voraus, den die Ereignisse im Charakter Admetos' hervorbringen werden:

Verjüngt, erneuert ist er nun –
Fähig gleich ihr
Zu hohen Taten ...

Thornton Wilders *Alkestiade*, eine sehr getreue Nachdichtung des klassischen Vorwurfs, wurde kürzlich vertont. T. S. Eliot, der das griechische Drama oft als Rahmen für seine Stücke benutzte, ging auch in seiner *Cocktailparty* (1949) von Euripides' *Alkestis* aus. Lavinia, die gleichfalls, wenn auch nicht von den Toten, »zurückkehrt«, hat wenig von der Großmut Alkestis' an sich; sie muß sich, ebenso wie ihr Gatte Edward (und wie Admetos in der *Alkestis*), einem moralischen Insichgehen unterziehen. Der geheimnisvolle, göttergleiche Reilly stimmt, wie Herakles im Haus des Todes, seine Trinklieder an – wenn es sich hier auch nicht um den Tod, sondern um ein verpfuschtes Leben handelt. Dem Griechendrama wird Christentum und Psychiatrie hinzugefügt:

Es ist eine ernste Sache,
Jemanden aus dem Totenreich zurückzuholen ...
Ach, wir sterben einander jeden Tag.

Das Interesse am menschlichen Charakter, das in der *Alkestis* so deutlich wird, ist einer der wesentlichsten Beiträge Euripides' zur Entwicklung der Tragödie. Auf dem Höhepunkt der Macht des imperialistischen Athens wurden die Werte der Gemeinschaft mehr und mehr in Frage gestellt, stattdessen rückte die Erforschung des Individuums immer weiter in den Brennpunkt des Interesses. Euripides kennt die furchtbaren Stürme, die den Einzelnen niederwerfen, er leidet mit den Menschen, die darum ringen, sich aus den tödlichen Gefahren zu befreien, die sie umgeben. Furcht und Mitleid, sagt Aristoteles, werden durch die Tragödie vor allem hervorgerufen, und er hielt das Drama für das beste, in dem ein unverdientes Unglück unser Mitleid erregt. Deshalb schätzte er Euripides vor allen anderen Dramatikern, denn in seinen Stücken wird das Mitleiden des Zuschauers ganz besonders angesprochen. Ein oder zwei Jahrzehnte nach der ersten Aufführung der *Alkestis* wurde dem »Mitleid« auf dem Markt von Athen ein Altar errichtet. Euripides weiß allerdings auch, welche Probleme dieses Erwecken von Mitleid für den Einzelnen mit sich bringt; in seiner Elektra läßt er Orestes sagen:

> Teilnahme füllt ja nimmermehr des Toren Herz,
> Doch wohl des weisen Mannes, und es bringt Gefahr,
> Wenn allzuhohes Wissen auch im Weisen wohnt. (8)

Die *Alkestis* endet zwar, wenn auch auf seltsame Weise, glücklich; aus anderen Stücken des Euripides spricht dagegen eine völlig hoffnungslose Weltanschauung ohne Trost oder Linderung für die zahlreichen unverdienten Leiden. Der Mensch ist das hilflose Opfer von Ungerechtigkeit, von Naturgewalten, die man nicht verantwortlich machen kann, oder auch von dämonischen Mächten, welche im Strudel der Ereignisse weder einen moralischen Sinn noch einen vernünftigen Grund erkennen lassen. Abgesehen von seinen frühesten Stücken, sind bei Euripides die mythischen Themen stets vor dem Hintergrund des Peloponnesischen Kriegs (431–404 v. Chr.) behandelt, in dem die Stadt Athen nach schweren Leiden und dem Zusammenbruch aller moralischen Grundsätze schließlich schmachvoll unterlag. Dem Dichter, der zwischen grimmigem Realismus und unbestimmtem Weltschmerz schwankte, schienen die Leiden in seinen Mythen erschütternd aber wahr. Dennoch blieb er in allen Schrecken des Kriegs ein Humanist:

O töricht, wer in Trümmer Städt' und Tempel stürzt,
Und Gräber, die der Toten heilige Stätten sind,
In Wüsten wandelt und zuletzt selbst untergeht! (9)

Auf Grund solcher Überzeugungen sind die Helden des Trojanischen Kriegs bei Euripides oft kaum anziehender als die in Shakespeares *Troilus und Cressida.* In seiner *Iphigenie in Aulis* erscheint Agamemnon als leicht beeinflußbarer Schwächling, Achilleus als junger Protz, und Menelaos wird als weibisch, degeneriert und egoistisch verspottet. Mit den edlen Gestalten aus Goethes *Iphigenie* z. B. haben sie nichts gemein. Auch die Frauen kommen bei Euripides meist schlecht weg. Die großgesinnte Alkestis ist eine Ausnahme neben der vor Haß halb wahnsinnigen Medea oder der geschlechtskalten, mordgierigen Elektra. Euripides gestaltet seine Hauptcharaktere, und ganz besonders die Frauen, mit psychologischem Einfühlungsvermögen, selbst wenn dies auf Kosten ihrer Erhabenheit geht. Im Mittelpunkt der Mythen, die er gestaltet, steht bei ihm immer das Verhältnis von Mann und Weib, und gegen Ende seiner Stücke, ehe die Götter eingreifen, kommen ihre Gefühle noch einmal gesteigert zum Ausbruch. Und doch scheint die Menschlichkeit dieser Charaktere seltsam gedämpft durch sophistische Argumente, die sie dauernd im Munde führen. Dies zeigt Euripides als echten Sohn seiner Zeit, die auch einen Sokrates, die Naturphilosophen und berufsmäßige »Haarspalter« hervorgebracht hat. In der *Alkestis* z. B. wirft Admetos' Vater Pheres seinem Sohn im Streit erbarmungslos hausbackene Weisheiten an den Kopf:

Denn weder Ahnensitte noch Hellenenbrauch
Gebot dem Vater, daß an Sohne Statt er stirbt.
Dir selber – ob du glücklich, ob unglücklich seist –
Lebst du: von mir empfingst du, was ich schuldig war.
Du herrschest über viele, wirst der Fluren viel
Noch erben, wie mein Vater sie mir hinterließ.
Wo tat ich Unrecht also? Was entzog ich dir?
Stirb du für mich nicht, aber ich auch nicht für dich.
Du freuest dich des Lebens; und ich sollt es nicht?
Das Leben drunten, meine ich, währt lange Zeit,
Das Erdenleben währt nur kurz, doch ist es süß.
Du hast doch schamlos vor dem Tode dich gesträubt
Und lebest über dein beschiednes Los hinaus,
Die Gattin tötend. Dennoch rückst du feigen Sinn
Mir vor, du Feigster, den ein schwaches Weib besiegt,
Das dir, dem schönen Knaben, sich geopfert hat?
Ein Mittel, nie zu sterben, hast du schlau erdacht,
Wenn deine Gattin jedesmal willfährig ist,
Für dich zu sterben! Und du schmähst die Deinen nun,
Die dieses nicht tun wollen, da du selber zagst? (10)

Dies ist wenig poetisch und erhaben gedacht, doch fügt es dem Mythos einen neuen Gesichtspunkt ein: Euripides hat einen unbestechlichen Blick für die Schattenseiten der Welt, in der er lebte, für die kaltblütige, nur auf Vorteil bedachte Berechnung, die damals auf Gassen und Straßen herrschte. Überhaupt haben alle griechischen Dramatiker etwas von einem Richter an sich; die Bühne gleicht einem Tribunal, so wie in den heutigen Stükken oder Filmen die Handlung oft tatsächlich in einem Gerichtssaal spielt. Jeder wird gerichtet, und Euripides benutzt den Mythos dazu, wie ein Anwalt sein rücksichtsloses Plädoyer zu halten.

Gleich Sokrates war auch Euripides seiner Zeit voraus: Zu Lebzeiten erhielt er nur wenig Anerkennung und wurde vor allem von der Jugend geliebt. In späteren Jahrhunderten hat man ihn entweder, wie das z. B. Goethe tat, überschwenglich gelobt oder als Verderber der klassischen Dichtkunst gebrandmarkt, Schlegel und Nietzsche meinen, seine Logik drehe sich um sich selbst und beiße sich in den Schwanz. Nietzsche greift ihn auch als unverbesserlichen Moralisten an; und es ist auch richtig, daß Euripides zu überzeugen suchte, indem er in die Mythen eine neue zeitgemäße, lehrhafte Moral einfügte. Zu seinem prosaischen Realismus stehen die lyrischen Abschnitte, die vermutlich von der neuartigsten, damals modernsten Musik begleitet wurden (11), in fremdartigem Gegensatz der, wie später im Werke Ibsens, Schönheit und plastische Gestaltung des Werkes betonte. Niemand als Euripides selbst weiß so gut um die heimlichen Gefahren, die hinter der athenischen Freude am Diskutieren lauern – wenn er auch seinen vollen Anteil daran hat. Phaidra spricht im *Hippolytos* von den »überschönen Worten« (12) und in den *Bakchen* gibt Teiresias diesem Mißtrauen der älteren Generation Ausdruck:

> Mitnichten recht ich wider sie, die Himmlischen.
> Was fromme Väter uns gelehrt, was unsre Zeit
> Vorlängst geheiligt, kein Vernunftwort stößt es um,
> Auch wenn's der höchste Menschengeist erklügelte. (13)

Auch bei Sophokles hört man solche Worte, doch Euripides spielt mit dem Feuer, denn er war mehr als jener selbst in Gefahr, die Mythen in das Schema solcher Diskussion zu zwängen. Auf diese Weise holt er die Mythen auf den nüchternen Boden der Wirklichkeit herab, wo allerdings dann im Hin und Her der Meinungen der feste Halt verlorengeht.

Für lange Zeit wurde es nun in intellektuellen Kreisen üblich, Homer und Hesiod zu kritisieren und die Götter als unvollkommen und unmoralisch hinzustellen.

Michelangelo, Die Sibylle von Cumae. Aus dem Deckenfresko der Sixtinischen Kapelle. Rom, Vatikanpalast

Nicolas Poussin, Der Raub der Sabinerinnen (Ausschnitt). Paris, Louvre

Der Durchschnittsgrieche der Frühzeit muß die Mythen tatsächlich als die Geschichte seines Volkes akzeptiert haben – auch wenn sie nicht in allen Einzelheiten stimmten, im großen und ganzen beruhen sie auf Wahrheit, hatten doch die Menschen diese Geschichten jahrhundertelang weitererzählt. Zur Zeit des Euripides dachten sicher noch viele so. Doch die philosophische Denkweise gewann an Einfluß. Mochten anfänglich mythologisches und rationales Denken noch einträchtig nebeneinander hergegangen sein, so begann man doch mehr und mehr, die Überlieferungen zu überprüfen. Stesichoros von Himera erklärte, Homers Tatsachen seien falsch, und Pythagoras von Samos ließ den Dichter im Hades schmachten, zur Strafe für die Lügen, die er über die Götter erzählt hatte (14). Xenophanes von Kolophon (geb. um 570 v. Chr.), ein Zeitgenosse des Pythagoras, weigert sich daran zu glauben, daß die Götter Dinge tun könnten, die, wenn sie von Menschen begangen würden, schandbar wären:

> Alles haben Homer und Hesiod von den Göttern behauptet,
> was nur irgend bei uns, den Menschen, als Schande und Schimpf [gilt:
> Stehlen, und Buhlschaft Treiben, und eines den andern Be- [trügen. (15)

Er behauptet, dieser Irrtum komme von der falschen Vorstellung, die Götter müßten den Menschen gleichen:

> Aber wenn Hände hätten die Rinder, oder die Löwen
> malen könnten mit Händen und Werke bilden wie Menschen,
> würden die Pferde Pferden, die Rinder Rindern entsprechend
> malen der Götter Figuren... (16)

Doch Xenophanes sagt gleich den Hebräern der damaligen Zeit: Gewiß gibt es einen Gott, und er ist eben nicht nach dem Bild der Menschen beschaffen.

Im fünften Jahrhundert zieht dann Pindar eine klare Scheidelinie zwischen echten und falschen Mythen. Odysseus, so sagt er, wurde berühmter als er verdiente, nur weil Homer ihn besang.

Denn durch Lügen und geflügelte Machenschaft
Ist ein Erhabenes auf ihm. Geschicklichkeit
Betrügt, indem sie verführt mit Mären.
Und ein blindes Herz hat der meiste Haufe der Männer. (17)
Die künftigen Tage indessen:
Die weisesten Zeugen werden sie sein. (18)

Den Wahrheitsgehalt der Mythen zu erforschen – dies hatten sich damals die Männer zur Aufgabe gestellt, die wie Hekataios von Milet (um 500 v. Chr.) das vorhandene Material zusammentrugen, um es als Vorläufer der großen Historiker zu sichern und zu ordnen. Die Historiker selbst gingen dann das Problem je nach ihrer persönlichen Auffassung von verschiedenen Gesichtspunkten an. Herodot wünschte wenn irgend möglich, alle die bunten Mythen zu erhalten, doch fügte er als Randbemerkung hinzu, daß er zwar erzählen wolle, was überliefert worden sei, aber nicht gezwungen sei, es auch zu glauben (19) – doch es könnte ja so gewesen sein (20). Thukydides wieder nahm zwar viele mythische Überlieferungen als historisch, war jedoch grundsätzlich auch bereit, einen Mythos als unecht und daher unannehmbar zu verwerfen.

So wurde der Weg frei für den Skeptizismus des Kritias, eines Zeitgenossen des Euripides, der nach der Niederlage Athens im Jahr 404 eine Rechtsdiktatur in der Stadt aufrichtete. Er wurde allerdings ein Jahr später ermordet. Aus seiner Tragödie *Sisyphos* ist ein umfangreiches Fragment erhalten, das den Glauben der Menschen an die Götter in völlig rationaler Weise behandelt:

> Es gab eine Zeit, da war der Menschen Leben ungeordnet und tierhaft und der Stärke untertan, da gab es keinen Preis für die Edlen noch auch ward Züchtigung den Schlechten zuteil. Und dann scheinen mir die Menschen Gesetze aufgestellt zu haben als Züchtiger, auf daß das Recht Herrscherin sei und die Frevelei zur Sklavin habe. Und bestraft wurde jeder, der sich nur verging. Dann als zwar die Gesetze sie hinderten, offen Gewalttaten zu begehen, sie aber im Verborgenen solche begingen, da, scheint es hat zuerst ein schlauer und gedankenkluger Mann die Götterfurcht den Sterblichen erfunden, auf daß ein Schreckmittel da sei für die Schlechten, auch wenn sie im Verborgnen etwas täten oder sprächen oder dächten. Von dieser Überlegung also aus führte er das Überirdische ein: »Es ist ein Daimon, in unvergänglichem Leben prangend, mit dem Geiste hörend und sehend ... der alles unter Sterblichen Gesprochene hören, alles Getane schauen kann.« (21)

Dies wies den Weg für andere Erklärungen der Mythen: Die Epikuräer waren sich darüber einig, daß diese Erzählungen nur dazu dienen sollten, die Autorität der Religion zu untermauern. Euhemeros von Messene (um 300 v. Chr.) stellte eine Behauptung auf, die in späterer Zeit den Beifall der Christen fand: Die »Götter« seien die Menschen verflossener Zeitalter, deren berühmte Taten ihnen göttliche Verehrung eingebracht hatten. In ähnlicher Weise suchte Vico (gest. 1736) die großen Kulturbringer als Symbole der Gesellschaft zu erklären; Herbert Spencer meinte, die Verehrung von Göttern habe ihren Ursprung nur in der Geisterfurcht des abergläubischen Volkes.
Die Interpretation des Kritias war weit entfernt von den Ansichten eines Aischylos oder Sophokles; Euripides stand er näher, doch blieb auch hier ein gewisser Unterschied bestehen: Euripides hält die Götter immer noch für genau bestimmbare Einzelwesen, wenn auch nicht für Götter im traditionellen Sinn.

Der Herakles in der *Alkestis* ist eine sonderbare Mischung aus übermenschlicher Kraft und grober Possenreißerei; im *Ion* ist Apollon ein zwar unaufrichtiger, aber nicht unbedingt durch und durch schlechter Verführer und Dionysos in den *Bakchen* personifiziert eine geistige Kraft, die in der menschlichen Seele tiefe Spuren hinterläßt. An der Religion interessierte Euripides mehr die ethische nicht so sehr die theologische Seite. Aber seine Haltung ist die eines Fragenden, und mehr als einmal sind die Worte, die er den Gestalten in den Mund legt, nur Echo auf seine eigenen Fragen nach dem Wesen der Götter. So wiederholt zum Beispiel Herakles, der sich in der *Alkestis* wie ein betrunkener Bauer aufführt, in dem Stück, das nach ihm benannt ist, Xenophanes' Behauptung, daß die Götter nicht imstande sind, unrecht zu tun:

Ich glaube nicht, daß Götter unerlaubter Lust
Sich freuten, noch daß Götterhand je Fesseln trug,
Noch daß Gebieter einer war des anderen:
Nie glaubt ich etwas dieser Art, noch glaub ich's je.
Denn nichts bedarf doch – ist er wahrhaft Gott – ein Gott:
Das alles sind armselge Dichtermärchen nur. (22)

In demselben Stück bestreitet Theseus die konventionelle Auffassung, daß ein Mensch die Götter entweihen könne (23).
Ist es wirklich denkbar, heißt es in einem Fragment der *Melanippe* (24), daß sich Götter die Mühe machen, alle Taten der Menschen zur Kenntnis zu nehmen? Die Antwort lautet offenbar, es sei mit der Natur Gottes nicht vereinbar, wenn er die Menschen vernachlässigte; der Chor in Euripides' *Elektra* stellt die gewagte Behauptung auf, Schauergeschichten dienten nur dazu, die Menschen in der Verehrung der Götter zu bestärken (25) – Kritias war derselben Meinung; ein Abschnitt aus dem verlorengegangenen *Bellerophon* enthält den bekannten Jam-

merruf um die alles beherrschende Übermacht des Bösen:

Sagt jemand, daß es oben Götter gibt?
Es gibt sie nicht; nein, nein, es gibt sie nicht.
Laß keinen Narren, der am Alten hängt, dich täuschen
Schenk' meinen Worten keinen Glauben. Prüfe
Du selbst die Dinge und ich sage dir:
Daß Könige, die morden, rauben, Eide brechen
Und Städte überlisten, besser dran sind,
Als all die Braven, Frommen. Jeder Gott
Tut das nur, was ihn tun läßt unser Glück. (26)

In dem Drama *Hekabe* gibt der Herold Talthybios, vom Leid der betagten Königin bewegt, die Möglichkeit zu, an die Stelle der olympischen Götter sei vielleicht das »Glück« oder der »Zufall« (27) getreten – die Hauptgottheit der nun folgenden Jahrhunderte.

Obgleich Euripides in seinen Dramen mythologische Begriffe und Bilder verwendete, anerkannte er die Mythen nicht als wahres Bild der Götter: Sie sind ihm im Grunde nur eine »nichtige Fabel« (28). Doch waren sie ihm unentbehrlich, um die Probleme darzustellen, die ihn bewegten. Er akzeptierte die wohlbekannten wie die rätselvollen Geschichten als Rahmen für seine neue und sensationelle Gestaltung der Werte, Motive und Charaktere. Seine angebliche »Sünde wider den Geist des Mythos« bestand darin, daß er den alten Geschichten neues Leben einflößte; dasselbe hatte man vor und nach ihm oft getan. Euripides erfüllte sie mit den Spannungen und Tagesproblemen seiner Zeit, des fünften Jahrhunderts, und gab ihnen so eine ganz neue, erregende Tragik.

Was war aber sein persönlicher Glaube? Weil er ihre Illusionen zerstörte, hielten ihn viele Zeitgenossen, z. B. auch sein Freund und Bewunderer Sokrates, für gottlos. Vielleicht war dieser Vorwurf für ihn ein Grund mehr, sein Leben fern von Athen, in

Makedonien, zu beschließen. Aber er war wohl weniger gottlos als skeptisch gegen vollkommene und allzu bequeme Lösungen. Letztlich stand er in Einklang mit der besten Tradition, wenn er aufzeigte, wie schwierig es in dieser gefährdeten Welt ist, die »Handlungen der Götter« zu rechtfertigen, besonders dann, wenn ihre Opfer von schmerzlichen Zweifeln um die Richtigkeit ihres Tuns und Lassens bedrängt wurden. Doch Euripides, der nicht mehr nach dem alten Schema der göttlichen Rache, sondern in neueren Begriffen von Recht und Unrecht dachte, machte das Problem brennender als je zuvor. Er ging es nicht so sehr als fromm Glaubender, sondern als Forscher an. Die Mythen behandelte er mit dem bohrenden Verstand des rastlosen Denkers – darin unseren zeitgenössischen Intellektuellen nicht unähnlich, die sich weigern, irgendeine Glaubensrichtung anzuerkennen.

Diese Zwiespältigkeit oder Unentschlossenheit seines Denkens wird in einigen seiner Stücke auf merkwürdige Weise offenbar: Ein Gott oder eine Göttin greifen am Ende als »deus ex machina« ein und lösen alle Knoten. Diese Art der Lösung durch Göttermacht mag den Frommen gefallen haben und all denen, die ein glückliches Ende vorziehen; unkonventionell denkende Leser oder Zuschauer konnten sich nur dadurch behelfen, daß sie vor dem Schluß zu lesen aufhörten oder das Theater verließen. Das Eingreifen des Herakles am Schluß der *Alkestis* ist ein typisches Beispiel für diese Art der glücklichen Lösung. Freilich ist gerade hier der »deus ex machina« keine Erfindung Euripides; er übernahm ihn aus einem schon früher existierenden Volksmärchen, machte allerdings von dem vorgegebenen »Material« in recht unheimlicher Weise Gebrauch. *Elektra, Hippolytos, Andromache* und *Orestes* dagegen enden mit Göttererscheinungen, die sich fast mechanisch abspielen. Diese Theaterkniffe bringen wohl manch neuen Gedanken, auch geht von ihnen eine manchmal sogar sehr starke Faszination aus, doch beenden sie den Gang der Handlung so jäh, daß man beinahe einen Anflug von Schizophrenie wahrzunehmen scheint. Mit einem modernen, logisch vorbereiteten Dramenschluß ist das nicht zu vergleichen.

Euripides war eben ein schwieriger Charakter. Ein moderner griechischer Dichter, Giorgios Seferis, schreibt über seine Gedankenwelt und sein fast legendenhaftes Leben:

> Er lebte und alterte zwischen dem Brand von Troja
> Und der harten Fron in den Steinbrüchen Siziliens.
> Er liebte die Felsgrotten am Strand
> Und Bilder von der See –
> Das Aderngeflecht der Menschen sah er als ein Netz
> Gesponnen von den Göttern, uns darin zu fangen.
> Und dieses Netz suchte er zu zerreißen.
> Es war nicht leicht, mit ihm zu leben. Der Freunde hatt' er [wenige.
> Als seine Stunde kam, zerrissen ihn die Hunde.

3

Der Abstieg zur Hölle

Das komische Element in der *Alkestis* wird durch eine so erhabene Gestalt wie Herakles vertreten. Er ist freundlich, mächtig und großzügig, ein rauher, doch hochgemuter und stoischer Held. Dennoch behandelte der Dichter auch diese Gestalt mit ironischer Nüchternheit. Der Diener, der ihm aufwartete, beschreibt ihn folgendermaßen:

Schon viele Fremde sah ich und aus manchem Land
Ins Haus Admetos' kommen und bediente sie
Mit Trank und Speise; aber keinen schlimmern noch
Als diesen Fremdling nahm ich auf an unserm Herd.
Er trat, obwohl er unsern Herrn in Trauer sah,
Herein, und dreist und kühn passierte er das Tor.
Die dargebotnen Gastgeschenke nahm er dann,
Vom Leide hörend, keineswegs bescheidentlich,
Und wenn wir was nicht brachten, trieb er uns darum.
Er faßt den Epheubecher drauf mit seiner Hand
Und trinkt der schwarzen Reben unvermischten Saft,
Bis ihn des Weines aufgestiegne Glut erhitzt.
Mit Myrtenzweigen kränzt er dann die Stirne sich
Und gröhlte wild auf. (29)

Ihm selbst, dem Halbgott, dem komischen »starken Mann«, der Lachen und Furcht zugleich erregt und dessen Gestalt uns so oft in den Volksmärchen aller Völker begegnet, hat der Dichter aber auch fast heitere Lebensweisheiten in den Mund gelegt wie diese:

Nun, da du dies vernommen und gelernt von mir,
Erheitre dich und trinke, rechne diesen Tag
Für dein, das andere für des Schicksals Eigentum. (30)

Euripides greift hier auf einen traditionellen Scherz zurück: Es war üblich, eine populäre Gestalt, einen »starken Hans« spaßhaft darzustellen, und seine Laster hielt man für durchaus verzeihlich: Gefräßigkeit, Jähzorn und Lüsternheit. In frühen epischen Parodien wie den *Margiten* und dem *Froschmäusekrieg* finden wir bereits diese Gestalt.

Obwohl Herakles zuweilen als Gott verehrt wurde, war er vermutlich doch ein Mensch. Sein Name, »Heras Ruhm«, ist menschlich und in der *Odyssee* wird von seinem Schatten im Hades berichtet. Er ist eher ein Heros als ein Gott; Heldenmärchen aber sind eine Abart des Mythos, oder, wie manche meinen, etwas ganz anderes als der Mythos. Seine herrlichen Siege über die rohe Gewalt, die später als die Rechtfertigung von Wahrheit und Recht interpretiert wurden, kennen wir aus den Erzählungen von den »Zwölf Arbeiten«: ein buntes Gemisch von Motiven, deren einige typisch sind für Aufgaben, die einem Bewerber um das Königreich und um die Hand der Königstochter gestellt wurden. Herakles verrichtet seine »Arbeiten« auf Geheiß des Königs Eurysteus von Argos oder, wie es in der *Alkestis* heißt, in dem benachbarten Tiryns. Vielleicht war Herakles, wenn es ihn wirklich gegeben hat, einst Fürst dieser stark befestigten Stadt. Seine Taten wurden in epischen Gedichten besungen, die nicht erhalten sind. Auch von einem Werk des Peisander von Rhodos, *Die Heldentaten des Herakles* aus dem 6. Jahrhundert, und einer anderen Version, die von dem Vetter Herodots, Panyassis von Halykarnassos, ein Jahrhundert später, stammt, wird berichtet. In der bildenden Kunst der früheren Zeit war Herakles eines der beliebtesten Motive. Auf einer Amphora (um 660 v. Chr.) in New York ist sein Sieg über den Kentauren Nessos abgebildet, und schon vor dem sechsten Jahrhundert wurde er von Künstlern aus Attika, Korinth, Argos und Sparta ebenso gern dargestellt wie von den Thebanern, die den Helden und seine Sagen überhaupt ganz für sich reklamieren wollten. Die Metopen am Zeustempel zu Olympia aus dem fünften Jahrhundert zeigen seine Arbeiten als Sinnbild der Mühen, die ein Mensch auf sich nehmen muß, um seine Kräfte aufs höchste anzuspornen. Der Sophist Prodikos aus Keos wird von Platon gerühmt, weil er Herakles als einen Mann beschrieb, der den mühseligen Pfad des Rechttuns statt eines Lebens in Muße wählte.

Sechs Arbeiten verrichtet Herakles in seiner peloponnesischen Heimat: Die Siege über den Nemäischen Löwen (Stesichoros läßt den Helden dabei in einem Löwenfell auftreten), die Lernäische Hydra (ein Lieblingsthema der Kunst des 6. Jahrhunderts), den Erymanthischen Eber, die Kerynäische Hirschkuh und die Vögel des Stymphalos; außerdem die Reinigung der Ställe des Augias in Elis. Dann folgte die Tötung des Kretischen Stiers, das Einfangen der Rosse des Diomedes in Thrakien (in der *Alkestis* befindet sich Herakles gerade auf dem Weg dorthin) und die Gewinnung des Gürtels der Amazonenkönigin Hippolyte. Den Schluß machen die drei Taten, die den Höhepunkt seiner Heldenlaufbahn bilden: die Überwindung des Todes. Fern im Westen erlegt er das dreileibige Ungeheuer Geryon, dessen Kult in Sizilien und Süditalien weitverbreitet war. Am Ende der Welt gewinnt er die Äpfel der Hesperiden, die Ge, die Erde, Hera als Hochzeitsgeschenk gegeben hatte; dann steigt er in den Hades hinab und raubt den dreiköpfigen Wachhund Kerberos. Diese drei Erzählungen sind Variationen einer Geschichte, die von dem Sieg des Herakles über den Hades berichten und von der auch die *Ilias* weiß (31). In der *Alkestis* wird folgendes erzählt:

Ich führ Alkestis wiederum ins Haus zurück
Und lohne so dem König, was er mir getan.
Drum will ich gehn, des Totenherrschers Thanatos,
Des schwarzbeschwingten harrend, den ich finde wohl
Vom Opferblute trinkend bei dem Totenmahl.
Wenn aus dem Hinterhalte stürzend ich ihn dann
Ergriff und mit den Armen rings umklammerte,
Daß ihm die Seiten schmerzen, soll ihn keine Macht
Der Welt entreißen, bis er mir die Tote läßt.
Doch kommt er nicht zum blutigen Opfermahle und
Verfehl ich meine Beute dort, dann steige ich
In Kores und des Hades sonnenloses Reich
Hinab und bitte diese – und ich weiß gewiß:

Ich führ in meines Freundes Arm Alkestis heim,
Der mich in seine Wohnung nahm und nicht verstieß,
Wiewohl ein schweres Ungemach ihn niederschlug, ... (32)

Der Bericht über den Abstieg zur Hölle ist alt. Schon in dem sumerischen *Gilgamesch-Epos* spielt er eine Hauptrolle. In dieser Sammlung ebenso wie in der bildenden Kunst Mesopotamiens finden sich Darstellungen von der Tötung von Löwen, des Riesendrachen Humbaba und anderer Bestien. Die Verwandtschaft mit den Taten des Herakles wird deutlich: Die Helden kämpfen auch mit dem Tod und mit der Unterwelt, wobei es zuerst dem Enkidu nicht gelingt, während der nachfolgende Gilgamesch erfolgreich ist. Der Weg, den diese Erzählungen nach Westen nahmen, kann aus einer ägyptischen Quelle, die Herodot überlieferte, wenigstens teilweise erschlossen werden. Danach war die Heimat des Herakles Phönikien; auch in der Literatur von Ugarit an der phönikischen Küste findet sich dieses Thema.

In der antiken Welt gibt es viele und verschiedene Höllenfahrer: Herakles, Theseus, Dionysos, Orpheus und Äneas; das Motiv setzt sich fort bis hin zu Cuchulain in Irland, Artus, Gwydion und Amathaon in Britannien und Ogier dem Dänen in der Bretagne. In den Mirakelspielen des vierzehnten Jahrhunderts, die in York, Chester, Wakefield und Coventry aufgeführt wurden, kehrt es später wieder, ebenso in der epischen Dichtung von Langland. Verbunden mit der angeblichen Befreiung Adams und Evas aus der Totenwelt, berief man sich oft auf das apokryphe *Evangelium des Nikodemus,* einen Anhang zu den *Acta Pilati:* »Hebt hoch eure Tore, ihr Herrscher, und erhebt euch ewige Tore! Es wird einziehen der König der Herrlichkeit.« Diese Szene findet sich auf einem der Südfenster der Kings-College-Chapel in Cambridge. Auch die letzten Dramen

Shakespeares enthalten manche Anspielungen auf das Thema »Rückkehr aus der Totenwelt«, obgleich der Dichter direkte Bezugnahme auf Mythologie sowie religiöse Sprache und Lehre vermeidet: Viele Gestalten kehren nur gleichsam vom Tod zum Leben zurück, allein im *Perikles* wird Thaisa buchstäblich von den Toten auferweckt.

Herakles galt bei den Griechen als der große Befreier, und seine Lebensgeschichte wird mit den Berichten der Evangelien über Christus verglichen. Euripides gestaltete zwar die Rettung der Alkestis mit nur halbem Ernst zu einer bloßen Episode unter den Heldentaten des Heros; doch galt sein Abstieg zum Hades als die größte und schwierigste Unternehmung. Solcher Triumphe wegen wurde er der Aufnahme in den Götterhimmel gewürdigt:

Der Sohn Alkmenes. Er ging zum Olympos ein, nachdem er alles
[Land
und des grauen Meeres tiefabschüssige Sohle erforscht
und für die Seefahrt den Weg befriedet hatte.
Jetzt aber wohnt er beim Aigishalter und pflegt des schönsten
[Glückes,
ist geehrt bei den Unsterblichen, die ihn lieben, hat Hebe zur
[Gattin,
goldener Häuser Fürst und Eidam Heras.

Ihm wollen wir Bürger drauß vor dem Elektra-Tor ein Mal
[zurüsten
und die neugebauten Kränzungen der Altäre schmücken,
Feuermale für die acht erzgerüstet Gestorbenen,
die Megara, Kreons* Tochter, ihm gebar als Söhne.
Ihnen steigt beim Untergehen der Strahlen der Sonne Lohe auf
[und bleibt beständig die ganze Nacht,
zum Äther ausschlagend mit fettem Rauch. (33)

* Ein König Thebens, nicht zu verwechseln mit dem späteren gleichnamigen Bruder der Jokaste.

Herakles hat teil an göttlichen Ehren; und Pindar sagt uns den Grund dafür:

> ... Helden aber und Meister erschafft das
> Schicksal. Denn wie hätte
> gegen den Dreizack Herakles die Keule geschwungen mit den
> [Händen,
> als, um Pylos sich stellend, Poseidon ihn bedrängte,
> ihn auch bedrängte, mit dem silbernen Bogen kämpfend,
> Phoibos und selbst Hades seinen Stab nicht unbewegt ließ,
> mit dem er die sterblichen Leiber hinabführt zu der hohlen
> [Straße... (34)

So konnte Euhemeros in seiner Lehre, die Götter seien einst Menschen gewesen, auf Herakles als Beispiel verweisen. Auch Erscheinungen wie der spätere römische Kaiserkult wurden von dieser Idee abgeleitet.

Gemäß seinem komplizierten Verhältnis zu den Olympiern hat Euripides in der *Alkestis* einen halb komischen Helden gezeichnet. Im Gegensatz dazu zeigt uns sein Drama *Herakles* eine durch und durch tragische Gestalt. Hier wird die mächtige Stärke des Heros durch Wahnsinn zerstört, der nach seiner Rückkehr aus dem Hades über ihn kommt. Er erschlägt seine eigenen Kinder und will sich selbst töten. Theseus von Athen hält ihn davon zurück. Sophokles stimmt hier ganz mit der in Griechenland gebräuchlichen Anschauung überein: Keiner ist allmächtig. Auch der Herakles in seinen *Trachinierinnen* wird fürchterlich gequält. Seine Gattin Deianeira gab ihm ein vergiftetes Gewand, dessen wahre Natur sie nicht erkannte, sondern hoffte, mit seiner Hilfe die verlorene Liebe ihres Gemahls wieder zu erringen.

All diese Themen boten natürlich den Dramatikern reiches Material. Aber späteren Generationen galt Herakles doch vor allem als der kämpferische Übermensch. Die hellenistischen Bildhauer stellten gern seine schwellenden Muskeln dar; in der Renaissance wurde er von Michelangelo, Pollaiuolo und vielen anderen gemeißelt und gemalt; vor allem war er ein Lieblingsmotiv der Bronzegießer, wie Andrea Briosco (Riccio) von Padua, die ihn in herrlichen Statuetten verewigten.

DIONYSOS, DER GOTT DES RAUSCHES

I

Die Bakchen des Euripides

DIONYSOS, der Sohn des Zeus, steht in Menschengestalt am Grab seiner Mutter Semele vor dem Palast von Theben. Der Blitz hatte sie erschlagen, denn sie war die Geliebte des Zeus gewesen und Heras Eifersucht zum Opfer gefallen. Dionysos ist von einem Triumphzug nach Kleinasien zurückgekehrt, wo er seine Mysterien, begleitet von Tänzen und wilden Zeremonien, eingesetzt hatte. Nun ist er gekommen, Verleumdungen zu widerlegen, welche die Schwestern der Semele gegen ihn ausstreuen. Eine von ihnen ist Agaue, die Mutter König Pentheus' von Theben. Die Frauen hatten geleugnet, daß Zeus der Vater des Dionysos sei; dafür waren sie mit Wahnsinn geschlagen worden und irrten nun, dem Gott hörig, auf dem Kithairongebirge umher. Auch Pentheus hatte sich geweigert, die Göttlichkeit des Dionysos anzuerkennen, und der Gott will nun den König, wie jeden anderen gewöhnlichen Bewohner Thebens, dazu zwingen.

Der Chor der Mänaden oder Bakchen, ein Schwarm asiatischer Frauen, die Dionysos aus Kleinasien nach Griechenland begleitet hatten, tritt auf und ruft den Gott in einem Gebet an: Die Uneingeweihten mögen sich entfernen, glücklich die, die sich dem Dionysos ergeben! Sie beschreiben die wunderbare Geburt des Gottes, ferner die seltsamen Gewänder und Efeukränze, die in seinem Dienst getragen werden, schließlich die Thyrsosstäbe, die Tänze und Gesänge:

In den dreifach bebuschten Helmen,
Süßen phrygischen Flötenhauch
Mischten sie mit bakchischen Jubel ...
Süß ist's anzusehn,
Wenn er in den Bergen
Nach rasendem Tanze zur Erde sinkt,
In das heilige Fell des Rehs gehüllt,
Nach dem Blute des Bockes verlangend,
Dem Genuß des rohen Mahles,
Jagend auf lydische, phrygische Berge –
...
Von Milch trieft das Gefilde
Und vom Wein und vom Nektar der Bienen.
Wie eine Wolke syrischen Weihrauchs
Läßt Bakchos aus dem Narthex
Des Fichtenharzes lohende Flamm aufschießen... (1)

Diese Geschehnisse spielen in einer früheren mythischen Generation als Ödipus. Dennoch ist Teiresias schon hochbetagt. Der alte blinde Seher tritt auf, nach ihm Kadmos, Pentheus' Schwiegervater. Beide tragen das Gewand des Gottes und geben sich in seinem Namen dem Tanz mit den Bakchen hin. Doch König Pentheus, der nach ihnen kommt, ist höchst erzürnt, als er erfährt, daß nun auch die Thebanerinnen begonnen haben, im Gebirge den kürzlich eingetroffenen Fremdling zu verehren:

Auch heißt es, daß ein Fremdling hier erschienen sei,
Ein Zauberer, ein Beschwörer aus dem Lyderland,
Mit blonden krausen Locken voller Wohlgeruch,
Mit schwarzer Augen dunklem Glanz, Kytheres Lust,
Der immer, Tag und Nächte lang, mit ihnen ist
Und unsre Frauen zu den Bakchosweihn verlockt.
Ergreif ich diesen innerhalb des Hauses hier,
So werd ich bald sein Thyrsosschlagen endigen
Und Lockenschütteln: trenne ihm den Hals vom Rumpf. (2)

Sein Zorn steigert sich, als er sieht, daß Kadmos und Teiresias im Begriff stehen, den Frauen in die Berge zu folgen. Sie mahnen ihn, sich zurückzuhalten; Kadmos erinnert an den schrecklichen Tod seines Vetters Aktaion, der sich selbst im Wahnsinn in Stücke gerissen hatte; dies war die Strafe dafür, daß er sich rühmte ein besserer Jäger als Artemis zu sein. Die Bakchen rufen die göttliche Heiligkeit an, die gottlosen Worte des Pentheus gegen Dionysos zu vermerken:

Sein ist das Werk,
In bakchischem Tanze zu schwärmen,
Bei dem Schalle der Flöte zu lachen
Und die Trübsal zu verscheuchen,
Wenn die lustatmende Traube
Beim Mahle der Götter erquickt,
Und der Becher bei Gelagen
Männer in Efeukränzen
In den Schlummer einwiegt. (3)

Dann bitten sie Dionysos, sie nach Cypern, der Insel der Aphrodite, zu führen, oder nach Pieria, dem Lager der Musen, und zum Olymp. Sie hassen jene, die sich überklug einem fröhlichen Leben versagen:

Doch was das schlichtere Denken
Des Volks für rechten Brauch hält, heiße ich gut so. (4)

Ein Diener kommt und führt den verhafteten Dionysos vor. Der König befragt ihn wegen seiner Mysterien und läßt ihn dann in den königlichen Stallungen einsperren. Die Frauen richten heftige Angriffe gegen die Stadt Theben, weil sie sich dem Dionysoskult verschließt, und gegen Pentheus, der ihren Gefährten gefangen setzte. Sie schreien nach Rache und beten zu dem Gott, er möge sein Gefängnis verlassen und sie alle retten. Von drinnen hört man eine Stimme, die verkündet, daß es ein

Gott sei, der rede: Die Erde bebt, es donnert, Blitze umzucken Semeles Grab. Dionysos tritt auf, vor ihm liegen die Bakchen, hingestreckt in Ehrfuchrt und Angst. Er gibt sich nicht zu erkennen, sondern teilt nur mit, er sei dem bestürzten Pentheus entkommen, weil »der Gott« (5) den Palast mit Donner und Blitz erschüttert habe.

Pentheus tritt auf und gibt seinem Zorn darüber Ausdruck, daß Dionysos ihm entkommen ist. Ein Bote meldet ihm von dem wilden Treiben und den Orgien in den Bergen, die von Autonoe, Agaue und Ino geleitet werden:

> Wir aber flohn von dannen und entgingen so
> Der Wut der Bakchen. Diese warfen ohne Schwert
> Sich auf die Färsen, welche Gras abweideten.
> Und ihrer eine sah man hier ein fettes Kalb
> In Stücke reißen mit der bloßen Hände Kraft,
> Die dort zerfleischten Kühe, scharenweis erhascht ...
> ... und von Ast und Zweig
> Der Tannen troff zerrißner Glieder Blut herab ...
> Nimm diesen Gott denn, wer er sei, nimm, König, ihn
> In diese Stadt auf: denn er ist in allem groß ... (6)

Pentheus beschließt, seine Krieger zu waffnen und gegen die Weiber im Bergland zu ziehen. Doch Dionysos verwirrt den Sinn des Königs und überredet ihn, als Frau verkleidet, allein zu gehen. Er verspricht ihm Erfolg, dem Chor freilich teilt er mit, daß der König in Frauenkleidern zum Hades fahren werde, nachdem seine eigene Mutter ihn zerrissen habe. So werde er Dionysos, den schrecklichsten und zugleich freundlichsten der Götter, kennenlernen. Die Bakchen sprechen von den rasenden mitternächtlichen Aufzügen zu Ehren des Dionysos. Die Götter warten lange zu, doch dann strafen sie jene, die sie mißachten. Dionysos und Pentheus brechen miteinander auf. Der Chor beschwört die Geister des Wahnsinns und der Gerechtigkeit: Unheil möge über den ungläubigen König kommen, der sich gegen den Gott und seine Mutter Semele auflehnte. Dem Dionysos rufen sie zu:

Auf Bakchos: wirf dem Jäger der Bakchen
Lachenden Mundes die tödliche Schlinge um,
Welcher heimlich den Schwarm der Mainaden anfällt! (7)

Der König ist bereits dem Wahnsinn nahe, und bald erscheint ein Bote, der seinen Tod verkündet. Er war auf eine Fichte gestiegen, um den Tanz der Frauen zu beobachten, aber von seiner eigenen Mutter Agaue angeführt, rissen sie ihn herunter:

Agaue rollte schäumend wild das Aug umher
Und dachte nicht mehr, was zu denken ihr geziemt:
Sie ward von Bakchos fortgerafft und hörte nicht.
Mit ihren Armen faßte sie die linke Hand,
Stemmt auf des Unheilvollen Leib mit Macht den Fuß
Und reißt ihm ab die Schulter – nicht durch eigne Kraft:
Der Gott verlieh dem Frauenarme die Gewalt.
Die Glieder ihm zerreißend schafft am andern Teil
Ino, mit allen Bakchen war Autonoë
Beim Werk geschäftig: alle schrien in einem Laut.
Pentheus – so lang er atmet – stöhnt in dumpfem Ton:
Die Bakchen jubeln. Einen Arm trug diese fort,
Die samt den Schuhen einen Fuß. Zerfleischt ward ihm
Die ganze Seite: jede warf der anderen
Mit blutiger Hand wie Bälle Pentheus' Glieder zu. (8)

Der Chor bricht in Jubel aus; da erscheint, mit dem Blut ihres Sohns beschmiert, Agaue und trägt auf einem Speer seinen Kopf – wie sie glaubt, den Kopf des Löwen, den sie erlegte. Erst als Kadmos und einige Begleiter erscheinen und auf einer Bahre die Glieder ihres Sohnes bringen, kehren ihre Sinne zurück, und sie bricht verzweifelt zusammen.

Ihre und des Alten gemeinsame Klagen werden durch das Erscheinen des Dionysos unterbrochen. Er rechtfertigt seine Rache an dem Lästerer; doch dann schickt er Agaue und die anderen Mörderinnen in die Verbannung. Kadmos und seine Gattin Harmonia, die Tochter des Ares, werden in Schlangen verwandelt. Kadmos und Agaue sagen einander ein gramvolles Lebewohl. Das letzte Wort hat der Chor:

> Vielfache Gestalt hat die göttliche Macht:
> Gar vieles erfüllt unerwartet ein Gott,
> Doch was wir gewähnt, vollendet sich nicht,
> Für Unglaubliches findet der Gott den Weg.
> So endete dieses Begegnis. (9)

2

Die Unwiderstehlichkeit des Irrationalen?

DIE BAKCHEN sind eines der letzten Werke *Euripides'*; sie entstanden mehr als dreißig Jahre nach der *Alkestis*. Doch anders als die anderen Werke dieses Zeitabschnittes bewahren sie die strenge Form des frühen Dramas, ja sie sind wohl das formvollendetste aller uns erhaltenen griechischen Dramen. Was sie so interessant macht, ist die Spannung zwischen dem eigenartig wilden Mythos und der klassischen Strenge der äußeren Form oder, wie Coleridge bemerkt, dem Gegensatz von außergewöhnlichen Gefühlsbewegungen und außergewöhnlicher Ordnung. Die herrlichen Choroden erinnern ihrer Bedeutung für die Handlung wegen an Aischylos. Farbig, naturnah und voll wilder Bewegung, sind sie doch geradezu liturgisch durch ihre strengen

Rhythmen und weisen so in die geheimnisvollen und heiligen Bezirke der Religion. Man kann auf enge Zusammenhänge zwischen diesen Strophen und dem alten Ritual des Dionysoskults schließen (10), denn diese hymnusartigen Dichtungen lassen den inneren Zusammenhang von Mythos und Ritus erkennen. In der Tat hat das ganze Stück Ähnlichkeit mit einem Paian, den ein gewisser Philodamos von Skarphe für die dionysischen Festspiele schrieb (11). Die *Bakchen* rufen fromme Erinnerung daran wach, daß die attische Tragödie aus den Dionysischen Spielen hervorgegangen ist; die Dionysien Athens waren Theaterfestspiele, bei denen Dramen aufgeführt wurden. Das Theater selbst ist vom Geist des Dionysos durchweht, der in den *Bakchen* als Meister der Illusion gesehen ist, welcher die Welt ganz anders erscheinen läßt, als sie wirklich ist.

Nicht viele Stücke über Dionysos sind erhalten, doch dürfte er einer der ältesten dramatischen Gegenstände gewesen sein. Thespis, der erste Tragöde, soll einen *Pentheus* verfaßt haben, Aischylos schrieb eine verlorengegangene Trilogie über Lykurgos, der wie Pentheus den Gott abgewiesen hatte, außerdem vier oder fünf Dramen, in denen Dionysos die Hauptrolle spielt. An der dionysischen Besessenheit, die von der Tragödie hervorgerufen wurde, hatten Dramatiker, Schauspieler und Zuhörer in gleicher Weise teil.

Wegen des Gegenstands und wegen des raschen, gewaltsamen Fortgangs der Handlung muß dieses Zusammenwirken in den *Bakchen* ganz besonders intensiv gewesen sein.

Pentheus ist eine echt tragische Gestalt. Wie eines der Opfer bei Aischylos handelt er in Verblendung. Euripides nahm diese Figur aus dem Volksmärchen, wo sie und andere dem Verderben geweiht werden, weil sie den Dionysos leugneten. Er begegnet uns als ein wohlgesinnter Durchschnittsmensch, der vor ein Problem gestellt wird, das seine Kraft, sein Fassungsvermögen, übersteigt. Er stirbt am Mangel an Einbildungskraft, aus dem er es wagt, die Existenz des Gottes einfach zu leugnen. Der Name Pentheus bedeutet »leidverzehrt«. Sein Verhängnis ist, daß er es nicht versteht, einem unwiderstehlichen, von Dionysos erweckten und alle erfassenden Rausch Rechnung zu tragen, dem Drang nämlich, Hemmungen zu entfliehen, die in unserem Unterbewußtsein ihr gefährliches Unwesen treiben. In der Frühzeit der Griechen gibt es viele Beispiele von Massenhysterie, und dieser Tendenz gab der Kult des großen Befreiers Dionysos die Möglichkeit, sich in rituell beherrschter Form abzureagieren. Wo Apollon ein gesichertes Dasein versprach, verhieß Dionysos Befreiung. Diese Befreiung reichte von harmlosen ländlichen Vergnügungen bis zum Zerfetzen lebendiger Tiere oder sogar, wie es aus dem thrakischen Bergland berichtet wird, auch von Menschen.

Auf Gemmen und Siegelabdrücken aus dem minoischen Kreta finden wir bereits Bilder von Ungeheuern, die einer jungen männlichen Gottheit als dem Beherrscher der Tierwelt dienen. Er ist wie Attis und Adonis zugleich der Gott der wilden, wuchernden Vegetation. Der Name Dionysos, wenn er sich auch nicht notwendig auf die Gottheit bezog, begegnet uns erstmals auf einem Tontäfelchen kurz nach 1300 v. Chr. In den *Bakchen* wird uns von seinem Umzug durch »ganz Kleinasien« berichtet. Die Phrygier waren ursprünglich aus Thrakien gekommen, das als Heimat des Dionysos galt. Wahrscheinlich stammte das wilde, ausschweifende Element seines Kults aus einem dieser Länder oder aus beiden und überschwemmte von daher die alte Welt der Griechen. Diese Religion hat nicht, wie z. B. der Kult der Demeter in Eleusis, einen festen Mittelpunkt, sondern war in zahlreichen lokalen Kulturen, ja privaten Gruppen organisiert. Als die olympischen Götter die Menschen nicht mehr befriedigen konnten, schenkte dieser Gott der Trunkenheit und der Ausschweifung neue Impulse. Er ist kein Gott nach dem Sinn Homers, dessen Götter für die Armen nicht viel übrig hatten. Gerade die mittellose Klasse wurde zu den begeisterten Anhängern des Dionysos. So kommt es, daß unter den Tyrannen im siebenten und sechsten Jahrhundert in vielen Städten der Dionysoskult blühte. Sogar beim Sitz des Apollon in Delphi gewann er eine Kultstätte. Zu seinen Ehren wurden kultische Tänze aufgeführt. Der Brauch, das Fleisch lebendiger Tiere zu zerreißen und ihr Blut zu trinken, leitet sich von dem Glauben her, daß das Tierblut dem Menschen neue Kraft gibt. Euripides übergeht diese furchtbare Entartung eines Götterkults, doch noch im Jahr 276 v. Chr. berichtet eine Kultordnung, daß bei Feiern des Dionysos in Milet rohes Fleisch verzehrt wurde. Wahrscheinlich ist dieses Verschlingen der warmen, noch zukkenden Fleischstücke ein symbolhaftes Zusichnehmen des Gottes, des »Edlen Stiers«, wie ein alter Hymnus aus Elis ihn nennt. In diesen wüsten Sakramenten wurde der Gott von den Anbetern mit dem Opfertier gleichgesetzt. Man identifizierte ihn auch mit Zagreus, der, nachdem die Titanen ihn verschlungen hatten, ebenfalls in ganz unhomerischer Weise aus den Flammen, die den Leichnam der Semele verzehrten, wiedererstand. Dieser Bericht wurde in die orphische Literatur aufgenommen und war Grundlage für die Lehren von einem zukünftigen Leben und der Wiederverkörperung. Der Gottesverehrer, der den Ritus vollzog, wurde eins mit der Gottheit (»entheos«), darin kam die Idee von einer mystischen Vereinigung zum Ausdruck, die zu der sonst üblichen Auffassung der griechischen Literatur im schroffen Gegensatz stand, die davon ausging, daß zwischen Menschen und Göttern ein unüberbrückbarer Abgrund klafft. Die frühen dionysischen Riten waren also ein Reinigungskult, der den Menschen von sich selbst befreite und seine ungeordneten Triebe in feste Bahnen lenkte. Zu dieser Zeit war aus der gesellschaftlichen Schande bereits die persönliche Schuld geworden. Manche Griechen, deren Stammesbindungen locker geworden waren, mochten es unbequem finden, diese Last der individuellen Verantwortlichkeit zu tragen. So wurde Dionysos der Löser, »Lysios«, genannt: Sein ausschweifender Kult war nur die Kehrseite eines Sündenbewußtseins, das sich in dieser Epoche ausbreitete. In den ausgelassenen Riten, die durch den Genuß von Wein, der gleichfalls dem Dionysos heilig war, noch zügelloser wurden, fand man die Ekstase, das »Außersichsein«, die Besessenheit. Anthropologen und Psychologen haben ähnliche Erscheinungen in vielen Gesellschaften beobachtet. Dieses orgiastische Element scheint eher den alten Fruchtbarkeitskulten des Mittelmeerraums als der weniger gefühlsbetonten Religion der Olympier verwandt zu sein. Auf kretischen und mykenischen Armreifen finden sich Abbildungen von Vorgängerinnen der Mänaden aus den *Bakchen*, die in Wahnsinn und Raserei Tänze zu Ehren des Gottes vollführen. In diesem Stück Euripides' gibt es auch den Umgang mit Schlangen, der im vierten vorchristlichen Jahrhundert in Makedonien Brauch gewesen sein soll und der auch im Markusevangelium erwähnt wird (12). Heute sind diese Dinge noch Bestandteil eines ekstatischen Klapperschlangenkults in der Holiness Church von Kentucky.

Überall in der Geschichte finden sich solche periodische Wellen einer neurotischen, halbreligiösen Massenhysterie. Griechenland war ihr Ursprungsort; dort beschreibt sie noch Herodot (13). Die Römer fürchteten solche Ausbrüche und bezogen sich dabei von allem auf den Dionysoskult (14); und noch in unserem Jahrhundert gibt es Beispiele dafür, z. B. in Yenisehir auf den Dardanellen (1909–1911) oder in Japan (1944/45).

Die Griechen entschlossen sich, diese orgiastischen Elemente in geregelte Bahnen zu lenken. Sie anerkannten als Sitz der ekstatischen Rauschreligion Delphi, Korinth, Sparta und Athen. Dadurch, daß sie diesen Kult unterstützten, wollten sie noch barbarischere Riten unterdrücken – wie auch die Orphiker die Ausbrüche ihrer Anhänger unter Kontrolle zu halten strebten. In zivilisierteren Gegenden zumindest dürften Kanibalismus und Ritualmord wahrscheinlich vor dem fünften Jahrhundert erloschen sein. Nur in Notzeiten gab es Rückfälle – so opferte während der Perserkriege Themistokles selbst in Athen drei junge Perser dem Dionysos Omestes (der »rohes Fleisch Verzehrende«). Aus diesem Verlangen, die Ekstase zu zügeln, erklärte im dreizehnten Jahrhundert der mohammedanische Weise Jalal al Din Rumi: »Wer die Macht des Tanzes kennt, lebt in Gott«. Die Rasenden Derwische haben an dieser Tradition festgehalten. In Aissuan (Algerien) erinnert der Brauch einer mystischen Sekte noch heute an die *Bakchen:* Ein lebendes Schaf wird in Stücke gerissen und roh verschlungen.

Wie stark der Dionysoskult zur Zeit des Euripides in Griechenland noch lebendig war, läßt sich nicht sagen. Bezeichnend dürfte doch sein, daß der Dichter das Werk in dem nur teilweise hellenisierten Makedonien, wo er 406 v. Chr. starb, vollendete. Doch ist es möglich, daß diese Tatsache keinen entscheidenden Einfluß auf seine Stoffwahl gehabt hat, denn ähnliche orgiastische Kulte, z. B. der des Sabazios, waren durch Sklaven und Ausländer auch in Athen eingeführt worden und griffen gerade damals um sich. Auch die übrigen späten Stücke Euripides' lassen sein wachsendes Interesse an Mystik und Ekstase erkennen. In den *Bakchen,* in der Darstellung des Dionysosmythos, wird das Thema des Gefühlsüberschwangs und seiner Bedeutung für das Leben des Einzelnen wie der Gesellschaft in seiner ganzen Breite aufgerollt: »Das sind Dinge«, wie Gilbert Murray sagt, »die durchaus un-menschlich, un-moralisch über einen kommen, die Seligkeit bringen oder ein Leben zerstören können, ohne selbst davon berührt zu werden.«

Zuweilen hat man in dem geheimnisvollen Fremden in den *Bakchen* nur einen jungen Anhänger des Dionysos aus dem Osten gesehen, doch handelt es sich zweifellos um den Gott selbst. Dionysos ist der Gott der gedankenlosen, rein natürlichen Lust, des instinktgeleiteten Massenwesens und der nichtintellektuellen Energien. E. R. Dodds bemerkt in seinem hervorragenden Buch *Die Griechen und das Irrationale,* daß sich in diesem Gott Freude und Schrecken, Weisheit und Wahnsinn, unschuldige Fröhlichkeit und finstere Grausamkeit vereinen. Wir heutigen vernachlässigen zu unserem Nachteil den Anspruch des menschlichen Geistes auf dionysische Erfahrungen. Auch Pentheus trifft vor dieser Forderung seine verhängnisvolle Entscheidung und büßt im klassischen Sinn dafür. Wir tadeln zwar seine Phantasielosigkeit, doch sein entsetzliches Geschick erfüllt uns mit Trauer. Doch alle die wilden Erregungszustände in diesem Drama führt Euripides allein und dabei objektiv auf Schönheit und Gefahr der religiösen Selbstaufgabe zurück. André Gide sagt dazu: »Er nimmt ebenso wenig Partei wie es Ibsen getan hat, sondern begnügt sich damit, den Kampf zwischen den Naturgesetzen und der menschlichen Seele, die ihrer Verdammnis zu entrinnen sucht, darzustellen und zu entwikkeln.« Vielleicht gelingt dem Dramatiker diese Endsicht in die tragische Situation des Menschen und den unlösbaren Zwiespalt deshalb so gut, weil er diesen Konflikt in seiner eigenen Seele trug.

Man begann damals wieder nach Dionysos zu fragen, weil der Rationalismus ein Gegengewicht brauchte. Nicht nur die Dichtkunst des Euripides, auch der Mystizismus Platons ist davon beeinflußt. Platon kommt so zu dem Schluß, der Endzweck alles Philosophierens sei die Gottwerdung des Menschen. Sein Zeitgenosse, der Komödiendichter Aristophanes, verspottet Dionysos in den *Fröschen* als verweichlichten Wüstling, den gemeinsten aller Götter. Aber im Hellenismus errang der Kult dieses Rächers an den Ungläubigen und Schützers seiner Anhänger später ungeheuere Volkstümlichkeit; die weite Verbreitung seiner Mysterien war Ausdruck dafür. Auch für die Hellenisierung des Orients war Dionysos von entscheidender Bedeutung. Im Rom der Kaiserzeit wurde sein Bild, das wir auf Tausenden von Sarkophagen finden, Symbol für eine materialistische Hoffnung auf ein Leben der Freude und Wonne im Jenseits – dieses heitere Bild wurde später durch andere, ernstere Religionen verdunkelt.

Dionysos beherrschte auch die Renaissance. Das bekannteste Gedicht Lorenzo di Medicis ist sein Chor auf Bakchos und Ariadne *Wie Schön ist die Jugend.* Niccolò Donatellos David ist von dionysischem Geist erfüllt, der Bakchos Michelangelos (1496) kommt in seiner erschreckenden Zweideutigkeit wohl Euripides besonders nahe. Shelley hielt diese Statue übrigens für mißlungen. Auf Tizians vollblütige Bacchanalien (1518 bis 1523), die sogar weniger Anstoß erregen als seine übrigen mythologischen Gemälde, folgte um 1596 Caravaggios jugendlicher Bacchus. Sein Modell war ein ungeschlachter junger Römer, den der Barockmaler mit festen Pinselstrichen auf ganz neue Art malte. In Annibale Carracis Triumph des Bakchos und der Ariadne (1597–1604) werden die Motive der antiken Sarkophage mit üppigem Leben erfüllt.

Das Deutschland des neunzehnten Jahrhunderts sah ein erschreckendes Aufleben des Bakchoskults: Der bereits geisteskranke Hölderlin identifiziert in *Brot und Wein* (1801) Dionysos mit Christus: der letzte Gott vor der Götterdämmerung. Auch Heine erlag dem Zauber des Dionysos – erst folgte er leichten Herzens, später mit düsterer Leidenschaft dem vielgesichtigen Magier der Freude und der Qual, der Schönheit und Grausamkeit. Aus Nietzsches *Geburt der Tragödie* spricht noch stärker die Anziehung, die gerade dieser Gott auf den germanischen Geist ausübt. Für Nietzsche lösen die dionysischen Kräfte die Bande des Individuums, sie dringen ein, reißen nieder und bringen sein Wesen zum Schmelzen. So erging es schließlich dem Philosophen selbst, der sich im Wahnsinn mit dem Alleszerstörer identifizierte. Die deutsche Schwärmerei für das Griechentum, die schon sehr stark geworden war, hatte nun ein gefährliches, zwiespältiges Element gewonnen: Die Neuschöpfung tragischer Mythen durch Wagner stand bevor.

VI

HELDEN AUF GROSSER FAHRT

DIE SUCHE NACH DEM GOLDENEN VLIES

I

Die Argonautika des Apollonios

Das Gedicht besingt Helden, die, auf der Suche nach dem Goldenen Vlies, mit ihrem Schiff Argo durch die Dardanellen und den Bosporus zwischen den »Dunklen Felsen« ins Schwarze Meer segelten. Pelias von Jolkos hatte sie auf diese Fahrt geschickt, denn durch einen Orakelspruch war ihm geweissagt worden, er werde durch einen Mann getötet werden, der nur einen Schuh trägt. Jason erschien vor ihm, er trug nur eine Sandale, die andere hatte er beim Durchqueren des Flusses Anauvus verloren. Um ihn loszuwerden, gab Pelias Jason den Befehl, dem König Aietes in Kolchos das Goldene Vlies zu rauben, das einst Phrixos dem König als Preis für seine Tochter gegeben hatte.
Das Schiff des Jason war von Argos unter Anleitung Athenes gebaut worden. Unter den Helden, die an der Fahrt teilnahmen, befand sich Orpheus, der mit dem Wohllaut seiner Stimme selbst Felsen und Ströme entzückte; außerdem Admetos von Pherai, Mopsos und Idmon, die Wahrsager, Telamon und Peleus, die Aiakossöhne, Tiphys, der Steuermann, Herakles und sein Diener Hylas, Kastor und Polydeukes, Meleager, Laokoon, Zetes und Kalais, die Söhne des Boreas, und viele andere. Man nannte sie die Minyer, weil die meisten von ihnen von Töchtern des Minyas stammten. Herakles wurde die Führung des Zugs angeboten, da er ablehnte, erhielt Jason das Kommando.
Die Fahrt begann in Pagasai, dem Hafen von Iolkos. Alle Götter sahen vom Himmel herab, als die Argo mit ihrer Besatzung,

den tapfersten Helden der Zeit, in See stach. Auch der Kentaur Cheiron war Zeuge dieser Ausfahrt; ebenso die Nymphe Chariklo, seine Gattin. Diese trug den kleinen Achilleus auf dem Arm und hob ihn hoch, damit er noch einmal seinen Vater Peleus sehen könnte.

Sie fuhren am Pelion, am Ossa, am Olymp und am Berg Athos vorbei und kamen nach Lemnos, wo Hypsipyle ein Frauenvolk regierte. Sie hatten alle ihre Männer getötet, als diese junge Thrakerinnen als Kriegsbeute nach Hause brachten. Die Bewohnerinnen von Lemnos begrüßten die Helden und diese blieben eine Zeitlang bei ihnen. Dann segelten sie weiter nach Samothrake und wurden auf Vorschlag des Orpheus in die Mysterien dieser Insel eingeweiht. Nach der Fahrt durch den Hellespont nahm sie der Herrscher der Halbinsel, Kyzikos, gastfreundlich auf, Herakles und seine Kameraden befreiten ihn von seinem Feinde, dem sechsarmigen, erdgeborenen Riesen. Nach ihrer Abreise trieben widrige Winde das Schiff an die Küste zurück und die Bewohner hielten die Argonauten für Angreifer. In dem nun folgenden Kampf fiel König Kyzikos und seine Gattin Kleite gab sich aus Schmerz den Tod. Die Tränen der Waldnymphen verwandelten sich in eine Quelle, die ihren Namen trägt.

Nach einer durch stürmisches Wetter erzwungenen Rast von zwölf Tagen wollten die Helden ihre Fahrt fortsetzen, doch Herakles' Ruder brach, und sie mußten Kios anlaufen. Hylas, der auf Wassersuche ging, wurde von Quellnymphen, die über seine Schönheit entzückt waren, ins Wasser gezogen. Vergebens machte sich Herakles in wilder Wut auf die Suche nach seinem Diener; schließlich mußte die Argo ohne beide weiterfahren.

Den nächsten Aufenthalt nahmen sie bei den Bebrykern, einem wilden bithynischen Volksstamm, der in der Gegend von Beykoz am Bosporus seßhaft war. Ihr König, Amykos, ließ Fremde

Der Berliner Maler, Entführung der Europa. Ausschnitt von einem Kratèr. Tarquinia, Museo Nazionale Archeologico

nicht eher sein Land verlassen, ehe sie sich mit ihm im Faustkampf gemessen hatten. Nach hartem Kampf siegte Polydeukes und tötete den König. Die Argonauten wehrten den Angriff der Bebryker ab und feierten den Sieg. Am nächsten Tag ließen sie sich von einer gewaltigen Flutwelle durch den Bosporus tragen und landeten an der Küste Europas. Dort lebte der blinde König Phineus, ein Wahrsager. Zur Strafe für seinen Ungehorsam hatte Zeus ihm das Augenlicht geraubt und ihn zu einem jammervollen Greisenalter verurteilt: Sobald Essen vor ihn gestellt wurde, flogen die Harpyien herbei, fraßen es weg und besudelten die Überreste mit ihrem stinkenden Kot. Zetes und Kalais verfolgten die herabstoßenden Ungeheuer, doch Iris rief sie zurück:

Frevelhaft ist es, ihr Söhne des Boreas, mit euern Schwertern
Nach den Harpyien zu hauen, den Hunden des großen Kronion.
Selber schwöre ich aber: nie werden sie wieder ihm nahen. (1)

Aus Dankbarkeit wies der Greis ihnen den Weg nach Kolchis. Sein Rat sollte ihnen sehr bald von großem Nutzen werden: Er hatte sie vor dem Symplegaden gewarnt, zwei Felsen, die eine Meerenge bilden. Immer wieder schwimmen sie aufeinander zu, krachen zusammen und weichen wieder auseinander. Er riet ihnen, eine Taube mitzunehmen und diese vor dem Schiff herfliegen zu lassen. Als sie die Taube losließen,

... trieben die Felsen wieder einander
Beide entgegen und krachten zusammen. Da spritzte die Salzflut
Brausend empor und glich einer Wolke. Es heulte entsetzlich
Rings das Meer und laut erschollen die Räume des Äthers.
Unter den zackigen Klippen erdröhnte in Grotten und Klüften
Donnernd das brausende Meer in der Tiefe, und hart auf die Riffe
Schoß der weiße Gischt empor von den brandenden Wogen.
Und nun drehte die Strömung das Schiff herum, und die Felsen
Kappten die äußersten Federn am Schwanz der Taube ... (2)

Die Felsen traten wieder auseinander und sie ruderten los—um gerade im gefährlichsten Augenblick durch die Flut zurückgehalten zu werden.

Aber Athene faßte den massigen Fels mit der Linken
Und stieß mit der Rechten das Schaff, damit es hindurchglitt,
Und im Enteilen glich es einem gefiederten Pfeile.
Dennoch rissen die Felsen, gewaltig zusammen sich drängend,
Fort vom Heck des Schiffes das äußerste Ende. Doch Pallas
Schwebte zum Himmel zurück, als jene gerettet entronnen.
Aber für alle Zeiten vereinten sich nah beieinander
Unbeweglich verwurzelt die Felsen ... (3)

Nachdem sie dieser Gefahr glücklich entronnen waren, segelten die Argonauten entlang der kleinasiatischen Küste des Pontos Euxinos, des Schwarzen Meers. Auf Thynias, einer einsamen Insel, erschien ihnen Apollon und sie weihten auf Orpheus' Rat diesen Ort dem Gott. Weiter östlich ging die Argo in der Dämmerung am Kap Acherusia vor Anker, unweit der eisigen Grotte des Hades. Hier wurde Idmon von einem Eber getötet und auch den Tiphys verloren sie. Zwei Denkmäler bezeichnen die Stelle. In der Morgendämmerung des zwölften Tags setzten sie die Fahrt fort. Den Platz am Steuerruder nahm nun Ankaios ein. Sie erwiesen dem Grabmal des Sthenelos, der einst mit Herakles gemeinsam gegen die Amazonen gekämpft hatte, die Ehre.

Drauf betraten sie nun Assyriens Boden. Es gab dort
Zeus der Asopos-Tochter Sinope Wohnung und schenkte
Selber ihr Jungfernschaft, getäuscht durch eigne Verheißung.
Liebesumarmung ersehnend, verhieß er ihr jegliche Gabe,
Die sie in ihrem Herzen nur irgend begehre, und listig
Bat sie den Gott, er möge ihr ewiges Magdtum verleihen.
So auch wußte sie Phoibos zu täuschen, als dieser Vermählung
Wünschte, und gleicherweise den Stromgott Halys, und niemals
Hat sie irgend ein Mann in ersehnter Umarmung bezwungen. (4)

An der Mündung des Thermodon, der sich in 96 Armen ins Meer ergießt, gingen sie wieder an Land. Doch ein günstiger Nordwestwind trieb sie noch rechtzeitig davon, sonst wären sie den angriffslustigen Amazonen von Themiskyra in die Hände gefallen, den Töchtern des Ares und der Harmonia. Die Argo fuhr am Land der Chalyben vorbei, die in einer Atmosphäre von Ruß und Rauch nach Eisen graben, ohne einen Tag Ruhe zu haben; ebenso am Land der Mossynoiken, die in den »Mossynen« oder Holzhäusern ihren heiligen Berg bewohnen.

Dort sind anderes Recht und andere Sitten im Schwange.
Was man nach Brauch sonst öffentlich tut, sei's in der Gemeinde,
Sei's auf dem Markte, das werken sie alles daheim in den [Häusern.
Was aber wir zu Hause erledigen, machen die Leute
Draußen hier ungescheut und mitten auf offener Straße.
Scham vor dem Liebeslager kennt keiner im Volke, wie Schweine
In der Herde und ohne sich irgend um Leute zu kümmern,
Mischen sie auf dem Boden sich mit den Frauen in Liebe.
Aber im höchsten der Türme, da sitzt ihr König und kündet
Rechtliche Urteilssprüche dem ganzen versammelten Volke.
Weh ihm! wenn er einmal sich gegen Satzung versündigt,
Schließen sie gleichen Tags ihn ein, damit er verhungert. (5)

Wieder ruderten die Helden der Argo einen Tag und kamen in die Nähe der Insel des Ares. Dort wurden sie von den Vögeln des Kriegsgottes angegriffen, die ihre spitzen Federn gegen sie abschossen. Sie wehrten sie ab, indem sie ihre Schilde über ihre Köpfe hielten und einen ungeheuren Lärm verursachten. Auf der Insel trafen die Helden die vier Söhne des Phrixos an, der dem König Aietes das Goldenes Vlies gegeben hatte. Diese waren zunächst in Kolchis geblieben; doch nun hofften sie in Orchomenos den reichen Familienschatz in Besitz nehmen zu können, denn ihr Vater war gestorben. Jason lud sie ein, sie zu begleiten. Zunächst waren sie entsetzt über ein solches Wagnis, denn sie kannten Aietes als furchtbaren und rücksichtslosen Feind, doch schließlich gaben sie nach und zogen mit.

Am äußersten Gestade des Euxinos sahen die Schiffer die hohen, schroffen Felsen des Kaukasus; an ihnen festgeschmiedet hing Prometheus, dem ein Adler die Leber abfraß. Dann liefen sie in die Mündung des Phasis ein. Nachdem Jason der Erde, den Göttern und den Geistern der berühmten Söhne des Landes ein Trankopfer dargebracht hatte, gingen sie an Land und verbargen die Argo im Uferschilf.

Die Göttinnen Hera und Athene baten Aphrodite, ihnen zu helfen, daß Jason mit liebender Unterstützung Medeas, der Tochter des Aietes, das Goldene Vlies nach Jolkos bringen könnte. Aphrodite bestach mit einer Kugel, die aus goldenen Ringen gefertigt war, ihren Sohn Eros, einen Pfeil in Medeas Herz zu schießen. Als die Argonauten durch den wunderbaren Vorhof zum Palast des Aietes schritten, stand Eros und entzündete das Herz der Königstochter (Abb. S. 313) mit Liebe.

Aietes empfing die Fremden unfreundlich; bevor man auf das Vlies zu sprechen kam, mußte sich Jason furchtbaren Prüfungen unterziehen. Der König befahl ihm, mit wilden, feuerschnaubenden Stieren ein Feld umzupflügen, den Acker mit Schlangenzähnen zu besäen und die eisengepanzerten Männer, die daraus erwuchsen, zu bezwingen und zu töten. Gelänge ihm das nicht, so drohte Aietes, so würden die Männer samt ihrem Schiff verbrannt werden. Die liebeglühende Medea wählte aus ihren vielen Zaubermitteln eine Salbe, die, wenn man sich damit bestrich und zur Mitternachtsstunde der Hekate (Brimo) ein Opfer brachte, unverwundbar machte. Diese Salbe war nach Prometheus genannt, denn sie wurde aus einer gelbblühenden Blume gewonnen, welche an der Stelle der Erde sproß, wohin die blutähnliche Flüssigkeit aus seinen Adern getropft war.

Medea verließ die Stadt und begab sich zum Heiligtum Hekates, deren Priesterin sie war. Den Mädchen, mit denen sie, von Verlangen nach Jason verzehrt, ihre Tänze aufführte, gab sie vor, die Salbe würde den Fremden vernichten. Er kam, und beide standen sich gegenüber, Liebe im Herzen, und offenbarten einander ihre geheimsten Gedanken. Jason bat sie, ihm zu helfen.

Doch vermochte sie nicht, sogleich ihm Rede zu stehen,
Aber es drängte sie doch, ihm alles auf einmal zu sagen.
Ohne lange zu zögern, entnahm sie der duftenden Binde
Jenes Mittel, und Jason ergriff es mit freudiger Eile.
Ja, ihre Seele hätte sie ganz aus dem Busen genommen
Und, wenn er sie gefordert, sie ihm vertrauend gegeben.
So ließ Eros den Reiz anmutiger Flammen vom blonden
Haupte Jasons erstrahlen, die leuchtenden Augen Medeas
Fesselnd zu berücken. Ihr schmolz die Seele im Innern
Selig dahin, gleich wie an Rosensträuchern beseligt
Schmelzend schwindet der Tau im leuchtenden Schimmer des
[Frührots. (6)

Nun rieb er sich selbst und die Rüstung mit der Zaubersalbe ein, und Medea lehrte ihn, wie er der Hekate opfern müsse. Dann pflügte er das Feld, ohne daß der Feueratem der Stiere ihm etwas anhaben konnte, und säte die Drachenzähne. Gewaffnete Krieger wuchsen aus der Erde, doch Jason schleuderte einen ungeheuren Felsen unter sie, um den sie sogleich zu kämpfen begannen. Während sie handgemein waren, erschlug Jason einige, die anderen brachten sich gegenseitig um.

Doch Medea überkam entsetzliche Furcht, denn sie wußte, daß ihr Vater die Hilfe, die sie dem Jason leistete, erkennen würde.

. . . O hätte,
Fremdling, das Meer dich verschlungen, bevor du nach Kolchis
[gekommen. (7)

So floh sie aus dem Haus und lief barfuß durch die Straßen und über die Wege, auf denen sie oft nach Hexenart Leichen oder todbringende Wurzeln gesucht hatte. Sie suchte die Argonauten in ihrem Lager auf und führte Jason noch während der Nacht in den geheiligten Wald.

Dort erfüllte sie durch ihre Zauberkünste seinen Wunsch: Sie murmelte Sprüche und tauchte dann einen frischgebrochenen Wacholderzweig in einen wunderbaren Trank, den sie gebraut hatte. Mit ihm besprengte sie die Augen der riesigen Schlange, die das Vlies bewachte. Jason haschte das Vlies von den Zweigen der Eiche, an denen es hing, dann flohen sie beide:

> Wie auf dem zarten Gewande die Maid des gerundeten Mondes
> Vollen Glanz herab vom Dache ihres Gemaches
> Unten empfängt; mit Freuden erfüllt des herrlichen Glanzes
> Anblick ihr das Herz: so füllte auch Freude des Jason
> Herz, als er in den Händen das Vlies, das große, davontrug.
> Auf seiner Stirn und auf den blondumkräuselten Wangen
> Strahlte rötlicher Glanz von den Flocken wie flackerndes
> [Feuer. (8)

Die Argonauten wendeten ihr Schiff heimwärts. Eine kolchische Flotte verfolgte sie, doch Hera stand den Helden bei, denn die Göttin wünschte, daß Medea so rasch als möglich Jolkos erreiche und Verderben über das Haus des Pelias bringe. An der Donaumündung bemerkten sie, daß ein Teil der kolchischen Flotte unter Führung von Medeas Bruder Apsyrtos sie eingeholt hatte. Medea übernahm die Unterhandlungen und ließ Apsyrtos an Bord kommen; Jason, der sich rasch gewaffnet hatte, erschlug ihn. Dabei wurde Medeas silberweißer Schleier und ihr Gewand mit Blut bespritzt. Die Furien sahen die Tat. Jason und seine Gefährten segelten ohne Rast die Donau aufwärts, bis sie die heilige Insel Amber erreichten, die letzte Bernsteininsel an der Mündung des Eridanus (Po). Als sie durch das Adriatische Meer südwärts fahren wollten, trieb Zeus sie wieder zurück, denn er zürnte wegen des Mordes an Apsyrtos. So fuhren die Argonauten den Eridanus aufwärts.

... dann lenkten sie ein in Eridanos' fernes Gewässer.
Dort einst stürzte, die Brust durchbohrt von feurigem Blitzstrahl,
Phaëton halbversengt herab von Helios' Wagen
In die tiefe Lagune des mündenden Stromes. Noch heute
Haucht sie widrigen Dunst vom Schlage, der jenen verbrannte,
Und kein Vogel vermag, die flüchtigen Schwingen gebreitet,
Über das Wasser dort zu fliegen. Denn mitten im Fluge
Stürzt er hinab in die Glut, und rings des Helios Töchter,
Eingehüllt in die Stämme hochragender Pappeln, erhoben
Jammernden Klagegesang; helleuchtende Tropfen aus Bernstein
Fließen herab von den Wangen der Trauernden nieder zu Boden.
Einige werden im Sand von den Strahlen der Sonne getrocknet,
Doch wenn die Wasser der dunklen Lagune im brausenden [Hauche
Heftiger Winde sich heben und über die Ufer dahingehn,
Werden sie alle gewälzt hinab in Eridanos' Fluten
Von der strömenden Woge. Auch geht bei den Kelten die Sage,
Daß diese Tränen, geschwemmt in den Wirbeln, dem Sohne der [Leto,
Phoibos Apollon, entstammen, wie er sie unzählig vergossen,
Als er zum heiligen Volke der Hyperboreer gelangte,
Da er auf Weisung des Vaters den leuchtenden Himmel verlassen,
Zürnend um seinen Sohn ... (9)

Von dort fuhren sie flußaufwärts bis zur Rhone, diese abwärts ins Tyrrhenische Meer und schließlich nach Elba und nach Aiaia, der Insel Kirkes, der Schwester des Aietes.

Wilde Tiere, doch nicht blutdürstigen Tieren vergleichbar,
Ähnlich und doch auch nicht wie die Menschen gestaltet, aus [manchen

Gliedern verschieden gemischt, die eilten da zahlreich, wie Schafe
Aus den Ställen hinter dem Hirten in Menge dahinziehn.
Solche Geschöpfe ließ, gefügt aus verschiedenen Gliedern,
Aus dem Urschlamm einst die Erde selber entsprossen,
Als sie von dunstiger Luft noch nicht gepreßt und verdichtet
Und noch nicht so sehr von den sengenden Strahlen der Sonne
Ihrer Feuchte beraubt. Die Zeit hat alles dann sondernd
Abgeteilt ... (10)

Die Argonauten traten zum Herd der Kirke und ließen sich als Hilfeflehende nieder; doch da sie nicht wagten, ihr ins Gesicht zu sehen, erkannte Kirke, daß sie Mörder vor sich hatte und führte die entsühnenden Riten aus. Doch obwohl sie nicht ahnte, daß der Getötete der Sohn ihres Bruders war, wies sie die Fremden von ihrer Schwelle.

Hera bat Iris um günstigen Fahrtwind für die Argonauten, Thetis, sie vor Unglück zu bewahren. So entkamen sie den Sirenen auf der Insel Anthemoessa, den Ungeheuern Skylla und Charibdis und den Wandernden Felsen. Schließlich erreichen sie die Gewässer Siziliens und Korkyra, die Insel der Phaiaken. Dort holten die Kolchier sie abermals ein und verlangten von der entsetzten Medea, daß sie zu ihrem Vater zurückkehre. Doch Alkinoos, der König der Phaiaken, hörte auf die Warnung seiner Gattin Arete, daß Väter oft überstreng gegen ihre Töchter seien, er entschied, daß Medea nicht von Jason getrennt werden solle, wenn die beiden heirateten. So wurden sie in einer Felsenhöhle getraut und das glänzende Vlies bedeckte ihr Brautbett. Doch gleich nachdem sie Korkyra verlassen hatten, wurde die Argo von einem Nordsturm erfaßt und trieb neun Tage lang südwärts in die Große Syrte, die voller Sandbänke und Untiefen, unbewegt und leblos daliegt. Als sie an der Küste verzweifelt nach Wasser suchten, kamen sie zu den Heiligen Gärten des Atlas und zu den Hesperiden, deren Goldene Äpfel tags zuvor Herakles gestohlen hatte. Sie fanden die Quelle, die er aus dem nahegelegenen Felsen geschlagen hatte. Mopsos wurde von einer Giftschlange gebissen, er starb; so mußten die Helden allein weiterfahren, und der Meergott Triton tauchte aus den Wogen und zeigte ihnen den Weg. In Dike auf Kreta überwand Medea durch ihre Zauberkunst den ehernen Giganten Talos. Dann eilten sie nordwärts, machten nur auf der Insel Anaphe halt und schufen eine neue Insel, Thera, die aus einem Erdbrocken entstand, den die Argonauten, einem Traum gehorchend, in die See warfen. Zuletzt landeten sie noch einmal in Aigina, dann segelten sie ungefährdet heim und gingen glücklich in Pagasai an Land.

2

Alexandriner und Viktorianer

AUF DEN ERSTEN BLICK kehren wir mit den *Argonauten* zurück in die Welt der *Odyssee* mit ihren Abenteuern, Irrfahrten und Gefahren. Und in der Tat, die Erzählung von den Argonauten ist so alt wie die *Odyssee;* diese nennt schon »Argo, die Allbesungne« (11), die Jason mit Heras Hilfe durch die Wandernden Felsen (diese Felsen im Westmeer werden oft mit den Symplegaden am Nordrand des Bosporus verwechselt) steuerte, als er von Aia, dem Land des Aietes, heimkehrte und nicht bei der Ausfahrt. Beide Epen sind große Sammelwerke von Mythen und bekannten oder neuen Volksmärchen. Erzählungen, in denen der Held eine gefahrvolle Fahrt unternehmen muß, weil man ihn los sein will, gibt es unzählige. Am Ziel seiner Reise hat er

Aufgaben zu erfüllen, deren er nur mit Hilfe der Tochter eines grausamen Landesfürsten Herr wird. Die norwegische *Schwanenjungfrau* und der gälische *Vogelkrieg* haben verwandte Themen. Aia ist »das Land«, die zauberische Gegend »östlich der Sonne und westlich des Mondes«.

Aber in diesem Mythos liegt das unbekannte Land am Schwarzen Meer. Es ist Kolchis; und die Helden, die dorthin unterwegs sind, haben Ähnlichkeit mit kretischen und mykenischen Seeleuten, die in der Bronzezeit diese Meere befuhren. Jede griechische Stadt nannte später einen der Argonauten ihr eigen, um ihren Anspruch auf Handelsrechte im Schwarzmeerraum zu belegen. So gibt es verschiedene Listen von den Argonauten, die aber nicht miteinander übereinstimmen. Die Kerngruppe unter ihnen, das Volk, das Pindar die Argonauten nennt (12), sind die Minyer, für die es nur spärliche historische Zeugnisse gibt. Daneben weiß man von zwei Hauptlinien: Die eine siedelte in Orchomenos in Böotien (13), einer führenden Stadt aus der mykenischen Epoche, deren Gründer, Minyas, der sagenhafte Held eines verlorenen Epos, war. Die andere bewohnte Jolkos in Thessalien, der Herkunftsstadt der Argo.

Die Erzählung muß gewandert sein und anderswo ausgestaltet worden sein, vielleicht in Milet an der kleinasiatischen Westküste, wo der Schwarzmeerhandel seit langem blühte. Die Stadt führt ihre Gründung auf einen Abkömmling des Minyas zurück. Die Heimreise der Argonauten führte je nach der Version über verschiedene Routen: entweder über den »Okeanos« oder auf dem gleichen Weg wie die Hinfahrt oder aber über die phantastische Strecke Donau – Po – Rhein – Rhone, die in der vorliegenden Fassung beschrieben ist. Als die Griechen im 7. und frühen 6. Jahrhundert v. Chr. ihre Kolonien gründeten und dazu weite Forschungsfahrten unternahmen, wurden dem Argonautenmythos alle möglichen Geschichten hinzugefügt. In der klassischen Periode versuchte man dann, den ganzen Stoff miteinander in Einklang zu bringen. Ein Beispiel dafür gibt die *Vierte Pythische Ode* Pindars, die umfangreichste und zugleich einheitlichste seiner ganzen Dichtungen:

So entzündete süßer Sehnsucht Zauber
Zu der schnellen Argo im Busen

Aller Götterentsprossenen Here, daß im
Schoße der Mutter gefahrlos keiner die Tage
Fern verzehrte, den Freunden zur Seite lieber
Auch mit dem Tod seiner Tugend ewiger Dauer
Jeder erränge. (14)

Im Epos des Apollonios und auch in Pindars Ode ist die glückliche Entführung des Goldenen Vlieses der Höhepunkt. Es hatte einst dem geflügelten Widder gehört, auf dem mit Hermes' Hilfe Phrixos und Helle ihrem Vater Athamas und ihrer Stiefmutter Ino aus Orchomenos entflohen waren. Helle war auf der Flucht jedoch ins Meer gestürzt und ertrunken, daher der Name dieses Meeresteils, Hellespont (oder Dardanellen). Phrixos erreichte Kolchis, opferte den Widder Zeus und schenkte sein Fell dem König des Landes, Aietes. Wahrscheinlich wegen der Goldfunde in Kolchis wurde daraus dann ein Goldenes Vlies. Seither war es der Zauberschatz der Insel, den zu gewinnen Helden auszogen, und Aietes mußte darum kämpfen, weil von dem Vlies das Glück seines Landes abhing.

Schon in alten Zeiten wurde die Erzählung unter rationalistischen Gesichtspunkten betrachtet. Strabo meinte, Jason sei auf der Goldsuche gewesen und habe die Bewohner von Kolchis angetroffen, als diese gerade aus dem Fluß Gold mit der Wolle von Schaffellen auffingen (15). Der Byzantiner Suidas wieder sprach davon, das Vlies sei eigentlich eine Pergamentrolle gewesen, in der ein alchemistisches Rezept zur Gewinnung von Gold beschrieben war.

Die letzte, abschließende Gestaltung des Themas, die *Argonautika* des Apollonios, vereinigt naturwissenschaftliche und historische Elemente mit dichterischer Erfindung. Es ist ein Phantasiegebilde, das deutlich die Züge des damaligen gelehrten und romantischen Zeitgefühls trägt. Trotz des epischen Rahmens befinden wir uns nicht mehr unter dem klaren Himmel Homers, die Wolken von Zauberei, Verrat und Intrige haben ihn verhüllt. Apollonios wurde um 295 v. Chr. geboren, also viele Jahrhunderte später als Homer und mehr als hundert Jahre nach dem Höhepunkt der attischen Tragödie. Die Kraft der Stadtstaaten war im Inneren zusammengebrochen, später hatten sie unter Alexander dem Großen und seinen Nachfolgern auch ihre äußere Selbständigkeit eingebüßt. Einer der Nachfolgestaaten war das Ptolemäerreich in Ägypten, und dort lebte die griechische Literatur und Mythologie noch einmal auf.

Die Alexandriner legten in ihren Mythendarstellungen das Hauptgewicht auf die Schilderung persönlicher Gefühle, die gelegentlich auch in Sentimentalität ausartete. Hauptvertreter des neuen, romantischen Epos war Apollonios der Alexandriner, der nach der Stadt, die ihn gastlich aufnahm, auch »der Rhodier« genannt wurde. Seine *Argonautika* umfaßt 5835 Zeilen, eine Länge, die sich von der Tradition nicht allzu sehr unterschied. Auch der Aufbau hielt sich im gewohnten Rahmen, aber der Atem einer neuen Zeit ist in diesem Epos doch deutlich spürbar. Die neue Art des langen, mythologischen Gedichts begegnete freilich auch heftigem Widerstand, vor allem bei Kallimachos, der ein dickes Buch für groben Unfug erklärte. Kallimachos war der Lehrer des Apollonios gewesen, später wurde er an der Bibliothek von Alexandria sein Untergebener. Gedichten wie der *Argonautika* gab er keine Zukunft, denn »ein anderer trug den Lorbeer davon«. Trotz mancher Künsteleien wird dieses Urteil der menschlichen Anteilnahme, mit der Apollonios dem mythischen Gegenstand die epische Form gab, nicht gerecht.

Es war die Zeit des Individualismus. In den gewaltigen neuen Reichsgebilden des Nahen Ostens verlor der alte Patriotismus der Stadtstaaten an Kraft und Bedeutung; die neuen Zentren der Macht jedoch standen den Herzen des Volks fern. So besann man sich auf sich selbst und seine ganz persönlichen Anliegen. Apollonios führte in die überlieferten Mythen ein Moment ein, das es in der bisherigen Literatur der Welt noch nicht gegeben hatte: die romantische Liebe. Der Charakter seiner Medea ist von feiner psychologischer Struktur, weit entfernt von der einfachen Natürlichkeit der Frauengestalten Homers und am ehesten noch mit den Heldinnen Euripides' vergleichbar. Wäre die *Andromeda* des Apollonios erhalten, so würde sich darin gewiß diese neue Art des Gefühls noch deutlicher aussprechen. So aber müssen wir uns an die Epoche selbst halten, in der Apollonios lebte, und an seine Geburtsstadt Alexandria, die damals auf dem Höhepunkt ihrer kulturellen Entwicklung stand.

In seiner *Medea,* in der Euripides schildert, wie sie ihre Kinder tötet, weil Jason sich der Tochter des Königs von Korinth zuwendet, hatte sich der Dichter, anders als etwa in seiner *Andromache,* der allgemeinen Ansicht angeschlossen, die jede eigenwillige, leidenschaftliche Liebe zwischen Mann und Frau verurteilte. Nun begegnen sich die beiden, Jason und Medea, in einer veränderten Welt, die Romantik und Klassik verbindet und die Apollonios, hierin ein Vorläufer Vergils, mit wahrem und feinem Einfühlungsvermögen schildert:

Und die standen da sich lautlos und stumm gegenüber,
Wie zwei Eichen oder zwei wipfelragende Fichten,

Die bewegungslos im Bergwald nebeneinander
Stehen bei schweigendem Winde; doch stürmen die Lüfte, so regen
Sie sich brausend laut: so trieb es sie beide auf einmal,
Vieles sich zu sagen, berührt vom Hauche der Liebe. (16)

Das Wesen Medeas darzustellen fiel Apollonios sicherlich nicht leicht, denn sie ist ein verliebtes junges Mädchen und zugleich auch eine gefährliche Hexe. Jason dagegen, der sein Ziel allein mit Hilfe ihrer Zauberkünste erreicht, ist nur der hilfebedürftige junge Held, Vorläufer der vielen, die nach ihm in der europäischen Literatur diese Rolle gespielt haben.

Aber nicht nur gefühlsbetonte Züge, auch eine Vorliebe für den naturwissenschaftlichen und archäologischen Gehalt des Mythos kennzeichnet das Werk Apollonios'. Dieses Interesse an der Vergangenheit ist typisch für die Schule von Alexandria, und Apollonios versucht häufig, seine Geschichten durch alte Bräuche, mutmaßliche Wortableitungen oder vernunftmäßige Erklärungen »ätiologisch« zu belegen. Darin sind er und seine Zeitgenossen Vorläufer einer der Hauptschulen der modernen mythologischen Forschung. Diese wurde durch C. A. Lobeck (1781—1860) begründet, richtete, durch die Entwicklung der Anthropologie seit den Siebzigerjahren des vorigen Jahrhunderts ermutigt, ihre Hauptaufmerksamkeit auf die Ursprungsgeschichte einer Erzählung, sucht Datum und Ort ihrer Entstehung zu ermitteln und stellt sie dann nach archäologischer oder anderer Methode zur Verdeutlichung in Zusammenhang mit der vergleichenden Religionswissenschaft, Wirtschafts- und der Sozialgeschichte. In Großbritannien waren es Andrew Lang, Sir James Frazer und Jane Harrison, die diese Mythen nach Spuren aus der Vorzeit durchforschten. Ihr Ansatzpunkt war dabei grundsätzlich richtig, wenn sich auch die Ergebnisse bisweilen überschnitten, denn obwohl es schwierig ist, sie in ein streng chronologisches Schema einzuordnen, geben die Mythen stets eine ganz bestimmte historische Situation wieder, die wir, wenn wir den richtigen Schlüssel finden, aus den Entstellungen und Zusätzen späterer Zeiten herauskristallisieren können. Deshalb ist diese historisch-anthropologische Methode durchaus gerechtfertigt und, mag sie auch eine Fundgrube für Tüftler sein, mindestens ebenso erfolgversprechend wie irgendeine andere.

Aber es ist ein mühevoller Weg. Die Sache hat zwar seit den Tagen des Apollonios einige Fortschritte gemacht, aber genau genommen stehen wir erst am Anfang. Zu zahlreich sind die rassischen, religiösen und sozialen Elemente des Frühgriechentums, und wir müssen, wie der bahnbrechende Forscher K. O. Müller (1797–1840) feststellte, erst diese sichten und deuten, ehe wir darangehen können, die Mythen selbst zu sichten und zu deuten, die daraus erwachsen sind. Unglücklicherweise fehlt uns aber beinahe jeder Zugang zum Denken und zur Kultur der alten Griechen – ausgenommen wiederum die Zeugnisse der Mythen. Die Archäologie kann bisher noch keine auch nur annähernd genaue Zeittafel für die Wanderungen der Stämme in der Frühzeit aufstellen und noch weniger die religiösen Gebräuche und die Glaubensvorstellungen rekonstruieren, die sie mitbrachten oder übernahmen. Wenn wir nach den Ursprüngen der Mythen forschen, können wir vorläufig nur allgemeine Theorien vermeiden und jeden Mythos gesondert auf seinen Gehalt prüfen. Da dieses Vorgehen mit ungeheurer Kleinarbeit verbunden ist und nur dürftige oder zu großen Teilen überhaupt keine greifbaren Ergebnisse zeitigt, habe ich mich entschlossen, in meinem Buch die Mythen mit den Augen der großen antiken Dichter zu betrachten, die sich von ihnen inspirieren ließen, obwohl diese Betrachtungsweise uns die Mythen erst in einem weiter fortgeschrittenen Entwicklungsstadium zu Gesicht bringt.

Apollonios zum Beispiel ist, was das Thema der *Argonautika* angeht, ein Nachzügler, doch bei weitem nicht der *letzte*, der sich mit diesem Stoff beschäftigte. So ist auch Ovid bei seinen Studien der unglücklichen Frauenseele, den *Heroides*, zuerst auf Hypsipyle (17), dann aber auf Medeas Schicksal eingegangen, und zwar auf die Zeit nachdem sie von Jason verlassen worden war. Der römische Epiker Valerius Flaccus schrieb im späten ersten Jahrhundert n. Chr. eine *Argonautika* in acht Büchern. Daß die Erzählung auch in der Renaissance noch in hohem Ruf stand, sehen wir aus Spensers Dichtung:

> ... Darin die wundersame Fabel stand geschrieben
> Von Jason und Medea.
> Als wacker er das Goldne Vlies erbeutet ...
> Und von der hehren Argo, die in kühner Fahrt
> Die Blüte Griechenlands durchs Schwarze Meer getragen ...

Die ganze Anlage dieses Mythos machte ihn während der romantischen Wiederbelebung des Griechentums im neunzehnten Jahrhundert zu einem beliebten Gegenstand. Damals sprach Leigh Hunt (1818) von den Mythen als »den höchsten Höhen, zu denen sich der Weltgeist aufgeschwungen habe, dem Gebiet, auf dem uns die Humanität am anmutigsten, die Natur am großartigsten und lieblichsten entgegenkommen«. Hunt, der mit dieser Betrachtung die Beziehung Shakespeares zur Mythologie umschreiben wollte, kennzeichnete damit zugleich die Haltung seiner eigenen Epoche. So führte Grillparzer die deutsch-griechische Tradition in seinem bedeutenden Stück *Das Goldene Vlies* (1820) ein gutes Stück von Goethe weg auf ein Gebiet, auf dem die Mythen in erster Linie um ihrer selbst willen und als reine Poesie gültig sind. Von da ist es nur ein kleiner Schritt zur Mythologie als Unterhaltungslektüre, ja als Kinderbuch. So haben denn in der Mitte der Achtzigerjahre zwei Schriftsteller fast gleichzeitig den Versuch unternommen, für den ame-

Pieter Breughel d. Ä., Landschaft mit Sturz des Ikarus. Brüssel, Museum der schönen Künste

Pablo Picasso, Der Tod des Minotaurus.
London, Collection of Ronald Penrose

rikanischen, beziehungsweise britischen Markt Fassungen der Argonautensage und anderer Erzählungen zu schaffen, die Bestseller wurden und bis zum heutigen Tag im Umlauf sind. Der Amerikaner Nathanael Hawthorne aus Salem in Massachusetts schreibt in seiner *Tanglewood Tales* (1851) etwas sprunghaft, aber fesselnd. Seiner Meinung nach »ist jedes Zeitalter berechtigt, die unsterblichen Fabeln mit seinem eigenen Geist zu füllen und ihnen seine eigene Moral zu leihen«. Solche Andeutungen der alten Mythen stehen in einer langen Tradition, doch der Amerikaner fügt hinzu, was er tue, sei eher gotisch denn griechisch. Aber auch in seinem Werk spiegelt sich der Traum von der verlorenen Schöpferkraft und Unschuld, die Sehnsucht nach einem entschwundenen Arkadien.

In England veröffentlichte Charles Kingsley 1855 seine *Heroen.* Das Buch handelt von Perseus, Theseus und vor allem von den Argonauten. In seinen scharf zugespitzten, sezierenden Erzählungen ist kein Raum für irgendwelche Mythenschwärmerei, es sind solid gebaute Heldengeschichten ohne esoterische Obertöne, die genau den Geschmack des breiten Publikums in Großbritannien trafen. Freilich klingt es ein wenig gönnerhaft, wenn er seinen Lesern sagt: »Sie (die Griechen) waren jung und dachten einfach und darum liebten sie diese Geschichten wie ihr sie liebt«, weder *Agamemnon* noch der Mythos von Minotaurus ist jung oder einfach. Kingsleys Erzählungen liegt eine Moral zugrunde, die besagt: Tue das Richtige, und Gott, an den Zeus »irgendwie verschwommen erinnert«, wird dir beistehen. Außer den Romanen des Mittelalters, so sagt er, gibt es keine Märchen, die »wie diese alten Griechenmärchen den Sinn für das Schöne, für Weisheit und Wahrhaftigkeit wecken, die die Kinder zu guten Taten aneifern und sie vertrauen lassen, daß Gott weiterhelfen wird«. Auch G. K. Chesterton war dieser Meinung, er vertrat die These, kleine Kinder »sollten nichts lernen als Legenden. Sie sind der Anfang aller gesunden Lebensgrundsätze und guter Manieren«.

Eine Generation um die andere hat sich dank Hawthorne und Kingsley mit der griechischen Mythologie beschäftigt. Was der Durchschnittsengländer oder -amerikaner heute von den Argonauten oder anderen Sagenhelden weiß, hat er durch den Filter dieser beiden Autoren und ihrer Nachfolger erfahren. Jedes Zeitalter hat die Mythen in seinem eigenen Licht gesehen; aber in einem solchen Licht wie das neunzehnte sah sie wohl kein anderes Jahrhundert zuvor. Immerhin zeigt der Erfolg dieser beiden Autoren, daß die alten Themen nicht umzubringen sind.

Zehn Jahre nach Hawthorne tauchte der Argonautenstoff als Rahmenhandlung für die umfangreichste Verserzählung der modernen englischen Literatur wieder auf, für William Morris' *Leben und Tod des Jason.* Das Werk umfaßt 7500 Zeilen; die Erzählungen sind breit ausgesponnen, doch ist alles übersichtlich geordnet und in ruhigem, beinahe mittelalterlichem Geist geschrieben. Bis zum Schluß gibt es kaum dramatische Spannungsmomente. Der Kommentar des Verfassers ist aufschlußreich: »Wenn einer kein Epos schaffen kann, während er Teppiche webt, sollte er lieber den Mund halten. Er wird nie etwas Ordentliches zusammenbringen.«

AUF DER SUCHE NACH DER VERLORENEN GATTIN

I

Orpheus und Eurydike von Vergil

Im vierten Georgicum erzählt Vergil am Schluß die Geschichte von Orpheus und Eurydike. Die Bienen des Hirten Aristaeus starben an Krankheit und Hunger. Da verließ er seine Heimat im Tempetal, kam zu seiner Mutter, der Meeresgöttin Cyrene und bat sie, ihm Aufschluß darüber zu geben, warum er von solchem Mißgeschick betroffen worden sei. Sie saß, von ihren Nymphen umgeben, am Meeresgrund und ließ die Wasser sich teilen, damit er zu ihr hinuntersteigen konnte. Dann befahl sie ihm, zu dem meergrünen Wahrsager Proteus zu gehen, der im Karpatischen Meer wohnt und auf seinem Wagen, der von Fischen und zweibeinigen Rossen gezogen wird, die Wasser durchfährt:

Ihn ehren nicht nur wir Nymphen, auch Nereus
Ehrt ihn, der hochbejahrte; denn hell erscheinet dem Seher
Alles, was ist, was war, und was zum Werden herannaht.
Also war's dem Neptunus genehm, daß scheußliches Meervieh
Unter der Woge er weidet und mißgestaltete Robben.
Diesen mußt du zuvor, o Sohn, mit Banden dir fesseln,
Daß er dir zeige der Seuche Grund und glückliches Ende!
Ohne Gewalt wird jener dir nichts weissagen, und nimmer
Beugst du durch Bitten sein Herz; mit Gewalt und zwängenden [Fesseln
Binde ihn! So allein zerschellen die eitelen Künste.
Selber führe ich dich, wenn die Mittagsgluten entflammt sind

Wann schon dürstet das Kraut, und das Vieh sich freuet des
[Schattens,
Hin zu der heimlichen Kluft, wo müde der Greis aus den Wellen
Eingekehrt, daß leichter im Schlaf du den liegenden angreifst.
Aber sobald du ergriffen ihn hältst mit Händen und Fesseln,
Wird er durch manche Gestalt und Untierbildung dich täuschen.
Denn bald droht er als borstiges Schwein, bald als finsterer Tiger,
Als blauschuppiger Drache und Löwe mit gelblicher Mähne,
Oder als prasselnde Flamme erhebt er sich und aus den Fesseln
Schlüpft er oder verrinnt hingleitend als zartes Gewässer.
Aber je täuschender er in jede Gestalt sich verwandelt,
Desto fester zwäng' ihn, mein Sohn, in die haftenden Fesseln,
Bis er sich wiederum wandelt in den, wie du ihn zu Anfang
Schauetest, als sein Auge dem nahenden Schlummer sich
[zuschloß! (1)

Cyrene ließ ihren Sohn in Ambrosia baden, um ihm Stärke zu verleihen und sandte ihn dann zu Proteus' Grotte. Die Seehunde und anderes Getier umtanzten den Meergott, doch Aristaeus ging auf ihn zu und faßte ihn an, während er schlief. Proteus verwandelte sich in verschiedene Gestalten – doch vergebens. Schließlich fragte er den Besucher nach seinem Begehr. Aristaeus gab zur Antwort, das wisse er ja bereits, denn Proteus könne man nicht täuschen: er sei gekommen, um ein Hilfsmittel gegen sein Unglück zu erlangen.

Proteus erklärte darauf dem Hirten, er werde vom Zorn eines unglücklichen Gottes, Orpheus, verfolgt und müsse sein schweres Vergehen sühnen. Aristaeus hatte Eurydike, die Gattin des Orpheus, am Flußufer mit Liebesanträgen belästigt und auf der Flucht vor ihm war sie von einer Schlange tödlich gebissen worden. Alle ihre Gefährten, ganz Thrakien beweinte sie und Orpheus sang ihr zum Klang seiner Leier am einsamen Strand die Totenklage. Dann ging er durch den Schlund des Taenarus hinab zur Unterwelt, um sie zu suchen. Sein Gesang bannte den ganzen Tartarus, das Haus des Todes wurde beim Anhören seiner Lieder bewegt. Die Furien und der dreiköpfige Cerberus entschlummerten. Ixions Rad drehte sich nicht mehr. Da schlug Orpheus, gefolgt von Eurydike (Abb. S. 314), den Weg zurück zur Oberwelt ein. Doch uneingedenk, daß Proserpina ihm eingeschärft hatte, sich auf dem Rückweg nicht umzusehen, hielt er inne und blickte zurück. In diesem Augenblick war alle seine Mühe vergeblich.

Wenn auch verzeihungswert, wofern je verziehen die Manen:
Stehen blieb und schaut' achtlos und bezwungen im Herzen,
Ach, schon nahe dem Licht, auf Eurydike. Hin war auf einmal
Alle Müh', und gebrochen des mitleidlosen Tyrannen
Satzung, dreimal erscholl durch der Unterwalt Sümpfe der [Donner.
»Was schuf«, rief sie, »mir Armen und dir das Verderben, mein [Orpheus?« ...
Sprach's und sofort aus den Augen weg, wie Rauch in die Lüfte
Auf sich lösend verzieht, entfloh sie von dannen, und jenen
Welcher umsonst nach Schatten noch griff und vieles zu reden
Trachtete, sah sie nicht mehr, und des Orkus düsterer Fährmann
Gönnt' ihm nicht, von neuem den hemmenden Pfuhl zu [durchfahren. (2)

Todeskalt wurde Eurydike von Charon in sein Boot geschleppt. Sieben Monate lang weinte Orpheus unterhalb einer Felsenklippe am Fluß Strymon, traurig durchstreifte er die eisigen Höhlen und die Schneefelder des nördlichen Tanais, sein Klagen bannte Tiger und Eichenbäume. Keine Liebe, kein Hochzeitslied erreichte mehr sein Herz. Dann straften ihn die Frauen der Ciconen, weil er sich nicht an ihren nächtlichen Orgien zu Ehren des Bacchus beteiligt hatte und rissen ihn in Stücke. Seine Glieder verstreuten sie über die ganze Gegend, sein Haupt rollten sie in den Fluß Hebrus. Während es von den Wassern fortgetragen wurde, sprach der Mund des Sängers Orpheus das Wort »Eurydice«, und die Flußufer hallten wieder von diesem geliebten Namen.

Nachdem Proteus seinen Bericht geendet hatte, tauchte er in die See zurück. Aristaeus war durch das Gehörte tief erschüttert, und seine Mutter erklärte ihm, dies alles sei der Grund, weshalb seine Bienen zugrunde gingen. Die Waldnymphen, die Gefährtinnen von Eurydike, hätten sie gerächt. Cyrene befahl ihrem Sohn, den Nymphen zu opfern, er solle vier prächtige Stiere und vier junge Kühe schlachten und sie, nachdem er sie vom Blut gereinigt hatte, an vier Altären niederlegen. Nach neun Tagen solle er dem Orpheus Mohn darbringen und ein schwarzes Mutterschaf schlachten; dann solle er an die Opferstätten zurückkehren und noch einmal ein Kalb opfern, um den Schatten Eurydikes zu versöhnen.

Er tat, wie sie befohlen und sah am neunten Tag an der Opferstätte ein Zeichen: Aus den zerrissenen, verwesenden Flanken der Stiere stieg ein gewaltiger Bienenschwarm auf, flog in die niederhängenden Zweige der benachbarten Bäume und setzte sich dort in großen Trauben fest.

Bevor Vergil die *Georgica* schrieb, hatte er in seiner ersten Gedichtsammlung, den *Eclogen* (etwa 42–37 v. Chr.), versucht, unter anderen Themen auch eine Reihe griechischer Hirtensagen dem römischen Verständnis nahezubringen: Szenen aus dem Landleben, z. B. Wettbewerbe unter den Hirten, Ritornelle und Liebesklagen. Erstmals hatte Theokritos im 3. Jahrhundert v. Chr. diese Hirtendichtung in die Literatur eingeführt. Obgleich dieser aus Syrakus gebürtige Dichter sein Leben in Kos und später in Alexandria verbrachte, wo er sich gemeinsam mit Kallimachos für kurze Gedichte einsetzte, merkt man seinem Werk doch seine sizilianische Herkunft an. Die Tradition vereinigte diese Hirtendichtung dann mit den bäuerlichen Sängerwettkämpfen in Arkadien und in Griechenland selbst; Vergil fügt den Ton seiner norditalienischen Heimat, seiner Geburtsstadt Mantua, hinzu.

Theokrit und Vergil verfeinerten den Stil der Hirtendichtung, die von Flöten begleitet ursprünglich ebenso schlicht geklungen haben mag, wie sie in vielen Gegenden des Mittelmeerraums noch heute zu hören ist. Nach der Überlieferung wurde diese Art der Dichtung und Mythologie von dem Schäfer Daphnis begründet, den eine Nymphe (vielleicht auch Aphrodite) blendete, weil er ihre Liebe verschmähte oder aber, nach einer anderen Fassung, sie hinterging. Den Rest seines Lebens brachte er damit zu, sein trauriges Schicksal zu besingen, wenn es nicht sogar seine Gefährten waren, die diese Lieder über ihn sangen, bis ihn Hermes in den Himmel aufnahm. Theokrit führte diesen Daphnis, ferner Corydon, Thyrsis, Amaryllis und wie sie alle heißen mit feinem Humor in die Literatur Griechenlands ein. In schwebender, von einem Hauch des Rätselhaften getragener Gestalt erschienen sie dann bei Vergil, wie George Gordon sagte, in der »gebrechlichen und unwirklichen Schönheit einer Pastorale, die so töricht aus törichtem Mund klingt, und die doch solcher Eleganz, Zartheit und schalkhafter Anmut fähig ist«.

Das Hirtengedicht eroberte Rom im Sturm und erlebte seine Wiedergeburt während der Renaissance und im 17. Jahrhundert. Der bukolische Geist spricht aus Miltons *Lycidas, L'Allegro, Il Penseroso* und *Comus* und Poussins Gemälde *Et in Arcadia ego* (1630). Dieses Bild vor allem atmet eine zauberhafte Herbststimmung, es ist ein seliges Arkadien, ohne Pein, nur voll leisen Bedauerns darüber, daß dieses Leben so kurz ist. Als Poussin denselben Gegenstand zwanzig Jahre später noch einmal malt, liegt Vergilsches Abendlicht über der Szene. Von dort führt die Tradition zu den Oberflächlichkeiten des Petit Trianon, zu idyllischen Schäferszenen, Schäferinnen aus Porzellan und schließlich zu André Gide, der mehrere seiner Werke in dieser Phantasiewelt spielen läßt.

An seinem zweiten Werk, den vier *Georgica* dichtete Vergil etwa sieben Jahre (von 36 bis 29 v. Chr.) und veröffentlichte es kurz nach dem Sieg Augustus' über Antonius und Kleopatra bei Actium. Der griechische Name bedeutet etwa »Über den Ackerbau«, und die patriotische Absicht Vergils lag darin, für seine römischen Leser in lateinischer Sprache ein Werk von der Art der *Werke und Tage* Hesiods zu schaffen. Dryden nennt es »das beste Gedicht des besten Dichters«. Montaigne sprach von der vollendetsten Schöpfung, die je die Poesie hervorgebracht hat. Die *Georgica* sind der Stadt Rom und dem Land Italien gewidmet. Die Arbeit des hart schaffenden Bauern war die Grundlage für Roms Triumphe gewesen, und was alexandrinische gelehrte Dichter, was sein Vorgänger Lukrez philosophisch und Varro in historisierender Prosa geschrieben hatten, vereinigte Vergil und läßt es in neuen poetischem Glanz erstrahlen.

Das erste Gedicht handelt von der Getreideernte, das zweite vom Obst und den Baumfrüchten (vor allem vom Wein und den Oliven), das dritte von den Haustieren und das vierte von den Bienen. Diese spielten zu jener Zeit noch eine größere Rolle, denn es gab keinen Zucker oder höchstens für medizinische Zwecke, man aß vielfach Honig wie wir heute Butter essen. Im ersten Teil des vierten Buchs erzählt Vergil von den Streitigkeiten unter den Bienen – ein Abbild der menschlichen Gesellschaft:

> Aber die Könige, grimmen Mut bewahrend in enger
> Brust, inmitten der Schlacht kenntlich an leuchtenden Flügeln,
> Dringen an und weichen nicht eher, bis einen von beiden
> Heftig kämpfend der Feind siegreich in die Flucht hat
> [geschlagen. (3)

Dann folgt der Bericht von dem mythischen Hirten Aristaeus und seinem Weg zu Proteus. Antike Kritiker vertraten die Meinung, dieses Stück sei erst später eingeschoben worden, an seiner Stelle seien ursprünglich Lobpreisungen auf Gallus gestanden, den ersten ägyptischen Statthalter nach Kleopatras Niederlage, der später bei Augustus in Ungnade fiel und hingerichtet wurde. Doch das ist sicherlich falsch. Das Miniaturepos von Aristaeus, das noch die zwei kleineren Teile über Orpheus und Proteus einschließt, ist der Höhepunkt des ganzen Gedichts.

Aristaeus war der Stiefbruder Jupiters, beide wurden in Arkadien verehrt (4), obgleich ihr Kult ursprünglich aus Thessalien stammt. Er war der Schutzgott des Viehs und der Obstbäume, er war nach Hesiod auch der Hirt, der mit den Musen zusammengetroffen war. Sie hatten ihm Herden anvertraut und ihm die Gabe der Heilkunst und der Wahrsagerei verliehen (5). Pindar erzählt von der Liebe Apollons zu des Aristaeus Mutter Cyrene, von der Weissagung des Kentauren Chiron über seine Geburt und über die Geburt selbst in Libyen (6); Apollonios kommt ebenfalls kurz darauf zu sprechen (7). Die Szene von seinem Besuch bei der Mutter in den Tiefen des Ozeans geht auf die *Ilias* zurück (8), in der Achilleus zu seiner Mutter Thetis hinabsteigt, vielleicht auch auf den Lyriker Bakchylides von Keos. Nach einer anderen Version ist er der Sohn der Melissa (d. h. Biene!) und wird von ihr mit Nektar und Ambrosia großgezogen.

Die seltsame Erzählung von dem Bienenschwarm, der aus dem Leichnam entstand, entspricht einem weitverbreiteten Glauben der Antike, der sich bis ins 17. Jahrhundert n. Chr. erhalten hat. In Wirklichkeit ist keine Rede davon, denn die Bienen verabscheuen jedes Aas. Nur die Aasfliegen suchen die Kadaver auf, und vielleicht leitet sich die Version von dem Bienenschwarm von solchen summenden Fliegenschwärmen her, die ein Aas umgeben; im einzelnen wird von stinkender Verwesung gesprochen. Wie dem auch sei, dieses Gedicht ist mit den Worten von Jules Michelet »ein Lied von einer Unsterblichkeit, das in dem Mysterium der alles verwandelnden Natur unsere kühnste Hoffnung verkörpert: Tod ist nicht Tod, sondern Beginn eines neuen Lebens«.

In der *Odyssee* gibt Eidothea (9), die Tochter des Proteus, Menelaos den Rat, ihren Vater aufzusuchen; in den *Georgica* ist es Cyrene, die ihren Sohn zu Proteus sendet. Im Homerischen Epos ist Proteus Diener Poseidons in Ägypten, in der *Helena* des Euripides ist er König von Ägypten, der sein Land in Frieden regiert. Als die *Georgica* veröffentlicht wurde, war Ägypten, das eben erst dem römischen Weltreich einverleibt worden war, in aller Munde. Doch während in der *Odyssee* alle Fragen des Menelaos vom Seher beantwortet werden, erfüllt sich die Weissagung der Cyrene nur in unvollständiger und verschlüsselter Form (10), das ist einer der Gründe dafür, weshalb das ganze Gedicht letzten Endes rätselhaft bleibt. Francis Bacon war vor allem von der Gestalt des Proteus fasziniert, seine Vorliebe für die Allegorie entdeckte hier eine Entsprechung zur Natur oder zur Materie, die durch die Künste der Mechanik gefesselt und zum Nachgeben gezwungen wird.

Auf alle Fälle hilft der Bericht, den Proteus dem Hirten gibt, mit, das Problem zu lösen. Der erste Hinweis des Sehers auf die Verfehlung des Aristaeus gegenüber Eurydike trägt sehr zur Bereicherung und Vertiefung des Werks bei. Es liegt auch im Sinn der Sache, daß wir von Orpheus nicht aus dem Munde eines gewöhnlichen Sterblichen hören, denn diese 106 Zeilen umfassende Stelle handelt von dem größten Sänger aller Zeit, dem Schutzherrn der Dichter, den der Held der *Äneis* vor allen anderen in der Unterwelt aufsucht. Die Erzählung von Orpheus setzt sich aus verschiedenen alten Überlieferungen zusammen, aus Volksmärchen, Romanzen und vielleicht auch Erinnerungsbruchstücken, die auf Tatsachen begründet sind. Als Orpheus zurückschaut, verliert er seine Gattin für immer. Die früheste uns bekannte Stelle, welche die Frau des Orpheus nennt, findet sich in Platons *Gastmahl*. Dort sieht er aber nur ihren Schatten (11). In einem umfangreichen Fragment des alexandrinischen Schriftstellers Hermesianax aus dem dritten Jahrhundert, bei dem Orpheus, wie bei seinem Lehrer Philetas von Kos, eine große Rolle spielt, heißt die Frau Argiope. Der Name Eurydike (die »Fernhin Richtende«, vielleicht ein Beiname der Persephone-Proserpina) findet sich erstmals in einem alexandrinischen *Klagegesang um Bion;* dort kehrt sie aber ins Leben zurück, und das ist offenbar die ältere Version des Mythos. Der Bericht vom Fehlschlag der Bemühungen Orpheus' wurde vermutlich später eingefügt, er ist vielleicht ein Motiv aus den Volksmärchen: die Bestrafung der Neugierde.

Doch dann begriff eines Tages ein Dichter den Mythos als Sinnbild dafür, daß es umsonst ist, den Tod überlisten zu wollen. Daran hielt sich Vergil, er sah darin, wie auch seine Vorgänger, die Alexandriner, die schönste und leidenschaftlichste Liebesgeschichte, die man sich denken kann. In den Volksmärchen von Thrakien bis Nordamerika ist oft von dem Mann die Rede, der seiner Gattin in die andere Welt folgt, um sie zurückzuholen, der sie aber verliert, weil er irgendein Verbot übertritt. Alt und weit verbreitet ist auch die Vorstellung, daß die Menschen ihre Augen von den Gottheiten oder Geistererscheinungen der Unterwelt abwenden müssen. Die Götter hatten Orpheus gewarnt; aber nicht einmal den Fürsten des Gesangs erreichte ihre Warnung. Die Macht des Lieds ist groß – beinahe kann es Tote zum Leben erwecken, aber eben nur beinahe. Denn das Lied stammt aus dem Menschenherzen und auch das liebende Herz vermag nichts gegen den Tod.

2

Die Heiligen Schriften der Orphiker

Vielleicht gibt es eine alte Quelle über den »Abstieg des Orpheus zur Unterwelt«. Solche Abstiegsmythen stammen, soweit es Beispiele aus dem östlichen Mittelmeerraum und vielleicht auch der nordamerikanischen Indianer betrifft, alle aus einer gemeinsamen Quelle – dem sumerischen *Gilgamesch-Epos*. Ein Motiv von Gedichten und Vasenmalereien der Griechen war häufig der Held, der in die Unterwelt stieg, angefangen von Odysseus; freilich ging dieser, der Hauptüberlieferung nach, nur bis an die Enden der Erde. Man unternahm solche abenteuerliche Fahrten zu den Toten, um sie über das Leben nach dem Tod zu befragen. Platon denkt an zeitweilige Abwesenheit der Seele vom Körper. Alle Ackerbau treibenden Völker besaßen solche Sagen, denn Pflanzenwuchs und Ernte hingen vom Segen der unterirdischen Gottheiten ab, deren Aufgabe es auch war, die Seelen der Toten zu bewachen.

Der hl. Paulus behauptete ebenfalls, im Jenseits gewesen zu sein. Von »Abstiegen zur Unterwelt« spricht man, und an sie glaubt man noch heute in der über Sibirien, die Mongolei und Tibet verbreiteten Schamanenreligion. Als Nachfolger der Sibyllen, der delphischen Pythia und anderer glaubt man die Schamanen im Besitz geheimer Kräfte über die Natur, die sie zum Schaden oder Nutzen ihrer Volksgenossen anwenden. In Entsprechung zu den Totengeistern im *Gilgamesch-Epos,* die mit Vogelfedern ausgestattet sind, trägt auch der Schamane ein Federkleid. Von den assyrischen Priestern gilt das gleiche, und auch Vergil vergleicht die Geister mit Vogelscharen.

Doch der Orpheusmythos bezieht sich nicht nur auf die jenseitige Welt, dies ist nur *ein* Aspekt. Auch eine ganze Reihe religiöser Bewegungen und Tendenzen, die ihren Höhepunkt im 6. Jahrhundert v. Chr. erreichten, leitet sich von Orpheus her. Man hielt ihn für den großen Lehrer, Seher und Religionsstifter; ob das stimmt, ob es ihn überhaupt gab, wird nie festzustellen sein. Man sagte, er sei aus Thrakien gekommen, und sein Kult wurde mit dem des thrakischen Dionysos-Bakchos in Verbindung gebracht. Später unterschieden sich die Anhänger dieser beiden stark voneinander. Anknüpfend an den Bericht von der Zerfleischung des Orpheus (davon spricht übrigens Aischylos in seinen *Bassarai*), übernahmen die Orphiker ihrerseits den Mythos von dem Dionysosknaben, den die Titanen zerrissen. Doch auch mit Apollon wurde Orpheus zusammen genannt, besonders in Delphi. Vielleicht war er ursprünglich sein Begleiter, später standen sie im Gegensatz zueinander, doch waren beide Wahrer von Reinheit und Gerechtigkeit. So verband Orpheus dionysische und apollinische Tendenzen in der griechischen Religion.

Über die Heiligen Bücher der Orphiker, die auch Platon stellenweise zitiert, besteht manche Unklarheit. Vermutlich enthielten diese umfangreichen Werke Berichte über das Leben, den Tod und die Wundertaten des Orpheus. Aber was gehörte sonst dazu? Stammten sie wirklich alle, wie man im Altertum glaubte, von einem frommen Schmied namens Onomakritos, der im 6. Jahrhundert in Athen lebte, oder verfaßte sie ein Anhänger dieser Religion aus Süditalien? Der Orphismus ist mit der pythagoreischen Lebenslehre und Enthaltsamkeitsreligion, die im 6. Jahrhundert v. Chr. in Süditalien verbreitet war, so nahe verwandt, daß er bisweilen von ihr nicht unterschieden werden kann. Goldene Täfelchen, die von beiden Glaubensrichtungen verwendet wurden, fand man nicht nur in Süditalien, sondern auch auf Kreta. Nach der Eroberung von Tarent, der Heimat der Pythagoräer, durch die Römer im Jahr 209 v. Chr. nahm in Rom das Interesse an solchen Religionen wieder stark zu. Neuartig an der orphischen Lehre war, daß sie Strafen oder Belohnungen, die den Menschen nach dem Tod erwarten, so betont hervorhob. Seit langer Zeit hatten schon die Mysterien der Demeter in Eleusis eine ähnliche Botschaft verkündet, doch das waren althergebrachte, an einen festen Ort gebundene Riten; die orphische Religion dagegen etablierte sich in kleinen, weitverstreuten Gemeinschaften, die im Namen des Orpheus einen Weg zur Erlösung verhießen (12), Ablaß für Verfehlungen verkauften und mancherlei Art Zauber und Beschwörung übten. Eine Hauptdoktrin der orphischen Religion war, daß die menschliche Seele ein gefallener Gott oder Dämon sei, der, nun in einen fremden Körper gebannt, zu einer immerwährenden Wiederverkörperung auf Erden verurteilt ist. Diesem »jammervollen Kreislauf«, wie sie entsprechend der Verachtung, die man im Altertum für das Leben empfand, das irdische Dasein nannten, könne man nur durch Einweihung in die orphischen Mysterien entgehen. Später als der ethische Charakter der Religion zunahm, wurde auch ein gerechter Lebenswandel als Weg zum Heil anerkannt.

Sechshundert Jahre später verbindet Vergil in seiner *Äneis* diese Lehren mit dem Leitgedanken der Stoiker, dem er schon im vierten *Georgicum* (13) Ausdruck gegeben hatte: daß da nämlich ein Universalgeist sei, von dem in allen Lebewesen ein Funken wohnt. Das Menschenleben ist ein Kampf, der Siegerpreis ein seliges Leben auf dem Weg einer Wiedergeburt. Bereits im 6. Jahrhundert v. Chr. hatte Anakreon von Teos von dem Grauen gesprochen, das die Menschen vor dem finsteren Abgrund empfinden, den Tartaros, der Gemahl der Persephone, der Herr aller abgeschiedenen Seelen, in Hesiods *Theogonie* als Unterwelt regiert.

Grau ging ich zu den Tempeln,
Ja, weiß ist mein Haar und nichts
Von Jugendanmut ist mir geblieben,
Zähne habe ich wie ein Alter.
Süß ist das Leben, doch für mich
Ist nicht mehr viel vom Leben übrig.
Darum bin ich gramvoll. Und niemals
Lassen mich die Schrecken der Dunkelheit in Ruhe.
Tief unten ist das Haus des Tods. Furchtbar
Ist die Reise dort hinab und einmal
Muß ich sie antreten und weiß: nie kehre ich zurück. (14)

Der berühmte Maler des Altertums, Polygnotos von Thasos, stellte im 5. Jahrhundert zu Delphi in einer Reihe von Gemälden die Strafen dar, die im Hades verhängt werden (15). Sein Zeitgenosse Pindar dagegen schilderte die Seligkeiten, die den Erlösten erwarteten:

Ein mühloses Leben empfangen
... die Edlen
Im Licht der Sonne ...
... verbringen bei
Verherrlichten Göttern ein leidloses Dasein,
Doch jene schleppen Mühsal unerträglichen Anblicks.
Indessen die dreimal so dort wie
Hier verweilend vermochten frei von Unrecht ganz zu bewahren
Die Seele, maßen aus zum Bergfried des Kronos des Zeus
Straße, wo Meerlüfte rings der Seligen Insel
Umhauchen ... (16)

Pindars Aufenthaltsort der Seelen nach dem Tode ist also nicht in der Unterwelt, sondern wie auch das »Tor« in der *Odyssee* an den Enden der Welt gelegen. Doch Pindar spricht auch von einem Ort der Seligen unter der Erde:

Drunten bei ihnen
Leuchtet der Sonne Kraft, in-
dessen hier Nacht ist. Es dehnt sich
Voll purpurner Rosen ein Anger
Vor ihrer Stadt;
Da schattet der Weihrauchbaum, und
Schwer von goldenen Früchten . . . (17)

Solche Hoffnungen und Glaubensvorstellungen führten naturgemäß weiter zu der Vorstellung, der Tod sei ein seliges Ruhen und der beste Weg, es zu gewinnen, ein strenges, enthaltsames Leben, ein Gedankengang, auf dem später der Puritanismus aufbaut.

Die Dichtungen Vergils sind grundlegende Versuche der Antike, die Orphik in ein zwar zwangsläufig unlogisches, zum Teil widersprüchliches, aber tief ergreifendes Bild vom Leben nach dem Tod einzuordnen.

3

Der Mythos in dichterischer Aussage

Selbst wenn man den Mythos von Orpheus der Elemente beraubt, die den Sänger der Vorzeit zur Zentralgestalt einer eigenen Religion machen, bleibt er für die Dichter noch immer von hervorragender Bedeutung. Das haben neben Vergil auch andere herausgefunden; denn in Orpheus erreicht die Dichtkunst ihren Höhepunkt, er ist der Vater des Gesangs. Wie für viele Griechen ist auch für Vergil sein Mythos beispielhaft für die Macht des »carmen«, das Sinnbild für die Macht des Dichters über die

Henri Matisse, Pasiphae. Illustration zu Montherlants »Pasiphae«

Tizian, Perseus befreit Andromeda. London, Wallace Collection

Seelen. Viele Dichter wollten ihrem Werk höheres Ansehen verschaffen, indem sie es unter dem Namen eines Größeren veröffentlichten, und häufig wurde dazu der Name Orpheus benützt, denn ihn umgab einerseits die Würde des Altüberlieferten, andererseits auch das seltsame Fluidum eines wunderbaren Magiers.

Überdies bezauberte Orpheus nicht nur Menschen, sondern die gesamte belebte Natur.

> Über sein Haupt hin
> Fliegen zahllose Vögel. Fische gleiten entlang
> Gelockt aus den blauen Tiefen von der Leier melodischem
> [Klang. (18)

Sogar unbelebte Dinge, wie Eichbäume und Steine vermag er zu betören. Solche Szenen wurden von reichen Römern dramatisiert. Varro berichtet, daß orphische Gesänge zu Leier- und Trompetenklang in ihren Gärten aufgeführt wurden. Elizabeth Sewell schreibt zu der Vorstellung, auch die unbelebte Natur durch die Zaubermacht des Gesangs in Gewalt zu bringen: »Die Dichtkunst besitzt Macht nicht nur über Worte und dadurch über Gedanken, sondern in gewisser Weise auch über Gegenstände der Natur und ihr Verhalten.« Sie sieht im Mythos das früheste Symbol dafür, wie sehr die Antike darum gerungen hat, einen poetischen und mythologischen Weg zu finden, auf dem sie sich über Naturvorgänge und ihre Gesetze klarwerden könnten. Vergil steht damit nicht allein, nach ihm haben Shakespeare in den blumenreichen Phantasien seines *Wintermärchens*, Christopher Marlowe und, unmittelbarer und lehrhafter, auch Goethe und Erasmus Darwin den Versuch gemacht, die Kluft zwischen Poesie und Wissenschaft zu überbrücken, indem sie biologische Fakten dichterisch-mythologisch darstellten. Elizabeth Sewell nennt ihr Buch *Die orphische Stimme*, doch es ist fraglich, ob ihr Hauptthema wirklich der Mythos von Orpheus ist. Haben wir nicht vielleicht hier wieder einen modernen Versuch vor uns, den Mythos nur als eindrucksvollen Rahmen, als Vehikel für ein Denkschema zu benützen, das ursprünglich gar nicht in ihm enthalten war?

Elizabeth Sewell betont den nach innen gewandten, selbstbetrachtenden Zug im Mythos, vor allem im Mythos von Orpheus: »In der Erzählung von Orpheus blickt sich der Mythos ins eigene Antlitz. Er reflektiert sich in einem Spiegel ... Orpheus ist Dichtkunst, die über sich selbst nachdenkt.« Darum macht gerade diese Erzählung auf die Dichter einen so tiefen Eindruck. Beide Feststellungen treffen zu. Doch indem Frau Sewell Orpheus einerseits mit dem sich seiner selbst bewußt werdenden Mythos und zugleich mit der sich ihrer selbst bewußt werdenden Dichtkunst identifiziert, bezieht sie sich auf zwei verschiedene, wenn auch aufeinander einwirkende Dinge. Mythos und Dichtkunst hängen innig miteinander zusammen, sind aber nicht gleichbedeutend; so ist zum Beispiel eine Dichtung im wesentlichen unübersetzbar, während der Grundgehalt eines Mythos auch in der schlechtesten Übersetzung noch erhalten bleibt. Deshalb wurden auch die Mythen in primitiven Gemeinschaften weniger im Lied, dem Vorläufer der Dichtung überliefert, sondern in einfacher Prosa; und als das Lied zum Medium wurde, griff man zu ausgewählten, begrenzten Einzelaspekten des Mythos. Überdies liegt dem Mythos wenn nicht ein Glaube, so doch Elemente eines vergangenen Glaubens zugrunde, die Dichtung jedoch ist von der realen Existenz ihres Gegenstands unabhängig.

Man hat die Mythenerzählungen treffend als Stiefschwestern der Dichtung bezeichnet, ähnlich wie die Magie die Stiefschwester oder »Schwester zur linken Hand« der angewandten Wissenschaft ist.

Die Zusammenhänge zwischen Mythos und Poesie bleiben dennoch äußerst eng. Dichtung ist nichts anderes als auf mehreren Ebenen zugleich erlebte Wirklichkeit, und sie verwendet, wie T. S. Eliot sagt, »bereits bekannte Themen ebenso unbefangen wie die Musik«. Da die Mythen das Übernatürliche behandelten, brachten sie nach kurzer Zeit Lieder hervor, denn Lieder waren das geeignetste Ausdrucksmittel für solch gewaltige Themen. Die Lieder ihrerseits bemächtigten sich der vorhandenen Mythen und erreichten dadurch eine neue Dimension. So haben im Lauf der Jahrhunderte zahlreiche, wenn nicht die meisten Dichter ihre stärksten und ureigensten Werke dadurch geschaffen, daß sie auf den Vorrat an künstlerisch gestaltetem Erbe der Mythen zurückgriffen. Die Überlieferung konnte einem klassischen Ideal zufolge wohl das Werk des Dichters beherrschen, ohne damit seine Phantasie zu hemmen. Vielmehr gibt sie den Rahmen, die Grundlage, denn sie erzählt von großen menschlichen Leidenschaften in einer Weise, die den Dichter befähigt und ermutigt an diesem Stoff sich selbst zu finden. Nach der vorgegebenen mythischen Situation ordnet er seine Motive und gibt ihnen eine eigene Gestalt.

Diesem unlösbaren Zusammenhang zwischen Dichtung und Mythos haben etwa Dante in *Paradiso* (33. Gesang), Byron im *Manfred* und Wordsworth in *The Prelude* Ausdruck gegeben, ebenso Shelley in seinem *Triumph des Lebens*, wo er die Mythologie preist als Befreierin »von dem Fluch, der uns dem Zufall der uns umgebenden Eindrücke unterwirft«. In unserem Jahrhundert sind es Edwin Muir, Ezra Pound und Robert Graves, die glauben, daß der Dichter, der seine Zeit dichterisch überhöhen will, ganz und gar in die Welt der urtümlichen, klassischen Mythen eintauchen muß. Doch wenn es richtig ist, daß die Dichtkunst auf den Mythos angewiesen ist, etwa in der Weise wie sie das Gleichnis braucht, ist ebenso wahr, daß der

Mythos den Dichter nicht entbehren kann, weil ein Mythos so lange ein Mythos ist, bis ihn ein Dichter gestaltet und dargestellt hat, damit seine letzte Bedeutung deutlich gemacht und erfaßt werden kann.

Den Griechen schien der Zusammenhang von Dichtkunst und Mythos über alle Zweifel erhaben. Was sie begeisterte und bewegte, was die Grundlage und Gegenstand ihrer dichterischen Tradition bildete (19), war die Erinnerung an mythische oder legendäre Heldentaten, die von Übermenschen der Vorzeit verrichtet worden waren. Die griechische Dichtkunst, die aus Heldenliedern hervorgewachsen war, bemächtigte sich der Mythologie und übte auf das frühe griechische Denken einen idealisierenden Einfluß aus. Im Laufe der Zeiten nahmen die Mythen, ganz im Gegensatz zu unserem 18. Jahrhundert, das blasse Abbilder der ursprünglich gewaltigen Themen gab, immer mehr zu an Bedeutsamkeit und Kraft der Gefühlswerte, welche die Dichter ihnen verliehen. So konnte Oscar Wilde in *The Burden of Itys* sagen:

> Alle diese Erzählungen dauerten unverweslich
> In kleinen griechischen Gefäßen. Reichere Fracht,
> Als je eine stolze Galleone nach Spanien
> Aus dem fernen Indien sie brachte.

Doch bedeutet dies keineswegs, daß sich die Mythen nie verändert hatten: Schon Aristoteles sagt: »Wenn Menschen eine Geschichte erzählen, fügen sie immer etwas hinzu. Das erhöht die Freude daran.« (20) Aber das ist nur einer der Gründe, warum es so erstaunlich viele Auslegungen einer und derselben Erzählung gibt; hinzu kommen z. B. fehlerhafte Erinnerung, patriotische Propaganda oder mißverstandene Erklärungen. Die Mythen sind keine erstarrten Gebilde, sie fordern beständig neues Denken und Fühlen heraus, das Hin- und Hergleiten des Weberschiffchens bei der Herstellung eines nie vollendeten, weil nicht vollendbaren Gewebes. Überdies gibt es von jedem Mythos beinahe so viele verschiedene Versionen wie Auslegungen. Selten nur findet sich bei einem einzelnen Schriftsteller eine vollständige Überlieferung, oft geschieht es, daß man in der Absicht, zu analysieren und einzuordnen, auf der Suche nach der ursprünglichen Fassung echtes, altes Material bei den am wenigsten verheißenden und spätesten Autoren entdeckt. Bisweilen geben uns Ovid, Kallimachos oder der Byzantiner Tzetzes eine ursprünglichere Version als die Fassung, die Dichter fünfhundert oder tausend Jahre vorher wählten.

Das reichhaltigste mythologischer Handbücher in Prosa ist die *Bibliothek* des Apollodoros, die etwa aus dem ersten bis zweiten Jahrhundert n. Chr. stammt. Diodorus Siculus verwendet im ersten Jahrhundert n. Chr. ein ähnliches Werk, das jedoch verlorenging. Allerdings ist es eine todlangweilige Sache, die unkritische, kunstlose Prosa des Apollodoros zu lesen. Die Forschung hat heute die antiken Mythologen unter zwei Aspekten zu untersuchen: den trockenen Kompendienschreiber und den schwungvollen Poeten. Ohne den einen besäßen wir nur die vollendeten Meisterwerke, die aber ihren Bewunderer von einer Aufgabe ablenken, der sich Anthropologen und Archäologen unterziehen müssen: nach den Ursprüngen zu forschen. Wie stark diese Versuchung, sich ablenken zu lassen, ist, beweisen Vico und Herder, die glaubten, alle Mythen seien das Werk von Dichtern. Christian Gottlob Heyne blieb es überlassen, zwischen dem Mythos und seiner dichterischen Gestaltung zu unterscheiden. Die Dichter späterer Zeit, von der Renaissance angefangen bis heute, schufen zwar nach ihren eigenen Vorstellungen gestaltete, herrliche Neufassungen der antiken Mythen, waren aber weniger glücklich, wo es um die wissenschaftliche Darlegung über die Entstehung ihrer Vorlage ging. Die Versuche enden dann, wie in der *Weißen Göttin* von Robert Graves, oft damit, daß neue Mythen zu den alten gefügt werden.

Die Zusammenhänge zwischen griechischer Dichtkunst und Mythos sind deshalb so bedeutungsvoll, weil die Dichtkunst in der griechischen Gesellschaft eine ganz andere Rolle spielte als in unserem modernen Leben. Ununterbrochen, ja bis hinein in die Römerzeit, bemühte man sich, die großen Lebensfragen dichterisch zu bewältigen. Aristoteles erklärte, warum er der Poesie mehr Nutzen zugesteht als der Geschichtswissenschaft: Der Historiker schreibt über das, was geschehen ist, der Dichter über das, was geschehen könnte; daher besitzt die Poesie den größeren philosophischen Wert von beiden, denn sie spricht vom Allgemeinen, die Geschichte aber vom Besonderen (21). Eine solche Unterscheidung ist zwar nicht ganz eindeutig, denn gerade von den Heldenmythen glaubte man, daß sie einen historischen Kern enthielten, darin sind sie etwa mit Shakespeares historischen Dramen vergleichbar. Doch waren auch die Mythen durch die dichterische Einkleidung zur Allgemeingültigkeit erhoben und trugen auf diese Weise ihr Teil zu der Bedeutung bei, welche die Poesie im öffentlichen Leben besaß. Die Mythologie war, wie keine andere Summe menschlicher Erfahrungen jemals zuvor oder später, Medium der Religion, idealer Maßstab für die Geschichtsauffassung und Gegenstand der Malerei und Plastik zugleich. Kein Schicksalsschlag, der Menschen irgend treffen kann, ist im Mythos nicht zu finden und so bezieht man mit instinktiver Sicherheit Erzählungen, Ereignisse, Stätten oder Personen auf die eigene Person.

Die Sage von Orpheus, in der sich die Schöpfer und Nachdichter der Mythen bespiegeln, beweist, daß die Dichter immer danach strebten, eine mythische Welt zu schaffen, um dann die Wirklichkeit zu symbolisieren.

Literaturkritiker befassen sich mehr und mehr mit der Verwendung mythischer Themen in modernen Romanen. Als der Naturalismus der Fünfzigerjahre unseres Jahrhunderts zu Ende ging, wandten sich auch die Dramatiker wieder der klassischen Mythologie zu. »Ich halte immer nach Mythen Ausschau«, soll Sartre 1961 gesagt haben, »mit anderen Worten nach Themen, die so völlig vom Gegenständlichen gelöst sind, daß sie jedermann versteht, ohne daß ich mich mit psychologischen Einzelheiten aufhalten muß«.

Doch obgleich wir vielleicht über die Entstehung der Mythen etwas besser Bescheid wissen als die alten Griechen, sind wir in anderer Hinsicht weit weniger darin zuhause als sie: Zum ersten haben wir jahrhundertelang in einer Kultur gelebt, die im wesentlichen vom Christentum, nicht vom Heidentum geprägt wurde. Und heute leben wir in einem wissenschaftlich orientierten Zeitalter. Zudem hatten und haben Dichtkunst und bildende Kunst bei uns nie einen so unmittelbaren Zusammenhang; daraus resultiert die Tatsache, daß die Mythen, die früher gewöhnlich von beiden Medien gestaltet wurden, viel weniger intensiv wirken können. Vom 7. Jahrhundert v. Chr. an, wenn nicht schon früher, arbeiteten Dichter *und* bildende Künstler an dem gleichen mythologischen Stoff. Einen entsprechenden Einfluß übten auch beide zugleich auf das Denken der Menschen aus. Ein Beispiel dafür ist die Geschichte Pygmalions von Zypern: Der Bildhauer liebte eine herrliche Statue: Venus erweckte sie zum Leben, und sie wurde seine Braut. Ovid behauptete später, Pygmalion habe diese Statue selbst geschaffen. Diese Erzählung, die Shaw in seinem *Pygmalion* aufgreift und die heute wieder als Musical unter dem Namen *My fair Lady* populär wurde, war dem Griechen Sinnbild für die eigentliche hohe Aufgabe der Kunst, mit der Schöpfung der Welt zu wetteifern. Literatur und bildende Kunst dienten diesem einen Zweck: Der Dichter veränderte einen Mythos, deutete ihn und schmückte ihn aus, der bildende Künstler tat dasselbe, und man erwartete nichts anderes von ihm. So sind auch die ersten freistehenden Statuen, die übrigens Daidalos selbst zugeschrieben wurden*, der Versuch, eine mythische Situation festzuhalten. In der Kunst des Westens wirkten also beide Künste ständig aufeinander, und in Blütezeiten, etwa im 16. Jahrhundert, befaßten sich Maler und Bildhauer wie einst in der Antike am liebsten mit klassischen Themen. Heute gibt es auch nicht annähernd eine solche Intensität der Zusammenarbeit. Nur wenige Maler, wie z. B. Picasso, Braque oder Kokoschka, beschäftigen sich noch mit der klassischen Mythologie.

Bis vor kurzem noch haben allerdings Dichter, Maler und Bildhauer vereint an den mythologischen Themen gearbeitet. Die Dichter vor allem schlossen sich Vergil an und wählten Orpheus zu ihrem Schutzherrn. Unter seinem Namen haben sie auch *über* ihre Kunst gesprochen. Ovid legt in seinen *Metamorphosen* dem Orpheus größere Bedeutung bei als irgendeiner anderen Gestalt der Mythologie (22). Er ist der Angelpunkt des ganzen Werks. Der römische Dichter benutzt die Geschichte von Eurydike, um die selbstlose Liebe zu besingen, und verweilt lange bei dem Bericht von Orpheus' Tod, den Vergil nur kurz erwähnt. Orpheus wurde von Mänaden zerrissen – entweder weil er es versäumt hatte, Dionysos zu ehren, oder, nach einer anderen Version des Mythos, weil er die Knabenliebe lehrte. Sein abgeschlagenes Haupt trieb den Hebros hinab bis es in Lesbos an Land gespült wurde.

Noch in den Katakomben gibt es Darstellungen des singenden Orpheus. Die Christen identifizierten ihn mit dem Friedensfürsten aus dem *Buch Jesaia.* Dante allegorisierte die Erzählung; im 15. Jahrhundert gestaltete sie Poliziano zu einem tragischen

* Vom siebenten Jahrhundert an war der griechische Handelshafen Naukratis in Ägypten die Pforte, durch die Technik der ägyptischen Plastik und andere Einflüsse von dort nach Griechenland kamen.

Drama. Für Henryson (1415–1500) ist Eurydike eine Unterweltsgöttin, die Königin der Elfen. Auch Shakespeare sah in der durch Orpheus symbolisierten Macht der Musik und der Dichtkunst ein bildendes und friedenstiftendes Element:

Drum lehrt der Dichter,
Gelenkt hab' Orpheus Bäume, Felsen, Fluten,
Weil nichts so stöckisch, hart und voll von Wut,
Das nicht Musik auf eine Zeit verwandelt. (23)

In Orpheus triumphiert und leidet jeder Dichter. Auch für Milton war er eine zentrale Gestalt. In *L'Allegro* ruft er nach sanften lydischen Weisen:

Sie lösen alle Fesseln schnell,
Der Harmonie verborgne Seel,
Daß Orpheus selbst vom Schlaf erwacht,
Den er auf einem Pfühl verbracht,
Himmlischer Blüten. Lauscht empor
Nach Weisen, die beinah das Ohr
Des Totenfürsten noch gewonnen:
Und Eurydike wär entronnen.

In der klingenden Rhetorik seines *Verlorenen Paradieses* berichtet er von Orpheus' Tod und von der Macht seiner Lieder. Als Opernstoff sind Orpheus und Eurydike durch Jacques Offenbachs Parodie *Orpheus in der Unterwelt* bekannt geworden. Doch schon seit der ersten Großen Oper, Peris und Caccinis *Eurydike*, die anläßlich der Hochzeit Heinrichs IV. von Frankreich geschrieben wurde, hat diese Sage stets Komponisten inspiriert. Gluck (1714–87) schrieb zu der dramatischen Handlung seine herrliche Musik nach dem spannenden und zugleich rührenden Textbuch Calzabigis. Die Notizen, die Novalis (gest. 1801) zu seinem unvollendeten Roman *Heinrich von Ofter-*

dingen hinterließ, lassen darauf schließen, daß er seinem Helden den gleichen Tod zudachte, den Orpheus erlitt. In seinem schwierigen Werk *Orpheus* deutet Goethe den Sänger als einen Seher, der die Wechselfälle des Lebens in dunkler Sprache enthüllt. In Wordsworths *Die Macht der Musik* wiederum ist er ein Straßenmusikant von Oxford Street; Das Werk enthält neutestamentliche Anklänge. Im *Entfesselten Prometheus* Shelleys schließlich ist

Sprache ein ewiger orphischer Sang,
Sie beherrscht mit des Dädalus Harmonie
Das Gewühl der Gedanken und Formen.
Ohne sie hätten sie weder Sinn noch Gestalt.

Rainer Maria Rilke besaß die besondere Gabe, Mythen neu zu beleben und ihnen einen neuen, persönlichen Sinn zu geben. In der Sage von Orpheus hat er viel von seinen allereigensten Gedanken niedergelegt. Ungewöhnlich ist sein Gedicht *Orpheus, Eurydike, Hermes* (1904); der Dichter scheint sich darin nicht mit Orpheus, sondern mit Eurydike zu identifizieren. Er nimmt Abschied von allen menschlichen Beziehungen und feiert den Tod als den Verzicht auf die Fruchtbarkeit. Die 26 Gedichte des ersten Teils seiner insgesamt fünfundfünfzig *Sonette an Orpheus* sind an Orpheus gerichtet, durch dessen Musik die starren Formgesetze der Natur zerbrechen, um sich in neuen Rhythmen und Dimensionen zu ordnen. Etwa zwölf der Sonette befassen sich mit der Sage im engeren Sinn, das erste und das letzte berichten die Handlung. Das letzte Gedicht enthält die Erzählung von Orpheus' Tod, doch spricht es zugleich davon, daß sein Einfluß unzerstörbar ist:

Schließlich zerschlugen sie dich, von der Rache gehetzt,
während dein Klang noch in Löwen und Felsen verweilte
und in den Bäumen und Vögeln. Dort singst du noch jetzt. (24)

Der Maler Oskar Kokoschka hat sich schon seit 1913 ebenfalls mit dem Orpheusthema beschäftigt. Nach einer persönlichen Krise, die er infolge seiner Verwundung im Ersten Weltkrieg erlebte, schrieb er sein Stück *Orpheus und Eurydice*. Es wurde 1961 in Wien uraufgeführt und erhielt großen Beifall. Auch die Ausstattung stammt von Kokoschka – ein seltener Fall, daß Maler, Bühnenbildner und Autor in einer Person den Mythos Gestalt werden ließ. Orpheus steigt auf der Suche nach Eurydice in den Hades hinab, doch sie muß dorthin zurückkehren, denn sie erwartet von Pluto ein Kind, das die schöpferische Wiedergeburt verkörpern soll. In diesem sehr gefühlsbetont aufgefaßten Kampf der Geschlechter gegeneinander vertritt die Frau das beständige Element – sie ist mit der Erde verbunden. Der Mann, obgleich unsere Kultur von ihm beherrscht wird, ist unbeständig und ruhelos; seine Liebe zur Frau führt nur Leid und Tod herbei. Eine positivere Haltung spricht aus Ossip Zadkines Holzplastiken aus den Jahren 1935 und 1949. Der aus Smolensk stammende Künstler liebt es, seine glühende Vorstellungskraft an Themen der klassischen Mythologie zu erproben. Sein *Orpheus* steht in Kontrast zu der ruhigen, anmutigen Lebensfreude, die Carl Milles' Statue des mythischen Sängers ausstrahlt.

Anouilhs Drama *Eurydice* (1941), das erste seiner während des Kriegs entstandenen Dramen, stellt mit tragischer Unentrinnbarkeit die Öde des Alltagslebens sinnbildlich dar: Der Sohn eines armen Musikers liebt die Tochter einer unbedeutenden Schauspielerin. Doch seine Liebe kann nur gerettet werden, wenn er der Weisung eines geheimnisvollen Hermes folgt und seine Geliebte (im übertragenen Sinn) nicht ansieht. Doch er will die ganze Wahrheit über ihr Leben wissen, er entdeckt ihre Gewöhnlichkeit, ihre kleinlichen Machenschaften und kann das mit dem Idealbild, das er von ihr im Herzen trägt, nicht vereinbaren. Doch Anouilh nimmt für Eurydice Partei. Sie ist eine seiner typischen weiblichen Helden, »einfach, liebenswürdig, gebrechlich und von einer seltsam befleckten Reinheit«, wie Harold Hobson sagt. In Cocteaus surrealistischem, dichterisch ausgefallenem Werk *Orphée* wird das Medium des Films und die Trickphotographie herangezogen, um den Mythos neu zu beleben. Der Dichter wird in Stücke zerrissen, weil er es gewagt hat, den Preisrichtern beim Wettstreit der Dichter einen groben Scherz vorzulegen. Das Stück ist eine Betrachtung über den Tod, und dieser ist denn auch die bemerkenswerteste Gestalt. »Das Übernatürliche«, so schließt Cocteau, »geht uns bis an den Hals.«

DIE SUCHE NACH DER NEUEN HEIMAT

I

Die Äneis des Vergil

Singen will ich von Kämpfen und von dem Mann,
[der zuerst von
Trojas Gestade, vom Schicksal verbannt, zu Laviniums Küste,
Nach Italien kam; über Wasser und Lande verschlug ihn
Göttergewalt, aus unversöhnlichem Grolle der grimmen
Juno; der viel auch im Kriege erlitt, bis die Stadt er gegründet,
Götter nach Latium brachte, woher das Latinergeschlecht ward,
Albas Urväter auch und du, hochragende Roma. (1)

KARTHAGO, die Heimat tyrischer Ansiedler, wurde von Juno mehr als alle Städte der Erde geliebt, sogar mehr als Samos, die Stätte ihres Heiligtums; der Belagerung Trojas wegen wurde sie aus Zuneigung zu Argos eine Feindin der Trojaner. Wissend, daß einst Männer aus trojanischem Stamm Karthago einnehmen würden, sendet sie Stürme, die den Überrest der Flotte des Äneas zerstreuen und ihn so von der Belagerung abhalten sollten – ihn und jene Helden, die nicht einmal Achilleus zu töten vermocht hatte. Doch als Äneas von Sizilien aus der italischen Küste zusegelt, überredet Juno Äolus, den Beherrscher der Winde, ein Unwetter aufzuziehen und die Schiffe zu versenken; so werden sie der gefährlichen Küste Afrikas zugetrieben. Neptun jedoch beruhigt die Wogen, denn er merkt, welcher Aufruhr sich erhoben hat. Drei der trojanischen Schiffe sind gesunken, der Rest erreicht an verschiedenen Stellen sicher das Land. Am nächsten Tag unternimmt

Äneas, von Achates begleitet, einen Erkundungsgang ins Landinnere und kommt zu der Stadt Karthago. Unterwegs begegnet er seiner Mutter Venus, die von Jupiter erfahren hat, daß die künftige Stadt Rom hoher Ruhm erwarte. Sie erzählt ihm auch von Dido, der Herrscherin des neugegründeten Karthago, die aus ihrer Heimat Tyrus hierher geflohen war, nachdem man dort ihren Gatten Sychäus ermordet hatte. Die Königin empfängt Äneas mit großer Herzlichkeit, und Venus sendet Cupido aus, damit sie in Liebe zu ihrem Gast entbrenne.

Beim Gastmahl, das am selben Abend stattfindet, fordert Dido Äneas auf, vom Fall Trojas und von seinen Irrfahrten zu erzählen. Er beginnt mit der Schilderung des hölzernen Pferds, das die Griechen auf Rat des Epeos gebaut hatten und das die Trojaner ahnungslos in die Stadt holten, erzählt von dem bösen Vorzeichen, daß der trojanische Priester Laokoon und seine Söhne am Altar von rotköpfigen, gewaltigen Schlangen erdrosselt wurde. Dann berichtet er von der letzten Nacht, in der die griechischen Soldaten den hohlen Bauch des Pferdes verließen, um ihrem Heer, das heimlich von Tenedos zurückgekehrt war, die Stadttore zu öffnen.

Wer doch könnte das Morden und all' die Leichen beschreiben
Dieser Nacht, wer fände der Tränen genug für das Elend?
Uraltes Troja, es stürzt, das so viele Jahre geherrscht hat!
Zahllos liegen auf Straßen ermordet die wehrlosen Körper,
In den Häusern und selbst auf geweihten Schwellen der Götter.
Doch, es büßen nicht nur die Teukrer allein mit dem Blute,
Manchmal kehrt noch zurück der Mut ins Herz der Besiegten:
Auch der siegende Danaer fällt. Rings grausamer Jammer,
Rings Entsetzen und Angst und der Tod in tausend Gestalten.

(2)

Auf Geheiß seiner Mutter war Äneas aus der brennenden Stadt geflohen, mit sich hatte er nur sein Weib Creusa, seinen Vater

Anchises, seinen Sohn Ascanius (Julus) und die Hausgötter genommen. Er selbst, sein Vater und sein Sohn konnten fliehen, doch im Getümmel wurde er von Creusa getrennt. Auf der Suche nach ihr begegnete er ihrem Geist (sie hatte bereits den Tod gefunden), der ihm eröffnete, ihm sei bestimmt, fern im Westen eine neue Heimat zu finden.

Äneas erzählt Dido nun von seinen Fahrten seit jenem Tag. Die Stimme seines ermordeten Verwandten Polydorus hatte ihn abgehalten, Thrakien aufzusuchen. Auf Delos war ihm und seinen Gefährten der Spruch Apollons zuteil geworden, sie müßten die »alte Mutter« (3) suchen. Zunächst hatten sie in Kreta haltgemacht, wurden jedoch von einer Seuche befallen. Im Traum belehrten ihn die Hausgötter, daß Italien, nicht Kreta, sein Bestimmungsland sei. Vom Sturm nach den Strophadischen Inseln getrieben, wurden sie von Harpyen überfallen und waren schließlich an der Küste von Epirus gelandet. Helenus, der Sohn des Priamos, hatte sich dort niedergelassen, war König geworden und hatte Andromache, deren Entführer, des Achilleus' Sohn Pyrrhus (Neoptolemus), gestorben war, geheiratet. Helenus riet ihnen, sich nach Italien aufzumachen, dort die Sibylle von Cumä (Abb. S. 331) zu befragen und Juno zu versöhnen.

Äneas beschließt seinen Bericht und erzählt Dido von der Fahrt an der Küste Siziliens und wie sie nach dem gefährlichen Abenteuer mit den Kyklopen bis an die Westspitze der Insel kamen. In Drepanum, das sein Verwandter Acestes beherrschte, wurden sie gastlich aufgenommen, und dort starb Anchises.

Die Königin vertraut ihrer Schwester Anna ihr Geheimnis an, daß sie trotz des Schwurs, nie mehr zu heiraten, mehr und mehr dem Zauber des Äneas verfalle. Ein Unwetter überrascht die Königin und den Troer auf der Jagd, sie suchen Zuflucht in einer Höhle und verbinden sich in Liebe:

... die Blitze, der Äther als Zeuge des Brautfests
Leuchteten hell; auf felsiger Höh' aber heulten die Nymphen.
Jener Tag war des Todes und alles kommenden Unheils
Erster Beginn; jetzt sorgt sie um Ehre sich nicht und um
[Anstand... (4)

Venus hatte Juno bewogen, den Bund zu segnen, und beide Göttinnen wachen nun in Eintracht über den Liebenden. Doch Jupiter sendet Mercurius, um Äneas zu warnen: Nicht Afrika ist der Ort seines Bleibens. Er muß Dido sofort verlassen, Äneas will heimlich abreisen, doch die Königin entdeckt sein Vorhaben und fleht ihn an zu bleiben.

Aber Aeneas, der fromme, wie gern den Kummer der Dido
Lindern er möchte durch Trost und die Leiden mildern
[durch Zuspruch,
Seufzt wieder auf und wankt im Geist von unendlicher Liebe;
Dennoch folgt er dem Göttergebot und geht zu der Flotte. (5)

Dido gibt sich selbst den Tod, beim Abfahren sieht Äneas ihren Scheiterhaufen lodern.

Äneas kehrt nach Drepanum zurück und begeht den Jahrestag von seines Vaters Tod mit Leichenspielen. Während diese noch im Gang sind, verbrennen die Trojanerinnen auf Befehl der Juno vier seiner Schiffe. Er läßt einige seiner Gefährten als Siedler zurück und segelt weiter. Venus und Neptun hatten indessen ein Abkommen geschlossen, daß einer der Männer für die Sicherheit der anderen sein Leben lassen sollte. Der Steuermann Palinurus, der am Steuer eingeschlafen ist, stürzt in die Fluten und ertrinkt.

Äneas landet in Italien. Er sucht die Sibylle von Cumä in ihrer Felsenhöhle unterhalb des Tempels des Apollon auf. Die Wände der Höhle hatte Dädalus mit Zeichnungen des Labyrinths und Gestalten aus kretischen Sagen geschmückt. In ihrer Entrückung weissagt ihm die Sibylle, er würde in Italien um eine Braut aus fernem Land Krieg führen müssen. Er bittet sie um ihre Unterstützung bei seinem Weg in die Unterwelt, wo er seinen Vater noch einmal von Angesicht zu sehen wünscht.

Nunmehr begann die Prophetin: »Du Sproß aus göttlichem
[Blute,
Troer, du Sohn des Anchises, zwar leicht ist der Weg zum
[Avernus,
Tag und Nacht steht offen das Tor in das Dunkel der Tiefe,
Aber zu wenden den Schritt und zur Oberwelt zu entrinnen,
Hier erst beginnt alle Not! Und bloß wen Jupiter liebte,
Wenigen nur, die zum Äther die strahlende Tugend emporhob,
Göttersöhnen gelang's! . . . (6)

Doch dann gebietet sie ihm, den Goldenen Zweig zu suchen und zu pflücken, der ihm Einlaß in die Unterwelt verschaffen würde. Sie befiehlt ihm auch, einen toten Gefährten, den er finden würde, zu begraben. Als er die Höhle verläßt, sieht er den Leichnam Misenus', der ertrunken war, weil er die Götter durch den Schall seines Horns erzürnt hatte. Er begräbt ihn, dann pflückt er den Goldenen Zweig und steigt, nachdem er den Göttern der Unterwelt geopfert hat, in Begleitung der Sibylle in eine Erdöffnung nahe dem See Avernus hinab:

Dunkel wandelten sie in einsamer Nacht durch den Schatten,
Durch die verödeten Reiche des Dis und die toten Gebiete,
Wie bei dem fahlen Scheine des Mondes in spärlichem Lichte
Führt durch die Wälder der Weg, wenn den Himmel Jupiter
[einhüllt
Tief in das Dunkel und Nacht allen Dingen die Farbe
[genommen. (7)

Sie kommen an einer gewaltigen Ulme, dem Sitz der betrüglichen Träume, vorbei und begegnen den Geistern schrecklicher Ungeheuer.

Dort ist der Weg, der zum Acheron führt, dem Tartarusstrome.
Dieser, vom Schlamme getrübt und von grundlos gurgelndem [Strudel,
Brandet da auf und speit allen Sand hinab zum Kokytus.
Diese Gewässer und Strömungen hütet der häßliche Fährmann
Charon, starrend vor Schmutz; um das Kinn liegt dicht und [verwildert
Der schon ergrauende Bart, es lodern in Flammen die Blicke,
Schmutzig hängt an der Schulter geknotet der Mantel herunter.
Selber treibt er das Boot mit der Stange, bedient es mit Segeln,
Führt stromüber die Toten auf dunkelfarbigem Fahrzeug,
Zwar schon ein Greis, doch es grünt noch frisch das Alter dem [»Gotte«.
Dort ans Gestade hin stürzt sich alles, der Haufen der Toten,
Weiber und Männer zugleich und der hochgemuten Heroen
Eben verstorbene Seelen, auch Knaben und bräutliche Jungfraun,
Jünglinge auch, in die Flammen gelegt vor den Augen der [Eltern,
Zahllos wie in den Wäldern im ersten Froste des Herbstes
Welkende Blätter fallen, zum Land vom offenen Meere
Zahllos drängen der Vögel Schwärme, wenn eisige Kälte
Über das Wasser sie scheucht und in wärmere Gegenden sendet.
Bittend standen sie da, um als erste hinüber zu fahren,
Und erhoben die Hände, das andere Ufer ersehnend. (8)

Als Äneas und die Sibylle über den Strom gesetzt sind, hören sie das Wimmern der im Kindesalter Gestorbenen. Sie kommen an den Geistern der Menschen vorüber, die auf Grund falscher Anschuldigungen den Tod gefunden haben, und an den Schatten der Selbstmörder. Auf dem Feld der Klagen begegnen ihnen die Opfer unglücklicher Liebe, unter denen sich auch Dido befindet. Ihr ungerecht erlittenes Schicksal erfüllte Äneas mit Schmerz, doch schreitet er mit der Sibylle weiter und betritt das Umschlossene Feld, auf dem sich die Scharen der Kriegshelden drängen. Von dort aus erblickt er in der Tiefe den im Kreis fließenden, brennenden Strom Phlegeton. Inmitten des Kreises toben grimmige Kämpfe. Wie die Sibylle ihn belehrt, befindet sich hier das Gefängnis jener, die von den Göttern zu ewigen Strafen verurteilt worden waren.

Schließlich betreten sie die Elysischen Gefilde. Dort trifft Äneas zuerst Orpheus, dann Anchises, seinen Vater, dieser enthüllt ihm die Geheimnisse des Weltalls und belehrt ihn über die Stufen der Reinigung, die durchschritten werden müssen, um ins Elysium zu gelangen. Aus diesem Land der Freude werden einige nach einer Frist von tausend Jahren zur Erde zurückgesendet, durch einen Trunk aus dem Lethestrom vergessen sie alles, was sie einst waren; unter ihnen werden sich auch die Nachkommen des Äneas befinden. Anchises zeigt sie ihm und läßt die ganze künftige Geschichte Roms vor seinen Augen vorüberziehen. Den krönenden Abschluß bilden Augustus und sein Neffe Marcellus, der in der Blüte der Jugend weggerafft wurde.

So scheiden Äneas und die Sibylle aus der Unterwelt. Sie schreiten durch eines der Zwillingstore des Schlafs – nicht durch das hörnerne Tor, das den wahren, gutgesinnten Schatten den Weg öffnet, sondern durch das Tor aus Elfenbein. Durch dieses kommen die falschen, betrügerischen Gesichte der Nacht, die sich am lichten Tag als Täuschung erweisen. An die Oberwelt zurückgekehrt, trifft Äneas seine Gefährten wieder, segelt die Küste entlang bis Caieta und den Tiber aufwärts.

Latinus, der Herrscher von Latium, hat eine Tochter namens Lavinia. Diese werde er, so verhieß das Orakel des Vaters Faunus an der albuneischen Quelle, einem Fremden vermählen müssen. Schon hat Turnus, Fürst der Rutuler, um Lavinias Hand angehalten, doch Latinus weiß, daß Äneas der Gemahl seiner Tochter sein wird. Seine Gattin Amata begünstigte Turnus; Juno sendet die Furie Alecto, um Krieg gegen Äneas zu entfachen. Der Krieg bricht aus, weil Ascanius unwissentlich einen zahmen Hirsch tötete; das Volk des Latinus und seine Verbündeten ziehen gegen die trojanischen Eindringlinge zu Feld, Latinus ist gezwungen, ihnen feindlich zu begegnen.

Im Schlaf wird Äneas vom alten Tiber besucht, der ihm rät, Hilfe bei Euander von Arcadien zu suchen, der den Palatinischen Hügel zu Rom beherrschte. Als am nächsten Morgen ein vorausgesagtes Omen, eine weiße Bache mit einem weißen Ferkel, eintrifft, macht sich Äneas auf den Weg. Er trifft Euander, der gerade das Herculesfest begeht. Der König berichtet ihm, wie der Heros den Riesen Cacus am Aventinischen Hügel erlegt hatte, und führt ihn dann um die heiligen Stätten Roms; dabei betrachten sie den dichten Kapitolswald, den später Romulus zu einem Heiligtum erheben sollte:

»Dort im Haine«, so sprach er, »und hoch auf dem schattigen [Hügel
Wohnt ein Gott, doch welcher, ist ungewiß. Arkader meinen,
Daß sie Jupiter selber gesehn, wie die düstere Aegis
Oft mit der Rechten er schwang und Ungewitter erregte.« (9)

Als die Nacht hereinbricht, begeben sie sich zu der bescheidenen Behausung des Euander.

Venus bittet ihren Gatten Vulcanus, Äneas himmlische Waffen zu schmieden, unter ihnen einen Schild, auf dem weissagend Szenen aus der römischen Geschichte bis hin zu der Schlacht von Actium eingegraben sind. Während der Abwesenheit des Äneas hatte jedoch Juno durch die Göttin Iris Turnus wissen lassen, daß jetzt die Gelegenheit für ihn gekommen sei. Turnus greift das Lager der Trojaner an und steckt die Schiffe in Brand. Auf das Bitten der Göttin Cybele, aus deren geheiligtem Hain auf dem Idagebirge das Holz der Schiffe stammte, verwandelt Neptun jedoch die Fahrzeuge in Nymphen.

Die Trojaner halten sich an die zuvor gegebenen Weisungen des Äneas und bleiben hinter ihren Verschanzungen. Doch während der Nacht verlassen Nisus und sein junger Gefährte Euryalus heimlich das Lager, um Äneas Bericht zu erstatten. Sie richten ein großes Blutbad unter den betrunken daliegenden Rutulern an, werden jedoch schließlich selbst erschlagen. Am folgenden Tag setzt Turnus seine Angriffe fort. Schon ist er in die Befestigung eingedrungen, doch kann er zurückgeworfen werden und rettet sich mit knapper Not.

Im Rat der Götter streiten Juno und Venus heftig miteinander über den Ausgang des Kriegs; Jupiter entscheidet, die Angelegenheit dem Fatum zu überlassen. Im weiteren Verlauf der Kämpfe bekommt Äneas Unterstützung durch ein Etruskerheer, das sich gegen seinen gewalttätigen König Mezentius erhoben hat. Äneas tötete diesen im Zweikampf. Zuvor hatte jedoch der junge Sohn des Euander, Pallas, durch die Hand des Turnus den Tod gefunden:

Menschenherz, nicht kundig des eignen Geschicks und der
[Zukunft,
Ohne Maß und Bedacht und trotzig in Tagen des Glückes!
Bald wird kommen die Zeit, wo Turnus das Leben des Pallas
Teuer erkaufen sich möcht' und diesem Tag und der Beute
Fluchen wird. Doch die Freunde, mit Klagen und Tränen, sie
[bringen
Heim den Pallas, gebettet im Schild, mit großem Gefolge.
Schmerz, ach, und mächtiger Ruhm zugleich, der zum Vater
[zurückkehrt! (10)

Ein Waffenstillstand wird abgeschlossen, um die Toten zu begraben. Vergebens raten die Priester Latiums, den Krieg durch einen Zweikampf zwischen Turnus und Äneas zu entscheiden. Turnus will noch einmal sein Glück in der Schlacht versuchen. Auf der Seite der Latiner vollbringt die Amazone Camilla große Heldentaten, bis sie schließlich erschlagen wird. Laut klagt Opis, die Gefährtin der Diana:

»Ach, es frommte dir wenig, daß du der Diana in Wäldern
Einsam gedient und unser Geschoß auf der Schulter getragen.
Aber nicht ohne Ruhm verließ am Ende des Lebens
Deine Königin dich, nicht namenlos bleibt bei den Völkern
Dieser dein Tod, noch wirst du die Ungerächte uns heißen.
Denn wer immer dir auch den Leib mit der Wunde verletzte,
Büßt es mit schuldigem Tod.« (11)

Während die Latiner sich in Unordnung in ihre Stadt zurückziehen, brüllt Turnus nochmals mit Löwenstimme den Trojanern seine Herausforderung zu.

Ein zweiter Waffenstillstand wird geschlossen und Turnus nimmt endlich den Zweikampf mit Äneas an. Seine Schwester, die Nymphe Juturna, veranlaßt die Rutuler, das Übereinkommen zu brechen und Äneas hinterlistig zu verwunden. Doch Venus heilt die Wunde ihres Sohnes. Die Königin Amata erhängt sich, denn sie glaubt, Turnus sei schon tot. Nachdem Jupiter Juno mit dem Versprechen versöhnt hat, Trojaner und Latiner würden in Zukunft Verbündete sein, fechten die beiden Heerführer ihren Zweikampf aus. Turnus wird niedergestreckt und bittet sterbend darum, seinen Leichnam doch seinem alten Vater auszuliefern. Schon ist Äneas bereit sich erweichen zu lassen: Da bemerkt er das juwelenbesetzte Wehrgehänge des Pallas, das Turnus trägt. Mit einem Triumphschrei führt er den tödlichen Streich.

2

Nationalismus und Schuldbewußtsein

Die Äneis ist Vergils letztes und größtes Werk. Als er im Jahr 19 v. Chr. starb, war das Werk bei weitem nicht fertig; gegen den Willen des Sterbenden, so wird erzählt, ließ Augustus es der Nachwelt überliefern.

Ilias und *Odyssee* hatten für alle Zeiten Form, Metrum und Aufbau des antiken Epos festgelegt. Jahrhunderte später beseelten alexandrinische Schriftsteller wie Apollonius Rhodius die epische Form mit neuem, romantischem Geist; auch Vergil verbindet den epischen mit dem romantischen Stil. Kurze Zeit nach Apollonius waren die Römer darangegangen, ihre eigene epische Überlieferung auszubilden. Soweit uns bekannt ist, machte den Beginn Livius Andronicus mit einer Übersetzung der *Odyssee,* sehr bald jedoch entwickelte sich ein eigenes nationales Epos, das die Vorstellungen des Volkes von seiner Vergangenheit zum Gegenstand hatte. Die Initiative dazu ging von römischen Schriftstellern aus, die die Bestärkung der Vaterlandsliebe als die erste Aufgabe der Literatur ansahen. Der aus der Campagna stammende Naevius (um 270–201 v. Chr.) wählte ein nur kurze Zeit zurückliegendes Ereignis zum Thema – den Ersten Punischen Krieg. Das heute verlorene Werk, der *Bellum Poenicum,* war in einem einheimischen, dem saturnischen, Versmaß abgefaßt und schilderte vermutlich die trojanische Sage als Vorspiel zum Kampf Roms mit Karthago. Ennius von Rudiae aus Kalabrien (geb. 239 v. Chr.) schrieb seine lateinische Reimchronik, die *Annalen,* in Homerischem Versmaß. Im ersten Jahrhundert v. Chr. verfaßte Lukrez ein langes philosophisches Gedicht *De rerum Natura.*

Vergil griff in seiner *Äneis* auf diese und viele andere Dichtungen zurück, dennoch ist das Gedicht seine ureigenste Schöpfung. Es besteht gleichsam aus einer *Odyssee* (dem ersten Teil), die von Irrfahrten erzählt, und einer *Ilias* (dem zweiten Teil), der von den Kämpfen um Italien berichtet. Doch ist der ungeheure Unterschied zwischen den balladenhaften Homerischen Epen, die auf mündliche Überlieferungen zurückgehen, und dem tiefsinnigen, kontrapunktisch angelegten und vielschichtigen Werk des Vergil unverkennbar.

Der Bericht von der Liebe Didos zu Äneas ist ein Höhepunkt romantischer Epik und zugleich Beweis für die Meisterschaft Vergils in der Schilderung von Gefühlen. Zwar erwidert Äneas diese Liebe, doch weil das Epos nicht nur romantisch ist, sondern auch patriotische Ziele verfolgt, muß sich seine persönliche Neigung der großen Sache unterordnen. Seine Bestimmung ist Italien – und das bedeutet Feindschaft gegen Karthago. So muß er abreisen. In Szenen, die in ihrer Eindringlichkeit an die konfliktreichen griechischen Tragödien erinnern, wird Didos Leid, das zum Selbstmord führt, beschrieben:

> So auch wurde der Held mit dringenden Bitten von allen
> Seiten bestürmt, und er fühlte das Leid in dem großen Gemüte,
> Doch der Entschluß bleibt fest, und vergebens fließen die Tränen.
> Nun aber wünscht sich – vom Leide besiegt, vom Schicksal erschüttert –
> Dido den Tod, ihr graut, des Himmels Wölbung zu schauen. (12)

Vergil sagt nicht ausdrücklich, wer die Tränen vergoß, und darum ist durch die Jahrhunderte darüber viel diskutiert worden: War es Dido oder Äneas, der weinte?

Ein tragisches Schicksal erleidet auch der große Feind des Äneas, der latinische Heerführer Turnus:

Als nun Turnus erkannte, daß müde vom Unglück des Krieges
Und zerknirscht die Latiner, Erfüllung der Zusage fordern,
Aller Augen ihn suchen, entbrennt er ohne Versöhnung,
Stolzer hebt sich die Brust. Wie ein Löwe in punischen Feldern,
Wenn seine Brust ihm blutet, da schwer ihn die Jäger getroffen,
Jetzt erst ernstlich zum Kampfe sich stellt und grimmig im
[Nacken
Seine wallende Mähne schüttelt und furchtlos des Räubers
Haftende Lanze zerbricht und brüllt mit blutigem Rachen:
So auch entzündet sich nun der Zorn im flammenden Turnus.
(13)

Turnus leistet den Eindringlingen verzweifelten Widerstand – aber es ist sein Los, die Braut Lavinia an Äneas zu verlieren und von der Hand seines Gegners zu fallen. Dieses Schicksal ist der Manneskraft ebenso überlegen wie der heißen Liebe. Das Mitgefühl, die Teilnahme, die der Dichter den Opfern des Schicksals und der feindlichen Übermacht widmet, klingt uns aus den Zeilen von Matthew Arnolds *Palladium* wider:

Vergilscher Wehruf
Betroffensein vom Leid in Sterblichen.

Das ist das Einfühlungsvermögen des Dichters, der mehr als andere begreift, daß in Triumphe, die mit dem Tod des Feindes enden, nicht nur des Helden Glück, sondern auch das Leid des Unterlegenen sich mischt.

Es wurde schon eingewendet, Turnus und Dido seien in der *Äneis* so edel dargestellt, daß der Charakter des Äneas beim Vergleich schlecht abschneidet: dort Mann und Weib auf der Höhe des Menschentums, Äneas aber nur das ausführende Organ des Schicksals. Der Dichter sieht die Dinge anders. Für ihn ist Äneas der aufrechte Mann, der unbekümmert um die Schicksalsschläge und Widrigkeiten des Daseins seinen Weg geht. Zenon von Kition (um 300 v.Chr.) hatte dieses Ideal aufgestellt und damit die stoische Schule begründet; bis zum Auftreten des Christentums vertrat diese Schule die höchste Moral des Altertums. Überdies zeigt sich auch eine dramatische Entwicklung im Charakter des Äneas: Er hat seine Schwächen und überwindet sie nur schrittweise, dies geschieht durch die Hilfe der Vorsehung. Auch er ist von dem Bemühen erfüllt, jeweils das Rechte zu tun. Neu und erschreckend wird die Erkenntnis gewonnen, daß das Richtige unter allen Umständen und allen Skrupeln zum Trotz zu tun sei. Diese Problematik wird durch den Tod des Turnus besonders deutlich:

Mitten durchbohrt mit Geklirr er die Hütte, vom Stoße
[getroffen
Sinkt mit brechendem Knie der gewaltige Turnus zu Boden.
Schreiend springen die Rutuler auf, und das ganze Gebirge
Hallt ringsum, und das hohe Gehölz erwidert das Rufen.
Jener, am Boden, und Demut im Blick und die flehende Rechte
Hebend, sprach: »Ich hab' es verdient und verlange nicht
[Schonung.
Nütze dein Glück! Aber wenn des unglückseligen Vaters
Gram dich zu rühren vermag, so erbarm dich des Daunus, des
[Greises,
Denn auch du besaßest voreinst einen gleichalten Vater.
Gib mich – oder wenn lieber du willst, des Getöteten
[Leichnam –
Meinem Volk! Du siegtest, besiegt sahn mich die Ausonen
Dir hinstrecken die Hand. Lavinia werde die Deine;
Gehe du jetzt nicht weiter im Groll!« Doch zürnend in Waffen
Stand Aeneas und rollte den Blick und hemmte die Rechte.
Und schon hatte, je länger, je mehr die Rede den Zweifel
Umgestimmt, da sieht er den unglückseligen Schwertgurt
Hoch an der Schulter, es glänzt mit bekannten Buckeln der
[Gürtel

Pallas', des Jünglings, ihn an, den Turnus mit tödlicher Wunde
Niedergestreckt; nun trug er den feindlichen Schmuck um die
[Schulter. (14)

Trotz dieses verzweifelten Ausgangs hat das Schicksal des Turnus nur episodenhafte Bedeutung; Vergils ganzes Interesse gilt der römischen Staatsidee, ihr dient auch sein Lob des Stoizismus. Des Dichters Hauptthema war es, die Vorgeschichte der Gründung Roms durch die Nachfahren des Äneas zu schildern.

Seit Stesichoros, also kurz nach dem Jahr 600 v. Chr., war Äneas, der Sohn des Priamos, eine bedeutungsvolle Gestalt in der griechischen Mythologie. Schon in der *Ilias* hatte er eine wichtige Rolle gespielt, später wurden seine Flucht aus dem stürzenden Troja und seine Irrfahrt bis an die Küste Siziliens erzählt. Stesichoros oder ein Späterer schrieben ihm die Gründung der Stadt Capua in der Campagna zu. Eine Münze aus dem frühen 6. Jahrhundert, die in Aeneia in Makedonien gefunden wurde, beweist, daß diese Stadt ihn ebenfalls für ihren Gründer hielt. Auch stellen etruskische Bildwerke aus Veji (etwa 5. Jahrhundert) Äneas dar, der seinen Vater auf den Schultern aus den Ruinen Trojas trägt. Griechische Schriftsteller des 5. und 4. Jahrhunderts v. Chr. brachten ihn mit Rom in Verbindung, dessen Gründung nach dem Geschichtsschreiber Timaios (um 356–260 v. Chr.) in das Jahr 814 v. Chr. fiel. Die *Theogonie* des Hesiod spricht von einem König Latinos, der »weit in der Ferne im Schoße der heiligen Inseln« (15) herrschte. Das heute allgemein als richtig angenommene Gründungsdatum Roms ist das Jahr 753.

Jede dieser Jahreszahlen setzt freilich einen Zwischenraum von Jahrhunderten zwischen der mutmaßlichen Zeit des Trojanischen Kriegs (um 1200 v. Chr.) und der Stadtgründung voraus. Diesen leeren Raum, der schon den Griechen aufgefallen war, benützten nun die Sagenerzähler Roms, um ihn freizügig mit fabelhaften Berichten über die Vorfahren der herrschenden Familien auszufüllen. Um 300 v. Chr. stand die Überlieferung fest, daß die Trojaner in Latium an Land gegangen seien. Dem Timaios wurden im Venustempel von Lavinium entsprechende Reliquien gezeigt – diese Stadt soll Äneas als Vorgängerin Roms gegründet haben.

Solche Überlieferungen, die Rom mit Troja in Verbindung brachten, wurden eifrig aufgenommen und wohl auch vermehrt. Die Römer wollten es der griechischen Literatur gleichtun und sie womöglich übertreffen, deshalb griffen sie begierig nach der Möglichkeit, das Thema der Stadtgründung mit Motiven aus der griechischen Epik zu verknüpfen. Andererseits hatte Rom mit Griechenland auch manchen Krieg geführt; sein bedeutendster Feind im frühen 3. Jahrhundert war der Griechenkönig Pyrrhos von Epirus, der sich selbst stolz als Nachkomme des Achilleus bezeichnete. Deshalb nahmen die Römer für Troja Partei. Im Ersten Punischen Krieg begrüßte man dann die Überlieferungen, die berichteten, daß die Städte Siziliens durch Äneas gegründet worden seien – ihr gemeinsamer Ursprung machte sie zu Verbündeten. Und nun lebte zu Vergils Zeiten die letzte große Feindin Roms, die griechische Kleopatra von Ägypten – ein Inbegriff alles Unrömischen. Ihr Besieger war der Freund und Gönner des Vergil Augustus, dessen künftiger Ruhm dem Äneas schon durch Anchises im sechsten Buch der *Äneis* prophezeit worden war:

> Dies ist der Mann, er ist's, der so oft vom Schicksal verheißne
> Caesar Augustus, des Göttlichen Sohn, der das goldene Alter
> Wieder nach Latium bringt, dort, wo vor Zeiten Saturnus*
> König gewesen. Bis zu Garamanten und Indern und weiter

* In der uranfänglichen »Goldenen Zeit« soll Saturnus (Cronus) über Italien geherrscht haben, das daher »Saturnia« hieß.

Dehnt er die Grenze des Reichs, das Land liegt außer den [Sternen,
Außer den Bahnen von Sonne und Jahr, wo der Träger des [Himmels
Atlas wendet die Achse, geheftet an brennende Sterne. (16)

Äneas ist keinesfalls als Abbild des Augustus, sondern mit aller Deutlichkeit als sein Vorläufer geschildert. An der Regierung Augustus' sagte dem empfindlichen Vergil vieles nicht zu: Beide waren Männer einer Generation, die nach dem jahrzehntelangen Bürgerkrieg nichts so dringend brauchten wie den Frieden. Das römische Volk war bereit, demjenigen zuzujubeln, der ihnen den Frieden sicherte, auch wenn damit eine Einschränkung seiner persönlichen Freiheit verbunden war. Schon Homers Begeisterung für den Krieg war nicht immer gleich groß geblieben. Vergil ist ausgesprochen kriegsmüde, er sieht nur noch das Elend und das vergebliche Mühen des Kampfes. Nicht einmal der Tod des durch und durch bösartigen Feindes des Äneas, Mezentius, kann er in begeisterten Versen preisen. Vergil leidet an einem Unbehagen, ja an einem Schuldbewußtsein, er macht die Nation für den verflossenen Krieg verantwortlich. Dieser inneren Haltung entsprechend deutet er die Mythen.

Seine *Äneis* hat die westliche Kultur maßgeblich beeinflußt. Schon im Altertum galt er in sprachlicher wie in geistiger Hinsicht als Vorbild; nicht nur das, er war Prophet. Das mittelalterliche Denken aller Stufen beherrschte er mit absoluter Autorität: Als weiser, zauberkundiger Mann und als Dichter stand er weit über allen. So wurde er, der Mythenerzähler, selbst zum Mythos. Dazu mag auch beigetragen haben, daß die Christen seine Verheißung des Tausendjährigen Reichs aus der vierten *Ekloge* wie eine messianische Weissagung aufgefaßt haben. Das Schicksal Didos veranlaßte selbst einen Augustinus, seine eigenen Sünden zu beweinen. In seiner *Legende der Dido* beschäftigt sich Chaucer ausführlich mit des Äneas gebrochenen Versprechungen.

Für Dante wurde Vergil der Führer durch die Unterwelt, wie es für Äneas die Cumäische Sibylle gewesen war. Auf der Decke der Sixtinischen Kapelle hat Michelangelo in den Jahren 1510/11 diese Sibylle meisterhaft dargestellt. Hier zeigt sich seine genaue Kenntnis um die Struktur des menschlichen Körpers; Ruhe und Bewegung vermag er mit gleicher Kraft zu gestalten. Das Werk wurde von Goethe, Reynolds und Fuessli bewundert. Drei Jahre nach Michelangelo malte Raffael die Sibyllen in der Kirche Santa Maria della Pace in Rom; außer ihnen haben wir noch das Gemälde der Cumäischen und der Tiburtinischen Sibylle von Veronese in Venedig.

Milton goß seine englischen Verse in lateinische Form; so ließ er im *Verlorenen Paradies* die klingenden, vielgestaltigen Rhythmen der *Äneis* wiedererstehen. Wie bei seinen Vorgängern Vergil, Tasso (im *Befreiten Jerusalem*) und Camões (in den *Lusiaden*) steht auch bei Milton eine von Gott beschützte, gerechte Sache im Mittelpunkt seines Werkes. Vergils zugleich prophetische und mythologische Behandlungsweise der Geschichte weitet der Renaissancedichter bis an die Grenzen der Zeit und der Schöpfung aus. Dabei verhält er sich zu Vergil wie dieser zu seinen Vorgängern: Alles, was er dem großen Römer verdankt, trägt dazu bei, um in seinem Werk Originalität, schöpferische Eingebung und Überlieferung zu Einheit zu verschmelzen.

Im 17. Jahrhundert fand die Äneis in der bildenden Kunst eine ihrer vollendetsten Darstellungen. Obwohl Claude Lorrain das Lateinische selbst nicht beherrschte und deshalb das Werk nur aus Übersetzungen, Gesprächen und Arbeiten älterer Künstler kannte, weckten Vergils Beschreibung der Gegenden um

Rom und Neapel seine Bewunderung und Liebe für das Land. In den heiteren und zugleich ergreifenden Gemälden des französischen Malers lebt das Goldene Zeitalter der *Äneis* und die märchenhafte Hirtenwelt der *Eklogen* wieder auf. Sie spiegeln die Hitze des Mittags, das Abendglühen und die kühle Morgenfrühe wider. Im Gegensatz zu Poussins heroischen, klaren Landschaften hüllt Lorrain die Taten des Äneas in das verschleierte Licht wechselnder Farbtöne; auch das ist eine Seite des Klassizismus in Frankreich.

3

Die beiden Tore des Schlafs

Die Äneis berührt zwei Themen- und Problemkreise: Religion und Staatsbewußtsein. Vergil nennt seinen Helden »fromm«, das bedeutet so viel wie pflichtbewußt für Familie und Vaterland und in Übereinstimmung mit dem Willen der Vorsehung. Große Vorliebe zeigt der Dichter für Erzählungen von den Gottheiten und alten Überlieferungen der Ureinwohner Italiens, die jedoch kaum Mythen gewesen sein dürften. Seiner innersten Überzeugung nach war er freilich Monotheist und glaubte wie die Stoiker an die Lenkung der Welt durch ein einziges allmächtiges Wesen, das Fatum.

Im sechsten Buch der *Äneis,* die zwölf Bücher umfaßt, tritt mit der Landung in Italien die Wende ein: Die Irrfahrten, nicht aber die Mühen des Helden sind nun zu Ende, sein Erbe wird ihm angewiesen. Der Avernersee, bei dem er in Begleitung der Sibylle in die Unterwelt hinabsteigen darf, liegt im Mittelpunkt eines vulkanischen Gebiets, den Phlegräischen

Feldern. Sie heißen so nach dem Ort Phlegra in Makedonien, wo die Giganten im Kampf gegen die Götter durch Blitze hingestreckt wurden. In der Nähe befand sich Cumä, die älteste griechische Ansiedlung auf italischem Boden. Seit ihrer Gründung im 8. vorchristlichen Jahrhundert (manche setzen diese noch dreihundert Jahre früher an) verbreitete sich von dort ausgehend griechische Zivilisation über die ganze Halbinsel. Zu Vergils Zeiten wurde das Ufer des Avernersees zu einem Hafen ausgebaut; dabei entdeckte man viele unterirdische Gewölbe, von denen manche noch heute zu sehen sind und die natürlich zu allerlei Spekulationen über die Vergangenheit Anlaß gaben. Sehr alt war das in der Nähe dieser stinkenden Gewässer gelegene Orakel von Cumä. Die griechischen Ansiedler sollen hier bei ihrem Eintreffen ein Heiligtum vorgefunden haben, in dem Tote beschworen wurden (17). Die Priesterinnen nannte man Sibyllen, ihre Gebeine oder einbalsamierten Leichname waren in Cumä zu sehen. Sie waren dem Apollon und der Hekate heilig und gaben ihre Orakelsprüche gleich der delphischen Pythia und den sibirischen Schamanen im Trancezustand von sich. An vielen Orten wurden in der Antike solche besessene Frauen als Sibyllen bezeichnet; ihre Heiligtümer befanden sich gewöhnlich unter der Erde oder in Höhlen. Auch in Erythrai in Jonien gab es in der Zeit vor dem Trojanischen Krieg vermutlich eine solche Sibylle. Heraklit berichtete um 500 v. Chr. von ihr:

> »Die Sibylle, die mit rasendem Munde Ungelachtes, Ungeschminktes, Ungesalbtes redet, reicht mit ihrer Stimme durch tausend Jahre.
> Denn der Gott treibt sie.« (18)

In einer älteren Überlieferung als jene, die Vergil vorlag, befragt Äneas die Sibylle von Marpessos, einem Ort, der in der

Caravaggio, Der Kopf der Medusa. Florenz, Galleria degli Uffizi

Cristofano Allori, Jupiter und Merkur bei Philemon und Baucis. München, Alte Pinakothek

Nähe von Troja lag. In der *Äneis* wird angedeutet, daß eine oder mehrere dieser besessenen Orakelfrauen in alten Zeiten nach Italien gekommen sind. Die berühmteste lebte eben hier in Campanien, wo Vergil den größten Teil seines Lebens zubrachte, denn Augustus hatte ihm in der Nähe von Neapolis (Neapel) und Nola Landgüter geschenkt. Der Avernersee lag zehn Meilen westlich von Neapel, und in seiner Nähe befand sich Cumä und das unterirdische Heiligtum der Sibylle. Die Grotte ist noch heute zugänglich.

Die Sprüche der Sibyllen wurden auf Blätter geschrieben und machten den Hauptbestandteil der *Sibyllinischen Bücher* aus, die von den Römern mit höchster Ehrfurcht betrachtet wurden. Angeblich soll der König Tarquinius Priscus, dessen Name mit der etruskischen Herrschaftsperiode Roms verbunden ist, diese Sprüche zuerst gesammelt haben. Sie wurden in einem Steinkrug in einem Tempel aufbewahrt, der dem Jupiter, der Juno und der Minerva heilig war. Über ihnen wachte ein Rat von fünfzehn Männern, nur auf Befehl des Senats durften sie eingesehen werden. Durch Brand des Tempels im Jahr 83 v. Chr. wurden die Urkunden vernichtet. Doch sieben Jahre später wurde eine neue Sammlung, die allerdings den Einfluß griechischer und jüdischer Quellen zeigte, angelegt und in einem neuerrichteten Tempel verwahrt. In den Jahren der untergehenden Republik nahmen Prophezeiungen überhand, wie man überhaupt der Religion und der Sterndeuterei großes Interesse entgegenbrachte. Deshalb schätzte man auch die *Sibyllinischen Bücher* sehr; auf Augustus' Befehl wurden sie veröffentlicht, dann ließ er sie in den neuerbauten Tempel seines Schutzgottes Apollon auf dem Palatin bringen. Bis zum Jahr 365 n. Chr. zog man sie noch zu Rate, zweihundert Jahre später wurde die Grotte durch den byzantinischen Befehlshaber Narses zerstört.

Das Motiv vom Abstieg in die Unterwelt ist über die ganze Welt verbreitet. Am meisten Ähnlichkeit mit der *Äneis* dürfte ein Mythos über die Reise nach dem Tod aus Malekula (Melanesien, Neue Hebriden) haben. Dieser Bericht hat, wie die Anthropologen Leo Frobenius und Adolf Jensen annahmen, mit großer Wahrscheinlichkeit eine mit der griechisch-römischen Überlieferung gemeinsame Quelle. Auch in Malekula beginnt die Reise in einer Höhle an der Küste, auch hier findet sich der weibliche Begleiter, ein Irrgarten oder Labyrinth am Anfang der Expedition und ein Fährmann. In beiden Fällen ist ein Zweig oder Stab Schutzmittel, in Malekula wird er »ne-row«, bei Vergil der Goldene Zweig genannt:

> Höre, was erst noch zu tun dir befohlen. An schattigem Baume
> Birgt sich im Dunkel ein Zweig, die Gerte von Gold und die
> [Blätter,
> Heilig ist und geweiht er der Herrin der Tiefe. Und Wälder
> Hüllen ihn ein, und die Nacht der finsteren Täler umringt ihn;
> Aber keiner vermag in die Tiefe der Erde zu wandeln,
> Bis er vom Baume gepflückt den Schößling mit goldenem Laube.
> Diesen bestimmt die schöne Proserpina sich als ihr eignes
> Opfergeschenk. Ist der eine gebrochen, so fehlt nie ein andrer,
> Golden wie er, und es grünt die Rute von gleichem Metalle. (19)

Von einem solchen Zweig, für den es auch in anderen Kulturen Parallelen gibt, ist erstmals im *Gilgamesch-Epos* die Rede; sein goldenes Laub erinnert an kretische oder mykenische Goldschmiedearbeit, auch an die Goldtäfelchen der Pythagoräer in Italien. Der Zweig bei Vergil wird auch mit dem Mistelzweig (20) in Verbindung gebracht oder gleichgesetzt, der in den Volksbräuchen Europas seiner Zauberkraft wegen in hohem Ansehen stand. Man sah in ihm ein Sinnbild des Lebens inmitten des Todes, schrieb ihm todabwehrende Kraft zu und glaubte, daß weder Feuer noch Wasser ihm etwas anhaben könnten (21).

Ein antiker Kommentator identifiziert diesen Zweig mit einem anderen aus dem Hain (nemus) von Aricia am Nemisee. Sir James Frazers Buch *Der Goldene Zweig* greift auf diese Quelle zurück. In dem der Diana geweihten Hain, der ursprünglich keinen Lokalmythos besaß (erst die Römer sorgten mit Hilfe einer falschen Etymologie für einen solchen), bestand ein schauerlicher Brauch: Er gründete auf der Idee des rituellen Königsmordes und war ursprünglich zwischen dem Kaspischen Meer und dem Persischen Golf zu Hause; von hier aus verbreitete er sich nach Westen, Südosten und Südwesten über ganz Arabien und Afrika. Der Anwärter auf das Priesteramt der Diana war stets ein entlaufener Sklave. Dieser mußte als Zeichen der Herausforderung einen Zweig brechen und dann seinen Vorgänger töten, »ein Priester, der den Mörder mordete und selbst gemordet wird«. Die Szenerie der Albanerberge, die in einem so lichten, heiteren Gegensatz zu diesen blutigen Geschichten aus der Vorzeit steht, hat J. M. W. Turner (1775–1851) im Bild festgehalten. Es ist ein gelungener Versuch, mit der Atmosphäre der *Äneis* die Wärme, die strahlenden Farben und das frische Kolorit zu verbinden, das den Maler bei seiner ersten Italienreise so sehr beeindruckt hatte.

Wie es nun auch um den Zusammenhang zwischen dem Zweig bei Vergil und dem von Nemi stehen mag, die Bedeutung des Goldenen Zweigs ist klar: Er gehört zum Kult der Proserpina und symbolisiert den Schlüssel zur Unterwelt.

In der überlieferten Gestalt der *Odyssee* gibt es eine Zweifelsfrage: Wir erfahren z. B. nicht, wie *Odysseus* bei seinem Besuch des Totenreichs an der Umgrenzung stehenbleiben und zugleich doch drinnen die Übeltäter ihre Strafen erleiden sehen konnte. Vergil läßt Äneas diesen Bezirk der Qual nicht betreten, doch die Sibylle erklärt ihm, was es damit für eine Bewandtnis hat. Der Blick in eine glänzende Zukunft wird ihm von seinem Vater Anchises eröffnet: nach den Schrecken und Gefahren seines Wegs die herrliche prophetische Schau. Odysseus rief den Seher Teiresias aus der Totenwelt und ließ sich von ihm über seinen eigenen Heimweg und sein künftiges Geschick weissagen. Äneas jedoch erfährt nicht nur von den Kämpfen und Abenteuern, die ihn selbst in Latium erwarten, sondern auch von dem künftigen Ruhm des Römischen Staats, den seine Nachkommen begründen sollten:

> Selbst noch dem Ahn zum Gefährten erhebt sich der Sprößling [des Kriegsgotts,
> Romulus, den aus Assarakus' Blut die Mutter einst aufzieht,
> Ilia. Schau, wie der Doppelbusch auf dem Scheitel ihm wehet
> Und wie der Vater ihn schon mit göttlicher Ehre gezeichnet!
> Sohn, von diesem gegründet, erhebt sich die glänzende Roma,
> Welche die Macht mit der Erde begrenzt, den Mut mit dem [Himmel,
> Sieben Hügel umschließt sie mit einer Mauer, gesegnet
> Durch das Geschlecht ihrer Helden. So fährt durch Asiens Städte
> Turmgekrönt auf dem Wagen die berekyntische Mutter
> Selig der Göttersöhne und hundert Enkel umarmend
> Himmelsbürger sie all' und olympischer Höhen Bewohner. (22)

Ein Höhepunkt ist das Auftreten des Augustus.
Äneas erfährt auch von den Geheimnissen des Weltalls. Der Bericht, der schon in dem vierten *Georgicum* anklingt, mischt orphisches und stoisches Gedankengut mit Volksmärchen und Mythen verschiedenster Herkunft. Wie manche unserer Zeitgenossen verbindet schon Vergil den Prädestinationsglauben der Stoa und die Überzeugung der Orphiker, Unsterblichkeit sei der Lohn für ein tugendhaftes Leben, ohne die beiden Leh-

ren einander wirklich anzugleichen; doch ist dies das Recht des Dichters im Gegensatz zum Theologen.

Der Unterweltsmythos des Vergil und seine eigenen Anschauungen blieben uns weniger rätselhaft, wenn wir mehr von der Bedeutung der beiden »Tore des Traums« wüßten, durch deren eines, das elfenbeinerne, Äneas am Ende des sechsten Buchs an die Oberwelt zurückkehrte.

In der *Odyssee* berichtet Penelope ihren Traum von einem Adler, der zwanzig Gänse tötete. Sie knüpft daran die Betrachtung, Träume müßten nicht unbedingt in Erfüllung gehen, denn es gibt zwei Tore für die luftigen Traumgebilde: eines besteht aus Horn, das andere aus Elfenbein.

> Welche nun aus der Pforte von Elfenbeine herausgehn,
> Diese täuschen den Geist durch lügenhafte Verkündung;
> [das griechische Zeitwort ›elephairontai‹, sie täuschen, klingt an ›elephas‹ – Elfenbein an]
> Andere, die aus der Pforte von glattem Horne hervorgehn,
> Deuten Wirklichkeit an, wenn sie den Menschen erscheinen.
> [das Zeitwort ›krainousi‹, bringen Erfüllung, klingt ähnlich wie das Wort ›keras‹ – Horn.]
> Aber ich zweifle, ob dorther ein vorbedeutendes Traumbild
> Zu mir kam. O wie herzlich erwünscht wär' es mir und dem [Sohne! (23)

Vergil entlehnt Motive aus der *Odyssee* und auch vielen anderen Werken, um seine eigenen Auffassungen dichterisch auszudrücken. »Siehe, da sind zwei Tore des Traums, von Horne das eine«, sagt er, » . . . wo leicht hindurch die wahren Träume [im lat. Original: veris umbris] entschweben.« Er fährt fort: »Aber von glänzendem Elfenbein das andere gebildet, ... Hier versenden die Manen zur Welt die falschen Gesichte [im lat. Original: falsa insomnia].« (24) Die Übersetzung schwankt hier: Entweder sind es falsche Träume, die ans Tageslicht gelangen, oder solche, die sich im Licht des Tages erst als trügerisch erweisen. Anchises entläßt nach seiner Rede den Sohn und seine Begleiterin durch das Tor aus Elfenbein.

Vergil folgt der Homerischen Darstellung insofern, als auch er es vermeidet, Äneas und die Sibylle auf dem gleichen Weg zurückkehren zu lassen, auf dem sie hinabgestiegen sind. Aber er nimmt doch Veränderungen vor. Zunächst hält er sich nicht an die griechischen Wortspiele; außerdem handelt es sich bei ihm um die Tore des Schlafs und nicht der Träume; drittens aber gehen durch das Tor »wahrhaftige Schatten«, also Geister, und nicht »Träume, die in Erfüllung gehen«. Viertens schließlich, und dieses Motiv ist seit der Abfassung der *Äneis* rätselhaft geblieben, läßt der Dichter seinen lebenden Helden durch das elfenbeinerne Tor schreiten, obgleich es den »täuschenden Gesichtern« vorbehalten ist. Im Volksglauben erscheinen falsche Träume vor, wahre nach der Mitternachtsstunde. Vergil wollte vielleicht aus einem nicht mehr erkennbaren oder auch ihm selbst unwichtigen Grund andeuten, daß die Fahrt des Äneas vor Mitternacht zu Ende ging. Niemand, der sich mit des Dichters ausgefeilter Ausdrucksweise und seiner Fähigkeit, gleichzeitig verschiedene Bedeutungen anklingen zu lassen, ernsthaft beschäftigt, wird sich jedoch mit dieser Erklärung zufriedengeben. Eine Möglichkeit der Deutung ist, daß »die wahrhaftigen Schatten« Totengeister, also rechtmäßige Bewohner des Hades, die »falschen Gesichte« dagegen, die dort eigentlich nicht hingehören, Tagträume sind. Der vorgezeichnete Weg für Geister der Toten ist also das hornene Tor; Äneas und die Sibylle sind jedoch lebendige Wesen und werden deshalb auch durch das Tor entlassen, durch das man in die Welt des wachen Lebens gelangt.

Doch scheint Vergil noch mehr Bedeutung in dieses Motiv gelegt zu haben: Warum hat er die Tore des Schlafs aus der *Odyssee* in die Unterwelt versetzt? »Ich erwachte vom Schlaf«, sagt auch Cicero am Ende seines Berichts über die andere Welt, dem *Traum des Scipio* (25). Auch in der *Bibel* gibt es Analogien dazu (26). Damit, daß Äneas durch die Tore des Schlafs geht, scheint der Dichter andeuten zu wollen, was vor ihm schon Platon behauptete: daß nämlich Enthüllungen über die letzten Wahrheiten, z.B. die Existenz nach dem Tode, nur in mythischen Begriffen möglich sind und in Träumen oder Gesichten ihren Ausdruck finden.

Es ist auch denkbar, daß Vergil das Homerische Wortspiel aufgab, um ein anderes seiner Erfindung an diese Stelle zu setzen. Sollten die sichtbaren Dinge (das Tor aus Horn, lat. »cornu«, bedeutet dann soviel wie das Auge mit der Hornhaut, »cornea«) mehr Vertrauenswürdigkeit besitzen als die, welche man nur vom Hörensagen kennt? Wenn auch diese Deutung etwas weit hergeholt scheint, könnte die Wahl des Tors der falschen Gesichte in der Tat doch darauf hindeuten, daß Äneas und die Sibylle samt allen, die davorstehen, nicht in dem Maß wirklich sind, wie die »echten« Geister. Sah Äneas vielleicht doch nur Bilder seiner Phantasie?

Falls das so ist, will der Dichter damit sagen, daß sein Werk nur das Erzeugnis dichterischer Einbildungskraft ist. Dann hätten wir mit Vergil einen Zeitpunkt erreicht, zu dem der Mythos von einem seiner größten Deuter, wenn auch in versteckten Ausdrücken, nicht mehr als die historische, gleichsam »biblische« Autorität betrachtet wird, als die er bei den frühen Griechen galt. Vergil ist in viel stärkerem Maß religiös gläubig als etwa Euripides, aber er verwendet die alten Erzählungen nur als Symbole zur Erläuterung seiner Religion und nicht zu ihrer grundlegenden Rechtfertigung. Er »lebt« nicht mehr in den Mythen, wie die mythenschaffenden Gemeinschaften einst in ihnen lebten. Für seine Absicht, von der Religion nicht mehr allein in mythischen Begriffen zu sprechen, konnte Vergil auf ein Vorbild zurückgreifen, den *Zeushymnus* Kleanthes' von Assos, einem Nachfolger des Zenon in der Führung der Stoa. Er hatte sein Werk im 3. vorchristlichen Jahrhundert verfaßt, bei ihm heißt es:

> Sind wir doch alle entsprossen von dir, und mit Sprache begabet
> sind wir allein von allem, was lebt und webt hier auf Erden.
> Preisen will ich dich drum, von deiner Macht will ich singen.
> Dein ist das Weltgebäude, das um die Erde sich drehet,
> folgt dir, wie du es führst, fügt willig sich deinem Gebote,
> kennt den Diener gar wohl, den aus sieghafter Hand du ent-
> [sendest,
> doppelt gespitzten feurigen Blitz, der ewig lebendig,
> der mit kraftvollem Schlag die natürlichen Dinge verfestigt.
> Durch ihn lenkst du die Welt, daß in allem Vernunft sich be-
> [währe,
> teilest den großen dich mit wie den kleinen Lichtern des
> [Himmels. (27)

Diese Art des Glaubens vertritt auch Vergil im vierten Buch der *Georgica* und im sechsten Buch der *Äneis*. Es liegt persönliche Überzeugung in seinen Worten.

> Denn Gott durchdringt
> Alle Länder, das weite Meer, die Tiefen des grenzenlosen
> Himmel
> Die Herden der Tiere und alle Menschen, jedes Geschöpf nach
> seiner Art
> empfängt bei seiner Geburt den flüchtigen und doch so
> kostbaren Atem von ihm. (28)

Wordsworth bekennt, die philosophische Schau des Anchises habe in ihm ein Gefühl der jenseitigen Welt erweckt und »himmlischen Sinn tief eingegossen«.

Tennyson ruft Vergil an, wenn er seine Anschauung von der Natur erläutert:

Der du die allumfassende
Natur bewegt siehst vom alldurchwaltenden Geist
In deiner erhabenen Trauer
Die Menschheit ansiehst, deren Geschick noch ungewiß...

Nicht nur in seiner religiösen Einstellung, auch wenn er z. B. im sechsten Buch der *Äneis* seine Religionsauffassung in mythologischen Begriffen darlegen will, greift Vergil auf das Griechentum zurück. Die Römer schufen, anders als die Griechen, keine eigenen Mythen mehr. Doch weil Vergil und seine Zeitgenossen, die sich um eine eigenständige italische Volksreligion bemühten, ganz unter griechischem Einfluß standen, kleideten sie ihre Themen in überlieferte mythologische Form. In ihrer Frühzeit jedoch hatten die Römer weit weniger als die Griechen daran gedacht, ihren Göttern menschliche Gestalt zu geben; Varro, ein Altertumsforscher des 1. vorchristlichen Jahrhunderts, schätzt, daß sie für die Dauer von mehr als 170 Jahren »die Götter ohne Standbilder verehrten« (29) und zweifellos gab es damals auch noch keine Tempel.
Vergil wollte den Sinngehalt, der in Rom dem Begriff »religio« (30) beigelegt wurde, in Worte fassen, eine Scheu vor gewissen nicht personifizierten Dingen und Erscheinungen, denen man unbestimmte, übernatürliche Kräfte zuschrieb. Ein solches dynamistisches Verhalten zur Religion, das in dem polynesischen und melanesischen Begriff »mana« seine Entsprechung hat, nahmen die Römer etwa zur gleichen Zeit oder noch früher an, als der »animistische« Glauben aufkam, der zum Anthropomorphismus führte. Danach besitzen alle Gegenstände der Verehrung eine Art Leben, das Ähnlichkeit mit der menschlichen Seele hat. Die Personifizierung der Gottheiten

begann erst allmählich; entscheidend dafür war, daß Rom im achten Jahrhundert v. Chr. mit Cumä und anderen griechischen Kolonien in Berührung kam. Auch die Etrusker, die selbst unter griechischem Einfluß standen, haben vermutlich dazu beigetragen. Doch die alten Ideen erhielten sich hartnäckig, und der Durchschnittsrömer empfand seine Götter immer noch als weniger wirklich im Vergleich mit heiligen oder unheimlichen Mächten in einem Strom, einer Höhle, einem Baum oder einem Stein.

Das lateinische Wort für diese Macht ist »numen«, das später mit dem griechischen »daimon« gleichgesetzt wurde. Es bezeichnet eine Kraft, die alles bewirkt, was über die natürlichen Möglichkeiten des Menschen hinausgeht oder außerhalb der alltäglichen Naturvorgänge liegt. »Auch du hast ein Numen« (31) sagt Ovid zu einem Grenzstein. Eichbäume oder seltsam geformte Steine, z. B. Meteoriten, die später als dem Jupiter heilig erklärt wurden, wurden anfänglich mit Jupiter selbst identifiziert.

Bis in die Kaiserzeit blieben diese Anschauungen, mit allerhand Zauberwesen und kultischen Verboten gemischt, wirksam. Noch heute ist diese ganz unmythologische Weigerung, die Götter in Menschengestalten zu denken, die sich erhielt bis der griechische Einfluß übermächtig wurde, durchaus nicht erloschen. Für Warde Fowler z. B. ist »die Vorstellung des altrömischen ›Numen‹ eine höhere geistige Leistung als jene elenden Bilder aufgeblasener griechisch-römischer Götter und Göttinnen, die sich auf ihren Sofas räkeln und wie vollgefressene Bürger dinieren«. Rief ein Römer der Frühzeit seine Götter an, so wußte er genau Bescheid über ihre klar abgegrenzten Funktionen; ihre persönliche Erscheinung blieb im unklaren und interessierte ihn auch nicht.

So entstand in Rom keine der griechischen vergleichbare

Mythologie, sie entwickelte sich erst im nationalen Wettstreit mit den Griechen.

Wenn nun die Römer nicht im griechischen Sinn »religiös« waren, so waren sie doch in ihrer Art fromm. Männer, die sich wie Varro oder der Historiker Polybios von Megalopolis (um 203–120 v. Chr.) ihre Gedanken über den Werdegang der römischen Republik machten, stimmten darin überein, daß Rom seine Größe nur seiner Frömmigkeit verdankte. Das römische Denken der Frühzeit, von dem sich so viel durch Jahrhunderte erhielt, ist nichts anderes als Religion; eine Religion, deren Grundlagen freilich nicht Mythologie ist, sondern die Familie und ihre natürliche Erweiterung, der Staat.

AUF DER SUCHE NACH DER RÖMISCHEN VERGANGENHEIT

1

Ab urbe condita von Livius (1)
Die Geschichte des Romulus

Livius berichtet, wie Äneas nach seinem Sieg über Turnus und die Rutuler seine trojanischen Gefolgsleute mit den Latinern vereinigte. Hierauf gründete er die Stadt Lavinium. Nach seinem Tod verließ sein Sohn Ascanius (oder Julus) Lavinium und siedelte sich in Alba Longa an. Dort herrschte das Geschlecht eine Reihe von Generationen, bis zwischen den Zwillingsbrüdern Numitor und Amulius Streit entstand. Amulius, der jüngere der beiden, vertrieb Numitor, bemächtigte sich des Thrones und verfügte, daß seines Bruders Tochter Rhea Silvia als Priesterin der Vesta für alle Zeit unvermählt bleibe. Doch wurde sie, wie gesagt wird, von dem Gott Mars schwanger und gebar Zwillinge, Romulus und Remus. Der König ließ sie gefangensetzen und befahl, die beiden Knaben zu ertränken. Aber die Männer, die er mit dieser Untat beauftragt hatte, setzten die Kinder am Tiberufer aus, an dem Ort, an dem heute der Ruminalische Feigenbaum steht. Eine Wölfin, die zum Wasser kam, um ihren Durst zu stillen, hörte das Schreien der Kinder, nahm sie zu sich und säugte sie. Später fand sie der königliche Hirt Faustulus, brachte sie in seine Hütte und gab ihnen seine Frau Larentia zur Amme. So wuchsen sie heran; als sie erwachsen und stark geworden waren, überfielen sie Räuber, jagten ihnen ihre Beute ab und teilten diese mit ihren Freunden, den Hirten, die bei der Hütte ihres Ziehvaters die Schafe weideten.

Am Palatin fanden damals schon die alljährlichen Lupercus-Feste statt, an denen junge Männer nackt um die Wette liefen oder sich im Reiten maßen. Als Romulus und Remus auch an diesen Spielen teilnahmen, legten ihnen Räuber, die den Brüdern schon lange wegen des Verlusts ihrer Diebsbeute zürnten, eine Falle. Romulus konnte fliehen, doch Remus wurde gefangen und dem König ausgeliefert. Die Räuber klagten ihn an, gemeinsam mit seinem Bruder Überfälle auf das Gebiet Numitors verübt zu haben; so wurde er Numitor übergeben.

Allmählich kam die Wahrheit über die Abkunft der Brüder zutage. Diese ermordeten Amulius und setzten Numitor wieder in seine Rechte als König ein. Da Alba Longa übervölkert war, faßten sie den Entschluß, an der Stelle, an welcher sie als Kinder ausgesetzt und dann so wunderbar gerettet worden waren, eine neue Ansiedlung zu gründen.

> Aber nun mischte sich in all ihre Pläne das vom Großonkel ererbte Laster, die Herrschsucht; und so entstand aus einem harmlosen Anfang ein sehr unheilvoller Kampf. Sie waren Zwillinge: Also konnte das Recht der Erstgeburt für keinen den Ausschlag geben. Nun sollten die Gottheiten, in deren Schutz diese Gegend stand, durch ihren Vogelflug selbst entscheiden, wer die neue Stadt nach sich benennen und über sie herrschen dürfe, wenn sie erst einmal stand. Beide begaben sich auf eine Anhöhe, um die Vögel zu beobachten, Romulus auf den Palatium, Remus auf den Aventin.
>
> Man erzählt, dem Remus erschienen die Vögel des Glücks zuerst; es waren sechs Geier. Aber kurz nach dieser Meldung erschienen dem Romolus gleich doppelt so viele, und so wurde jeder von seinen Getreuen zum König ausgerufen. Die einen nahmen das Recht des Thrones wegen der Zeit für sich in Anspruch, die anderen nach der Zahl der Vögel. Streitend gerieten sie aneinan-

der, und aus dem Wettstreit entstand eine Untat: Im Gewühl des Kampfes wurde Remus tödlich getroffen und fiel. Die geläufige Sage ist aber die: Remus sprang aus Spott über die von seinem Bruder begonnene Mauer. Romulus erschlug ihn im Zorn und rief ihm die Verwünschung nach: »So soll jeder fallen, der nach dir über meine Mauer springt!«

Auf diese Weise wurde Romulus Alleinherrscher, und die erbaute Stadt trug den Namen des Gründers. (2)

Romulus befestigte den Palatin, opferte den Göttern, wobei er, ausgenommen die Verehrung des Hercules, die er von den Griechen übernahm, den Kult von Alba beibehielt, und gab seinen Untertanen Gesetze. Weitblickend traf er Anstalten für den künftigen Fortbestand der Bevölkerung und legte eine Freistatt für Flüchtlinge an den Hängen des Kapitolinischen Hügels an. Auch setzte er die hundert Senatoren oder »Väter« (patres) ein, deren Nachkommen später den Patrizierstand bildeten.

Empfindlicher Frauenmangel ließ befürchten, daß die neue Stadt nicht länger als eine Generation in ihrer Stärke erhalten bleiben könnte. So schickte Romulus Gesandtschaften in viele Nachbarstädte und warb um ihre Töchter, um sie seinen Männern zu Frauen zu geben. Aus Angst und auch aus Verachtung gegen die noch so junge Stadtgemeinde wurden sie jedoch überall abgewiesen. Der König faßte nun einen neuen Beschluß, den er anläßlich des zu Ehren des Neptun abgehaltenen jährlichen Fests der Consualien verwirklichen wollte: Zu diesem Fest fluteten große Volksmassen in die Stadt, unter ihnen nicht nur die benachbarten Latiner, sondern auch die Sabiner mit ihren Frauen und Kindern. Man empfing sie aufs freundlichste und führte sie in der ganzen Stadt herum. Doch dann, zu Beginn der Festlichkeiten, stürzten die jungen Männer unter die Menge und ergriffen die Jungfrauen (Abb. S. 332).

Eine Panik brach aus, die Festgäste zerstreuten sich, und die Eltern der geraubten Sabinerinnen mußten unter Verwünschungen und Gebeten abziehen.
Auch die Jungfrauen waren erzürnt und fürchteten für ihr künftiges Schicksal. Doch Romulus ging von einer zur anderen und beruhigte sie. Er versprach, sie würden sofort die Vorrechte der römischen Bürgerschaft erhalten und gab ihnen zu bedenken, daß ihre Bindung an die neue Heimat enger werden würde, wenn erst einmal Kinder kämen. »Nun sollten sie sich in ihrem Zorn beruhigen und den Männern auch in Liebe zugetan sein, denen das Schicksal ihren Leib gegeben hatte. Oft schon habe eine Beleidigung Freundschaft hervorgerufen. Sie selbst würden besonders gute Männer haben, denn jeder werde sich bemühen, neben aller Gattenliebe ihnen auch Eltern und Heimat zu ersetzen. Zu diesen Worten kamen die Zärtlichkeiten der Männer, die ihre Tat durch Leidenschaft und Liebe mildern wollten, die Bitte um Entschuldigung, der das Herz einer Frau kaum widerstehen kann. Die entführten Frauen beruhigten sich bald.« (3)
Doch ihre Eltern dachten nicht daran, sich geschlagen zu geben; aus den ihrer Frauen beraubten Städten zogen Heere gegen Rom. Die Latiner wurden zurückgeschlagen, doch die Sabiner gebrauchten eine List. »Die Besatzung der Burg befehligte Spurius Tarpeius. Als seine unverheiratete Tochter außerhalb der Mauern Wasser zum Opfer holen wollte, wurde sie mit dem Gold des Tatius bestochen, bewaffnete Männer in die Burg einzulassen. Nun töteten diese Leute das Mädchen durch das Gewicht ihrer Schilde, die sie auf sie warfen. Entweder wollten sie den Eindruck erwecken, als hätten sie die Burg erobert, oder sie wollten damit ein Exempel statuieren, daß ein Verräter nie damit rechnen darf, Treue zu erfahren. Die Sabiner trugen am linken Arm meistens starke, goldene

Armbänder und wunderschöne Ringe, mit Edelsteinen verziert. Deswegen verlangte die Römerin – das fügt man der Erzählung noch bei –, man solle ihr das geben, was sie an der linken Hand hätten. Also warfen die Soldaten statt der Goldsachen ihre Schilde auf sie. Andere wieder meinten, sie hätte gerade diese Waffen gewollt, als man ihr versprach, das zu geben, was die Sabiner an der linken Hand trügen. Aber man hielt dies für eine List, und so fand sie durch den Lohn, den sie selbst bestimmt hatte, den Tod.« (4)

Nachdem sie die Burg in ihre Gewalt bekommen hatten, stiegen die Sabiner hinab und den angreifenden Römern entgegen. Romulus hatte gelobt, dem Jupiter Stator (»der die Flucht zum Stehen bringt«) einen Tempel zu stiften, wenn er seine Leute standhaft bleiben ließe. Der Anführer der Sabiner, Mettus Curtius, konnte sich mit Mühe nur dadurch retten, daß er in einen Sumpf sprang. Als die Schlacht in der Ebene ihren Fortgang nahm, sprangen plötzlich die Sabinerinnen, um derentwillen der Krieg geführt wurde, zwischen die Streitenden. Mit fliegenden Haaren und zerrissenen Gewändern trennten sie die Heere und flehten die Krieger an, den Streit zu beenden. Ihr Dazwischentreten wirkte augenblicklich, die beiden Anführer gingen aufeinander zu und schlossen Frieden.

Ja, es geschah noch mehr: Von da an bildeten die beiden Völker einen einzigen Staat mit Rom als Hauptstadt.

Antonio Canova, Cupido und Psyche. Paris, Louvre

Sandro Botticelli, Die Geburt der Venus (Ausschnitt). Florenz, Galleria degli Uffizi

2

Vaterländischer Gründungsmythos

Nicht nur Dichter wie Vergil und Horaz, auch die Geschichtsschreiber ehrten Augustus und die von ihm gepflegte römische Überlieferung. Der bedeutendste unter ihnen war Titus Livius aus Patavium (Padua), der vierzig Jahre seines Lebens damit zubrachte, eine Geschichte Roms von den frühesten Anfängen bis auf seine Zeit zu schreiben. Beinahe 107 von den insgesamt 142 Büchern dieses Werkes sind verlorengegangen, sie befaßten sich vor allem mit späteren Ereignissen. Doch die ersten Bücher sind erhalten geblieben; Livius gibt in ihnen eine Mischung aus Legenden, historischen Ereignissen, Altertumskunde, Volksmärchen und Mythen. Das Werk ist eine Beschwörung der Urzeit Roms im Geiste Vergils – beide Männer haben einander offenbar beeinflußt.

Die römische Religion, Familien- und Staatsreligion, brachte Legenden hervor, die an die Stelle der alten Mythen traten. Aber Herbert Spencer (1820–1903), der die Mythen als ausgeschmückte Ahnenlegenden erklärte und den Ahnenkult als Quelle und Ursprung aller Religion deutete, irrte sich hinsichtlich der Griechen; für die Römer hat seine Theorie ihre Richtigkeit. Bei diesen, wie z. B. auch bei den Chinesen, war der Ahnenkult tatsächlich der Mittelpunkt alles religiösen und gesellschaftlichen Lebens.

Diese frühen Bücher gehören zum Erregendsten im Gesamtwerk des Livius, ihre Stärke liegt in der romantischen, dichterischen Darstellungsweise. Der Historiker ist zugleich Künstler, er unternimmt es, in reicher, klarer und lebendiger Sprache die Entwicklung der nationalen Größe Roms durch acht Jahrhunderte wiedererstehen zu lassen. Besondere Aufmerksamkeit widmet er dabei der Mythologie, denn in ihr lagen ja die ersten Jahrhunderte verborgen. Livius schrieb ein Epos in Prosa; auf ihn trifft das Wort Shelleys zu, es sei »ein weitverbreiteter Fehler, Dichter und Prosaisten zu unterscheiden«. Wie andere Historiker seiner Art, folgt auch Livius der antiken Gepflogenheit, die Geschichte mit den Augen eines Moralisten zu sehen. Zwar bemüht er sich um wahrheitsgetreue Darstellung, doch ist es seine Hauptabsicht, aus der mythischen oder historischen Vergangenheit Lehren für die Probleme der Gegenwart zu ziehen, sie in den Dienst der Verherrlichung Roms und Italiens, aus dessen Grenzgebiet er stammte, zu stellen und auch Kaiser Augustus dadurch zu rühmen.

Livius, der zu einer Zeit schrieb, da der dreißigjährige Bürgerkrieg eben zu Ende gegangen war und die Welt sich noch kaum an den Augustäischen Frieden gewöhnt hatte, sah die frühen Römer im Vergleich zu seinen Zeitgenossen durch eine rosarote Brille. So beginnt er seine Geschichte mit einer Entschuldigung dafür, daß er auf jene legendären Zeiten zurückgreift, um sich von den Ängsten der Gegenwart und von der Angst, sie darzustellen, zu befreien; diese Legende der Vorzeit suchte er gleich Vergil und den Zeitgenossen der beiden, Dionysius von Halicarnassus, so auszulegen, daß sie Licht auf die Größe der menschlichen Seele warfen, die aller Ereignisse Herr wurde, während die Vorsehung alles zur Größe Roms gelingen ließ. Weniger wichtig schien ihm der kritische und wissenschaftliche Gebrauch seiner Quellen, von denen er zahlreiche und ganz verschiedenartige benutzte. Dennoch legte er die Zusammenhänge einleuchtend dar, beseitigte Irrtümer und Anachronismen früherer römischer Geschichtsschreiber und erreichte so für sein Werk eine vollständige künstlerische Geschlossenheit.

R. M. Ogilvie hat Livius mit Walter Scott verglichen, der wünschte, seine Werke mögen einen »weisen und männlichen« Eindruck machen. Beide waren auf ihre Weise Dilettanten und eher schöpferisch als kritisch veranlagt. Heute, in einer Zeit, die selten vorbehaltlos anerkennt, wurde Livius' Ruhm, den seine Zeitgenossen so freigebig zollten, etwas verdunkelt. Dennoch führt er noch immer oder schon wieder zu Untersuchungen über den Ideenkreis des alten Rom. Am meisten anerkannt war er im Spätmittelalter und von den Anfängen bis zum Höhepunkt der italienischen Renaissance. Dante, der nur die halbmythologischen ersten vier Bücher gelesen hatte, nannte Livius unfehlbar. Petrarca, der 29 Bücher kannte, ging noch weiter und forderte, das neue Rom müsse die Verfassung der alten Republik annehmen; und in den humanistischen Idealen Petrarcas, »virtu« und »fama«, in denen der Dichter Erfolg mit Verdienst und öffentlicher Anerkennung verbindet und auf Wert und Lohn des persönlichen Einsatzes hinweist, finden sich noch viele Anklänge an den römischen Historiker.

Macchiavelli widmet ein wichtiges Werk, die *Discorsi sopra la Prima Deca di Tito Livio* (1516–1519), der römischen Geschichte des Livius. Er beschäftigt sich darin besonders mit Romulus, der im Gegensatz zu Cäsar das Chaos, das er vorfand, nicht dazu benützte, ein noch größeres Chaos zu schaffen, sondern an seine Stelle ein geordnetes Regierungssystem setzte. Auch im *Principe* steht Romulus gleichrangig neben edlen Gestalten, wie z. B. Kyros, Moses und Theseus, die es sich angelegen sein ließen, ihr Volk aus den Wirren zu befreien, in denen sie bisher umhergeirrt waren. Die Denker der Renaissance gaben Livius vor Tacitus den Vorzug; eine Ausnahme machte hier allein Erasmus von Rotterdam, der vielleicht den Kultus mißbilligte und darum seine Werke nicht in die Liste der Bücher für Schullektüre aufnahm. In der französischen

Revolution allerdings war dann Livius' Darstellung von den Anfängen der Republik wieder ein Werk, das man mit Vorliebe studierte und zitierte.

Die wunderbare Rettung von Romulus und Remus wurde in das Volksgut vieler Länder aufgenommen. Ihre Wiege schwamm, einer Version zufolge, auf dem Wasser wie die des Sargon auf dem Euphrat; auch der biblische Bericht von der Aussetzung Mosis am Nilufer (5) ist teilweise eine Parallele dazu. Die Rettung des ausgesetzten Kindes ist uns schon im Ödipusmythos begegnet, und auch viele Volksmärchen erzählen, wie solche Kinder durch Tiere gesäugt wurden: Nereus z. B. von einer Hündin und Pelias von einer Stute. Das Tier, das sich Romulus' und Remus' annahm, war die ihrem Vater Mars geheiligte Wölfin.

Macaulay dichtete den Bericht des Livius nach:

> Die Bestien und die Wogen
> Verschonten ihre Beute;
> Die Toten kehren wieder,
> Verschwundene finden sich heute.
>
> Der wüste Strom erkannt' sie,
> Hielt seine Well zurück,
> Trug sänftiglich die Wiege,
> Trug sänftlich Romas Glück.
> Der wilde Wolf erkannt' sie,
> Die Zunge leckt so zart,
> Von wilder Milch und rohem Fleisch
> Wuchs eine wilde Art.

Die Erzählung entstand zweifellos unter griechischem Einfluß, dafür spricht selbst die Namengebung. Daß Kinder von Göttern gezeugt wurden, ist echt griechisch. Rom, dessen Hügel vom zweiten vorchristlichen Jahrtausend an, wenn nicht noch länger, bewohnt waren, wurde, wie Archäologen bewiesen haben, erst um 575–550 v. Chr., nicht, wie die Römer behaupteten, bereits im 8. Jahrhundert, eine geschlossene Stadt. Etwa im fünften Jahrhundert erfanden die Griechen den Namen Romus (Rhomos) als typischen Beinamen eines Städtegründers. Der Name wurde in Italien unter der Form »Romulus«, d. h. »der Römer«, gebräuchlich, die analog den Formen »Siculus«, d. h. »Sicanus«, »der aus Sizilien«, gebildet ist. Als die Griechen von Romulus hörten, unterschieden sie ihn von Romus; so schreibt z. B. Timaios von Romulus und Romus, den Söhnen des Latinus und des Äneas Tochter Rome. Vielleicht war diese Überlieferung anderen Zwillingslegenden nachgebildet, vielleicht dachte man auch an das Zusammenwachsen zweier ursprünglich getrennter Stadtgemeinden, oder sie erinnerten an ein einheimisches Fürstenpaar, an Cacus und Caca, Motive, die uns in der Religion und Volkssage Italiens öfters begegnen. Aus irgendeinem Grund wurde dann der Name des zweiten Zwillingssohnes in Italien von Romus in Remus abgeändert. Es mag sich um eine Rückbildung eines alten Familiennamens, Reminius, oder um einen Herkunftsnamen von einem Ort namens Remona oder Remuria (am Aventin gelegen) oder von dem Ortsnamen Roma selbst gehandelt haben, wie auch das griechische Krkyra (Korfu) zu Corcyra wurde. Die Erzählung vom gewaltsamen Tod des Remus sollte offenbar abschreckend wirken und jeden Angriff auf die neugegründete Stadt als lebensgefährlich erscheinen lassen.

Freilich dürften in der als gegeben gesetzten Rivalität zwischen Palatin und Aventin auch die Erinnerung an Ereignisse im fünften oder sogar vierten vorchristlichen Jahrhundert mitgespielt haben, als sich die am Aventin angesiedelten Plebejer erhoben und die Loslösung von der Zentralmacht in Rom erzwingen wollten. In späterer Zeit wurde der Brudermord als unglückselige Vordeutung auf die Bürgerkriege angesehen, welche die Republik zerfleischten.

Zur Erinnerung an die wunderbare Rettung der Zwillinge durch die Wölfin weihte die Familie Ogulni im Jahr 296 v. Chr. eine Statue, bei der möglicherweise nur die Plastiken der Zwillinge neu waren und einer Wolsfigur aus alter Zeit hinzugefügt wurden. Eine Bronzegruppe, die ebenfalls dieses Ereignis darstellt, steht heute im Kapitolmuseum. Freilich ist darin nur die Wölfin antik (etwa 500 v. Chr.) – und diese hatte ursprünglich wahrscheinlich keinerlei Beziehung zu dem Mythos. Die Figuren der Zwillinge stammen aus der Zeit der Renaissance. Die Geschichte wurde von dem römischen Geschichtsschreiber Fabius Pictor im 3. Jahrhundert v. Chr. erzählt, der sie von einem unbekannten griechischen Gewährsmann übernommen haben soll. In seiner Zeit, so sagt Fabius, hätten die Römer Hymnen auf die Brüder gesungen; darin seien sie nicht als Schweine- oder Kuhhirten, sondern als Wesen erschienen, die vom Blut der Könige und Götter stammten. Im ersten Jahrhundert v. Chr. (6), als die Altertumswissenschaft in hoher Blüte stand, wurde dieser Mythos mehr und mehr verbreitet, ja es lief sogar eine »Verfassung des Romulus« um. Livius kam der Bericht besonders gelegen, schrieb er doch unter Augustus, dem »zweiten Romulus«, der zunächst daran gedacht hatte, sich selbst diesen Namen zuzulegen, und den Gedanken wohl nur aus Sorge, er könne zu sehr an Königtum und Brudermord erinnern, fallenließ.

Um die Geschichte literarisch auszugestalten, benutzte man, wie oft bei anderen Mythen, auch hier lokale Überlieferungen; vor allem Namen, deren ursprüngliche Bedeutung verlorengegangen war und die sich nun zu ätiologischen Erklärungen heranziehen ließen. Dazu gehörte die Lupercalhöhle, deren Namen man auf »lupus« (Wolf) zurückführte, und der Ruminalische Feigenbaum, der an ein Wort erinnerte, das vielleicht »säugen« bedeutete, wahrscheinlich aber nur eine Entstellung des Namens Romulus war. Die angeblichen Zieheltern, Faustulus (eine Nebenform des Namens Faunus, der vielleicht mit Recht, vielleicht mit Unrecht von »favere« abgeleitet wurde und der »Günstling« bedeutete) und Acca Larentia, sind ursprünglich Lokalgottheiten, die unter griechischem Einfluß personifiziert wurden. Wenn er von der Ziehmutter spricht, nimmt Livius eine skeptische Haltung gegen den ganzen Mythos ein, er zitiert dabei die Ansicht mancher Leute, Larentia habe bei den Hirten Lupa (die Liederliche) geheißen, weil sie sich vielen hingab. Noch zu Livius' Zeiten gab es auf dem Palatin eine alte baufällige Hütte, welche »Hütte des Romulus« genannt wurde (7), eine Ehre, die sie mit einem Gebäude aus uralter Zeit auf dem Kapitol teilte (8). Auch auf dem Palatin entdeckte man Spuren alter Besiedlungen, die bis ins neunte und achte vorchristliche Jahrhundert zurückgehen.

Nach der Tradition, der Livius folgte, teilte Romulus die Macht zunächst mit dem Sabinerkönig Titus Tatius, erst mit dessen Tod wurde er Alleinherrscher. Livius (9) hält sich an eine Überlieferung, nach der eine der drei ursprünglichen Rittercenturien, die »Titienses«, ihren Namen nach diesem Sabiner Tatius erhielten, während die anderen die Namen »Ramnenses« (nach Romulus?) und »Luceres« trugen. Schon im ersten Jahrhundert v. Chr. jedoch zweifelte man an der Zuverlässigkeit dieser Überlieferung, und heute wird allgemein angenommen, daß es sich um Namen etruskischer Herkunft handelt. Auch die Doppelmonarchie sieht verdächtig nach einer späteren Erfindung aus; vielleicht wollte man eine Analogie zur Republik mit ihren zwei Konsuln schaffen. Der Name Tatius dürfte nichts anderes als »tata« – Väterchen – bedeuten. Seine gemeinsame Herrschaft mit Romulus wurde wohl deshalb in den Mythos eingefügt, um die historische Tatsache zu belegen, daß die Römer nicht nur die Nachfolger der Latiner auf dem Palatinus waren, sondern auch von Sabinischem Gemeinwesen abstammten, die auf anderen Hügeln siedelten und später eingemeindet wurden – auf dem Quirinal, Viminal und Esquilin.

Die Doppelmonarchie symbolisierte also die latinischen und die sabinischen Elemente im Römerstaat, und die Geschichte vom Raub der Sabinerinnen, die später auch bei Malern wie Giovanni Bologna, Rubens und Poussin sowie bei dem Bildhauer Girardon ein beliebtes Thema wurde, ist Sinnbild für die Vereinigung dieser beiden Stämme. Der gewaltsame Zug dieser Verbindung soll außerdem einen Bestandteil der römischen Hochzeitsgebräuche erklären, deren Zeremonien Anspielungen auf Brautraub und Vergewaltigung einschlossen. Ebenso wird in patriotischer Absicht darauf verwiesen, daß die Vereinigung auf Initiative der Latiner zustande kam, doch ist dies bisher durch Ausgrabungen nicht bestätigt worden. Soweit man urteilen kann, haben die Einwohner der verschiedenen Hügel sich einander allmählich und durchaus friedlich genähert, vor allem vermutlich durch Einheirat.

Nach dem Bericht vom Raub der Frauen gibt die Schlacht mit den Sabinern wiederum Anlaß, ätiologische Sagen zu verwenden. Der Name eines Tümpels auf dem Forum, Lacus Curtius, soll an den sabinischen Anführer Mettus Curtius und den Sturz seines Pferds in einen Sumpf erinnern. Solche Geschichten haben zahlreiche Varianten. Livius erklärt den Namen durch einen anderen, berühmteren Mythos: die Erde hätte sich plötzlich aufgetan, und Mettus Curtius sei zu Pferd in den gähnenden Abgrund gesprungen (10).

Auch die Erzählung von der verräterischen Jungfrau Tarpeia hat viele Fassungen, die oft entscheidend voneinander abweichen. Noch in historischer Zeit war ein Teil des kapitolinischen Hügels unter dem Namen Mons Tarpeius bekannt; auf seinem Gipfel befand sich der Tarpeische Felsen, den Archäologen jetzt wiederentdeckt haben; von ihm wurden Verbrecher in die Tiefe gestürzt. Auch gab es eine Höhle, das sogenannte Grab der Tarpeia, die wohl die Gottheit der nahen Quelle oder auch des Felsens oder des Hügels war. Solche Geschichten von bestochenen oder verräterischen Jungfrauen wurden schon seit langer Zeit überliefert, zum Beispiel in Megara (dort ertränkte Minos die Skylla, nachdem er sie durch kretische Goldspangen verführt hatte), in Lesbos, Pedasos, Naxos und Ephesos. Auch im skandinavischen Volkslied begegnet uns dieses Motiv. Seine patriotische Bedeutung in der römischen Überlieferung liegt auf der Hand. Auf Münzen des Augustus sehen wir die Gestalt Tarpeias, die von einem Berg von Schilden bedeckt daliegt.

Nach Salomon Reinachs Ansicht ist dieser Mythos aus dem alten Glauben entstanden, daß Trophäen und feindlichen Beutestücken ein gefährlicher Zauber innewohne. Diese Beutestücke waren unantastbar. Nur in der höchsten Not durften sie wieder gebraucht werden, aber sie nur zu berühren war schon gefährlich, denn an ihnen haftete Unheil. Man überließ sie sich selbst, hing sie in Gebäuden auf, warf sie ins Wasser, verbrannte sie oder schlichtete sie in Haufen. Cäsar berichtet, daß die Gallier ihre Kriegsbeute aufgestapelt hätten (11). Ein solcher Stapel von Beutestücken auf dem Kapitolinischen Hügel würde den rechten Hintergrund für diese griechisch beeinflußte, lehrhafte und patriotische Erzählung abgeben, aber wir wissen gerade an diesem Ort nichts davon.

Die Tarpeias-Geschichte läßt vermuten, daß der Kapitolinus und die dort befindliche Festung einst, wenn auch nur zeitweise, den Sabinern gehörte. »Tarpeia« und »Tarpeius« mag in der sabinischen Aussprache der Name der Etruskerkönige sein, die Rom im sechsten Jahrhundert v. Chr. beherrschten, nämlich »Tarquinia«, »Tarquinius«. Die Sabiner zählten zur umbro-sabellischen Volksgruppe, die anstatt des latinischen »qu« ein »p« sprach. Sie sagten zum Beispiel »Pompilius«, die Römer »Quinquilius«. Wenn diese Annahme stimmt, muß der Name Tarpeia nicht schon auf die Sabiner, sondern erst auf die spätere Periode der etruskischen Herrschaft bezogen werden. Livius nennt sie die Tochter des Spurius Tarpeius, des Befehlshabers der römischen Zitadelle; dies könnte ein Nachklang an die Zeit sein, da die Tarquinier als Könige über Rom regierten.

3

Die Erzählung von Tarquinius und Horatius (12)

Tarquinius Superbus, der letzte König Roms, gewann den Thron durch Mord an seinem Vorgänger Servius Tullius. Er weigerte sich, den Leichnam zu bestatten, verfolgte die Anhänger des früheren Königs und umgab sich selbst mit einer Leibgarde. Die Außenpolitik nahm er persönlich in die Hand; ohne sich um den Senat zu kümmern, schloß er zahlreiche Bündnisse mit den Aristokraten latinischer Städte. Als er einmal zu spät zu einer Versammlung des Latinischen Bundes im Ferentinischen Hain kam und von Turnus Herdonicus von Aricia wegen seiner Unpünktlichkeit getadelt wurde, ließ er ihn töten und nahm den Zwischenfall zum Vorwand, Roms Vertrag mit den Latinern aufzukündigen.
Tarquinius, ein ausgezeichneter Feldherr, eröffnete die Feind-

seligkeiten gegen die Volsker und machte so den Anfang zu einem zweihundert Jahre währenden Kampf mit diesem Bergvolk. Er bekämpfte auch die zwölf Meilen von Rom entfernt ansässigen Gabier. Als seine Unternehmungen gegen diese Stadt erfolglos blieben, sandte er Sextus, seinen jüngsten Sohn, dorthin. Dieser gab vor, wegen Grausamkeit seines Vaters geflohen zu sein. Er erschlich sich die Gunst der Regierenden von Gabii, machte sie glauben, daß der Thron seines Vaters auf schwachen Füßen stehe und bewog sie, den Kampf wiederaufzunehmen. Die Gabier waren erfolgreich, Sextus, er wurde so volkstümlich, daß er schließlich die Zeit für seinen hinterlistigen Plan gekommen sah:

> Nun fühlte er sich stark genug für das Wagnis. Er schickte einen seiner Leute nach Rom zum Vater und ließ fragen, was er jetzt tun solle. Die Götter hätten ihn in die Lage versetzt, in Gabii alles allein zu leisten. Der Bote erhielt keine mündliche Antwort, weil man ihm vielleicht mißtraute. Man erzählt: Der König ging wie in tiefem Nachdenken im Garten seines Schlosses spazieren. Der Bote seines Sohnes begleitete ihn. Ohne ein Wort zu sagen, schlug Tarquinius beim Gehen mit seinem Stock immer die höchsten Mohnköpfe ab. Der Bote war es leid, immer nur zu fragen und auf Antwort zu warten. Nach seiner Meinung kehrte er unverrichtetersache nach Gabii zurück. Er erzählte, was er selbst gesagt und gesehen hatte: Tarquinius habe aus Zorn oder Haß oder nach seiner bekannten Unfreundlichkeit kein Wort gesprochen. Dem Sextus war die stumme Weisung seines Vaters kein Rätsel. Er stürzte die Häupter der Stadt durch die Verleumdung beim Volk oder durch den Haß, der schon gegen sie bestand. (13)

Die Regierenden von Gabii wurden hingerichtet, ermordet oder in die Verbannung geschickt. Die Stadt fiel ohne Schwertstreich in die Hand des Tarquinius.

In Rom entfaltete der König eine großartige Bautätigkeit; vor allem ließ er den Jupitertempel auf dem Kapitolinischen Hügel zu Ende führen. Doch während noch viele Projekte dieser Art auf Erfüllung warteten, erschütterte ein böses Vorzeichen den Palast. Aus einem Riß in einer hölzernen Säule kroch eine Schlange hervor. Um die Bedeutung dieses Omens zu erfahren, sandte Tarquinius seine beiden ältesten Söhne, Titus und Arruns, in Begleitung seines Neffen Lucius Junius Brutus zum Delphinischen Orakel. Lucius mußte sich als Halbidiot verstellen, um den tödlichen Nachstellungen des Königs zu entgehen. Als sie in Delphi die Weisungen des Königs ausgeführt hatten, konnten sich die Königssöhne nicht enthalten, das Orakel zu fragen, wer der nächste König Roms sein werde. Die Antwort hieß: derjenige, der zuerst seine Mutter küßt. Die beiden beschlossen, diesen Spruch vor ihrem in Rom zurückgebliebenen Bruder Sextus geheimzuhalten; sie losten untereinander, wer bei der Heimkehr als erster die Mutter küssen solle. Lucius aber tat so, als ob er fiele und berührte mit seinen Lippen den Erdboden – die Erde, als Mutter alles Lebendigen.

Nach Hause zurückgekehrt, fanden sie die Römer mit der Belagerung von Ardea, der Hauptstadt der Rutuler, beschäftigt. Die Oberbefehlshaber und vor allem die jungen Prinzen vertrieben sich die Zeit bei üppigen Gelagen. Eines Tages saßen sie in Sextus' Zelt mit einem Manne namens Collatinus beim Trunk beisammen. Das Gespräch kam auf ihre Ehefrauen. Jeder pries seine Frau, doch Collatinus wollte die unvergleichliche Tugend seiner Lucretia beweisen und machte einen Vorschlag: Sie sollten auf der Stelle nach Rom reiten, um zu sehen, was ihre Frauen trieben. Der Plan wurde angenommen – die Männer fanden ihre Damen bei Festlichkeiten mit jungen Männern; allein Lucretia saß still im Kreis ihrer Mägde beim

Lampenschein in ihrem Haus in Collatia und spann. Der entzückte Collatinus lud seine Freunde zum Nachtmahl ein, und bei dieser Gelegenheit faßte Sextus den Entschluß, Lucretia zu verführen. Einige Tage später ritt er allein zu Collatinus' Haus, doch er konnte sie sich weder durch Bitten noch durch Drohungen gefügig machen. Schließlich drohte er, sie zu töten und einen getöteten Sklaven nackt in ihr Bett zu legen, so daß alle Welt glauben müßte, der Sklave sei ihr Geliebter gewesen; so brach er ihren Widerstand. Dann kehrte er nach Ardea zurück.

Lucretia berief ihren Gatten und ihren Vater zu sich und bat sie, jeder einen vertrauten Freund mitzubringen: Dies waren Brutus und ein gewisser Valerius. Sie berichtete ihnen das Vorgefallene und forderte die Männer auf, sie zu rächen. Dann erstach sie sich. An ihrer Leiche schwor Brutus, Tarquinius zu vertreiben und für alle Zeiten zu verhindern, daß einer von seinem Haus oder irgendein anderer je wieder König von Rom werde. Die anderen schlossen sich an. Lucretias Leichenfeier stachelte die Bewohner von Collatia auf, mit Brutus an der Spitze zogen sie gegen Rom. Auf dem Forum hielt er eine flammende Rede gegen die Tarquinier und ihre Untaten, das Volk forderte Absetzung und Verbannung des Königs. Eilig kehrte Tarquinius von Ardea zurück, um die Ordnung wiederherzustellen, doch fand er die Tore Roms verschlossen. So gedemütigt ging er mit seinen älteren Söhnen nach Caere in Etrurien ins Exil. Sextus wandte sich nach Gabii und wurde dort ermordet.

244 Jahre lang dauerte das Königtum in Rom; davon regierten die Tarquinier 25 Jahre. Tarquinius nahm nun Zuflucht bei dem König Lars Porsenna von Clusium in Etrurien und bewog ihn, seinen etruskischen Brüdern beizustehen und die Tarquinier in Rom wieder an die Macht zu bringen. Dort

waren inzwischen durch Volksabstimmung zwei Konsuln zur Regierung gelangt: Brutus und Collatinus. Die neue Regierung machte dem Volk eine Reihe von Zugeständnissen, um sich ihrer Treue zu versichern.

Als das Etruskerheer heranzog, mußten die außerhalb der Stadt wohnenden Römer ihre Besitzungen verlassen und hinter den Mauern Schutz suchen. Der schwächste Punkt der Befestigung war die hölzerne Tiberbrücke. Auf diese richtete der Feind, nachdem er bei einem Überraschungsangriff auf das Janiculum am rechten Ufer erfolgreich gewesen war, seine Hauptmacht. Die verwirrten Römer flohen auf die Brücke. Der Wachtposten, Horatius Cocles, versuchte sie zu bewegen, ihm im Kampf beizustehen. Ihm schlossen sich zwei andere, Spurius Lartius und Titus Herminius, an. Es gelang, den ersten Ansturm abzuschlagen; doch später beschloß man, die Brücke zu zerstören; die Kämpfer wurden aufgefordert, sich zurückzuziehen. Horatius hieß die beiden anderen, zu folgen und sich in Sicherheit zu bringen, dann focht er allein gegen die etruskische Übermacht. Ehe sie ihn überwältigen konnten, sprang er in voller Rüstung von der zusammenkrachenden Brücke in den Fluß, indem er zum Vater Tiber flehte, ihn zu retten. Unter einem Hagel von Geschossen erreichte er wohlbehalten das rettende Ufer.

4

Geschichte in Legendenform

Die Legende berichtet uns die Namen der Könige, die auf Romulus folgten: Numa Pompilius, Tullus Hostilius, Ancus Marcius, Tarquinius Priscus, Servius Tullius und Tarquinius Superbus (der Stolze). Die 244 Jahre ihrer Herrschaft fallen in die Zeit 753 bis 510 v. Chr. Wieweit handelt es sich hier um tatsächliche Geschichte, und was ist Mythos? Gewiß ist vieles, was Livius über das Leben der Könige berichtet, einschließlich der Zeitangaben, erfunden, denn seine Erzählungen basieren auf Etymologie und Topographie, die, mögen sie auch einen historischen Kern enthalten, oft aus patriotischem oder familiärem Stolz viele Jahrhunderte weit in die Vergangenheit zurückverlegt wurden. Die Überlieferung, nach der Rom ursprünglich von Königen beherrscht wurde, ist allerdings einleuchtend. Die Namen für staatliche Ämter, die mit dem Wort »rex« verbunden waren und sich noch ein Jahrtausend erhalten sollten (der »Rex sacrorum«, ein priesterlicher Würdenträger, und der »interrex«, der die Lücke zwischen zwei Konsuln auszufüllen hatte), bestätigen dies.

Die Personen der angeblichen Könige gehören wohl ganz oder zu neun Zehnteln dem Mythos an. Nicht vor dem 1. Jahrhundert v. Chr. wird erstmals von ihnen berichtet, wenn dieser Bericht auch auf ältere Quellen zurückgeht (14). Numa ist der klassische Friedensfürst, eine aus Volksliedern ebenso bekannte Gestalt wie sein Vorgänger, der Kriegsfürst. Tullius Hostilius und Ancus Marcius wirken wie künstliche Doppelgänger dieser beiden. Ancus ist gleich Numa ein Kulturbringer, der neue Sitten und Gebräuche einführt – vielleicht verdankt er seine

Aufnahme in die Königsliste der republikanischen Sippe der Marcier. Diese Familie war vom 4. Jahrhundert an bedeutend, und vielleicht spielte der Umstand, daß Julius Cäsars Mutter eine Marcia war, eine Rolle für die Wertschätzung, die Ancus bei den Schriftstellern des Augustäischen Zeitalters genoß. Tullius ist wahrscheinlich historisch: In der frühen Zeit gab es keine Hostilii, aus deren Familie er hätte stammen können, denn vor dem zweiten Jahrhundert v. Chr. war dieser Stamm bedeutungslos. Zudem trug das Gebäude, in dem sich der Senat versammelte, lange Zeit vor dem Auftauchen der Familie schon den Namen Curia Hostilia.

Die beiden Tarquinier repräsentieren unzweifelhaft die Periode der Etruskerherrschaft über Rom. Damals nahm Rom die Zivilisation Etruriens an und wurde dabei schnell reich und groß. Lose miteinander verbündete Stadtstaaten beherrschten das von Ebenen, Hügeln und dichten Wäldern bedeckte Gebiet am rechten Tiberufer. In der Zeit ihrer Hochblüte wurden diese Staaten von Stadtkönigen beherrscht. Sie besaßen eine hochentwickelte, ganz eigenartige Kunst, die sich besonders in feinen Edelsteinarbeiten hervortat. Die Religion der Etrusker war ein von Furcht vor den Göttern getragener Totenkult, der Ritus räumte den Toten ausgedehnte Bezirke von Gang- und Kammergräbern ein. Sie liebten blutrünstige Spiele, Festlichkeiten und Musik. Obwohl die Inschriften noch weithin unentzifferbar sind, steht doch fest, daß sie nicht zum indoeuropäischen Sprachstamm gehörten. Trotz frühzeitiger griechischer Einflüsse weisen alle diese Züge nach Osten, nach Kleinasien, Ägypten und die Levante, Babylon und Chaldäa.

Kurz vor 700 v. Chr. findet sich eine eigenständige etruskische Kultur, in der Handel, Gewerbe und Ackerbau getrieben wurde; doch vor allem beschäftigte man sich mit Seeraub und Kriegszügen. Die Etrusker besaßen Pferde und brachten den Wagen nach Italien. Ihre Stärke war die Kunst der Metallverarbeitung; vielleicht hatten sie Kupferfunde in Tuscien und das Eisen auf Elba sogar dazu verlockt, sich in dieser Gegend niederzulassen. Das gesamte nördliche Etrurien wurde Bergbaugebiet; das erwähnte schon Hesiod.

Im 6. Jahrhundert v. Chr. erreichte die Macht der etruskischen Stadtstaaten ihren Höhepunkt. Sie beherrschten damals ganz Italien von der Poebene bis Kampanien. In dieser Zeit, kurz nach der Vereinigung der Latiner mit den Sabinern, muß auch eine etruskische Dynastie Rom erobert haben. Sie machte die Stadt zur blühendsten des ganzen Gebiets. Die halb geschichtlichen und halb sagenhaften Tarquinier sind Sinnbild für diese Epoche der Etruskerherrschaft in Rom. Der erste der beiden Könige dieses Namens stammte nach Livius aus Tarquinii in Etrurien. Tatsächlich ist Tarchon der Name einer bedeutenden Familie in Caere, nahe bei Rom. Livius erwähnt auch, daß der Geburtsname Priscus' Lucumo (15) gewesen sei; das entspricht vielleicht dem etruskischen Amts- oder Ehrentitel »Lauchme«. Auf Wandmalereien im nordwestlich von Caere gelegenen Vulci findet sich der Name Cneve Tarchunies Rumach. Das bedeutet auf lateinisch Cnaeus Tarquinius Romanus, d. h. ein Tarquinier, der Römer oder sogar König von Rom war.

Die etruskische Periode in Rom ist eindeutig belegt: Rom war zwar niemals eine eigentlich etruskische Stadt, doch den vornehmen etruskischen Familien ist vieles in der Staatsordnung, der Religion, der Stadtplanung, der Technik und dem Zeremoniell zu danken. Sie hinterließen die uralten Gräber auf dem Palatin und dem Esquilin und die Überlieferung von einer etruskischen Besiedlung des Caelischen Hügels (16); auch der »Schwarze Stein«, der auf dem Forum entdeckt wurde, steht in Beziehungen zu dem nahegelegenen Veii in Etrurien.

Livius nennt überdies spezifisch römische Einrichtungen, die aus Etrurien stammen: den kurulischen Sitz, die purpurgesäumte Toga, die Liktoren (17), Kanalisation, Städtebau, die Eingeweideschau und vielleicht sogar der Name der Stadt selbst. In Rom gab es auch eine etruskische Straße, den »Viscus Tuscus«, die vom Westrand des Forum zur Brücke hinabführte. »Tuscus« bedeutet hier entweder »nach Tuscien = Etrurien führend« oder die Bezeichnung für den etruskischen Bezirk.

Das etruskische Regime in Rom brach mit dem Aufstieg der Stadt zusammen. Die Regierungszeit des Tarquinius Priscus (vermutlich 616–579 v. Chr.) deckte sich ungefähr mit der Periode, in der Rom, wie Ausgrabungen bewiesen haben, eine große, prächtige und wohlhabende Stadt mit monumentalen Bauwerken wurde (etwa 575–550 v. Chr.). Die Stadt war von Erdwällen umgeben, in ihrer Mitte lag der öffentliche Markt, das auf ehemals sumpfigem Terrain gelegene Forum. Damit konnte man sich auch vor mächtigen, von Etruskern beherrschten, doch gleichfalls von einer Mischbevölkerung bewohnten Nachbarstädten wie Veii sehen lassen. Einige Jahre später krönte man die Prachtbauten durch den von Etruskern erbauten Tempel auf dem Kapitolinus, der dem Jupiter, der Juno und der Minerva heilig und das größte Tempelgebäude in ganz Italien war.

Interessanterweise berichtet nun Livius, daß Priscus selbst gar kein Etrusker, sondern der Sohn eines gewissen Demaratos aus Korinth gewesen sei, der wegen politischer Wirren aus Griechenland fliehen mußte und sich in Tarquinii niedergelassen hatte. Korinth stand damals unter der tyrannischen Herrschaft der Kypseliden (etwa 657–585 v. Chr.), vor der die wohlhabenden Familien wohl geflohen sein mochten. Dionysius von Halicarnassus, ein Zeitgenosse des Livius, berichtete, Demaratos sei von Eucheir und Eugrammos, zwei »fictores«,

d. h. Bildnern von Götterstatuen, begleitet gewesen. Das stimmt mit dem archäologischen Befund überein, denn seit dem 7. Jahrhundert wurde Etrurien von »östlichen« Vasen überschwemmt, für die Korinth damals berühmt war. Die Etrusker kopierten diese Erzeugnisse in Mengen. Es ist durchaus möglich, daß sich griechische Künstler und Töpfer damals in Etrurien niederließen, denn wir wissen von einer griechischen Ansiedlung in Pyrgi, dem Hafen von Caere. Das wäre also einer der Wege, auf dem griechische Mythologie und Legende Einfluß nahmen. Man muß die dramatischen Schilderungen des Livius nicht unbedingt als historische Tatsachen hinnehmen oder glauben, daß einer der Könige selbst griechischer Herkunft war, aber die Berichte des römischen Historikers geben nicht nur ein Bild von der Etruskerherrschaft über Rom, sondern auch von der Wirkung Griechenlands auf Etrurien.

Höchstwahrscheinlich regierte in Rom mehr als ein Tarquinius, aber der Mythos fordert das Gleichgewicht zwischen dem »guten« Priscus und dem »bösen« Superbus. Da Einzelheiten in der Überlieferung fehlten, mußten der »Bringer des Wohlstands« und der »niedergeworfene Tyrann« auf andere Weise auseinandergehalten werden. Deshalb stattete man Superbus mit allen Eigenschaften eines griechischen Tyrannen aus, als da sind: eine Leibgarde, Zwangsarbeit und andererseits Kornverteilungen, um sich des Volkes zu versichern.

Schwierig ist es, in der Königsliste Servius Tullius zwischen den beiden Tarquiniern unterzubringen. Seiner Regierungszeit werden Geschehnisse wie z.B. das Eingreifen der Götter, geheimnisvolle Vorzeichen usw. zugeschrieben, die an Romulus erinnern und auf die Rolle eines »zweiten Gründers« hindeuten. Servius wird die Errichtung der ersten römischen Stadtmauer zugeschrieben, von der noch heute Reste vorhanden sind; die Zeitgenossen des Livius wußten zu berichten, daß er den Latinischen Bund ins Leben gerufen und der Diana auf dem Aventin, der damals noch nicht innerhalb der Stadtmauer lag, einen Tempel errichtet habe. Deshalb glaubte man, wenn Livius auch mehrere Möglichkeiten seiner Herkunft berichtet (18), daß Servius Römer oder Latiner gewesen sei. Kaiser Claudius identifiziert ihn allerdings mit einem etruskischen Helden namens Mastarna (19), doch war dies vielleicht nur ein Titel, kein Name. Mastarna ist auf einer Wandmalerei in Vulci als Nachfolger eines Tarchunies abgebildet, den er erschlug. Claudius (41–54 n. Chr.) war offenbar der Ansicht, daß die Monarchie, nachdem sie einmal etruskisch geworden war, dies bis zu ihrem Ende geblieben ist.

Von Servius Tullius wird gesagt, er habe, wie dies auch griechische Reformer taten, das römische Stammessystem von der rein verwandtschaftlichen in eine geographische Ordnung umgewandelt und so dem aufstrebenden Mittelstand mehr Macht gegeben, während der Einfluß der Aristokratie geringer wurde. Dies wäre auch eine Parallele zu den Hoplitenaufständen in Griechenland. Doch selbst wenn es solch einen königlichen Reformer gab, diese Version scheint doch ein künstlich erzeugter Präzedenzfall zu den demokratischen Plebejerunruhen im 4. Jahrhundert zu sein.

Servius war von ungeklärter Herkunft und vielleicht sogar der Sohn eines Sklaven (serva); zum König bestimmt wurde er durch ein Wunderzeichen: Man sah, wie Flammen seinen Kopf umzüngelten. Von ähnlichen Erscheinungen, die autokratische Reformer begleitet haben sollen, erzählt man schon seit den Tagen Sargons im 3. vorchristlichen Jahrtausend.

Über die Vertreibung der Könige, die trotz ihrer großen Leistungen doch eine Schreckensherrschaft aufgerichtet hatten, berichtet Livius eine mythenumwobene Geschichte. Doch auch sie hat vermutlich einen historischen Kern, denn in der Geschichte

Roms kam tatsächlich der Augenblick, von dem an, durch plötzliche Ereignisse oder eine schrittweise Entwicklung hervorgerufen, das Königtum einer anderen Staatsform Platz machte. Es war allerdings keine Demokratie wie in Griechenland, sondern eine von der Aristokratie getragene Regentschaft zweier Konsuln, die jährlich neugewählt wurden. Außerdem bestätigen Ausgrabungen, daß sich Rom ungefähr zur Zeit der angeblichen Vertreibung der Könige (etwa 510 v. Chr.) von Etrurien zu lösen begann. Die Stadt scheint vorübergehend ein provinzielles, isoliertes und halbzivilisiertes Dasein geführt zu haben, der Außenhandel lag brach, und Hungersnöte waren häufig die Folgen. Solche Schwierigkeiten, die historisch verbürgt sind, dürften der Grund dafür gewesen sein, daß man in Rom Krieg und Aggression als nationale Notwendigkeit zu betrachten begann. Unabhängig davon läßt sich das Schwinden des etruskischen Einflusses auch in Westitalien feststellen. Aristodemos, der Führer der griechischen Niederlassung in Cumae, soll im Jahr 524 die Etrusker vertrieben und 505 sie nochmals bei Aricia geschlagen haben. 474 wehrte eine griechische Flotte aus Syrakus einen von der See her unternommenen Angriff der Etrusker auf Cumae ab.

Was sich in Rom tatsächlich zutrug, ist heute durch den patriotischen Mythos, der die Ereignisse verschleiert, kaum mehr feststellbar. Daß einer der Konsuln, die als erste die Regierung übernahmen, Tarquinius (Collatinus) hieß (20), könnte darauf hindeuten, daß ein etruskischer Fürst wenigstens noch für kurze Zeit, wenn auch mit eingeschränkten Vollmachten, an der Herrschaft blieb. Vielleicht gab es eine Zwischenzeit, in der eine nichterbliche Monarchie mit strengumschriebenen Funktionen regierte. Ein wenig hilft uns hier der Name des zweiten Konsuls, Junius (Lucius Junius Brutus); er ist vielleicht eine Einschiebung des vierten Jahrhunderts, als die

Familie der Junier große Wichtigkeit besaß. Die Junier, die von plebeischer Herkunft waren, hatten es nötig, eine lange Ahnenreihe von hohem Rang vorzuweisen, denn Vorfahren aus dem Ausland oder selbst von niederer Abkunft waren nicht aufzutreiben. Die Horatier hingegen, ein Geschlecht, dem der heldenhafte Verteidiger der Tiberbrücke entstammte, haben in der Zeit nach der Abschaffung der Monarchie nachweislich führende Stellungen im Staat innegehabt. Der Name des Marcus Horatius, den eine andere Überlieferung zu einem der beiden ersten Konsuln Roms machte, während Livius sein Konsulat etwas später ansetzt, war sowohl mit der Einweihung des kapitolinischen Tempels als auch mit dem ältesten Vertrag zwischen Rom und Karthago verknüpft. Wie bedeutend die Rolle war, welche die Familie in der Geschichte Roms spielte, beweist die Geschichte des heldenhaften Widerstands, den der einäugige Horatius Cocles an der Tiberbrücke leistete. Diese Erzählung wird erstmals von Kallimachos (21) im dritten Jahrhundert v. Chr. berichtet. Sie ist ätiologisch, denn auf der gegenüberliegenden Seite der Sublicischen Brücke befand sich damals die Statue eines lahmen, einäugigen Mannes aus alter Zeit. Sie stellte den Schmiedegott Vulcanus dar, der einäugig wie der Sonnengott und lahm wie Hephästos gedacht wurde – vielleicht war auch der Bildhauer nur außerstande gewesen, die Beine zu modellieren. Jedenfalls wußte man nicht mehr, was das Standbild bedeutete, und erklärte seinen Ursprung deshalb durch die patriotische Geschichte von Horatius Cocles, dem Muster an Heldenkühnheit.

Die hölzerne (Sublicische) Brücke, deren Fundamente noch heute zu sehen sind, führt Livius auf Ancus Marcius (7. Jahrhundert v. Chr.) zurück; doch wurde sie wahrscheinlich erst in der tarquinischen Epoche gebaut, als die Verbindung mit Etrurien lebenswichtig wurde. Rom hatte dieser Brücke viel zu verdanken, war sie doch die einfachste Übergangsstelle über den wichtigen, schiffbaren Tiber. Die zehn Meilen flußaufwärts gelegene Furt von Fidenae hielt Veii besetzt. Noch in historischer Zeit war die Sublicische Brücke mit komplizierten Tabus belegt, die daran erinnern sollten, daß der Name des Priesters, »Pontifex«, Brückenbauer bedeutete. Einige dieser Tabus, zum Beispiel das Verbot, Eisennägel in die Brücke zu schlagen, erinnern an die Zeit, da sie zum erstenmal ganz aus Holz gebaut worden war.

Der Feind Roms und des Horatius Cocles war nach Livius' Version Lars Porsenna, König von Clusium in Etrurien (22). Plinius ist der Ansicht, er sei König von Vulci gewesen, andere halten ihn für den Herren Veiis, der gefährlichen Nachbarin Roms. Auch »Porsen(n)a« dürfte wie »Mastarna« eher eine etruskische Amtsbezeichnung sein, die von den Römern als Eigenname gedeutet wurde. Manche halten sogar Porsenna in Wirklichkeit gar nicht im Bund mit den Tarquiniern, sondern vertrieb sie – er wäre dann nicht, wie Livius behauptet, zurückgeworfen worden, sondern hätte Rom zeitweilig wiedererobert. Die Stadt mit ihrer die Furt beherrschenden Lage mag mehrmals den Besitzer gewechselt haben, wie dies bei den Grenzfestungen Newcastle oder Carlisle im Mittelalter der Fall war.

So entstanden die verschiedensten Lesarten der Überlieferung von Horatius und seiner Heldentat an der Brücke. Es wird erzählt, daß das Thema besonders in Leichenreden gern behandelt wurde (23). Maler haben es nur gelegentlich gestaltet, ein Beispiel ist der Genuese Bernardo Strozzi (1581–1644); doch machte es mehr als zweihundert Jahre später der Dichter Thomas Babington Macaulay in seiner freien Übertragung unsterblich, ihm schien diese Erzählung die herrlichste aller Heldensagen.

Lars Porsena von Clusium
Bei den neun Göttern schwur,
Zu tilgen vom Geschlechte
Tarquin's der Schande Spur.
Er schwur's bei den neun Göttern,
Er schwur's bei seiner Ehr
Und sandte flugs die Boten fort
Nach Ost und West, nach Süd und Nord –
Versammelte sein Heer. . . .

Und näher dröhnt und näher
Gestampf von Rosseshuf,
Und immer näher laut und wild
Hervor aus jenem Wolkenbild
Erklingt Geklirr von Schwert und Schild
Und Kriegsdrommetenruf;
Und lauter, immer lauter
Verworren Kampfgeschrei,
Bald rechts, bald links erglänzt der Strahl,
In blanker Helme langer Zahl
Und in der Lanzen Reih'! – . . .

Nun kommt Sextus Tarquinius:

Noch einer drängt verwegen
Sich durch die Reihen vor,
Er war den Römern wohlbekannt,
Sie grüßten ihn vom Tor:
»Sieh da, willkommen, Sextus,
Am heimatlichen Strom!
Was zögerst du? Was zweifelst du?
Hier führt der Weg nach Rom!«
Dreimal sah er Mauern,
Dreimal die Toten an,
Dreimal ergriff die Wut ihn,
Dreimal der Schreck ihn dann,

Und bleich vor Haß und Schrecken,
Mit krausgezog'nen Brau'n,
Mußt er in ihrem Blute
Der Tuscer Helden schaun. –

Macaulays kräftige, balladenhafte Dichtung weckt die alten Namen und Orte zu neuem Leben. Manches verdankt er dabei Scott, aber mehr als Scotts Treue zum Feudalsystem ist sein Werk dazu geeignet, die Vaterlandsliebe zu bestärken. Seit dem Jahr 1842 hat Macaulays Werk das Publikum im Sturm erobert, eine Generation nach der anderen machte durch ihn Bekanntschaft mit den Legenden aus römischer Frühzeit.

Als Einleitung zu der Erzählung von der Vertreibung der Könige hat Livius vom Selbstmord der Lucretia berichtet. Sie, die einer Familie angehörte, die den Nachfolger des Brutus im Konsulat stellte, konnte die Schande nicht überleben, die Sextus Tarquinius ihr zugefügt hatte. Sie gehört in die Reihe von Frauen, deren Schicksal in der Geschichte des Livius mit dramatischer Spannung, wenn auch recht breit behandelt wird. Das Verhängnis, das diese Schöne aus dem klassischen Altertum, die zugleich ein Muster ehelicher Treue war, traf, ist zum Vorwurf vieler venezianischer Meisterwerke geworden. Aus Tizians Alterswerk *Tarquinius und Lucretia* spricht eine eigenartige, gewaltige Faszination und zugleich schwermütige Abschiedsstimmung. Ein weiteres ähnlich angelegtes Gemälde Tizians stellt den Selbstmord Lucretias dar; Veronese hat diese Szene in seiner prächtigen, höfischen Manier ganz anders aufgefaßt. Lucretias Vergewaltigung hat besonders auch Tintoretto als malerischer Vorwurf interessiert. Mit seinen mythologischen Bildern aus den Fünfzigerjahren des 16. Jahrhunderts, fand er zu einem erzählenden, dekorativ-leidenschaftslosen Stil, der gegenüber seinen übrigen Werken durchaus neuartig ist. Livius' Erzählung benützte er dazu, das Motto zu verwirklichen, das er an die Wand seiner Werkstatt geschrieben hatte: »Michelangelos Linien und Tizians Farben.« Hier gelang ihm die Verbindung venezianischen Farbenreichtums mit der für den Maniesisten typischen Bewegung und Ruhelosigkeit. Auch Shakespeare wählte diesen Mythos zum Gegenstand eines Sonetts:

Was konnte er sehn, das er nicht herrlich fand,
Was fand er, das er nicht voll Kraft begehrte?
Was er auch sah, weckt neuen Sinnenbrand
Drin eigensinnig sich der Blick verzehrte,
Der im Bewundrungsüberschwang entehrte
Die Alabasterhaut der Schäferin,
Den roten Mund, das weiße Grübchenkinn. . . .

Von Angst verwirrt, bebend an jedem Glied,
Zitterndes Vöglein, das den Tod schon fühlt,
Wagt sie nicht aufzuschaun, doch blinzelnd sieht
Sie Fratzen vor sich greulich und zerwühlt,
Spuk, wie in einem kranken Hirn er spielt,
Das, weil das Aug' vorm Licht ergriff die Flucht,
Im Dunkel es noch mehr zu schrecken sucht.

VII

LIEBE IN TAUSEND GESTALTEN

OVID

I

Metamorphosen

Ovid aus Sulmo (Sulmona) im Apennin gehörte einer Generation an, deren Oberschicht des agustäischen Imperialismus bereits überdrüssig war, aber auch für die sophistische, stark persönlich gefärbte und reich mit mythischen Anspielungen durchsetzte Lyrik eines Properz nichts übrig hatte. Die jungen Leute interessierten sich mehr für Psychologie und ganz besonders für die weibliche Psychologie. Das Gefühlsleben ihrer Eltern kam ihnen recht steifleinen vor. Der Mann des Tages war Ovid, der in funkelnden elegischen Strophen Themen behandelte, die interessierten: *Amores* (Liebesgedichte); die *Heroides,* erdichtete Liebesbriefe mythologischer Gestalten, meist von Frauen, an ihre abwesenden Gatten oder Liebhaber; die *Ars amatoria* (Liebeskunst) und die *Heilmittel der Liebe* (Remedia amoris), in denen er zynisch eine wissenschaftliche Behandlung des Gegenstands vorgab, die *Fasti,* ein Kalendarium des römischen Jahres; schließlich nach seiner Verbannung nach Tomi am Schwarzen Meer, wohin ihn Augustus wegen »eines Gedichts und eines Irrtums« geschickt hatte, die *Tristia* (Klagelieder) und die *Epistula ex Ponto.* Alle diese Werke beweisen das ausgezeichnete Talent Ovids im Wiedererzählen von Mythen. Seine leichten, formvollendeten Verse waren diesen Themen sehr angemessen.

Die umfangreichste Mythensammlung Ovids sind seine *Metamorphosen.* Dieses Werk, das er selbst für seine bedeutendste

Leistung hielt, besteht aus fünfzig längeren und zweihundert kürzeren Erzählungen, die alle im Homerischen und Vergilschen Versmaß, dem Hexameter, geschrieben sind, wenn der Dichter dabei auch sehr frei mit ihnen verfuhr. Alle Erzählungen haben eines gemeinsam: Es sind Themen, in deren Mittelpunkt ein, wenn auch bisweilen weit hergeholter, magischer Gestaltwandel steht. Meist mythische Personen werden in Tiere, Vögel, Bäume, Blumen oder Steine verwandelt.

Verwandlungen gibt es häufig in Volksmärchen. Auf der ganzen Welt finden wir das Bestreben, Geschichten zu erfinden, die erklären sollen, warum ein gewisser Name oder ein Gegenstand der Natur Ähnlichkeit mit einem anderen zeigt. Auch in Griechenland waren solche magischen Verwandlungen seit Homers Zeiten ein beliebtes Thema. Im Hellenismus schrieben alexandrinische Gelehrte, die allerdings nicht mehr an solche Dinge glaubten, ganze Sammelwerke, in denen sie auf alte, in Versen geschriebene Beispiellisten solcher Verwandlungen zurückgriffen. Aus Ovids Werk spricht eine ähnliche Gelehrsamkeit und Vielfalt der Themen, doch fügt er sein perlendes Genie hinzu. Die Metamorphose, so sagt er selbst, ist ein Verhalten der Seele, in deren Belieben es, wie Pythagoras im 15. Buch bemerkt, steht, ihren Aufenthaltsort zu wechseln, vom Tier in den Menschen und wieder zurück ins Tier. Sie gleicht bildsamem Wachs, das seine Gestalt ändern kann und doch stets es selbst bleibt. (1)

Rings ist Fluß, und jedes Gebild ist geschaffen zum Wechsel.
Selber die Zeit auch gleitet dahin in beständigem Gange. (2)

Dementsprechend rechtfertigt Ovid sein Werk als Schlüssel für alle Naturvorgänge, und oft schon ist er als Pionier des Evolutionsgedankens in der Dichtkunst gerühmt worden. In diesem Sinn gibt er auch manchen Geschichten eine entschieden ätiologische Wendung, d.h. er benutzt sie zu Erläuterungen für Erscheinungen in der Natur oder der menschlichen Existenz; freilich sind diese Erläuterungen oft nur nachträglich angefügt und geben nicht so sehr die Entstehungsgeschichte der betreffenden Erzählung wieder.

Die Mythen in den *Metamorphosen* sind stark voneinander unterschieden: Es gibt Satiren, Parodien, sentimentale Fabeln, Pseudohistorie, Anthropologisches, patriotische Propaganda, Lehrerzählungen, witzige Anekdoten und Heldensagen, daneben rhetorische Feuerwerke und gefühlvolle oder schauerliche Melodramen. Patrick Wilkinson sagt: »Diese Dichtung ist ihrer Anlage nach barock, sie vereint rastlose Bewegung... Phantasie, Spitzfindigkeiten und erschütternde Stellen mit der Neigung zum Grotesken und einer Mischung aus Humor und Großartigkeit.« Dennoch hat der Dichter Künstelei vermieden; erstens verflocht er sein vielfältiges Material in der Art von *Tausendundeiner Nacht* zu einer Einheit, zweitens erzählen seine Geschichten ganz sachlich mit einer Pseudonaivität, einem Erzählstil, der einen großen Teil seiner Begabung ausmacht. Ovid tat sich auf die Fülle seiner Kenntnisse und sein blendendes Gedächtnis nicht viel zugute wie z. B. mancher alexandrinische Schriftsteller. Er war sich der Gegensätzlichkeiten der mythischen Welt und der Wirklichkeit stets bewußt. »Es ist schwer zu glauben«, bemerkt Harald Nicolson, »daß dieser umgängliche und gebildete Mann, der vor nichts Achtung hatte, sich diesen Mythen mit der geringsten Ehrfurcht genähert haben könnte.« Ovid aber mißachtete eher die Herzen und Seelen der leicht zu betrügenden Menschen. Man hat gesagt, er habe die große Leidenschaft mit der Leichtfertigkeit eines Don Giovanni betrachtet, nicht so sehr mit dem Ernst eines Euripides, dem er auf dem Gebiet der Psychologie so vieles verdankte. Dennoch sieht er alle Dinge mit den Augen eines Geliebten oder Liebenden an – vor allem aber mit dem Blick des Mädchens, das unglücklich liebt; die Liebe der Frau zum Mann ist mit demselben Einfühlungsvermögen begriffen und gezeichnet wie die des Mannes zur Frau. Die Götter haben, im ganzen gesehen, weniger die Sympathie des Dichters.

Quintilian, ein römischer gelehrter Kritiker, nannte Ovid zu klug, um gründlich zu sein, doch der Witz und die Anmut seiner Werke und vor allem der *Metamorphosen* haben die literarische Welt zu allen Zeiten beeindruckt und inspiriert. Die Minnedichtung des Mittelalters erblühte nicht allein aus der Verehrung der Jungfrau Maria und einem asketischen Lebensideal, sondern auch aus der bildhaften Liebenswürdigkeit Ovids und seinem Gefühl und Natur ansprechenden Stil. In Bibliothekskatalogen aus dem 12. Jahrhundert finden sich 77 Abschriften seiner Werke neben 72 von Vergil und nicht halb so vielen von anderen Dichtern. Dante zählt Ovid unter den »vier großen Schatten« auf; dank seiner unerschöpflich reichen, bildhaften Sprache wurde Ovid auch zum Lehrer und Vorbild der Dichter und Maler der Renaissance und der Elisabethanischen Epoche in England. Dort hat die Übersetzung der *Metamorphosen* von Arthur Golding (1563–1567) das Werk berühmt gemacht; Golding wurde damals schon wegen Verbreitung unsittlicher, aus dem Heidentum stammender Geschichten angegriffen; doch hat Shakespeare manche seiner unzähligen mythologischen Anspielungen ihm zu verdanken, und auch bei Milton finden sich mancherlei Anklänge an die antike Mythologie, die auf Ovids Vorbild schließen lassen.

Der bedeutendste Interpret der Kunst Ovids war wohl der Maler Nicolas Poussin. Mehr als ein Jahrzehnt seines Schaffens, von 1629 bis 1642, beschäftigte er sich damit, in seinem klaren und harmonischen Stil die Versuche Annibale Carraccis und Domenichinos in der klassischen Landschaftsmalerei weiterzuentwickeln; ehe er allerdings zum ernsteren, gelassenen Klassizismus fand, schuf er eine Reihe sehr individueller, elegisch angehauchter Bilder, deren Gegenstand die Schäfer und Schäferinnen Vergils, vor allem aber auch die Gestalten Ovids waren. Sir Joshua Reynolds hat dazu bemerkt: »Kein modernes Gemälde kommt der antiken Malerei so nahe wie die Bilder von Poussin.« Ein solcher Vergleich führt freilich meist zum Mißverstehen, denn die klassischen Autoren wurden durch die Künstler aus späterer Zeit niemals »nachgeahmt«; sie schulten nur ihre eigene Begabung durch jene Vorbilder. Poussins Auffassung der Ovidischen Motive beispielsweise ist, ungeachtet des warmen, von Tizian übernommenen Kolorits, weich und melancholisch; im Vergleich zu dem funkelnden literarischen Vorbild liegt ein Hauch von Resignation über seinen Bildern.

Dryden verstand Ovid gut; im 18. Jahrhundert waren es Prior und Pope, deren leichter und gewandter Stil sich an dem römischen Vorbild schulte. Goethe zog Ovid jedem anderen antiken Dichter vor, und die *Metamorphosen* beeindruckten ihn schon früh. Er hatte bereits 1798 seine *Metamorphose der Pflanzen* in Gedicht und Prosa geschrieben. 1806 entstand das Gedicht *Die Metamorphose der Tiere.* Er bewies damit dieselbe wissenschaftliche Neigung wie der Engländer Erasmus Darwin in seinen Gedichten. Das Viktorianische Zeitalter hielt Ovids Eleganz für herzlos; die Mythen waren verbraucht und psychologische Probleme wurden vor allem im Roman abgehandelt.

Eine neue Zeit brach an. Rainer Maria Rilke lernte die *Metamorphosen* in einer französischen Übersetzung kennen und wurde, obgleich er nach Gefühlslage und Lebensumständen Ovid sehr unähnlich war, von dem Begriff gefangengenommen, den er als »Wandlung«, »Verwandlung« und »Wendung« immer wieder variierte und als Norm seiner eigenen Existenz setzte. Auch Oswald Spenglers zyklische Geschichtsauffassung kannte das Bild einer ewigen Umwandlung und Verklärung, und André Malraux arbeitet in seiner *Metamorphose der Götter* ein ähnliches Prinzip heraus, das, wie er schrieb, weniger starr auch für die Kunst Geltung habe: hier werde jeder »Vorläufer und die heiliggehaltenen Gesetze, die er schuf, von der kommenden Generation fortgesetzt und zugleich zerstört«.

2

Traurige Liebesgeschichten

Ovid erzählt die Geschichte von Pyramus und Thisbe, die in der Stadt Babylon Tür an Tür wohnten (3). Pyramus war der hübscheste junge Mann und Thisbe das schönste Mädchen des Ostens. Sie schloßen Freundschaft und verliebten sich ineinander. Doch ihre Eltern waren gegen eine Heirat. So konnten sie ihr Liebesgeflüster nur durch einen Mauerspalt führen, und wenn sie einander gute Nacht sagten, küßte jedes die Mauer auf seiner Seite.
Eines Tags jedoch faßten sie den Plan zu einem nächtlichen Stelldichein, und zwar auf freiem Feld, in der Nähe von Ninus' Grab.

> Dann, daß draußen sie nicht fehlgingen im weiten Gefilde,
> Beide zu kommen zum Grab des Ninus und sich zu verbergen
> Unter dem schattigen Baum. Dort ragte beladen mit weißen
> Früchten ein Maulbeerbaum ganz nahe bei kühlendem Borne.
> (4)

Als die Nacht anbrach, suchte Thisbe den vereinbarten Platz auf. Doch während sie wartend stand, sah sie im Mondlicht eine Löwin, die von ihren Raubzügen zur Quelle kam, um zu trinken. Die erschrockene Thisbe floh in eine Höhle, doch unterwegs verlor sie ihren Mantel. Die Löwin fand den Mantel und zerriß ihn mit blutigen Zähnen.

Wenig später traf Pyramus ein; als er die Fußspuren der Bestie und den zerfetzten Mantel entdeckte, schrie er laut auf vor Schmerz. Er machte sich Vorwürfe, die Freundin an einen so gefährlichen Ort bestellt zu haben, und beschloß zu sterben. Er stieß sich das Schwert in die Brust, sein Blut spritzte hervor und färbte die Früchte des Maulbeerbaums dunkelrot.

Nun kam Thisbe zaghaft aus ihrem Versteck hervor, besorgt, sie könnte ihren Geliebten verfehlen. Zuerst erkannte sie den Baum nicht wieder, da seine Früchte ganz verfärbt waren. Doch bald sah sie den Körper ihres Pyramus. Als er sie laut seinen Namen rufen hörte, öffnete er noch einmal die Augen – doch gleich schloß er sie wieder, und zwar für immer. Da stürzte sich auch Thisbe in das Schwert, das noch warm war vom Blut des Jünglings. Man entsprach ihrem letzten Wunsch und bestattete ihrer beider Asche in einer gemeinsamen Urne. Die Frucht des Maulbeerbaums aber ist seither zur Zeit der Reife dunkelrot.

Der Schauplatz dieser Erzählung ist Babylon, und von dort stammt sie zweifellos auch, eine Vorläuferin der Märchen aus *Tausendundeiner Nacht.* Vielleicht brachten griechische Schriftsteller den Stoff aus Antiochien in Syrien nach dem Westen. Die Tatsache, daß die beiden Liebenden die Namen von Flüssen in Kilikien tragen, könnte darauf hinweisen, daß es sich hier ursprünglich um einen Mythos von der Liebe zweier Flußgottheiten in Südostkleinasien handelte.

Doch ist Ovid der erste uns bekannte Dichter, der den Stoff

überliefert hat und seine menschlich erschütternde, erregende Tragödie en miniature hat viele Schriftsteller nach ihm zur Gestaltung angeregt. Im Mittelalter, besonders im Frankreich des 12. Jahrhunderts, gehört das Schicksal von Pyramus und Thisbe zu den Lieblingsthemen. Dante gebrauchte die Schlußszene als Metapher:

So hob bei Thisbes Namen seine Wimpern
Piramus sterbend, um sie anzuschauen,
Damals, als rot der Maulbeerbaum sich färbte.
Und so ward meine Starre nun gelockert:
Ich wandte mich zum Führer bei dem Namen,
Der immerdar in meinem Geiste grünet. (5)

Chaucer folgt in seiner *Legende von den guten Frauen* der Ovidschen Erzählung, John Metham jedoch gibt seinem *Amoryus und Cleopes* (1448/49) ein gutes Ende: Die Liebenden werden durch das Gebet eines Einsiedlers auferweckt, lassen sich taufen, heiraten und leben bis an ihr seliges Ende. Es gibt unzählige, z.T. mit vielen ganz unovidischen Zutaten versehene Fassungen der Geschichte. Eine davon, vielleicht ein Sonett aus *A Handful of pleasant Delights* (1566), erweitert (1584), wird von Shakespeare im letzten Akt des *Sommernachtstraums* als Possenspiel im Spiel karikiert. Auch im *Kaufmann von Venedig* ist von unglückselig Liebenden die Rede. Jessica sagt:

In solcher Nacht
Schlüpft' überm Taue Thisbe furchtsam hin
Und sah des Löwen Schatten eh als ihn
Und lief erschrocken weg. (6)

König Jakob I. schrieb ein Gedicht auf den treuen Pyramus, ebenso auf Leander. Abraham Cowley erzählt die *Tragische Historie* im Alter von zehn Jahren nach, fünf Jahre später veröffentlichte er (1633) eine eigene Fassung. Goethe zog den Vergleich zwischen Ovids Erzählung und dem Romeo-und-Julia-Stoff.

Die Erzählung von Narzissus und Echo (7) beginnt Ovid mit der Geburt Narzissus'. Die Nymphe Liriope, die von dem böotischen Flußgott Cephisus entführt worden war, ist seine Mutter. Der Seher Tiresias wurde befragt, ob das Knäblein ein hohes Greisenalter erreichen werde: »Sprach: ›Wenn er sich nicht kennt!‹ der schicksalkündende Seher«. (8) Als Narzissus ein hübscher Junge von sechzehn Jahren geworden war, ging er zur Jagd in den Wald. Dort sah ihn die Nymphe Echo, die nicht als erste sprechen, doch wenn andere das Wort nehmen, nicht schweigen konnte. Sie sehnte sich danach, Narcissus anzureden, doch vermochte sie nur das Ende der Sätze zu wiederholen, mit denen er nach seinen Kameraden rief. Echo verzehrte sich vergeblich in Liebe, zuletzt blieb nur noch ihre Stimme übrig.

Doch auch einer der Jünglinge hatte sich in Narzissus verliebt und war höhnisch zurückgewiesen worden; da beschwor er den Himmel Narzissus möge sich selbst verlieben, doch den Gegenstand seiner Leidenschaft niemals besitzen. Die Göttin Nemesis erhörte das Gebet:

> Schlammlos war ein Quell mit silbern erglänzenden Wellen,
> Den niemals ein Hirt, noch am Berge geweidete Ziegen
> Hatten berührt, noch anderes Vieh, den keiner der Vögel
> Hatte getrübt, kein Wild, kein niedergefallener Baumzweig.
> Rings war Rasen umher, den das nahe Wasser erfrischte,
> Und ein Gebüsch, das den Ort nicht ließ von der Sonne [erwarmen.
> Hier einst lagerte sich vom Eifer der Jagd und von Hitze
> Müde der Knabe, gelockt von dem Quell und der Schöne der [Stätte.

Während den Durst zu löschen er strebt, wird anderer Durst [wach;
Denn im Trinken vom Schein des gesehenen Bildes bezaubert,
Liebt er einen Wahn: er hält für Körper, was Schatten.
Sich anstaunt er selbst, und starr mit dem selbigen Blicke
Ist er gebannt wie ein Bild aus parischem Marmor gefertigt; . . .
Sich ersehnt er betört; der preist, wird selber gepriesen,
Der da strebt, erstrebt, und zugleich entzündet und brennt er.
(9)

Was Narzissus liebte, war bloß sein Spiegelbild – doch blieb er gebannt stehen und konnte sich nicht vom Fleck rühren. Er fiel in Verzweiflung, denn er wußte, daß er und sein Spiegelbild gemeinsam sterben mußten; Echo aber, obwohl sie ihm immer noch zürnte, härmte sich um ihn und wiederholte seine Klagen. Er starb auf der Wiese neben der Quelle, und Echo betrauerte ihn mit ihren Gespielinnen. Sie errichteten einen Scheiterhaufen, die Flammen loderten, und die Bahre stand bereit. Doch sein Leichnam war nirgends zu finden. An der Stelle, an der er gelegen hatte, blühte eine Blume mit gelbem Kelch und weißer Krone.

In der verlorengegangenen *Andromeda* des Euripides kam ein Selbstgespräch vor, etwas ganz neuartiges für die Zeit; und Andromedas Klagen wurden schon hier vom Echo wiederholt. Ovid aber war, soweit uns bekannt ist, der erste der Echo mit Narzissus in Verbindung brachte. Die Geschichte wurde später von Symbolikern, Allegorikern und Moralisten begeistert aufgegriffen und mußte sich die verschiedensten Auslegungen gefallen lassen. Gewiß wird sich der Dichter der Vielschichtigkeit seines Stoffes bewußt gewesen sein. Ein Gemälde aus der Zeit Ovids aus Hermeopolis Magna (Tuna el-Gebel) in Ägypten benennt die Gestalt des Narzissus mit »Suche«, Forschung (Zetema) – im Gegensatz zur »Unwissenheit« (Agnoia), die seinen böotischen Landsmann Ödipus zum Vatermord trieb. Narzissus symbolisiert die müßigen Hoffnungen und Enttäuschungen des Menschen – das Dahinschwinden Echos dagegen das menschliche Schicksal ganz allgemein. Die Moral, die man in spätrömischer Zeit aus der Geschichte zog, daß nämlich die Seele im Leib keine Ruhe findet, beeinflußte vor allem die Neuplatoniker stark (10).

Im späteren Mittelalter war die Erzählung von Narzissus zusammen mit der Geschichte von Pyramus und Thisbe besonders beliebt. Im *Ovide Moralisé* aus dem frühen 14. Jahrhundert wird Echo als Verkörperung der Tugend gepriesen. Auch in dem nur fragmentarisch erhaltenen *Roman de la Rose* aus dem 13. Jahrhundert, den Chaucer übersetzte, findet sich die Erzählung.

Dies ist der treulos Spiegel
Darin sah Herr Narzissus
Sein Bilde stolz und schön.

Boccaccio sah in Echo ein Sinnbild des wahren Ruhms, den sich die verscherzen, die nur in die Gewässer der weltlichen Lustbarkeiten starren. Für Marsilio Ficino (1433–1499) symbolisiert Narzissus wie auch Orpheus das müßige Streben der Menschheit nach dem Unwirklichen.

Caravaggio malte Narzissus (um 1599–1600) in seinen scharfen Helldunkel-Kontrasten ganz anders als seine akademischkühlen Zeitgenossen: einen mißgelaunten, störrischen Knaben, der sich über einen Teich beugt. Das Wasser wirft sein hübsches Gesicht als häßliche Grimasse zurück. Roger Hinks sagt dazu: »Leben und Liebe starren hier einander an wie zwei leere Spiegel.« Ganz trifft dies nicht zu, denn Caravaggio, obgleich er der Antike nichts verdanken wollte, fühlte wohl hier genau wie Ovid Mitleid mit der so leicht zu täuschenden Menschheit.

Poussin, der Ovid besonders verehrte, malte nicht weniger als vier Versionen dieses Themas. Die Bilder haben verschiedene Bezeichnungen: Eines ist die Illustration, das nächste die dramatische Schilderung, das dritte ein Requiem und das vierte eine Anregung zu ernstem Nachdenken. Milton verwendete merkwürdigerweise die Geschichte, bei der er natürlich vieles wegließ, für seine Beschreibung Evas.

Im Geist der platonischen Philosophie verfaßte André Gide 1891 eine Studie *Traité de Narcisse*, in der er die Verschmelzung von moralischem und ästhetischem Empfinden des Menschen zu einem neuen Kunstprinzip behandelt. Seither wurde der Name des Narziss zum psychoanalytischen Begriff für Selbstliebe und Selbstverlorenheit. Die Opfer einer solchen Psychose sind für die Außenwelt völlig tot. Havelock Ellis erfand dafür 1898 den Fachausdruck »Narzißmus«, Näcke gebrauchte diesen Terminus 1899 noch spezieller für die Behandlung des eigenen Körpers als Sexualobjekt. Freud widmete dem Thema eine eigene Studie (1914) und bezog sich dabei vor allem auf die Person Leonardo da Vincis.

Paul Valéry, einer der am meisten in sein Ich versunkenen Künstler, hat seine drei *Fragments du Narcisse* in zwei Versionen verfaßt. Hier betrachtet er die philosophierende Seele nicht nur die Wahrheit, sondern auch liebend ihre eigene Betrachtung und deren Schönheit. Eine Nymphe sagt zu Narzissus: »Deine Schuld ist, daß du alle die Herzen um dich her nicht achtest.« Doch der Jüngling verwirft die wimmelnde, unsaubere Welt um sich her und wendet sich dem Reinen zu: Das mag schließlich Nichtvorhandensein bedeuten, doch der nach innen gewandte Geist ist entschlossen, sich unversehrt und von der Welt unberührt zu erhalten. 1939 kehrte Valéry in der *Narcissus Cantata* zu diesem Thema zurück: Narzissus sagt zu sich selbst: »Du geliebter Leib, ich überlasse mich ganz deiner Gewalt. Das stille Wasser zieht mich dorthin, wohin meine ausgestreckten Arme weisen. Ich leiste diesem reinen Rausch keinen Widerstand.«

Rainer Maria Rilke übersetzte in seinem letzten Lebensjahr (1926) Valérys *Fragments,* nachdem er über den Mythos selbst zwei Gedichte geschrieben hatte (1913 und 1922). Das Thema bedeutete für ihn den Gegensatz zwischen Leben und Kunst und wurde wie Orpheus zu einem zentralen Symbol seiner Dichtung – und gleichzeitig seines Lebens, das Liebe zum anderen verleugnete:

Dort ist es nicht geliebt. Dort unten drin
ist nichts, als Gleichmut überstürzter Steine,
und ich kann sehen, wie ich traurig bin.
War dies mein Bild in ihrem Augenscheine? (11)

Rilkes Beschäftigung mit dem Narzissusthema steht in enger Beziehung zu seiner Vorliebe für Spiegelungen:

Mag auch die Spieglung im Teich
oft uns verschwimmen:
Wisse das Bild. (12)

Wie der Sagenheld, der sich in selbstvergessenem Staunen verliert, kann sich auch der Künstler durch Spiegelung in eine andere Dimension versetzen. Damit überwindet er die Hemmungen in seinem Inneren und schafft sich seine eigene ideale Welt, mag diese auch zu den gesellschaftlichen Maßstäben in Widerspruch stehen.

Die Erzählung von Daedalus und Icarus behandelt die Tragödie des liebenden Vaters und seines Sohnes (13).

Daedalus war ein großer Künstler und Erfinder. Aus Athen verbannt, hatte er sich nach Kreta begeben und dort dem König Minos das Labyrinth erbaut. Als seine Arbeit vollendet war, bat er den König, ihn heimziehen zu lassen. Dies wurde ihm verweigert; Daedalus plante die Flucht – und zwar durch die Luft: »Mag Länder er sperren und Wogen, / Sprach er, der himmlische Raum ist frei. Dort wollen wir ziehen.« (14) Böse Vorzeichen begleiteten den Beginn der Arbeit, aber dennoch machte sich Daedalus daran, Schwingen aus Federn, Leinenstreifen und Wachs zusammenzufügen.

Sein Sohn Icarus sah ihm bei der Arbeit mit Vergnügen zu und betastete das Werk des Vaters. Dieser gebot ihm, selbst den Versuch zu wagen und in mäßiger Höhe hinter ihm herzufliegen. Sie machten sich auf den Weg, doch in seiner übergroßen Freude wurde Icarus kühner und kühner. Sie flogen an Samos vorbei, an dem Apollo heiligen Delos, an Naxos und Paros. Da stieg der Knabe immer höher in die Lüfte, und das Wachs an seinen Schwingen begann vor den Strahlen der Sonne zu schmelzen. Entsetzt starrte er hinab in die See, und dann fiel er wie ein Stein in die Tiefe, und die Wasser erstickten seinen Schrei. Vergebens rief der Vater nach ihm, nur einige Federn schwammen an der Oberfläche, und seither heißt das Gewässer die Icarische See.

Spätere, rationalistische Interpreten haben den Erzkünstler Daedalus mit jenem Bildhauer identifiziert, der, zweifellos, um einen Mythos zu illustrieren, als erster Statuen mit frei stehenden Beinen schuf. Sicherlich ist auch er ein Kulturbringer vom Format eines Prometheus: Wie dieser suchte er mit der Weltschöpfung in Wettstreit zu treten, wie dieser verfiel er in den tragischen Fehler der Hybris und erlitt ein schweres Los.

Den Sturz des Icarus nahm Pieter Breughel der Ältere (um 1525–1569) zum Motiv zu einer ganz eigenartigen Darstellung (Abb. S. 383): Fischer, Hirte und Ackermann gehen ruhig ihrer Arbeit mitten in einer weitgedehnten Landschaft nach, während eine winzigkleine Gestalt ganz unbeachtet aufs Wasser aufschlägt. In seiner realistischen, unsentimentalen Betrachtungsweise will Breughel das Allgemeine im Besonderen zur Geltung bringen. Natur und Menschenwesen bleiben ungerührt und gehen weiter ihren alltäglichen Beschäftigungen nach, denn wie ein Sprichwort sagt: »Wenn ein Mensch stirbt, bleibt kein Pflug stehen.« Wir haben hier ein typisches Beispiel dafür, wie der Mythos unmittelbar zu einer Deutung anregt, die dennoch originelle, ganz individuelle Züge trägt.

James Joyce beschwört in den letzten Zeilen seines *Porträt des Künstlers als junger Mann* den Geist des Daedalus herauf, und die Gestalt des Stephen Daedalus im *Ulysses* spiegelt teilweise die Züge des Autors wider. Er durchforscht unbekannte Künste, die der Autor selbst auf Flügeln der Phantasie zu ergründen suchte. Auf den optimistischen Traktat J. B. S. Haldanes *Daedalus, oder die Wissenschaft und die Zukunft* antwortete Bertrand Russell mit dem pessimistischen Aufsatz: *Icarus oder die Zukunft der Wissenschaft* (1924). »Ich fürchte, daß eine Menschheit, die moderne Wissenschaftler das Fliegen lehrten, einst von dem gleichen Schicksal ereilt werden wird«, schrieb er. Lauro de Bosis verfaßte eine sophokleische Tragödie *Icaro,* die für ihn auf ungewöhnliche Weise Wirklichkeit wurde: Beim Abwerfen antifaschistischer Flugblätter während eines Flugs über Rom wurde er 1931 abgeschossen.

Das Labyrinth, das Daedalus dem Minos baute, war als Wohnstatt für Minotaurus, den Sproß einer perversen Liebe bestimmt. Ovid erzählt, wie die Gattin des Minos Zuneigung zu einem weißen Stier faßte, der einen schwarzen Fleck zwischen seinen Hörnern trug; aus der Verbindung, die dadurch zustande kam, daß Pasiphae in eine von Daedalus geschaffene hölzerne Kuh schlüpfte, wurde jenes Ungeheuer, halb Stier, halb Mensch geboren, der Minotaurus (15). Um es vor den Augen der Menschen zu verbergen, trug Minos Daedalus auf, das Labyrinth mit seinen unzähligen verschlungenen Gängen zu erbauen, in die der Minotaurus verbannt wurde.

> . . . die Burg ist geschmückt mit der hangenden Beute.
> Groß war geworden indes die Schmach des Geschlechts, und der [Mutter
> Schändliche Lust ward kund in dem doppelgestaltigen Untier.
> Minos beschloß zu entfernen den Schimpf des gemeinsamen [Lagers
> Und in verschlungenem Bau und dunklem Versteck zu verbergen.
> Dädalus, rühmlich bekannt durch Geschick in den bildenden [Künsten,
> Schafft das Werk. Merkmale verwirrt er und führt in die Irre
> Täuschend den Blick durch die Zahl vielfältig gewundener [Wege. (16)

Alle neun Jahre mußten dem Minotaurus athenische Knaben und Mädchen geopfert werden. Zweimal wurde der Tribut entrichtet; doch beim drittenmal ging Theseus, der Sohn des Königs Ägeus von Athen, der einer anderen Überlieferung zufolge der Sohn des Neptun (Poseidon) war, freiwillig mit den sieben Jünglingen nach Kreta. Ariadne, die Tochter des Minos, gab ihm ein Wollknäuel, das er beim Betreten des Labyrinth aufwickeln und so seinen Weg kennzeichnen sollte. Er erschlug den Minotaurus, fand, immer dem Faden folgend, den Ausgang wieder und entkam.

Alle großen griechischen Sagenkreise sind, wie M. P. Nilsson bewies, eng mit kretischen und mykenischen Schauplätzen verknüpft. Den Namen Minos trugen die kretischen Könige während der Periode, in der Kreta im zweiten Jahrtausend v. Chr. die Meere beherrschte. Später wurde Minos zum Herrscher und Richter des Totenreichs. Er gilt als Sohn des Zeus und der Europa; seine Gattin Pasiphae (der Name bedeutet: die Allstrahlende) wurde wohl zu Unrecht deshalb als Mondgöttin angesehen, weil ihr Vater der Sonnengott gewesen sein soll. Wahrscheinlich genossen Könige und Königinnen von Kreta halbgöttliche Verehrung. Auch in Lakonien wurde Pasiphae verehrt, ebenso in Athen, wenn auch ein Kult, der dort ausgeübt wurde, nicht unmittelbar mit ihrem Namen in Verbindung gebracht wurde: Jedes Jahr »vermählte« man eine Athenerin in einem Gebäude, genannt der »Viehstall«, dem Stiergott Dionysos.

Als es nach des Asterius Tod zweifelhaft war, wer den Thron von Kreta besteigen sollte, bat Minos Poseidon, ihm aus dem Meer einen Stier zu senden, den er als Opfer schlachten könne. Poseidon erhörte ihn und bestätigte damit den Thronanspruch des Minos.

Doch der Stier war so schön, daß es Minos leid tat, ihn zu töten. So konnte es geschehen, daß sich Pasiphae nach dem Willen des betrogenen Poseidon in den Stier verliebte. Der Sproß dieser Liebe ist nur eines der Ungeheuer, die wir auf kretischen Siegelabdrücken abgebildet finden. Meist sind es dienende Dämonen, doch sind wohl auch sie Symbole des Stierkults, dessen Spuren sich überall auf Kreta finden. Oft ist das Tier, Sinnbild des Prinzips der männlichen Fruchtbarkeit, im Sprung dargestellt, also in der gleichen Stellung, die wir auch in der Kultur von Harappa im Industal aus dem dritten vorchristlichen Jahrtausend finden. Auch im Kampf oder als Opfertier begegnet uns der Stier. Auf manchen kretischen Siegelsteinen ist das Gesicht und der Kopf eines Mannes mit einer Stiermaske bedeckt, ein Motiv, das sich auf Münzen aus dem fünften Jahrhundert v. Chr. wiederholt.

Vermutlich genügte schon die Existenz von Überresten eines solchen alten Kults, um die Sage vom Minotaurus entstehen zu lassen. Oder sollte die Opferung der Jugend Athens auf tatsächliche Menschenopfer zurückgehen, die ja dem Baal-Moloch dargebracht wurden, der gleichfalls stierköpfig dargestellt wurde? Waren die »Opfer« vielleicht nur Kandidaten für die Stierkämpfe? Oder war es gar kein Stier, sondern ein kretischer König mit einer Stiermaske, den Theseus im Kampf erschlug? Man vermutet auch, daß Theseus in seiner Heimat Troezen auf dem griechischen Festland heimlich eine Flotte sammelte, die kretischen Schiffe vernichtete und das unbefestigte Knossos eroberte. Mag sein, daß Ereignisse, die zum Niedergang der kretischen Zivilisation führten, hier ihren Niederschlag fanden und diese Variante eines Kampfmythos die Einnahme Kretas vom Festland aus belegen soll.

Die perverse Liebe Pasiphaes zu ihrem Stier zog die Phantasie der alexandrinischen Dichter, die Sinn für das Ausgefallene und Makabre hatten, mächtig an. Auch die Poeten des Fin de siècle um 1890 und in unserem Jahrhundert Montherlant folgen dieser Tradition. Montherlants *Pasiphae* (1928) wurde von Matisse (Abb. S. 401) 1944 und von Cocteau 1948 illustriert.

Der moderne Künstler, der den Minotaurus zu einem Hauptmotiv seines Schaffens machte, ist Picasso. Er verbindet großes Verständnis des klassischen Mythos mit einer vererbten Vorliebe für den Stierkampf. Seine Arbeiten aus den frühen Dreißigerjahren, die auch eine Ausgabe der *Metamorphosen* Ovids einschließen, deuten die Beschäftigung mit dem Ungeheuer als einem Symbol für die rohe, ungezähmte Stärke inmitten drohender Katastrophen. Das doppelgestaltige Ungeheuer – liebestoll, rasend oder blind – findet sich auf seinen Zeichnungen oder Stichen in den verschiedensten Techniken: Pastelle, Aquarelle, Tusche- oder Farbstiftzeichnungen. Seine *Minotauromachia* spielt auf die Doppelthemen Gewalt – Wahrheit, Licht – Finsternis, Bedrohung–Hoffnung an (Abb. S. 384).

Das Labyrinth, dessen Bezeichnung nicht-griechisch ist, mag

eine Höhle gewesen sein; man hat auch an die labyrinthische Struktur des Palasts von Knossos selbst gedacht. Herodot beschreibt sowohl das Labyrinth zu Knossos als auch ein anderes in Krokodilopolis (Arsinoe Ptolemais, heute Hawara) im Fayum (17). Vergil schildert das Labyrinth in der Nähe des Abstiegs zur Unterwelt. Man kann auch an die verschlungenen Linien ritueller Tänze denken, die in vielen Ländern von Wales bis ins nordöstliche Rußland zu Hause sind. Fast immer spielt dabei eine Höhle eine Rolle und, obwohl dies nicht nachweisbar ist, könnten sich solche Irrgänge eventuell sogar bis in die Darstellung von Heiligtümern aus der älteren Steinzeit zurückverfolgen lassen.

Der verschlungene Weg und auch das Wollknäuel erscheinen, wie G. R. Levy bemerkt, »in europäischen Volksmärchen als Symbol für den Eintritt in eine tatsächliche oder vorhandene im übertragenen Sinn gedachte Spirale«. Das Schneckenmuster, das wir auf Friedhöfen aus dem Mittelalter häufig finden, hängt mit dem Leben nach dem Tod zusammen, es weiht uns in die Mysterien des Todes ein. Der Schlüssel zum Labyrinth, d.h. der Faden des Theseus, ist z.B. gleichbedeutend mit der Spindel Dornröschens und dem Wollknäuel, das in *Alice im Wunderland* das Kätzchen aufwickelt, ehe Alice durch den Spiegel geht.

3

Triumphe der Liebe

Zu Beginn der auf Kreta spielenden Erzählungen Ovids standen die Geschichten von Daedalus, der seinen Sohn verliert und von der furchtbaren Frucht der sündhaften Liebe Pasiphaes. Die Fortsetzung machen Erzählungen von Ariadne und ihrer Verbindung mit einem Menschen und später mit einem Gott (18). Die Hilfe, die sie Theseus leistete, um das Ungeheuer zu bezwingen, hatte für sie selbst unglückliche Folgen. Sie verließ ihre Familie und floh mit Theseus nach Naxos. Während sie am Meeresstrand schlief, ließ Theseus sie im Stich und fuhr heimlich nach Athen zurück, um einer der bedeutendsten Herrscher des Altertums zu werden.

Ariadne erwachte und lief verzweifelt die Küste entlang, mit fliegenden Kleidern, barfuß, das goldene Haar gelöst. Weinend rief sie nach dem treulosen Geliebten und bejammerte ihr Schicksal. Da erschreckte sie plötzlich der Klang von Zimbeln und Trompeten; auf seinem buckligen Esel erschien zunächst Silenus, der die Bacchantinnen verfolgte, dann Bacchus (Dionysus), der mit goldenen Zügeln Tiger lenkte, die seinen weinlaubbekränzten Wagen zogen. Da vergaß Ariadne alles, auch Theseus. Dreimal versuchte sie zu fliehen, doch sie kam nicht weit. Der Gott nahm sie zur Frau und versprach ihr, bessere Treue zu halten als ihr erster Geliebter. Als Hochzeitsgeschenk nahm der Gott ihre Krone, warf sie hoch in die Luft und verwandelte die Juwelen in Feuerfunken, die als Sternbild am Nachthimmel stehen. Dann sprang er vom Wagen, schloß sie in seine Arme und gemeinsam zogen sie fort. Minos verfolgte Ariadne und Theseus nicht – eine Tatsache, die manchen antiken Kommentatoren befremdete, und z. B. Plutarch in seiner Monographie des Theseus zu eigenartigen Vermutungen Anlaß gab (19). Auf Naxos verließ Theseus die Ariadne. Er, der als Vorbild eines stürmischen Liebhabers hätte gelten können, wurde so zum Muster der rohen und ungebildeten Lebemänner im Viktorianischen Zeitalter, die sich höchst unritterlich ihrer Verpflichtungen entledigten. Im Original des Volksmärchens vergaß er wohl Ariadne, der Grund dafür war irgendein Liebeszauber oder die Verletzung eines Tabus. Er machte seinen Weg in eine glänzende Zukunft, wurde König von Athen und Einiger Attikas. Athen machte ihn frühzeitig zu seinem Nationalheros. Man sah in ihm den Inbegriff menschlich gesinnter Gerechtigkeit, die auch einem Ödipus eine Zuflucht gewährte, im Gegensatz zu anderen, die gnadenlos das Verhängnis vollstreckten, das die Götter auf Menschen legten.

Theseus' Beziehungen zum Ausland jedoch waren kämpferisch und agressiv: Er führte Krieg gegen die Amazonen und brachte ihre Königin Hippolyte als Gefangene nach Athen; die Kentauren besiegte er gemeinsam mit seinem Freund Pirithous, dem Lapithen, und half ihm auch bei dem Versuch in die Unterwelt einzudringen, um Persephone zu entführen. Pirithous blieb im Hades, Theseus gelang es zu entkommen. Später entführte er die damals noch ganz junge Helena; Folge war der Einfall ihrer Brüder Kastor und Polydeukes in athenisches Gebiet. André Gide, Robert Graves und in jüngster Zeit Marie Renault haben sich neuerdings mit der Gestalt des Theseus befaßt.

Die Herkunft seiner Geliebten Ariadne vermerkt ein Täfelchen aus Knossos, das sie »Herrin des Labyrinths« nennt, der Geldspenden dargebracht wurden; vielleicht war sie eine Unterweltsgöttin. Ihre Verzweiflung bei der heimlichen Flucht des Theseus hat Catull in einem langen, kunstvollen Gedicht (LXIV) und Ovid in den *Heroides* besungen. Ariadne klagt, sie verstehe nun, warum nicht einmal des Minotaurus Hörner die steinerne Brust ihres Geliebten durchbohren konnten. Im sogenannten »Haus des Tragikers« in Pompeji findet sich ein Wandgemälde, auf dem Theseus dargestellt ist, der gerade sein Schiff besteigt, während Ariadne ihm von der Felsenklippe

aus nachstarrt. In der Renaissance hat vor allem Tizian, im Barock Peter Paul Rubens das Thema malerisch gestaltet.
Die schöne Atalanta (20), Tochter des Königs Schöneus von Böotien, konnte schneller laufen als irgendein Mann. Als sie einst das Orakel befragte, wen sie heiraten sollte, wurde ihr diese Antwort:

> Ein Gatte ... ist nicht, Atalanta, dir not. Flieh ehliches Lager!
> Doch du entfliehst ihm nicht und entbehrst dein selber lebendig.
> (21)

Erschreckt durch diesen Spruch wies Atalanta alle Freier ab und stellte die Bedingung, daß nur der sie bekäme, der sie im Wettlauf besiegte. Jeder, dem dies nicht gelang, sollte sterben.
Viele wagten es, unterlagen und verfielen dem Tod. Hippomenes verspottete ihre Kühnheit als Wahnsinn und wollte dem Lauf nur zuschauen. Doch als er Atalanta sich zum Kampf rüsten, und noch mehr, als er sie dann laufen sah, faßte er eine so starke Liebe zu ihr, daß auch er sich entschloß, trotz des traurigen Geschicks seiner Vorgänger, um den Siegespreis in die Schranken zu treten. Die Jungfrau war durch seinen Anblick gefesselt und betrachtete ihn milder als die übrigen. Doch von ihrer selbstgestellten Bedingung konnte sie sich nicht entschließen, abzulassen.
Hippomenes flehte Venus um Hilfe an, da sie ihm ja die Liebe zu Atalanta ins Herz gegeben habe. Sie erhörte ihn und gab ihm drei goldene Äpfel, die sie zufällig von einem Baum in der Nähe ihres Tempels in Tamasus in Zypern gepflückt hatte. Der Wettlauf begann; wie sehr Atalanta sich auch zurückhielt, sie ließ Hippomenes bald hinter sich. Da warf Hippomenes der Jungfrau einen der Äpfel vor die Füße, und sie bückte sich, ihn aufzuheben. Das gab Hippomenes einen Vorsprung – doch nur für kurze Zeit. So warf er den zweiten

Apfel – mit dem gleichen Ergebnis. Schließlich kam die letzte Runde. Venus selbst beschreibt das Geschehen:

> Und in das Feld schräghin, daß länger verweile die Jungfrau,
> Warf er das leuchtende Gold mit Jünglingskraft auf die Seite.
> Ob sie es hole, besann sie sich erst, wie es schien. Es zu holen
> Zwang ich, und das Gewicht dem gehobenen Apfel vermehrend
> Hielt ich sie auf durch Schwere der Last nicht minder wie Säumnis.
> Kurz, daß langsamer nicht als der Lauf sei meine Erzählung:
> Sie kam später ans Ziel. Heim führte der Sieger den Kampfpreis.
> (22)

In seinem Glück vergaß Hippomenes Venus ein Dankopfer zu bringen und entweihte außerdem durch ein Liebeslager mit Atalanta den Tempel der Muttergottheit Kybele. Zur Strafe verwandelte Kybele beide in Löwen, die nun ihren Wagen ziehen mußten. Venus und Kybele sind auch die verschmähten und darum sich rächenden Gottheiten vieler anderer Sagen und Märchen.

Von Atalanta gibt es auch eine andere Erzählung, die Euripides zum Thema eines heute verschollenen Dramas wählte. Darin wird erzählt, daß sie die erste war, die den furchtbaren Kalydonischen Eber verwunden konnte, was vor ihr weder Jason, noch Pirithoos oder anderen gelungen war. Erst Meleager erlegte das Untier und schenkte ihr den Kopf mit der abgezogenen Haut als Siegestrophäe (23). Ovid identifiziert die Heldinnen dieser beiden Erzählungen, doch ob er der erste war, der es tat, oder diese Version schon von Vorgängern übernahm, läßt sich nicht feststellen. Der Ort Tegea in Arkadien und auch Böotien beanspruchen Atalanta für sich; der Name war vielleicht eine Bezeichnung für die göttliche Jägerin Artemis, die in der Geschichte vom Kalydonischen Eber das Ungeheuer als Plage über die Menschen sandte, weil König Öneus vergessen hatte, ihr das Ernteopfer zu bringen.

In noch einer weiteren Fassung heißt der Freier nicht Hippomenes, sondern Milanion. Properz, dessen Elegien voller Mythologie stecken, bringt die Erzählung als Parallele seiner eigenen Leidenschaft für Cynthia. Milanion ist darin das Musterbeispiel des treuen, standhaften Liebhabers. Bei Theocritus (24) ist der Name des Helden wie bei Ovid Hippomenes. Das Motiv von den vielen Bewerbern um die Hand der Prinzessin, die alle scheitern, ist aus dem Volksmärchen genommen. Bei den Daiaks auf Borneo galt bis vor ganz kurzer Zeit, wenn nicht bis heute, die Sitte, die Köpfe getöteter Feinde als Kaufpreis für die Braut vorzuweisen. Die Griechen jedoch haben dieses Thema mit ihrer Vorliebe für Wettläufe und Kampfspiele in Verbindung gebracht.

Das Seltsame an der Ovidschen Version ist, daß die Prinzessin selbst läuft und den Lauf verliert. Robert Graves macht die interessante, jedoch ohne weitere Beweise nicht überzeugende Bemerkung, die Geschichte des Rennens sei auf die bildliche Darstellung des zum Tode bestimmten Jahreskönigs zurückzuführen, der, goldene Äpfel in der Hand, von der Göttin zu Tode gehetzt wurde; die Bestrafung der Bewerber erinnere an eine alte Regel, nach der Angehörige desselben oder verwandter Clans nicht heiraten durften; so war es etwa Angehörigen des Lämmer- und des Ziegengeschlechts in Athen verboten, einander zu heiraten.

Das Rennen und sein Ausgang wurde in späteren Jahrhunderten Gegenstand der Malerei, so zum Beispiel bei Bon de Boullogne; dabei hat man sich vor allem für die Taten Atalantas in Kalydonien, die in der Meleagersage berichtet werden, interessiert. Alle früheren dichterischen Versuche werden bei weitem durch Swinburnes *Atalanta in Kalydonien* übertroffen. Er nennt sein vom klassischen Geist getragenes Gedicht »rein griechisch und das erste moderne Gedicht dieser Art, das

Lyrik und Dramatik in der Weise der Alten verbindet«. Obgleich er sich wie auch Apollodorus vor allem auf Ovid stützte, ist jedoch der Dichter und auch sein Werk so ungriechisch wie un-ovidisch.

Acrisius, König von Argos, weigerte sich zu glauben, daß Perseus (25), den seine Tochter Danae aus einem goldenen Regen empfangen hatte, der Sohn des Jupiter sei. Doch als Perseus erwachsen war, zog er weit umher und vollbrachte überall wunderbare Taten. Die berühmteste war die Tötung der Medusa (Abb. S. 435), einer der drei Gorgonen. Einst war ihr Haar schön gewesen, doch als ihr Neptun im Tempel der Minerva Gewalt antat, bestrafte die Göttin diesen Frevel, indem sie die Locken der Medusa in Schlangen verwandelte. Die uralten Töchter des Phorcys, Scheusale, die miteinander nur ein Auge besaßen, geleiteten Perseus zur Gorgo. Er durchwanderte dabei Gegenden, die von erstarrten Menschen- und Tiergestalten bevölkert waren: Sie alle hatten einst der Medusa ins Angesicht geschaut und waren zu Stein geworden. Perseus aber hielt ihr seinen glänzenden Bronzeschild vor; sie sah darin ihr eigenes Spiegelbild und entsetzte sich so, daß sie überwältigt und getötet werden konnte. Er hieb ihr den Kopf ab; als er damit über die Libysche Wüste flog, fielen Blutstropfen in den Sand; wo sie niederfielen, züngelten Giftschlangen hervor, von denen Libyen nun voll ist.

Dreimal flog Perseus um die ganze Welt. An ihrem westlichen Ende traf er Atlas, der ihm die Gastfreundschaft verweigerte. Da enthüllte der Held das Haupt der Medusa, und Atlas erstarrte zu einem hohen Gebirge, auf dem der Himmel und all seine Sterne aufruhen. Schließlich kam Perseus in das äthiopische Königreich des Cepheus. Dort blickte er auf die Erde hinunter, sah des Königs Tochter Andromeda und gewann sie lieb. Ihre Mutter Cassiope hatte sich ihrer Schönheit gerühmt und damit die Meergöttinnen beleidigt; zur Strafe wurde die Tochter an einen Felsen geschmiedet, denn Cepheus war durch ein Orakel geweissagt worden, er müsse sein Kind einem Meerungeheuer, das Neptun senden werde, opfern. Der Drache erschien, die Eltern klammerten sich weinend an Andromeda; da fuhr Perseus vom Himmel herab und bot sich an, die Stelle der Jungfrau einzunehmen, wenn sie seine Frau werden wollte. Das wurde ihm gern versprochen; überdies sollte er noch ein Königreich als Morgengabe haben. Perseus eilte in die Lüfte zurück, stieß auf das Ungeheuer hinab und führte den Streich.

Jener, dem schnappenden Maul ausweichend mit hurtigen Flügeln,
Haut, wo Blöße sich beut, auf den muschelbesäeten Rücken,
Haut in die Seiten mit Macht auf die Rippen, und wo sich [verdünnend
Endet der Schwanz als Fisch, mit dem sichelförmigen Schwerte. (26)

Schließlich stieß der Held dreimal sein Schwert in das Herz des Untiers (Abb. S. 402).

König und Königin begrüßten freudig den Schwiegersohn, doch das Hochzeitsfest wurde durch des Königs Bruder Phineus unterbrochen, der erklärte, Andromeda sei ihm versprochen worden und er werde nun den Raub rächen: Er schleuderte seinen schweren Eschenspeer gegen Perseus. Ein allgemeiner Kampf begann, doch Perseus, den Minerva beschützte, hob wieder das Haupt der Medusa hoch empor. Sofort wurden zweihundert seiner Feinde, die in das tote Angesicht sahen, zu Stein, und dieses Schicksal erlitt schließlich auch Phineus, obwohl er um Gnade bat.

Auf dieselbe Weise vertrieb Perseus dann seinen Oheim, Proetus, der sich widerrechtlich des Throns von Argos bemächtigt hatte, auch tötete er den bösartigen König von Seriphos,

Polydectes, der nicht glauben wollte, daß Perseus wirklich die Gorgo erschlagen hatte.

Pindar beschreibt Perseus als den ersten Helden von Argos. Angeblich war dort in einer Grube seine Tochter und das Haupt der Medusa bestattet. Argos spielte in historischer Zeit die Rolle, die vor ihm Mykene innegehabt hatte; Perseus aber soll Mykene gegründet haben. Seine Geschichte, die in heute verschollenen Epen erzählt wurde, war über ganz Griechenland verbreitet. Man brachte seinen Namen mit zahlreichen Denkmälern und auch mit Naturerscheinungen in Verbindung – etwa mit den Felsen von Seriphos, in die er seine Gegner verwandelt haben soll. Zu Hesiods Zeit war die Sage auch in Mittelgriechenland wohlbekannt (27).

Außer Odysseus gibt es keinen griechischen Heros, dessen Abenteuer so eng mit den Märchen anderer Völker verbunden sind, wie Perseus. Sie wurden wie auch die Erzählungen von Odysseus und Jason durch die Seefahrer der Frühzeit weit verbreitet. Während die beiden anderen mit dem Schwarzen Meer und dem zentralen Mittelmeer in Verbindung gebracht werden, hat Perseus es vor allem mit der Ostküste des Mittelmeers zu tun. Er wurde sogar mit dem kanaanitischen Gott Reseph identifiziert – möglicherweise, wenn auch ganz unbewiesen, soll seine Geschichte mit ritualen Menschenopfern in Zusammenhang stehen.

Vor allem ist er der Bezwinger der Gorgo, ursprünglich vielleicht einer Art Alb, der den Schläfer vor Grauen erstarren läßt. Auf griechischen Kriegsschildern fanden sich ähnlich schauerliche Maskengesichter, ebenso auf Gebäuden. Der Zweck war der, Feinde zu schrecken oder böse Geister abzuwehren. Erst in alexandrinischer Zeit wurde ihr Angesicht schön dargestellt – Perseus sagt bei Ovid immerhin, sie sei einst schön gewesen. Für Perseus selbst mit seinen Flügelsandalen, seinem

Tarnmantel und dem Bronzeschild, den er als Zauberspiegel benutzte, könnte ein Seher oder Schamane der Vorzeit als Muster gedient haben.

Danae empfing Perseus von Jupiter, der sich in einen goldenen Regen verwandelt hatte – diesen Mythos nannte der Märtyrer Justin eine dämonisch inspirierte Verzerrung der jungfräulichen Geburt Christi durch Maria. Zahllose Maler Europas hat dieses Thema gereizt. Perseus selbst gestaltete Cellini als Bronzestatue in der Loggia dei Lanzi zu Florenz. Francis Bacon allegorisierte die Sage und deutete Perseus als Abbild des Krieges. Daß er allein ausgezogen war und die Gorgo, die als einzige von ihren Schwestern Stheno und Euryale sterblich war, angriff, betrachtete er als Fanal dafür, daß es nur Kriege geben sollte, die ein einzelner Mann zu führen imstande sei – einer der phantastischsten Gedankengänge in Bacons *Weisheit der Alten.*

Sigmund Freuds Deutung des Medusenhaupts aus dem Jahr 1922 wurde erst nach seinem Tod 1940 veröffentlicht: Für ihn war dieses Schlangenhaupt Symbol für den behaarten weiblichen Geschlechtsteil. Als immer wiederkehrendes Traumsymbol, das sich in den Mythen von mindestens fünfundzwanzig Völkern findet, deutet es in seiner Entsetzen erregenden Gestalt auf den verbreiteten Schrecken vor der Entmannung hin, die im Traum durch Enthauptung ersetzt wird. Nach einer anderen Version tötet Minerva-Athene selbst die Gorgo im Kampf mit den Giganten, auf ihrem Brustharnisch trägt sie das schauerliche Gorgonenhaupt, das ihre Feinde mit Furcht schlägt und die Begierde abwehrt.

Die Gestaltung der zweiten Episode in der Perseussage, die Befreiung Andromedas von dem Seeungeheuer, entstammt zum großen Teil der dramatischen Phantasie des Ovid. Diese Sage von dem Familienzwist schließt immerhin nicht weniger als vierzig Varianten in sich, in denen das Seeungeheuer alle möglichen Vorbilder, von Königen und Nebenbuhlern des Acrisius bis zu anderen Scheusalen, auch einem Bergriesen, hat. Ovid läßt die Handlung bei den halb sagenhaften Äthiopen spielen, Schauplätze der anderen Versionen sind meist Palästina oder das südöstliche Kleinasien. In der Nähe von Joppe (Jaffa) wurden noch im ersten nachchristlichen Jahrhundert Spuren von Adromedas Fesseln am Felsen und das Skelett des Ungeheuers gezeigt (28). Seinen Ursprung dürfte der Mythos jedoch weiter östlich oder südlich haben, vermutlich sind in ihm Motive aus dem Mittleren Osten gemischt und verarbeitet. Der Perserkönig Xerxes nützte diesen Mythos für politische Zwecke aus, das taten damals viele: Er berief sich auf die Freundschaft zwischen Perseus (Argos) und Andromeda (dem Osten), um die Unterstützung der Argiver im Perserkrieg zu gewinnen.

Von den Schauspielen, die athenische Dramatiker dem Thema widmeten, zum Beispiel die vermutlich romantisch gefärbte *Andromeda* des Euripides, sind nur Bruchstücke überliefert. Doch der Eindruck, den das Thema auf die großen Maler und Bildhauer Europas machte, läßt sich an den verschiedensten Beispielen nachweisen. Ein reifes Meisterwerk Tizians (um 1554) bringt die Dramatik des Vorwurfs durch Licht- und Schattenwirkung noch besonders zur Geltung. Roger Fry meint, Tizian sei nicht gerade ein Heide gewesen, doch fühlte sich der Künstler durch die Mythen so lebhaft angesprochen, daß er unmöglich die immer formal werdende Auffassung seiner Zeitgenossen akzeptieren konnte. In den Fünfzigerjahren des 16. Jahrhunderts ließ der Venezianer religiöse Gegenstände und Porträts ruhen und wandte sich ausschließlich der Mythologie zu. Dabei stellte er seine Meisterschaft in neuer Farbgebung und ausdrucksvollen Bewegungen unter Beweis.

Doch neben dem tiefen Ernst, mit dem er sich der Mythen annahm, spielt noch ein anderes Element eine Rolle: Der nackte menschliche Körper steht im Mittelpunkt der Renaissancekunst. Tizian verkörperte in der nackten Andromeda den Gegenstand der Begierde, die Frau, die der Mann sieht und begehrt. Diese erotische Seite seines Genius gefiel König Philipp II. von Spanien, der eine ganze Reihe von mythologischen Gemälden bei Tizian bestellte. Unter ihnen befand sich auch das Bild *Perseus und Andromeda.* Auch Guido Reni, Rubens und Rembrandt befaßten sich mit dem Stoff.

4

Gottesfürchtige Paare und ihre Belohnung

ALS JUPITER die Giganten oder Titanen, die versucht hatten, den Olymp zu stürmen, gestürzt hatte, da, so erzählt Ovid, brachte die mit ihrem Blut getränkte Erde neues Leben hervor (29). Sie ließ menschliche Wesen entstehen. Doch auch diese waren gleich den Giganten grausam, gewalttätig und verachteten die Götter – echte Kinder des Gigantenbluts. Besonders aufsässig zeigte sich Lykaon, der König von Arcadien, als Jupiter sein Land besuchte. Deshalb beschloß Jupiter, auch dieses neue Menschengeschlecht zu vernichten. Damit er jedoch nicht das Weltall mit dem Feuer seiner Blitze in Brand stecke, ließ er heftige Wolkenbrüche kommen und die Menschheit im Wasser ertrinken. Er hielt die Nordwinde und alle anderen Winde, die Wolken zerstreuen, zurück; Iris füllte die Wolken mit Wasser, und Neptun schlug die Erde mit seinem Dreizack.

Die Flüsse rasten über die Ebenen, rissen die Gebäude weg, und die ganze Erde war ein einziger uferloser Ozean. Menschen und Tiere wurden weggespült oder starben vor Hunger, selbst die Vögel fielen ermattet ins Meer und ertranken.

Nur Deukalion, der Sohn des Prometheus, und seine Base und Gattin Pyrrha konnten überleben, indem sie sich in einem kleinen Boot über Wasser hielten. Jupiter rettete sie, weil sie die trefflichsten und frömmsten unter allen Menschen waren:

> Nie war besser ein Mann als er und dem Rechten ergeb'ner;
> Nie trug irgendein Weib mehr Scheu als sie vor den Göttern.
> Als nun Jupiter sieht in Morästen versumpfen den Erdkreis
> Und daß übrig blieb von all den Tausenden Einer,
> Und daß übrig blieb von all den Tausenden Eine,
> Beid' unsträflichen Sinns und beide Verehrer der Gottheit,
> Teilt er die Wolken und zeigt, da der Regen verscheucht von dem [Nordwind,
> Wieder dem Himmel die Erd' und wieder den Äther der Erde.
> (30)

Neptun gebot dem Triton, auf seinem Muschelhorn zu blasen und die Meeresfluten und die Ströme zurückzurufen. Deukalion und Pyrrha landeten auf einem der Zwillingsgipfel des Parnaß. Ihre erste Handlung nach der Rettung war, daß sie den Nymphen, Berggeistern und der Göttin Thetis, die dort eine Orakelstätte besaß, Opfer brachten.

Als die Erde wieder aus dem Wasser tauchte, sah Deukalion, daß alles wüst und öde war. Weinend wandte er sich an seine Gattin und klagte ihr, wie glücklich sie zwar seien, einander zu haben, wie aussichtslos ihr Dasein aber nun sei: »Könnt' ich doch mit der Kunst des Vaters von neuem die Völker / Schaffen und lebenden Geist einflößen gestalteter Erde! / Nun ist übrig in uns zweien die sterbliche Gattung –.« (31) Sie wandten sich an das Orakel um Hilfe und erhielten von dort diese Antwort: »Weg gehet vom Tempel, / Hüllt euch beide das Haupt und löst die gegürteten Kleider, / Und so werft das Gebein der großen Erzeugerin rückwärts.« (32) Tief erschraken sie über diesen Spruch, bis Deukalion ihn deutete: Die Erde ist ihre Mutter, und die Gebeine sind Steine in der Tiefe der Erde. So hoben sie Steine auf und warfen sie hinter sich; die Steine wurden groß, nahmen Menschengestalt an und wurden Männer und Frauen.

Als die Sonne die Feuchtigkeit, die noch in der Erde zurückgeblieben war, erwärmte und auch die Erde warm wurde, gebar sie alle Arten von Tieren und brachte unzählige Geschöpfe hervor. Einige hatte es schon früher gegeben, andere waren neu und fremdartig.

In einer ausgewählten Gruppe von fünfzig Mythologien der ganzen Welt erscheint dreißigmal das Flutmotiv. Fast all diese Mythen berichten, wie die Menschheit zum Wasser zurückkehrte, aus dem sie einst gekommen war. Manchmal sind solche Berichte mit der philosophischen Betrachtung verbunden, dies sei die Strafe für große Schuld gewesen. Nach der Flut beginnt ein neues Zeitalter und eine neue Menschheit. Oft finden sich auch Wiederholungen der Katastrophe, ein immer neues Verschlingen; Beispiel dafür ist Platos Mythos von Atlantis. Psychoanalytiker nennen das Boot oder die Arche den kostbaren Inhalt des Mutterschoßes, der in einer amniotischen Flüssigkeit schwimmt.

Im pazifischen Raum wird erzählt, daß ein einziger Schiffbrüchiger oder auch der Nachkomme eines Mondwesens (Flut- und Mondsagen stoßen hier zusammen) die Wasserkatastrophe überlebt habe. Dies war eine von den Himmelsmächten verhängte Strafe, weil der Gottesdienst vernachlässigt wurde. Auch die alttestamentarische Sintflut brach herein, weil »die Erde verderbt war, voll Frevels« – gleich der durch die Schuld

Lykaons befleckten Welt in der Deukalionsage. Der Name Lykaon hängt vielleicht mit einem alten Ritual des Zeus »Lycaeus«, des Arcadiers, zusammen. Die Landung Noahs auf dem Gebirge Ararat, das noch heute Ziel von Expeditionen ist, die nach der Arche suchen, findet bis zu der ausgesandten Taube seine Parallele in sumerischen und babylonischen Sintflutmythen. Sechs Spalten eines Tontäfelchens aus Nippur aus dem dritten Jahrtausend v. Chr. bedeckt der Bericht dieser Geschichte, von der man annimmt, sie sei anläßlich eines großen Herbstfestes vorgetragen worden. In Mesopotamien und vor allem in den südlich gelegenen Städten Sumers spielten Überschwemmungen eine viel größere Rolle als in Palästina. Doch die Hethiter und die Hurriter oder ihre Vorfahren übersetzten die mesopotamischen Berichte und brachten sie nach Palästina. Andererseits könnte die Deukalionfassung die Erinnerung an eine Epoche in der Nachsteinzeit Griechenlands selbst wachhalten, zu der Mittelthessalien ein einziger großer See war.

In der Schrift aus Nippur (Sumer) steht an der Stelle Noahs ein Heros namens Ziusudra (»Er sah das Leben«). Es gibt auch davon unabhängig Versionen aus Altbabylon, aus dem Beginn des zweiten Jahrtausends, dort heißt der Held »der überaus weise Atra(m)hasis«. Man hat viel über die Zusammenhänge des Noahberichts mit diesen Geschichten gestritten. Manche meinen, die biblische Geschichte sei von hier abgeleitet, andere halten sie für ein Produkt aus einer noch älteren Quelle. Einmal wurde die Flutsage auch in das *Gilgamesch-Epos* eingefügt. Die besterhaltene Version gibt eine assyrische Tontafel, die auf mehr als dreihundert Zeilen den Bericht aus dem Mund des Utnapischtim, des »Weitentfernten«, enthält, wieder. Hier landet das Boot auf dem Gebirge Nisir; das ist entweder der Ararat oder ein Berg im nordöstlichen Irak. Die

Heimat Utnapischtims ist der sumerische Stadtstaat Schurrupak (heute Fara) am Euphrat.

Das Ende der Erzählung wird verschieden überliefert: In der *Genesis* verheißt Gott dem Noah: »Solange die Erde steht, soll nicht aufhören Saat und Ernte, Frost und Hitze, Sommer und Winter, Tag und Nacht.« In der Erzählung von Utnapischtim dankte der Gerettete den Göttern durch ein Opfer, über dem sich die Überirdischen wie Fliegen versammelten, als sie den süßen Duft rochen. Die Version von Deukalion, die Ovid von Pindar übernahm (33), endet mit der Erschaffung eines neuen Menschengeschlechts, allerdings entsteht es nicht aus Schlamm oder Lehm, wie in der späteren Fassung des Prometheusmythos, sondern aus Steinen. Vielleicht war die Ähnlichkeit zwischen den Worten »laas« (Stein) und »laos« (Volk) für diese Wendung maßgebend.

Bei Ovid klingt das alles weniger feierlich als der Schluß im Bericht der *Genesis*, doch schöpferischer und hoffnungsvoller als etwa im *Gilgamesch-Epos*. Die Völker Mesopotamiens besaßen eben weder die Menschlichkeit der Griechen noch das Bundesbewußtsein der Juden; vielleicht kommt es daher, daß sie trotz aller imponierender zivilisatorischer Leistungen in tiefer Unsicherheit lebten.

Von Deukalion und Pyrrha stammten dann alle griechischen Stämme ab.

Ovid erzählt: Auf einem Hügel in Phrygien steht eine Eiche und eine Linde (34); neben den Bäumen befindet sich eine niedrige Steinmauer. Die ganze Umgebung ist ein Sumpf. Früher bewohntes Land ist jetzt die Heimat von Enten und Reihern.

Einst kamen Jupiter und Mercurius in Menschengestalt in jenes Gebiet. An tausend Häusern kamen sie vorbei und baten um Rast, aber alle blieben ihnen verschlossen. Schließlich kamen sie an die kleine, strohgedeckte Hütte des alten Philemon, und dort wurden sie freundlich aufgenommen. Die armen, aber zufriedenen alten Leute gewährten ihnen ländliche Gastlichkeit (Abb. S. 436).

Als nunmehr die Bewohner der Höh' dem bescheidenen Wohnsitz
Waren genaht und gebückt durch die niedrigen Pfosten getreten,
Hieß sie der Greis ausruhen vom Weg auf gebotenem Sessel,
Darob rohes Geweb' erst warf die geschäftige Baucis.
Eifrig zerwühlte sie dann auf dem Herd die lauliche Asche,
Weckte gestrige Glut, mit Blättern sie nährend und dürren
Rinden und fachte sie an zur Flamme mit keuchendem Atem,
Holte gespaltenes Holz und trockenes Reisig vom Boden,
Brach es entzwei und legt' es zurecht um den niedrigen Kessel.
Kohl dann, welchen der Mann im gewässerten Garten gesammelt,
Streifte sie ab. Er nimmt mit der doppelzinkigen Gabel
Oben vom schwarzen Gebälk den rußigen Rücken des Schweines,
Schneidet ein mäßiges Stück alsdann von dem lange bewahrten
Vorrat ab und erweicht das Stück in den kochenden Wellen.
Beide bemühen sich auch mit Gesprächen die Weile zu kürzen, ...
Platz nun haben die Zwei. Hin stellt die gegürtete Alte
Zitternd den Tisch; ungleich war aber das dritte der Beine;
Scherben erhöhen das Bein. Als diese die Schiefe beseitigt,
Untergelegt, wischt rein den geebneten grünende Minze.
Roh wird jetzt gebracht die zweifarbige Frucht der Minerva,
Herbstcornellen sodann, in flüssiger Brühe geborgen,
Rettich, Endivien auch, und Milch in verdichteter Masse,
Eier dazu, nur leicht in glimmernder Asche gewendet,
Alles in ird'nem Geschirr. Drauf kommt von dem nämlichen [Silber
Künstlich bebildert ein Krug auf den Tisch und aus Buchen [geschnitzte
Becher, mit gelblichem Wachs in der inneren Höhlung bezogen.
Kurz ist die Frist, und es sendet der Herd die dampfenden [Speisen.

Dann wird wieder der Wein nicht hoch von Alter geboten
Und, an die Seite gesetzt ein Weilchen, verdrängt von dem [Nachtisch.
Nüsse und Feigen gemengt zu runzligen Datteln und Pflaumen,
Duftende Äpfel stehn da in gespreiteten Körbchen,
Auch vom purpurnen Stock der Reben gesammelte Trauben.
Glänzende Wab' hat mitten die Statt. Noch kommen zu allem
Freundliche Mienen hinzu und ein gern hergebender Wille. (35)

Beim Essen bemerkten die Gastgeber mit ängstlichem Staunen, daß der Weinkrug sich immer wieder füllte, sooft er auch geleert wurde. Sie falteten bittend die Hände und baten ihre Gäste um Vergebung, daß sie ihnen ein so einfaches Mahl bereitet hätten. Sie hatten noch eine einzige Gans, die mit einem Hund gemeinsam das Gütchen der Alten bewachte. Diese versuchten sie nun zu fangen, um sie ihren göttlichen Gästen vorzusetzen. Doch der Vogel entwischte ihnen stets. Schließlich waren die beiden erschöpft, die Gans jedoch kam ganz nahe an die Götter heran, als suche sie dort Schutz. Jupiter und Merkur befahlen, sie am Leben zu lassen und sprachen: »Himmlische . . . sind wir, und gebührende Strafe / Steht bevor den Frevlern umher. Euch wird, von dem Unheil / Frei zu bleiben, gewährt. Nur geht aus euerer Wohnung; / Unserem Schritt folgt nach und hinauf zu der Höhe des Berges / Wandert mit uns.« (36) Sie taten, wie ihnen befohlen wurde. Kurz ehe sie den Gipfel erreichten, sahen sie die Gegend hinter ihnen ganz unter Wasser stehen; ihr Haus allein ragte noch über die Flut heraus, und vor ihren Augen verwandelte sich das kleine, armselige Hüttchen, das Götter beherbergt hatte, in ein schimmerndes Heiligtum.

Nun gewährte ihnen Jupiter, sie dürften sich wünschen, was sie wollten; sie erbaten sich nur, Priester der beiden Götter sein zu dürfen und ihren Tempel zu bewachen. Außerdem wünschten sie zur gleichen Stunde gemeinsam sterben zu können. Ihre Bitten wurden erhört. Als sie beide im höchsten Greisenalter vor ihrem Tempel standen und von den alten Zeiten sprachen, wurden sie in zwei Bäume verwandelt, welche die Bauern der Umgegend noch heute Seite an Seite auf der Anhöhe zeigen.

Diese Erzählung ist eine Fluterzählung aus Phrygien; die bekanntere Fassung von Deukalion und Pyrrha hat Ovid gleichfalls in seine *Metamorphosen* aufgenommen. Es gab viele Mythen von Besuchen der Götter bei Menschen, und stets wurde eine Person oder eine Familie, die sich als einzige gastfreundlich zeigte, reichlich belohnt. Vielleicht war eine solche Lokalüberlieferung Anlaß für den Bericht in der Apostelgeschichte des Lukas, der erzählt, daß die Bewohner des nahe bei Lycaonia gelegenen Lystra Paulus und Barnabas für die Götter Jupiter und Merkur hielten (37).

Das Grimmsche Märchen *Der reiche und der arme Mann* gibt gleichfalls eine Parallele zu *Philemon und Baucis*. Bäume, in welche die beiden Alten verwandelt werden, erinnern an nordische Schöpfungsmythen. Die Stimmung entlehnt Ovid von den Alexandrinern; das gefühlvolle und zugleich realistische Genre war damals gerade modern, dafür sprechen Statuen aus dieser Zeit, die häufig arme alte Leute, knorrige Fischer und ähnliche Typen darstellen.

Die Moral der Geschichte, daß Demut davor schützt, gedemütigt zu werden, ist einfach und eindrucksvoll. Ein mittelalterlicher Kommentator hat die Geschichte von Philemon und Baucis ins Christliche umgedeutet, er erklärte, daß, wer einen Armen beherbergt, Gott aufnimmt. Die bedeutsamsten Darstellungen der bildenden Kunst hat das 17. Jahrhundert aufzuweisen, vor allem das Göttermahl, das schon einen Bramantino und Zuccari angezogen hatte, war häufiges Motiv.

Der Gegenstand wurde von flämischen, holländischen und deutschen Malern geschätzt, ein Gemälde Elsheimers diente sogar als Vorlage zu Rembrandts *Abendmahl in Emmaus.* Rembrandt malte aber auch die klassische Szene als solche, wenngleich mit christlichem Symbolismus.

»Baucis und Philemon sehe ich so vollkommen vor mir«, sagte Dryden, »als hätte sie ein antiker Maler gemalt.« Er übersetzte Ovids Erzählung ins Englische.

> Die Becher kreisten fleißig
> und oft geleert, sie füllten sich von selbst,
> füllten sich ohne Hände und sprangen
> ohne Füße auf dem Brett umher.

Der junge Jonathan Swift machte 1708 einen Dorfpfarrer und seine Frau zu Trägern der Handlung; die beiden werden in zwei Eibenbäume verwandelt, und die Götter sind Heilige:

> Im Lumpen, wie ein Bettler sein sie nennt
> So kamen beide in ein Dorf in Kent.

Von hoher Warte aus läßt Goethe Philemon und Baucis im Zweiten Teil des *Faust* eine Stufe im Ringen des Menschen nach Erlösung verkörpern. Graham Hough, ein Dichter unserer Zeit, bietet einen nüchternen, knappen Kommentar:

> Entzückt von fleckiger Eier Einfachheit
> Verzehrten lächelnd sie das karge Mahl
> Und machten sichs bequem. Am Quell dann wuschen
> Sie sich vom Staub der Reise rein, beschlossen
> Die arme Hütte neu zu baun. Das Dach von Stroh
> Verwandelte sich gleich in goldnen Fries.
> Verließen nun die Alten, diese wurden
> Die Priester einer schalen Tugendlehre,
> Geplagt von unbestimmter, schwacher Reu,

Denn Tugend weiß von je, was sie gekostet.
Die Hohen setzten nun die Reise fort
Vergnügt und strahlend, noch in olymp'scher Großmut.
Der eine, seiner Daphne brünstig nachzujagen,
Bis sie zu einem Lorbeerbaum erstarrt,
Der andere, gehörnt und tauiger Lippe
Europens süße Blumen sich zu brechen.

DER UNSICHTBARE LIEBHABER

1

Cupido und Psyche nach Apuleius

EIN KÖNIG und eine Königin hatten drei sehr schöne Töchter, aber die schönste von ihnen war die jüngste namens Psyche. Aus vielen Ländern kamen Leute, um sie zu bewundern, sie glaubten, es sei Venus selbst oder doch die Nachfolgerin der Liebesgöttin, die da vor ihnen stand. Der Dienst der Venus wurde über ihr vernachlässigt, und die erzürnte Göttin befahl ihrem Sohn Amor oder Cupido, Psyche mit einem Pfeil so zu treffen, daß sie sich in die nächste beste elende Kreatur verliebte. Dann zog Venus übers Meer nach ihrer heiligen Insel Cypern. Psyche aber hatte keinen Gewinn von all den Ehren, die ihr zuteil wurden. Ihre Schwestern heirateten Könige, doch sie kam niemand zu freien, und sie saß zu Hause und fühlte sich ganz verlassen.

Ihr Vater, der schon vermutete, daß einer der Götter ihm zürne, befragte das Orakel des Apollo zu Milet, woher er für Psyche einen Mann bekommen könnte. Die Antwort war, der für Psyche bestimmte Gemahl sei kein Mensch, sondern ein geflügelter Drache, vor dem Jupiter selbst sich fürchte. Sie müsse schwarze Trauerkleidung anlegen und auf einen Berggipfel steigen, um dort ihre Hochzeit zu feiern, die ihr aber den Tod bringen würde. So zog sie unter Trauermusik und lautem Klagegeschrei dahin, wie eine Frau, die zu ihrem eigenen Grabe geht.

Dann schickte sie ihre Eltern fort; sie schlossen sich in den

Palast ein, um die Tochter zu beweinen. Psyche selbst stieg auf den Gipfel des Berges. Da entführte sie ein Windstoß und trug sie hinab in ein tiefes Tal. Auf einer blumigen Wiese sank sie nieder; nachdem sie ein Weilchen geschlafen hatte, stand sie auf und wandelte längs eines Flusses in einen tiefen Wald. Plötzlich stand sie vor einem Palast, der von Gold, Edelsteinen und kostbaren Hölzern prunkte und nur einem Gott gehören konnte. Als sie schließlich wagte, schüchtern über die Schwelle zu treten, fand sie im Innern ungeheure Schätze, aber keine Seele, die sie bewachte.

Doch da ertönte die Stimme einer unsichtbaren Dienerin und geleitete sie in ein Schlafzimmer, das mit einem Baderaum verbunden war. Sie schlummerte ein Weilchen, dann begab sie sich ins Bad, wo unsichtbare Hände sie entkleideten, wuschen, salbten und sie dann wieder in ihr Brautgewand hüllten. Als sie aus dem Baderaum trat, sah sie auf einmal einen runden Tisch und davor einen bequemen Sessel. Alles war für ein Gelage vorbereitet, doch zeigte sich niemand, der daran teilnehmen wollte. Erwartungsvoll saß sie da, plötzlich schwebten duftende Weine und herrliche Speisen, von Geisterhand getragen, auf sie zu. Die Aufwartenden sah sie nicht, sie hörte nur ihre Stimmen. Dann wurde gesungen und Harfe gespielt, doch Sänger und Spieler blieben unsichtbar. Schließlich ertönte ein ebenfalls unsichtbarer Chor, Zitherspiel und harmonischer Gesang umschmeicheln ihr Ohr.

> Nach all diesen Ergötzlichkeiten geht Psyche auf Anmahnen der einbrechenden Nacht endlich schlafen.
> Schon tief in der Nacht weckt sie ein leises Geräusch. Da schaudert es ihr durch alle Glieder. In der großen Einsamkeit ist ihr für ihre Unschuld bange. Zwar weiß sie nicht, was sie befürchtet, aber sie fürchtet es mehr als den Tod.
> Siehe, es ist ihr unbekannter Gemahl. (1)

Er kam, bestieg das Brautbett und machte sie zu seiner Gattin. Vor Tagesanbruch verschwand er, unsichtbar wie er gekommen. Auch in den beiden folgenden Nächten besuchte er sie so. Mittlerweile beweinten ihre Eltern und Schwestern sie noch immer. Doch ihr Gemahl hieß sie, nicht zu antworten, wenn sie das Klagen ihrer Schwestern hörte. Als sie jedoch flehentlich bat, sie mögen ihr Gesellschaft leisten, erlaubte er es endlich widerstrebend. Doch stellte er die Bedingung, daß sie unter keinen Umständen, wieviel jene auch bäten, den Versuch machen dürfe, zu erfahren, wie er selbst aussehe. Der Westwind trug ihr die Schwestern in den Palast, und Psyche erzählte ihnen eine Geschichte, die sie sich ausgedacht hatte: ihr Gemahl sei ein hübscher junger Mann, dem kaum der erste Flaum sproßte, und ein leidenschaftlicher Jäger.

Als die beiden Schwestern wieder allein auf dem Heimweg waren, verzehrten sie sich vor Neid. Eine klagte, ihr eigener Gatte sei kahlköpfig, schwach und kränklich. Die andere jammerte, ihr Mann leide so sehr an Gicht, daß sie, seine Frau, nur seine Pflegerin sei. Mit all den Pflastern und Umschlägen habe sie sich schon die Hände verdorben. So kehrten sie voller böser Gedanken nach Hause zurück. Wieder warnte Psyches Gemahl sie vor der Gefahr, die ihr von ihren Schwestern drohe. Er sprach davon, daß sie ein Kind von ihm haben würde: könnte sie das Geheimnis wahren, werde es ein Gott sein, andernfalls aber ein sterblicher Mensch.

Doch als die Schwestern wieder kamen, war Psyche nicht auf der Hut. Sie war nicht sehr klug, und da sie die erste Geschichte vergessen hatte, erfand sie eine neue: Sie erzählte, ihr Mann sei von mittleren Jahren, ein reicher Kaufmann aus der Nachbarprovinz mit leicht ergrautem Haar. Dann brach sie die Unterhaltung rasch ab, beschenkte die Gäste reichlich und entließ sie. Diesmal sagte die Jüngere beim Heimritt: »Was meinst du, Schwester, ... zu der albernen Lüge, die uns die Närrin da aufbürden will? Erst war's ein Jüngling, auf dessen blühender Wange sich eben der erste Bart kräuselte, und nun ist's auf einmal ein Mann in den besten Jahren, dessen Haar sich schon versilbert! Wer mag der sein, der in so kurzer Zeit alt und grau werden kann?«

»Sei es von beiden, was es immer wolle, ich kann sie nicht länger in dem Überflusse wissen«, sagte die Ältere. »Ich ruhe nicht, sie muß alles verlieren.« (2)

Die Schwestern vermuteten richtig und zu ihrem großen Neid und Ärger, daß das Kind Psyches ein Gott sein werde. Deshalb erschreckten sie sie, indem sie ihr einredeten, ihr Gatte sei in Wirklichkeit eine scheußliche Schlange. So befolgte sie ihren Rat und nahm, als sie das nächste Mal bei ihm lag, eine Lampe und ein Messer, um ihn zu töten. Beim Schein des Lichts sah sie Cupido in all seiner Schönheit. Aus der Lampe fiel ein Tropfen heißen Öls auf seine Schulter, er erwachte. Sofort verließ er seine Frau, flog auf den Wipfel einer Zypresse und überschüttete sie mit Vorwürfen; dann erhob er sich in die Lüfte und verschwand.

Vergebens versuchte Psyche, ihrem Leben ein Ende zu machen und sich zu ertränken, der Fluß trieb sie wieder ans Land. Nun wanderte sie verzweiflungsvoll fort und kam schließlich in die Stadt, in der eine ihrer Schwestern lebte. Sie erzählte ihr, was geschehen war, fügte jedoch listig hinzu, Cupido habe, bevor er fortflog gesagt: »›Deine Schwester – und hier nannte er deinen Namen – soll deine Stelle vertreten, sie nehme ich förmlich zur Gemahlin.‹« Da stieg die Schwester auf jenen Berg und rief zuversichtlich: »Empfange, Cupido, deine würdige Gattin, und du, Zephyr, nimm deine Gebieterin auf!« (3) Dann sprang sie in die Tiefe. Doch die spitzen Felsen rissen sie in Stücke, die über den ganzen Berg hin verstreut wurden.

So bekam sie ihren Lohn, und Vögel und Raubtiere taten sich an ihr gütlich. Bald darauf erfuhr die zweite Schwester dasselbe Schicksal.

Unterdessen lag Cupido stöhnend vor Schmerz im himmlischen Haus seiner Mutter. Diese badete gerade im Meer, als eine Möve ihr die Geschichte erzählte. Zornig beklagte sich Venus bei ihrer Stiefmutter und bei Ceres, die beide Cupidos Pfeile fürchteten und deshalb versuchten, ihn in Schutz zu nehmen. Psyche kam auf der Suche nach ihrem Geliebten auch zum Heiligtum der Göttinnen und flehte um Hilfe. Doch obgleich sie ihr gerne geholfen hätten, wagten sie es nicht, aus Furcht, Venus zu beleidigen. Venus setzte nun einen Preis für denjenigen aus, der Psyche finden würde, und mit Hilfe ihrer Dienerin, der Sitte, gelang es bald. Zwei andere Sklavinnen der Venus, die Angst und die Betrübnis, schlugen das Mädchen; schließlich fiel Venus selbst über sie her, zerfetzte ihr Gewand und riß ihr das Haar büschelweise aus.

Dann stellte sie Psyche eine Reihe unmöglich lösbarer Aufgaben: Zuerst mußte sie noch vor Abend einen riesigen Haufen aus Weizen, Roggen, Hirse, Linsen, Bohnen, Mohnkörnern und Rübsamen sortieren: »Da ... du Scheusal! Sieh zu, ob dir hier deine Emsigkeit eben wie im Buhlen will zustatten kommen! Lies mir dies vermengte Gesäme auseinander!« (4) Dann eilte die Göttin zu einem Hochzeitsfest, von dem sie erst um Mitternacht zurückkehrte, von Wohlgerüchen duftend und leicht betrunken. Doch Psyche hatte die Arbeit getan, eine Schar Ameisen hatte ihr geholfen. Als nächstes hatte sie eine noch schwerere Aufgabe zu bewältigen: Sie mußte etwas von der goldenen Wolle eines gewaltigen Widders bringen, der auf einer Weide am Fluß graste. Auch das gelang ihr mit Hilfe eines grünen Zweigs, und sie brachte Venus eine ganze Schürze voll der goldenen Wolle.

Aber auch damit war die Göttin noch nicht zufrieden. Sie blickte Psyche finster an und sprach mit grausamem Lächeln: »›Du hast Ursache, dich bei deinem Gehilfen zu bedanken... Doch jetzt auch ein Pröbchen von deinem unerschrockenen Mut und deiner großen Klugheit. Du siehst doch auf dem hohen Berge da die schroffe Felsenspitze so kühn emporstreben? Oben auf derselben strömen schwarze Fluten aus der finsteren Quelle und stürzen sich tief in ein verschlossenes Tal hinunter, wo sie den stygischen Pfuhl anfrischen und das dumpfe Getöse des Kocytus unterhalten, da gehe hin und schöpfe mir mitten aus der Quelle innerstem Strudel diesen Krug voll!‹ (5)« Psyche fürchtete sich vor den scheußlichen Drachen, die den Quell bewachten, doch die Vorsehung kam ihr zu Hilfe und sandte Jupiters Adler, der Cupido noch eine alte Schuld abzustatten hatte. Der Liebesgott hatte ihm einst geholfen, Ganymed in die Lüfte zu entführen, den Jupiter zu seinem Mundschenk haben wollte. Der Adler tadelte Psyches Dummheit, nahm den Krug und brachte den Strom dazu, ein wenig Wasser hineinfließen zu lassen.

Venus behauptete nun, Psyche sei eine Hexe; sie befahl ihr, mit einem Kästchen in die Unterwelt zu Proserpina hinabzusteigen und sie zu bitten, ein wenig von ihrer Schönheit in das Kästchen zu legen. Dann sollte sie es zu Venus bringen, denn diese hatte etwas von ihrer eigenen Schönheit eingebüßt, als sie ihren kranken Sohn pflegte und benötigte nun wieder eine Auffrischung, weil sie abends ins Theater gehen wollte. Psyche war verzweifelt. Sie stieg auf einen hohen Turm, um sich von dort hinabzustürzen, um so als Tote die Unterwelt zu erreichen. Doch der Turm begann ihr zuzureden:

> ›Nicht weit von hier liegt Griechenlands edles Lakedämon. In der Nachbarschaft desselben, nur etwas abseits und versteckt,

findest du Tänar. Dort ist der Eingang zum Dis; dort die Pforte, welche den rauhen Weg zur Unterwelt dir öffnet. Da hindurch begib dich und verfolge dann den geraden Fußsteig; so gelangst du unmittelbar zu des Orkus Burg. Leer indessen darfst du diesen Weg der Finsternis nicht antreten, in jeder Hand mußt du einen Honigfladen und im Munde zwei Stüber mitnehmen. Unterwegs wirst du einen hinkenden Esel, mit Holz beladen, antreffen, samt einem gleichfalls hinkenden Eseltreiber. Letzterer wird dich bitten, ihm die vom Esel herabgefallenen Holzscheite wieder aufzuheben; aber gehe du, ohne ein Wort zu verlieren, stillschweigend vorüber. Nun kommst du gleich zum Totenfluß, worüber Charon gesetzt ist. Ehe er die Ankömmlinge in seinem wandelbaren Nachen an das jenseitige Ufer hinübersetzt, fordert er sich erst Fährgeld von jedem ein.‹ – ›Wehe! Also auch bei den Toten herrscht Habsucht? Sowenig Charon als Vater Dis, ein so großer Gott er auch ist, tut das Geringste umsonst! Und der Arme muß zum Sterben sich erst mit einem Reisepfennig versehen, sonst darf er nicht fort!‹ – ›Gib dann diesem schmutzigen Greise einen von deinen beiden Stübern Schifferlohn oder vielmehr, laß ihn sich denselben aus deinem Munde selbst nehmen. Kaum werdet ihr euch auf dem trägen Pfuhl eingeschifft haben, so wird euch der Schatten eines Alten nachgeschwommen kommen und seine nichtigen Hände zu dir aufheben und aufs erbärmlichste flehen, ihn doch in das Schiff zu ziehen. Doch fern sei von dir ein so unzeitiges Mitleiden! Seid ihr aber den Fluß hinüber, dann wirst du so gar weit eben nicht gehen, so werden dich wieder alte Weiber, die mit Weben beschäftigt sind, bitten, doch auch ein wenig Hand anzulegen und ihnen zu helfen. Allein auch damit laß dich unvermengt. Denn dies und noch weit mehreres geschieht alles auf Betrieb der Venus, um dir nur einen von den Kuchen aus den Händen zu spielen; und das siehe ja nicht bloß für einen geringen Teigverlust an! Wisse, mit eines einzigen Verlust ist dir die Rückkehr zum Lichte auf ewig versperrt. Denn durch sie allein kannst du dich vor dem Zerberus schützen. Gleich vor dem Eingange zu den düsteren Gemächern Proserpines liegt dies schreckliche, dreiköpfige Ungeheuer und bewacht des Dis leere Behausung, indem es mit donnerndem, dreigespaltenem Rachen den Toten, denen es weiter nichts Böses zufügen kann, Entsetzen entgegenbellt.‹ (6)

Sobald sie den Cerberus besänftigt hätte, würde sie von Proserpina empfangen werden. Auf dem Rückweg dürfe sie ja nicht das Kästchen öffnen. Sein Inhalt sei nicht für sie bestimmt. Alles verlief gut auf dieser gefahrvollen Reise, Psyche befolgte alle Ratschläge, bis sie die Unterwelt wieder verlassen hatte und auf dem Rückweg war. Doch dann überfiel sie der törichte Wunsch, auch etwas von der Schönheit für sich zu besitzen – sie öffnete das Kästchen. Sofort verfiel sie in einen todesähnlichen Schlaf.

Doch Cupido, der sich inzwischen erholt hatte, kam, erweckte und befreite sie, Psyche konnte aufstehen und Venus Proserpinas Geschenk überbringen. Ihr Geliebter hatte indessen Jupiter um Hilfe bestürmt, alle Götter und Göttinnen wurden zum Rat versammelt. Der Göttervater erklärte, es sei das beste, wenn Cupido sein Junggesellenleben aufgebe und Psyche heirate; für Venus würde das keinen Nachteil bedeuten. Er schickte Merkur aus, um Psyche zu holen, er schenkte ihr einen Becher voll Nektar ein, der sie unsterblich machen und Cupido auf ewig an sie binden sollte (Abb. S. 453).

Dann veranstaltete Jupiter ein großes Hochzeitsgelage, die Musen sangen, begleitet von Flöten und Pfeifen, den Hochzeitshymnus, und Apollo ließ seine Lieder zur Leier ertönen; Venus tanzte dazu.

So feierten sie Hochzeit. Ihr Kind, das aus dieser Ehe geboren wurde, hieß Wollust.

2

Ein Märchen

Lucius Apuleius, der Verfasser der Geschichte von *Cupido und Psyche,* wurde um 123 n. Chr. in Madaurus (heute Mdaourouch in Algerien) geboren. Er war Romanschreiber, Priester und volkstümlicher Philosoph, Dichter und Anhänger des Isiskults, Rechtsgelehrter und Lehrer zugleich. Damals herrschte im Römischen Weltreich noch tiefster Frieden, und Gibbon nannte jene Zeit die glücklichste der ganzen Weltgeschichte. Aber geistige Revolutionen und spiritistische Bewegungen ließen die Gemüter nicht zur Ruhe kommen. Der vielseitige Apuleius selbst wurde der Zauberei angeklagt, seine *Apologia,* in der er sich mit gewandten Spiegelfechtereien gegen diese Beschuldigung zur Wehr setzt, ist uns erhalten.

In seinen *Metamorphosen,* dessen Titel er bewußt von Ovid entlehnte, erzählt er die Geschichte von der Verwandlung eines gewissen Lucius in einen Esel. Das Thema fand Apuleius vielleicht in einem verlorengegangenen griechischen Roman. Sein Werk trägt, spätestens von der Zeit des hl. Augustinus an, auch den Titel *Der Goldene Esel.* Dieses lateinisch abgefaßte Buch ist ein Musterbeispiel für den illusionistischen Roman, jenes »letzte Kind des griechischen Genius«, der seit dem ersten Jahrhundert v. Chr. mit Romanen wie *Die Romanze des Ninus* aufkam. *Der Goldene Esel* ist in blumigem, phantasiereichem, ganz unklassischem Latein verfaßt und der einzige uns vollständig überlieferte lateinische Roman. Er berichtet eine Menge schlüpfriger, haarsträubender und schauerlicher Geschichten und Erlebnisse von Traumhelden, welche die Haupthandlung unterbrechen und bereichern.

Die längste und ausführlichste solcher Geschichten wird der jungen Braut Charite von einer alten Köchin in einer Räuberhöhle erzählt. Charite wurde entführt, wartet auf das Lösegeld und hört so die Geschichte von dem Märchenbräutigam, von *Cupido und Psyche.* Merkwürdigerweise findet sich vor Apuleius in der griechischen und lateinischen Literatur keine Spur dieses Themas, doch gab es möglicherweise eine ältere griechische Version, die verschollen ist. Vielleicht aber war es Apuleius selbst, der die Namen Cupido (Eros – die sinnliche Liebe) und Psyche (Seele) erfand. Auch hier handelt es sich nicht um ein einzelnes Märchenmotiv, sondern um ein ganzes Konglomerat der verschiedensten Märchenthemen, von denen manche in der ganzen Welt bekannt sind. Seine Begabung für das Geschichtenerzählen machte Apuleius zu einem wichtigen Vermittler zwischen Literatur und der Anthropologie, die unmittelbar hinter seinen märchenhaften, sich immer wieder überraschend wendenden Erzählungen steht.

Schon die ersten uns vertrauten Worte von *Cupido und Psyche* zeigen, daß wir es hier mit einem Feenmärchen zu tun haben. Feenmärchen sind leichter zu erkennen als zu definieren. Es müssen nicht unbedingt Feen darin vorkommen, am allerwenigsten jene flatternden Blumenelfen mit Insektenfühlern, die zwar für Kinder geschaffen wurden, bei ihnen aber meist recht unbeliebt sind. J. R. R. Tolkien bringt das Märchen eher mit dem Wort »Fei« in Zusammenhang: Es ist das gefährliche Reich der Träume und Zaubermächte. Magische Gewalten beherrschen Raum und Zeit, sprechen zu anderen Lebewesen, beschwören Gesichte und führen dann durch eine plötzliche Wendung das gute Ende herbei.

Viele unvergeßliche Feenmärchen enthält die *Odyssee,* doch das berühmteste fehlt: das Märchen vom Aschenbrödel und seinen beiden eifersüchtigen Schwestern. Charles Perrault

(1628–1703) führte es in die moderne Literatur ein. Doch in *Cupido und Psyche* des Apuleius findet sich bereits eine Version des Themas. »Es war einmal ein König und eine Königin, die hatten drei wunderschöne Töchter ...« Über 900 Erzählungen, die mit diesen Worten beginnen, sind im Lauf der Zeit in vielen Ländern gesammelt worden. Meist ist die jüngste Tochter die glücklichste. In italienischen, indischen und norwegischen Märchen droht, wie auch bei Apuleius, der jungen Frau Gefahr von ihren mißgünstigen Schwestern. In einer modernen griechischen Variante streuen sie Glasscherben auf das Fensterbrett, weil sie wissen, daß der Gemahl ihrer Schwester als Adler durch dieses Fenster kommen wird. In Albanien wird Fatima von ihren Schwestern in einem Wald ausgesetzt, doch Diebe nehmen sie auf. In einer arabischen Version heiratet der Prinz alle drei Schwestern, doch die älteren halten ein gegebenes Versprechen nicht. Oft erteilen sie, wie auch bei Apuleius, ihrer glücklichen Schwester verderbliche Ratschläge: In Märchen aus dem Mittelmeerraum zum Beispiel weigert sie sich, von ihrem Gatten den Becher zu nehmen, weil sie fälschlich gewarnt wurde, darin sei ein Schlaftrunk enthalten. Psyche wird von der eifersüchtigen Schwiegermutter verfolgt. Die Schwiegermutter ist nicht nur in westeuropäischen Komödien eine Schwankfigur, auch in vielen Volkssagen aus Australien, Neuguinea, Nordamerika und Afrika bringt sie durch Intrigen und Ränke Unheil, entzweit durch Eifersucht die Liebe und das Vertrauen des jungen Paares.

Die Geschichte von dem Mädchen, das von seinem unsichtbaren Liebhaber besucht wird, ist weitverbreitet und schließt Nordasien ebenso ein wie Amerika. Beide werden oft mit dem Mond und der Sonne gleichgesetzt. Ebenso häufig ist auch das Verbot für die Frau, ihren Gatten anzusehen – Psyche übertritt es zu ihrem Unglück. So sagt Graham Hough im Gedicht:

Er sprach zu mir: O leuchte nicht!
Neugierig war das Kerzenlicht.
Hätt ich gehorcht den Worten sein,
Dann hätt ich noch den Liebsten mein.

Auch in Grimms *Singender, schwingender Lerche* und in anderen Erzählungen von Zululand bis Wales wird dieses Verbot übertreten. Das Paar, von dem ein Partner in der Regel übernatürlicher Herkunft ist, findet erst nach harten Prüfungen wieder zusammen. Das Verbot erinnert an die Gebräuche der Irokesen, die, gleich den alten Spartanern, die Hütten der Frauen nur im Schutz der Dunkelheit betreten dürfen. Die Frauen der Yorubas verpflichtet das Gebot der Schamhaftigkeit, den Körper ihres Mannes überhaupt nicht anzusehen. In der *Rig-Veda* dagegen ist es die Fee Urvasi, die den Menschenmann Pururavas besucht und geheimnisvoll erklärt: »Du darfst mich dreimal täglich umarmen, doch niemals gegen meinen Willen. Laß mich dich nie ohne deine königlichen Kleider sehen. Denn das ist die Art der Frauen.«

Wie der Esel in den *Metamorphosen,* von denen ja die vorliegende Geschichte nur einen Teil ausmacht, wird auch Psyche ein Opfer ihrer Neugier. Cupido verbietet ihr, irgendwelche Fragen an ihn zu richten. Das erinnert an die zahlreichen anderen Geschichten, in denen der Frau verboten wird, den Namen ihres Mannes zu erfragen oder weiterzusagen: In Märchen der Hindus und Ainus stirbt er daran. Lohengrin heißt Elsa nicht nach seiner Herkunft zu forschen; in der wallisischen Sage verbietet die Fee dem Erben von Corwrion, nach ihrem Namen zu fragen. Der Name ist Bestandteil der Persönlichkeit, er darf nicht bekannt werden, damit der Träger des Namens nicht unter die Macht eines anderen gerät. Solche irrationale Tabus leben noch heute fort, es gibt immer wieder Menschen, denen sehr daran gelegen ist, wie ihr Name oder dessen Eigentümlichkeit verwendet wird. Das Thema kommt in der klassischen Dichtung sehr häufig vor, so zum Beispiel bei Simonides und Horaz. Es spiegelt das Bestreben und die Notwendigkeit wider, Unannehmlichkeiten für Familie und Stamm aus dem Weg zu gehen. Besonders von der Schwatzhaftigkeit der Frauen gibt es viele warnende Geschichten. Beispiel ist auch das keltische Märchen von dem *Rot und Schwarzen Stier von Norroway*. Aber trotz aller erstaunlicher Ähnlichkeiten, die sich über die ganze Welt hin finden, erhält sich jede Geschichte ihre eigene Färbung, Atmosphäre und individuelle Einzelheit.

Bei Apuleius verkündet ein Orakelspruch, daß Psyches Gatte ein Drache oder eine Schlange sein werde, wie auch das Meerungeheuer in der Andromeda-Sage. Die bösen Schwestern glauben nun, daß Cupido tatsächlich solch ein Tier sei. Dies mag auf eine frühere Version zurückgehen, in der der Prinz in irgendein niederes Tier verwandelt wurde und nur nachts seine wahre Gestalt zurückerhielt. Bei den Nagas (»Schlangenstamm«) in Indien geht die Sage, die Schlange hätte Menschengestalt angenommen, aber ihre gespaltene Zunge behalten. Sobald die Frau eine Frage stellte, sei sie verschwunden. In anderen Märchen aus Indien oder Zululand scheint der Gatte tatsächlich eine Schlange zu sein; er ist durch einen Zauber in eine Schlangenhaut gebannt, aus der ihn das Mädchen befreit. Keats' Gedicht *Lamia* behandelt die Sage von einer Schlangenfrau. Sie geht auf den griechischen Schriftsteller Philostratos, »den Athener«, zurück, der nicht lange nach Apuleius lebte. Schlangen waren damals »große Mode«; Alexander aus Abonutichus in Kleinasien zum Beispiel, ein lüsterner Scharlatan, setzte Orakel und Mysterien um eine Schlange ein, von der er behauptete, sie sei eine Verkörperung des Heilgottes Asklepios (Aesculapius). Überdies spielten Schlangen in der Antike und ihren Sagen überhaupt eine große Rolle, und auch heute gibt es noch Schlangenkulte, so in den südlichen Vereinigten Staaten. Ein grundlegender Zug der Erzählung von *Cupido und Psyche* ist auch der Glaube an eine Wechselbeziehung zwischen Mensch und Tier, die ebenfalls durch alle Literatur und Sagenkreise geht. Im *Gestiefelten Kater* sind die Tiere dem Menschen freundlich gesinnt. Psyche hat gleich Tausenden anderer Märchengestalten Aufgaben zu erfüllen, bei denen ihr Ameisen helfen. Der Heldin des Grimmschen Märchens *Die weiße Schlange* kommen gleichfalls Ameisen, aber auch Fische und Raben zu Hilfe. Freud hat die Ameisen mit den Insekten in Verbindung gebracht, die häufig in Träumen erscheinen. In der *Somadeva Bhatta,* einer Sammlung indischer Erzählungen, helfen Bienen der armen Holzfällerstochter Tulisa, die von dem Schlangenfürsten getrennt wurde, den Duft von Tausenden von Blumen einzusammeln. Eichhörnchen bringen ihr kostbares Geschmeide für Samen. Das schottische Märchen *Night Nought Nothing* erzählt, wie die Fische auf Befehl der Riesentochter einen See trockenlegen. Vielfach half in einer früheren Version von *Cupido und Psyche* der Liebhaber selbst bei der Erfüllung der Aufgaben; das geschieht in dem schwedischen *Wolfsprinzen,* einer Umkehrung des Motivs von der Fahrt nach dem Goldenen Vlies, wo Medea ihrem Geliebten Jason hilft, die Aufgaben zu bewältigen.

3

Allegorie?

SCHON TAUSEND JAHRE vor Apuleius galt Eros als das allmächtige kosmische Prinzip. Von ihm handelt auch das Gespräch in Platos *Gastmahl* und im *Phaidros*. Bildhauer hatten den Gott zuerst als herrlichen jungen Athleten dargestellt, Euripides stattete ihn mit Pfeil und Bogen aus (7); bei den Alexandrinern wurde er dann zu einem pausbäckigen Kind.

Im Lauf der Zeit erhoben die Philosophen auch die menschliche Seele, die bei Homer wenig mehr als ein Vogel oder eine Fledermaus gewesen war, zu einem körperlosen, vergöttlichten Wesen. Schon zu Platos Zeit hatten Künstler Eros und Psyche zusammen dargestellt, ein Relief in Istanbul zeigt sie in friedlicher Eintracht beieinander. In der Dichtung und bildenden Kunst des Hellenismus kommt es zu Spannungen zwischen Eros (Cupido) und Psyche: Der Gott fügt ihr mancherlei Mühen und Plagen zu. Auf Porträts und Gemmen erscheint sie in Anbetung hingestreckt zu seinen Füßen, als Schmetterling, der von einem Knaben gequält wird oder als ein junges Kind, das verwundet in Ketten liegt. Von den griechischen Dichtern beschäftigt sich vor allem Meleager von Gadara in Syrien mit Eros und Psyche. Er schrieb im ersten Jahrhundert v. Chr. eine Reihe exotischer, anmutiger Epigramme, welche die Macht der Leidenschaft über die Seele rühmen.

Damit sind wir in den Bereich der Allegorie eingetreten, der Geschichten oder Gesichte, die etwas anderes bedeuten oder bedeuten sollen als das, was äußerlich gezeigt wird; was dahinter eigentlich steht, ist täuschend ähnlich und doch verschieden, oft von größerer religiöser, politischer oder moralischer Wichtigkeit als das vordergründig Dargestellte. »Ich träumte und siehe, da stand ...!« ist eine immer wiederkehrende Phrase der allegorischen Literatur. Dabei dürfen wir nicht vergessen, daß das Unterbewußtsein sich auch eigene Allegorien schafft, die zu »wichtigen« hohen Zielen oft keine Beziehung haben.

Die antike Liebe für Personifikation war der Allegorien und Auslegungen leicht zugänglich. Schon bei Homer finden sich Spuren davon (8). Auch Hesiod beschreibt Eros und andere Naturerscheinungen als Personen, und schon hier zeigt sich, wie später die durchgehende Allegorisierung entstehen konnte: Seine ganze Kosmogonie kann als halbphilosophische Allegorie bezeichnet werden. Allegorische Auslegungen der Mythen werden ausdrücklich von Theagenes (um 525 v. Chr.) bezeugt, er betrachtet den Kampf der Götter bei Homer als Kampf der Elemente, Apollon, ist dabei das Feuer, Poseidon das Wasser, Artemis der Mond. Auch Heraklit deutete die Mythen in naturwissenschaftliche Allegorien um. Diese frühen jonischen Denker allegorisierten die Dichtungen Homers, weil sie in seinen Aussagen tiefe Wahrheiten zu entdecken glaubten, die sich auf die Beschaffenheit des Alls beziehen und nicht ohne weiteres an der Oberfläche der erzählten Begebenheiten sichtbar werden. Das ist insofern richtig, als die Themen der Mythen öfters allgemein gültige Beispiele für die Triebkräfte und das Verhalten der Menschen geben, falsch ist jedoch die Vermutung, daß dies zu zeigen bereits in der Absicht der Schöpfer der Mythen lag. Die frühen Allegoristen zogen den zwar verständlichen, doch ganz unwissenschaftlichen Schluß, die Mythenschreiber hätten absichtlich die Form des Gleichnisses gewählt, um so abstrakte Wahrheiten deutlich zu machen, eine Auffassung, die von den Denkern des 5. Jahrhunderts weiter entwickelt wurde.

Obwohl Platon solche Interpretationsversuche kritisierte, fühlte auch er, daß eine scharfe Trennung zwischen mythischer und physikalischer Erklärung der Erscheinungen nicht möglich sei. Seine eigenen Mythen sind oft allegorisch; so ist die Höhle im *Staat* (9) ein bildhaft und mit erfinderischem Geschick ausgearbeitetes Gleichnis vom menschlichen Leben und von dem, was dem Philosophen darin begegnet. Die Platoniker und Stoiker verwendeten in der hellenistischen Zeit die Allegorie als Waffe gegen den Widerstand der traditionellen religiösen Autorität; ebenso erklärten Juden wie Christen das *Alte Testament* enthalte beides, verborgenen Sinn und unmittelbar zugängliche Wahrheit (10).

Der Mythos ist keineswegs immer Allegorie, aber Allegorien sind fast stets mythisch. Westcott bemerkt: »Im Mythos finden Gedanken und Form zueinander. In der Allegorie steht der Gedanke zuerst allein da und wird dann in ein passendes Gewand gekleidet. Die Allegorie ist das bewußte Werk eines Einzelnen, der eine Wahrheit, die er begriffen hat, nun bildlich wiedergibt.« Wenn man in der Antike Allegorien verwendete, geschah es aus zwei Gründen: erstens, weil erzählte Geschichten größere Überzeugungskraft besitzen als Abstraktionen (das gilt auch von den Gleichnissen Jesu), zweitens, weil man der Meinung war, die Mythen enthielten eine tiefe, lehrhafte Bedeutung, die von den alten Weisen absichtlich verborgen worden sei, um die großen Wahrheiten davor zu schützen, von der Masse, die ihrer nicht wert sei, mißbraucht zu werden.

Die Weltliteratur enthält eine unendliche Zahl an Nuancen, die von der einfachen realistischen Nachahmung, das heißt von Situationen, in denen das Thema dominiert und Metaphern fehlen, bis zum völligen Vorherrschen bildlicher Ausdrücke, der Allegorie, reichen. Zwischen diesen beiden Extremen gibt es vielerlei Abstufungen. Nach dem nüchternen Realismus kommen zunächst solche Werke, in denen Gleichnisse enthalten sind, die nur oberflächlich und äußerlich mit dem Leitgedanken zu tun haben. Dann folgen Stücke wie etwa die von Shakespeare, in denen Bild und Thema innig verschwistert sind, und Werke, die kosmische Ereignisse personifizieren wie *Das verlorene Paradies* von Milton, die *Theogonie* Hesiods oder die *Genesis.* Hierauf könnte man die frei gestalteten Allegorien von Ariost, Goethe und Ibsen nennen, vielleicht auch Blakes symbolische Offenbarungen, mögen diese auch eher Visionen als Allegorien sein; schließlich vollständige zusammenhängende Allegorien wie zum Beispiel Spensers *Feenkönigin* oder die eher verständliche *Pilgerreise* von Bunyan. In unseren Tagen begegnen wir den Malereien von Orozco und Beckmann, die abstrakte Vorstellungen und Gedanken in Bildersprache übersetzen.

Eine Geschichte, deren Hauptpersonen Cupido und Psyche heißen, ist für all diese Stufen der Allegorie wie geschaffen. Man hat schon vermutet, daß Apuleius ursprünglich eine solche Allegorie in seine Erzählung aufnehmen wollte, doch finden sich nur wenig wirkliche Anzeichen darin. Präzis sagen läßt sich, daß die Hauptpersonen diese bedeutsamen Namen tragen, daß Psyche unter den Sklavinnen der Venus, Sitte, Angst und Betrübnis, zu leiden hat (11), daß die Nüchternheit eine Feindin der Venus ist (12), daß ihr Kind, daß sie von Cupido empfängt, Wollust heißt (13) und daß aus den Tieren, die ihr bei ihren Aufgaben helfen, das Streben aller Geschöpfe spricht, der Liebe zu dienen.

Zweifellos war Apuleius mit der mythologischen Deutung des Meleager als die personifizierten Leidenschaft und die Seele vertraut; er war auch ein bedeutender Vertreter des Platonismus – als solchen nennt ihn der aus dem benachbarten Thagaste gebürtige Augustinus (14) –, dem die philosophischen Verästelungen des Themas nicht verborgen waren. Im ganzen gesehen verfolgen seine *Metamorphosen* über die bloße Unterhaltung hinaus eine religiöse Absicht. Während über die Damen des Olymp leicht gescherzt wird, finden wir eine innige Lobpreisung der ägyptischen Muttergöttin Isis, deren Mysterienkult allen anderen Religionen der Zeit an Popularität weit voraus war. In gewissem Sinn kann man das Werk als einen Bericht von den Wanderungen der Seele durch fleischliche Abenteuer zu mystischem Frieden deuten. Diesen allegorischen Zweck mag Apuleius auch im Auge gehabt haben, als er jenen Abschnitt niederzuschreiben begann, der von Cupido und Psyche handelt. Wenn das der Fall sein sollte, vergaß er jedoch bald seine Absicht und ließ der Phantasie des Volksmärchens und seinem erzählerischen Genie freien Lauf.

Bald darauf kam freilich Plotin (205–269/70 n. Chr.) und die neuplatonische Schule. Ihr philosophisches System, dem vollständigsten seit Aristoteles, enthält auch eine Auslegung der Geschichte des Apuleius. Sie wird als Sinnbild für das Liebesverlangen der menschlichen Seele gesehen. Das Zeitalter der Allegorie war angebrochen. Von jetzt an konnten auch die schärfsten Geister in allen Literaturgattungen Zusammenhänge zwischen Tatsachen und Ideen sehen, die uns völlig sinnlos scheinen. In den Katakomben der Domitilla in Rom finden sich Fresken von Cupido und Psyche beim Blumenpflücken und heidnische wie frühchristliche Sarkophage stellen Cupido als die Hoffnung der Seele auf ein zukünftiges Leben und Glückseligkeit nach dem Tod dar. Zuweilen sind die Liebenden auch mit der Weinlese beschäftigt; der »wahre Weinstock« erscheint zuerst in der Grabkunst des Dionysoskults und dann des Christentums. Psyche pflückt von ihm die Traube, das Symbol des seligen Lebens nach dem Tod.

Dies ist einer der Punkte, in dem der heidnische Mythos in den christlichen Symbolismus übergeleitet wird. Sowohl in der bildenden Kunst wie auch in der Literatur waren sich die frühen Kirchenväter über die Rolle der klassischen Mythologie keineswegs einig. Eusebios von Caesarea (etwa 260–340 n. Chr.) spricht sich, wenn auch in vagen Ausdrücken, für diese Überlieferungen als Vorläufer der offenbarten Wahrheit aus, andere Väter wieder verwerfen sie als teuflische Verzerrung des *Alten Testaments.* In der Renaissance neigt Pico della Mirandola (und zweihundert Jahre nach ihm Hölderlin) der Ansicht Eusebius' zu und bezeichnet sie als »die Theologie der Antike«. Die Reformatoren dagegen hatten strengere Anschauungen. Milton wiederum betrachtete die Mythen abwechselnd als satanisches Blendwerk und mystische Träger der Wahrheit.

Von der Zeit der Kirchenväter an spielte in all diesen Diskussionen der *Goldene Esel* und die Geschichte von *Cupido und Psyche* eine hervorragende Rolle. Im frühen Mittelalter stand Apuleius in ernster Konkurrenz mit Vergil. Martianus Capella (um 420) kannte die Geschichte recht wohl; in umständlichem Latein erzählt er von der Hochzeit der Philologie mit Merkur – eine deutliche Nachahmung der Hochzeit von Apuleius' Liebespaar. Zu Ende des 5. Jahrhunderts deutete Fulgentius Psyche als Wollust, die bösen Schwestern aber als Fleisch und Freien Willen und Cupido als irdische und himmlische Liebe. Um 800 reißt die Überlieferung der *Metamorphosen* für etwa zweihundert Jahre ab. Das älteste erhaltene Manuskript, das sich jetzt in Florenz befindet, stammt aus dem 11. Jahrhundert. Von da an trieb die Allegorie die üppigsten Blüten und wurde das gebräuchlichste Mittel, fromme Gedanken auszudrücken. Sie war »Knochen, Muskel und Nerv jeder Literatur«.

Erst in der Renaissance kam Apuleius wieder voll zu seinem Recht. Mehr als alle anderen tat Boccaccio dazu, ihn populär zu machen, er fügte seinem Werk eine umfangreiche allegorische Auslegung bei. Seit 1469 wurde die Erzählung mehrmals vollständig veröffentlicht. Raffael schmückte die Villa Farnese mit zwölf Szenen aus *Cupido und Psyche.* Als in der Mitte des 16. Jahrhunderts das Wiederaufleben der Mythographie auch die Künstler neu beeinflußte, entstanden allenthalben Übersetzungen. In England kam die prächtige, jedoch ungenaue Übertragung von William Adlington (1566) heraus. Seine Übersetzung trug der Vorliebe der Allgemeinheit für eine muntere, sprudelnde Erzählkunst Rechnung, doch fühlte er sich auch höheren Zielen verpflichtet, nämlich »die tiefere Bedeutung eines so fröhlichen Geschichtchens auch den Einfältigen und Unwissenden zu zeigen. Hier gilt es nicht nur, zu lachen und zu scherzen, sondern durch das Vergnügen, das sie daran haben, sollen sie zur Erkenntnis ihrer gegenwärtigen Lage gebracht werden um sich zu rechtschaffenen und vollkommenen Menschen zu entwickeln«. Nicht lange danach warnte Francis Bacon in seiner *Weisheit des Altertums* vor »dem bequemen Witz und Zwiegespräch, das alle Dinge so einfach erscheinen läßt, wie sie die Verfasser niemals sahen«. Immerhin schöpft auch er als eine reiche Fülle »verborgener Lehren und Allegorien« aus den Mythen. »Die Parabel«, sagt er, »war von jeher die Schatztruhe, in der die kostbarsten Juwelen der Wissenschaften aufbewahrt werden«. Auch Robert Graves versucht in seiner *Weißen Göttin* »absichtlich verschlüsselte und verwirrte« Weisheiten zu enträtseln und behauptet, durch das Training des Ahnvermögens oder »analeptischen Denkens« längst vergessene Geschehnisse wieder ins Bewußtsein zu heben. George Chapman ist sich mit Denkern der Spätantike wie Kaiser Julian Apostata und Sallust darüber einig, daß »sich die wahre Weisheit von ihrer Wiege an ein Vergnügen daraus gemacht hat, sich vor den Augen des Pöbels zu verbergen« (1614).

Im Grand Siècle wurde von der Erzählung des Apuleius mehr Gebrauch zu dramatischen als zu moralischen Zwecken gemacht. La Fontaine (1673) erzählte sie nach, und zahllose Dramatisierungen wurden von Molière und Calderon bis zu den Plattheiten eines Thomas Shadwell vorgenommen. In der symbolistischen Theorie von Friedrich Creuzer feierten Allegorie und Geheimwissenschaft im Jahr 1810 ihre Wiederkehr. Nach seiner Ansicht hatten die Priester, die Vorläufer der griechischen und lateinischen Schriftsteller waren, eine unbestimmte, aber großartige Vorstellung von einer einzigen Gottheit und anderen theologischen Lehren. In einer Reihe von Symbolen hatten sie diese Kenntnisse niedergelegt: dies sind nach Creuzer die Mythen gewesen, deren Geheimlehre über das Menschengeschlecht und die Welt später mißverstanden wurden. Dasselbe hatte schon Giambattista Vico gelehrt. Creuzers Theorie, nach der die Mythen »eine Krankheit der Sprache« sind, wurde als Todesstoß für jedes ernsthafte Studium bezeichnet.

Doch schon nach kurzer Zeit stiegen die Mythen und auch Geschichten wie die von *Cupido und Psyche* wieder in der Gunst der Dichter. Durch Spekulationen und platte Deutungen der vorangegangenen Restaurationszeit waren sie in Mißkredit gebracht worden. »Ich hoffe«, sagt Keats, »den Schönheiten der Mythologie Griechenlands nicht zu spät begegnet zu sein, und ihren Glanz nicht getrübt zu haben«. Keine der mythologischen Gestalten übte einen stärkeren Reiz auf ihn aus als Psyche.

O Schönste! Doch zu spät für antike Gelübde
Viel zu spät für die zärtliche, gläubige Leier
Heilig waren die Zweige des oft besuchten Walds
Heilig die Luft, das Wasser und das Feuer.
Doch noch in diesen Tagen, die schon so weit entfernt

Von jener glückseligen Frömmigkeit, hüpfen deine
. . . unter den schwachen Olympiern umher.
Ich schaue und singe, begeistert von dem, was meine Augen erblicken.

Auch Elisabeth Browning und William Morris beschäftigten sich mit dem Gegenstand, ebenso Robert Bridges in seinem Werk *Eros und Psyche.* Das Urteil Gerard Manley Hopkins dürfte ihm zwar kaum Vergnügen bereitet haben: sein Eros sei nichts anderes als »ein Stück Marzipan mit Flügeln, doch Psyche ist ein Treffer: ein süßer kleiner ›Körper‹, freilich keine ›Seele‹«.

DER LIEBESTOD

I

Hero und Leander von Musaios dem Grammatiker

»SINGE GÖTTIN, die Fackel, die Zeugin der heimlichen Hochzeit, / Und den Jüngling, der aus Liebe schwamm durch die Fluten (1)« zu einer Hochzeit, über der kein Morgen mehr anbrach.

Sestos und Abydos sind durchs Meer getrennt, aber Eros verband sie durch einen Pfeilschuß, der Hero und Leander traf. Leander wohnte zu Abydos, Hero zu Sestos. Dort lebte sie zusammen mit einer alten Dienerin in einem Turm vor der Stadt. Sie war Priesterin der Aphrodite und ihres Sohnes Eros. Doch nicht einmal hier entging sie den Geschossen des Knaben, denn bei den Feiern zu Ehren des Adonis begegnete sie Leander, und beide ergriff tiefe Liebe zueinander. In der frühen Dämmerung des Abends standen sie, zwei schöne Schatten auf einer Grabplatte. Hero lauschte den drängenden Worten Leanders und ließ sich überreden. Sie erzählte ihm, wo sie wohne, und er gelobte, des Nachts über das Meer zu ihr hinzuschwimmen. Sie müßte nur eine Fackel hochhalten, um ihm den Weg zu zeigen.

Beide beteten um den Anbruch der Nacht, und als es dunkel wurde und die Fackel leuchtete, kam er.

> ... In die innerste Kammer
> Ihres Brautgemachs führte sie ihn und säuberte trocknend
> Seinen ganzen Leib und vertilgte die Meeresgerüche
> Seiner Glieder und salbt' ihn mit duftendem Öl der Rose.

Jetzt umarmte sie ihn auf dem weichen bräutlichen Lager,
Ihn, dem die Brust noch keuchte von Mühe, und sprach zu ihm
[zärtlich:
»Bräutigam, vieles hast du erlitten, was keiner sonst duldet,
Vieles hast du ertragen im stürmischen salzigen Meere,
Viel, und viel vom Fischgeruch der brausenden Fluten!
Komm, Geliebter, an meinem Busen vergiß deine Leiden!«
Als sie so noch redete, löste er schon ihren Gürtel,
Und sie begingen die heiligen Bräuche der milden Kythere.
Ohne Reigen die Hochzeit und ohne Lieder das Brautbett!
Ohne Segenssprüche der Sänger die Feier der Ehe!
Keine strahlende Fackel erleuchtet die bräutliche Kammer.
Keine jauchzenden Tänzer tanzen in fröhlichen Sprüngen.
Nicht der Vater und nicht die Mutter singen das Brautlied,
Sondern in der Stunde der Ehe bereitet ihr Lager
Ihnen die Stille. Die Finsternis schmückte die Neuvermählten.
Fern war Hymen und der Gesang und die Fackel des Gottes.
Brautbettführerin war die Nacht. (2)

So geschah es während vieler Nächte jenes Sommers. Doch als der Winter kam und die See stürmisch wurde, hätte Hero ihre Fackel nicht entzünden dürfen. Aber die Liebe und ihr Geschick trieben sie. Dann kam die verhängnisvolle Nacht: Lange kämpfte Leander mit den Wogen, doch verließen ihn die Kräfte – und Heros Fackel hatte der Wind verlöscht. Im Morgengrauen hatte er den Turm noch nicht erreicht.

Hero stand indes und blickte mit spähenden Augen
Aus nach ihm, es folterten sie die schrecklichsten Qualen.
Eos kam, die frühgeborne; es wartete Hero
Auf ihren Gatten vergebens; sie suchte mit Tränen ihren
Armen Bräutigam auf jeder Woge des Meeres.
Endlich erblickt' sie am Fuße des Turms, von den Klippen
[zerschlagen,
Ihren toten Geliebten. Es war sein Leben erloschen!

Als sie ihn sah, da riß sie mit beiden Händen vom Busen
Ihr gesticktes Gewand und stürzt' sich herab von der Zinne.
Also starb zugleich mit ihrem sterbenden Gatten
Hero, und so vereinigte beide die Stunde des Todes. (3)

2

Herbst der Antike

DIE ERZÄHLUNG von Hero und Leander findet sich in den Volksüberlieferungen ganz Europas bis zur Ukraine ebenso wie in der ägyptischen Liebeslyrik und im Pundschab. Und doch ist sie ein Spätling der eigentlichen klassischen Mythologie. Erstmals tauchte sie in den *Georgica* Vergils (4) auf, der das Thema von einem alexandrinischen Dichter, möglicherweise von Kallimachos, entlehnt haben dürfte. Zwei aufeinanderfolgende Gedichte in den *Heroides* Ovids haben sie ebenfalls zum Gegenstand: Das erste behandelt Leanders Botschaft an Hero und eine Beschreibung seiner nächtlichen Ausflüge im Mondlicht:

Die Wogen glänzten vom gebrochnen Licht
Das hell wie Tageslicht die Nacht durchstrahlte
Kein Laut erreichte mein Ohr
Als das sanfte Plätschern des Wassers um meinen Körper. (5)

Dann antwortet Hero, am liebsten würde sie selbst sich den Wellen anvertrauen, wüßte sie nicht aus dem Schicksal der Helle, daß diese Gewässer den Frauen noch gefährlicher sind als den Männern (6).

Unter vielen anderen greift ein anonymer griechischer Epigrammatiker das Thema auf:

Hier schwamm Leandros hindurch, und hier ist die Enge des [Meeres
die dem Verliebten den Tod brachte, und ihm nicht allein.
Hier ist das Häuschen der Hero, hier liegen die Trümmer des [Turmes,
drin die Lampe vordem, eine Verräterin, stand.
Beide bedeckt nun gemeinsam dies Grab, doch zürnen sie heut [noch
ihm, der ihnen das Glück einestens mißgönnte, dem Sturm. (7)

In Pompeji gefundene Fresken enthalten die Erzählung, ebenso ein Mosaik und ein Relief aus Zaghouan in Tunesien und schließlich Münzen der Städte Abydos und Sestos, von wo aus Leanders Besuche bei Hero ihren Ausgang und ihr Ende nahmen.

Das vorliegende 340 Zeilen umfassende Gedicht wurde auf griechisch von einem Dichter namens Musaios geschrieben, der den Beinamen »der Grammatiker« trägt. Er lebte im 5. oder 6. Jahrhundert n. Chr., als Rom eine Außenstation des Byzantinischen Reichs geworden war, beziehungsweise schon außerhalb der Reichsgrenzen lag. Marlowe, Chapman und Gelehrte der Renaissancezeit wie Scaliger vermuten freilich, daß der Dichter ein und ein halbes Jahrtausend vor diesem Datum gelebt und geschrieben haben dürfte und daß es sich hier tatsächlich um den Musaios handelt, der als mythischer Schüler des Orpheus genannt wird. Scaliger stellt dieses Gedicht im Rang über die Werke Homers. Doch weder im Thema noch in der Art findet sich die mindeste Ähnlichkeit mit dem Dichter der *Ilias* und der *Odyssee*. Wir haben eine Liebesgeschichte vor uns, ein anmutig geformtes Miniaturepos, das klassische Form mit leidenschaftlichem Gefühlsinhalt verbindet. Es drückt die gleiche Stimmung aus, wie sie etwa aus dem bekannten lateinischen Hymnus an Venus, dem *Pervigilium Veneris* aus dem

4. Jahrhundert spricht: Musaios hat Sehnsucht nach Schönheit und Liebe der Jugend; dennoch tun seine Stilmittel der Kürze und Klarheit des Ausdrucks keinen Eintrag. Er schreibt mit leidenschaftlicher Unmittelbarkeit, mit Verständnis für das Gefühl der Einsamkeit und für die schreckliche Großartigkeit der See.

Im 13. Jahrhundert verwandelte sich die Sage in die Geschichte von Flamaenca und wurde von den Troubadours gern gesungen. Jahrhundertelang fand man sie in allen Büchern für junge Männer, Dante erzählt sie im *Purgatorio* und Chaucer beabsichtigte, sie in seine Legende der guten Frauen unter dem Titel *Erro* aufzunehmen. Juan Boscans *Leandro y Hero* (1543) wurde von Bernardo Tassos Version beeinflußt und eröffnete in Spanien die Reihe der kunstvollen mythologischen Dichtungen. Abraham Fraunce sprach 1592 davon, daß in England »Hero und Leander in jedermanns Mund« sei. Hier fand die Sage ihren lebendigsten Ausdruck in einem längeren Gedicht Christopher Marlowes, der sich vor allen englischen Dichtern die klassische Mythologie am intensivsten zu eigen machte. Seine Fassung verkörpert und übertrifft noch alle die Vorzüge der italianisierten Überlieferung – freilich legt sie auch die meisten ihrer Fehler bloß. Etwas von dem Zynismus Ovids wird bei Marlowe der maßvollen Menschlichkeit des Musaios beigemengt.

> Die Eins ist keine Zahl – ein Nichts die Frau allein
> Der Männer süße Gegenwart muß immer um sie sein.

Doch erfüllt er das Gedicht mit einem ihm eigentümlichen leidenschaftlichen Klang, und viele Dichter, zum Beispiel Swinburne, zogen sein Werk dem kühleren Sonett Shakespeares *Venus und Adonis* vor. Symonds vergleicht Marlowes Dichtung mit der des Musaios und nennt sie »die strahlende gefüllte Rose«, die »neben der wilden Heckenrose steht, von der sie durch Züchtung genommen wurde«. Dabei unterschätzt er freilich die Gedankentiefe des Musaios. Nach Marlowes Tod wurde das Gedicht von Chapman ergänzt und veröffentlicht. Chapman übersetzte oder vielmehr erweiterte auch das Original auf einen Umfang von 1600 Zeilen. Das *Lobgedicht auf den roten Hering* des Zeitgenossen der beiden, Thomas Nash (1599), ist eine Travestie in Prosa, wie es viele gab. Hier findet Hero ihren Leander, »der aussah wie ein gesottener Schellfisch«. Shakespeare nimmt häufig Bezug auf die Erzählung, desgleichen mehrere Schriftsteller des 17. und 18. Jahrhunderts. 1796 hatte Goethe den Plan, diesen Stoff dichterisch neu zu behandeln: das plötzliche Aufflammen der Liebe mit dem einzigen Wunsch der augenblicklichen Erfüllung und daraufolgend das tragische Ende. Grillparzer schrieb sein Nachklassisches Drama *Des Meeres und der Liebe Wellen* im Jahre 1840.

Im Mai 1810 schwamm Lord Byron von Sestos nach Abydos, er brauchte dazu etwas über eine Stunde. Die Strecke beträgt nur eine und eine Viertelmeile, doch mußte er einer starken Strömung wegen vier Meilen schwimmen. Leander aber, sagte er später, schwamm ja im Dezember, während

mir modernem, degeneriertem Krüppel
es schien, als hätte ich eine große Tat getan
als ich im Wonnemonat Mai
meine schwachen, triefenden Glieder streckte ...
Schwer zu sagen, wem es besser dabei erging –
Arme Menschen! So plagen euch die Götter!
Ihm war die Mühe, mir der Spaß verdorben,
ich hab das Fieber, er ist gar gestorben.

Drei Jahre später wählte er den Ort, zu dem er geschwommen war, als Schauplatz seiner »türkischen Erzählung« *Die Braut von Abydos,* mit der er, wie er selbst sagte, der Gegenwart entfliehen wollte.

Ein Porträt Leanders auf einer Gemme inspirierte Keats (1816 bis 1817) zu einem Gedicht, das seine Begabung für die mittelbare Beschreibung eines Kunstwerks zeigt. Die Zeitlosigkeit des Stoffs sprach auch Leigh Hunt an:

Nie kann ich an Leander anders denken
Und wie er schwamm und die Geliebte
Spät nachts am Fenster saß und schließlich
Schrecklich den Morgen grauen sah –
Als wär'n die beiden gestern erst gestorben.
Es könnte heute sein – ihr Herz schlägt immer noch.

Auch A. E. Housman ließ die traurige Sage in sich nachklingen:

Vor Sestos Stadt, in Heros Turm
Leander küßt' und koste
Nach treuem Dienst herabgebrannt
Die Fackel glomm und gloste.
Tief unten rauschte schwarz das Meer
Und schrie von Land zu Land.
Er mußt' hinunter, mußt' hindurch,
Bis er sein Ende fand.

ANHANG

Einige weitere Mythen

AIAKOS, Sohn des Zeus und der Nymphe Ägina, Vater des Telamon und Peleus. Als die Bevölkerung der Insel Ägina durch die Pest dahingerafft worden war, verwandelte Zeus Ameisen (Myrmekes) in Menschen, die deren Stelle einnahmen. Sie wurden Myrmidonen genannt und waren die Untertanen des Peleus und seines Sohns Achilleus.

AMPHION UND ZETHOS, Söhne des Zeus und der Antiope; rächten sich dafür, daß Lykos von Theben sie nach Sikyon verschleppt hatte und ließen Dirke, die Frau des Lykos, durch einen wilden Stier zu Tode trampeln. Die Szene ist in der größten klassischen Skulpturgruppe in Neapel dargestellt. Amphion und Zethos bauten die Mauern Thebens, die Steine fügten sich zum Klang der Leier Amphions von selbst aneinander.

ARETHUSA, eine Nymphe, die der Flußgott Alphaios liebte und die von Artemis in eine Quelle nahe Syrakus verwandelt wurde (vergleiche Shelleys Gedicht *Arethusa*). Darstellung auf herrlichen Münzen aus Syrakus.

ASKLEPIOS (lat. Aesculapius), Sohn des Apollon und der Koronis, wurde von dem Kentauren Chiron erzogen, doch dann von Zeus zur Strafe getötet, weil er den Liebling der Artemis,

Hippolytos, zum Leben erweckte. Er wurde als Gott der Heilkunst verehrt.

BELLEROPHON, Sohn des Glaukos und Enkel des Sisyphos; lebte am Hof des Proitos von Argos, dessen Gattin Anteia ihn liebte. Proetos sandte Bellerophon zu seinem Schwiegervater Jobates mit einem Brief des Inhalts, daß Jobates ihn töten sollte. Deshalb mußte er gegen die Chimaira ziehen, ein Ungeheuer mit dem Kopf eines Löwen, dem Körper einer Ziege und dem Schwanz eines Drachen. Er erschlug sie mit Hilfe seines geflügelten Pferdes Pegasos. Dann bekämpfte er die Amazonen. Doch die Götter haßten ihn. Euripides hat seinen Namen als Titel für ein heute verschollenes Theaterstück gewählt.

BUSIRIS, Sohn des Poseidon und König von Ägypten, pflegte seine Gäste dem Zeus zu opfern. Doch als Herakles auf der Suche nach den goldenen Äpfeln der Hesperiden an seinen Hof kam, erschlug er Busiris.

DAPHNE, Flußnymphe (Najade), Tochter des Flußgotts Peneus (oder Ladon). Leukippos, der sie liebte, verkleidete sich als Frau und wurde von den Nymphen getötet. Auch Apollon liebte sie und verwandelte sie auf ihr Bitten hin in einen Lorbeerbaum. Gegenstand zahlreicher Gemälde.

DRYADEN oder HAMADRYADEN, Baumnymphen.

EGERIA, römische Göttin der Quellen und der Geburt.

ENDYMION, der schönste Jüngling; Selene, die Mondgöttin, liebte ihn. Er war Vater des Aitolos, des Gründerheros von

Aitolia. Werke: Draytons *Endimion und Phoebe* (1953), Keats' *Endymion* (1818).

Eos (Aurora), Göttin der Morgendämmerung, Schwester des Sonnengotts Helios, Tochter des Hyperion, des letzten der Titanen. Er wurde von Apollon gestürzt. Tithonos liebte Eos, sie gebar ihm Memnon. Als dieser von Achilleus erschlagen wurde, vergoß sie Tränen, die als Tau zur Erde fielen.

Erechtheus, legendärer König Athens, Sohn der Gaia. Athene erzog ihn. Er opferte seine Tochter Chthonia mit Wissen ihrer Mutter Praxithea, um das Eindringen des Eumopos von Thrakien abzuwehren. Deshalb vernichtete Poseidon ihn und seine Familie.

Erichthonios, öfters mit Erechtheus verwechselt, als dessen Enkel er manchmal bezeichnet wird. Andere sagen, er sei der Sohn des Hephästos und der Gaia (Erde). Als Kind wurde er von Athene in ein Kästchen gelegt und den drei Töchtern des Kekrops anvertraut. Die beiden älteren übertraten das Verbot, das Kästchen zu öffnen, und wurden mit Wahnsinn bestraft, als sie sahen, daß er anstatt der Füße Schlangen hatte. Sie stürzten sich von der Akropolis in die Tiefe.

Europa, Tochter des Agenor, Königs von Tyre. Zeus in Gestalt eines Stiers nahm sie auf seinen Rücken und schwamm mit ihr nach Kreta. Dort gebar sie den Minos, Rhadamanthys und Sarpedon. Unter vielen anderen hat Gauguin Europa mit dem Stier gemalt.

Galatea, eine Nereide. Akis, der sie liebte, wurde von seinem Nebenbuhler Popyphemos mit einem Felsen zerschmettert.

Galatea verwandelte ihn in einen Fluß. Das Libretto zu Händels *Acis und Galatea* schrieb Gay.

Hermaphroditos, Sohn des Hermes und der Aphrodite; die Nymphe Salmakis liebte ihn, und er lebte mit ihr halb als Mann und halb als Frau.

Hestia (Vesta), Tochter des Kronos und der Rhea; Göttin des häuslichen Herds, bei allen Trankspenden und Gebeten erwähnt.

Ion, Sohn des Apollon und der Kreusa, Tochter des Erechtheus. Als Kind wurde er ausgesetzt, nach seiner Rettung von Hermes von Xuthos (dem Gatten der Kreusa) an Kindesstatt angenommen. Kreusa, die ihn für ein uneheliches Kind des Xuthos hielt, trachtete ihm nach dem Leben, bis Athene eingriff. Ahnherr der Jonier. Euripides: *Ion.*

Ixion von Thessalien. Zeus hatte ihn vom Mord an seinem Schwiegervater Eioneus freigesprochen, doch er stellte der Hera nach. Mit einer Wolke, die Zeus der Gestalt Heras nachgebildet hatte, zeugte er die Kentauren (oder deren Vater). Im Hades war er auf ein sich ständig drehendes Rad gefesselt.

Kadmos, Sohn des Agenor von Tyre, Bruder (oder nach einer anderen Version Oheim) der Europa, Onkel des Minos. Er gründete Theben und gab der Stadt eine Bevölkerung, indem er Drachenzähne aussäte, aus denen gewaffnete Männer wurden. Siehe auch Kapitel 10.

Kastor und Polydeukes (Castor und Pollux), die Dioskuren, Söhne der Leda. Vater des Kastor war Zeus, der Leda in Gestalt eines Schwans erschien, des Polydeukes Tyndareus. Sie wurden als Schutzherren der Seeleute verehrt.

KEKROPS, legendärer Ahnherr oder erster König der Athener.

KLOTHO, LACHESIS und ATROPOS die Schicksalsgöttinnen (Moirai oder Parzen), Töchter der Nacht (des Zeus und der Themis?).

KYBELE, die Große Mutter Kleinasiens, vor allem in Pessinos in Galatien verehrt; die Griechen setzten sie mit Rhea gleich. Ihr jugendlicher Gemahl war Attis.

LAOMEDON, ließ sich von Apollon und Poseidon die Mauern Trojas bauen, verweigerte ihnen dann aber die Bezahlung. Die zur Strafe über ihn verhängte Auslieferung seiner Tochter an ein Seeungeheuer wendete er ab, indem er den Herakles dingte. Er betrog dann allerdings auch Herakles, dieser eroberte Troja und gab Hesione dem Telamon von Salamis zur Frau.

LEDA, Tochter des Thestios, Königs von Aitolien, Gattin des Tyndareus, Mutter der Dioskuren (siehe Kastor), der Helena und der Klytämnestra. Ihre Verführung durch Zeus, der ihr in Gestalt eines Schwans nahte, wurde von Michelangelo und vielen anderen dargestellt. W.B. Yeats schrieb eines seiner bedeutsamsten Gedichte darüber:

> Ein Beben in den Lenden zeugte hier
> Die Mauern stürzend, brennend Haus und Dach
> Und Agamemnon tot...

MARSYAS, Satyr, Flußgott in Phrygien, wurde von Apollon zu einem Wettkampf auf der Flöte eingeladen. Als der Gott von den Musen zum Unterlegenen erklärt wurde, band Apollon den Rivalen an einen Baum und zog ihm bei lebendigem Leib die Haut ab. Beliebtes Thema der Bildhauerkunst.

NAIADEN, Nymphen von Flüssen, Quellen und Seen.

NIOBE, Tochter des Tantalos, Mutter von sieben Söhnen und sieben Töchtern. Sie rühmte sich deswegen vor Leto. Letos Kinder Apollon und Artemis töteten hierauf mit Pfeilschüssen sämtliche Kinder der Niobe, und die verzweifelte Mutter verwandelte sich vor Schmerz in eine Steinsäule. Die Säule stand auf dem Sipylosgebirge in Lydien.

OINONE, eine Nymphe auf dem Idagebirge. Paris liebte sie, ehe er der Helena begegnete. Als Philoktetes ihn verwundete, suchte er vergebens bei ihr Hilfe. Tennysons *Oinone* enthält ihre Klage, als Paris sie verließ.

PAN, Sohn des Zeus oder des Hermes, Gott der Herden und der Hirten. Er erfand die Hirtenflöte aus sieben Rohrstäben und nannte sie zu Ehren der Nymphe Syrinx. Diese hatte sich in ein Schilfrohr verwandelt, um seinen Nachstellungen zu entgehen.

PARIS, Sohn des Priamos. Den Erzählungen in Kapitel 1 ist folgendes hinzuzufügen: Nach einer Homer unbekannten Überlieferung hatte er den Trojanischen Krieg durch sein Urteil heraufbeschworen (die Szene wurde von vielen Malern, unter ihnen Lucas Cranach und Renoir [Abb. S. 69] gemalt). Anläßlich des Hochzeitsfests von Peleus und Thetis stritten Hera, Athene und Aphrodite um einen goldenen Apfel, den Eris, die Göttin der Zwietracht, unter sie geworfen hatte und der die Inschrift trug: »Der Schönsten«. Paris, der schönste unter allen Männern, sollte das Urteil fällen, wem der Apfel gehörte. Hera bot ihm Größe und Ruhm, Athene Kriegsglück, doch er sprach den Apfel Aphrodite zu, die ihm die schönste Frau versprochen hatte. Mit ihrer Hilfe entführte er Helena. Im späteren Altertum wurde die Erzählung kunstvoll allegorisiert.

PHAETON, Sohn des Helios und der Klymene, lenkte den Sonnenwagen seines Vaters, doch die Pferde gingen ihm durch. Damit er nicht die Erde in Brand steckte, schleuderte Zeus auf ihn einen Blitz, und er stürzte in den Fluß Eridanos (Po). Seine Schwestern verwandelten sich in Pappeln, ihre Tränen wurden zu Bernstein. Ein anderer Phaeton war der Sohn der Eos und des Kephalos.

PHAIDRA, Tochter des Minos und Gattin des Theseus, stellte Hippolytos, dem Sohn des Theseus und der Amazone Hippolyta in vergeblicher Liebe nach. Sie erhängte sich schließlich, nachdem sie Hippolytos fälschlich als ihren Verführer bezeichnet hatte. Theseus der sich betrogen glaubte, rief Poseidon an; dieser sandte Meerungeheuer, die die Rosse des Hippolytos scheu machten. Er wurde zu Tode geschleift. Euripides *(Hippolytos)*, Seneca und Racine (1677) schrieben Tragödien über das Thema.

PHILOKTETES, der Sohn des Poias, erbte des Herakles Bogen und Pfeile. Durch diese allein, so verkündete Helenos, konnte Troja eingenommen werden. Als er durch eine Giftschlange im Heiligtum gebissen wurde, heilte ihn Machaon. Dann holte man ihn von Lemnos, und er tötete Paris durch einen vergifteten Pfeil. Thema eines Schauspiels von Sophokles.

Philomela, Tochter des Pandion von Athen; wurde von ihrem Schwager Tereus von Thrakien verführt. Ihre Schwester Prokne rächte sie, indem sie ihren eigenen Sohn Itys tötete und dessen Fleisch dem Vater vorsetzte. Tereus wurde in einen Wiedehopf verwandelt, Philomela und Prokne in Schwalbe und Nachtigall (oder umgekehrt). Philomela ist eine der Hauptgestalten in T. S. Eliots *Weites Land.* Es ist wüst wegen der Taten des Tereus und der Leiden der Philomela, die sich in eine Nachtigall verwandelt, das heißt, Dichtung herschafft.

Pirithous, ein Lapithe, Sohn des Zeus und der Gattin Ixions, Deia. Bei seiner Hochzeit mit Hippodameia fand ein Kampf zwischen den Kentauren, die versuchten, Hippodameia zu entführen, und den Lapithen statt. Theseus und Pirithous stiegen zum Hades hinab und versuchten vergebens Persephone mit hinauf zu nehmen.

Pleiaden, die sieben Töchter des Atlas und der Pleione; sie wurden von Orion, dem boiotischen riesigen Jäger, verfolgt. Beide wurden zu Sternbildern.

Prokris, Tochter des Erechtheus, war auf ihren Gatten Kephalos, den Eos liebte, eifersüchtig. Sie versteckte sich während er auf der Jagd war, in einem Gesträuch, um ihn zu belauschen. Kephalos hielt sie für ein Wild, schleuderte seinen Speer und tötete sie. Piero de Cosimo und andere malten den Tod der Prokris.

Prokrustes von Eleusis pflegte seine Besucher auf ein Bett zu legen. War es für sie zu kurz, hackte er ihnen die Glieder ab; waren sie hingegen kürzer als das Bett, streckte er sie so lange, bis sie hineinpaßten. Theseus erschlug ihn.

Silenos, ein Satyr, mit Pferdeschwanz oder Ziegenfüßen. Sohn des Hermes oder des Pan, Gefährte des Dionysos.

Sisyphos, König von Korinth, Sohn des Aiolos, der klügste unter den Menschen. Für verschiedenartige Missetaten wurde er verurteilt, einen großen Stein ständig einen Hügel im Hades hinaufrollen zu müssen; wenn er die Spitze erreicht hatte, rollte der Stein wieder hinab.

Skylla (1) Tochter des Phorkys und der Hekate; Poseidon liebte sie und verwandelte sie in ein alles verschlingendes Ungeheuer an der Straße von Messina, und zwar durch ihre Nebenbuhlerin, die Nereide Amphitrite.
(2) Tochter des Nisos, Königs von Megara; sie liebte Minos von Kreta, und als dieser ihre Heimatstadt belagerte, schnitt sie verräterischerweise ihrem alten Vater die Purpurlocke, die ihm Schutz verlieh, an seinem sonst weißen Haupt ab. Megara fiel, und Minos schleppte sie hinter seinem Schiff her über die See. Sie wurde in einen Meeresvogel, die Keiris, verwandelt. Dieser Name ist Titel eines lateinischen Gedichts, dessen Verfasser unbekannt ist.

Tantalos, Vater des Pelops und der Niobe. Er wurde zu immerwährenden Strafen im Hades verurteilt, weil er entweder das Fleisch seines Sohns den Göttern vorsetzte, um ihre Allwissenheit auf die Probe zu stellen, oder weil er ihren Nektar gestohlen und ihre Geheimnisse verraten hatte. Er saß in einem Wasserbecken, doch der Wasserspiegel zog sich zurück, sooft er trinken wollte; über ihm befanden sich früchteschwere Zweige, doch er konnte sie nicht erreichen. Seine Strafe bestand auch darin, daß ein Rollstein über seinem Haupt hing, der ihn nicht zum Genuß des ihm vorgesetzten Mahls kommen ließ.

TELEPHOS, Sohn des Herakles und König von Mysien. Achilleus hatte ihn verwundet, und das Delphische Orakel teilte ihm mit, der Mann, der ihm die Wunde zugefügt hatte, müsse sie auch heilen. Etwas Rost vom Speer des vor Troja liegenden Achilleus heilte ihn. Gegenstand eines verlorengegangenen Schauspiels von Euripides, das Aristoteles wegen seines Realismus verspottete.

TEUKER (der Trojaner), so genannt, weil seine Mutter Hesione die Tochter des Laomedon war. Sein Vater war Telamon, König von Salamis, sein Halbbruder Ajax. Der beste Bogenschütze der Griechen vor Troja, wurde er später aus seiner Heimatstadt verbannt, weil er seines Bruders Tod verschuldet hatte. Er gründete Salamis auf Cypern.

TITHONOS, Sohn des Laomedon und Bruder des Priamos. Eos, die mit ihm einen Sohn, Memnon, hatte, bat Zeus, er möge ihn unsterblich machen. Doch sie vergaß, ewige Jugend für ihn zu erbitten. So schrumpfte er ein und wurde schließlich zur bloßen Stimme. Andere lassen ihn zu einem Heupferd werden.

TITYOS, ein Gigant, Sohn der Gaia, von Apollon und Artemis getötet, weil er versucht hatte, ihre Mutter Leto zu entführen. Er wurde verurteilt, im Hades gebunden zu liegen, während zwei Geier an seiner Leber fraßen.

VIRGINIA, Tochter eines römischen Hauptmanns. Sie erstach sich, um nicht von Appius Claudius, einem der Decemvirn (Zehnmänner), für seine eigenen Zwecke beschlagnahmt zu werden. Petrarca und Chaucer in *Die Erzählung des Koktors* behandelten das Thema.

Zephyros, einer der Winde. Sie alle, Euros ausgenommen, waren Kinder des Astraios und der Eos. Er zeugte mit Podarge, einer der Harpyien, die Rosse des Achilleus. Zephyros (Favonius) ist der Westwind, Boreas (Aquilo) der Nordwind (Vater des Zetes und Kalais), Notos (Auster) der Südwind, und Euros der ungünstige Ost- oder Südostwind.

A: GRIECHENLAND

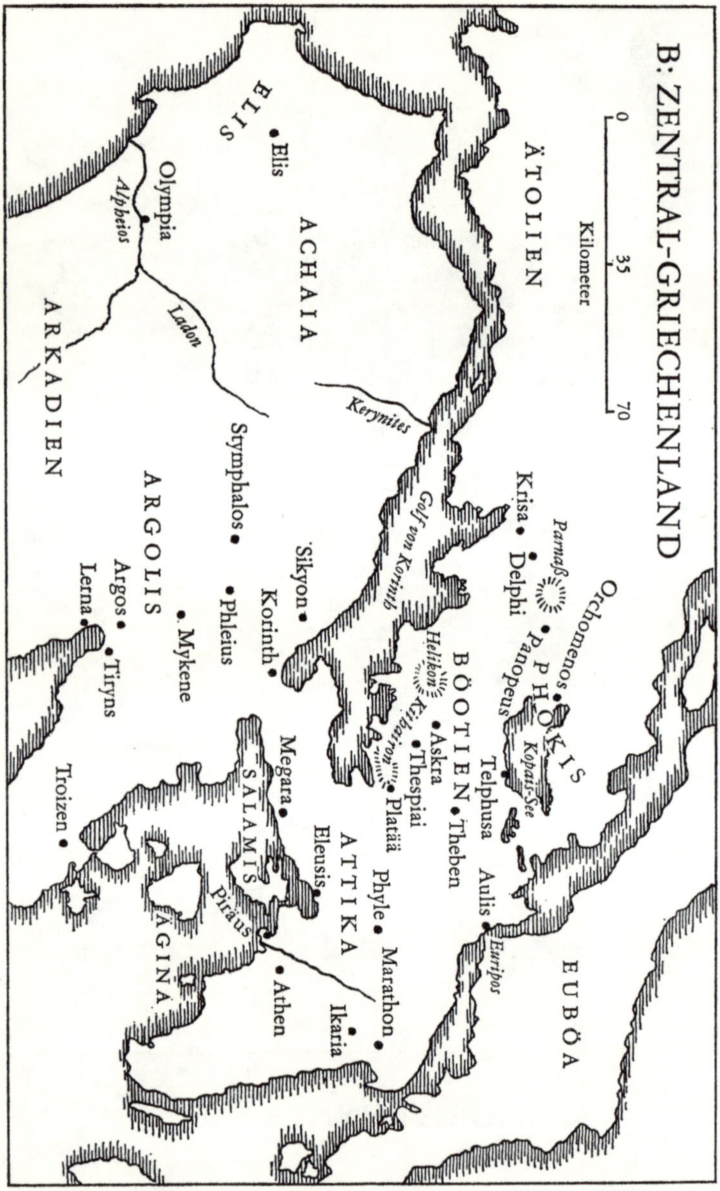
B: ZENTRAL-GRIECHENLAND
0
35
70
Kilometer
ÄTOLIEN
PHOKIS
BÖOTIEN
EUBÖA
ATTIKA
ELIS
ACHAIA
ARKADIEN
ARGOLIS
SALAMIS
ÄGINA
Elis
Olympia
Alpheios
Ladon
Kerynites
Golf von Korinth
Krisa
Parnaß
Delphi
Orchomenos
Panopeus
Kopais-See
Helikon
Kithairon
Askra
Thespiai
Telphusa
Theben
Platää
Aulis
Euripos
Stymphalos
Sikyon
Korinth
Phleius
Mykene
Argos
Lerna
Tiryns
Troizen
Megara
Eleusis
Phyle
Marathon
Piräus
Athen
Ikaria

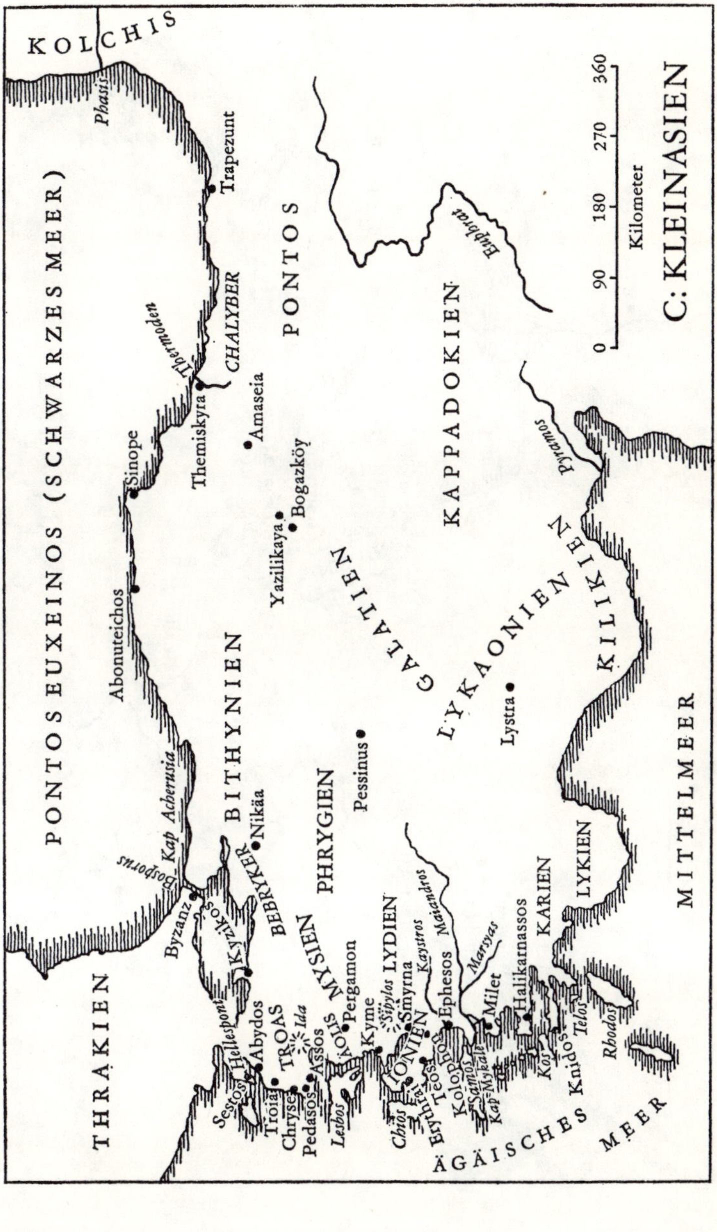
KOLCHIS
PONTOS EUXEINOS (SCHWARZES MEER)
Phasis
Trapezunt
PONTOS
CHALYBER
Thermoden
Themiskyra
Amaseia
Sinope
Bogazköy
Yazilikaya
Abonuteichos
BITHYNIEN
Kap Acherusia
Nikäa
Bosporus
Byzanz
THRAKIEN
Kyzikos
BEBRYKER
PHRYGIEN
Pessinus
GALATIEN
KAPPADOKIEN
Euphrat
Pyramos
LYKAONIEN
Lystra
KILIKIEN
MITTELMEER
LYKIEN
KARIEN
Halikarnassos
Milet
Marsyas
Maiandros
Ephesos
Kaystros
LYDIEN
Smyrna
Sipylos
MYSIEN
Pergamon
ÄOLIS
Kyme
IONIEN
Teos
Kolophon
Samos
Kap Mykale
Erythrai
Chios
Lesbos
Assos
Ida
TROAS
Abydos
Hellespont
Sestos
Troia
Chryse
Pedasos
Knidos
Kos
Telos
Rhodos
ÄGÄISCHES MEER
0
90
180
270
360
Kilometer
C: KLEINASIEN

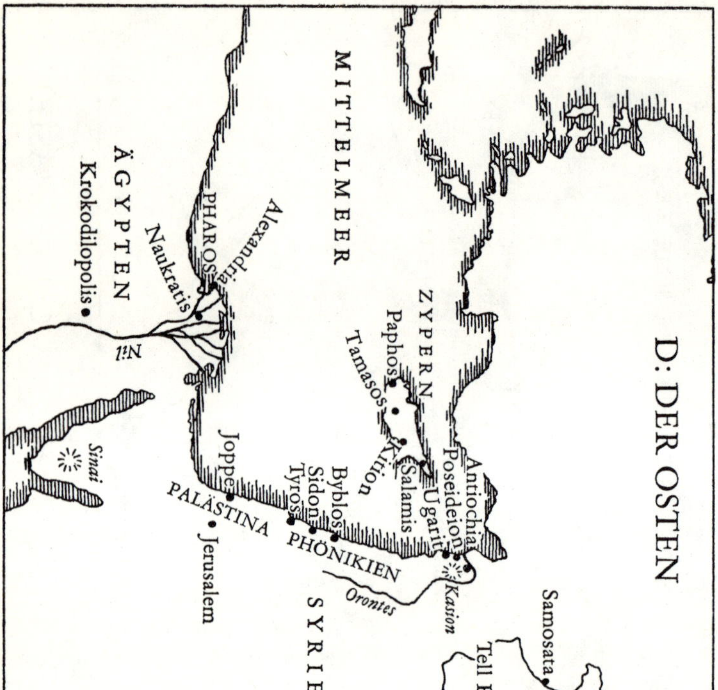
D: DER OSTEN
MITTELMEER
ZYPERN
Paphos
Tamasos
Kition
Salamis
Antiochia
Poseideion
Ugarit
Kasion
Byblos
Sidon
Tyros
Joppe
PALÄSTINA
Jerusalem
PHÖNIKIEN
Orontes
SYRIEN
Sinai
ÄGYPTEN
Alexandria
PHAROS
Naukratis
Krokodilopolis
Nil
Samosata
Tell Halaf
HURRITER
Habur
Mari
ASSYRIEN
Assur
Jarmo
Tigris
Euphrat
Ararat
Van-See
BABYLONIEN
Babylon
Nippur
Surrupak
Uruk
Ur
SUMER (CHALDÄA)
Persischer Golf
ARABIEN
0
175
350
525
700
Kilometer

E: ITALIEN UND NORDAFRIKA
Patavium (Padua)
Mantua
Po
Apennin
ETRURIEN
Clusium
ELBA
KORSIKA
Tarquinii
Tiber
Sulmo
ADRIA
Rom
LATIUM
Capua
Cumae
Neapel
APULIEN
Brundisium
SARDINIEN
KAMPANIEN
Tarent
KALABRIEN
TYRRHENISCHES
MEER
Himera
Rhegium
Drepanon
SIZILIEN
Ätna
Akragas
Enna
Syrakus
Karthago
Thagaste
Zaghouan
Madaurus
Sicca Veneria
0
180
360
Kilometer

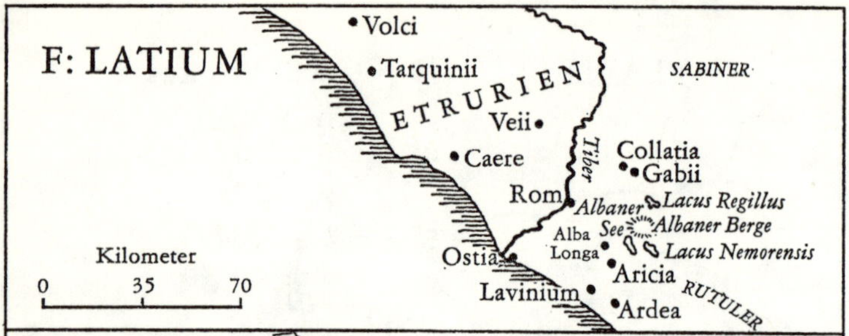
F: LATIUM
Volci
Tarquinii
ETRURIEN
SABINER
Veii
Tiber
Caere
Collatia
Gabii
Rom
Albaner See
Lacus Regillus
Albaner Berge
Alba Longa
Lacus Nemorensis
Ostia
Aricia
Lavinium
RUTULER
Ardea
Kilometer
0
35
70

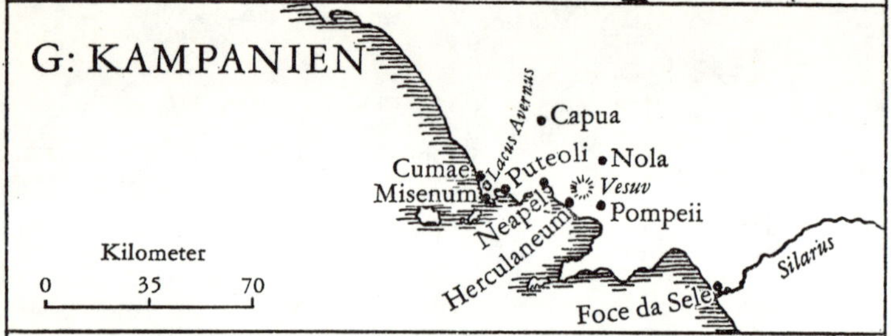
G: KAMPANIEN
Lacus Avernus
Capua
Cumae
Puteoli
Nola
Misenum
Vesuv
Neapel
Pompeii
Herculaneum
Silarus
Foce da Sele
Kilometer
0
35
70

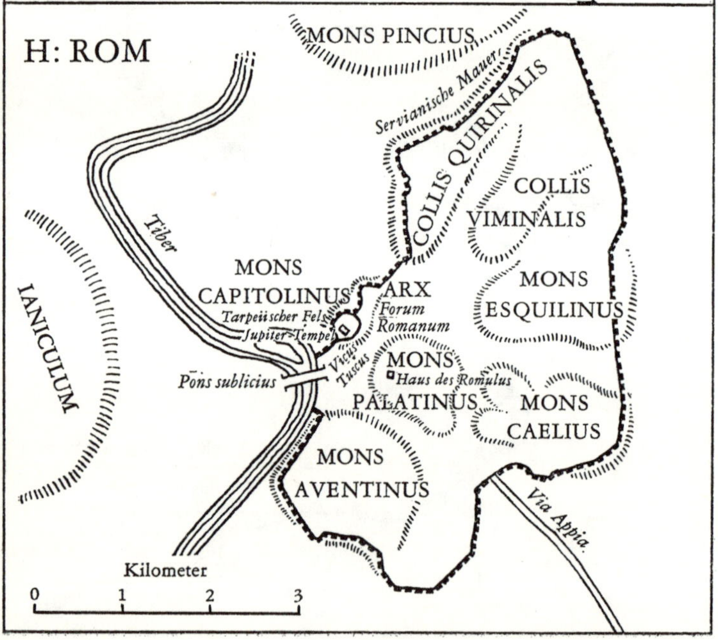
H: ROM
MONS PINCIUS
Servianische Mauer
COLLIS QUIRINALIS
COLLIS VIMINALIS
Tiber
IANICULUM
MONS CAPITOLINUS
ARX
Forum Romanum
MONS ESQUILINUS
Tarpeiischer Fels
Jupiter-Tempel
Vicus Tuscus
MONS PALATINUS
Haus des Romulus
Pons sublicius
MONS CAELIUS
MONS AVENTINUS
Via Appia
Kilometer
0
1
2
3

TAFEL 1

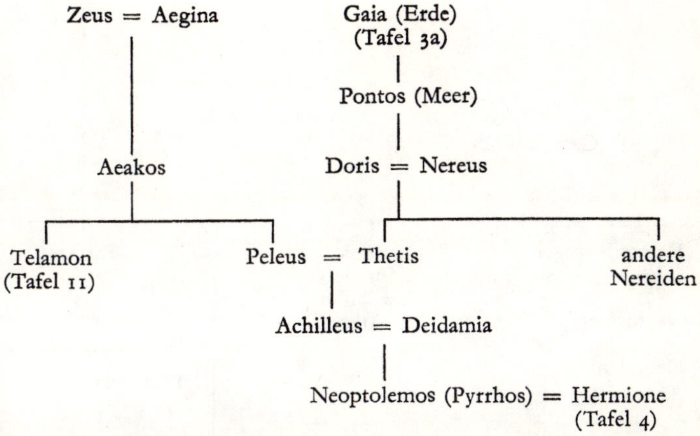

TAFEL 2

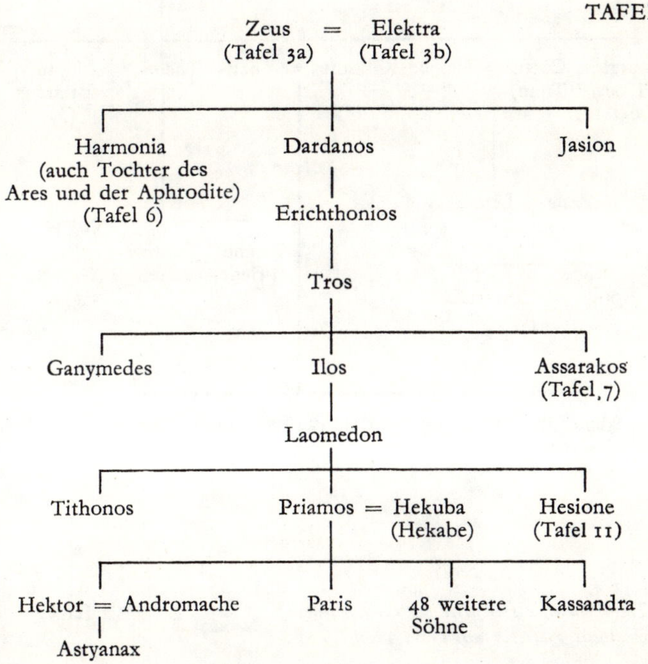

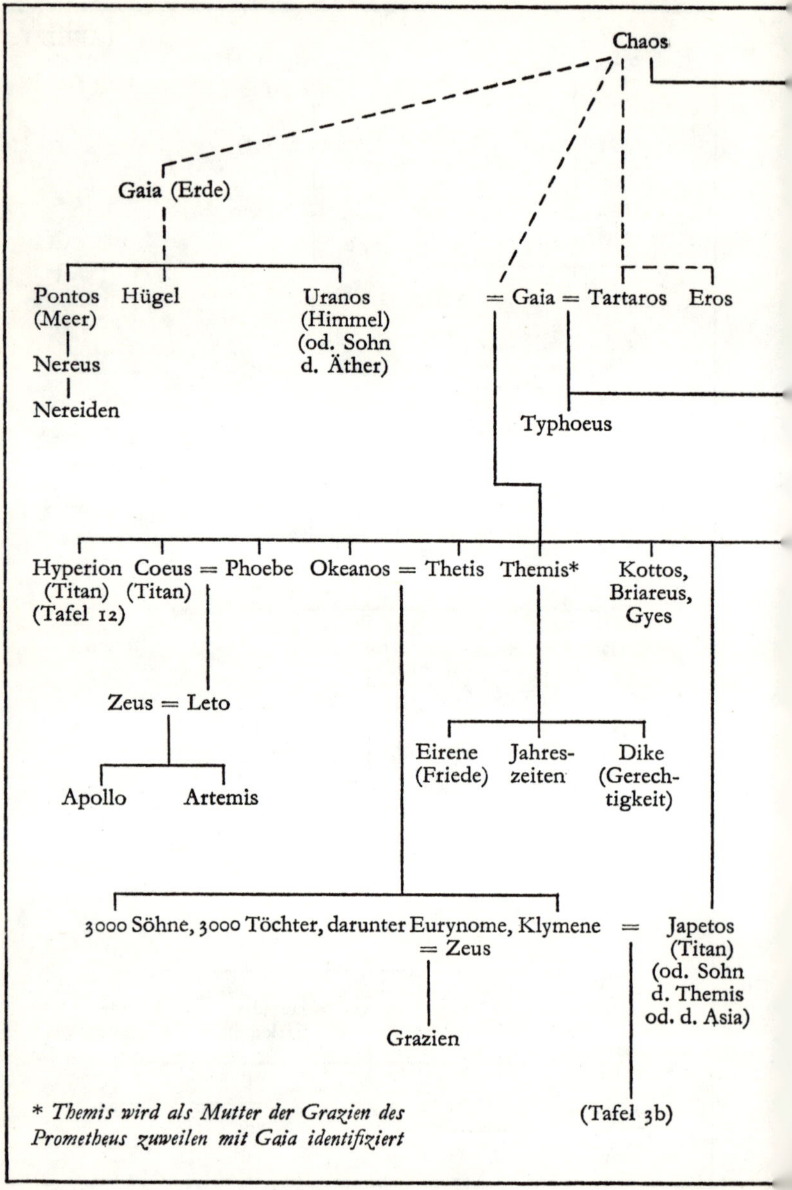
Chaos
Gaia (Erde)
Pontos (Meer)
Hügel
Uranos (Himmel) (od. Sohn d. Äther)
Nereus
Nereiden
= Gaia = Tartaros
Eros
Typhoeus
Hyperion (Titan) (Tafel 12)
Coeus (Titan) = Phoebe
Okeanos = Thetis
Themis*
Kottos, Briareus, Gyes
Zeus = Leto
Apollo
Artemis
Eirene (Friede)
Jahres-zeiten
Dike (Gerech-tigkeit)
3000 Söhne, 3000 Töchter, darunter Eurynome, Klymene
= Zeus
=
Japetos (Titan) (od. Sohn d. Themis od. d. Asia)
Grazien
(Tafel 3b)
* *Themis wird als Mutter der Grazien des Prometheus zuweilen mit Gaia identifiziert*

TAFEL 3a

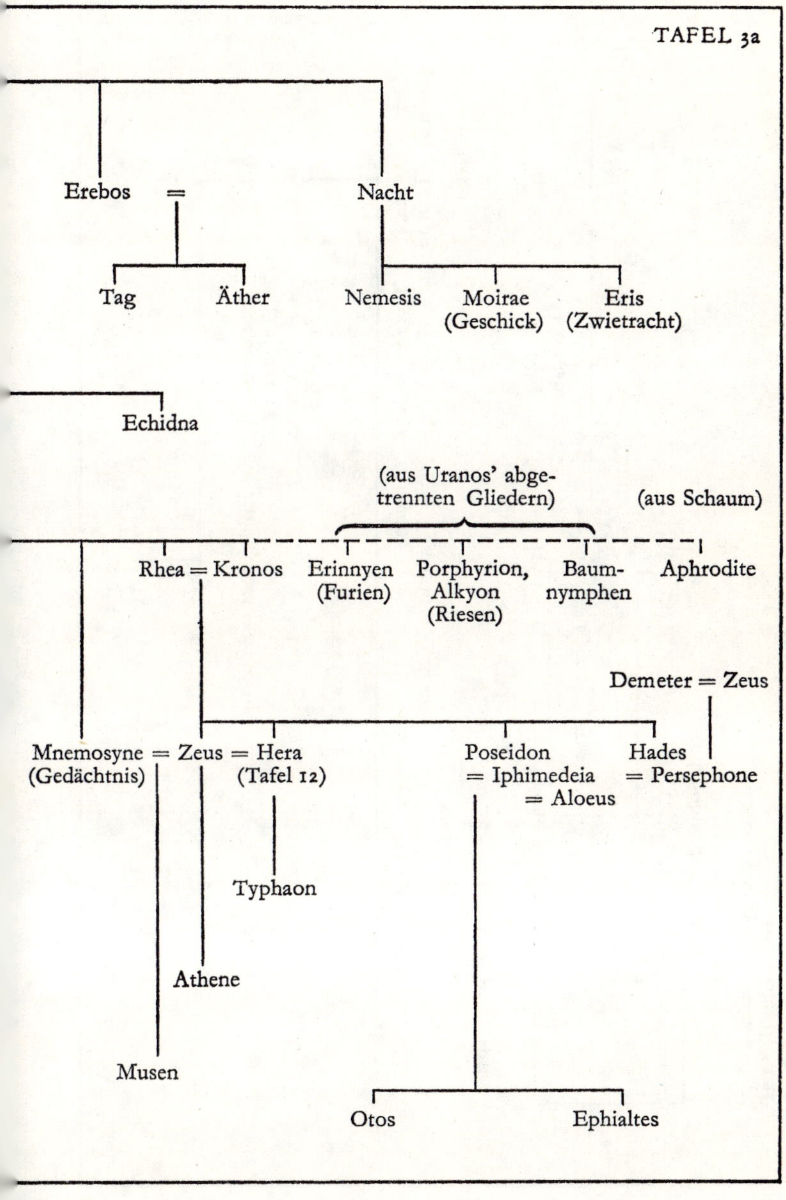
Erebos =
Nacht
Tag
Äther
Nemesis
Moirae (Geschick)
Eris (Zwietracht)
Echidna
(aus Uranos' abgetrennten Gliedern)
(aus Schaum)
Rhea = Kronos
Erinnyen (Furien)
Porphyrion, Alkyon (Riesen)
Baumnymphen
Aphrodite
Demeter = Zeus
Mnemosyne (Gedächtnis) = Zeus = Hera (Tafel 12)
Poseidon = Iphimedeia = Aloeus
Hades = Persephone
Typhaon
Athene
Musen
Otos
Ephialtes

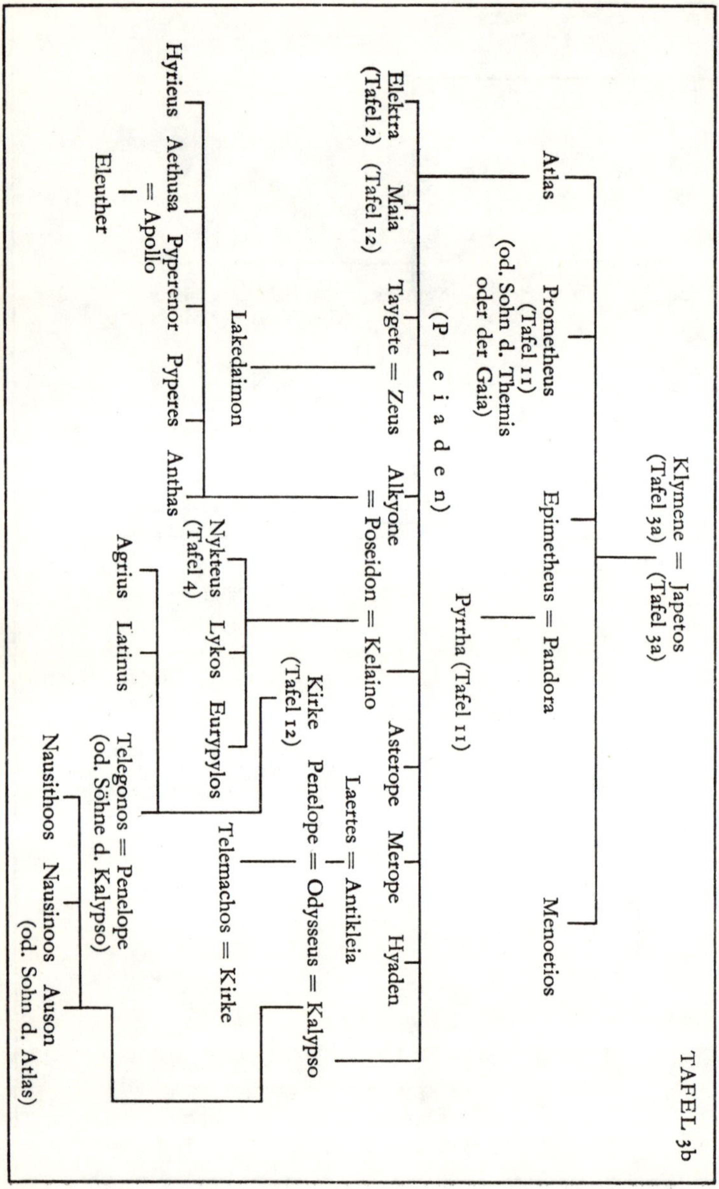
TAFEL 3b
Klymene = Japetos
(Tafel 3a) (Tafel 3a)
Atlas
Prometheus
(Tafel 11)
(od. Sohn d. Themis
oder der Gaia)
Epimetheus = Pandora
Menoetios
Pyrrha (Tafel 11)
(P l e i a d e n)
Elektra
(Tafel 2)
Maia
(Tafel 12)
Taygete = Zeus
Alkyone
= Poseidon = Kelaino
Asterope
Merope
Hyaden
Lakedaimon
Hyrieus
Aethusa
= Apollo
Pyperenor
Pyperes
Anthas
Eleuther
Nykteus
(Tafel 4)
Lykos
Eurypylos
Kirke
(Tafel 12)
Laertes = Antikleia
Penelope = Odysseus = Kalypso
Telemachos = Kirke
Agrius
Latinus
Telegonos = Penelope
(od. Söhne d. Kalypso)
Nausithoos
Nausinoos
Auson
(od. Sohn d. Atlas)

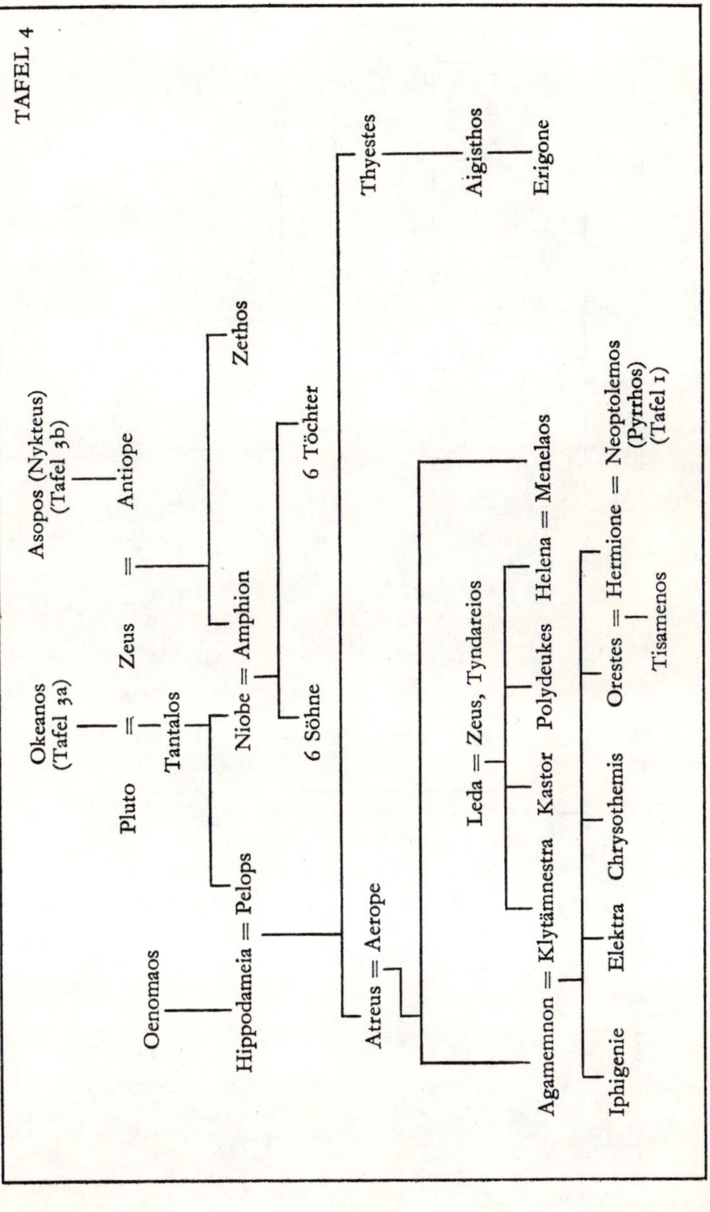
TAFEL 4
Okeanos
(Tafel 3a)
Asopos (Nykteus)
(Tafel 3b)
Pluto = Tantalos
Zeus = Antiope
Oenomaos
Hippodameia = Pelops
Niobe = Amphion
Zethos
6 Söhne
6 Töchter
Atreus = Aerope
Thyestes
Aigisthos
Erigone
Leda = Zeus, Tyndareios
Agamemnon = Klytämnestra
Kastor
Polydeukes
Helena = Menelaos
Iphigenie
Elektra
Chrysothemis
Orestes = Hermione = Neoptolemos
(Pyrrhos)
(Tafel 1)
Tisamenos

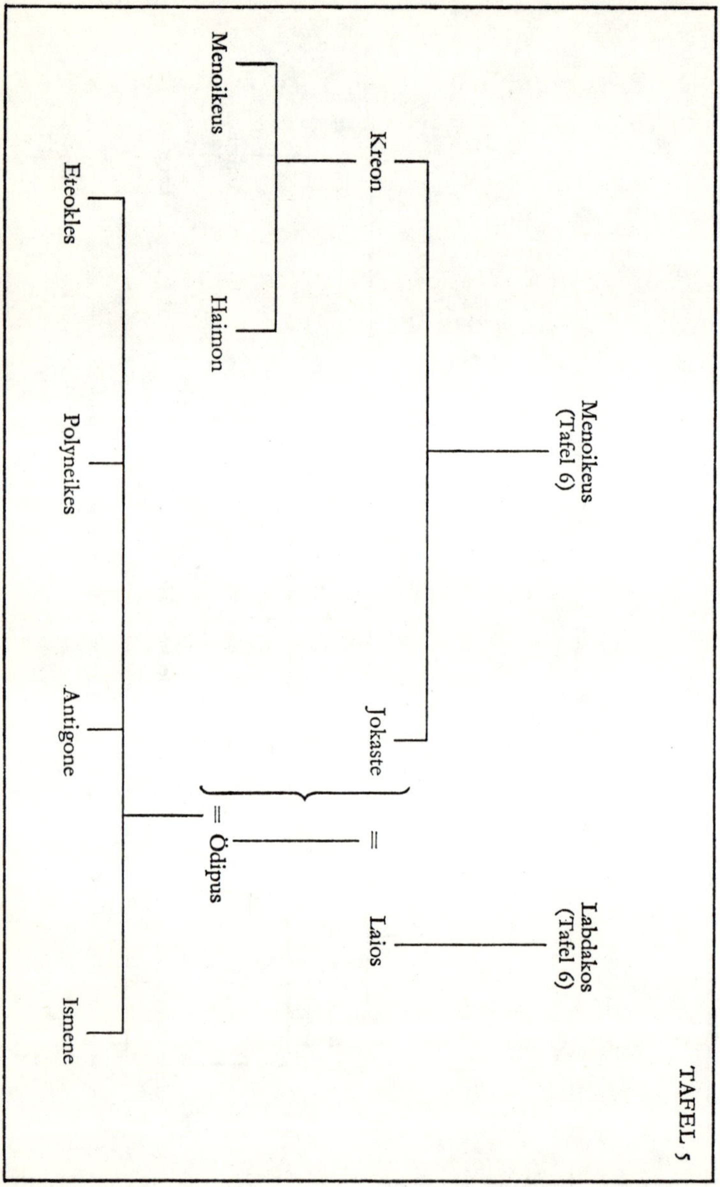
TAFEL 5
Labdakos (Tafel 6)
Menoikeus (Tafel 6)
Laios
=
Jokaste
Kreon
= Ödipus
Haimon
Menoikeus
Ismene
Antigone
Polyneikes
Eteokles

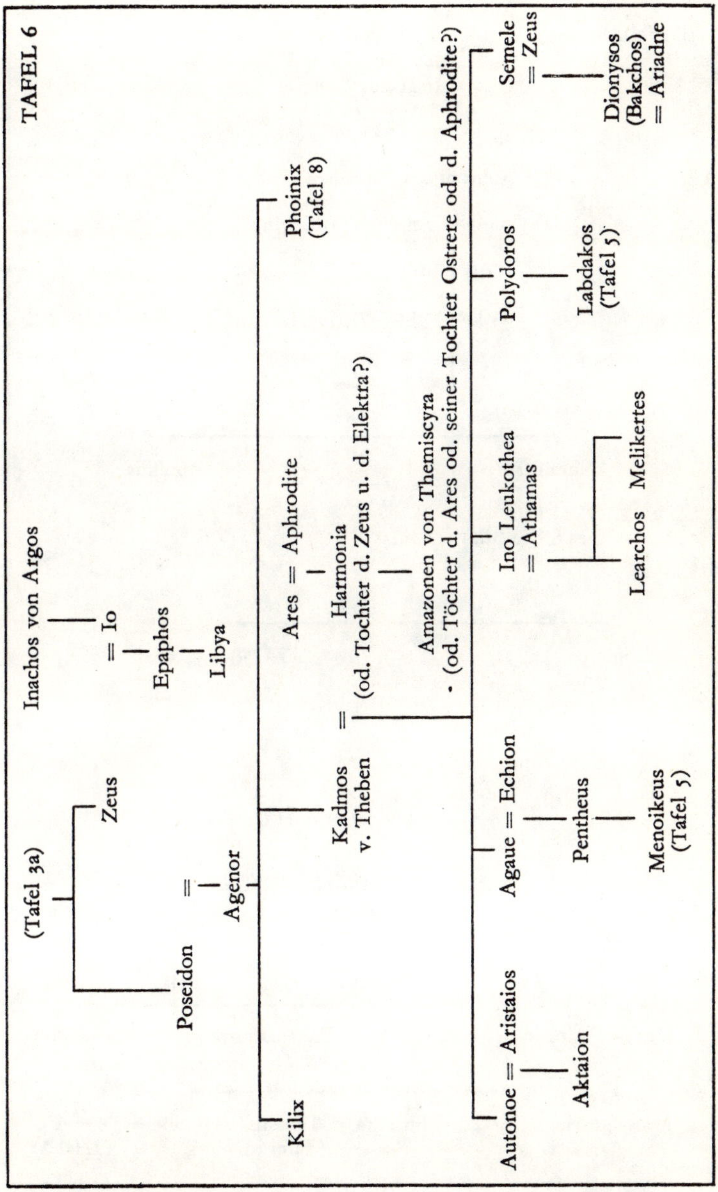
TAFEL 6
(Tafel 3a)
Zeus
Poseidon
Inachos von Argos
= Io
Epaphos
Libya
=
Agenor
Kilix
Kadmos
v. Theben
=
Phoinix
(Tafel 8)
Ares = Aphrodite
Harmonia
(od. Tochter d. Zeus u. d. Elektra?)
Amazonen von Themiscyra
(od. Töchter d. Ares od. seiner Tochter Ostrere od. d. Aphrodite?)
Autonoe = Aristaios
Aktaion
Agaue = Echion
Pentheus
Menoikeus
(Tafel 5)
Ino Leukothea
= Athamas
Learchos
Melikertes
Polydoros
Labdakos
(Tafel 5)
Semele
= Zeus
Dionysos
(Bakchos)
= Ariadne

TAFEL 7

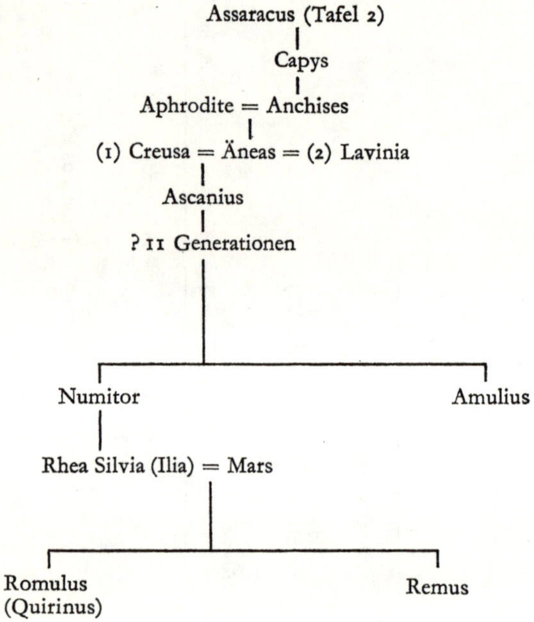

TAFEL 8

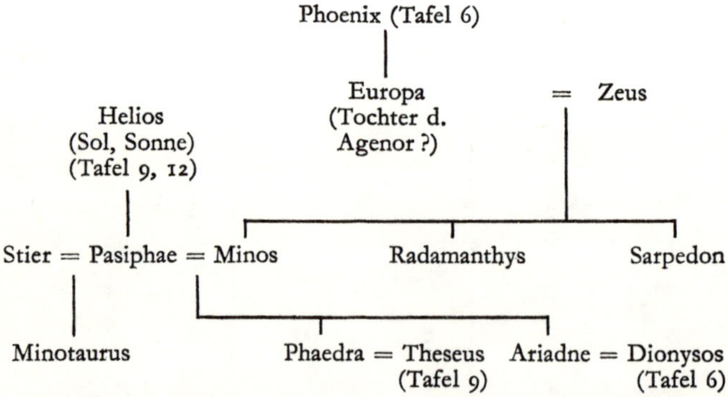

TAFEL 9

Helios
(Tafel 12)

Phaeton (Tafel 12) (auch Sohn d. Eos und d. Kephalos) — Aietes — Kirke (Tafel 3b, 9) — Pasiphae (Tafel 8)

Pittheus v. Troizen

Aethra { = Ägeus v. Athen = Medea = Jason
= Poseidon (Neptun) (Tafel 3a) }

Hippolyte = Theseus (Sohn d. Ägeus od. d. Poseidon) = Phaedra (Tafel 8)

Hippolytos

TAFEL 10

Acrisius

Cepheus = Cassiopeia = Zeus = Danae

Atymnius

Andromeda = Perseus

Alcaeus — Sthenelus — Electryon

Eurystheus

Amphitryon

Alkmene = Zeus

Herakles

TAFEL 11

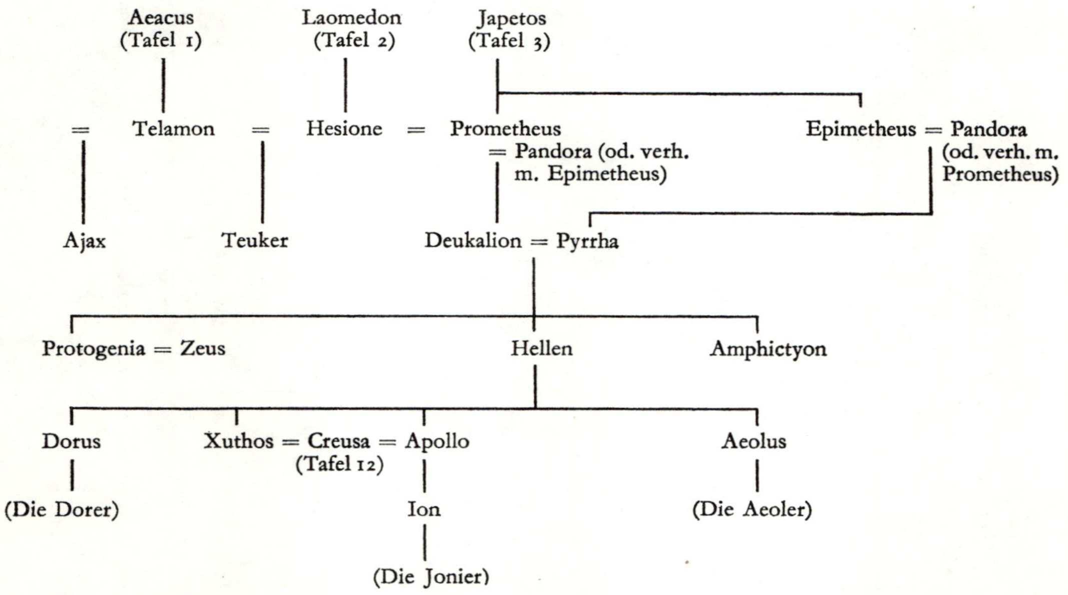
Aeacus
(Tafel 1)
Laomedon
(Tafel 2)
Japetos
(Tafel 3)
=
Telamon
=
Hesione
=
Prometheus
= Pandora (od. verh. m. Epimetheus)
Epimetheus = Pandora
(od. verh. m. Prometheus)
Ajax
Teuker
Deukalion = Pyrrha
Protogenia = Zeus
Hellen
Amphictyon
Dorus
Xuthos = Creusa = Apollo
(Tafel 12)
Aeolus
(Die Dorer)
Ion
(Die Aeoler)
(Die Jonier)

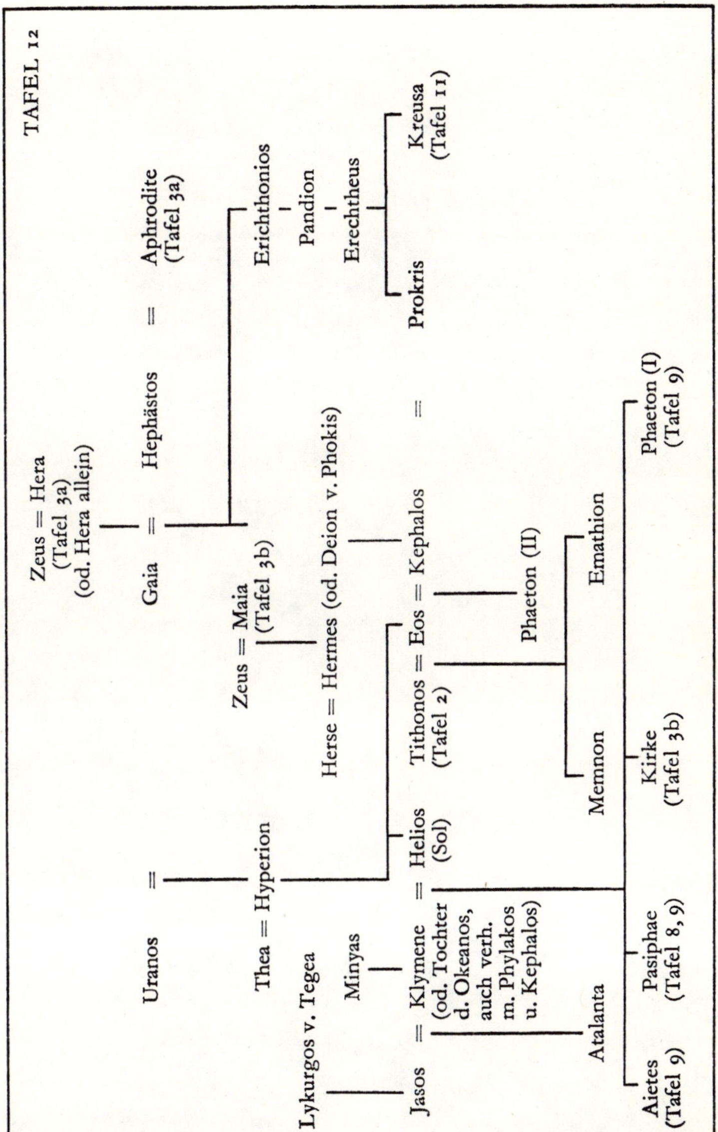
TAFEL 12
Zeus = Hera
(Tafel 3a)
(od. Hera allein)
Gaia = Hephästos = Aphrodite
(Tafel 3a)
Erichthonios
Pandion
Erechtheus
Prokris
Kreusa
(Tafel 11)
Uranos =
Thea = Hyperion
Zeus = Maia
(Tafel 3b)
Herse = Hermes (od. Deion v. Phokis)
Lykurgos v. Tegea
Minyas
Jasos = Klymene
(od. Tochter
d. Okeanos,
auch verh.
m. Phylakos
u. Kephalos)
= Helios
(Sol)
Tithonos = Eos = Kephalos
(Tafel 2)
Phaeton (II)
Atalanta
Memnon
Emathion
Aietes
(Tafel 9)
Pasiphae
(Tafel 8, 9)
Kirke
(Tafel 3b)
Phaeton (I)
(Tafel 9)

Anmerkungen

Vorwort. Seite 5–11

1 Samuel Coleridge, *Die Piccolomini,* II, 4
2 John Milton, *Das verlorene Paradies,* 891 f.
3 Horaz, *Episteln,* I, 1, 13 f. (Rudolf Alexander Schröder, *Gesammelte Werke,* Berlin/Frankfurt a. M. 1952, Bd. 5, S. 877)

I DIE HELDEN HOMERS

Der Zorn des Achilleus (Homers Ilias). Seite 15–71

1 *Ilias* I, 1–7 *(Homers Ilias,* übersetzt von Johann Heinrich Voss, Stuttgart 1957, Text der ersten Ausgabe S. 3)
2 *Ilias* I, 43–52 (Voss a. a. O., S. 4)
3 *Ilias* V, 77/78 (Voss a. a. O., S. 68)
4 *Ilias* VIII, 553–565 (Voss a. a. O., S. 129)
5 *Ilias* XI, 628–641 (Voss a. a. O., S. 177)
6 *Ilias* XI, 644 (Voss a. a. O., 179)
7 *Ilias* XX, 490–503 (Voss a. a. O., S. 331)
8 *Ilias* XXII, 345–347 (Voss a. a. O., 356)
9 *Ilias* VI, 168 f. (Voss a. a. O., S. 93)
10 Strabo, *Geographica,* I, 2, 9
11 *Odyssee* VIII, 67 *(Homers Odyssee,* übersetzt von Johann Heinrich Voss, Stuttgart 1954, Text der ersten Ausgabe S. 91)
12 *Ilias* IV, 433–438 (Voss a. a. O., S. 63)
13 *Ilias* II, 455–473 (Voss a. a. O., S. 30)
14 *Ilias* XI, 784 (Voss a. a. O., S. 182)
15 *Ilias* IX, 186 (Voss a. a. O., S. 134)
16 Euripides, *Iphigenie in Aulis,* 800 ff.; 1346 ff. (Euripides, *Sämtliche Tragödien in zwei Bänden.* Nach der Übersetzung von J. J. Donner bearbeitet von Richard Kannicht, Stuttgart 1958, Bd. 2, S. 97; S. 117 f.)
17 *Ilias* I, 417 f. (Voss a. a. O., S. 13)
18 *Ilias* I, 315 (Voss a. a. O., S. 11)
19 *Ilias* IX, 263 ff. (Voss a. a. O., S. 136 f.)

20 *Ilias* XXIV, 668 ff. (Voss a. a. O., S. 400)
21 *Ilias* XIX, 365–391 (Voss a. a. O., S. 317)
22 Pindar, *Isthmische Ode 7*, 125–131 (*Pindars Siegesgesänge*. Deutsch in den Versmaßen der Urschrift von J. J. C. Donner, Leipzig und Heidelberg 1860, S. 382)
23 *Ilias* XIII, 803 ff. (Voss a. a. O., S. 216)
24 *Ilias* XV, 610–614 (Voss a. a. O., S. 246)
25 *Ilias* VI, 448 f. (Voss a. a. O., S. 100)
26 Konstantin Kavafis, *Gedichte*. Übersetzt und hrsg. von Helmut von den Steinen, Frankfurt a. M. 1962, S. 15 f.
27 *Ilias* VI, 448–455 (Voss a. a. O., S. 100)
28 *Ilias* X, 119–124 (Voss a. a. O., S. 151)
29 *Odyssee* XI, 543–563 (Voss a. a. O., S. 147 f.)
30 William Shakespeare, *Hamlet* I, 3 (William Shakespeare, *Werke* in der Übersetzung von Schlegel/Tieck, hrsg. von L. L. Schücking, 2 Bände, München 1955, Bd. 2, S. 156)
31 *Ilias* X, 153–167 (Voss a. a. O., S. 152)
32 *Ilias* XXIII, 700–705 (Voss a. a. O., S. 378)
33 *Ilias* III, 149–160 (Voss a. a. O., S. 44 f.)
34 Stesichoros, *Fragment 11;* Euripides, *Helena,* 31 ff.
35 Giorgios Seferis, *Poems,* Übers. von Karl Federmann
36 *Ilias* I, 348–363; 860 f.; XVIII, 478–613
37 *Odyssee* V, 87–91; VII, 179; XIV, 78; XV, 148 f.
38 *Odyssee* XVII, 291–319 (Voss a. a. O., S. 220 f.)
39 Aristoteles, *Ethica Nicomachea,* VII, 1, 1 f. (1145 a 15 ff.)
40 *Werke und Tage,* 159 (*Hesiod. Sämtliche Werke*. Deutsch von Thassilo von Scheffer, Wiesbaden 1947, S. 81)
41 Pindar, *Nemeische Ode 6,* 4–7 (Donner a. a. O., S. 240 f.)
42 *Ilias* XXIV, 46–49 (Voss a. a. O., S. 384)
43 *Ilias* XVIII, 22–43 (Voss a. a. O., S. 292)
44 Friedrich Hölderlin, *Sämtliche Werke,* hrsg. von Norbert von Hellingrath, Friedrich Seebass und Ludwig von Pigenot, Berlin 1943, Zweiter Band, S. 545, 104 f.
45 *Ilias* XVI, 734–750 (Voss a. a. O., S. 268 f.)
46 *Ilias* XXII, 327–336 (Voss a. a. O., S. 355 f.)
47 *Ilias* XXIV, 15 f. (Voss a. a. O., S. 384)
48 *Ilias* XXIII, 175 ff. (Voss a. a. O., S. 365)
49 *Ilias* VI, 57–60 (Voss a. a. O., S. 91)
50 *Ilias* VI, S. 464–881 (Voss a. a. O., S. 101)
51 Xenophon, *Symposion,* III, 5
52 Johann Wolfgang von Goethe, *Faust.* Der Tragödie zweiter Teil, II, 1 6568/6569. (*Goethes Werke.* Hamburger Ausgabe, hrsg. von Erich Trunz, Hamburg 1959, Bd. 3, S. 202)
53 Heinrich Heine, *Reisebilder IV,* Die Stadt Lucca, Kap. VI (*Heinrich Heines sämtliche Werke,* hrsg. von Ernst Elster, Leipzig und Wien o. J., Bd. 3, S. 394 f.)

54 *Mose* 1, 27: Und Gott schuf den Menschen ihm zu Bilde, zum Bilde Gottes schuf er ihn;
55 *Herodot*, I, 131, 1: Sie glauben, daß die Götter Menschengestalt haben.
56 *Herodot*, II, 53, 2: Diese waren es, die den Griechen eine Theogonie schufen und den Göttern ihren Namen gaben und ihre Ehren und Fähigkeiten schieden und ihre Gestalt beschrieben.
57 *Ilias* VIII, 360 f. (Voss a. a. O., S. 124)
58 *Ilias* VIII, 23–27 (Voss a. a. O., S. 16)
59 *Ilias* XV, 14–22 (Voss a. a. O., S. 231 f.)
60 Sophokles, *Fragment 754* Nauck
61 *Ilias* XXI, 424 ff. (Voss a. a. O., S. 342)
62 *Ilias* XVI, 114–123 (Voss a. a. O., S. 253)
63 Archilochos, *Fragment 58* Diehl (*Archilochos*. Griechisch-deutsch, hrsg. von Max Treu, München 1959, S. 69)
64 *Ilias* XIX, 9 (Voss a. a. O., S. 310)
65 *Ilias* IX, 523 (Voss a. a. O., S. 143)
66 Euripides, *Die Troerinnen*, 95 ff. (Donner a. a. O. Bd. 2, S. 419)
67 *Ilias* XIX, 410 (Voss a. a. O., S. 318)
68 Archilochos, *Fragment 8* Diehl
69 *Ilias* XXIV, 525–533 (Voss a. a. O., S. 396 f.)

Die Irrfahrten des Odysseus (Homers Odyssee). Seite 72–107

1 *Odyssee* V, 59–75 (Voss a. a. O., S. 61)
2 *Odyssee* V, 151–158 (Voss a. a. O., S. 63)
3 *Odyssee* VI, 76 ff. (Voss a. a. O., S. 74 f.)
4 *Odyssee* VIII, 166; 175 ff. (Voss a. a. O., S. 94)
5 *Odyssee* IX, 513–516 (Voss a. a. O., S. 117 f.)
6 *Odyssee* XXIII, 210 ff. (Voss a. a. O., S. 295)
7 *Odyssee* VII, 210 ff. (Voss a. a. O., S. 86)
8 Euripides, *Die Troerinnen*, 282–285 (Donner a. a. O., Bd. 2, S. 425)
9 Dante, *Die göttliche Komödie*, Inferno XXVI
10 Kavafis a. a. O., S. 31 f.
11 Strabo, *Geographica*, I, 11
12 *Odyssee* VIII, 477–481 (Voss a. a. O., S. 100 f.)
13 Longinus, *Über das Erhabene*, IX, 13
14 Sophokles, *Antigone*, 334 (Sophokles, *Die Tragödien*. Deutsch von Emil Staiger, Zürich 1944, S. 323)
15 Sophokles, *Antigone*, 226–231 (Staiger a. a. O., S. 228)
16 *Odyssee* VII, 84–94 (Voss a. a. O., S. 83)
17 *Odyssee* XV, 48–55 (Voss a. a. O., S. 188)
18 *Odyssee* XV, 82–85 (Voss a. a. O., S. 220 f.)
19 *Odyssee* VIII, 143; 280
20 *Odyssee* XVII, 290–305 (Voss a. a. O., S. 220 f.)
21 *Odyssee* XVIII, 111 (Voss a. a. O., S. 231)
22 *Odyssee* XXII, 461–473 (Voss a. a. O., S. 288)

23 *Odyssee* IV, 397 (Voss a. a. O., S. 48)
24 *Ilias* V, 430; VII, 30 f.
25 *Odyssee* VII, 321–327 (Voss a. a. O., S. 98)
26 *Theogonie,* 1011–1016 (Scheffer a. a. O., S. 67)
27 *Odyssee* XI, 15 (Voss a. a. O., S. 134)
28 *Odyssee* X, 506–515 (Voss a. a. O., S. 132)
29 *Ilias* VIII, 13–16; 481
30 *Ilias* III, 279
31 *Odyssee* XI, 34–43 (Voss a. a. O., S. 135)
32 *Odyssee* XI, 486–491 (Voss a. a. O., S. 146)
33 *Odyssee* XI, 218–222 (Voss a. a. O., S. 139)
34 Erinna, *Fragment 2* Diehl
35 *Odyssee* IV, 561–569 (Voss a. a. O., S. 52)

II ZEUS, APOLLON, DEMETER

Zeus (Hesiods Theogonie). Seite 111–150

1 *Theogonie,* 33 f. (Scheffer a. a. O., S. 5)
2 *Theogonie,* 588–591 (Scheffer a. a. O., S. 39)
3 *Theogonie,* 687–690 (Scheffer a. a. O., S. 46)
4 *Theogonie,* 954 f. (Scheffer a. a. O., S. 64 f.)
5 George Gordon Byron, *Don Juan,* Dritter Gesang (*Lord Byrons Werke,* übertragen von Otto Gildemeister, Berlin 1903, Bd. 5, S. 141)
6 *Theogonie,* 29–35 (Scheffer a. a. O., S. 5)
7 *Theogonie,* 24–29 (Scheffer a. a. O., S. 4)
8 *Werke und Tage,* 100–104 (Scheffer a. a. O., S. 78)
9 *Theogonie,* 24 (Scheffer a. a. O., S. 4)
10 *Werke und Tage,* 1 f. (Scheffer a. a. O., S. 72)
11 *Herodot,* II, 53
12 Platon, *Symposion,* 178 b
13 *Pausanias,* IX, 31, 4
14 *Theogonie,* 116 (Scheffer a. a. O., S. 10)
15 *Ilias* XIV, 245 f. (Voss a. a. O., S. 224)
16 Proklos, *In Platonis Timaeum commentaria,* III, 156 a
17 Aristoteles, *Physika,* IV, 1 (208 b 30 ff.)
18 *Pausanias,* IX, 27, 1
19 *Theogonie,* 120–122 (Scheffer a. a. O., S. 10 f.)
20 Sophokles, *Antigone,* 806; 826 f. (Staiger a. a. O., S. 252 f.)
21 Aristoteles, *Metaphysik,* XII, 6, 6 (1071 b 26 ff.)
22 Sophokles, *Die Trachinierinnen,* 94 f. (Staiger a. a. O., S. 280)
23 *Herodot,* II, 53
24 *Theogonie,* 126 f. (Scheffer a. a. O., S. 11)
25 *Theogonie,* 177–186 (Scheffer a. a. O., S. 14 f.)
26 *Theogonie,* 201 (Scheffer a. a. O., S. 16)

27 Lukrez, *De rerum natura,* I, 19 f.
28 *Theogonie,* 203–206 (Scheffer a. a. O., S. 16)
29 Plutarch, *De defectu oraculorum,* 420 A
30 Timotheos, *Fragment 7* Diehl II
31 Anonym; Aischylos, *Fragment 464* Nauck
32 Aischylos, *Fragment 30.* (Aischylos, *Die Tragödien und Fragmente,* bearbeitet, eingeleitet und teilweise neu übersetzt von F. Stoessl, Zürich 1952, S. 423)
33 *Werke und Tage,* 3–8 (Scheffer a. a. O., S. 71)
34 *Werke und Tage,* 267 ff. (Scheffer a. a. O., S. 89)
35 Archilochos, *Fragment 94* Diehl (Treu a. a. O., S. 87)
36 *Theogonie,* 504 f. (Scheffer a. a. O., S. 34)
37 *Exodus,* 19, 16 ff.
38 *Odyssee* XII, 127–130 (Voss a. a. O., S. 153 f.)
39 *Werke und Tage,* 77–82 (Scheffer a. a. O., S. 76)
40 *Werke und Tage,* 373 ff. (Scheffer a. a. O., S. 96)
41 Semonides, *Fragment 7* Diehl
42 Euripides, *Hippolytos,* 616–624 (Donner a. a. O., Bd. 1, S. 423)
43 Euripides, *Medea,* 419; 262–265 (Donner a. a. O., Bd. 2, S. 201; 196)
44 Hölderlin, *Der Rhein,* 99–104 (a. a. O., Bd. 4, S. 175)
45 *Odyssee* VI, 59 (Voss a. a. O., S. 82)
46 *Theogonie,* 678–684 (Scheffer a. a. O., S. 45)
47 *Theogonie,* 824–834 (Scheffer a. a. O., S. 55)
48 *Theogonie,* 853–867 (Scheffer a. a. O., S. 57)
49 *Ilias* II, 783 (Voss a. a. O., S. 38)
50 *Ilias* XIV, 315–328 (Voss a. a. O., S. 225 f.)
51 Arnobius, *Adversus nationes,* IV, 22

Apollon und Demeter (Die Homerischen Hymnen). Seite 151–190

1 *Homerischer Hymnus III,* 2 ff. (*Griechische Lyrik,* übertragen von Eduard Mörike, Frankfurt 1960, S. 7)
2 *Homerischer Hymnus III,* 75–77 (Mörike a. a. O., S. 9)
3 *Homerischer Hymnus III,* 133 (Mörike a. a. O., S. 10)
4 *Homerischer Hymnus III,* 44 f. (Mörike a. a. O., S. 10)
5 *Homerischer Hymnus III,* 172 f. (Mörike a. a. O., S. 11)
6 *Ilias* I, 472 (Voss a. a. O., S. 15)
7 *Werke und Tage,* 656 (Scheffer a. a. O., S. 115)
8 *Homerischer Hymnus III,* 172 f. (Mörike a. a. O., S. 11)
9 *Homerischer Hymnus III,* 147–161 (Mörike a. a. O., S. 7)
10 Percy B. Shelley, *Adonais*
11 *Homerischer Hymnus III,* 147–161 (Mörike a. a. O., S. 10 f.)
12 *Homerischer Hymnus XXVII,* 14
13 *Homerischer Hymnus III,* 518 (Mörike a. a. O., S. 11)
14 *Markus,* 13, 10/11; XVI, 17; 1. *Kor.,* 12; *Epheser* 6, 19
15 John Keats, *Hyperion,* III, 112–120

16 *Ilias* XXI, 470 (Voss a. a. O., S. 343)
17 *Homerischer Hymnus XXVII*, 5
18 Euripides, *Die Bakchen*, 337 (Donner a. a. O., Bd. 1, S. 104)
19 Ovid, *Metamorphosen*, III, 138 f. (Ovid, *Metamorphosen*, übersetzt von Reinhart Suchier, München 1959, S. 56 ff.)
20 Shelley, *Adonais*
21 *Homerischer Hymnus II*, 12 ff. (Mörike a. a. O., S. 14)
22 *Homerischer Hymnus II*, 204–207 (Mörike a. a. O., S. 20)
23 *Homerischer Hymnus II*, 401 f. (Mörike a. a. O., S. 24)
24 Euripides, *Die Bakchen*, 274 (Donner a. a. O., Bd. 1, S. 102)
25 *Homerischer Hymnus XXX*, 1 f. (*Homerische Hymnen*, griechisch-deutsch hrsg. von A. Weiher, München 1961, S. 129)
26 *Homerischer Hymnus II*, 480 ff. (Mörike a. a. O., S. 26)
27 *Odyssee* IV, 561 (Voss a. a. O., S. 52)
28 Erinna, *Fragment 2* Diehl
29 Pindar, *Olympische Ode 2*, 66–70 (Übers. von Sch. v. Stauffenberg bei Hölscher a. a. O., S. 13)
30 Aristophanes, *Die Frösche*, 455–459
31 Themistios, *Über die Seele*, 218 h
32 *Theogonie*, 912–914 (Scheffer a. a. O., S. 61)
33 Nietzsche, *Die Geburt der Tragödie*, 23 (Friedrich Nietzsche, *Werke in drei Bänden*, hrsg. v. Karl Schlechta, München o. J., Bd. 1, S. 125)
34 John Milton, *Das verlorene Paradies*
35 Percy B. Shelley, *Die Geburt der Proserpina*
36 *Lev.* 9, 12
37 *Lev.* 17, 6

III AGAMEMNON UND PROMETHEUS

Das Haus des Agamemnon (Die Orestie des Aischylos). Seite 195–246

1 *Agamemnon*, 135 (Aischylos, *Tragödien und Fragmente*, verdeutscht von Ludwig Wolde, Leipzig o. J., S. 29)
2 *Agamemnon*, 236–241 (Wolde a. a. O., S. 12)
3 *Agamemnon*, 247–251 (Wolde a. a. O., S. 12)
4 *Agamemnon*, 607 f.; 611 (Wolde a. a. O., S. 24)
5 *Agamemnon*, 761 f.; 765 ff. (Wolde a. a. O., S. 29)
6 *Agamemnon*, 860–869 (Wolde a. a. O., S. 32)
7 *Agamemnon*, 1216–1220 (Wolde a. a. O., S. 45)
8 *Agamemnon*, 1227–1230 (Wolde a. a. O., S. 45)
9 *Agamemnon*, 1280 f. (Wolde a. a. O., S. 47)
10 *Agamemnon*, 1382–1392 (Wolde a. a. O., S. 52)
11 *Agamemnon*, 1502–1506 (Wolde a. a. O., S. 56)
12 *Agamemnon*, 1672 f. (Wolde a. a. O., S. 62)
13 *Das Totenopfer*, 535 ff. (Wolde a. a. O., S. 85)

14 *Das Totenopfer*, 646–651 (Wolde a. a. O., S. 88)
15 *Das Totenopfer*, 808 ff.; 833–836 (Wolde a. a. O., S. 94; 95)
16 *Das Totenopfer*, 883 f. (Wolde a. a. O., S. 97)
17 *Das Totenopfer*, 1075–1078 (Wolde a. a. O., S. 105)
18 *Die Eumeniden*, 69 f. (Wolde a. a. O., S. 111)
19 *Die Eumeniden*, 329–332 (Wolde a. a. O., S. 121)
20 Archilochos, *Fragment 4* Diehl
21 *Herodot*, I, 23 f.
22 Euripides, *Orestes*, 338–344
23 *Odyssee* III, 304 (Voss a. a. O., S. 33)
24 *Odyssee* III, 309 f.; I, 35–43; IV, 512–537; XI, 397–434
25 *Athenaios*, VIII, 347 e
26 Pindar, *Pythische Ode 11*, 18–25 (Pindar, *Siegeslieder*. Deutsche Übertragungen, zusammengestellt von Uvo Hölscher, Übers. von Joh. G. Herder, Frankfurt a. M. 1962, S. 91)
27 *Agamemnon*, 160–165 (Wolde a. a. O., S. 10)
28 Xenophanes, *Fragment 23* Diehl (H. Fränkel, *Dichtung und Philosophie des frühen Griechentums*, München 1962, S. 377)
29 Aischylos, *Danais*, 1057/1058 (Wolde a. a. O., S. 190)
30 Pindar, *Pythische Ode 8*, 95 ff. (Hölscher a. a. O., S. 81)
31 *Agamemnon*, 70 f. (Wolde a. a. O., S. 7)
32 Aischylos, *Der gefesselte Prometheus*, 515–518 (Wolde a. a. O., S. 259)
33 *Die Eumeniden*, 1045 f. (Wolde a. a. O., S. 38)
34 *Theognis*, 133–142
35 Pindar, *Nemeische Ode 6*, 1–7 (Übers. von W. Schadewaldt bei Hölscher a. a. O., S. 112)
36 Platon, *Phaidon*, 115 a
37 Pindar, *Pythische Ode 3*, 81–84 (Übers. von Sch. v. Stauffenberg bei Hölscher a. a. O., S. 56 f.)
38 Pindar, *Fragment 41*
39 Shakespeare, *Macbeth*, V, 5
40 *Theognis*, 373–392 (Mörike a. a. O., S. 32)
41 Alkman, *Fragment 1* Diehl II, 36–39 (*Griechische Lyriker*, übertragen von H. Rüdiger, Zürich 1949, S. 79)
42 Solon, *Fragment 1* Diehl, 17–28 (Solon, *Dichtungen*, übertragen von E. Preine, München 1945, S. 33)
43 *Hebräer*, 10, 31
44 *Theognis*, 153; 154
45 *Agamemnon*, 367–384 (Wolde a. a. O., S. 17)
46 *Jesaja*, 10, 112 ff.
47 Euripides, *Die Bakchen*, 884 f. (Donner a. a. O., Bd. 1, S. 133)
48 Aischylos, *Niobe*, Fragment 278 a
49 *Agamemnon*, 735 (Wolde a. a. O., S. 28)
50 *Odyssee* V, 118 f. (Voss a. a. O., S. 62)
51 *Agamemnon*, 750 (Wolde a. a. O., S. 29)
52 Platon, *Politeia*, II, 379 a – 380 c

53 *Herodot,* VII, 134–137
54 Sophokles, *Ödipus auf Kolonos,* 1224–1227 (Staiger a. a. O., S. 461)
55 Solon, *Fragment 1* Diehl, 67–70
56 *Herodot,* VII, 101–104
57 *Agamemnon,* 176–183 (Wolde a. a. O., S. 10)
58 Solon, *Fragment 1* Diehl, 29–32 (Preine a. a. O., S. 35)
59 *Agamemnon,* 737–749 (Wolde a. a. O., S. 28 f.)
60 *Agamemnon,* 1563 ff. (Wolde a. a. O., S. 58)
61 *Das Totenopfer,* 66–70 (Wolde a. a. O., S. 67)
62 *Ilias* XIX, 87 (Voss a. a. O., S. 310)
63 Heraklit, *Fragment B 94* (Diels-Kranz, *Die Fragmente der Vorsokratiker,* I, Berlin[10] 1961, S. 172)
64 *Agamemnon,* 459–467 (Wolde a. a. O., S. 19)
65 *Die Eumeniden,* 69–73 (Wolde a. a. O., S. 111)
66 *Die Eumeniden,* 160–167 (Wolde a. a. O., S. 115)
67 *Die Eumeniden,* 181–190 (Wolde a. a. O., S. 115 f.)
68 *Die Eumeniden,* 658–661 (Wolde a. a. O., S. 133)
69 *Die Eumeniden,* 685–690 (Wolde a. a. O., S. 134)
70 Sophokles, *Elektra,* 110–120 (Staiger a. a. O., S. 78 f.)
71 Sophokles, *Elektra,* 530–533 (Staiger a. a. O., S. 94)
72 Euripides, *Orestes,* 316 f. (Donner a. a. O., Bd. 2, S. 248 f.)
73 Euripides, *Orestes,* 407 f. (Donner a. a. O., Bd. 2, S. 252)
74 Euripides, *Elektra,* 839–843 (Donner a. a. O., Bd. 1, S. 178)
75 Euripides, *Elektra,* 1035–1045 (Donner a. a. O., Bd. 1, S. 185)
76 Quintilian, *Institutio oratoria,* X, 1, 98

Prometheus (Der gefesselte Prometheus des Aischylos). Seite 247–265

1 *Der gefesselte Prometheus,* 101–113 (Wolde a. a. O., S. 245)
2 *Der gefesselte Prometheus,* 327 ff. (Wolde a. a. O., S. 353)
3 *Der gefesselte Prometheus,* 448–468 (Wolde a. a. O., S. 258 f.)
4 *Der gefesselte Prometheus,* 511–518 (Wolde a. a. O., S. 259)
5 *Der gefesselte Prometheus,* 1071–1079 (Wolde a. a. O., S. 280)
6 *Der gefesselte Prometheus,* 397 f. (Wolde a. a. O., S. 256)
7 *Der gefesselte Prometheus,* 168–177 (Wolde a. a. O., S. 248 f.)
8 Pindar, *Isthmische Ode 8,* 30 f. (Übers. von G. Ludwig bei Hölscher a. a. O., S. 148 f.)
9 *Apollodor,* II, V, 4, 11
10 Aischylos, *Der befreite Prometheus,* Fragment 199 Nauck
11 *Der gefesselte Prometheus,* 511–515 (Wolde a. a. O., S. 259)
12 *Der gefesselte Prometheus,* 194 f. (Wolde a. a. O., S. 248)
13 *Jeremia,* 12, 1
14 Euripides, *Hippolytos,* 1365 (Donner a. a. O., Bd. 1, S. 447)
15 *Der gefesselte Prometheus,* 980 (Wolde a. a. O., S. 277)
16 *Der gefesselte Prometheus,* 229–238 (Wolde a. a. O., S. 249)
17 Aischylos, *Hiketiden,* 93 ff.

18 Pseudo-Aristoteles, *Magna Moralia,* XI, 6 (1208 b – 30 f.)
19 Platon, *Protagoras,* 320 d ff.
20 *Pausanias,* X, 4, 4

IV ÖDIPUS UND ANTIGONE

Ödipus (König Ödipus von Sophokles). Seite 269–299

1 *König Ödipus,* 1014–1065 (Staiger a. a. O., S. 189–193)
2 *König Ödipus,* 1529 f. (Staiger a. a. O., S. 213)
3 *Ilias* II, 505 (Voss a. a. O., S. 31)
4 Kallinos bei *Pausanias,* IX, 9, 5
5 *Athenaios* X, 456 b
6 *Pausanias* IX, 26, 2 ff.
7 Aristoteles, *Poetik,* XV, 11 (1460 b 33 ff.)
8 Aristoteles, *Poetik,* XIII, 5 (1453 a 7 ff.)
9 Sophokles, *Die Trachinierinnen,* 1136 (Staiger a. a. O., S. 321)
10 Demosthenes, LIX, 109, *Gegen Neaira,* 1382; Lykurg *Gegen Leokrates,* 146; Antiphon, *Tetralogia,* II, 2, 8 f.
11 Sophokles, *Die Trachinierinnen,* 1276 f. (Staiger a. a. O., S. 327)
12 *Exultet* (Römisches Missale)
13 Sophokles, *Philoktet,* 535–538 (Staiger a. a. O., S. 354)
14 Sophokles, *Fragment 1129*
15 *König Ödipus,* 1522 f. (Staiger a. a. O., S. 212)
16 Aristoteles, *Poetik,* VI, 2 (1449 b 27 ff.)
17 Platon, *Politeia,* X, 605 c ff.
18 *König Ödipus,* 1184 f. (Staiger a. a. O., S. 199)
19 *Ödipus auf Kolonos,* 1565–1578 (Staiger a. a. O., S. 474)
20 *Werke und Tage,* 110–120 (Scheffer a. a. O., S. 78)
21 *Hiob,* 10, 21 f.
22 *Ödipus auf Kolonos,* 1656–1666 (Staiger a. a. O., S. 477)
23 *Ödipus auf Kolonos,* 709–719 (Staiger a. a. O., S. 438)

Antigone (Die Antigone des Sophokles). Seite 300–315

1 *Antigone,* 213–220 (Staiger a. a. O., S. 227)
2 *Antigone,* 354–375 (Staiger a. a. O., S. 233)
3 *Antigone,* 773–777 (Staiger a. a. O., S. 251)
4 *Antigone,* 872–877 (Staiger a. a. O., S. 254)
5 *Antigone,* 1017–1022 (Staiger a. a. O., S. 259)
6 *Antigone,* 1231–1236 (Staiger a. a. O., S. 268)
7 Aischylos, *Sieben gegen Theben,* 124 ff. (Wolde a. a. O., S. 290)
8 *Ödipus auf Kolonos,* 1617 ff. (Staiger a. a. O., S. 476)
9 Heraklit, *Fragment B 114* Diels-Kranz
10 *Antigone,* 450 ff. (Staiger a. a. O., S. 236 f.)

11 *Antigone*, 113 ff. (Staiger a. a. O., S. 264)
12 Xenophon, *Memorabilia*, IV, 4, 5–25
13 *Thukydides*, II, 37
14 Aristoteles, *Rhetorik*, I, 10, 3 (1368 b 8 f.)
15 *Antigone*, 453–468 (Staiger a. a. O., S. 236 f.)
16 *Antigone*, 909–915 (Staiger a. a. O., S. 256)
17 *Antigone*, 61–77 (Staiger a. a. O., S. 221 f.)
18 *Antigone*, 471; 875

V HERAKLES UND DIONYSOS

Herakles bezwingt den Tod (Die Alkestis des Euripides). Seite 319–346

1 *Alkestis*, 122–129 (Donner a. a. O., Bd. 1, S. 9)
2 *Alkestis*, 196 ff. (Donner a. a. O., Bd. 1, S. 11)
3 *Alkestis*, 455–465 (Donner a. a. O., Bd. 1, S. 20)
4 *Alkestis*, 1147 f. (Donner a. a. O., Bd. 1, S. 45)
5 *Alkestis*, 1156 f. (Donner a. a. O., Bd. 1, S. 45)
6 *Alkestis*, 280 f. (Donner a. a. O., Bd. 1, S. 14 f.)
7 *Alkestis*, 1061–1069 (Donner a. a. O., Bd. 1, S. 41)
8 Euripides, *Elektra*, 294 ff. (Donner a. a. O., Bd. 1, S. 158)
9 Euripides, *Die Troerinnen*, 95 ff. (Donner a. a. O., Bd. 1, S. 419)
10 *Alkestis*, 682 f. (Donner a. a. O., Bd. 1, S. 28 f.)
11 Aristophanes, *Die Frösche*, 1301 f.
12 Euripides, *Hippolytos*, 487 (Donner a. a. O., Bd. 2, S. 418)
13 Euripides, *Die Bakchen*, 200 f. (Donner a. a. O., Bd. 2, S. 100)
14 *Diogenes Laertios*, VIII, 21
15 Xenophanes, *Fragment 10* Diehl, (Fränkel a. a. O., S. 376)
16 Xenophanes, *Fragment 13* (Fränkel a. a. O., S. 377)
17 Pindar, *Nemeische Ode 7*, 22 ff. (Übers. von W. Schadewaldt bei Hölscher a. a. O., S. 113)
18 Pindar, *Olympische Ode 1*, 28; 29 (Übers. von Sch. v. Stauffenberg bei Hölscher a. a. O., S. 8)
19 *Herodot*, VII, 152, 3
20 *Herodot*, IV, 195, 2
21 Kritias, *Sisyphos*, Fragment B 25 Diels-Kranz
22 Euripides, *Herakles*, 1341–1346 (Donner a. a. O., Bd. 1, S. 355)
23 Euripides, *Herakles*, 1232 (Donner a. a. O., Bd. 1, S. 315)
24 Euripides, *Melanippe*, Fragment 506 Nauck
25 Euripides, *Elektra*, 743 f. (Donner a. a. O., Bd. 1, S. 174)
26 Euripides, *Bellerophon*, Fragment 286 Nauck
27 Euripides, *Hekabe*, 491 (Donner a. a. O., Bd. 1, S. 215)
28 Euripides, *Hippolytos*, 197 (Donner a. a. O., Bd. 1, S. 408)
29 *Alkestis*, 747–760 (Donner a. a. O., Bd. 1, S. 31)
30 *Alkestis*, 787 ff. (Donner a. a. O., Bd. 1, S. 32)

31 *Ilias* V, 395 f. (Voss a. a. O., S. 76)
32 *Alkestis,* 840–856 (Donner a. a. O., Bd. 1, S. 34)
33 Pindar, *Isthmische Ode 4,* 61–73 (Übers. von J. J. Donner bei Hölscher a. a. O., S. 140)
34 Pindar, *Olympische Ode 9,* 28–35 (Übers. von F. Dornseiff bei Hölscher a. a. O., S. 31)

Dionysos, der Gott des Rausches (Die Bakchen des Euripides). Seite 347–360

1 *Die Bakchen,* 126 f. (Donner a. a. O., Bd. 1, S. 98)
2 *Die Bakchen,* 233–241 (Donner a. a. O., Bd. 1, S. 101)
3 *Die Bakchen,* 378–385 (Donner a. a. O., Bd. 1, S. 105)
4 *Die Bakchen,* 430 ff. (Donner a. a. O., Bd. 1, S. 106)
5 *Die Bakchen,* 603 (Donner a. a. O., Bd. 1, S. 113)
6 *Die Bakchen,* 734 f. (Donner a. a. O., Bd. 1, S. 117 f.)
7 *Die Bakchen,* 1020–1023 (Donner a. a. O., Bd. 1, S. 128)
8 *Die Bakchen,* 1122–1136 (Donner a. a. O., Bd. 1, S. 131)
9 *Die Bakchen,* 1388–1392 (Donner a. a. O., Bd. 1, S. 143)
10 *Die Bakchen,* 64–69 (Donner a. a. O., Bd. 1, S. 96)
11 Philodamos aus Skarphe, *Anthologia lyrica Graeca,* II, hrsg. v. E. Diehl, Leipzig 1925, S. 252 ff.
12 *Markus,* 16, 18
13 *Herodot,* II, 49; IX, 34
14 *Livius* XXXIX, 9–18

VI HELDEN AUF GROSSER FAHRT

Die Suche nach dem Goldenen Vlies (Die Argonautika des Apollonios). Seite 363–386

1 *Die Argonauten* II, 288 ff. (Apollonios Rhodios, *Die Argonauten,* verdeutscht von Thassilo von Scheffer, Wiesbaden 1947, S. 60)
2 *Die Argonauten* II, 564–572 (Scheffer a. a. O., S. 70)
3 *Die Argonauten* II, 598–605 (Scheffer a. a. O., S. 71)
4 *Die Argonauten* II, 946–954 (Scheffer a. a. O., S. 83 f.)
5 *Die Argonauten* II, 1018–1029 (Scheffer a. a. O., S. 86)
6 *Die Argonauten* III, 1011–1021 (Scheffer a. a. O., S. 132)
7 *Die Argonauten* IV, 33 f. (Scheffer a. a. O., S. 147)
8 *Die Argonauten* IV, 167–173 (Scheffer a. a. O., S. 152)
9 *Die Argonauten* IV, 596–616 (Scheffer a. a. O., S. 167)
10 *Die Argonauten* IV, 672–681 (Scheffer a. a. O., S. 169 f.)
11 *Odyssee* XII, 69–72 (Voss a. a. O., S. 152)
12 Pindar, *Pythische Ode 4,* 69 (Übers. von W. v. Humboldt bei Hölscher a. a. O., S. 59 ff.)

13 *Ilias* II, 511 (Voss a. a. O., S. 31)
14 Pindar, *Pythische Ode 4*, 184–187 (Übers. von W. v. Humboldt bei Hölscher a. a. O., S. 66)
15 Strabo, *Geographica*, I, 2, 39; XI, 2, 19
16 *Die Argonauten* III, 967–972 (Scheffer a. a. O., S. 130)
17 Ovid, *Heroides*, VI

Auf der Suche nach der verlorenen Gattin (Orpheus und Eurydike von Vergil). Seite 387–414

1 *Georgica*, IV, 391–414
2 *Georgica*, IV, 489–503
3 *Georgica*, IV, 82–85
4 Servisus, *In Vergilii Georgica Commentarius I*, 14
5 Hesiod, *Fragmente*, 129 Rzach
6 Pindar, *Pythische Ode 9*, 55 f. (Übers. von W. v. Humboldt bei Hölscher a. a. O., S. 82 ff.)
7 Apollonios, *Die Argonauten* II, 500–510 (Scheffer a. a. O., S. 68)
8 *Ilias* XVIII, 35 ff. (Voss a. a. O., S. 292)
9 *Odyssee* IV, 384 f. (Voss a. a. O., S. 48)
10 *Georgica*, IV, 396
11 Platon, *Symposion*, 179 d
12 2. *Korinther*, 12, 2/3
13 *Georgica*, IV, 221
14 Anakreon, *Fragment 44* Diehl
15 *Pausanias*, X, 28 ff.
16 Pindar, *Olympische Ode 2*, 61–72 (Übers. von Sch. v. Stauffenberg bei Hölscher a. a. O., S. 13)
17 Pindar, *Fragment 129*
18 Semonides, *Fragment 27* Diehl II
19 Platon, *Phaidros*, 245 a
20 Aristoteles, *Poetik* XXIV, 7 (1460 a 17 f.)
21 Aristoteles, *Poetik* IX, 3 (1451 b 5 ff.)
22 Ovid, *Metamorphosen* X, XI (Suchier a. a. O., S. 196 ff.; 218 ff.)
23 Shakespeare, *Der Kaufmann von Venedig*, V, 1 (Schlegel a. a. O., Bd. 2, S. 858)
24 Rainer Maria Rilke, *Sonette an Orpheus*, Erster Teil, XXVI (Rainer Maria Rilke, *Sämtliche Werke*, hrsg. vom Rilke-Archiv in Verbindung mit Ruth Sieber-Rilke, besorgt durch Ernst Zinn, o. O., o. J., Bd. 1, S. 748)

Die Suche nach der neuen Heimat (Die Äneis des Vergil). Seite 415–447

1 *Äneis* I, 1–6 (Vergil, *Äneis*, unter Verwendung der Übertragung Ludwig Neuffers übersetzt und herausgegeben von Wilhelm Plankl unter Mitwirkung von Karl Vretska, Stuttgart 1954, S. 3)
2 *Äneis* II, 361–369 (Plankl a. a. O., S. 33)

3 *Äneis* III, 96 (Plankl a. a. O., S. 48)
4 *Äneis* IV, 167–170 (Plankl a. a. O., S. 69)
5 *Äneis* IV, 393 ff. (Plankl a. a. O., S. 75)
6 *Äneis* VI, 126–141 (Plankl a. a. O., S. 110)
7 *Äneis* VI, 268–272 (Plankl a. a. O., S. 114)
8 *Äneis* VI, 295–314 (Plankl a. a. O., S. 114 f.)
9 *Äneis* VIII, 347–358 (Plankl a. a. O., S. 162)
10 *Äneis* X, 501–507 (Plankl a. a. O., S. 209)
11 *Äneis* XI, 843–849 (Plankl a. a. O., S. 243)
12 *Äneis* IV, 447–451 (Plankl a. a. O., S. 76)
13 *Äneis* XII, 1–9 (Plankl a. a. O., S. 245)
14 *Äneis* XII, 926–944 (Plankl a. a. O., S. 271 f.)
15 *Theogonie,* 1013 (Scheffer a. a. O., S. 67)
16 *Äneis* VI, 791–798 (Plankl a. a. O., S. 128)
17 Strabo, *Geographica* V, 4, 5
18 Heraklit, *Fragment B 99* Diels-Kranz
19 *Äneis* VI, 136–144 (Plankl a. a. O., S. 110)
20 *Äneis* VI, 205 (Plankl a. a. O., S. 112)
21 *Plinius,* XII, 29
22 *Äneis* VI, 177–187 (Plankl a. a. O., S. 127 f.)
23 *Odyssee* XIX, 562–569 (Voss a. a. O., S. 254)
24 *Äneis* VI, 893–896 (Plankl a. a. O., S. 131)
25 Cicero, *De re publica,* VI, 26, 29
26 *1 Könige,* 3, 1–15
27 Kleanthes, *Zeushymnos,* Fragment 537 SVF I (*Stoa und Stoiker,* eingeleitet und übersetzt von M. Pohlenz, Zürich 1950, S. 103 f.)
28 *Georgica,* IV, 221–224
29 Varrobei Augustin, *Civitas Dei,* IV, 31
30 *Äneis* VIII, 549
31 Ovid, *Fasti,* II, 641 f.

Auf der Suche nach der römischen Vergangenheit (Ab urbe condita von Livius: Die Geschichte des Romulus). Seite 448–480

1 *Livius* I, 1 ff. (Livius, *Römische Frühgeschichte.* Erster Band, übertragen und ausgewählt von Josef Feix, München o. J., S. 10)
2 *Livius* I, 7, 2 ff. (Feix a. a. O., S. 16 f.)
3 *Livius* I, 9, 15–10, 1(Feix a. a. O., S. 21)
4 *Livius* I, 6–9 (Feix a. a. O., S. 23)
5 *Exodus* II, 3
6 *Dionysios von Halikarnaß,* I, 79
7 *Cassius Dio* XLVIII, 43, 4; LIV, 29, 8
8 *Vitruv,* II, 1, 5
9 *Livius* I, 13, 8 (Feix a. a. O., S. 25)
10 *Livius* VII, 6
11 Caesar, *Bellum Gallicum,* VI, 17, 3 f.

12 *Livius* I, 48 f.; II, 8–11 (Feix a. a. O., S. 65 ff.; S. 90 ff.)
13 *Livius* I, 54, 5–8 (Feix a. a. O., S. 72)
14 Cicero, *De re publica*, II, 30, 50
15 *Livius* I, 34, 1 (Feix a. a. O., S. 51)
16 Tacitus, *Annalen*, IV, 65
17 *Livius* I, 39 (Feix a. a. O., S. 19)
18 *Livius* I, 39 (Feix a. a. O., S. 56 f).
19 Dessau, *Inscriptiones Latinae Selectae*, I, Berlin 1892, Nr. 212
20 *Livius* II, 2 (Feix a. a. O., S. 83)
21 *Diegeseis zu Kallimachos*, V, 26 ff.
22 *Livius* II, 9 (Feix a. a. O., S. 91 f.)
23 *Polybios*, VI, 55

VII LIEBE IN TAUSEND GESTALTEN

Ovid (Metamorphosen). Seite 483–521

1 *Metamorphosen* XV, 169 (Suchier a. a. O., S. 307)
2 *Metamorphosen* XV, 178 f. (Suchier a. a. O., S. 307)
3 *Metamorphosen* IV, 55 ff. (Suchier a. a. O., S. 72 ff.)
4 *Metamorphosen* IV, 88–91 (Suchier a. a. O., S. 73)
5 Dante, *Die Göttliche Komödie*
6 Shakespeare, *Der Kaufmann von Venedig*, V, 1 (Schlegel a. a. O., Bd. 2, S. 856)
7 *Metamorphosen* III, 341 ff. (Suchier a. a. O., S. 61 f.)
8 *Metamorphosen* III, 348 (Suchier a. a. O., S. 61)
9 *Metamorphosen* III, 407 f. (Suchier a. a. O., S. 62 f.)
10 Plotin, *Enneaden*, II, 6, 8
11 Rilke a. a. O., Bd. 2, S. 57
12 Rilke, *Sonette an Orpheus*, Erster Teil, IX, a. a. O., Bd. 1, S. 736
13 *Metamorphosen* VIII, 183 ff. (Suchier a. a. O., S. 157 ff.)
14 *Metamorphosen* VIII, 185 f. (Suchier a. a. O., S. 157)
15 *Metamorphosen* VIII, 132 ff.; IX, 736 ff. (Suchier a. a. O., S. 155 f.; S. 195)
16 *Metamorphosen* VIII, 152–159 (Suchier a. a. O., S. 156)
17 *Herodot*, II, 148
18 *Metamorphosen* VIII, 172 f. (Suchier a. a. O., S. 157)
19 Plutarch, *Theseus*, 19
20 *Metamorphosen* X, 560 f. (Suchier a. a. O., S. 211 ff.)
21 *Metamorphosen* X, 563 ff. (Suchier a. a. O., S. 211)
22 *Metamorphosen* X, 674–680 (Suchier a. a. O., S. 214)
23 *Metamorphosen* VIII, 414 (Suchier a. a. O., S. 163)
24 *Theokrit*, III, 40 ff.
25 *Metamorphosen* IV, 610 f. (Suchier a. a. O., S. 87 f.)
26 *Metamorphosen* IV, 724–272 (Suchier a. a. O., S. 90)

27 *Theogonie,* 270 f. (Scheffer a. a. O., S. 20)
28 Josephus, *Bellum Iudaicum,* III, 9, 3
29 *Metamorphosen* I, 318 f. (Suchier a. a. O., S. 17)
30 *Metamorphosen* I, 322–329 (Suchier a. a. O., S. 17)
31 *Metamorphosen* I, 363 ff. (Suchier a. a. O., S. 18)
32 *Metamorphosen* I, 381 ff. (Suchier a. a. O., S. 19)
33 Pindar, *Olympische Ode* 9, 41–46 (Übers. von F. Dornseiff bei Hölscher a. a. O., S. 32)
34 *Metamorphosen* VIII, 618 ff. (Suchier a. a. O., S. 168 ff.)
35 *Metamorphosen* VIII, 626 ff. (Suchier a. a. O., S. 168)
36 *Metamorphosen* VIII, 678 f. (Suchier a. a. O., S. 170)
37 *Apostelgeschichte* XIV, 11 ff.

Der unsichtbare Liebhaber (Cupido und Psyche nach Apuleius). Seite 522–544

1 Apuleius, *Metamorphosen* V, 3–4 (Apuleius, *Der goldene Esel,* ins Deutsche übertragen von August Rode, München 1961, S. 81)
2 Apuleius, *Metamorphosen* V, 15, 16 (Rode a. a. O., S. 95)
3 Apuleius, *Metamorphosen* V, 27 (Rode a. a. O., S. 95)
4 Apuleius, *Metamorphosen* VI, 10, 2 f. (Rode a. a. O., S. 103)
5 Apuleius, *Metamorphosen* VI 13, 3 ff. (Rode a. a. O., S. 104 f.)
6 Apuleius, *Metamorphosen* VI, 18 f. (Rode a. a. O., S. 106 f.)
7 Euripides, *Iphigenie in Aulis,* 548 f. (Donner a. a. O., Bd. 2, S. 88)
8 *Ilias* XIX, 91 f. (Voss a. a. O., S. 310)
9 Platon, *Politeia,* III, 514 a f.
10 *Galater* IV, 22–31
11 Apuleius, *Metamorphosen* VI, 8, 9
12 Apuleius, *Metamorphosen* V, 30
13 Apuleius, *Metamorphosen* VI, 24
14 Augustinus, *Civitas Dei,* VIII, 12

Der Liebestod (Hero und Leander von Musaios dem Grammatiker). Seite 545–551

1 *Hero und Leander,* 1 f. (Musaios, *Hero und Leander,* hrsg. von Martin Vosseler, München 1959, S. 9)
2 *Hero und Leander,* 263–273 (Vosseler a. a. O., S. 21 f.)
3 *Hero und Leander,* 332–340 (Vosseler a. a. O., S. 25)
4 *Georgica,* III, 258–263
5 Ovid, *Heroides* XVIII, 77–80
6 Ovid, *Heroides,* 161–164
7 Anthologia Palatina, VII, 666 (*Anthologia Graeca,* griechisch-deutsch, hrsg. von H. Beckby, II, München 1957, S. 391)

Bibliographie

Die Mythen der Griechen und Römer wurden so oft und von so vielen Standpunkten her gedeutet, daß eine Auswahl einzelner kommentierender Werke notwendig Schwierigkeiten bereiten muß. Daß der Autor vor allem Werke aus dem englischen Sprachraum zitiert, ist verständlich; Professor Grant ist Professor für Klassische Philologie an der Universität Belfast.

I. Über griechische Mythen und griechische Religion

Apollodorus, *Bibliothek.* Deutsch in der Ossiander-Schwabschen Übersetzungsbibliothek der griechischen und römischen Prosaiker und Dichter

Robert Graves, *Griechische Mythologie.* Quellen und Deutung, Hamburg 1960

Herbert Hunger, *Lexikon der griechischen und römischen Mythologie,* 5. Auflage, Wien 1959

Karl Jaspers, *Umgang mit dem Mythos.* In: *Merkur.* Deutsche Zeitschrift für europäisches Denken, 18. Jahrgang, 1964, Heft 1, S. 1–13

Carl Gustav Jung und Karl Kerényi, *Einführung in das Wesen der Mythologie,* Zürich o. J.

Karl Kerényi, *Apollon. Studien über die antike Religion und Humanität.* Neuausgabe mit einer Folge von Betrachtungen über Mysterien des Humanen, Köln o. J.

Derselbe, *Die Mythologie der Griechen.* Band 1: *Die Götter- und Menschheitsgeschichten,* Zürich o. J. Band 2: *Die Heroen der Griechen,* Zürich 1958

Derselbe, *Die Religionen der Griechen und Römer,* München 1962

Martin P. Nilsson, *Geschichte der griechischen Religion.* Band 1: *Bis zur griechischen Weltherrschaft,* 2. Auflage. München 1955. Band 2: *Die hellenistische und römische Zeit,* München 1950

Walter F. Otto, *Die Götter Griechenlands.* Das Bild des Göttlichen im Spiegel des griechischen Geistes, 5. Auflage. Frankfurt a. M. 1961

Eckart Peterich, *Götter und Helden der Griechen,* Olten und Freiburg i. Br. o. J.

Friedrich Pfister, *Götter- und Heldensagen der Griechen,* Heidelberg 1956

Herbert Jennings Rose, *Griechische Mythologie.* Ein Handbuch, 2. Auflage. München 1961

Gustav Schwab, *Griechische Götter- und Heldensagen,* Köln o. J.

Derselbe, *Sagen des klassischen Altertums,* Freiburg 1961

Ulrich von Wilamowitz-Möllendorff, *Der Glaube der Hellenen,* 2 Bände. Berlin 1931/32

II. Über griechische Literatur und griechische Gedankenwelt

Eric R. Dodds, *The Greeks and the Irrational,* University of California Press 1951

Hermann Fraenkel, *Dichtung und Philosophie des frühen Griechentums.* Geschichte der griechischen Epik, Lyrik und Prosa bis zur Mitte des 5. Jahrhunderts, München 1962

Derselbe, *Wege und Formen frühgriechischen Denkens.* Literarische und philosophiegeschichtliche Studien, XXII, 2. Auflage. München o. J.

Werner Jaeger, *Paideia.* Die Formung des griechischen Menschen, 3 Bände, 3.–4. Auflage. Berlin 1959

Walther Kranz, *Geschichte der griechischen Literatur,* 4. Auflage. Leipzig 1958

Richard B. Onians, *The Origins of European Thought,* 2. Auflage. Cambridge 1954

Bruno Snell, *Die Entdeckung des Geistes.* Studien zur Entdeckung des europäischen Denkens bei den Griechen, 3. Auflage. Hamburg 1955

T. B. L. Webster, *Von Mykene bis Homer.* Anfänge griechischer Literatur und Kunst im Lichte von Linear B. 45, München 1960

III. Über römische Mythologie, Religion und Gedankenwelt

Franz Altheim, *Griechische Götter im alten Rom,* Gießen 1930

Derselbe, *Römische Religionsgeschichte,* 2 Bände. Berlin 1956

Friedrich Klingner, *Römische Geisteswelt,* 3. Auflage. München 1956

Friedrich Pfister siehe oben I.

Gustav Schwab siehe oben I.

Otto Seel, *Römertum und Latinität,* Stuttgart 1964

Hendrik Wagenvoort, *Roman Dynamism.* Studies in Ancient Roman Thought, Language and Custom, Oxford 1947

IV. Philosophische, anthropologische und psychoanalytische Deutung der Mythen

Karl Abraham, *Traum und Mythus.* In: *Schriften zur Angewandten Seelenkunde,* Wien 1909

Joseph Campbell, *Der Heros in tausend Gestalten,* Frankfurt a. M. 1953
Ernst Cassirer, *Was ist der Mensch?* Versuch einer Philosophie der menschlichen Kultur, Stuttgart 1960
D. Eggan, *The Personal Use of Myth in Dreams.* In: *Myth, A Symposium,* hrsg. von T. A. Sebeok, Bloomington 1958
James Frazer, *Mensch, Gott und Unsterblichkeit,* Leipzig 1931
Sigmund Freud, *Gesammelte Werke,* Frankfurt a. M. 1948 ff.
Edwin Oliver James, *The Nature and Function of Myth,* London 1957
Bronislaw Malinowski, *Myth in Primitive Psychology,* 1926
Derselbe, *Magic, Science and Religion,* 1948
Thomas Mann, *Essay über Freud,* 1936
Walter F. Otto, *Der Ursprung von Mythos und Kultus,* Berlin 1940
Derselbe, *Gesetz, Urbild und Mythos,* Stuttgart 1951
Derselbe, *Mythos und Welt,* Stuttgart 1962
O. Rank, *Der Mythus von der Geburt des Helden.* In: *Schriften zur Angewandten Seelenkunde,* Wien 1909
Theodor Reik, *Myth and Guilt,* 2. Auflage. London 1960
Geza Roheim, *The Oedipus Complex, Magic and Culture.* In: *Psychoanalysis and Social Sciences,* Band II, London 1950

V. Mythos, Ritus und Märchen

Rudolf Bultmann und Jan Henderson, *Myth and History in Israelite-Jewish Thought.* In: *Culture in History,* hrsg. von Stanley Diamond, New York 1960
T. H. Gaster, *Thespis,* 1950
Roger P. Hinks, *Myth and Allegory in Ancient Art,* London 1939
Stanley E. Hyman, *The Ritual View of Myth and the Mythic.* In: *Myth, A Symposium,* hrsg. von T. A. Sebeok, Bloomington 1958
Leopold Malevez, *Le message chrétien et le mythe,* Brüssel 1954
L. Raglan, *The lifegiving Myth,* London 1952
Hugo Rahner, *Griechische Mythen in christlicher Deutung,* Zürich 1945
Franz Riklin, *Wish-Fulfilment and Symbolism in Fairy-Tales,* 1916
John R. Tolkien, *Fairy Stories,* London 1946
Alan W. Watts, *Mythus und Ritus des Christentums,* München 1956

VI. Mythos, Literatur und Dichtung

Maud Bodkin, *Archetypal Patterns in Poetry*, London 1951
Cecil Maurice Bowra, *Primitive Song*, London 1962
Reidar T. Christiansen, *Myth, Metaphor and Simile*, Oslo o. J.
Arnold W. Gomme, *The Greek Attitude to Poetry and History,* Los Angeles 1954
Elizabeth Sewell, *The Orphic Voice,* New Haven 1961

Bruno Snell, *Die alten Griechen und Wir,* Göttingen o. J.
P. Wheelwright, *The Semantic Approach to Myth.* In: *Myth, A Symposium,* hrsg. v. T. A. Sebeok, Bloomington 1958

VII. Über Homers »Ilias« und »Odyssee«

E. Bethke, *Homer, Dichtung und Sage,* 3 Bände, 1914–1927
Carl W. Blegen, *Troy and the Trojans,* London 1963
Cecil Maurice Bowra, *Tradition and Design in the Iliad,* Oxford 1930
Derselbe, *Homer and his Forerunners,* Edinburgh 1955
Erland Ehnmark, *The Idea of God in Homer,* Upsala 1935
Wolfgang Kullmann, *Die Quellen der Ilias,* Wiesbaden 1960
Albin Lesky, *Die Homerforschung der Gegenwart,* Wien 1952
John L. Myres, *Homer and his Critics,* London 1958
Denis L. Page, *The Homeric Odyssey,* Oxford 1955
Derselbe, *History in the Homeric Iliad*, Los Angeles 1960
Karl Reinhardt, *Die Ilias und ihr Dichter,* hrsg. von Uvo Hölscher, Göttingen 1961
Wolfgang Schadewaldt, *Ilias-Studien,* Leipzig 1938
Derselbe, *Von Homers Welt und Werk.* Aufsätze und Auslegungen, 3. Auflage. Stuttgart o. J.
Derselbe, *Legende von Homer, dem fahrenden Sänger.* In: *Homer. Die Odyssee,* übersetzt in deutsche Prosa von Wolfgang Schadewaldt, Hamburg o. J.
William B. Stanford, *The Ulysses Theme,* Oxford 1954
Ulrich von Wilamowitz-Möllendorff, *Homerische Untersuchungen,* Berlin 1884
Derselbe, *Die Ilias und Homer,* 2. Auflage. Berlin 1920
Derselbe, *Die Heimkehr des Odysseus,* Berlin 1927
William J. Woodhouse, *Composition of Homer's Odyssey,* Oxford 1930
Arthur M. Young, *Troy and her Legend,* Pittsburgh 1948

VIII. Über Hesiods »Theogonie« und die »Homerischen Hymnen«

E. D. Barnett, *The Epic of Kumarbi and the Theogony of Hesiod.* In: *Journal of Hellenic Studies,* 1945
N. O. Brown, *Hesiod's Theogony,* London 1953
Francis M. Cornford, *A Ritual Basis for Hesiod's Theogony.* In: *The Unwritten Philosophy,* 1950
Friedrich Schwenn, *Die Theogonie des Hesiodos,* Heidelberg 1934
Friedrich Solmsen, *Hesiod and Aeschylus,* New York 1949

Herbert W. Parke, *The Delphic Oracle,* Oxford 1956

S. von Cles – Reden, *Die Spur der Zyklopen,* Köln 1960

Edwin Oliver James, *The Cult of the Mother-Goddess.* An archaeologic and documentary Study, London 1959
Karl Kerényi, *Die Mysterien von Eleusis,* Zürich 1962
Johannes Maringer, *Vorgeschichtliche Religionen,* Köln 1956
Georgios E. Mylonas, *Eleusis and the Eleusian Mysteries,* Princeton/N. J. 1961
Erich Neumann, *Die große Mutter,* Zürich 1956

IX. Aischylos, Sophokles, Euripides

H. D. F. Kitto, *Die Griechen.* Von der Wirkungsgeschichte eines geschichtlichen Vorbildes, Stuttgart 1957
Albin Lesky, *Die griechische Tragödie,* 2. Auflage. Stuttgart 1958
David Lucas, *Greek Tragic Poets,* London 1950
Max Pohlenz, *Die griechische Tragödie,* 2 Bände, 2. Auflage. Göttingen 1958

Moses Finley, *Pindar and Aeschylus,* Cambridge/Mass. 1955
Karl Reinhardt, *Aischylos als Regisseur und Theologe,* Frankfurt a. M. 1949
Solmsen siehe oben VIII.
G. Thomson, *Aischylos und Athen,* Berlin 1957
Erik Vandvik, *The Prometheus of Hesiod and Aeschylus,* Oslo 1943
Ulrich von Wilamowitz-Möllendorff, *Aischylos.* Interpretation, Berlin 1914

Cecil Maurice Bowra, *Sophoklean Tragedy,* Cambridge 1951
Karl Reinhardt, *Sophokles,* 3. Auflage. Frankfurt a. M. 1947
Wolfgang Schadewaldt, *Sophokles und Athen,* Frankfurt a. M. 1935
Derselbe, *Sophokles und das Leid,* 3. Auflage. Potsdam 1947
A. J. Waldock, *Sophokles the Dramatist,* Cambridge 1951
C. H. Whitman, *Sophokles.* A Study of Heroic Humanism, Cambridge 1951
Ulrich von Wilamowitz-Möllendorff, *Sophokles,* Berlin 1917

H. Blaiklock, *The Male Charakters of Euripides,* Wellington 1952
Wolf Hartmut Friedrich, *Euripides und Diphilos,* München 1953
L. H. Greenwood, *Aspects of Euripidean Tragedy,* London 1953
George Grube, *The Drama of Euripides,* London 1961
Gilbert Murray, *Euripides und seine Zeit,* Darmstadt 1957
Reginald Winnington-Ingram, *Euripides and Dionysus,* Cambridge 1948
G. Zuntz, *The Political Plays of Euripides,* Manchester 1955

X. Apollonius, Vergil, Livius

J. R. Bacon, *The Voyage of the Argo,* London 1935
Alfred Körte und Paul Händel, *Die hellenistische Dichtung,* 2. Auflage. Stuttgart 1960

C. Balley, *Religion in Vergil*, London 1935
Franz Beckmann, *Mensch und Welt in der Dichtung Vergils*, Münster 1951
Cecil Maurice Bowra, *From Vergil to Milton*, 2. Auflage. London 1948
D. L. Drew, *The Allegory of the Aeneid*, Oxford 1927
William K. Guthrie, *Orpheus and the Greek Religion.* A Study of Orphic Movement, London 1935
Theodor Haecker, *Vergil, Vater des Abendlandes*, 7. Auflage. München 1952
William Jackson Knight, *Cumaean Gates*, Oxford 1936
Derselbe, *Roman Vergil*, 2. Auflage. London 1953
Gertrude R. Levy, *The Gate of Horn*, London 1948
Maurice R. Ridley, *Studies in Three Literatures*, 2. Auflage. London 1962
W. Y. Sellar, *The Roman Poets of the Augustean Age*, o. O., o. J.

Erich Burck, *Die Erzählkunst des Titus Livius*, Berlin 1934
F. Hellmann, *Livius-Interpretationen*, Berlin 1939
Huldrych Hoch, *Die Darstellung der politischen Sendung Roms bei Livius*, Frankfurt a. M. 1951
Ronald Syme, *Livy and Augustus.* In: *Harvard Studies in Classical Philology*, 1959
Patrick G. Walsh, *Livy, his Historical Aims and Methods*, Cambridge 1961

XI. Ovid und Apuleius

L. K. Born, *Ovid and Allegory.* In: *Speculum*, IX, 1934
W. Brewer, *Ovid's Metamorphoses in European Culture*, Boston 1933
Hermann Fraenkel, *Ovid: a poet between two worlds*, 2. Auflage, 1956
Davis Harding, *Milton and the Renaissance Ovid*, Urbana 1946
Lancelot Wilkinson, *Ovid Recalled*, Cambridge 1955

Hermann Riefstahl, *Der Roman des Apuleius*, Frankfurt a. M. 1938
Erwin Rohde, *Psyche, Seelenkult und Unsterblichkeitsglaube der Griechen*, Stuttgart 1932

XII. Über die Wirkungsgeschichte der Mythen

D. Bush. *Mythology and the Romantic Tradition*, New York 1937
Derselbe, *Classical Influence in Renaissance Literature*, Cambridge/Mass. 1952
Gilber Highet, *The Classical Tradition*, Oxford 1949
Jean Seznec, *The Survival of the Pagan Gods*, New York 1953
D. T. Starnes and E. W. Talbert, *Classical Myth and Legend in Renaissance Dictionnaries*, Austin/Tex. 1954
J. A. Thomson, *Shakespeare and the Classics*, London 1959

Abbildungsverzeichnis

Schwarzweiß-Abbildungen

Corrigenda

In den Bildunterschriften zu Abb. S. 70 und 122 muß es heißen: Liebieghaus.

In der Überschrift zu S. 151: Homerische Hymnen.

S. 226: Die Shakespeare-Stelle (39) ist aus *Macbeth* (vgl. Anmerkungen), nicht aus *Hamlet*.

S. 353: Philodemus.

S. 432: Camões.

S. 557: Polyphemos.

Register

Seitenhinweise mit * beziehen sich auf Abbildungen

Inhalt

1-5-10